中华人民共和国法律释义丛书

权威机构专家编写
法律释义标准版本

中华人民共和国
民事诉讼法释义

主　编　王瑞贺
副主编　黄　薇

北京

图书在版编目(CIP)数据

中华人民共和国民事诉讼法释义 / 王瑞贺主编；黄薇副主编. -- 3版. -- 北京：法律出版社，2023
(中华人民共和国法律释义丛书)
ISBN 978-7-5197-8292-4

Ⅰ.①中… Ⅱ.①王…②黄… Ⅲ.①中华人民共和国民事诉讼法－法律解释 Ⅳ.①D925.105

中国国家版本馆CIP数据核字(2023)第172693号

| 中华人民共和国民事诉讼法释义
ZHONGHUA RENMIN GONGHEGUO MINSHI SUSONGFA SHIYI | 王瑞贺　主　编
黄　薇　副主编 | 责任编辑　陶玉霞　翁潇潇
装帧设计　李　瞻 |

出版发行	法律出版社	开本	710毫米×1000毫米　1/16
编辑统筹	法规出版分社	印张	39　　字数　660千
责任校对	晁明慧　郭艳萍	版本	2023年12月第3版
责任印制	耿润瑜	印次	2023年12月第1次印刷
经　　销	新华书店	印刷	天津嘉恒印务有限公司

地址：北京市丰台区莲花池西里7号(100073)
网址：www.lawpress.com.cn　　　　销售电话：010-83938349
投稿邮箱：info@lawpress.com.cn　　　客服电话：010-83938350
举报盗版邮箱：jbwq@lawpress.com.cn　咨询电话：010-63939796
版权所有·侵权必究

书号：ISBN 978-7-5197-8292-4　　　　　定价：118.00元
凡购买本社图书，如有印装错误，我社负责退换。电话：010-83938349

导　　读

民事诉讼法是规范民事诉讼程序的法律,属于国家的基本法律之一,它既是人民法院审理民事案件的操作规程,也是当事人和其他诉讼参与人参加诉讼活动的行为规范。

我国最早的一部民事诉讼法是1982年3月第五届全国人大常委会第二十二次会议审议通过的民事诉讼法(试行)。该法试行9年后,根据试行中积累的经验,针对改革开放中出现的新情况、新问题,全国人大对其进行了修改和补充。1991年4月,第七届全国人大第四次会议通过了正式的民事诉讼法。该法实施以来,对于保护当事人的诉讼权利,保障人民法院正确、及时地审理民事案件,维护社会秩序、经济秩序,保障社会主义建设事业顺利进行,发挥了重要作用。同时,随着改革开放和经济社会的发展,新情况、新问题不断出现,民事纠纷日益增多。为了从法律制度上解决司法实践中出现的新情况、新问题,更好地保障当事人的诉讼权利,保障人民法院公正、高效审理民事案件,全国人大常委会先后于2007年、2012年、2017年、2021年对民事诉讼法进行了四次修改,进一步优化完善了民事诉讼法律制度。2023年9月1日,第十四届全国人大常委会第五次会议审议通过了《全国人民代表大会常务委员会关于修改〈中华人民共和国民事诉讼法〉的决定》,对这部法律作了第五次修改。此次修法工作的总体考虑主要有:

一是坚持以习近平新时代中国特色社会主义思想为指导,贯彻党中央关于统筹推进国内法治和涉外法治的决策部署,适应加强涉外法治工作的新要求,着重对民事诉讼法中的涉外民事诉讼程序制度进行修改完善。民事诉讼法第四编"涉外民事诉讼程序的特别规定",在之前的四次修改中均未作实质性修改。党的十八大以来,以习近平同志为核心的党中央高度重视涉外法治工作,明确提出统筹推进国内法治和涉外法治。党的二十大报告强调"坚持高水平对外开放,加快构建以国内大循环为主体、国内国际双循环相互促进的新发展格局",对推进高水平对外开放、推动构建人类命运共同体作出重大部署,对加强涉外法治工作提出新的更高要求。民事诉讼法"涉外民事诉讼程序的特别规定"一编作为涉外法律体系的重要组成部分,对于平等保护中外当事人的合法权利,营造市场化、法治化、国际化的营商环境,维护国家主权、安全、发展利益,推进国家治理体系和治理能力现代化具有重要意义。近年来,随着经济社会的不断发展与高水平对外开放的不断推进,人民法院审理的涉外民事纠纷数量快速攀升,我国司法的国际公信力和影响力持续提升。为深入贯彻党的二十大精神,贯彻落实党中央关于统筹推进国内法治和涉外法治的决策部署,有必要在全面总结涉外民事审判实践经验、借鉴国际条约和域外立法经验的基础上,重点对"涉外民事诉讼程序的特别规定"一编的内容进行修改完善。

二是针对社会各界普遍关注、司法实践反映集中的其他重点问题,本着"较为成熟、争议不大、确有必要"的原则予以回应,对民事诉讼法非涉外编的有关规定进行修改完善。对民事诉讼法非涉外编的修改,严格限于各方面有高度共识,已经比较成熟,确有必要修改的内容。例如,虚假诉讼扰乱司法秩序,损害司法公信力和司法权威,各方面一致认为需要在立法上加以更严格的规制,因此,本次修改对虚假诉讼的制裁制度作了有针对性的补充完善。再如,民法典继承编增加规定了遗产管理人制度,各方面一致认为需要在民事诉讼法中对指定遗产管理人案件的程序作出衔接性的规定,以确保这一制度的贯彻落实。对此,本次修改在民事诉讼法第十五章"特别程序"中专门新增一节"指定遗产管理人案件",就指定遗产管理人的相关程序作出规定,实现程序法与实体法的有效衔接,保障继承人、受遗赠人和债权人的合法权益。

三是积极对接国际规则。注重借鉴国外法治有益成果,将国际规则有机融入我国诉讼制度,进一步增强我国在全球争议解决领域的吸引力,推动全球治理向着更加公正合理的方向发展。

民事诉讼法(修正草案)在2022年12月初审后,全国人大常委会法制工作委员会将该修正草案印发中央有关单位、各省(区、市)、部分设区的市、基层立法联系点和部分全国人大代表等征求意见,并在中国人大网全文公布该修正草案,征求社会公众意见。全国人大宪法和法律委员会、监察和司法委员会和常委会法制工作委员会联合召开座谈会,听取全国人大代表、国务院有关部门、人民法院、基层立法联系点,以及有关协会、专家及律师的意见。全国人大宪法和法律委员会、常委会法制工作委员会分别到广西、广东、山西等地调研,并就修正草案中的主要问题与有关方面交换意见,共同研究。在广泛听取各方面意见的基础上,对该修正草案进行了修改完善,全国人大宪法和法律委员会提出了对民事诉讼法的修改决定草案,于2023年8月提请第十四届全国人大常委会第五次会议进行审议,并最终于2023年9月1日,由当次常委会会议顺利高票通过,将于2024年1月1日起施行。

《全国人民代表大会常务委员会关于修改〈中华人民共和国民事诉讼法〉的决定》共26条,涉及28个条文,其中新增条文15条,修改条文13条。主要修改内容包括:

一、关于"涉外民事诉讼程序的特别规定"编的修改

一是进一步完善我国对涉外民事案件的管辖规则。增加管辖涉外民事案件的类型,适度扩大相关管辖依据;完善涉外协议管辖规则;增加涉外案件专属管辖的情形等。

二是完善协调国际民事案件管辖权冲突,提高解决国际民事争议的效率。对有关平行诉讼、不方便法院的原则作出规定,明确相关适用条件,保障当事人正当的司法需求。

三是丰富涉外案件送达方式,优化送达制度,提高诉讼效率,解决制约涉外审判效率的瓶颈问题。本次修改之前,民事诉讼法规定了8种涉外案件送达方式,本次修改在此基础上增加规定了电子送达和有关外国人、无国籍人与外国法人或者其他组织在符合法定条件下的替代送达等3种方式,使送达方式增加为11种,同时,缩短了公告送达的期限,并对原有的有关送达方式予以完善。

四是增加规定域外调查取证制度,保障人民法院查明案件事实。本次修改,对域外调查取证作出明确规定,同时回应互联网时代的司法需求,在尊重所在国法律及取得双方当事人同意的前提下,明确可以通过即时通讯工具或其他方式取证,拓宽法院查明案件事实的渠道。

五是完善承认与执行外国法院判决的制度规则,促进稳定国际民商事法律秩序。本次修改,明确当事人申请承认和执行外国法院判决的,除法定情形以外,应予以承认和执行。同时,对于外国法院的裁判违反我国法律的基本原则或者损害国家主权、安全、社会公共利益的,则不予承认和执行。同时,明确因同一纠纷向我国法院申请承认和执行程序与我国法院案件审理程序的关系。

六是恪守国际条约义务,积极推进仲裁裁决的国际流通。本次修改,增设申请人住所地法院、与裁决所涉纠纷有适当联系地法院为仲裁司法审查的管辖法院,最大限度便利仲裁当事人的权利救济。

二、关于非涉外编的修改

一是扩大回避制度适用范围。与人民法院组织法和法官法相衔接,扩大回避制度的适用范围,将法官助理、司法技术人员纳入回避制度适用的对象,保障当事人申请回避权利的全面行使,确保民事案件的公正审判。

二是完善虚假诉讼认定规则。突出虚假诉讼本质特征,在"双方恶意串通"情形之外,增加"单方捏造基本事实"的情形,压缩虚假诉讼存在空间。

三是增加指定遗产管理人案件。与民法典继承编的有关规定相衔接,在第十五章"特别程序"中新增"指定遗产管理人案件"一节,就指定遗产管理人的相关程序作出规定,保障继承人、受遗赠人和债权人的合法权益。

目　录

第一部分　释　义

第一编　总　则

第一章　任务、适用范围和基本原则 …………………………… 003

　第一条　【立法依据】…………………………………………… 003

　第二条　【立法任务】…………………………………………… 004

　第三条　【适用范围】…………………………………………… 006

　第四条　【空间效力】…………………………………………… 009

　第五条　【涉外民诉同等原则、对等原则】…………………… 009

　第六条　【审判权】……………………………………………… 011

　第七条　【民事案件的审理原则】……………………………… 011

　第八条　【民事诉讼权利平等原则】…………………………… 013

　第九条　【调解原则】…………………………………………… 014

　第十条　【审判制度】…………………………………………… 017

　第十一条　【语言文字】………………………………………… 021

　第十二条　【辩论权】…………………………………………… 022

　第十三条　【诚信原则、当事人处分原则】…………………… 024

　第十四条　【法律监督权】……………………………………… 027

　第十五条　【支持起诉】………………………………………… 032

　第十六条　【在线诉讼的法律效力】…………………………… 033

　第十七条　【变通或补充规定】………………………………… 036

第二章　管　辖

第一节　级别管辖

第十八条　【基层人民法院管辖】 …………………………… 039

第十九条　【中级人民法院管辖】 …………………………… 040

第二十条　【高级人民法院管辖】 …………………………… 042

第二十一条　【最高人民法院管辖】 ………………………… 042

第二节　地域管辖

第二十二条　【一般地域管辖】 ……………………………… 043

第二十三条　【特别规定】 …………………………………… 044

第二十四条　【合同纠纷管辖】 ……………………………… 046

第二十五条　【保险合同纠纷管辖】 ………………………… 047

第二十六条　【票据纠纷管辖】 ……………………………… 047

第二十七条　【公司诉讼管辖】 ……………………………… 048

第二十八条　【运输合同纠纷管辖】 ………………………… 049

第二十九条　【侵权纠纷管辖】 ……………………………… 049

第三十条　【交通事故管辖】 ………………………………… 050

第三十一条　【海损事故管辖】 ……………………………… 050

第三十二条　【海难救助费用管辖】 ………………………… 051

第三十三条　【共同海损管辖】 ……………………………… 051

第三十四条　【专属管辖】 …………………………………… 052

第三十五条　【协议管辖】 …………………………………… 054

第三十六条　【共同管辖】 …………………………………… 057

第三节　移送管辖和指定管辖

第三十七条　【移送管辖】 …………………………………… 058

第三十八条　【指定管辖】 …………………………………… 060

第三十九条　【管辖权转移】 ………………………………… 061

第三章　审判组织

第四十条　【一审审判组织】 ………………………………… 065

第四十一条　【二审、重审、再审审判组织】 ……………… 068

第四十二条　【不得适用独任制的案件】 …………………… 072

第四十三条　【向合议制转换】 …………………………………… 074

　　第四十四条　【审判长】 ………………………………………… 077

　　第四十五条　【评议原则】 ……………………………………… 077

　　第四十六条　【依法办案】 ……………………………………… 079

第四章　回　避 ……………………………………………………… 083

　　第四十七条　【回避情形】 ……………………………………… 083

　　第四十八条　【回避申请】 ……………………………………… 087

　　第四十九条　【回避决定权人】 ………………………………… 089

　　第五十条　　【回避决定程序与救济】 ………………………… 090

第五章　诉讼参加人 …………………………………………………… 093

　第一节　当事人 ……………………………………………………… 093

　　第五十一条　【诉讼当事人】 …………………………………… 093

　　第五十二条　【诉讼权利义务】 ………………………………… 095

　　第五十三条　【和解】 …………………………………………… 097

　　第五十四条　【诉讼请求、反诉】 ……………………………… 097

　　第五十五条　【共同诉讼】 ……………………………………… 099

　　第五十六条　【人数众多且确定的共同诉讼】 ………………… 102

　　第五十七条　【人数众多且不确定的共同诉讼】 ……………… 104

　　第五十八条　【民事公益诉讼】 ………………………………… 105

　　第五十九条　【诉讼第三人、第三人撤销之诉】 ……………… 112

　第二节　诉讼代理人 ………………………………………………… 118

　　第六十条　　【法定代理人】 …………………………………… 118

　　第六十一条　【委托代理人】 …………………………………… 120

　　第六十二条　【委托程序】 ……………………………………… 123

　　第六十三条　【代理权变更、解除】 …………………………… 124

　　第六十四条　【诉讼代理人权利】 ……………………………… 125

　　第六十五条　【离婚诉讼代理】 ………………………………… 126

第六章　证　据 ……………………………………………………… 127

　　第六十六条　【证据种类】 ……………………………………… 127

第六十七条 【举证责任】 ………………………………………… 133

第六十八条 【及时提供证据义务】 …………………………… 135

第六十九条 【证据收据】 ………………………………………… 139

第七十条 【人民法院调查取证】 ……………………………… 139

第七十一条 【法庭质证】 ………………………………………… 140

第七十二条 【公证证据效力】 ………………………………… 141

第七十三条 【书证、物证】 ……………………………………… 142

第七十四条 【视听资料】 ………………………………………… 143

第七十五条 【证人义务、资格】 ……………………………… 143

第七十六条 【证人出庭作证】 ………………………………… 144

第七十七条 【证人出庭费用负担】 …………………………… 146

第七十八条 【当事人陈述】 …………………………………… 147

第七十九条 【鉴定程序启动和鉴定人选任】 ……………… 148

第八十条 【鉴定人权利义务】 ………………………………… 151

第八十一条 【鉴定人出庭作证】 ……………………………… 151

第八十二条 【有专门知识的人出庭】 ………………………… 153

第八十三条 【勘验笔录】 ………………………………………… 156

第八十四条 【证据保全】 ………………………………………… 157

第七章 期间、送达 …………………………………………… 161

第一节 期 间 ……………………………………………… 161

第八十五条 【期间种类、计算】 ……………………………… 161

第八十六条 【期限顺延】 ………………………………………… 164

第二节 送 达 ……………………………………………… 164

第八十七条 【送达回证】 ………………………………………… 164

第八十八条 【直接送达】 ………………………………………… 167

第八十九条 【留置送达】 ………………………………………… 169

第九十条 【电子送达】 …………………………………………… 171

第九十一条 【委托送达、邮寄送达】 ………………………… 175

第九十二条 【转交送达之一】 ………………………………… 176

第九十三条 【转交送达之二】 ………………………………… 177

第九十四条 【转交送达程序和日期】 …………………………… 178
　　第九十五条 【公告送达】 ……………………………………… 179

第八章　调　　解 …………………………………………………… 183
　　第九十六条 【调解原则】 ……………………………………… 183
　　第九十七条 【调解组织形式】 ………………………………… 185
　　第九十八条 【协助调解】 ……………………………………… 186
　　第九十九条 【调解协议】 ……………………………………… 186
　　第一百条 【调解书】 …………………………………………… 188
　　第一百零一条 【不制作调解书的情形】 ……………………… 190
　　第一百零二条 【调解失败】 …………………………………… 190

第九章　保全和先予执行 …………………………………………… 192
　　第一百零三条 【诉讼中保全】 ………………………………… 193
　　第一百零四条 【诉前保全】 …………………………………… 199
　　第一百零五条 【保全范围】 …………………………………… 201
　　第一百零六条 【财产保全措施】 ……………………………… 202
　　第一百零七条 【保全解除】 …………………………………… 205
　　第一百零八条 【保全错误赔偿】 ……………………………… 207
　　第一百零九条 【先予执行】 …………………………………… 208
　　第一百一十条 【先予执行条件】 ……………………………… 211
　　第一百一十一条 【复议】 ……………………………………… 213

第十章　对妨害民事诉讼的强制措施 ……………………………… 216
　　第一百一十二条 【拘传】 ……………………………………… 217
　　第一百一十三条 【对妨害法庭秩序的强制措施】 …………… 218
　　第一百一十四条 【对某些妨害诉讼行为的强制措施】 ……… 220
　　第一百一十五条 【对虚假诉讼、调解行为的司法处罚】 …… 222
　　第一百一十六条 【对恶意串通逃避执行行为的司法处罚】 … 226
　　第一百一十七条 【不协助调查、执行的强制措施】 ………… 230
　　第一百一十八条 【罚款、拘留】 ……………………………… 233

第一百一十九条 【拘传、罚款、拘留程序】 235
第一百二十条 【强制措施决定权】 236

第十一章 诉讼费用 237
第一百二十一条 【诉讼费用的交纳】 237

第二编 审判程序

第十二章 第一审普通程序 241
第一节 起诉和受理 241
第一百二十二条 【起诉条件】 241
第一百二十三条 【起诉方式】 243
第一百二十四条 【起诉状】 245
第一百二十五条 【先行调解】 247
第一百二十六条 【立案期限】 248
第一百二十七条 【审查起诉】 250
第二节 审理前的准备 252
第一百二十八条 【答辩状提出】 253
第一百二十九条 【权利义务告知】 254
第一百三十条 【管辖权异议、应诉或反诉管辖】 255
第一百三十一条 【告知审判人员组成】 257
第一百三十二条 【审核取证】 258
第一百三十三条 【法院调查程序】 259
第一百三十四条 【委托调查】 260
第一百三十五条 【当事人追加】 260
第一百三十六条 【开庭准备程序】 262
第三节 开庭审理 266
第一百三十七条 【审理方式】 267
第一百三十八条 【巡回审理】 268
第一百三十九条 【开庭通知及公告】 269
第一百四十条 【庭前准备】 269

第一百四十一条 【法庭调查顺序】 …………………………………… 271

第一百四十二条 【当事人庭审权利】 ………………………………… 274

第一百四十三条 【诉的合并】 …………………………………………… 275

第一百四十四条 【法庭辩论】 …………………………………………… 278

第一百四十五条 【法庭辩论后的调解】 ……………………………… 280

第一百四十六条 【按撤诉处理】 ………………………………………… 281

第一百四十七条 【缺席判决】 …………………………………………… 283

第一百四十八条 【撤诉】 ………………………………………………… 284

第一百四十九条 【延期审理】 …………………………………………… 285

第一百五十条 【法庭笔录】 ……………………………………………… 286

第一百五十一条 【宣判】 ………………………………………………… 287

第一百五十二条 【审限】 ………………………………………………… 289

第四节　诉讼中止和终结 ………………………………………………… 290

第一百五十三条 【中止诉讼】 …………………………………………… 290

第一百五十四条 【终结诉讼】 …………………………………………… 292

第五节　判决和裁定 ……………………………………………………… 294

第一百五十五条 【判决书】 ……………………………………………… 294

第一百五十六条 【先行判决】 …………………………………………… 298

第一百五十七条 【裁定】 ………………………………………………… 300

第一百五十八条 【生效裁判】 …………………………………………… 303

第一百五十九条 【裁判文书公开】 ……………………………………… 305

第十三章　简易程序 …………………………………………………… 309

第一百六十条 【适用范围】 ……………………………………………… 310

第一百六十一条 【起诉和受理方式】 …………………………………… 313

第一百六十二条 【简便方式传唤、送达和审理】 …………………… 314

第一百六十三条 【简易程序审理方式】 ………………………………… 316

第一百六十四条 【简易程序审理期限】 ………………………………… 317

第一百六十五条 【小额诉讼程序】 ……………………………………… 318

第一百六十六条 【不适用小额诉讼程序的案件】 …………………… 326

第一百六十七条 【小额诉讼程序的审理方式】 ……………………… 329

第一百六十八条　【小额诉讼程序的审理期限】 330
　　第一百六十九条　【当事人程序异议权】 331
　　第一百七十条　【简易程序转普通程序】 333

第十四章　第二审程序 335
　　第一百七十一条　【上诉】 336
　　第一百七十二条　【上诉状】 339
　　第一百七十三条　【上诉方式】 340
　　第一百七十四条　【受理上诉】 341
　　第一百七十五条　【审查范围】 342
　　第一百七十六条　【二审审理方式】 345
　　第一百七十七条　【二审裁判】 347
　　第一百七十八条　【裁定上诉处理】 350
　　第一百七十九条　【二审调解】 350
　　第一百八十条　【撤回上诉】 351
　　第一百八十一条　【二审适用程序】 351
　　第一百八十二条　【二审裁判、效力】 351
　　第一百八十三条　【二审审限】 352

第十五章　特别程序 353
　第一节　一般规定 353
　　第一百八十四条　【适用范围】 353
　　第一百八十五条　【审级及审判组织】 354
　　第一百八十六条　【特别程序转化】 355
　　第一百八十七条　【特别程序审限】 355
　第二节　选民资格案件 355
　　第一百八十八条　【起诉与受理】 355
　　第一百八十九条　【审限与判决】 357
　第三节　宣告失踪、宣告死亡案件 358
　　第一百九十条　【宣告失踪】 358
　　第一百九十一条　【宣告死亡】 360

第一百九十二条 【公告与判决】 …………………………………… 362

第一百九十三条 【判决撤销】 …………………………………… 363

第四节 指定遗产管理人案件 …………………………………… 364

第一百九十四条 【管辖和申请】 ………………………………… 364

第一百九十五条 【指定遗产管理人的原则】 …………………… 369

第一百九十六条 【另行指定遗产管理人】 ……………………… 373

第一百九十七条 【撤销遗产管理人资格】 ……………………… 375

第五节 认定公民无民事行为能力、限制民事行为能力案件 …… 379

第一百九十八条 【管辖与申请】 ………………………………… 379

第一百九十九条 【医学鉴定】 …………………………………… 381

第二百条 【代理人、审理与判决】 ……………………………… 381

第二百零一条 【判决撤销】 ……………………………………… 382

第六节 认定财产无主案件 ………………………………………… 383

第二百零二条 【管辖与申请】 …………………………………… 383

第二百零三条 【公告与判决】 …………………………………… 384

第二百零四条 【判决撤销】 ……………………………………… 385

第七节 确认调解协议案件 ………………………………………… 385

第二百零五条 【申请与管辖】 …………………………………… 385

第二百零六条 【裁定与执行】 …………………………………… 388

第八节 实现担保物权案件 ………………………………………… 389

第二百零七条 【申请与管辖】 …………………………………… 390

第二百零八条 【裁定与执行】 …………………………………… 392

第十六章 审判监督程序 ……………………………………………… 393

第二百零九条 【法院依职权提起再审】 ………………………… 396

第二百一十条 【当事人申请再审】 ……………………………… 398

第二百一十一条 【申请再审的条件】 …………………………… 400

第二百一十二条 【对调解书申请再审】 ………………………… 408

第二百一十三条 【离婚判决、调解不得申请再审】 …………… 409

第二百一十四条 【当事人申请再审程序】 ……………………… 410

第二百一十五条 【再审申请的审查与再审案件的审级】 ……… 411

第二百一十六条　【当事人申请再审期限】…………………… 413

第二百一十七条　【中止执行及例外】………………………… 413

第二百一十八条　【再审审理程序】…………………………… 415

第二百一十九条　【检察院提出抗诉或者检察建议】………… 417

第二百二十条　【当事人申请检察建议或者抗诉】…………… 419

第二百二十一条　【检察院的调查权】………………………… 421

第二百二十二条　【抗诉案件的审理】………………………… 422

第二百二十三条　【抗诉书】…………………………………… 423

第二百二十四条　【检察员出庭】……………………………… 423

第十七章　督促程序 …………………………………………… 425

第二百二十五条　【支付令申请】……………………………… 425

第二百二十六条　【受理】……………………………………… 426

第二百二十七条　【支付令的审理、异议和执行】…………… 427

第二百二十八条　【终结督促程序】…………………………… 428

第十八章　公示催告程序 ……………………………………… 430

第二百二十九条　【适用范围】………………………………… 430

第二百三十条　【公告及期限】………………………………… 432

第二百三十一条　【停止支付】………………………………… 433

第二百三十二条　【申报票据权利】…………………………… 433

第二百三十三条　【公示催告判决】…………………………… 434

第二百三十四条　【利害关系人起诉】………………………… 434

第三编　执行程序

第十九章　一般规定 …………………………………………… 438

第二百三十五条　【执行根据、管辖】………………………… 438

第二百三十六条　【对违法执行行为的异议】………………… 440

第二百三十七条　【变更执行法院】…………………………… 442

第二百三十八条　【案外人异议】……………………………… 443

第二百三十九条　【执行机构、程序】………………………………………… 445

　　第二百四十条　【委托执行】……………………………………………… 446

　　第二百四十一条　【执行和解】…………………………………………… 447

　　第二百四十二条　【执行担保】…………………………………………… 449

　　第二百四十三条　【执行承担】…………………………………………… 450

　　第二百四十四条　【执行回转】…………………………………………… 451

　　第二百四十五条　【调解书执行】………………………………………… 452

　　第二百四十六条　【民事执行法律监督】………………………………… 452

第二十章　执行的申请和移送 …………………………………………………… 455

　　第二百四十七条　【申请执行和移送执行】……………………………… 455

　　第二百四十八条　【仲裁裁决执行】……………………………………… 456

　　第二百四十九条　【公证债权文书执行】………………………………… 462

　　第二百五十条　【申请执行期间】………………………………………… 462

　　第二百五十一条　【执行通知】…………………………………………… 465

第二十一章　执行措施 …………………………………………………………… 468

　　第二百五十二条　【被执行人报告义务】………………………………… 469

　　第二百五十三条　【查询、扣押、冻结、划拨、变价金融资产】……… 471

　　第二百五十四条　【扣留、提取被执行人收入】………………………… 474

　　第二百五十五条　【查封、扣押、冻结、拍卖、变卖被执行人财产】…… 475

　　第二百五十六条　【查封、扣押财产程序】……………………………… 478

　　第二百五十七条　【被查封财产的保管】………………………………… 479

　　第二百五十八条　【拍卖、变卖财产】…………………………………… 480

　　第二百五十九条　【搜查被执行人财产】………………………………… 484

　　第二百六十条　【指定交付】……………………………………………… 485

　　第二百六十一条　【强制迁出】…………………………………………… 486

　　第二百六十二条　【财产权证照转移】…………………………………… 488

　　第二百六十三条　【行为的执行】………………………………………… 488

　　第二百六十四条　【迟延履行】…………………………………………… 490

　　第二百六十五条　【继续履行】…………………………………………… 491

第二百六十六条 【对被执行人的限制措施】 …………………… 491

第二十二章 执行中止和终结 …………………… 493
第二百六十七条 【执行中止】 …………………… 493
第二百六十八条 【执行终结】 …………………… 495
第二百六十九条 【中止、终结裁定效力】 …………………… 500

第四编 涉外民事诉讼程序的特别规定

第二十三章 一般原则 …………………… 502
第二百七十条 【适用本法】 …………………… 502
第二百七十一条 【国际条约优先】 …………………… 503
第二百七十二条 【外交特权与豁免】 …………………… 504
第二百七十三条 【语言文字】 …………………… 506
第二百七十四条 【中国律师代理】 …………………… 506
第二百七十五条 【公证和认证】 …………………… 507

第二十四章 管　　辖 …………………… 509
第二百七十六条 【特殊地域管辖】 …………………… 509
第二百七十七条 【涉外协议管辖】 …………………… 512
第二百七十八条 【涉外应诉管辖】 …………………… 515
第二百七十九条 【涉外专属管辖】 …………………… 516
第二百八十条 【涉外民事案件管辖法院】 …………………… 519
第二百八十一条 【涉外管辖优先及例外】 …………………… 520
第二百八十二条 【涉外民事案件驳回起诉】 …………………… 522

第二十五章 送达、调查取证、期间 …………………… 525
第二百八十三条 【送达方式】 …………………… 525
第二百八十四条 【域外调查取证】 …………………… 530
第二百八十五条 【答辩期间】 …………………… 533
第二百八十六条 【上诉期间】 …………………… 534

第二百八十七条 【审理期限】……536

第二十六章 仲　裁 ……537

第二百八十八条 【涉外仲裁与诉讼关系】……538
第二百八十九条 【涉外仲裁保全】……539
第二百九十条 【涉外仲裁效力】……540
第二百九十一条 【涉外仲裁裁决不予执行】……541
第二百九十二条 【救济途径】……543

第二十七章 司法协助 ……544

第二百九十三条 【协助范围】……545
第二百九十四条 【协助途径】……546
第二百九十五条 【文本要求】……548
第二百九十六条 【协助程序】……548
第二百九十七条 【申请外国法院承认和执行】……549
第二百九十八条 【提出申请对外国法院裁决的承认和执行】……551
第二百九十九条 【审查对外国法院裁判的承认执行的申请】……553
第三百条 【不予承认和执行外国法院作出的发生法律效力的判决、裁定】……555
第三百零一条 【外国法院无管辖权】……558
第三百零二条 【中止诉讼】……561
第三百零三条 【救济】……564
第三百零四条 【外国仲裁裁决的承认和执行】……565
第三百零五条 【法律适用】……567
第三百零六条 【施行日期】……569

第二部分　附　录

全国人民代表大会常务委员会关于修改《中华人民共和国民事诉讼法》的决定……573
关于《中华人民共和国民事诉讼法（修正草案）》的说明……580

全国人民代表大会宪法和法律委员会关于《中华人民共和国民事诉讼法(修正草案)》审议结果的报告 ………… 586

全国人民代表大会宪法和法律委员会关于《全国人民代表大会常务委员会关于修改〈中华人民共和国民事诉讼法〉的决定(草案)》修改意见的报告 ………… 590

《中华人民共和国民事诉讼法》新旧条文序号对照表 ………… 592

第一部分　释　义

第一编 总 则

第一章 任务、适用范围和基本原则

第一条 中华人民共和国民事诉讼法以宪法为根据,结合我国民事审判工作的经验和实际情况制定。

【释义】 本条是关于民事诉讼法立法依据的规定。

民事诉讼法的立法依据有两个:一是法律根据,即以宪法为根据;二是事实根据,即立足于我国的实际情况,总结并结合民事审判工作的经验。

一要根据宪法。宪法是国家的根本法,是国家一切法律法规的总依据、总源头。习近平总书记指出,坚持依法立法,最根本的是坚持依宪立法,坚决把宪法规定、宪法原则、宪法精神贯彻到立法中,体现到各项法律法规中。我国宪法明确规定,中华人民共和国人民法院是国家的审判机关;人民法院审理案件,除法律规定的特别情况外,一律公开进行;人民法院依照法律规定独立行使审判权,不受行政机关、社会团体和个人的干涉;中华人民共和国人民检察院是国家的法律监督机关。民事诉讼法的制定要以宪法为依据,体现宪法的原则,将宪法原则和规定具体化,以保障宪法的贯彻实施。

二要结合我国民事审判工作的经验和实际情况。近年来,公民、法人和其他组织通过诉讼请求人民法院保护其民事权益的案件大量增加。据最高人民法院统计,2018年至2022年的5年中,全国各级人民法院共审结一审民事案件4583.3万件。人民法院通过审理大量的民事案件,积累了丰富的实践经验。同时,随着我国经济社会的快速发展,民事审判工作也面临一些新情况和新问题。因此,民事诉讼法的制定和修改,需要结合行之有效、比较成熟的审判工作经验,结合经济社会发展和社会治理中出现的新情况、新问题,使民事诉讼法符合我国国情和实际,在司法实践中切实可行。

2023年修改民事诉讼法,重点是对涉外民事诉讼程序规则进行修改完善,需要结合我国涉外民事审判工作的实践经验和实际情况,作出有针对性的规定。进入新时代以来,我国经济实力实现历史性跃升。伴随着高水平对外开放的持续推进,人民法院审理的涉外民商事案件数量快速攀升。据最高人民法院统计,2018年至2022年的5年中,全国各级人民法院共审结涉外商事案件9.5万件,覆盖全球100多个国家和地区。同时,司法实践中面临的管辖权国际冲突等问题愈加复杂,现有涉外民事诉讼程序的功能定位、制度设计已难以满足公正、高效、便捷解决涉外民商事纠纷和维护国家主权、安全、发展利益的需要。针对这一问题,修改后的民事诉讼法在扩大涉外管辖类型、完善案件管辖规则,提升解决争议效率、丰富涉外送达手段等方面对现行民事诉讼法的相关规定作了有针对性的修改完善。

第二条 中华人民共和国民事诉讼法的任务,是保护当事人行使诉讼权利,保证人民法院查明事实,分清是非,正确适用法律,及时审理民事案件,确认民事权利义务关系,制裁民事违法行为,保护当事人的合法权益,教育公民自觉遵守法律,维护社会秩序、经济秩序,保障社会主义建设事业顺利进行。

【释义】 本条是关于民事诉讼法立法任务的规定。

民事诉讼法是调整民事诉讼活动的法律规范,是人民法院和当事人必须遵守的行为准则。明确民事诉讼法的立法任务,对于贯彻实施好这部法律具有重要意义。

根据本条的规定,民事诉讼法的立法任务体现在三个方面:

第一,保护当事人行使诉讼权利。诉讼权利是民事主体的一项基本权利。公民、法人和其他组织在其民事实体权利受到侵害或者发生争议时,有权请求人民法院给予司法保护和救济。当事人行使诉讼权利对于民事诉讼的开始、进行和终结有很大的影响。因此,民事诉讼法的首要任务就是要为当事人行使诉讼权利提供可靠的法律保障,使当事人在进行民事诉讼时有法可依,知道自己在民事诉讼过程中有哪些权利,以便能够充分、有效地行使,保护自己的合法权益。

第二,保证人民法院查明事实,分清是非,正确适用法律,及时审理民事案件。民事诉讼是通过诉讼途径解决民事纠纷,保护当事人合法权益。因此,在整个诉讼过程中人民法院起决定性作用,保证人民法院正确、及时审理民事案件是民事诉讼法的一项基本任务。人民法院审理民事案件首先要查明案情,只有查明案情,才能分清是非,而要查明案情,则必须按照民事诉讼法规定的程序进行,如审查证据、开庭审理等,如果没有一个统一的程序,审判人员各行其是,必然会影响办案质量。审理民事案件,不仅要查明事实,分清是非,还要在此基础上正确适用有关民事实体法,衡量和裁决当事人之间的权利和义务关系。此外,人民法院审理案件还要做到及时、不拖延,以利于及时化解矛盾纠纷,使当事人受损的民事权利得到及时救济,这对保护当事人的合法权益,稳定社会生活秩序和经济秩序都具有重要意义。

第三,确认民事权利义务关系,制裁民事违法行为,保护当事人的合法权益,教育公民自觉遵守法律,维护社会秩序、经济秩序,保障社会主义建设事业的顺利进行。人民法院审理民事案件就是要确认当事人双方的民事权利关系,保护当事人的合法权益,并对违法的当事人给予制裁。

一是确认民事权利义务关系。当事人之间在民事权利义务关系上产生了纠纷,如果不能通过协商、调解、仲裁等方式解决,就需要到人民法院进行民事诉讼。人民法院通过居中裁判,对产生争议的民事权利义务关系进行确认,从而起到定分止争的作用,保护民事权利受到侵害的当事人一方能够实现权利救济。民事诉讼提供了一个公正、独立的法律机制,使当事人能够通过人民法院来解决他们之间的争议,既保障了他们的合法权益,也维护了社会秩序。

二是制裁民事违法行为。人民法院在审理民事纠纷案件过程中,针对一方或双方当事人的民事违法行为,可以依照民事诉讼法的有关规定予以民事制裁,以维护诉讼秩序。例如,当事人之间恶意串通,企图通过诉讼、调解等方式侵害国家利益、社会公共利益、他人合法权益,或者当事人单方捏造民事案件基本事实,向人民法院提起诉讼,企图侵害国家利益、社会公共利益、他人合法权益的,人民法院应当驳回其请求,并根据情节轻重予以罚款、拘留;构成犯罪的,依法追究刑事责任。被执行人与他人恶意串通,通过诉讼、仲裁、调解等方式逃避履行法律文书确定的义务的,人民法院应当根据情节轻重予以罚款、拘留;构成犯罪的,依法追究刑事责任。再如,依据民事诉讼法

第114条的规定,诉讼参与人或者其他人有下列6种行为之一的,人民法院可以根据情节轻重予以罚款、拘留;构成犯罪的,依法追究刑事责任:其一,伪造、毁灭重要证据,妨碍人民法院审理案件的;其二,以暴力、威胁、贿买方法阻止证人作证或者指使、贿买、胁迫他人作伪证的;其三,隐藏、转移、变卖、毁损已被查封、扣押的财产,或者已被清点并责令其保管的财产,转移已被冻结的财产的;其四,对司法工作人员、诉讼参加人、证人、翻译人员、鉴定人、勘验人、协助执行的人,进行侮辱、诽谤、诬陷、殴打或者打击报复的;其五,以暴力、威胁或者其他方法阻碍司法工作人员执行职务的;其六,拒不履行人民法院已经发生法律效力的判决、裁定的。单位有上述行为之一的,人民法院可以对其主要负责人或者直接责任人员予以罚款、拘留;构成犯罪的,依法追究刑事责任。

三是保护当事人的合法权益。这里的"合法权益",既包括民事权利等民事方面的合法权益,也包括选举权等其他方面的合法权益。根据民法典的规定,民事权利包括自然人、法人、非法人组织等民事主体享有的人身权利和财产权利。除了保护当事人的民事权利外,民事诉讼法还通过选民资格案件的特别程序等规定,保护当事人的选举权等政治权利不受侵犯。民事诉讼法第188条、第189条规定,公民不服选举委员会对选民资格的申诉所作的处理决定,可以在选举日的5日以前向选区所在地基层人民法院起诉。人民法院受理选民资格案件后,必须在选举日前审结。审理时,起诉人、选举委员会的代表和有关公民必须参加。人民法院的判决书,应当在选举日前送达选举委员会和起诉人,并通知有关公民。这些规定,为选举权受到侵害的公民寻求法律救济提供了保障。

民事诉讼法的上述三项任务,互相联系,是同一问题的不同侧面的反映,相辅相成,前两项任务是后一项任务的前提,后一项任务是前两项任务的必然延伸,共同实现民事诉讼法的立法目的。

通过民事诉讼及时解决民事纠纷,有利于提高社会公众的法治观念,增强遵守法律的自觉性,也有利于维护社会秩序、经济秩序,建设社会主义和谐社会,保障社会主义建设事业的顺利进行。

第三条 人民法院受理公民之间、法人之间、其他组织之间以及他们相互之间因财产关系和人身关系提起的民事诉讼,适用本法的规定。

【释义】 本条是关于民事诉讼法适用范围的规定。

民事诉讼法作为一部法律，应当明确其适用范围。也就是说，我国的民事诉讼法在什么范围内适用，对什么主体、什么案件适用。

根据本条的规定，公民之间、法人之间、其他组织之间以及他们相互之间因财产关系和人身关系提起的民事诉讼，均适用本法的规定。

民事诉讼法的适用主体包括公民、法人和其他组织：

一是公民。公民，是指具有一个国家国籍，并根据该国的宪法和法律规定享有权利并承担义务的人。随着高水平对外开放的持续推进，越来越多的外国人和无国籍人在我国参加民事诉讼，民事诉讼法也适用于这些在我国参加民事诉讼的外国人、无国籍人。

二是法人。法人是指具有民事权利能力和民事行为能力，依法独立享有民事权利和承担民事义务的组织。法人具有如下特点：第一，法人不是自然人，属于社会组织，是一种集合体，由法律赋予该组织独立的法律人格。法人可以是人的集合体，也可以是财产的集合体。第二，具有民事权利能力和民事行为能力。法人可以自己的名义，通过自身的行为享有和行使民事权利，设定和承担民事义务。法人的民事权利能力和民事行为能力，从法人成立时产生，到法人终止时消灭。第三，依法独立享受民事权利、承担民事义务。法人有自己独立的民事主体地位，可以自己的名义独立从事民事活动，享有民事权利，承担民事义务。第四，独立承担民事责任。法人以其全部财产独立承担民事责任，能否独立承担民事责任，是区别法人组织和非法人组织的重要标志。法人包括三大类：营利法人、非营利法人和特别法人。以取得利润分配给股东等出资人为目的成立的法人，为营利法人，包括有限责任公司、股份有限公司和其他企业法人等。为公益目的或者其他非营利目的成立，不向出资人、设立人或者会员分配所取得利润的法人为非营利法人，包括事业单位、社会团体、基金会、社会服务机构等。机关法人、农村集体经济组织法人、城镇农村的合作经济组织法人、基层群众性自治组织法人，为特别法人。法人应当依法成立，有自己的名称、组织机构、住所、财产或者经费。法人成立的具体条件和程序，依照法律、行政法规的规定。

三是其他组织。其他组织是指不具备法人资格的非法人组织。非法人组织具有如下特点：(1)虽然不具有法人资格，但能够依法以自己的名义从事民事活动。这类组织没有法人资格，不能独立承担民事责任，是介于自然人和法人之间的一种社会组织。但该类组织具有民事权利能力和民事行为能力,能够以自己的名义从事民事活动。(2)依法成立。非法人组织在设立程序上须履行法定的登记手续,经有关机关核准登记,这是非法人组织的合法性要件。只有依法成立的非法人组织才具有民事权利能力和民事行为能力。(3)有一定的组织机构。非法人组织拥有符合法律规定的名称、固定的从事生产经营等业务活动的场所,以及相应的组织管理机构和负责人,使之能够以该组织的名义对外从事相应的民事活动。(4)有一定的财产或经费。虽然非法人组织不能独立承担民事责任,法律也不要求其有独立的财产,但由于它是经依法登记的组织,可以以自己的名义对外从事民事活动,享受民事权利、承担民事义务,因此它应该有与其经营活动和经营规模相适应的财产或者经费,作为其参与民事活动,享受民事权利、承担民事义务的物质基础和财产保证。应当指出的是,非法人组织的财产或经费,与法人的财产或者经费不同,即它不是独立的,是其所属法人或公民财产的组成部分,归该法人或公民所有。(5)不具有独立承担民事责任的能力。由于非法人组织没有独立的财产或经费,因而它不具有独立承担民事责任的能力。该类组织与法人的最大区别,就是不能独立承担民事责任,当其因对外进行民事活动而需要承担民事责任时,如其自身所拥有的财产能够承担责任,则由其自身承担;如其自身所拥有的财产不足以承担责任时,则由其出资人或设立人承担连带责任。非法人组织的范围包括个人独资企业、合伙企业、不具有法人资格的专业服务机构,如律师事务所、会计师事务所等。

　　公民、法人和其他组织提起民事诉讼的范围包括因财产关系和人身关系而产生的纠纷。财产关系,是指基于财产权利而形成的相互关系。财产权利一般包括物权、债权(合同之债、侵权之债、无因管理和不当得利之债)、知识产权、股权、股票、债券、基金等投资性权利、继承权,以及法律规定的其他民事权利和利益。人身关系,是指基于人身权利而形成的相互关系。人身权利一般包括人格权和身份权。人格权,是自然人享有的生命权、身体权、健康权、姓名权、肖像权、名誉权、荣誉权、隐私权,以及基于人身自由、人格尊严产生的其他人格权益,如个人信息受保护的权益。此外,法人和其他组织也享有名称权、名誉权、荣誉权这三项人格权。身份权包括亲权、配偶权、亲属权等因婚姻家庭关系等产生的人身权利。

第四条　凡在中华人民共和国领域内进行民事诉讼,必须遵守本法。

【释义】　本条是关于民事诉讼法空间效力的规定。

民事诉讼法的空间效力,是指这部法律在什么地方有效。根据本条规定,凡在中华人民共和国领域内进行的民事诉讼,都适用本法。中华人民共和国领域包括领土、领海和领空。无论该民事纠纷是否发生在我国领域内,无论诉讼主体是中国公民、法人和其他组织还是外国人、无国籍人、外国企业和组织,只要是在中华人民共和国领域内进行民事诉讼活动,都必须遵守本法。

本条规定是民事诉讼法空间效力的一般规定,有两点需要注意。

第一,我国是统一的多民族国家,考虑到少数民族地区存在自己的特殊情况和特殊需要,本法第17条规定,民族自治地方的人民代表大会根据宪法和本法的原则,结合当地民族的具体情况,可以制定变通或者补充规定并在当地适用。

第二,在实行"一国两制"的地区,根据特别法的规定而不适用民事诉讼法。例如,根据香港特别行政区基本法第18条的规定,全国性法律除列于本法附件三之外,不在香港特别行政区实施。而民事诉讼法并未列入附件三,因此,在香港特别行政区内进行的民事诉讼活动,应当适用当地有关民事诉讼的法律。同样,根据澳门特别行政区基本法的规定,民事诉讼法也不在澳门特别行政区适用。

第五条　外国人、无国籍人、外国企业和组织在人民法院起诉、应诉,同中华人民共和国公民、法人和其他组织有同等的诉讼权利义务。

外国法院对中华人民共和国公民、法人和其他组织的民事诉讼权利加以限制的,中华人民共和国人民法院对该国公民、企业和组织的民事诉讼权利,实行对等原则。

【释义】　本条是关于涉外民事诉讼同等原则和对等原则的规定。

外国人、无国籍人、外国企业和组织在人民法院起诉、应诉,属于涉外诉讼。一般认为,涉外民事诉讼,是指具有涉外因素的民事诉讼。所谓涉外因素一般是指具有以下3种情况之一:一是诉讼主体涉外,即诉讼一方或者双方当事人是外国人、无国籍人或者外国企业、外国组织,或者当事人一方或者双方的经常居住地在中华人民共和国领域外;二是作为诉讼标的的法律事实涉外,即引起当事人之间民事关系发生、变更、消灭的法律事实发生在中华人民共和国领域外;三是诉讼标的物涉外,即当事人之间争议的标的物在国外。具备上述三个因素之一的民事诉讼,一般认为属于涉外民事诉讼。本条规定的情况就属于诉讼主体具有涉外因素的涉外民事诉讼。

涉外民事诉讼同样适用民事诉讼法中规定的基本原则。但是,由于涉外民事诉讼的特殊性,本条也规定了适用涉外民事诉讼的特殊原则,即同等原则和对等原则,这两项原则也符合国际通行做法。

一、同等原则

本条第 1 款规定,外国人、无国籍人、外国企业和组织在我国领域内进行民事诉讼,享受与中华人民共和国公民、法人和其他组织同等的诉讼权利和义务。这一规定有两层含义:一是外国人、无国籍人、外国企业和组织与中国公民、法人和其他组织按照我国实体法和程序法的规定,有同等的诉讼权利能力和诉讼行为能力;二是外国人、无国籍人、外国企业和组织在人民法院起诉、应诉,享有与中国公民、法人和其他组织同等的民事诉讼权利,承担相同的民事诉讼义务,不能因其是外国人或者外国企业而有所歧视或者给予特殊照顾,这也是国际上的一个惯例。

二、对等原则

本条第 2 款规定,外国法院对中华人民共和国公民、法人和其他组织的民事诉讼权利加以限制的,我国人民法院对该国公民、企业和组织的民事诉讼权利也实行同等限制。对等原则是国际关系中的一项基本原则,也是对外处理国际事务的一项基本政策,主要是为了各国间相互尊重主权,有利于各国间平等交往。我国在涉外民事诉讼中实行对等原则,一方面可以维护我国的主权,另一方面也能保护我国的公民、法人和其他组织在国外进行民事诉讼时的合法权益。例如,我国公民在某国进行民事诉讼,该国法院对我国公民采取歧视态度,不允许我国公民委托诉讼代理人,那么,人民法院在审理该国公民的民事诉讼案件时,也同样不允许该国公民委托诉讼代理人。

第六条　民事案件的审判权由人民法院行使。

人民法院依照法律规定对民事案件独立进行审判，不受行政机关、社会团体和个人的干涉。

【释义】　本条是关于民事案件审判权的规定。

审判权是对案件进行审理并作出裁判的权力。审判权属于国家权力的重要组成部分。我国宪法第128条规定，中华人民共和国人民法院是国家的审判机关；第131条规定，人民法院依照法律规定独立行使审判权，不受行政机关、社会团体和个人的干涉。审判权由人民法院行使，人民法院独立进行审判是我国重要的宪法原则，不仅适用于民事诉讼法，也适用于刑事诉讼法和行政诉讼法。本条规定了两个原则，即民事案件的审判权由人民法院统一行使原则和人民法院独立进行审判的原则。

一、民事案件的审判权统一由人民法院行使

根据国家机关职权的分工，宪法赋予人民法院统一行使审判权。统一行使民事案件的审判权，一是指民事案件由各级人民法院和各专门人民法院审理，其他任何机关都无权行使民事案件的审判权；二是指由人民法院行使审判权，而不是由某个审判员或者人民法院某个审判庭拥有审判权。

二、人民法院依照法律规定对民事案件独立进行审判

人民法院独立行使审判权，不受行政机关、社会团体和个人的干涉，是司法公正的重要保证。行政机关、社会团体和个人不得干涉人民法院依法独立行使审判权，即任何行政机关、社会团体和个人不得以权代法、以言代法或者拉关系、走后门，干涉人民法院的审判活动。如果有干涉的情形发生，人民法院及审判人员应当坚决抵制，不徇私情，秉公处理，依法办案。当然，人民法院依法独立审判民事案件并不排除人民代表大会及其常务委员会、上级人民法院依法对人民法院的审判工作进行监督，这与干涉是性质截然不同的两回事。需要注意的是，人民法院虽然是独立行使审判权，但必须依照法律规定，并非任意活动、自由裁量。这里的法律，包括实体法和程序法。

第七条　人民法院审理民事案件，必须以事实为根据，以法律为准绳。

【释义】　本条是关于以事实为根据,以法律为准绳原则的规定。

"以事实为根据,以法律为准绳"原则是我国诉讼法的基本原则之一。我国民事诉讼法、行政诉讼法和刑事诉讼法均规定,司法机关办理案件,必须以事实为根据,以法律为准绳,这是司法公正的重要体现。人民法院只有坚持实事求是,以充分确凿的事实作为判案的根据,用法律这个尺度来衡量,以法律作为定案的准绳,才能做到不枉不纵,公正无私,保证公正的审判。

"以事实为根据,以法律为准绳",是我国司法实践经验的总结,其伴随着我国革命和建设事业的发展,从产生到不断走向成熟完善。"以事实为根据,以法律为准绳"这一原则在我国司法实践中的运用可以追溯到革命根据地时期的司法审判工作中。在抗日战争时期的陕甘宁边区获得巨大成功的"马锡五审判方式",就是将发现案件客观事实作为审判工作的最主要任务,将询问、走访、座谈和征求群众意见作为获取证据和了解案情的主要手段,形成了追求实体正义的司法观。中华人民共和国成立后,随着我国宪法、人民法院组织法的颁布,人民法院的审判工作逐步走向正轨。在1956年召开的第三届全国司法工作会议上,彭真同志第一次提出审判案件要遵循"事实是根据,法律是准绳"的原则,强调审理案件只能依据客观事实,而决不能以主观想象和推测为依据。同时,在查清事实的基础上,以国家的法律为标准,对案件作出正确的处理。至此,"事实是根据,法律是准绳",就成为人民法院审理案件的基本准则,对于保证审判质量,维护当事人的合法权益,防止冤假错案的产生,发挥了极重要的作用。在1957年反右斗争以后,特别在"大跃进"时期,由于"左"的思想和法律虚无主义的影响,"事实是根据,法律是准绳"原则受到了冲击,直到1962年最高人民法院重新强调"人民法院在审判案件时,只能根据案件的事实,依照党中央和国家的政策、法律进行判决",才使人民法院的审判工作重新走上正确轨道。但令人痛心的是,在长达10年的"文化大革命"中,由于社会主义法制遭到巨大破坏,"事实是根据,法律是准绳"原则也被否定,造成了大批冤假错案。粉碎"四人帮"以后,随着司法领域拨乱反正,"以事实为根据,以法律为准绳"原则重新得到确认,被明文规定在我国1979年制定的刑事诉讼法、1982年制定的民事诉讼法(试行)和1989年制定的行政诉讼法中。时至今日,"以事实为根据,以法律为准绳"原则已经成为我国三大诉讼法,即刑事诉讼法、民事诉讼法、行政诉讼法均明文规定的基本原则之一,司法机关无论办理哪类案件,都必须以事实为根据,以法律为准绳。

本条的规定可以从以下两个方面来理解：

第一，以事实为根据就是要求人民法院在审理民事案件时，应当依照法定程序认定案件的事实，切忌主观片面。以事实为根据，一是要审查当事人提供的证据；二是对于当事人及其诉讼代理人因客观原因不能自行收集证据的，人民法院应当主动调查收集；三是对于作为认定事实的证据，人民法院应当向当事人双方出示，经过当事人双方质证、辩论，由人民法院审查属实，才能作为定案的根据。

第二，以法律为准绳就是要求人民法院在认定事实的基础上，以法律为客观尺度来分清是非，确认当事人的民事权利和义务，不能以言代法、以权代法，也不能主观臆断，任意曲解法律。

总之，以事实为根据，以法律为准绳是相互联系的。以事实为根据是公正审理民事案件的基础，以法律为准绳是正确解决民事纠纷的依据，二者缺一不可，只有把两者有机结合起来，才能准确查明案情，正确作出裁决，公正地解决民事纠纷，保护当事人合法权益。

第八条　民事诉讼当事人有平等的诉讼权利。人民法院审理民事案件，应当保障和便利当事人行使诉讼权利，对当事人在适用法律上一律平等。

【释义】　本条是关于民事诉讼权利平等原则的规定。

我国宪法明确规定，中华人民共和国公民在法律面前一律平等。本条规定民事诉讼当事人有平等的诉讼权利，人民法院对诉讼当事人在适用法律上一律平等，这是宪法规定在民事诉讼法上的体现。

本条主要包括以下三层含义。

一、民事诉讼当事人有平等的诉讼权利

民事诉讼当事人有平等的诉讼权利主要体现在不论当事人的民族、种族、性别、职业、社会出身、宗教信仰、教育程度、财产状况等有什么不同，也不论当事人是法人还是自然人，当他们作为民事诉讼的当事人时，其诉讼权利就是平等的。所谓"诉讼权利"，是指民事诉讼法中规定的当事人所应享有

的一切权利。如双方当事人都有权委托代理人,申请回避,收集、提供证据,进行辩论,请求和解,申请再审,申请执行等。同样,双方当事人都有履行民事诉讼法规定的义务,如遵守诉讼程序,履行发生法律效力的判决、裁定和调解书。人民法院在审判工作中,应当保障当事人平等地行使诉讼权利,要求当事人依法履行诉讼义务。需要说明的是,诉讼权利平等并不意味着原告、被告双方享有的权利完全相同,如原告享有起诉权,被告享有应诉权和反诉权。当事人双方的权利义务对等,体现了当事人双方的权利义务的平等。

二、人民法院应当保障和便利诉讼当事人行使诉讼权利

人民法院是司法机关,当事人通过向法院提起民事诉讼来保护自己的民事权利。因此,保障和便利诉讼当事人行使诉讼权利,是人民法院义不容辞的责任。所谓"保障诉讼当事人行使诉讼权利",是指人民法院在审理民事案件时,要使当事人的诉讼权利能够切实得到行使。例如,民事诉讼法第129条规定,人民法院对决定受理的案件,应当在受理案件通知书和应诉通知书中向当事人告知有关的诉讼权利义务,或者口头告知。又如,民事诉讼法第140条第2款中规定,开庭审理时,审判长或者独任审判员应当告知当事人有关的诉讼权利义务,询问当事人是否提出回避申请。所谓"便利诉讼当事人行使诉讼权利",是指人民法院在审理民事案件时,要给当事人提供必要的便利条件,以便当事人行使其诉讼权利。例如,民事诉讼法第123条规定,当事人提起诉讼而书写起诉状确有困难的,可以口头起诉,由人民法院记入笔录,并告知对方当事人。又如,民事诉讼法第138条规定,人民法院审理民事案件,可以根据需要进行巡回审理,就地办案。

三、人民法院对诉讼当事人在适用法律上一律平等

人民法院在审理民事案件时,对于当事人,不分民族、种族、性别、职业、社会出身、宗教信仰、教育程度、财产状况等,在适用实体法和程序法上都要一律平等,不允许有任何特权,也不允许有任何歧视。

第九条　人民法院审理民事案件,应当根据自愿和合法的原则进行调解;调解不成的,应当及时判决。

【释义】 本条是关于人民法院审理民事案件调解原则的规定。

本条规定的"调解",是指双方当事人在人民法院的主持下,本着互谅互让的精神,在自愿的基础上达成协议,以使双方的争议得以解决。调解在民事诉讼活动中的各个阶段,包括起诉阶段、开庭审理前准备阶段、调查阶段、辩论阶段以及上诉阶段都可以进行。本法第八章"调解"专章规定了调解制度,明确了人民法院审理民事案件,根据当事人自愿的原则,在事实清楚的基础上,分清是非,进行调解。人民法院进行调解,可以由审判员一人主持,也可以由合议庭主持,并尽可能就地进行。

调解达成协议,人民法院应当制作调解书,调解书经双方当事人签收后,即具有法律效力。对涉及调解和好的离婚案件、调解维持收养关系的案件、能够即时履行的案件,以及其他不需要制作调解书的案件达成的调解协议,人民法院可以不制作调解书,但应当记入笔录,由双方当事人、审判人员、书记员签名或者盖章后,即具有法律效力。以调解方式解决民事纠纷是我国民事诉讼中的优良传统和成功经验,它体现了我国民事诉讼法的特点。对双方当事人来说,和解息讼无胜诉败诉之分,不伤感情,有利于执行,也有利于减少新的纠纷;对人民法院而言,通过调解解决纠纷,有利于节省司法资源。

关于对人民法院主持调解制度的理解,需要注意以下两点:

第一,人民法院主持的调解不同于当事人和解。当事人和解是指当事人在诉讼进行中,通过自愿协商达成和解协议,从而解决纠纷,结束诉讼的活动。和解的开始、进行以及和解协议的达成,完全取决于双方当事人的自愿,没有审判人员的主持。和解协议是双方当事人行使处分权的结果。

第二,人民法院主持的调解不同于人民调解。人民调解是指人民调解委员会通过说服、疏导等方法,促使当事人在平等协商基础上自愿达成调解协议,解决民间纠纷的活动。人民法院主持的调解与人民调解存在如下不同:一是调解机构性质不同。人民调解委员会是依法设立的调解民间纠纷的群众性组织,而人民法院是国家审判机关。二是调解人员的地位不同。人民调解员由人民调解委员会委员和人民调解委员会聘任的人员担任,人民法院的调解人员是行使国家审判权的审判人员。三是调解的性质不同。人民调解没有进入诉讼程序,不具有诉讼性质,不是诉讼活动;人民法院主持的调解属于诉讼内调解,调解书经双方当事人签收后,即具有法律效力。四是达成调解协议的性质与效力不同。人民调解委员会主持下达成的调解协议具有法律约束力,双方当事人应当按照约定自觉履行协议,但调解协议在未经司法确认之前,没有强制执行的效力。如果当事人之间就调解协议的履行或者调解协议的内容发生争议,一方当事人可以向人民法院提起诉讼。调解协议达成后,双方当事人认为有必要,可以自调解协议生效之日起30日内,共同向人民法院申请司法确认。人民法院确认调解协议有效的,一方当事人拒绝履行或者未全部履行的,对方当事人可以向人民法院申请强制执行。人民法院依法确认调解协议无效的,当事人可以通过人民调解方式变更原调解协议或者达成新的调解协议,也可以向人民法院提起诉讼。而人民法院主持调解达成的协议和形成的调解书,是国家审判机关行使审判权解决民事纠纷的结论,所形成的司法文书,一经合法送达当事人,立即发生法律效力,不允许反悔,也不允许以同一诉讼请求再向人民法院提起诉讼或上诉,它与生效判决有同等法律效力,人民法院可以依当事人的申请强制执行。

针对有的审判人员将调解当作民事诉讼的必经程序,有的片面追求调解结案率,甚至出现违背当事人意愿强行调解、违法调解的情况,本条明确了调解应当自愿和合法的原则。

所谓"自愿",是指在调解过程中,双方当事人是完全自愿的,不被勉强的,包括是否要调解、调解的内容都由当事人双方自己决定,审判人员不得用任何强迫或者变相强迫的方法迫使当事人必须接受调解或者接受对方当事人、审判人员提出的条件,更不能"以判压调",即你若不服从审判人员的调解,作出判决对你更不利。自愿一般有两种情形:一种是双方当事人在诉讼开始时就自愿调解;另一种是双方当事人在诉讼开始时或者进行中,针锋相对,互不相让,经过审判人员劝导和讲解法律,双方当事人开始互相谅解,自愿达成调解协议。审判人员对有可能调解的案件,应当积极做好双方当事人的工作,在事实清楚的基础上,分清是非,促使当事人互相谅解,达成调解协议。对于调解不成的,应当及时判决。

所谓"合法",是指调解应当以法律为准绳,调解程序、调解方法和调解内容都不得违反法律,不得损害国家、集体和他人的合法权益。因此,调解协议应当由人民法院审查同意,制作成调解书,由审判人员、书记员署名,并加盖人民法院印章,送达双方当事人,经双方当事人签收后,才具有法律效力;对不需要制作调解书的协议,应当记入笔录,由双方当事人、审判人员、书记员签名或者盖章后才具有法律效力。

民事诉讼法第99条明确规定,调解达成协议,必须双方自愿,不得强迫。调解协议的内容不得违反法律规定。调解只有遵循自愿、合法的原则,才能保证调解质量,真正实现宁事息讼。对于那种强迫调解、违法调解的情况,应当予以纠正,否则不利于纠纷的彻底解决,甚至容易激化矛盾或者增加新的矛盾。

第十条　人民法院审理民事案件,依照法律规定实行合议、回避、公开审判和两审终审制度。

【释义】　本条是关于审理民事案件实行合议、回避、公开审判和两审终审制度的规定。

为了保证民事案件的公正、及时审理,民事诉讼法结合我国的民事审判活动的实际情况和成功经验,规定了民事审判活动的四项基本制度:合议制度、回避制度、公开审判制度和两审终审制度。

1.合议制度。合议制度是民主集中制在人民法院审理案件时的具体体现。具体要求是:人民法院在审理第一审民事案件时,除适用简易程序审理的民事案件和基层人民法院审理的基本事实清楚、权利义务关系明确的第一审民事案件,以及中级人民法院对第一审适用简易程序审结或者不服裁定提起上诉的第二审民事案件,事实清楚、权利义务关系明确的,经双方当事人同意,可以由审判员一人独任审理外,其他案件都由审判员或者审判员与人民陪审员组成合议庭进行审理。合议庭的组成人员必须是单数,至少3人以上。

在普通程序中,合议庭的组成有两种形式:

第一,由审判员和人民陪审员共同组成。根据人民陪审员法的规定,人民法院审判第一审民事案件,除法律规定由法官独任审理或者由法官组成合议庭审理的外,有下列情形之一的,由人民陪审员和法官组成合议庭进行:(1)涉及群体利益、公共利益的;(2)人民群众广泛关注或者其他社会影响较大的;(3)案情复杂或者有其他情形,需要由人民陪审员参加审判的。人民陪审员法还规定,人民法院审判民事公益诉讼案件和涉及征地拆迁、生态环境保护、食品药品安全,社会影响重大的案件,以及其他社会影响重大的案件,由人民陪审员和法官组成7人合议庭进行。人民陪审员在依法参加审判活动时,除法律另有规定外,与法官有同等的权利。根据人民陪审员法的规定,人民陪审员参加3人合议庭审判案件,对事实认定、法律适用,独立发表意见,行使表决权。人民陪审员参加7人合议庭审判案件,对事实认定,独立发表意见,并与法官共同表决;对法律适用,可以发表意见,但不参加表决。

第二,由审判员组成合议庭。在第一审程序中,除上述依法应由人民陪审员参加审判的案件外,均由审判员组成合议庭进行审理。在第二审程序中,合议庭由审判员组成;在再审程序中,再审案件原来是第二审程序的,按第二审程序另行组成合议庭;在特别程序中,只要是要求对案件的审理实行合议制的,合议庭都由审判员组成。合议庭的审判工作,由审判长负责主持。审判长由院长或庭长担任,院长或庭长未参加审判的,由院长或者庭长指定合议庭中的审判员一人担任。

合议庭评议,实行少数服从多数的原则。评议中的不同意见,必须如实记入评议笔录。实行合议制度可以充分发挥审判人员的集体智慧,集思广益,同时,还可以防止审判人员独断专行,保证案件公正审判。

2. 回避制度。回避制度是指审判人员和其他有关人员,出现可能影响案件公正审理的事由,依法退出民事诉讼活动的一种制度。实行回避制度是保障当事人的合法权利,实现诉讼公正的必然要求。

民事诉讼法第一编第四章专章规定了回避制度。具体内容包括:一是应当回避的法定情形,包括是本案的当事人或者当事人、诉讼代理人的近亲属,或者与本案有利害关系,或者与本案的当事人、诉讼代理人有其他关系,可能影响对案件公正审理的。二是回避制度的适用对象,包括审判员、人民陪审员等审判人员、法官助理、书记员、司法技术人员、翻译人员、鉴定人和勘验人。三是启动回避制度的方式包括自行回避和申请回避。审判员、人民陪审员等审判人员、法官助理、书记员、司法技术人员、翻译人员、鉴定人和勘验人有上述应当回避的法定情形之一的,应当自行回避,当事人也有权以口头或者书面方式申请他们回避。四是决定回避的主体。院长担任审判长或者独任审判员时的回避,由审判委员会决定;审判人员的回避,由院长决定;其他人员的回避,由审判长或者独任审判员决定。实行回避制度可以保证审判人员公正审理,依法办案,避免以权谋私或者徇私枉法、违法审判,从而更好地保护当事人的合法权益。

3. 公开审判制度。公开审判制度是指人民法院审理案件时,除法律规定可以不公开的以外,公开进行,允许公民到法庭旁听,允许新闻记者采访报道,也就是把庭审的全过程,除了休庭评议之外都公之于众。审判公开的对象既包括向当事人公开,也包括向社会公开。公开审判是一项宪法原则,是社会主义民主的体现。我国宪法第 130 条明确规定,人民法院审理案件,除法律规定的特别情况外,一律公开进行。根据宪法这一规定,民事诉讼法、刑事诉讼法、行政诉讼法均确立了公开审判原则。其中,民事诉讼法第 137 条明确规定,人民法院审理民事案件,除涉及国家秘密、个人隐私或者法律另有规定的以外,应当公开进行。离婚案件、涉及商业秘密的案件,当事人申请不公开审理的,可以不公开审理。公开审判制度的确立,是诉讼制度走向民主、文明的标志,具有重要意义:

一是有利于加强人民群众对司法审判活动的监督。实行公开审判制度,可以将人民法院的审判活动置于人民群众的监督之下。人民是国家的主人,他们完全有权了解、监督人民法院行使审判权的过程。人民法院通过行使审判权对民事纠纷进行裁决,确认民事权利义务关系,制裁民事违法行为,事关当事人的合法权益能不能得到法律的保护,事关社会秩序、经济秩序能不能得到有效维护。为确保审判公正,有必要对审判权的行使进行监督。确立公开审判制度,可以为人民群众监督审判权的行使创造条件。

二是有利于增加审判透明度,增强审判人员的责任感,保证审判质量,防止司法腐败。公开审判意味着在审理案件的过程中除合议庭评议环节外,所有的审判活动都是公开进行的,审判人员能否通过当事人的举证、质证、展开辩论,进而查明案件事实,分清是非,正确适用法律,作出公正的判决,都处在旁听群众和新闻媒体的监督之下。这一方面有利于增强审判人员的责任感,促使其不断提高专业素质和能力,确保审判质量;另一方面,也有利于在制度上消除或减少司法腐败赖以生存的机会和条件。审判公开制度要求作为法庭判决基础的证据、事实必须经质证、辩论,非经质证的证据和辩论查明的事实不能作为法院裁判的根据,这就从法律制度上防止了"暗箱操作",增强了审判的透明度,从而有助于预防司法腐败问题的产生。

三是有利于其他各项诉讼原则和制度的贯彻,切实保护当事人的诉讼权利。除了审判公开原则以外,民事诉讼法还规定了回避、辩论、合议等诉讼制度,这些制度只有在审判公开的前提下才有意义。只有在公开审判时,审判人员、当事人、诉讼代理人等共同参与庭审,互相监督和制约,并在旁听群众和新闻媒体的监督下,才能够保证这些诉讼制度会被严格执行。

四是有利于向人民群众进行法治宣传教育。公开审判允许群众旁听、新闻报道,公众可以据此了解整个审判的过程,亲身感受到法律在保护公民合法权利、制裁违法行为方面的作用,从而对法律有一个更直接的认识。这一方面有利于提高公民的法治意识和观念,促使其自觉遵纪守法,从而预防纠纷,减少诉讼;另一方面也有利于在全社会确立崇尚法治的社会氛围。

4.两审终审制度。两审终审制度是指民事案件经过两级人民法院的审理,第二审人民法院的裁判是发生法律效力的终审裁判,当事人不能再行上诉的制度。我国的人民法院分为四级,即最高人民法院、高级人民法院、中级人民法院、基层人民法院。按照本法关于级别管辖的规定,各级人民法院都受理其有权管辖的第一审民事案件,当事人对第一审人民法院作出的判决、裁定不服,可以向其上一级人民法院提起上诉,由上一级人民法院进行再次审理。但是,最高人民法院审理的第一审案件,即是终审裁判,不能上诉。

实行两审终审制具有重要意义:一是有利于人民法院对一审确有错误的裁判及时纠正,维护当事人的合法权益。二是有利于上级人民法院对下级人民法院的审判工作进行监督,维护司法公正。三是有利于人民法院较快地审结案件,及时确定当事人的民事权利义务,维护经济社会的正常秩序,还可以避免缠讼和累诉。两审终审审级不多,可以方便诉讼参与人参加诉讼,防止案件因久拖不决而影响诉讼效率,维护当事人的合法权益。

需要说明的是,两审终审制度并非适用于所有的民事案件。根据民事诉讼法的规定,不适用两审终审制度的案件主要包括:一是适用小额诉讼的程序审理的案件。根据民事诉讼法第165条规定,基层人民法院和它派出的法庭审理事实清楚、权利义务关系明确、争议不大的简单金钱给付民事案件,标的额为各省、自治区、直辖市上年度就业人员年平均工资50%以下的,适用小额诉讼的程序审理,实行一审终审。基层人民法院和它派出的法庭审理上述民事案件,标的额超过各省、自治区、直辖市上年度就业人员年平均工资50%但在2倍以下的,当事人双方也可以约定适用小额诉讼的程序。人民法院适用小额诉讼的程序审理案件,可以一次开庭审结并且当庭宣判。二是适用特别程序审理的案件。根据本法的规定,人民法院审理选民资格案件、宣告失踪或者宣告死亡案件、指定遗产管理人案件、认定公民无民事行为能力或者限制民事行为能力案件、认定财产无主案件、确认调解协议案件和实现担保物权案件,适用特别程序审理,实行一审终审。三是适用督促程序审理的案件。根据民事诉讼法的规定,债权人请求债务人给付金钱、有价证券,债权人与债务人没有其他债务纠纷,且支付令能够送达债务人的,可以向有管辖权的基层人民法院申请支付令。对此类案件,人民法院适用督促程序进行审理,经审查债权人提供的事实、证据,对债权债务关系明确、合法的,应当在受理之日起15日内向债务人发出支付令;申请不成立的,裁定予以驳回。债务人应当自收到支付令之日起15日内清偿债务,或者向人民法院提出书面异议。人民法院收到债务人提出的书面异议后,经审查,异议成立的,应当裁定终结督促程序,支付令自行失效。四是适用公示催告程序审理的案件。根据民事诉讼法的规定,按照规定可以背书转让的票据持有人,因票据被盗、遗失或者灭失,可以向票据支付地的基层人民法院申请公示催告。对此类案件,人民法院适用公示催告程序审理,人民法院决定受理申请,应当同时通知支付人停止支付,并在3日内发出公告,催促利害关系人申报权利。人民法院收到利害关系人的申报后,应当裁定终结公示催告程序,并通知申请人和支付人。申请人或者申报人可以向人民法院起诉。此外,根据民事诉讼法的规定,还有一些案件当事人也不能上诉,如对人民法院作出的除不予受理裁定、对管辖权有异议裁定和驳回起诉裁定以外的裁定,当事人都不得上诉等。

第十一条　各民族公民都有用本民族语言、文字进行民事诉讼的权利。

在少数民族聚居或者多民族共同居住的地区,人民法院应当用当地民族通用的语言、文字进行审理和发布法律文书。

人民法院应当对不通晓当地民族通用的语言、文字的诉讼参与人提供翻译。

【释义】　本条是关于使用本民族语言文字进行民事诉讼原则的规定。

我国是统一的多民族的社会主义国家,使用本民族语言文字进行诉讼,是公民的一项宪法权利。我国宪法明确规定,我国各民族一律平等,各民族公民都有用本民族语言文字进行诉讼的权利。人民法院和人民检察院对于不通晓当地通用的语言、文字的诉讼参与人,应当为他们提供翻译。在少数民族聚居或者多民族共同居住的地区,人民法院应当用当地通用的语言进行审理;起诉书、判决书和其他文书应当根据实际需要使用当地通用的一种或者几种文字。此外,民族区域自治法也明确规定,民族自治地方的人民法院和人民检察院应当用当地通用的语言检察和审理案件,并合理配备通晓当地通用的少数民族语言、文字的人员。对于不通晓当地通用的语言、文字的诉讼参与人,人民法院应当为他们提供翻译。法律文书应当根据实际需要,使用当地通用的一种或者几种文字。保障各民族公民都有使用本民族语言、文字进行诉讼的权利。根据宪法和民族区域自治法的上述规定,本条对各民族公民使用本民族语言、文字进行民事诉讼的原则进行规定,有利于保障各民族公民平等行使民事诉讼的权利,也有利于人民法院正确审理案件,更好地保护各民族当事人的合法利益,对于加强民族团结,发挥各族人民当家作主的积极性,发展平等团结互助和谐的社会主义民族关系,增强中华民族共同体意识,巩固国家的统一具有重要的意义。

根据本条规定,人民法院在审理民事案件时,应当尊重当事人和其他诉讼参与人使用本民族语言、文字进行民事诉讼的权利,并提供必要的条件,保障他们行使这项权利,避免因语言、文字的障碍,影响对民事案件的审理。

为了保障各民族公民使用本民族语言、文字进行民事诉讼的权利,在少数民族聚居或者多民族共同居住的地区审理民事案件时,人民法院应当做到以下三点:

一是使用当地民族通用的语言、文字审理案件。例如,在开庭时要使用当地民族通用的语言;出示的文字证据如果不是当地民族通用语言,要翻译成当地民族的通用语言。

二是使用当地民族通用语言发布法律文书。这里的法律文书包括开庭通知、传票、裁定、判决书、调解书、有关决定等。

三是对不懂当地民族通用语言、文字的诉讼参与人,应当为他们提供翻译。这是民事诉讼当事人享有平等诉讼权利的体现,也有利于保证民事案件审理的顺利进行。

第十二条　人民法院审理民事案件时,当事人有权进行辩论。

【释义】　本条是关于当事人有权进行辩论的规定。

辩论是指在人民法院的主持下,民事诉讼双方当事人就争议的事实、法律的适用,以及有关程序性问题等,各自陈述自己的主张和依据,互相进行反驳和答辩,以维护自己的合法权益。民事诉讼法规定当事人在民事诉讼中的辩论权,具有重要意义:

一是有利于人民法院进一步查清事实,确定证据是否可以作为定案的根据,正确适用法律,作出正确的判决。辩论原则是人民法院审理民事案件时必须遵循的准则。人民法院的裁判,只能以在法庭上调查、辩论过的事实和证据为根据,未经法庭辩论、质证的事实和证据,不能作为认定案件事实的根据。民事诉讼法规定当事人享有辩论权,可以为人民法院正确审理和裁判案件提供可靠的事实材料和证据材料。

二是有利于平等保护当事人的诉讼权利,是社会主义民主在民事诉讼中的体现。对当事人而言,辩论是其享有的一项基本的诉讼权利。在各项诉讼权利中,最具实际意义的便是陈述自己的诉讼主张,反驳对方主张的权利,也就是辩论权。保障当事人平等进行辩论,是司法民主的体现。

当事人在民事诉讼中行使辩论权,应当注意以下四个方面:

一是辩论权的行使贯穿诉讼活动的整个过程而不仅限于法庭辩论。在第一审程序、第二审程序以及审判监督程序中,都允许当事人进行辩论。

二是辩论的形式既有口头形式,也有书面形式。法庭辩论主要采用的是口头形式,而针对原告的起诉状,被告提出的答辩状,就属于书面形式的辩论。

三是辩论的内容,主要是围绕案件的实质性问题,即围绕本案争议的诉讼标的进行辩论,包括案件的事实和法律适用问题。同时,对程序性方面的问题也可以进行辩论。例如,当事人的诉讼代理人是否符合法定条件,受理本案的人民法院是否有管辖权等。

四是辩论是在审判人员主持下进行。首先,审判人员应当按照法定程序安排双方当事人进行辩论,为当事人双方提供均等的辩论机会,保障当事人辩论权的充分行使。其次,审判人员要积极引导辩论活动,使辩论活动始终围绕诉讼的核心内容进行,以免当事人脱离主题,就与诉讼无关的问题去争论。最后,审判人员应当维持辩论秩序,及时制止当事人借辩论之机对对方当事人进行人身攻击。对违反辩论秩序、妨害诉讼进行的人,人民法院有权依法作出处理。

第十三条　民事诉讼应当遵循诚信原则。
当事人有权在法律规定的范围内处分自己的民事权利和诉讼权利。

【释义】　本条是关于民事诉讼中诚信原则和当事人处分原则的规定。

一、民事诉讼中的诚信原则

诚信原则始于民商事私法,正如我国的民事实体法,1986 年通过的民法通则(已失效),2017 年通过的民法总则(已失效)和 2020 年通过的民法典,均规定了这一原则,只是在文字表述上从"诚实信用"改为了"诚信"。这一原则要求民事主体从事民事活动,应当秉持诚实,恪守承诺,诚实信用。后来,这一原则逐渐超越私法领域,成为普遍的法律原则。在诉讼法领域,大陆法系国家普遍认为,只有植入诚实信用原则,才能实现实质上的平等和正义,充分实现民事诉讼关于真实、公正、迅速解决纠纷的价值追求。基于上述认识,1895 年《奥地利民事诉讼法》、1911 年《匈牙利民事诉讼法》、1933 年《南斯拉夫民事诉讼法》、1939 年《德国民事诉讼法》、1942 年《意大利民事诉讼法》均相继规定了当事人在民事诉讼中有真实陈述的义务。真实陈述通常被认为是诚信原则的主要内容,要求当事人基于善意对法官作真实陈述。在亚洲的一些国家,则是在民事诉讼法中明确规定了诚信原则。1990 年修订的《韩国民事诉讼法》第 1 条明确规定:"法院应为诉讼程序公正、迅速以及经济地进行而努力;当事人及诉讼关系人应当诚实信用地进行诉讼。"1996 年修订的《日本民事诉讼法》也增加了诚实信用原则的规定。

2012 年我国修改民事诉讼法时,增加规定了诚实信用原则,旨在维护民事诉讼秩序,预防和制裁在诉讼活动中滥用诉讼权利,侵害国家、集体和他人合法权益的行为。例如,有的当事人滥用举证权利,伪造、提供虚假证据;有的当事人恶意串通,通过诉讼、调解等方式逃避债务、转移资产;有的当事人隐瞒对方当事人的真实地址,蒙骗法院缺席判决;有的当事人滥用管辖异议权、申请回避权、执行异议权,拖延诉讼进程,规避法律文书的强制执行等。又如,有的单位拒绝或者妨碍人民法院调查取证;有的单位接到人民法院协助执行通知书后,拒不协助查询、扣押、冻结、划拨、变价财产,扣留被执行人的收入,办理有关财产权证照转移手续,转交有关票证、证照或者其他财产等。为此,有必要将诚信原则作为民事诉讼法的基本原则加以规定。

诚信原则应当贯穿民事诉讼活动的全过程,包括依法行使诉讼权利,履行诉讼义务,遵守诉讼秩序,自觉履行发生法律效力的判决书、裁定书和调解书等。

第一,依法行使诉讼权利。当事人的民事诉讼权利非常广泛,主要有起诉权,提出管辖异议权,委托代理权,查阅案件有关材料权,申请回避权,申请保全证据权,申请保全和先予执行权,辩论权,处分权,收集和提供证据权,放弃、变更、承认或者反驳诉讼请求权,撤诉权,反诉权,上诉权,申请再审权和申请执行权,等等。其中,有的是一方当事人享有的诉讼权利,如原告有提起诉讼的权利,有提出变更、放弃诉讼请求和撤回诉讼的权利;被告有提出管辖异议和承认或者反驳原告的诉讼请求,以及提起反诉的权利;胜诉一方有申请执行的权利。有的是双方当事人共同享有的诉讼权利,如委托诉讼代理人的权利,申请回避的权利,收集、提供证据的权利,进行辩论的权利,请求调解的权利,自行和解的权利,提起上诉和申请撤回上诉的权利,申请再审的权利等。

第二,依法履行诉讼义务。当事人的民事诉讼义务主要有:一是必须依法行使诉讼权利。对于上述诉讼权利,当事人应当依法行使,不得滥用,否则法律不予以保护。二是必须客观真实地陈述案情,不允许歪曲事实,伪造证据。案件事实是正确认定案件的基础,歪曲事实不仅干扰人民法院审判工作的正常进行,还往往容易造成错案。三是严格遵守诉讼秩序。诉讼秩序是进行诉讼、公正审判、正确保护当事人合法权益的保障。扰乱、破坏诉讼秩序,势必影响审判工作、执行工作的顺利进行。所以,作为民事诉讼的主体,当事人遵守诉讼秩序是义不容辞的义务,否则就要受到法律制裁。四是必须自觉执行人民法院已经生效的判决书、裁定书、调解书。发生法律效力的判决书、裁定书和调解书,对当事人具有约束力,当事人必须执行。如果当事人拒不执行,经对方当事人申请,人民法院可以强制执行。

第三,违反诚信原则,应当承担相应的法律责任。例如,当事人之间恶意串通,企图通过诉讼、调解等方式侵害国家利益、社会公共利益、他人合法权益,或者当事人单方捏造民事案件基本事实,向人民法院提起诉讼,企图侵害国家利益、社会公共利益、他人合法权益的,人民法院应当驳回其请求,并根据情节轻重予以罚款、拘留;构成犯罪的,依法追究刑事责任。被执行人与他人恶意串通,通过诉讼、仲裁、调解等方式逃避履行法律文书确定的义务的,人民法院应当根据情节轻重予以罚款、拘留;构成犯罪的,依法追究刑事责任等。

第四,诚信原则不仅是当事人和其他诉讼参与人应当遵守的原则,人民法院行使审判权也应当遵守这一原则。人民法院审理民事案件,应当以事实为根据,以法律为准绳,保障和便利当事人行使诉讼权利,对当事人在适用法律上一律平等。人民法院应当依法行使审判权,包括有依法应当回避情形的,相关人员要主动回避;对依法不能由审判员一人独任审理的案件,应当依法组成合议庭审理;审理民事案件应当根据自愿与合法原则进行调解,不得为了追求调解率,强迫当事人达成调解协议;应当按照法律规定的条件和程序受理案件、送达诉讼文书、开庭审理,不得贪污受贿、徇私舞弊、枉法裁判等。

民事诉讼法规定诚信原则,既有利于维护诉讼秩序,使诉讼活动顺利进行,也有利于保证人民法院的裁判及时实现,从而保护当事人的合法权益。

二、当事人处分原则

当事人有权在法律规定范围内处分自己的民事权利和诉讼权利,这是由民法和民事诉讼法的特点决定的。民法是调整平等主体的自然人、法人和非法人组织之间的人身关系和财产关系的法律规范,属于私法。民法以意思自治为原则,承认当事人自主决定其权利义务关系。民事法律关系的主要特征:一是自然人、法人和非法人组织等民事主体之间的法律地位平等;二是民事权利义务关系的内容主要由民事主体自愿、自主决定;三是民事主体从事民事活动遵循的基本规则是"法无禁止即可为"。民事诉讼法是为了维护民事主体的合法权益,规范当事人的诉讼行为和人民法院的审判行为的程序法。马克思指出:"审判程序和法二者之间的联系如此密切,就像植物的外形和植物的联系,动物的外形和血肉的联系一样。审判程序和法律应该具有同样的精神,因为审判程序是法律的生命形式,因而也是法律内部生命的表现。"作为与民法相配套的程序法,民事诉讼法应当贯彻民法意思自治的原则,在程序制度上充分尊重当事人的意思自治。当事人有权在法律规定范围内处分自己的民事权利和诉讼权利,这是民事诉讼同刑事诉讼、行政诉讼的一个重要区别。

依照民事诉讼法的规定,当事人在民事诉讼活动中,享有广泛的诉讼权利。对于这些权利,当事人都可以处分。例如,起诉是原告的基本诉讼权利,当原告认为自己的民事权利受到侵害时,他有权决定是否向人民法院起诉;立案后,原告也可以申请撤诉。审理过程中原告可以放弃、变更自己的诉讼请求,被告可以承认、反驳原告的诉讼请求,可以对原告的诉讼请求提出反诉;双方当事人可以和解。当事人对于第一审人民法院的判决、裁定有权决定是否提起上诉。审理终结后,当事人有权决定是否对发生法律效力的判决、裁定、调解书申请强制执行,也有权在执行过程中同意延期执行、和解或者撤回执行申请等。

民事权利虽然属于私权范畴,但其与国家利益、社会公共利益、他人合法权益往往有着密切联系。因此,当事人处分自己的民事权利和诉讼权利不能是绝对的、无限的。我国宪法第51条规定,公民在行使自由和权利时,不得损害国家的、社会的、集体的利益和其他公民的合法的自由和权利。民法典规定,违反法律、行政法规的强制性规定的民事法律行为无效。但是,该强制性规定不导致该民事法律行为无效的除外。违背公序良俗的民事法律行为无效。行为人与相对人恶意串通,损害他人合法权益的民事法律行为无效。根据上述规定,当事人必须在法律规定范围内行使处分权,违反法律规定行使处分权,侵害国家利益、社会公共利益或者他人合法权益的,人民法院应当进行干预,当事人也要依法承担相应的法律责任。例如,民事诉讼法第148条规定,在宣判前,原告可以申请撤诉,是否准许由人民法院裁定。如果原告撤诉损害了被告利益,或者在宣判后申请撤诉,人民法院就不应准许。人民法院裁定不准许撤诉的,原告经传票传唤,无正当理由拒不到庭的,可以缺席判决。又如,当事人可以调解达成协议,但调解协议的内容不得违反法律规定,如果调解协议的内容违反法律规定,经人民法院审查属实,应当再审。当事人滥用诉讼权利,有民事诉讼法第114条规定的妨碍诉讼情形的,人民法院可以根据情节轻重对行为人予以罚款、拘留;构成犯罪的,依法追究刑事责任。将当事人对自己民事权利和诉讼权利的处分权限定在法律规定的范围内,体现了社会主义民主、法制的有机统一。

第十四条 人民检察院有权对民事诉讼实行法律监督。

【释义】 本条是关于人民检察院对民事诉讼的法律监督权的规定。

我国宪法第134条明确规定,中华人民共和国人民检察院是国家的法律监督机关。对民事诉讼活动实行法律监督,是我国宪法赋予检察机关的一项重要职能,是规范审判权和执行权依法行使,保障国家法律统一正确实施的重要制度,有利于维护司法公正,保护当事人的合法权益。

就制度起源来说,检察机关参加民事诉讼最早始于法国,1806年的《法国民事诉讼法》首先赋予检察机关参加民事诉讼的职能,规定检察机关在公法秩序受到损害时,有权为维护公法秩序而提起民事诉讼。此后,其他国家纷纷效仿,在法律中赋予检察机关代表国家参与民事诉讼的职权,以维护国家利益和社会公共利益。根据德国的法律规定,检察机关参加民事诉讼的职权范围只限于确认婚姻无效的诉讼、确认婚姻是否存在的诉讼以及禁治产案件的诉讼等。日本的检察机关在民事诉讼中的职权范围,主要是作为公益代表人参加与公益密切相关的民事诉讼案件。在社会主义国家,1923年制定的《苏联民事诉讼法》,依据列宁关于使法律监督权从一般国家权力中分离出来,成为一种独立权力的理论,对检察机关参与民事诉讼作出了规定。至今,依据《俄罗斯民事诉讼法》,检察院通过民事上诉和抗诉实施对民事诉讼的检察监督。俄罗斯联邦检察院可以派员参加民事诉讼,其在民事诉讼中既居于法律监督者的地位,同时又居于类似原告的地位,兼具监督者和诉讼参与者双重身份,在庭审后通过上诉和抗诉方式实施检察监督。

我国1982年制定的民事诉讼法(试行),首次以立法形式确立"人民检察院有权对人民法院的民事审判活动实行法律监督"。1991年制定的民事诉讼法对民事检察监督原则、民事抗诉作了规定,进一步确立了民事检察监督制度。此后,这一制度历经修改完善,不断优化。2007年,全国人大常委会为解决人民群众反映强烈的"申诉难"和"执行难"的问题,对民事诉讼法的审判监督程序和执行程序作了修改,并于2012年继续进行修改完善。其中,从两个方面对人民检察院的抗诉职能进行了补充和完善:

第一,将人民检察院的抗诉事由进一步具体化。1991年民事诉讼法规定人民检察院的抗诉事由有四项:一是原判决、裁定认定事实的主要证据不足的;二是原判决、裁定适用法律确有错误的;三是人民法院违反法定程序,可能影响案件正确判决、裁定的;四是审判人员在审理该案件时有贪污受贿,徇私舞弊,枉法裁判行为的。2007年修改民事诉讼法,将抗诉事由扩展为:一是有新的证据,足以推翻原判决、裁定的;二是原判决、裁定认定的基本事实缺乏证据证明的;三是原判决、裁定认定事实的主要证据是伪造的;四是原判决、裁定认定事实的主要证据未经质证的;五是对审理案件需要的证据,当事人因客观原因不能自行收集,书面申请人民法院调查收集,人民法院未调查收集的;六是原判决、裁定适用法律确有错误的;七是违反法律规定,管辖错误的;八是审判组织的组成不合法或者依法应当回避的审判人员没有回避的;九是无诉讼行为能力人未经法定代理人代为诉讼或者应当参加诉讼的当事人,因不能归责于本人或者其诉讼代理人的事由,未参加诉讼的;十是违反法律规定,剥夺当事人辩论权利的;十一是未经传票传唤,缺席判决的;十二是原判决、裁定遗漏或者超出诉讼请求的;十三是据以作出原判决、裁定的法律文书被撤销或者变更的以及违反法定程序可能影响案件正确判决、裁定的情形,或者审判人员在审理该案件时有贪污受贿,徇私舞弊,枉法裁判行为的。人民检察院发现已经发生法律效力的判决、裁定有上述情形之一的,应当提出抗诉,人民法院应当再审。2012年修改民事诉讼法,进一步修改了人民检察院的抗诉事由:一是将2007年民事诉讼法第179条第1款第5项中的"审理案件需要的证据"修改为"审理案件需要的主要证据";二是删除2007年民事诉讼法第179条第1款第7项"违反法律规定,管辖错误的";三是删除2007年民事诉讼法第179条第2款中的"违反法定程序可能影响案件正确判决、裁定的情形"。

第二,明确规定接受抗诉的人民法院作出再审裁定的期限。人民检察院提出的抗诉案件,接受抗诉的人民法院应当自收到抗诉书之日起30日内作出再审的裁定。

2007年修改民事诉讼法之后,检察机关依据上述这些新的规定对民事审判活动进行法律监督,对于维护司法公正,维护社会公共利益,保护当事人合法权益发挥了重要的作用。但是之后检察机关又发现,仅通过抗诉方式对发生法律效力的判决、裁定进行监督,不能完全适应法律监督的需要,应当进一步加强和完善检察机关对民事诉讼活动的法律监督。2008年的中央司法改革文件明确要求"完善检察机关对民事、行政诉讼实施法律监督的范围和程序"。最高人民法院和最高人民检察院也就落实司法改革文件的要求共同会签了文件。同时,全国人大代表也多次提出加强民事检察监督的议案和建议。在上述背景下,2012年修改的民事诉讼法,根据中央有关文件的要求,在总结实践经验的基础上,吸收最高人民法院和最高人民检察院会签文件的相关内容,进一步加强了人民检察院对民事诉讼活动的法律监督。此后,在2017年、2021年和2023年的民事诉讼法修改中,均未对有关人民检察院对民事诉讼活动实施法律监督的内容再作修改。

本法规定的人民检察院对民事诉讼活动实施法律监督的内容主要有:

第一,关于监督方式,包括抗诉和提出检察建议。在2012年民事诉讼法修改之前,检察监督的方式只限于抗诉,不包括提出检察建议。在2012年修改民事诉讼法时,对检察监督的方式作了扩大,增加了提出检察建议这一新的方式。民事诉讼法第219条规定,最高人民检察院对各级人民法院已经发生法律效力的判决、裁定,上级人民检察院对下级人民法院已经发生法律效力的判决、裁定,发现有本法第211条规定情形之一的,或者发现调解书损害国家利益、社会公共利益的,应当提出抗诉。地方各级人民检察院对同级人民法院已经发生法律效力的判决、裁定,发现有本法第211条规定情形之一的,或者发现调解书损害国家利益、社会公共利益的,可以向同级人民法院提出检察建议,并报上级人民检察院备案;也可以提请上级人民检察院向同级人民法院提出抗诉。各级人民检察院对审判监督程序以外的其他审判程序中审判人员的违法行为,有权向同级人民法院提出检察建议。根据上述规定,抗诉和提出检察建议同属于检察机关对民事诉讼活动进行监督的方式,但二者也存在明显的不同:一是适用范围不同。抗诉的适用范围包括存在民事诉讼法第211条规定的13种法定情形的已生效裁判和损害国家利益、社会公共利益的调解书;而检察建议的适用范围广于抗诉,既包括抗诉的适用范围,也包括各级检察院对审判监督程序以外的其他审判程序中审判人员的违法行为和法院行使执行权过程中的违法行为。二是监督方式不同。人民检察院依法提出抗诉的,除最高人民检察院可以对最高人民法院提出抗诉以外,抗诉均为"上级抗",即由上级人民检察院向下一级人民法院提出,并非同级监督。而检察建议是由各级人民检察院向同级人民法院提出,并向上级人民检察院备案,属于同级监督机制。三是产生的效力不同。人民检察院提出抗诉的案件,接受抗诉的人民法院应当自收到抗诉书之日起30日内作出再审的裁定。而检察建议不具有启动再审程序的强制效力。

第二,关于监督的范围。人民检察院对民事诉讼活动的监督范围包括民事审判活动和民事执行活动。在2012年民事诉讼法修改之前,检察监督的范围只限于民事审判活动,不包括法院的调解活动和强制执行活动。2012年修改的民事诉讼法,对检察监督的范围作了扩大,针对执行活动中一些当事人恶意串通逃避履行法律文书确定的义务,或者通过调解协议损害国家利益、社会公共利益的情况,同时为了与刑事诉讼法、行政诉讼法关于检察监督的表述相一致,将"人民检察院有权对民事审判活动实行法律监督"修改为"人民检察院有权对民事诉讼实行法律监督",并增加规定:"人民检察院有权对民事执行活动实行法律监督。"同时,针对人民法院的调解活动,增加规定人民检察院发现调解书损害国家利益、社会公共利益的,可以向同级人民法院提出检察建议,并报上级人民检察院备案;也可以提请上级人民检察院向同级人民法院提出抗诉。此外,各级人民检察院对审判监督程序以外的其他审判程序中审判人员的违法行为,如贪污、受贿、徇私舞弊、枉法裁判行为等,有权向同级人民法院提出检察建议。

第三,关于监督手段。为了使检察机关正确及时地监督民事诉讼活动,履行检察监督职能,需要明确检察机关的监督手段。为此,民事诉讼法第221条明确规定,人民检察院因履行法律监督职责提出检察建议或者抗诉的需要,可以向当事人或者案外人调查核实有关情况。

第四,关于检察监督的启动。如何启动检察监督程序,除了人民检察院在履职过程中发现问题,而依法启动对民事诉讼活动的检察监督程序外,当事人也可以依法申请人民检察院对民事诉讼活动实施法律监督。为了规范当事人向人民法院申请再审和向人民检察院申请检察建议或者抗诉的关系,防止案件久拖不决,影响司法权威,民事诉讼法第220条规定,有下列情形之一的,当事人可以向人民检察院申请检察建议或者抗诉:(1)人民法院驳回再审申请的;(2)人民法院逾期未对再审申请作出裁定的;(3)再审判决、裁定有明显错误的。人民检察院对当事人的申请应当在3个月内进行审查,作出提出或者不予提出检察建议或者抗诉的决定。当事人不得再次向人民检察院申请检察建议或者抗诉。

需要说明的是,尽管人民检察院对民事诉讼活动的监督是通过个案的纠错来实现的,但这不等于说检察机关是为某一方当事人服务的。人民检察院代表国家进行监督,其目的是维护司法公正和国家法律的统一正确实施。因此,人民检察院应当依法履行好这一监督职责,不得拒绝监督、放弃监督、违法监督。

第十五条 机关、社会团体、企业事业单位对损害国家、集体或者个人民事权益的行为，可以支持受损害的单位或者个人向人民法院起诉。

【释义】 本条是关于机关、社会团体、企业事业单位支持起诉的规定。

民事诉讼在一般情况下，只能由民事权益受到侵害的或者发生争议的公民、法人或者其他组织向人民法院提起，并不需要其他组织或者个人的干预。在特殊情况下，受到损害的单位或者个人诉讼能力较弱，在权益受到侵害时，不能或者不敢起诉维权，不能独立保护自己的合法权益，就需要有关机关、社会团体、企业事业单位给予协助和支持，这是运用国家和社会力量，帮助弱势单位或者个人实现诉讼权利，以平衡当事人双方的诉讼能力来实质性化解纠纷的需要。同时，考虑到当事人对自己的民事权利和诉讼权利有权在法律允许的范围内自由处分，如果当事人自己不想提起诉讼，机关、社会团体或者企业事业单位则不能代替他们起诉，否则将产生如何进行诉讼活动，如何承担法律后果等问题。所以，本条规定机关、社会团体、企业事业单位只能支持民事权益受到损害的单位和个人起诉，不能以自己的名义替代他们直接起诉。

机关、社会团体、企业事业单位可以通过多种方式支持民事权益受到损害的单位或者个人起诉。例如，向他们宣传法律知识、提供法律咨询服务，使他们熟悉提起民事诉讼所涉及的法律知识和诉讼程序，帮助其增强运用法律和诉讼途径解决纠纷的能力，同时提高他们的法治观念，加强法治意识，使其敢于和善于运用法律武器维护自己的合法权益；也可以经他们同意，接受他们的委托或者推荐律师当他们的诉讼代理人，帮助他们维护合法权益，或者向他们提供物质帮助，如代交诉讼费、律师费等。

这里需要指出三点：一是支持起诉的主体是机关、社会团体、企业事业单位，如人民检察院等有关国家机关，工会、共青团、妇联、残联等团体，以及权益受侵害的个人所在的企业事业单位等，公民个人不能作为支持起诉主体。二是支持起诉的对象是合法权益受到侵害的单位或者个人，不限于特定的某一类或者某几类群体或者单位。三是支持起诉的前提是受损害的单位或个人不能、不敢为维护自身的合法权益而提起诉讼。决定能否给予支持起诉的关键是看有关单位或者个人是否属于诉讼能力弱，不能独立保护自己合法权益的情况。如果不属于这种情况，有关机关、社会团体、企业事业单位就不能支持起诉，否则可能会造成当事人之间诉讼力量的失衡，不符合民事诉讼中当事人平等的原则,违背民事诉讼的程序公正价值。例如,有的老年人、未成年人、残疾人因诉讼能力较弱,无法通过自身能力起诉追索抚养费、赡养费、养老金、抚恤金、最低生活保障金等,有关机关、社会团体、企业事业单位可以支持其起诉。

> **第十六条** 经当事人同意,民事诉讼活动可以通过信息网络平台在线进行。
> 民事诉讼活动通过信息网络平台在线进行的,与线下诉讼活动具有同等法律效力。

【释义】 本条是关于网络在线诉讼及其法律效力的规定。

本条是2021年民事诉讼法增加的内容。

传统民事诉讼活动,需要法官和当事人亲临现场"面对面"地参与,法官、当事人在同一物理时空中开展各种诉讼活动,传统的民事诉讼规则针对的也是这种"剧场化"的司法场景。而随着信息网络技术的兴起和发展,信息技术逐渐引入人民法院的司法工作中,人民法院内部信息化程度不断提高,各地方逐步开展网上立案、缴费等便民举措。2017—2018年,杭州、北京、广州陆续设立了互联网法院,诉讼活动开始由传统的"面对面"向互联网时代的"屏对屏"转变。最高人民法院针对互联网法院诉讼活动出台了司法解释。新冠疫情期间,由于疫情防控需要,各种社会活动受到限制,当事人出行、出庭非常不便,网上立案、在线庭审成为满足特殊时期人民群众司法需求的有效方式,网络在线诉讼一时成为司法活动的主要模式。为了规范日益增多的网络在线诉讼活动,最高人民法院针对疫情期间网络在线诉讼活动下发了通知。此后,最高人民法院在各地法院诉讼服务平台的基础上,搭建了全国性的网络在线诉讼平台,并针对网络在线诉讼专门出台了司法解释,全面规范人民法院的网络在线诉讼活动。为适应人民法院司法活动"网络化"发展的需要,2021年民事诉讼法增加了对网络在线诉讼活动的原则、效力、送达等的相关规定。

一、网络在线诉讼活动的种类

根据本条第1款规定,民事诉讼活动可以通过信息网络平台在线进行。

首先,这里的民事诉讼活动,不仅包括民事案件的立案,还包括应诉、调解、证据交换、询问、庭审、送达、执行等诉讼活动,只要通过网络能够开展的诉讼活动都被包括在内。当然,有些民事诉讼活动是无法通过互联网在线进行的,比如现场勘查工作,法官就必须到现场实地进行。其次,参与网络诉讼活动的主体,不仅包括民事案件的原告,也包括被告,不仅包括当事人,也包括法官、证人以及其他诉讼参与人等。比如,原告可以通过网络立案,被告可以通过网络提交答辩状,法官可以通过电子方式送达。再次,网络在线诉讼活动所依托的网络,既有人民法院的"专网",也有普通互联网。网络平台就是人民法院建立的电子诉讼平台,当事人借助手机、电脑等终端,通过有线或者无线公共网络与人民法院的专网连接,参与各种诉讼活动。最后,网络在线诉讼活动,既可以是某个环节通过网络在线开展,也可以是全流程都通过网络在线进行。比如,原告可以直接到人民法院现场立案,立案后,通过网络在线开庭,开庭后,又直接到法院现场申请强制执行。

二、网络在线诉讼的当事人自愿原则

根据本条第 1 款规定,网络在线诉讼的前提就是"经当事人同意",这就是网络在线诉讼的当事人自愿原则。当事人自愿原则就是人民法院通过网络在线开展诉讼活动,必须事先征求当事人的意见,只有经过当事人同意后,才可以实施网络在线诉讼,人民法院不得以任何方式强制或者变相强制适用在线诉讼。之所以这么规定,就是要保障当事人对诉讼方式的选择权,确保其选择自己能够实现的方式参与诉讼活动,保障其诉讼权利。比如,被告年事已高,从不上网,不知道互联网为何物,如果法官强制其必须通过网络在线诉讼,就相当于剥夺了被告应诉答辩的权利。网络在线诉讼必须具备相应的物质条件,比如当事人必须配备上网设备,要有能与人民法院实现连接的互联网等。如果当事人缺乏这些条件,就无法以网络在线方式参与诉讼活动,当事人客观上也难以选择以网络在线方式参与诉讼。

当事人自愿原则,要求人民法院开展网络在线诉讼必须征得当事人的同意。首先,要求人民法院在开展网络在线诉讼时,必须征求每个当事人的意见,不能只征求某一方或者部分当事人的意见。只有当事人都同意网络在线诉讼,人民法院才可以采取此种方式开展诉讼活动。其次,关于同意的方式。当事人对是否同意网络在线诉讼,一般来说应当是以明示方式表示同意,这种同意可以是以提交书面意见的方式同意,也可以是当事人以在人民法院的网络平台上通过点击电子按钮的方式表示,还可以是在法官征求其意见时口头答复同意并记录在案。总之,需要当事人作出同意网络在线诉讼的明确意思表示。再次,关于同意的诉讼环节。当事人可以同意民事诉讼的全部环节都采取网络在线方式进行,也可以仅同意在部分诉讼环节采取网络在线方式开展。最后,关于同意的法律效力。当事人一旦同意网络在线诉讼,则对其发生法律约束力,如果其未申请转为线下方式进行,又无其他正当理由不通过网络作出相应的诉讼行为或者参与在线诉讼活动,人民法院可以依法作出相应处理。比如,当事人不按法院指定的时间参与网络线上证据交换,则可能承担举证不能的法律后果。如果被告无故不参加网络在线庭审,则可能要承担缺席审判的法律后果。

在征得当事人对网络在线诉讼的同意后,人民法院应当告知其适用网络在线诉讼的有关事项:(1)具体环节,即告知当事人在哪个诉讼环节或者哪些诉讼活动以网络在线方式进行,哪些诉讼活动需要以线下方式进行。(2)权利义务。与线下开庭一样,人民法院应当明确告知当事人的诉讼权利和义务,要求当事人依法参与网络在线诉讼。(3)法律后果。法官还应当告知当事人如果未依法参与网络在线诉讼需要承担的法律后果。(4)操作方法。在当事人同意网络在线诉讼后,人民法院应当为当事人提供网络在线诉讼的具体操作说明,告知当事人是通过什么平台(网址)参与网络在线诉讼,具体如何注册、登录和操作等。

三、网络在线诉讼活动的效力

本条第 2 款规定,民事诉讼活动通过信息网络平台在线进行的,与线下诉讼活动具有同等法律效力。根据本款规定,当事人的诉讼活动通过网络平台在线实施和线下实施具有同等法律效力。需要注意的就是,与线下诉讼活动一样,人民法院在开展各种网络在线诉讼活动之前,也必须核实当事人的真实身份,区别在于网络在线诉讼时,核实身份的方式有所不同,需要当事人事先完成实名注册,还需要在线比对当事人的身份信息、手机号码,通过电子平台予以核实,确保其身份真实性。当事人应当妥善保管自己的专用账号和密码,防止被他人盗用或者冒用。

当事人以自己的账号登录人民法院网络平台所实施的各种诉讼活动,与其本人到人民法院现场实施的诉讼活动,法律效力是一样的。比如,原告通过网络在线方式立案,即通过人民法院的电子诉讼平台提交起诉状和相关证据。这种行为与原告到人民法院的立案窗口提交书面起诉状一样,具有依法提起诉讼的法律效果。人民法院收到材料后必须在法定期限内予以处理,如果符合起诉条件,则应当向原告送达立案通知书、交纳诉讼费用通知书、举证通知书等诉讼文书;如果原告提交的材料不符合要求,则应通知原告补正;如果原告提交的材料不符合起诉条件或者补正后的材料仍不符合要求,依法裁定不予受理或者不予立案。因此,原告在线立案时必须认真对待其所提交的电子材料与证据,否则可能被人民法院裁定不予受理。

第十七条 民族自治地方的人民代表大会根据宪法和本法的原则,结合当地民族的具体情况,可以制定变通或者补充的规定。自治区的规定,报全国人民代表大会常务委员会批准。自治州、自治县的规定,报省或者自治区的人民代表大会常务委员会批准,并报全国人民代表大会常务委员会备案。

【释义】 本条是关于民族自治地方可以制定变通或者补充规定的规定。

我国是统一的多民族国家。宪法明确规定,各少数民族聚居的地方实行区域自治,设立自治机关,行使自治权。各民族自治地方都是中华人民共和国不可分离的部分。自治区、自治州、自治县都是民族自治地方。民族区域自治是国家的一项基本政治制度,体现了国家充分尊重和保障各少数民族管理本民族内部事务权利的精神,体现了国家坚持实行各民族平等、团结和共同繁荣的原则,对发挥各族人民当家作主的积极性,发展平等、团结、互助的社会主义民族关系,巩固国家的统一,促进民族自治地方和全国社会主义建设事业的发展,都起了巨大的作用。

我国幅员辽阔,地区间经济、文化发展不平衡,而国家立法是面向全国的,难以完全照顾到民族自治地方的一些特殊情况。为此,宪法第 116 条明确规定:"民族自治地方的人民代表大会有权依照当地民族的政治、经济和文化的特点,制定自治条例和单行条例。自治区的自治条例和单行条例,报全国人民代表大会常务委员会批准后生效。自治州、自治县的自治条例和单行条例,报省或者自治区的人民代表大会常务委员会批准后生效,并报全国人民代表大会常务委员会备案。"根据宪法的这一规定,立法法第85条规定:"民族自治地方的人民代表大会有权依照当地民族的政治、经济和文化的特点,制定自治条例和单行条例。自治区的自治条例和单行条例,报全国人民代表大会常务委员会批准后生效。自治州、自治县的自治条例和单行条例,报省、自治区、直辖市的人民代表大会常务委员会批准后生效。自治条例和单行条例可以依照当地民族的特点,对法律和行政法规的规定作出变通规定,但不得违背法律或者行政法规的基本原则,不得对宪法和民族区域自治法的规定以及其他有关法律、行政法规专门就民族自治地方所作的规定作出变通规定。"

考虑到民事诉讼法的有些具体规定可能不完全适合民族自治地方的一些特殊情况,因此,应当允许各民族自治区域根据当地民族的政治、经济和文化的特点,在不违反民事诉讼法基本原则的前提下,为贯彻实施民事诉讼法而制定变通或者补充规定。本条的规定既体现了宪法"中华人民共和国各民族一律平等"的原则,也符合我国民族区域自治的实际情况。

本条的规定有以下两层含义。

一、制定变通和补充规定的原则

民族自治地方根据本条的授权,可以制定变通和补充规定,但一定要遵循民事诉讼法的基本原则,不得与之相抵触。民事诉讼法是国家的基本法律,民族自治地方制定有关民事诉讼法的变通或者补充的规定,不能违反民事诉讼法的基本原则,如果对民事诉讼法基本原则作出变通,就是对整个民事诉讼法的否定,也就谈不上保障民事诉讼法在本民族自治地方的遵守和执行。同样,民族自治地方制定有关民事诉讼法的补充规定也不得违反上述基本原则。

二、制定变通和补充规定的程序

对民事诉讼法的变通或者补充规定的制定机关是该自治地方的人民代表大会。自治地方人民代表大会制定的变通和补充规定必须报上一级人民代表大会常务委员会批准。按照本条规定,自治区的规定,报全国人民代表大会常务委员会批准;自治州、自治县的规定,报省或者自治区的人民代表大会常务委员会批准,并报全国人民代表大会常务委员会备案。这一规定,是对宪法和民族区域自治法有关规定的重申,也符合立法法的有关规定,目的主要是维护国家的法制统一。例如,自治区人民代表大会制定的自治条例或者单行条例可以对民事诉讼法进行变通或者补充,那么该有关变通或者补充规定是否适当,是否违反宪法规定和民事诉讼法的基本原则,应由全国人大常委会进行审查。经审查,认为有关的变通或者补充规定是适当的,即作出批准的决定,该变通或者补充规定即生效;反之,如果经审查认为有关的变通或者补充规定是不适当的,是违反本条规定的,全国人大常委会可以作出不批准的决定,自治区的人民代表大会应当对此作出修改。

第二章 管 辖

民事案件的管辖,是指确定各级人民法院之间和同级人民法院之间受理第一审民事案件的分工和权限。正确确定民事案件的管辖,对审判实践具有重要的意义。

民事诉讼法确定人民法院相互之间的分工和权限,明确管辖范围,应遵循以下几条原则:一是便利当事人进行诉讼和便利人民法院行使审判权;二是均衡各级人民法院的工作负担;三是原则规定与灵活规定相结合;四是维护国家主权。

我国民事诉讼法所规定的民事案件的管辖,包括级别管辖、地域管辖、移送管辖和指定管辖。

第一节 级别管辖

级别管辖,是指上、下级人民法院之间受理第一审民事案件的分工和权限。根据人民法院组织法的规定,我国人民法院的设置分为四级,即基层人民法院、中级人民法院、高级人民法院和最高人民法院。这四级人民法院都有权审理一定范围的第一审民事案件。我国四级人民法院由于职能分工不同,受理第一审民事案件的权限范围也不同。确定不同级别的人民法院管辖第一审民事案件的主要依据是案件的性质、案件影响的大小、诉讼标的的金额大小等。

第十八条　基层人民法院管辖第一审民事案件,但本法另有规定的除外。

【释义】 本条是关于基层人民法院管辖的第一审民事案件的规定。

根据本条规定,第一审民事案件原则上应由基层人民法院管辖。根据人民法院组织法第 24 条的规定,基层人民法院包括:县、自治县人民法院,不设区的市人民法院,市辖区人民法院。根据人民法院组织法第 26 条的规定,基层人民法院根据地区、人口和案件情况,可以设立若干人民法庭。人民法庭是基层人民法院的组成部分。人民法庭的判决和裁定即基层人民法院的判决和裁定。当事人请求人民法院解决民事争议的,应当依照民事诉讼法关于地域管辖的规定,向有关基层人民法院(包括其派出法庭)提起诉讼,但依法应由中级人民法院、高级人民法院和最高人民法院管辖的第一审民事案件除外。

在人民法院组织系统中,基层人民法院数量多、分布广,审判人员的数量多,并且没有审理上诉案件的任务,因此,一般而言,将第一审民事案件原则上交给基层法院承担是比较符合法院工作均衡负担原则的。同时,由于民事纠纷的发生地、当事人住所地或者争议的财产所在地往往都与基层人民法院辖区相联系,由基层人民法院作为第一审法院既方便当事人诉讼,又便于人民法院进行案件的审理。

第十九条 中级人民法院管辖下列第一审民事案件:
(一)重大涉外案件;
(二)在本辖区有重大影响的案件;
(三)最高人民法院确定由中级人民法院管辖的案件。

【释义】 本条是关于中级人民法院管辖第一审民事案件的规定。

民事案件原则上应由基层人民法院管辖,但实践中有的案件属于重大涉外案件,有的案件在本辖区影响较大,有的案件涉及较强的专业知识,基层人民法院对这些案件不便行使管辖权,而由中级人民法院作为第一审管辖法院则比较适宜。根据人民法院组织法第 22 条的规定,中级人民法院包括:省、自治区辖市的中级人民法院,在直辖市内设立的中级人民法院,自治州中级人民法院和在省、自治区内按地区设立的中级人民法院。根据本条规定,中级人民法院管辖下列第一审民事案件。

一是重大涉外案件。涉外民事案件,一般是指民事法律关系的主体、内容、客体三者之一含有涉外因素的民事案件。根据《最高人民法院关于适用

《中华人民共和国民事诉讼法》的解释》第520条的规定,有下列情形之一,人民法院可以认定为涉外民事案件:(1)当事人一方或者双方是外国人、无国籍人、外国企业或者组织的;(2)当事人一方或者双方的经常居所地在中华人民共和国领域外的;(3)标的物在中华人民共和国领域外的;(4)产生、变更或者消灭民事关系的法律事实发生在中华人民共和国领域外的;(5)可以认定为涉外民事案件的其他情形。所谓重大涉外案件,本法没有作出具体规定。一般而言,重大涉外案件主要包括:(1)案件中居住在国外的当事人人数众多或者当事人分属多国国籍;(2)案情复杂;(3)案件的争议标的额较大。根据本条,此类案件由中级人民法院作为一审法院管辖。

二是在本辖区有重大影响的案件。在中级人民法院辖区有重大影响的案件,一般是指案情复杂、涉及范围广、案件的争议标的金额较大,同时案件处理结果的影响超出了基层人民法院的辖区范围,致使基层人民法院已不便对其行使管辖权的案件。此类案件由中级人民法院作为第一审管辖法院比较适宜。

三是最高人民法院确定由中级人民法院管辖的案件。基于某些案件的特殊性,最高人民法院会指定此类案件由中级人民法院管辖。主要包括两类:(1)海事、海商案件。海事、海商案件包括海事侵权纠纷案件,海商合同纠纷案件,其他海事、海商案件,海事执行案件以及请求海事保全案件等。现在我国已设有海口海事法院、广州海事法院、厦门海事法院、上海海事法院、青岛海事法院、天津海事法院、大连海事法院、武汉海事法院、宁波海事法院、北海海事法院和南京海事法院。这11个海事法院都是中级人民法院。(2)除专利行政案件外的其他专利纠纷案件。如专利申请权纠纷案件、专利权权属纠纷案件、侵犯专利权纠纷案件等。根据《最高人民法院关于适用〈中华人民共和国民事诉讼法〉的解释》第2条的规定,专利纠纷案件由知识产权法院、最高人民法院确定的中级人民法院和基层人民法院管辖。根据《最高人民法院关于第一审知识产权民事、行政案件管辖的若干规定》第1条规定,发明专利、实用新型专利、植物新品种、集成电路布图设计、技术秘密、计算机软件的权属、侵权纠纷以及垄断纠纷第一审民事、行政案件由知识产权法院,省、自治区、直辖市人民政府所在地的中级人民法院和最高人民法院确定的中级人民法院管辖。

第二十条　高级人民法院管辖在本辖区有重大影响的第一审民事案件。

【释义】　本条是关于高级人民法院管辖的第一审民事案件的规定。

根据人民法院组织法第 20 条的规定,高级人民法院包括:省高级人民法院、自治区高级人民法院和直辖市高级人民法院。高级人民法院的任务主要不是审判第一审民事案件,而是对省、自治区、直辖市内的基层人民法院和中级人民法院的民事审判工作进行指导、实行监督,总结和交流民事审判工作的经验,指导本辖区内的基层人民法院和中级人民法院的审判工作。此外,还要审理不服中级人民法院判决、裁定依法提起上诉的第二审民事案件以及当事人申请再审的案件等。因此,高级人民法院管辖第一审民事案件的范围不宜太大,主要限于在本辖区有重大影响的第一审民事案件。

第二十一条　最高人民法院管辖下列第一审民事案件:
(一)在全国有重大影响的案件;
(二)认为应当由本院审理的案件。

【释义】　本条是关于最高人民法院管辖第一审民事案件的规定。

最高人民法院是我国的最高审判机关。最高人民法院的主要任务是对全国地方各级人民法院和军事法院、海事法院、知识产权法院、金融法院等专门人民法院实行审判监督,通过总结审判工作经验,作出有关适用法律、法规的批复、指示或者司法解释,对全国地方各级人民法院和专门人民法院的审判工作进行指导。此外,还要审理不服高级人民法院判决、裁定的上诉案件以及当事人申请再审的案件等。因此,最高人民法院管辖的第一审民事案件应当是极少数。

本条对最高人民法院管辖的第一审民事案件规定了两类:一是在全国有重大影响的案件;二是最高人民法院认为应当由本院审理的案件。至于什么是在全国有重大影响的案件,哪些案件属于应当由最高人民法院审理的案件,在审判实践中由最高人民法院根据实际情况予以把握。

第二节　地域管辖

地域管辖,是指按照人民法院的主管范围和当事人住所地来划分同级人民法院之间审判第一审民事案件权限的管辖,需根据各种不同民事案件的特点来确定。相比级别管辖只是确定民事案件第一审由哪一级法院审理,地域管辖需在级别管辖确定之后,再确定由哪个地方的人民法院管辖。因此,只有根据地域管辖的规定才能最终确定案件由哪一个地方的人民法院管辖。换言之,级别管辖是划分人民法院系统内上下级各自审理第一审民事案件的权限,地域管辖则是确定同级人民法院审理第一审民事案件的范围。也可以说,级别管辖是确定纵向的审判分工,而地域管辖是确定横向的审判分工。

> **第二十二条** 对公民提起的民事诉讼,由被告住所地人民法院管辖;被告住所地与经常居住地不一致的,由经常居住地人民法院管辖。
> 对法人或者其他组织提起的民事诉讼,由被告住所地人民法院管辖。
> 同一诉讼的几个被告住所地、经常居住地在两个以上人民法院辖区的,各该人民法院都有管辖权。

【释义】 本条是关于一般地域管辖的规定。

一般地域管辖也称普通管辖,是指以当事人住所地与法院辖区的关系来确定管辖法院。一般地域管辖的原则是"原告就被告",即民事诉讼由被告所在地人民法院管辖。实行"原告就被告"原则,有利于人民法院调查、核实证据,迅速查明案情,正确处理民事纠纷;有利于传唤被告出庭应诉;有利于采取保全和先予执行措施,如果被告败诉,还有利于执行;同时,还可以防止原告滥用诉权,给被告造成不应有的损失。

本条第1款规定,对公民提起的民事诉讼,由被告住所地人民法院管辖;被告住所地与经常居住地不一致的,由经常居住地人民法院管辖。这里所说的住所地,是指公民的户籍所在地;经常居住地,是指公民离开住所地至起诉时已连续居住一年以上的地方,但公民住院就医的地方除外。

本条第2款规定,对法人或者其他组织提起的民事诉讼,由被告住所地人民法院管辖。这里所说的法人或者其他组织的住所地,是指其主要办事机构所在地。根据有关司法解释的规定,法人或者其他组织的主要办事机构所在地不能确定的,法人或者其他组织的注册地或者登记地为住所地。

《最高人民法院关于适用〈中华人民共和国民事诉讼法〉的解释》还对"原告就被告"原则进行了细化,包括:(1)对没有办事机构的个人合伙、合伙型联营体提起的诉讼,由被告注册登记地人民法院管辖。没有注册登记,几个被告又不在同一辖区的,被告住所地的人民法院都有管辖权。(2)被告被注销户籍的,依照民事诉讼法第 23 条规定确定管辖(原告住所地人民法院管辖);原告、被告均被注销户籍的,由被告居住地人民法院管辖。(3)当事人的户籍迁出后尚未落户,有经常居住地的,由该地人民法院管辖;没有经常居住地的,由其原户籍所在地人民法院管辖。(4)双方当事人都被监禁或者被采取强制性教育措施的,由被告原住所地人民法院管辖。被告被监禁或者被采取强制性教育措施一年以上的,由被告被监禁地或者被采取强制性教育措施地人民法院管辖。(5)夫妻双方离开住所地超过一年,一方起诉离婚的案件,由被告经常居住地人民法院管辖;没有经常居住地的,由原告起诉时被告居住地人民法院管辖。(6)不服指定监护或变更监护关系的案件,可以由被监护人住所地人民法院管辖。

根据本条第 3 款的规定,同一诉讼的几个被告住所地、经常居住地在两个以上人民法院辖区的,各该人民法院都有管辖权,原告可以向任何一个被告住所地或者经常居住地人民法院提起诉讼。

第二十三条 下列民事诉讼,由原告住所地人民法院管辖;原告住所地与经常居住地不一致的,由原告经常居住地人民法院管辖:

(一)对不在中华人民共和国领域内居住的人提起的有关身份关系的诉讼;

(二)对下落不明或者宣告失踪的人提起的有关身份关系的诉讼;

(三)对被采取强制性教育措施的人提起的诉讼;

(四)对被监禁的人提起的诉讼。

【释义】 本条是关于一般地域管辖的例外规定。

一般地域管辖的"原告就被告"原则,在某些特殊情况下无法适用或者适用后将对原告、对法院极为不便。为此,本条规定了几种例外情形,在这些情形下,案件由原告住所地人民法院管辖;原告的住所地与经常居住地不一致的,由经常居住地人民法院管辖。这些例外情形包括:

第一,对不在中华人民共和国领域内居住的人提起的有关身份关系的诉讼。对于符合不在中国领域内居住、与身份关系有关的诉讼案件,如涉及婚姻关系、亲子关系、收养关系的案件等,由原告住所地或者经常居住地人民法院管辖。

第二,对下落不明或者宣告失踪的人提起的有关身份关系的诉讼。在被告下落不明或者已经宣告失踪的情况下,根本无法确定其住所地或者经常居住地。此时,由原告住所地或者经常居住地人民法院管辖,可以方便原告行使诉权。

第三,对正在被采取强制性教育措施的人提起的诉讼。被采取强制性教育措施的人由于离开了住所地或者经常居住地,集中在特定场所接受强制性教育,人身自由受到一定的限制。如果要求原告向强制性教育机构所在地的人民法院起诉,将对原告行使诉权十分不便,因此本条规定在此种情形下,由原告住所地或者经常居住地人民法院管辖。

第四,对被监禁的人提起的诉讼。被监禁的人,无论是已决犯还是未决犯,都丧失了人身自由,离开了住所地或者经常居住地。如果要求原告向被告监禁地人民法院起诉,将对原告行使诉权十分不便,大大增加其诉讼成本,因此本条规定此种情形由原告住所地或者经常居住地人民法院行使管辖权。

除上述4种情况外,最高人民法院根据司法实践的需要,对"原告就被告"原则的适用进行了以下补充规定,包括:(1)追索赡养费、扶养费、抚养费案件的几个被告住所地不在同一辖区的,可以由原告住所地人民法院管辖;(2)夫妻一方离开住所地超过一年,另一方起诉离婚的案件,可以由原告住所地人民法院管辖。

此外,根据最高人民法院有关司法解释,涉及华侨的离婚案件的管辖有特殊性,应当根据具体情况确定由原告住所地或者被告住所地法院管辖:(1)在国内结婚并定居国外的华侨,如定居国法院以离婚诉讼须由婚姻缔结地法院管辖为由不予受理,当事人向人民法院提出离婚诉讼的,由婚姻缔结地或者一方在国内的最后居住地人民法院管辖;(2)在国外结婚并定居国外的华侨,如定居国法院以离婚诉讼须由国籍所属国法院管辖为由不予受理,当事人向人民法院提出离婚诉讼的,由一方原住所地或者在国内的最后居住地人民法院管辖;(3)中国公民一方居住在国外,一方居住在国内,不论哪一方向人民法院提起离婚诉讼,国内一方住所地人民法院都有权管辖。国外一方在居住国法院起诉,国内一方向人民法院起诉的,受诉人民法院有权管辖;(4)中国公民双方在国外但未定居,一方向人民法院起诉离婚的,应由原告或者被告原住所地人民法院管辖;(5)已经离婚的中国公民,双方均定居国外,仅就国内财产分割提起诉讼的,由主要财产所在地人民法院管辖。

第二十四条　因合同纠纷提起的诉讼,由被告住所地或者合同履行地人民法院管辖。

【释义】　本条是关于因合同纠纷提起的诉讼管辖的规定。

民事诉讼法第24~33条规定了特殊地域管辖的几种情形。特殊地域管辖,是指以诉讼标的所在地或者引起民事法律关系发生、变更、消灭的法律事实所在地为标准确定的管辖。特殊地域管辖是相对于一般地域管辖而言的,是法律针对特别类型案件的诉讼管辖作出的规定。也就是说,这些特殊情形的法定管辖,允许根据当事人住所地确定的一般地域管辖和根据法律事实所在地、诉讼标的物所在地确定的特殊地域管辖进行共同管辖,从而使多个人民法院对同一案件有共同管辖权。

本条规定,因合同纠纷提起的诉讼,由被告住所地或者合同履行地人民法院管辖。因合同发生纠纷,有的是因合同是否成立发生的争议;有的是因合同变更发生的争议;还有的是因合同的履行发生的争议。法律规定因合同纠纷提起的诉讼,由被告住所地或者合同履行地人民法院管辖,便于法院查明案情,便于在必要时及时采取财产保全等紧急措施,以利于合同纠纷的正确解决。

司法实践中,如何确认合同履行地是比较复杂的问题。一般地说,合同履行地是指合同规定履行义务和接受该义务的地点,主要是指合同标的物交接的地点。合同的种类不同,合同履行地也有所不同。关于合同履行地的具体确定,根据《最高人民法院关于适用〈中华人民共和国民事诉讼法〉的解释》的规定,主要有以下几种情况:(1)合同约定履行地点的,以约定的履行地点为合同履行地。合同对履行地点没有约定或者约定不明确,争议标的为给付货币的,接收货币一方所在地为合同履行地;交付不动产的,不动产所在地为合同履行地;其他标的,履行义务一方所在地为合同履行地。即时结清的合同,交易行为地为合同履行地。(2)财产租赁合同、融资租赁合同以租赁物使用地为合同履行地。合同对履行地有约定的,从其约定。(3)以信息网络方式订立的买卖合同,通过信息网络交付标的的,以买受人住所地为合同履行地;通过其他方式交付标的的,收货地为合同履行地。合同对履行地有约定的,从其约定。

第二十五条　因保险合同纠纷提起的诉讼,由被告住所地或者保险标的物所在地人民法院管辖。

【释义】　本条是关于因保险合同纠纷提起诉讼管辖的规定。

本条规定,因保险合同纠纷提起的诉讼,由被告住所地或者保险标的物所在地人民法院管辖。保险合同,是指投保人支付保险费给保险人,保险人对于投保人因自然灾害或者意外事故等所致的损害或者责任承担赔偿责任或者支付一定金额的合同。因保险合同发生的纠纷,是指投保人或者保险受益人与保险人之间发生的争议。保险标的物,是投保人与保险人订立的保险合同所指向的对象,如财产、人身健康或生命等。因保险合同纠纷提起的诉讼,被告住所地、保险标的物所在地人民法院都有管辖权。根据《最高人民法院关于适用〈中华人民共和国民事诉讼法〉的解释》的规定,因财产保险合同纠纷提起的诉讼,如果保险标的物是运输工具或者运输中的货物,可以由运输工具登记注册地、运输目的地、保险事故发生地人民法院管辖。因人身保险合同纠纷提起的诉讼,可以由被保险人住所地人民法院管辖。

第二十六条　因票据纠纷提起的诉讼,由票据支付地或者被告住所地人民法院管辖。

【释义】　本条是关于因票据纠纷提起诉讼管辖的规定。

本条规定,因票据纠纷提起的诉讼,由票据支付地或者被告住所地人民法院管辖。票据是指由出票人签发的、写明在一定的时间、地点由本人或者指定他人按照票面所载文义,向收款人或者持票人无条件支付一定金额的有价证券。票据分为本票、汇票和支票3种。所谓票据纠纷,是指出票人或者付款人与收款人或者持票人之间因票据承兑等发生的争议。例如,银行对票据持有人拒付一定的金额而发生的纠纷。又如,票据是伪造的,而银行以该票据的金额支付给票据持有人一定的金额而发生的纠纷等。票据支付地,即票据上载明的付款地。因票据纠纷提起的诉讼,由票据支付地法院管辖,既便于当事人进行诉讼,又便于法院查清事实,及时审判和执行。因此,本条规定,因票据纠纷提起的诉讼,可以由票据支付地或者被告住所地人民法院管辖。

第二十七条　因公司设立、确认股东资格、分配利润、解散等纠纷提起的诉讼,由公司住所地人民法院管辖。

【释义】　本条是关于公司诉讼管辖的规定。

公司作为企业法人,是市场经济的重要主体之一,随着市场经济的发展,公司的行为日益活跃。2012 年修改民事诉讼法之前,因公司设立、确认股东资格、分配利润、解散等纠纷提起的诉讼,一般适用普通的地域管辖,也就是由被告住所地的人民法院管辖。而在司法实践中,人民法院在处理公司纠纷案件时,通常需要调阅公司的注册登记资料以及其他与争议有关的档案资料、公司的财务会计资料、公司会议决议等,有的案件还需要等待公司股东会、董事会的决议意见等。如果公司作为案件被告,由公司住所地人民法院管辖,问题不大;但在公司作为原告的情况下,如果被告在外地,案件如由被告住所地的人民法院管辖,人民法院在审理案件时,就需要到公司住所地调阅有关资料,这就存在诸多不便。因此,为了方便诉讼、提高诉讼效率,本条明确规定将公司设立、确认股东资格、分配利润、解散等纠纷案件,交由公司住所地的人民法院管辖。目前,日本、韩国等一些国家也明确规定,关于公司组织的诉讼由公司所在地的地方法院管辖。

根据本条的规定,上述公司纠纷诉讼,由公司住所地的人民法院管辖。根据公司法的规定,公司以其主要办事机构所在地为住所。公司的主要办事机构所在地应当与公司注册地相区别,一般情况下,公司的注册地与公司主要办事机构所在地是一致的,有的情况下,公司在境外注册,但主要营业地设在中国,根据我国法律的规定,该公司的住所地在我国境内。公司主要办事机构也要与公司的经营场所相区别,经营场所是指公司进行业务活动所必需的一切场地,是公司进行经营的必要条件。公司经营场所除公司住所外,还包括住所之外的各种固定地点和设施,如生产场地、销售网点等,设有分支机构的公司还包括分支机构的所在地。而住所则是公司经营管理及业务活动的核心机构所在地。

第二十八条 因铁路、公路、水上、航空运输和联合运输合同纠纷提起的诉讼,由运输始发地、目的地或者被告住所地人民法院管辖。

【释义】 本条是关于因铁路、公路、水上、航空运输和联合运输合同纠纷提起诉讼管辖的规定。

本条规定,因铁路、公路、水上、航空运输和联合运输合同纠纷提起的诉讼,由运输始发地、目的地或者被告住所地人民法院管辖。运输合同纠纷,是指承运人与托运人、旅客在履行运输合同中发生的权利义务争议。例如,因托运的货物被损坏、丢失引起的纠纷;旅客因乘坐运输工具时人身受到伤害引起的纠纷等。对于这类纠纷,运输始发地(客运或货运合同规定的出发地点)、目的地(合同约定的客运、货运最终到达地)、被告住所地三地人民法院都有管辖权。这样便于当事人进行诉讼,也便于法院了解案情调查取证,使纠纷得到及时解决。

第二十九条 因侵权行为提起的诉讼,由侵权行为地或者被告住所地人民法院管辖。

【释义】 本条是关于因侵权行为提起诉讼管辖的规定。

侵权行为,是指加害人不法侵害他人财产权益或者人身权益的行为。根据本条规定,侵权行为发生后,受害人既可以向侵权行为地人民法院起诉,也可以向被告住所地人民法院起诉。根据《最高人民法院关于适用〈中华人民共和国民事诉讼法〉的解释》的规定,本条中的"侵权行为地",包括侵权行为实施地、侵权结果发生地。信息网络侵权行为实施地包括实施被诉侵权行为的计算机等信息设备所在地,侵权结果发生地包括被侵权人住所地。因产品、服务质量不合格造成他人财产、人身损害提起诉讼的,产品制造地、产品销售地、服务提供地、侵权行为地和被告住所地人民法院都有管辖权。

与合同案件的法定管辖限于某一个或几个特定的法院不同,有些侵权案件的侵权行为实施地或结果地可以特别广泛。例如,在反不正当竞争案件中,不正当竞争者的一个违法广告可能在全国市场上给同行业者的市场销售带来影响。其同行可以因不正当竞争行为在任何一个地方市场上产生的损失请求损害赔偿,不正当竞争行为地将不限于某一地或某几个地方,而是国内任何一个地方市场,其所在地法院都有管辖权。

第三十条 因铁路、公路、水上和航空事故请求损害赔偿提起的诉讼,由事故发生地或者车辆、船舶最先到达地、航空器最先降落地或者被告住所地人民法院管辖。

【释义】 本条是关于因铁路、公路、水上和航空事故请求损害赔偿提起诉讼管辖的规定。

本条规定,因铁路、公路、水上和航空事故请求损害赔偿提起的诉讼,由事故发生地或者车辆、船舶最先到达地、航空器最先降落地或者被告住所地人民法院管辖。

铁路、公路、水上、航空事故是车辆、船舶或者航空器的所有人或管理人的侵权行为造成的。例如,火车相撞、脱轨;汽车倾覆,撞击了其他车辆、人员;轮船相撞、沉没;内河航船撞坏了码头造成财产损害或者人身伤亡;航空器坠毁;因排油、抛物造成环境污染和人身伤亡等。因这些事故产生的损害赔偿纠纷,法律规定事故发生地、车辆最先到达地(事故发生后,车辆第一个停靠站)、船舶最先到达地(事故发生后,船舶第一个停靠港或者沉没地)、航空器最先降落地(飞机、飞艇、卫星等最先降落地或者因事故而坠落地)、被告住所地人民法院都有权管辖。这些纠纷由本条确定的法院管辖,对法院查明事故原因、损害的程度和应当承担的民事责任等情况是有利的,也便于及时审判和进行赔偿。

第三十一条 因船舶碰撞或者其他海事损害事故请求损害赔偿提起的诉讼,由碰撞发生地、碰撞船舶最先到达地、加害船舶被扣留地或者被告住所地人民法院管辖。

【释义】 本条是关于因船舶碰撞或者其他海事损害事故请求损害赔偿提起诉讼管辖的规定。

船舶碰撞,是指船舶在海上或者与海相通的可航水域发生接触造成损害的事故。本条规定的其他海损事故,是指船舶在航行过程中,除碰撞以外发生的触礁、触岸、搁浅、浪损、失火、爆炸、沉没、失踪等事故。

依照本条规定,因船舶碰撞或者其他海损事故造成财产、人身损害,原告追索损害赔偿的诉讼,以下四个地方的人民法院都有管辖权:其一,碰撞发生地,即船舶发生碰撞的具体地点;其二,碰撞船舶最初到达地,即船舶碰撞事故发生后,受害船舶最先到达的港口所在地;其三,加害船舶被扣留地,即加害船舶实施侵权行为后继续航行,后被有关机关扣留的具体地点;其四,被告住所地,一般是加害船舶的船籍港所在地,即对船舶进行登记,获得航行权的具体港口。之所以这样规定,主要是便于法院查明事故原因,分清责任,及时审判,使受害者及时得到赔偿。

在我国,因船舶碰撞或者其他海事损害事故请求损害赔偿提起的诉讼,由海口海事法院、广州海事法院、厦门海事法院、上海海事法院、青岛海事法院、天津海事法院、大连海事法院、武汉海事法院、宁波海事法院、北海海事法院和南京海事法院11个海事法院专门管辖。

第三十二条 因海难救助费用提起的诉讼,由救助地或者被救助船舶最先到达地人民法院管辖。

【释义】 本条是关于因海难救助费用提起诉讼管辖的规定。

海难救助,是指在海上或者与海相通的可航水域,对遇险的船舶和其他财产进行的救助。实施救助的,可能是从事救助的专业单位,也可能是邻近或者经过的船舶。救助活动完成后,实施救助的一方有权要求被救助的一方给付一定的报酬,即海难救助费用。救助费用,是指救助方在救助作业中直接支付的合理费用以及实际使用救助设备、投入救助人员的合理费用。

根据本条规定,因追索海难救助费用提起的诉讼,救助地(实施救助行为或者救助结果发生地)、被救助船舶最先到达地(被救助船舶经营救脱离险情后的最初到达地)的人民法院都有管辖权。

第三十三条 因共同海损提起的诉讼,由船舶最先到达地、共同海损理算地或者航程终止地的人民法院管辖。

【释义】 本条是关于因共同海损提起的诉讼管辖的规定。

共同海损,是指在同一海上航程中,船舶、货物和其他财产遭遇共同危险,为了共同安全,有意地合理地采取措施所直接造成的特殊牺牲、支付的特殊费用。例如,为灭火而引海水入舱;为避免全船覆没而将全部或部分货物抛进大海;为进行船舶紧急修理而自动搁浅等。无论在航程中或者在航程结束后发生的船舶或者货物因迟延所造成的损失,包括船期损失和行市损失以及其他间接损失,均不得列入共同海损。船舶因发生意外、牺牲或者其他特殊情况而损坏时,为了安全完成本航程,驶入避难港口、避难地点或者驶回装货港口、装货地点进行必要的修理,在该港口或者地点额外停留期间所支付的港口费,船员工资、给养,船舶所消耗的燃料、物料,为修理而卸载、储存、重装或者搬移船上货物、燃料、物料以及其他财产所造成的损失、支付的费用,应当列入共同海损。为代替可以列为共同海损的特殊费用而支付的额外费用,可以作为代替费用列入共同海损;但是,列入共同海损的代替费用的金额,不得超过被代替的共同海损的特殊费用。共同海损理算,是指具有一定专业知识、专业水平的机构和人员,按照理算规则,对共同海损损失的费用和金额进行确定,各受益方该分摊的价值,以及各受益方该分摊的共同海损金额进行的审核和计算工作。共同海损的牺牲和支付的费用经过理算,应由有关各方按比例分摊。共同海损的受益人对共同海损的构成与否及分担比例等问题发生争议而诉诸法院,这就是共同海损诉讼。

根据本条规定,因共同海损提起的诉讼,船舶最先到达地、共同海损理算地或者航程终止地人民法院都有管辖权。船舶最先到达地,是对遇难船舶采取挽救措施,继续航行后最初到达的港口所在地。航程终止地,是发生共同海损船舶的航程终点。共同海损理算地,是处理共同海损损失,理算共同海损费用的工作机构所在地。我国共同海损理算机构是中国国际贸易促进委员会,地点在北京。

第三十四条 下列案件,由本条规定的人民法院专属管辖:
(一)因不动产纠纷提起的诉讼,由不动产所在地人民法院管辖;
(二)因港口作业中发生纠纷提起的诉讼,由港口所在地人民法院管辖;
(三)因继承遗产纠纷提起的诉讼,由被继承人死亡时住所地或者主要遗产所在地人民法院管辖。

【释义】 本条是关于专属管辖的规定。

专属管辖,是指对某些特定类型的案件,法律强制规定只能由特定的人民法院行使管辖权。凡是专属管辖的案件,只能由法律明文规定的人民法院管辖,其他人民法院均无管辖权,从而排除了一般地域管辖和特殊地域管辖的适用。对于专属管辖的案件,当事人双方无权以协议或者约定的方式变更管辖法院,从而排除协议管辖的适用。总之,专属管辖是排斥其他类型的法定管辖,也排斥协议管辖的管辖制度。

依照本条的规定,下列案件由人民法院专属管辖:

1.因不动产纠纷提起的诉讼,由不动产所在地人民法院管辖。

不动产,是指土地以及土地上的附着物,如建筑物、农作物、森林、草原等。因不动产纠纷提起的诉讼,主要是因不动产的所有权、使用权、占有等发生纠纷而引起的诉讼,以及相邻不动产之间因通行、通风、采光等相邻关系发生争议而引起的诉讼等。法律规定由不动产所在地人民法院管辖,便于受诉人民法院勘验现场,调查收集证据,也便于裁判生效后的执行工作。根据《最高人民法院关于适用〈中华人民共和国民事诉讼法〉的解释》第28条的规定,不动产纠纷是指因不动产的权利确认、分割、相邻关系等引起的物权纠纷。农村土地承包经营合同纠纷、房屋租赁合同纠纷、建设工程施工合同纠纷、政策性房屋买卖合同纠纷,按照不动产纠纷确定管辖。不动产已登记的,以不动产登记簿记载的所在地为不动产所在地;不动产未登记的,以不动产实际所在地为不动产所在地。

2.因港口作业中发生纠纷提起的诉讼,由港口所在地人民法院管辖。

港口作业中发生的纠纷主要有两类:一是在港口进行货物装卸、驳运、保管等作业中发生的纠纷;二是船舶在港口作业中,由于违规操作造成他人人身或者财产损害的侵权纠纷。因此类纠纷提起的诉讼,由港口所在地人民法院管辖。

3.因继承遗产纠纷提起的诉讼,由被继承人死亡时住所地或者主要遗产所在地人民法院管辖。

遗产,是指自然人死亡时遗留的个人合法财产,包括动产和不动产。继承人为继承被继承人的遗产发生纠纷诉诸法院的诉讼,称为继承遗产诉讼。继承遗产诉讼,由被继承人死亡时住所地或者主要遗产所在地人民法院管辖。

被继承人死亡时住所地与主要遗产所在地一致的,则该地方的人民法院具有管辖权;不一致的,则这两个地方的人民法院都有管辖权,当事人可以任选其中一个人民法院提起诉讼。如果被继承人的遗产分散在几个人民法院辖区,应以遗产的数量和价值来确定主要遗产所在地,进而确定管辖法院。这样确定管辖,有利于人民法院正确确定继承开始的时间、继承人与被继承人之间的关系以及遗产的范围和分配等问题。

如果主要遗产是不动产,应当按照遗产纠纷来确定管辖法院,即此类案件由被继承人死亡时住所地或者主要遗产所在地人民法院管辖,而不是作为不动产纠纷来确定管辖法院。

第三十五条 合同或者其他财产权益纠纷的当事人可以书面协议选择被告住所地、合同履行地、合同签订地、原告住所地、标的物所在地等与争议有实际联系的地点的人民法院管辖,但不得违反本法对级别管辖和专属管辖的规定。

【释义】 本条是关于协议管辖的规定。

协议管辖,又称合意管辖或者约定管辖,是指双方当事人在纠纷发生之前或发生之后,以合意方式约定解决他们之间纠纷的管辖法院。协议选择管辖法院是意思自治原则在民事诉讼领域的延伸和体现,有助于实现当事人双方诉讼机会的均等。协议选择管辖,已为当今世界许多国家和地区在立法和司法实践中所肯定。协议选择管辖法院在我国的民事诉讼实践中,也具有十分重要的意义。实践中,有些地方法院受地方保护主义影响,对合同纠纷案件,不属于自己管辖的,也抢着受理。如果依原告就被告原则,由被告住所地法院管辖,原告担心地方保护主义;如果由原告住所地法院管辖,被告也会担心地方保护主义。为了解决地方保护主义,允许当事人双方选择处理争议的法院,让当事人选择对收集证据、安排证人出庭、出席法庭辩论等更有利的法院来审理纠纷,不仅有利于圆满解决纠纷,而且增加了诉讼及裁判结果的确定性、可预见性和可执行性,避免因管辖权的争议而延误纠纷的解决,有助于切实保障交易安全和交易双方的合法权益。关于协议管辖,1991年民事诉讼法第25条规定:"合同的双方当事人可以在书面合同中协议选择被告住所地、合同履行地、合同签订地、原告住所地、标的物所在地人民法院管辖,但不得违反本法对级别管辖和专属管辖的规定。"第244条规定："涉外合同或者涉外财产权益纠纷的当事人,可以用书面协议选择与争议有实际联系的地点的法院管辖。选择中华人民共和国人民法院管辖的,不得违反本法关于级别管辖和专属管辖的规定。"2012年民事诉讼法对协议管辖制度作了修改:一是在适用范围上,在原有的"合同"纠纷的基础上,增加了"其他财产权益纠纷";二是在选择管辖法院的连接点上,在原有的"被告住所地、合同履行地、合同签订地、原告住所地、标的物所在地"的基础上,增加规定"等与争议有实际联系的地点",扩大了连接点,也就是扩大了当事人可以协议选择管辖法院的范围;三是删除1991年民事诉讼法中涉外协议管辖的规定,将协议管辖制度统一规定于总则编中,即涉外民事诉讼中,合同或者其他财产权益纠纷的当事人可以依据总则中协议管辖的规定,协议选择有关的管辖法院。关于2023年修改民事诉讼法,很多意见提出,根据2012年民事诉讼法的规定,适用协议管辖制度的涉外案件仅限于合同或者其他财产权益纠纷,须与协议选择的法院存在实际联系,且不得违反级别管辖和专属管辖的规定,这在司法实践中对我国法院的涉外管辖权造成了一定限制:一是协议管辖制度仅限于涉外合同或者其他财产权益纠纷,其他类型的涉外纠纷无法适用协议管辖制度;二是双方均为外国当事人,主动协议选择我国法院管辖涉外民商事案件,但我国与争议无实际联系而无法行使管辖权,不利于我国打造国际民商事争议解决的优选地;三是即使争议与我国存在实际联系,但由于争议标的额有时预先不能确定,有时协议选择人民法院管辖的条款可能因违反民事诉讼法有关级别管辖的规定而被认定无效。由于民事诉讼法涉外编主要调整我国与其他国家或者不同法域之间的司法管辖问题,不宜简单套用2021年民事诉讼法第35条的规定来限制涉外协议管辖条款的效力,有必要单独构建涉外协议管辖机制。为此,2023年民事诉讼法修改在涉外民事诉讼程序的特别规定编的管辖一章单独增加了涉外协议管辖的规定。由此,2023年修改后,民事诉讼法关于协议管辖制度的规定又重回"双轨制",即国内民事诉讼的协议管辖,适用本条;涉外民事诉讼的协议管辖,适用民事诉讼法第277条的规定:"涉外民事纠纷的当事人书面协议选择人民法院管辖的,可以由人民法院管辖。"

根据本条规定,当事人在国内民事诉讼中协议选择管辖法院的,应当符合以下条件:

1. 只有合同或者其他财产权益纠纷的双方当事人可以协议选择管辖法院,因人身权益产生的民事纠纷的当事人不能协议选择管辖法院。1991年民事诉讼法第25条规定可以协议选择管辖法院的主体仅限于合同纠纷的当事人;第244条规定涉外民事诉讼协议管辖的主体比国内民事诉讼协议管辖的主体更广一些,除涉外合同的当事人外,涉外财产权益纠纷的当事人也可以协议选择管辖法院。为了体现尊重当事人意思自治,2012年民事诉讼法统一了国内和涉外民事诉讼中协议管辖的适用范围,在国内民事诉讼中增加规定,除合同纠纷外,其他财产权益纠纷的双方当事人也可以协议选择管辖法院。这里的合同纠纷包括因合同订立、履行、变更、解除、违约等所产生的纠纷;其他财产权益纠纷包括因物权、知识产权中的财产权而产生的民事纠纷。

2. 可以协议选择的法院应当是被告住所地、合同履行地、合同签订地、原告住所地、标的物所在地等与争议有实际联系的地点的人民法院。2012年修改民事诉讼法时,因为需要统一国内和涉外民事诉讼协议管辖的适用范围,在2007年民事诉讼法第25条规定的基础上,在可以选择的法院范围上增加规定了"等与争议有实际联系的地点"的人民法院,一方面,实际上扩大了国内民事诉讼中可以协议选择管辖法院的范围,只要是与争议有实际联系的地点的人民法院,合同或者其他财产权益纠纷的当事人都可以协议选择。另一方面,"与争议有实际联系的地点",也是对选择管辖法院的范围进行必要的限制,当事人不可以协议选择与争议没有实际联系的地点的法院。在实践中,"与争议有实际联系的地点",除了被告住所地、合同履行地、合同签订地、原告住所地、标的物所在地外,还包括侵犯物权或者知识产权等财产权益的行为发生地等。这一点是与2023年修改增加的涉外协议管辖制度不同的,新增的涉外协议管辖不要求所选择的法院与争议有实际联系。此外,根据《最高人民法院关于适用〈中华人民共和国民事诉讼法〉的解释》第29条的规定,书面协议包括书面合同中的协议管辖条款或者诉讼前以书面形式达成的选择管辖的协议。

3. 协议选择管辖法院不得违反本法对级别管辖和专属管辖的规定。在我国司法体系中,人民法院共有最高人民法院、高级人民法院、中级人民法院和基层人民法院四级法院,各级人民法院都可以受理第一审民事案件,但标准各有不同。根据本法规定,基层人民法院管辖第一审民事案件,但本法另有规定的除外。中级人民法院管辖下列第一审民事案件:重大涉外案件;在本辖区有重大影响的案件以及最高人民法院确定由中级人民法院管辖的案件。高级人民法院管辖在本辖区有重大影响的第一审民事案件。最高人民法院管辖下列第一审民事案件:在全国有重大影响的案件;认为应当由本院审理的案件。当事人协议选择的管辖法院,不能违反本法关于级别管辖的规定。也就是说,当事人协议选择的法院只能是一审法院,不能协议选择二审和再审法院,而且,选择的一审法院应当符合法律和最高人民法院确定的管辖标准。当事人协议选择的管辖法院也不能违反本法关于专属管辖的规定。根据民事诉讼法第 34 条的规定,下列案件,由本条规定的人民法院专属管辖:(1)因不动产纠纷提起的诉讼,由不动产所在地人民法院管辖;(2)因港口作业中发生纠纷提起的诉讼,由港口所在地人民法院管辖;(3)因继承遗产纠纷提起的诉讼,由被继承人死亡时住所地或者主要遗产所在地人民法院管辖。虽然本条规定财产权益纠纷的当事人可以选择管辖法院,但是其中属于不动产纠纷的,只能由不动产所在地的人民法院管辖,当事人不能通过协议选择其他法院。

4. 当事人协议管辖应当采用书面形式。这是协议管辖的形式要件,要求当事人双方必须以书面合同的形式选择管辖法院,口头协议无效。当事人达成的选择管辖法院的书面协议,必须符合民法典的有关规定。从形式上,书面协议可以采取合同书的形式,包括书面合同中的协议管辖条款,也可以采取信件和数据电文(包括电报、电传、传真、电子数据交换和电子邮件)等可以有形地表现当事人双方协议选择管辖法院意思表示的形式。从协议内容上,应当体现当事人双方选择管辖法院的真实意愿,一方不能将自己的意志强加给另一方。当事人达成的选择管辖法院的协议内容也要合法。双方当事人订立有效的选择管辖法院的协议后,可以在双方协商一致的情况下,变更已经选择的管辖法院,选择其他与争议有实际联系的人民法院处理争议。

第三十六条 两个以上人民法院都有管辖权的诉讼,原告可以向其中一个人民法院起诉;原告向两个以上有管辖权的人民法院起诉的,由最先立案的人民法院管辖。

【释义】 本条是关于共同管辖的规定。

共同管辖,是指依照法律规定两个以上的人民法院对同一诉讼案件都有管辖权。这种情况既可以因诉讼主体或诉讼客体发生,也可以因法律的直接规定而发生。

在几个人民法院对同一案件都有管辖权的情况下,就形成了管辖权的冲突。解决管辖权冲突的最主要的办法,是赋予原告选择权,原告可以向其中任一法院起诉。如果原告向两个以上有管辖权的人民法院起诉,由最先立案的人民法院管辖。

例如,李某与刘某、王某、赵某是朋友,刘某、王某、赵某三人合伙做生意,三人共同向李某借款6000元,约定半年之后归还,并写了借条,由刘某、王某、赵某三人共同签名(借款人)。半年之后,刘某、王某、赵某未按约还钱,李某向他们索还,三人互相推诿,仍不还钱。李某准备向法院起诉,现知李某住A市东区,刘某住A市西区,王某住A市北区,赵某住A市南区。如果李某到法院去起诉,案件应由哪个法院管辖?这是个债权债务纠纷,如果根据原告就被告原则,李某应到被告所在地法院起诉。本案是连带债务纠纷,共同被告有三个,他们分别住在A市西区、北区、南区,因此,这三个法院都有管辖权,原告可以选择其中一个法院起诉,即李某选择了哪个法院,案件的管辖权就由哪个法院行使。如果李某向三个法院都递交了起诉状,那么哪个法院最先立案,该案就由哪个法院行使管辖权。

第三节 移送管辖和指定管辖

第三十七条 人民法院发现受理的案件不属于本院管辖的,应当移送有管辖权的人民法院,受移送的人民法院应当受理。受移送的人民法院认为受移送的案件依照规定不属于本院管辖的,应当报请上级人民法院指定管辖,不得再自行移送。

【释义】 本条是关于移送管辖的规定。

移送管辖,是指没有管辖权的人民法院接受原告起诉后,发现原告起诉的案件不属于自己管辖的,查明这个案件应当由哪个法院管辖,主动将案件移送有管辖权的人民法院管辖。设立移送管辖制度是为了适应各种复杂的实际情况,解决管辖中有争议的问题,从而避免案件因管辖不明等原因而拖延审理,损害当事人的合法权益。

根据本条的规定,人民法院移送案件应当具备以下三个条件:(1)移送案件的人民法院对该民事案件没有管辖权。对案件有管辖权的人民法院不得推脱责任而将案件移送到其他人民法院。(2)移送案件的人民法院已经受理了该民事案件。对于尚未受理的民事案件不存在移送的问题。(3)受移送的人民法院对该民事案件有管辖权。

移送管辖有两种:一是同级人民法院之间的移送管辖,它属于地域管辖的范围。例如,重庆市某区人民法院受理一个继承案件后,发现该被继承人生前虽曾在重庆市某区居住过,但他的住所和主要遗产在北京市某区,依照继承遗产诉讼管辖的规定,该案不属于重庆市该区人民法院管辖,应当将该案移送到有管辖权的北京市某区人民法院。二是上下级人民法院间的移送,它属于级别管辖方面的移送。例如,山东济南某区人民法院受理一个民事案件后,发现该案件在济南市范围内有重大影响。依照民事诉讼法第19条的规定,中级人民法院管辖在本辖区有重大影响的第一审民事案件,该案不属于济南市该区人民法院管辖,应当将该案移送到有管辖权的济南市中级人民法院。上下级法院之间的移送管辖,其原因和目的与同级法院之间的移送管辖基本相同。

实践中,有3种情况需要注意:一是两个以上人民法院都有管辖权的民事案件。对于这类案件,先立案的人民法院不得将案件移送给另一个有管辖权的人民法院。人民法院在立案前发现其他有管辖权的人民法院已先立案的,不得重复立案;立案后发现其他有管辖权的人民法院已先立案的,裁定将案件移送给先立案的人民法院。二是案件受理后,当事人住所地、经常居住地发生变化。出现这种情况的,受诉人民法院的管辖权不受当事人住所地、经常居住地变更的影响,受诉人民法院更不得将案件移送到当事人变更后的住所地、经常居住地人民法院。三是有管辖权的人民法院受理案件后,行政区域发生变更。出现这种情况的,受理案件时有管辖权的人民法院不得以行政区域变更为由,将案件移送给变更后有管辖权的人民法院。

根据本条的规定,受移送的人民法院应当受理被移送的案件。受移送的人民法院认为受移送的案件依照规定不属于本院管辖的,应当报请上级人民法院指定管辖,不得再自行移送。不得再自行移送包括既不能把移送来的案件再退回原移送的法院,也不能再移送给其他法院,只能报请上一级人民法院指定管辖。这样规定的目的有二：一是避免原告多跑路,方便当事人诉讼;二是避免案件由于互相推诿,拖延诉讼时间,当事人的合法权益得不到及时保护。

需要注意的是,依照本法的规定,当事人对管辖权提出异议是当事人的一项诉讼权利,法院经审查,异议成立的,就应将案件移送有管辖权的法院审理。这样可以避免无管辖权的法院为了某种利益审理案件,损害当事人的合法权益,也有助于打破地方保护主义。当事人对管辖权的异议,应当在提交答辩状期间届满前提出。如果在审理中提出,应当视为当事人已接受受理该案件的法院的管辖,否则将会影响对案件的及时审判。

第三十八条 有管辖权的人民法院由于特殊原因,不能行使管辖权的,由上级人民法院指定管辖。

人民法院之间因管辖权发生争议,由争议双方协商解决;协商解决不了的,报请它们的共同上级人民法院指定管辖。

【释义】 本条是关于指定管辖的规定。

指定管辖,是指由于种种特殊原因,有管辖权的法院不能行使管辖权,或者由于几个人民法院对案件的管辖发生争议,或者移送来的案件不属于本院管辖时,需要由上级法院指定某一法院管辖。被指定的人民法院因被指定取得了对该案的管辖权。指定管辖是对法定管辖的补充,其目的是使人民法院早日确定管辖权,及时进行审判,使当事人的合法权益尽快得到保护。

根据本条的规定和本法第 37 条的规定,在以下 3 种情况下出现指定管辖：

1. 受移送的人民法院认为受移送的案件不属于本院管辖时,报请上级人民法院指定管辖。由上级人民法院指定本辖区内的其他法院管辖,进行审判。

2. 有管辖权的人民法院由于特殊原因,不能行使管辖权的,由上级人民法院指定管辖。这里的"由于特殊原因,不能行使管辖权",是指法律上或者事实上的原因,致使按法律规定受诉的人民法院无法或者难以行使管辖权。例如,一个基层人民法院受理了一个因不动产提起诉讼的案件,而该不动产正由该法院使用,该法院的全体审判人员与本案有利害关系,需要回避,因而不应对该案件进行审判。该法院就可以报请上级人民法院指定管辖。又如，有管辖权的人民法院所在地发生了严重的自然灾害，致使该法院无法办案，当事人和其他诉讼参与人无法进行诉讼活动。该案件需要由有管辖权法院的上一级人民法院指定其他法院管辖。

3. 人民法院之间因管辖权发生争议，由争议双方协商解决；协商解决不了的，报请它们的共同上级人民法院指定管辖。这里的"管辖权发生争议"，主要指两个以上人民法院，由于管辖区域不明，或者有共同管辖权的案件、多种地域管辖并存的案件，或者对管辖的规定产生了不同理解，引起推诿或争抢而发生的争议。在这种情况下，应当由争议双方法院协商解决，解决不了的，再报请其共同上级人民法院指定管辖。这里的"共同上级人民法院"，是指双方为同属一个地、市辖区的基层人民法院的，由该地、市的中级人民法院及时指定管辖；同属一个省、自治区、直辖市的两个中级人民法院的，由该省、自治区、直辖市的高级人民法院及时指定管辖；双方为跨省、自治区、直辖市的高级人民法院，由最高人民法院及时指定管辖。报请上级人民法院指定管辖时，应当逐级进行。此外，指定管辖的，应当作出裁定。对报请上级人民法院指定管辖的案件，下级人民法院应当中止审理。指定管辖裁定作出前，下级人民法院对案件作出判决、裁定的，上级人民法院应当在裁定指定管辖的同时，一并撤销下级人民法院的判决、裁定。

第三十九条　上级人民法院有权审理下级人民法院管辖的第一审民事案件；确有必要将本院管辖的第一审民事案件交下级人民法院审理的，应当报请其上级人民法院批准。

下级人民法院对它所管辖的第一审民事案件，认为需要由上级人民法院审理的，可以报请上级人民法院审理。

【释义】　本条是关于管辖权转移的规定。

为了解决有管辖权的人民法院由于特殊原因不能或者不宜行使管辖权的问题，本条规定了管辖权转移制度。所谓管辖权转移，是指上级人民法院有权审理下级人民法院管辖的第一审民事案件，也可以把本院管辖的第一审民事案件交下级人民法院审理，以及下级人民法院对它所管辖的第一审民事案件，认为需要由上级人民法院审理的，报请上级人民法院审理。管辖权转移实质是一种将案件"提上来、放下去"管辖的制度。这种"提上来、放下去"管辖的案件，不受级别管辖和地域管辖的限制。人民法院对于"提上来、放下去"的案件，不得拒不执行，或者不受理。本条规定的管辖权转移不同于本法规定的移送管辖。不同之处有三：一是移送管辖是指没有管辖权的法院把案件移送给有管辖权的法院审判；管辖权转移是指有管辖权的法院将案件转移给原来没有管辖权的法院。二是管辖权转移限于上下级法院之间，是对级别管辖的补充；移送管辖除了可能在上下级人民法院之间发生外，还可能在同级法院之间发生。三是程序上不完全相同。在管辖权转移中，当下级人民法院报请上级人民法院审判案件时，须经上级人民法院批准。上级人民法院提审下级人民法院有管辖权的案件，下级人民法院必须执行；上级人民法院在确有必要时将应由自己审理的案件交由下级人民法院审理时，应当经其上级人民法院批准。在移送管辖中，移送管辖不必经上级人民法院批准，受移送的人民法院不得再自行将案件移送给其他人民法院，如果认为不属于本院管辖，应当报请上级人民法院指定管辖。

根据本条规定，上级人民法院审理下级人民法院管辖的第一审民事案件，主要有两种情况：一种情况是上级人民法院有权审理下级人民法院管辖的第一审民事案件。如在实践中，上级人民法院如果认为有管辖权的下级人民法院在审理第一审民事案件时，在执行政策和法律上与有关部门争议较大，审理起来较困难的，可以将该案件提审，下级人民法院已经受理的，应当将该案件的材料及时移交上级人民法院。另一种情况是下级人民法院对它所管辖的第一审民事案件，认为需要由上级人民法院审理的，可以报请上级人民法院审理。这里的"需要"可以是指案件本身的需要，如案情重大、特别复杂、涉及面很广，下级人民法院审理确有困难；也可以是关于某种特殊原因的需要，如由于自然灾害，下级人民法院审理确有困难。下级人民法院报请上级人民法院审理应由自己管辖的民事案件时，应当取得上级人民法院的同意，上级人民法院认为案件仍应由下级人民法院审理的，下级人民法院应当服从上级人民法院的决定。

根据本条规定，上级人民法院在确有必要时，可以将本院管辖的第一审民事案件交下级人民法院审理，但应当报请其上级人民法院批准。2007年民事诉讼法第39条第1款规定上级人民法院"也可以把本院管辖的第一审民事案件交下级人民法院审理"。在2012年修改民事诉讼法的过程中，有的意见提出,从法律规定的逻辑上看,级别管辖已经规定了上级人民法院应当管辖的案件,既然案件属于"在本辖区有重大影响的案件",又可以将该案交下级人民法院审理,在法理上是讲不通的。从司法实践中看,有的上级人民法院为了使案件的一审、二审都处在本院的辖区范围内,将本应当由本院管辖的一些第一审民事案件交下级人民法院审理,严重影响当事人的审级利益,对民事诉讼法规定的级别管辖制度也带来冲击。因此,为了保障当事人的诉权,维护民事诉讼法中的级别管辖制度,应当删去2007年民事诉讼法中关于上级人民法院"也可以把本院管辖的第一审民事案件交下级人民法院审理"的规定。但也有的意见提出,原则上,上级人民法院不宜将本院管辖的民事案件交下级人民法院审理,但民事案件情况复杂,有的案件如都由中级人民法院审理,调查取证查清事实等也有不便,加之案件数量也大,都由中级人民法院审理会影响效率和效果,交下级人民法院审理更有利于当事人参加诉讼,也方便法院审理;又如,一些涉及系统性金融风险案件或者群体性纠纷案件,案件数量大,案情复杂,涉及面广,而有关权利义务关系的内容相似,此时由上级人民法院将案件集中下移有利于案件协调处理,统一尺度,提高效率。虽然最高人民法院可以通过司法解释限制由上级人民法院将本院管辖的一审案件交下级人民法院审理的情形,但如果民事诉讼法删去"上交下"的规定,最高人民法院将无法律依据作出司法解释。因此,保留上级人民法院可以把本院管辖的一审民事案件交下级人民法院审理的规定确有必要。有的意见提出,如果保留上级人民法院可以把本院管辖的一审民事案件交下级人民法院审理的规定,为了防止实践中个别法院滥用,应当对上级人民法院"可以"下移管辖的情形进行必要的限制。

经研究,2012年民事诉讼法对2007年民事诉讼法第39条第1款作出以下两处修改:一是,从适用情形上,将下交管辖权的前提限制在"确有必要"。根据司法实践,有些案件,如在破产案件中衍生的诉讼案件、涉及金融系统性风险或者群体性纠纷等第一审民事案件,必要时上级人民法院可以交下级人民法院审理。考虑到民事案件的广泛性和复杂性,如何确定"确有必要",在法律中难以作出明确界定,可由最高人民法院根据司法实践作出司法解释,对"确有必要"的情形作出规定,对上级人民法院交下级人民法院管辖的案件进行严格限制。二是,从下交管辖权的程序上,增加报批程序,即将本院管辖的第一审民事案件交下级人民法院审理的,"应当报请其上级人民法院批准"。如中级人民法院欲将其管辖的某第一审民事案件交基层人民法院审理,应当在下交前,报请省(自治区、直辖市)高级人民法院批准。高级人民法院经审查认为,中级人民法院下交管辖权确有必要的,可以准许中级人民法院下交基层人民法院审理该第一审民事案件,基层人民法院必须审理该案件;如果高级人民法院认为,中级人民法院下交管辖权不属于"确有必要"的情形,应当不予以准许下交审理,中级人民法院应当审理该案件。根据《最高人民法院关于适用〈中华人民共和国民事诉讼法〉的解释》第42条的规定,下列第一审民事案件,人民法院依照民事诉讼法第39条第1款规定,可以在开庭前交下级人民法院审理:(1)破产程序中有关债务人的诉讼案件;(2)当事人人数众多且不方便诉讼的案件;(3)最高人民法院确定的其他类型案件。人民法院交下级人民法院审理前,应当报请其上级人民法院批准。上级人民法院批准后,人民法院应当裁定将案件交下级人民法院审理。

第三章 审 判 组 织

根据本法第 6 条第 1 款的规定,民事案件的审判权由人民法院行使。人民法院行使审判权需要通过一定的组织形式来实施,行使人民法院审判权的组织就是审判组织。审判组织是审理、裁判案件的具体组织形式,人民法院是通过具体的审判组织审理每一个案件的方式行使审判权的。审判组织在诉讼中具有重要作用,它在诉讼中的任务是保护当事人行使诉讼权利、履行诉讼义务,查明案件事实,分清是非,正确适用法律。所以民事诉讼法如何规定审理民事案件的组织,对于充分发挥审判工作中的民主,保证案件能够公正、及时地处理是至关重要的一环。根据人民法院组织法的规定,人民法院的审判组织包括合议制、独任制、赔偿委员会、审判委员会。

第四十条 人民法院审理第一审民事案件,由审判员、人民陪审员共同组成合议庭或者由审判员组成合议庭。合议庭的成员人数,必须是单数。

适用简易程序审理的民事案件,由审判员一人独任审理。基层人民法院审理的基本事实清楚、权利义务关系明确的第一审民事案件,可以由审判员一人适用普通程序独任审理。

人民陪审员在参加审判活动时,除法律另有规定外,与审判员有同等的权利义务。

【释义】 本条是关于人民法院审理第一审民事案件的审判组织和人民陪审员权利的规定。

2023 年修改民事诉讼法,对本条仅作了部分文字修改:一是将条文中的"陪审员"修改为"人民陪审员",以与人民陪审员法的表述相一致;二是将第 3 款中的"执行陪审职务"修改为"参加审判活动",同时增加了"除法律另有规定外"的表述。

一、民事案件一审审判组织

本条规定的民事案件第一审审判组织，即合议制和独任制两种。

（一）合议制

所谓合议制，就是由3名以上审判人员（法官、人民陪审员）组成审判庭，对案件行使人民法院的审判权，依法作出裁判的制度。合议庭是实现集体审判制度的一种组织形式。合议制作为一种集体审判案件制度，能够发挥集体智慧，克服法官个人认知的片面性和知识的局限性，防止个人独断，有利于提高案件审判质量，更好地实现司法公正。根据法律规定，不同审级合议庭的组成人员存在差别。

本条第1款规定，由审判员、人民陪审员共同组成合议庭或者由审判员组成合议庭，合议庭的成员人数必须是单数。根据此规定，人民法院审理第一审民事案件既可以由审判员、人民陪审员组成合议庭，也可以由审判员组成合议庭。因此，一审民事案件合议庭的组成形式有两种：一是单纯由审判员组成合议庭，即合议庭的组成人员全部为审判员，不吸收人民陪审员；二是由审判员和人民陪审员共同组成合议庭。究竟哪些案件由人民陪审员参加合议庭审理，哪些案件由审判员组成的合议庭审理，民事诉讼法未作限制性规定，人民陪审员法对此有相关规定。根据人民陪审员法第15条的规定："人民法院审判第一审刑事、民事、行政案件，有下列情形之一的，由人民陪审员和法官组成合议庭进行：（一）涉及群体利益、公共利益的；（二）人民群众广泛关注或者其他社会影响较大的；（三）案情复杂或者有其他情形，需要由人民陪审员参加审判的。人民法院审判前款规定的案件，法律规定由法官独任审理或者由法官组成合议庭审理的，从其规定。"请人民陪审员参加上述案件的审理，对于准确认定案件事实，正确适用法律，说服和教育当事人具有重要意义。对于审判员与人民陪审员在合议庭中的人数比例，本条未作明确规定，人民法院可以根据实际需要确定，但需要注意的是，合议庭的人数必须是3人以上的单数。

（二）独任制

所谓独任制，是指由审判员一人对具体案件进行审理和裁判的制度。人民法院审理民事案件应以合议制为原则，但对简单的案件可以适用独任制。在案情简单且可以保障案件审判质量的前提下，独任制可以方便当事人诉讼,便于人民法院审判和及时审结案件。独任制在民事诉讼程序的适用范围上,经历过一个变化过程。2021年之前,民事诉讼法严格限制独任制的适用范围,规定独任制仅适用于两种情况:一是基层人民法院和它派出的法庭适用简易程序审理的案件,即事实清楚、权利义务关系明确、争议不大的一审民事案件;二是人民法院依据特别程序审理的非诉案件,但选民资格案件和重大疑难案件除外。2021年修改民事诉讼法的过程中,人民法院在总结繁简分流试点改革经验的基础上,建议扩大独任制的适用范围。2021年修改后的民事诉讼法增加规定,符合法定条件的一审普通程序和二审程序也可以适用独任制,同时也对不适用独任制的情形作了明确规定。

本条第2款规定了一审民事案件适用独任制的范围,包括两类:第一,适用简易程序审理的民事案件,由审判员一人独任审理。根据本款的规定,所有适用简易程序审理的案件,都应当采取独任制的审判组织形式,即由审判员一人审理。根据修改后的民事诉讼法第160条的规定,适用简易程序的案件包括两种:一是基层人民法院和它派出的法庭审理事实清楚、权利义务关系明确、争议不大的简单的民事案件;二是基层人民法院和它派出的法庭审理前款规定以外的民事案件,当事人双方也可以约定适用简易程序。第二,基层人民法院审理的基本事实清楚、权利义务关系明确的第一审民事案件,可以由审判员一人适用普通程序独任审理。此类案件是2021年修改民事诉讼法时扩大的独任制适用范围,即普通程序独任制。根据本款的规定,普通程序独任制适用的前提是案件基本事实清楚、权利义务关系明确:首先,"基本事实清楚"是指案件的关键事实总体清楚,需要进一步查明案件的部分事实或者其他关联事实。但查明这些事实需要经过补充举证质证、评估、鉴定、审计、调查取证等程序和环节,在简易程序的审限内难以完成。其次,"权利义务关系明确"是指案件法律关系清晰,诉争的法律关系性质确定,需要适用的法律条文明确,当事人对法律条文的解释和适用也没有争议。只有案件同时满足这两方面条件,才能够适用普通程序独任制,而不能扩大普通程序独任制的适用范围。

根据本条第2款的规定,简易程序可以适用独任制,普通程序也可以适用独任制。这两者的区别在于:首先,适用的案件不同。简易程序适用于"事实清楚、权利义务关系明确、争议不大"的简单案件,而普通程序独任制均适用于"基本事实清楚、权利义务关系明确"的案件。因此,简易程序独任制和普通程序独任制均适用于"权利义务关系明确"的案件,区别在于,简易程序独任制适用于"事实清楚"的案件,而普通程序独任制适用于"基本事实清楚"的案件。如何判断案件是适用简易程序独任制还是适用普通程序独任制,可以综合考量案件事实的清晰程度、事实查证的难度、当事人之间争议大小、案件审理难度等因素。其次,适用的诉讼程序不同。根据民事诉讼法的规定,适用简易程序审理的案件,可以用简便方式传唤当事人、送达诉讼文书、审理案件,程序更为便捷。普通程序独任制,仅仅是审判组织形式为独任制,在诉讼程序上,仍需要按照普通程序审理,必须确保审理前准备、开庭审理、判决和裁定等程序环节的规范性和完整性,不得擅自简化审理程序,不得改变法定答辩期、举证期、审限等期限,也不得简化法庭调查、法庭辩论等环节,不得擅自改变普通程序的诉讼收费标准等。

二、人民陪审员的权利和义务

人民陪审员制度可以保障公民依法参加审判活动,是人民群众对人民法院的审判工作进行监督的有效渠道,有助于促进司法公正、提升司法公信力。根据本条第1款的规定,人民陪审员可以参与适用普通程序的案件的审理。根据本条第3款的规定,人民陪审员在参加审判活动时,除法律另有规定外,与审判员有同等的权利义务。因此,在由人民陪审员和审判员共同组成的合议庭中,人民陪审员作为合议庭的组成人员在整个审判过程中与审判员具有同等的权利和义务,除非法律另有规定。比如,根据人民陪审员法第22条的规定,人民陪审员参加七人合议庭审判案件,对事实认定,独立发表意见,并与法官共同表决;对法律适用,可以发表意见,但不参加表决。在这种情形下,人民陪审员与审判员的权利就不完全等同。此外,人民陪审员还必须履行法律规定的义务。比如根据修改后的民事诉讼法第46条的规定,审判人员应当依法秉公办案,不得接受当事人及其诉讼代理人请客送礼。又如,根据人民陪审员法第3条第2款的规定,人民陪审员应当忠实履行审判职责,保守审判秘密,注重司法礼仪,维护司法形象。人民陪审员必须遵守这些法律规定。

第四十一条 人民法院审理第二审民事案件,由审判员组成合议庭。合议庭的成员人数,必须是单数。

> 中级人民法院对第一审适用简易程序审结或者不服裁定提起上诉的第二审民事案件,事实清楚、权利义务关系明确的,经双方当事人同意,可以由审判员一人独任审理。
>
> 发回重审的案件,原审人民法院应当按照第一审程序另行组成合议庭。
>
> 审理再审案件,原来是第一审的,按照第一审程序另行组成合议庭;原来是第二审的或者是上级人民法院提审的,按照第二审程序另行组成合议庭。

【释义】 本条是关于民事案件二审、重审和再审审判组织的规定。

2021年民事诉讼法在总结人民法院民事诉讼繁简分流试点改革经验的基础上,增加了第2款规定,将独任制的适用范围有限扩展到第二审程序,力求实现二审案件的繁简分流。

一、民事案件二审合议制

本条第1款规定,人民法院审理第二审民事案件,由审判员组成合议庭,合议庭的成员人数,必须是单数。根据本款的规定,通常而言,人民法院审理第二审民事案件的审判组织形式都应当采取合议制。合议制相对于独任制而言,审判人员的人数更多,一般来说更有助于查清案件事实,公正裁判。

民事案件第二审的常规审判组织应当采取合议制。同时需要注意的是,与一审合议制不同,二审合议庭的成员只能是审判员,而不能有人民陪审员。原因主要在于两个方面:一方面,二审人民法院对上诉案件的审判,是在原审人民法院审理的基础上进行的,它必须按照法定程序,查明原审人民法院认定事实是否清楚,适用法律是否正确。这不仅直接关系到当事人的权益,而且是上级人民法院对下级人民法院的审判实行的监督。这种具有监督审查性的程序体现了人民法院统一行使审判权的原则,因此二审宜由审判员组成合议庭审理。另一方面,当事人不服第一审人民法院的裁判提起上诉,是为了维护自己的权益,但上诉不同于起诉,上诉是要求上级人民法院变更原审人民法院的裁判,以达到维护自己权益的目的。上诉人只有获得上诉审人民法院作出的有利于自己的裁判,才能达到上诉的目的。被上诉人是被通知应诉的人,但又不同于一审被告的应诉,他要听候上诉审人民法院对他与上诉人的权利义务问题作出决定，这种决定还涉及原审人民法院裁判是否正确。上诉审的审理，既是第二审人民法院对案件的审理，又是第二审人民法院对上诉人所提上诉理由和事实的审查。因此，对上诉案件，宜由上级人民法院的审判员组成合议庭审理。

合议庭必须是多人组成，根据本条第1款的规定，二审合议庭的组成人数必须是单数。在实践中，二审合议庭一般由3位审判员组成。在某些特殊情况下，合议庭的人数可以增加，具体人数可以由第二审人民法院根据需要确定，但必须为单数。

二、民事案件二审独任制

本条第2款规定，中级人民法院对第一审适用简易程序审结或者不服裁定提起上诉的第二审民事案件，事实清楚、权利义务关系明确的，经双方当事人同意，可以由审判员一人独任审理。根据此规定，二审独任制的适用范围受到诸多限制：

1. 二审独任制适用的法院层级。根据本款规定，适用二审独任制的法院层级仅限于中级人民法院。根据人民法院组织法的规定，中级人民法院包括省、自治区辖市的中级人民法院，在直辖市内设立的中级人民法院，自治州中级人民法院和在省、自治区内按地区设立的中级人民法院。因此，高级人民法院和最高人民法院审理第二审民事案件不能适用独任制。其中的原因在于，高级人民法院、最高人民法院受理的第二审案件，均属于标的额巨大、有重大社会影响、疑难复杂的特定类型案件，为确保审理的公正性和权威性，应当组成合议庭审理。

2. 二审独任制的适用范围。根据本款的规定，二审独任制仅适用于两类案件：第一，第一审适用简易程序审结的第二审案件。需要明确的是，此类案件的一审程序必须是简易程序。"审结"意味着案件审理的全部程序都是简易程序。如果案件在适用简易程序审理后，转为普通程序，则此类案件的审结程序属于普通程序，二审是不能适用独任制的。如果一审程序是普通程序，不论案件难易与否，上诉后的二审都不能适用独任制。第二，不服裁定提起上诉的第二审案件，包括本法第157条第1款第1项至第3项规定的情形，即对"不予受理""管辖权有异议""驳回起诉"的裁定提起上诉的案件。除了这两类案件之外，其他所有上诉案件，无论案情是否清晰、法律关系是否复杂,都不得适用独任制。

3. 二审独任制的适用条件。符合二审独任制适用范围的案件,适用独任制时还必须满足两个条件:第一,事实清楚、权利义务关系明确。所谓"事实清楚"就是经过第一审的审理,案件的主要事实已经查明,当事人在上诉过程中对案件事实也没有太大争议,不需要当事人提出新事实和新证据、案件事实不需要进一步查明、不需要重新鉴定等。所谓"权利义务关系明确"就是当事人之间的法律关系清晰,权利义务关系明了,当事人对法律适用也不存在大的分歧。第二,双方当事人同意。双方当事人同意是二审独任制适用的前提条件。因此,人民法院在决定适用独任制前,应当通过书面或口头方式征求双方当事人意见。当事人必须以书面或者口头方式作出同意的明确意思表示,当事人口头表示同意的,人民法院应当记录在案并由当事人签字确认。当事人未明确表示同意的,人民法院不得推定或者变相强制其同意。仅一方当事人表示同意,或一方当事人明确表示不同意的,均不得适用独任制。

二审独任制仅仅是对第二审案件审判组织作出的规定,并未改变第二审审判程序。中级人民法院适用二审独任制,仍应严格遵循本法有关第二审程序的相关规定,确保诉讼程序完整规范,不得擅自简化第二审程序内容,禁止调整审理期限、简化开庭程序或者不当参照一审简易程序规则等。

三、重审和再审案件的审判组织

本条第3款规定,发回重审的案件,原审人民法院应当按照第一审程序另行组成合议庭。根据本款的规定,重审案件的审判组织应当适用合议制。根据本法第177条第1款第3、4项的规定,第二审人民法院对上诉案件,经过审理认为原判决认定基本事实不清,或者原判决遗漏当事人或者违法缺席判决等严重违反法定程序的,裁定撤销原判决,发回原审人民法院重审。人民法院对一审判决进行第二次审理,发现原审判决存在实体错误或者一审存在程序错误,需要依法纠正,进而发回一审法院重新审理;此种情况下,意味着原审判决要么在实体上不公正,要么在程序上违法,为了确保案件公平、公正得到审理,发回重审的案件,就不能再由一个法官独任审理或者由原合议庭继续审理,而必须另行组成合议庭审理。另行组成的合议庭,既可以由审判员组成,也可以由审判员和人民陪审员组成,但是原来参加过审理的法官、人民陪审员不得参与。发回重审案件的审判程序必须适用普通程序,而不能适用简易程序。

本条第 4 款规定,审理再审案件,原来是第一审的,按照第一审程序另行组成合议庭;原来是第二审的或者是上级人民法院提审的,按照第二审程序另行组成合议庭。再审程序属于审判监督程序,是指人民法院对已经发生法律效力的判决、裁定,在有法定再审事由时,依照法律规定的程序再次进行审理并作出裁判的制度。再审程序是对发生法律效力的裁判的一种救济。根据本款的规定,再审程序的审判组织形式有两种:第一,原审是第一审的,则按照第一审程序另行组成合议庭。此时,人民法院也必须重新由审判员或者人民陪审员组成合议庭,按照普通程序审理,而不能适用独任制审理,包括独任制普通程序。同样,新的合议庭不能由原来的审判人员或者人民陪审员参加。第二,原来是第二审的或者是上级人民法院提审的,则必须按照第二审程序另行组成合议庭。生效裁判如果是第二审作出的,再审案件须仍按照第二审程序另行组成合议庭审理。同样,即便生效裁判是第一审程序作出,但上级人民法院认为需要提审的,也应当按照第二审程序另行组成合议庭审理,而不能按照第一审程序审理。

第四十二条 人民法院审理下列民事案件,不得由审判员一人独任审理:
(一)涉及国家利益、社会公共利益的案件;
(二)涉及群体性纠纷,可能影响社会稳定的案件;
(三)人民群众广泛关注或者其他社会影响较大的案件;
(四)属于新类型或者疑难复杂的案件;
(五)法律规定应当组成合议庭审理的案件;
(六)其他不宜由审判员一人独任审理的案件。

【释义】 本条是关于人民法院不得适用独任制审理案件范围的规定。

2021 年民事诉讼法扩大了独任制的适用范围,部分第一审普通程序案件和部分第二审案件也可以适用独任制。由于独任制只需一个法官审理,为确保案件审理质量,有必要对独任制的适用作出必要的限制,因此,在扩大独任制适用范围的同时,增加规定了独任制适用的监督机制。本条规定的就是人民法院不能适用独任制进行审理的6类案件,只要属于本条规定的案件,不论是在第一审程序,还是第二审程序,都不得适用独任制。这6类案件具体包括:

1. 涉及国家利益、社会公共利益的案件。涉及国家利益、社会公共利益的案件,关系到国家的安全、重大发展利益以及广大人民群众的切身利益,其所涉利益性质特殊、牵涉范围广、社会影响大。审理这类案件的审判组织,不能只考虑案件事实和法律关系的疑难复杂程度,因为案件所涉利益特殊且重大,即便表面上事实清楚、法律关系简单,但需要统筹考虑相关利益的涉及广度、关联深度、覆盖群体、政策依据、政策制定部门和案件审理难度等多重因素,有必要组成合议庭审理。

2. 涉及群体性纠纷,可能影响社会稳定的案件。群体性纠纷就是诉争纠纷的当事人一方或者双方为多人以上的特殊纠纷。常见的群体性纠纷有:当事人人数众多,可能引发群体性事件的;案件的审理过程或者结果可能或者已经引发社会广泛关注,存在激化社会矛盾风险的;个案的审理具有示范效应,可能引发后续批量诉讼的;可能对特定行业产业发展、特定群体利益、社会和谐稳定产生较大影响的。这些群体性纠纷,人民群众广泛关注,甚至将对大范围人群的利益产生重大影响,进而影响社会稳定,因此,不宜采取独任制审理,而应采取合议制。当然,在为群体性纠纷选择审理程序和审判组织时,不能仅以涉诉当事人的多少作为判断依据,有的案件看似个案,却有众多潜在当事人,处理不慎则可能影响社会稳定,就必须采取合议制审理。

3. 人民群众广泛关注或者其他社会影响较大的案件。所谓人民群众广泛关注的案件,就是在一定时期、一定地域甚至全国范围内,受到人民群众普遍关注的案件。所谓社会影响较大的案件,就是在短期内或者长期对社会公共利益存在重大影响的案件。人民群众广泛关注的案件一般而言也是社会影响较大的案件,有些社会影响较大的案件可能并未引起社会的广泛关注,但其法律效果潜在影响的社会面很广。这类案件的社会关注度高、社会影响大,由合议庭审理更为妥当。

4. 新类型或者疑难复杂的案件。所谓新类型案件,就是在本辖区内首次出现或不属于常见类型,没有明确可供参考的案例,法律适用难度较大的案件。这类案件,由合议庭审理,能够充分发挥集体审判的智慧,既能够全面查清案件事实,也能够更加准确地适用法律,最大限度地保障司法公正。所谓疑难复杂案件,就是案件的事实查明、认定存在较大困难,或者法律关系非常复杂,法律适用难度很大或者影响重大。比如,人民法院受案和审理过程中对事实认定、案件定性或者法律适用存在较大争议的案件。又如,法律、司法解释规定不明确或者司法解释没有规定,需要通过司法裁判进一步明确法律适用,具有法律适用指导意义的案件。

5. 法律规定应当组成合议庭审理的案件。根据民事诉讼法、人民陪审员法的规定,有些案件必须组成合议庭审理,这些案件当然不能适用独任制,否则就构成程序违法。例如,发回重审案件、裁定再审案件、选民资格案件或者重大、疑难的特别程序案件、申请不予执行仲裁裁决案件、需要由人民陪审员参加审判的案件等,均应按照法律规定组成合议庭审理或审查。

6. 其他不宜由审判员一人独任审理的案件。这属于兜底条款,实践中因为案件类型的多样化和审理情况的复杂性,可能存在无法纳入第1项至第5项所列情形,但基于对案件审理稳妥性考虑,一些案件更适宜适用合议制审理。对此,人民法院需综合考虑涉诉当事人主体身份、争议大小、对抗程度、关联案件、审理难度、社会效果等因素作出综合判断。

第四十三条 人民法院在审理过程中,发现案件不宜由审判员一人独任审理的,应当裁定转由合议庭审理。

当事人认为案件由审判员一人独任审理违反法律规定的,可以向人民法院提出异议。人民法院对当事人提出的异议应当审查,异议成立的,裁定转由合议庭审理;异议不成立的,裁定驳回。

【释义】 本条是关于独任制转合议制的规定。

本条是2021年民事诉讼法增加的规定。2021年民事诉讼法扩大了独任制的适用范围。鉴于有些案件在立案时认为可以适用独任制,但在开庭审理后发现不适合独任制审理,或者在审理过程中发生新的情况不适用独任制审理,因此,本条规定了独任制向合议制转换的要求和程序。

一、独任制转合议制的启动

根据本条规定,独任制转为合议制的启动程序包括两种:一是人民法院依职权启动,二是当事人提出异议启动。

1. 人民法院依职权启动独任制转合议制。本条第 1 款规定,人民法院在审理过程中,发现案件不宜由审判员一人独任审理的,应当裁定转由合议庭审理。人民法院在审理过程中,发现案件不宜适用独任制的,应依法将案件转为合议制审理。

2. 当事人提出异议启动独任制转合议制。本条第 2 款规定,当事人认为案件由审判员一人独任审理违反法律规定的,可以向人民法院提出异议。本款赋予了当事人对独任制适用的异议权,强化了当事人诉讼权益保障和独任制适用的监督制约。当事人在行使对独任制的异议权时,需要注意三个方面:一是异议的主体。本款规定的当事人包括原告、被告和第三人,任何一方当事人均可以向人民法院提出对适用独任制的异议。二是异议的时间。本条没有限制当事人提出异议的时间,因此,当事人的异议既可以在开庭审理前提出,如果转换事由在开庭审理后才发现的,也可以在法庭辩论终结前提出。三是异议的方式。当事人提出异议一般应当以书面形式作出,同时必须说明应当由独任制转为合议制的具体理由和法律依据。当事人当庭口头提出异议的,也应当说明具体理由和法律依据,并记入笔录。

二、独任制转合议制的事由

根据本条两款的不同规定,独任制转合议制的事由因启动机制而存在差异:人民法院依职权将独任制转合议制的事由是"不宜由审判员一人独任审理";当事人提出转合议制异议的事由是"案件由审判员一人独任审理违反法律规定"。

1. 案件不宜由审判员一人独任审理。本法第 40 条第 2 款、第 41 条第 2 款规定了独任制的适用条件,第 42 条规定了不得适用独任制的情形。因此,承办法官或者院长、庭长如果发现适用独任制审理的案件存在疑难复杂、社会影响大以及其他不得独任审理的情形后,即应当主动启动转为合议制程序。

2. 案件由审判员一人独任审理违反法律规定。"独任审理违反法律规定"主要是指案件违反本法第 40 条第 2 款、第 41 条第 2 款有关独任制的适用标准和适用范围,或者符合本法第 42 条不得适用独任制的情形。只要当事人认为案件适用独任制审理可能违反本法关于独任制适用条件的规定,就可以依法提出异议。

三、独任制转合议制的程序

案件审理的审判组织需要依据法律规定确定,因为审判组织不仅关系到人民法院的审判效力,也影响当事人对司法公正的期待。因此,独任制转为合议制,必须合理、规范,要充分保障当事人对审判组织的知情权、异议权,独任制转合议制应当严格依照法定程序进行,要避免转换不当造成程序违法。

1. 独任制转合议制的具体程序。首先,需要启动转换程序。正如前面所说,转换的启动包括两种方式,人民法院主动启动或者是当事人提出异议。其次,审查转换的必要性。从独任制转换为合议制审理,无论是人民法院依职权启动,还是基于当事人异议启动,转换程序都应格外慎重。为完善"独转合"机制,相关人民法院应预先明确独任审判员归属的合议庭,或者完善配套调配机制,方便及时组成合议庭审查转换申请。经合议庭评议,决定转由合议庭审理的,裁定以合议庭名义作出;决定驳回异议的,裁定以独任审判员名义作出。必要时,还应报院长、庭长依职权审核批准。最后,转换应以裁定形式作出。独任制向合议制的转换应当通过裁定方式作出,既可以是书面裁定,也可以是口头裁定,口头裁定的,应如实记入笔录。人民法院认为应当将案件转为合议制审理的,裁定应以合议庭名义作出。转换审判组织的裁定属于不可上诉的裁定,一经作出即生效。

2. 审判组织转换的效力。审判组织转换前,已经开过庭的,案件转由合议庭审理后,应当再次开庭,审判组织转换前已经依法完成的诉讼行为继续有效,双方当事人已确认的事实,可以不再举证、质证。

四、审判组织转换和审理程序转换的关系

本法对审判组织和审理程序分别作了相应的规定,独任制可以转为合议制,简易程序也可以转为普通程序,审判组织转换和审理程序转换相对独立,不是严格对应关系,具体体现为以下3种情况:第一,仅转换审理程序,不涉及审判组织转换。比如一审简易程序转为普通程序独任制,案件仍由独任审判员审理,但适用的审理程序从简易程序转为普通程序。第二,仅转换审判组织,不涉及审理程序的转换。比如第二审独任制转为第二审合议制,仍需按照第二审程序审理案件,但由审判员独任审理转为合议庭审理。第三,审理程序和审判组织需要同时转换。比如一审简易程序(含小额诉讼程序)转

为普通程序合议制,不仅需要将审判员独任审理转为合议庭审理,同时也需要将审理程序由简易程序转为普通程序。需要特别注意的是,审判组织的转换只涉及独任制向合议制的转换,对于已经组成合议庭审理的案件,不得再转为独任制,以充分保障当事人诉讼利益,确保案件公正审理。

第四十四条 合议庭的审判长由院长或者庭长指定审判员一人担任;院长或者庭长参加审判的,由院长或者庭长担任。

【释义】 本条是关于合议庭的审判长由谁担任的规定。

根据人民法院组织法和民事诉讼法的相关规定,合议庭由法官组成,或者由法官和人民陪审员组成,成员为3人以上单数。因为合议庭由多人组成,在审理案件过程中,需要组织协调、分工协作,所以必须明确各自的职责。人民法院组织法明确规定,审判长主持庭审、组织评议案件,评议案件时与合议庭其他成员权利平等。审判长作为合议庭审判进程的主导人员,法律有必要明确审判长的担任人员。

根据本条规定,合议庭的审判长由院长或者庭长指定审判员一人担任;院长或者庭长参加审判的,由院长或者庭长担任。因此,担任审判长的人员有3种情况:一是院长担任审判长。根据人民法院组织法的规定,人民法院院长负责本院全面工作,监督本院审判工作,管理本院行政事务。人民法院副院长协助院长工作。在院长参与合议庭的情形下,应当由院长担任审判长。二是庭长担任审判长。庭长是审判业务庭的负责人员,包括庭长和副庭长。如果合议庭的组成人员中有庭长或者副庭长,则应当由庭长或者副庭长担任审判长。当然,院长和庭长都参与合议庭时,则依法应当由院长担任审判长。三是审判员担任审判长。这种情形是指合议庭由审判员和人民陪审员组成时,审判长必须由审判员担任,而不能由人民陪审员担任。

第四十五条 合议庭评议案件,实行少数服从多数的原则。评议应当制作笔录,由合议庭成员签名。评议中的不同意见,必须如实记入笔录。

【释义】 本条是关于合议庭评议原则的规定。

一、合议庭评议原则

本条规定,合议庭评议案件,实行少数服从多数的原则。人民法院审理案件,最终必须依法作出裁判,而合议庭由多人组成,因此就存在如何作出决定的问题。本条规定合议庭的评议原则是少数服从多数。根据此规定,合议庭在作出裁判时,必须遵循此原则。少数服从多数原则,是民主集中制原则在审判活动中的具体运用。首先,合议庭成员具有平等的法律地位与权力。在评议案件时,不论合议庭成员是法官,还是人民陪审员,不论是普通法官,还是院长、庭长,其法律地位都是平等的。其次,合议庭成员独立发表评议意见。合议庭成员对于案件的事实认定和法律适用,独立发表意见。根据人民陪审员法的规定,审判长应当履行与案件审判相关的指引、提示义务,但不得妨碍人民陪审员对案件的独立判断。合议庭评议案件,审判长应当对本案中涉及的事实认定、证据规则、法律规定等事项及应当注意的问题,向人民陪审员进行必要的解释和说明。但是审判长的指引、提示不能是强制要求人民陪审员按照审判长的意见作出判断。最后,合议庭的裁判按照少数服从多数的原则决定。所谓少数服从多数,就是按照民主多数决的原则确定最终的意见。对于同一个问题,按照多数人的意见作出决定,而不论合议庭成员的身份、职务高低。需要注意的是,人民陪审员法对于人民陪审员参与表决作了专门的规定。根据人民陪审员法的规定,人民陪审员参加3人合议庭审判案件,对事实认定、法律适用,独立发表意见,行使表决权;人民陪审员参加7人合议庭审判案件,对事实认定,独立发表意见,并与法官共同表决;对法律适用,可以发表意见,但不参加表决。因此,需要注意的是,在合议庭成员有人民陪审员时,人民陪审员的表决权是有差异的,在参加3人合议庭时,人民陪审员对于事实认定和法律适用都有发表意见的权利和表决权,而在参加7人合议庭时,人民陪审员仅对事实认定有表决权,而对于法律适用仅能发表意见,不能参加表决。

合议庭经评议后,如果能够对案件的事实认定和法律适用达成一致意见,则根据此一致意见作出裁判。有时候,由于对案件事实认定和法律适用可能存在重大分歧,难以达成统一认识,根据人民法院组织法的规定,合议庭认为案件需要提交审判委员会讨论决定的,由审判长提出申请,院长批准。人民陪审员法同样规定,合议庭组成人员意见有重大分歧的,人民陪审员或者法官可以要求合议庭将案件提请院长决定是否提交审判委员会讨论决定。根据法律规定，审判委员会讨论案件，合议庭对其汇报的事实负责，审判委员会委员对本人发表的意见和表决负责，审判委员会的决定，合议庭应当执行。

二、合议笔录的制作要求

本条规定，评议应当制作笔录，由合议庭成员签名。评议中的不同意见，必须如实记入笔录。根据此规定：首先，合议庭合议时必须制作笔录。这是法律的强制性要求，合议庭在评议案件时，应当以笔录的形式记录合议情况，将合议庭成员发表的意见如实记录。其次，笔录必须由合议庭成员签名。合议笔录记载了合议庭成员的意见，这种记录具有法律效力。因此，需要合议庭成员对自己意见的准确性予以确认，这就需要合议庭成员在笔录上签字确认笔录的真实性。最后，笔录应当如实全面记载各种不同意见。合议庭成员的不同意见，不论是对事实认定的不同意见，还是对法律适用的不同意见，无论是普通法官的不同意见，还是院长、庭长的不同意见，抑或人民陪审员的不同意见，都必须如实准确记载、存档。

第四十六条　审判人员应当依法秉公办案。
审判人员不得接受当事人及其诉讼代理人请客送礼。
审判人员有贪污受贿，徇私舞弊，枉法裁判行为的，应当追究法律责任；构成犯罪的，依法追究刑事责任。

【释义】　本条是关于审判人员依法办案的规定。

公正司法是维护社会公平正义的最后一道防线。因此，审判人员依法秉公办案对整个社会的公平正义极为重要。本条对确保审判人员依法秉公办案作了原则性规定。审判人员在办理民事案件过程中，不仅要遵守本法的相关规定，同样也要遵守其他法律、司法解释关于审判人员办案要求的相关规定。

一、依法秉公办案

本条第1款规定，审判人员应当依法秉公办案。这是对审判人员履行审判职能的基本要求。所谓依法秉公办案，是指审判人员在审理民事案件的过程中,坚持以事实为根据,以法律为准绳,平等对待各方当事人,确保实体公正、程序公正,努力实现办案法律效果和社会效果的有机统一,不得滥用职权、枉法裁判。法官法明确规定,法官必须忠实执行宪法和法律,维护社会公平正义,全心全意为人民服务;法官应当公正对待当事人和其他诉讼参与人,对一切个人和组织在适用法律上一律平等。具体地讲,依法秉公办案应当包括以下几层含义:一是人民法院审判人员审理民事案件,在任何时候、任何情况下,都必须严格遵守本法和其他法律的相关规定,绝不能抛弃法律规定,凭自己的主观臆断,自行其是;二是审判人员在诉讼活动中,不仅要严格遵守本法的基本原则,而且要严格遵守具体的诉讼程序以及各项具体规定,切实保障诉讼双方当事人在平等的基础上行使诉讼权利,履行诉讼义务;三是在诉讼过程中,审判人员要在依法办案方面作出榜样,同时又要使参加诉讼活动的当事人和其他诉讼参与人严格遵守和执行法律;四是审判人员必须合法、公正地处理民事案件,在民事案件中,不论当事人是什么级别、职务多高,审判人员都应当一视同仁,适用法律一律平等。需要指出的是,许多法律和行政法规对一些民事问题作了比较原则或者弹性的规定,这是为了适应现实生活的变化,给审判人员根据具体情况公正办案提供自由裁量的机会,但这并非为审判人员偏袒一方当事人留下余地,更不允许审判人员利用法律的弹性规定办"人情案""关系案"。

二、不得接受请客送礼

法官作为民事案件的裁判人员,根据法官法的要求,应当勤勉尽责、清正廉明。本条第 2 款明确规定,审判人员不得接受当事人及其诉讼代理人请客送礼。这是对民事审判人员确保司法廉洁提出的基本要求。审判人员清正廉洁,就应当遵守各项廉政规定,不得利用法官职务和身份谋取不正当利益,不得为当事人介绍代理人、辩护人以及中介机构,不得为律师、其他人员介绍案源或者给予其他不当协助。具体而言,审判人员应当做到:(1)树立正确的权力观、地位观、利益观,坚持自重、自省、自警、自励,坚守廉洁底线,依法正确行使审判权、执行权,杜绝以权谋私、贪赃枉法行为。(2)严格遵守廉洁司法规定,不接受案件当事人及相关人员的请客送礼,不利用职务便利或者法官身份谋取不正当利益,不违反规定与当事人或者其他诉讼参与人进行不正当交往,不在执法办案中徇私舞弊。(3)不从事或者参与营利性的经营活动,不在企业及其他营利性组织中兼任法律顾问等职务,不就未决案件或者再审案件给当事人及其他诉讼参与人提供咨询意见。(4)妥善处理个人和家庭事务,不利用法官身份寻求特殊利益。按规定如实报告个人有关事项,教育督促家庭成员不利用法官的职权、地位谋取不正当利益。

三、审判人员贪污受贿,徇私舞弊,枉法裁判的法律责任

本条第 3 款规定,审判人员有贪污受贿,徇私舞弊,枉法裁判行为的,应当追究法律责任,构成犯罪的,依法追究刑事责任。本法对审判人员的法律责任仅作了原则性规定,审判人员法律责任的具体承担,在刑法、公职人员政务处分法、法官法等相关法律中均有明确要求。

法官法规定法官的义务包括严格遵守宪法和法律,秉公办案、不得徇私枉法,依法保障当事人和其他诉讼参与人的诉讼权利,维护国家利益、社会公共利益,维护个人和组织的合法权益,保守国家秘密和审判工作秘密,对履行职责中知悉的商业秘密和个人隐私予以保密等。同时,法官法明确法官有下列行为之一的,应当给予处分;构成犯罪的,依法追究刑事责任:(1)贪污受贿、徇私舞弊、枉法裁判的;(2)隐瞒、伪造、变造、故意损毁证据、案件材料的;(3)泄露国家秘密、审判工作秘密、商业秘密或者个人隐私的;(4)故意违反法律法规办理案件的;(5)因重大过失导致裁判结果错误并造成严重后果的;(6)拖延办案,贻误工作的;(7)利用职权为自己或者他人谋取私利的;(8)接受当事人及其代理人利益输送,或者违反有关规定会见当事人及其代理人的;(9)违反有关规定从事或者参与营利性活动,在企业或者其他营利性组织中兼任职务的;(10)有其他违纪违法行为的。

根据公职人员政务处分法的规定,政务处分的种类包括警告、记过、记大过、降级、撤职和开除。此外,《人民法院工作人员处分条例》《人民法院审判人员违法审判责任追究办法(试行)》等相关规定对审判人员违法、违纪行为的具体法律责任作了明确的规定。比如,审判人员故意违背事实和法律枉法裁判的,给予降级或者撤职处分;情节严重的,给予开除处分。

我国刑法第 399 条规定了枉法裁判罪,其中第 2 款明确规定,在民事、行政审判活动中故意违背事实和法律作枉法裁判,情节严重的,处 5 年以下有期徒刑或者拘役;情节特别严重的,处 5 年以上 10 年以下有期徒刑。第 3 款规定,在执行判决、裁定活动中,严重不负责任或者滥用职权,不依法采取诉

讼保全措施、不履行法定执行职责,或者违法采取诉讼保全措施、强制执行措施,致使当事人或者其他人的利益遭受重大损失的,处5年以下有期徒刑或者拘役;致使当事人或者其他人的利益遭受特别重大损失的,处5年以上10年以下有期徒刑。

第四章 回 避

回避制度，是指在民事诉讼中，审判人员和其他可能影响案件公正审理的有关人员，在遇到法定情形时，经一定程序退出对本案审理的制度。民事诉讼法规定回避制度，根本目的就是确保程序正义，保证审理程序的公正性：一方面，能够避免可能不公正审理的嫌疑，使案件能够顺利进行；另一方面，能够避免审判人员或者有关人员利用权力弄虚作假，徇私舞弊，作出不公正的裁决。各国民事诉讼法一般都会规定回避制度。如《德国民事诉讼法》就规定法官应当回避的情形包括本人是案件当事人或与案件当事人为共同权利人、共同义务人或追偿义务人，配偶（即便已离婚）为案件当事人，本人曾经为当事人的代理人，本人曾经在案件中作为证人或者鉴定人等。

第四十七条　审判人员有下列情形之一的，应当自行回避，当事人有权用口头或者书面方式申请他们回避：

（一）是本案当事人或者当事人、诉讼代理人近亲属的；

（二）与本案有利害关系的；

（三）与本案当事人、诉讼代理人有其他关系，可能影响对案件公正审理的。

审判人员接受当事人、诉讼代理人请客送礼，或者违反规定会见当事人、诉讼代理人的，当事人有权要求他们回避。

审判人员有前款规定的行为的，应当依法追究法律责任。

前三款规定，适用于法官助理、书记员、司法技术人员、翻译人员、鉴定人、勘验人。

【释义】　本条是关于回避制度适用主体范围的规定。

2023年修改民事诉讼法，扩大了回避制度适用主体的范围，在第47条第 4 款明确增加规定,回避制度适用于法官助理、司法技术人员。

根据本条第 1 款的规定,审判人员有以下 3 种情形之一的,应当自行回避,当事人也有权申请审判人员回避。

1. 审判人员为本案当事人或者当事人、诉讼代理人的近亲属。这主要包括 3 种具体情形:第一,审判人员是本案的当事人,即审判人员是本案的原告、被告、共同原告或者被告、第三人。审判人员是所承办案件的当事人,与案件争议的权利义务有直接的利害关系,审判人员会因为自己的利益难以公正审理案件,当然不应当参与案件的审理。第二,审判人员是本案当事人的近亲属,即承办案件的审判人员是原告、被告或者第三人的近亲属。第三,审判人员是诉讼代理人的近亲属,比如审判人员是原告诉讼代理人的近亲属,或者是被告诉讼代理人的近亲属,或者是第三人的诉讼代理人的近亲属。在审判人员是承办案件当事人、诉讼代理人的近亲属的情况下,因为审判人员作为近亲属,很有可能偏袒其近亲属,也难以公正审理案件,故应当退出案件的审理。关于近亲属的范围,民法典第 1045 条有明确规定,近亲属包括配偶、父母、子女、兄弟姐妹、祖父母、外祖父母、孙子女、外孙子女。

2. 审判人员与本案有利害关系。所谓有利害关系,是指案件的处理结果会影响本案审判人员法律上的利益,或者审判人员与本案存在程序上或者职务上的利害关系。例如,A 起诉 B,要求 B 还钱,而 A 又曾借钱给承办此案的 C,且 C 迟迟未还。若此案由 C 审理,C 就有可能不顾事实和法律,作出对 A 有利的判决,从而达到个人的目的。因此,为了审判活动的公正进行,与本案有利害关系的 C 就应当自行回避,当事人也有权申请其回避。又如,审判人员本人或者其近亲属持有本案非上市公司当事人的股份或者股权;此时,虽然审判人员并非本案的当事人,但案件的审理结果将影响其作为股东的权益,故应当回避。再如,审判人员担任过本案的证人、鉴定人、辩护人、诉讼代理人、翻译人员,在这种情况下,审判人员已经在程序上与本案存在利害关系,会影响案件的公正审理,破坏程序公正乃至实体正义,也不宜继续参与案件的审理。

3. 审判人员与本案当事人、诉讼代理人有其他关系,可能影响对案件公正审理。所谓其他关系是指除前两种情形之外的其他关系,且这种关系足以影响审判人员对案件的公正审理。通常来说,比如审判人员与本案当事人、诉讼代理人是关系密切的朋友、同学、师生、战友、曾经的同事,或者曾经与当事人、诉讼代理人有私人恩怨等。在这些关系当中,虽然审判人员与当事人或者诉讼代理人并非近亲属,也不存在经济上、法律上的直接利害关系,但审判人员也是常人,难免有亲疏远近的情感,容易产生倾向性,往往难以秉公审理案件,因此,也应当主动自行回避。当然,如果审判人员虽然与当事人或者诉讼代理人存在其他关系,但这些关系对公正审理并不会造成任何影响,则没有回避的必要。

根据本条第 2 款的规定,如果审判人员存在以下情形之一,当事人有权要求他们回避:

1. 审判人员接受当事人、诉讼代理人请客送礼。"请客送礼"是一种通俗的说法,不论当事人、诉讼代理人是通过什么方式请审判人员参加宴请或者向审判人员赠送礼品,且不论宴请地点和档次、礼品价值的大小,都属于法律禁止的行为。"请客送礼"的常见类型有:接受本案当事人及其诉讼代理人宴请或者参加由其支付费用的娱乐、健身、旅游等活动;索取、接受本案当事人及其诉讼代理人财物或者其他利益的(比如在购买商品、装修住房时给予优惠);向本案当事人及其诉讼代理人借款、借用交通工具、通信工具或者其他物品;等等。审判人员如果接受当事人或者诉讼代理人的请客送礼,不仅有损审判职务的廉洁性,且容易产生情感上的倾向性,难以保证公平审理案件。

2. 审判人员违反规定会见当事人、诉讼代理人。审判人员在审理案件过程中,为查明案件事实,了解案情,必然需要会见当事人、诉讼代理人,但审判人员会见当事人或者当事人的诉讼代理人,需要遵守有关规定。最高人民法院在很多规范性文件中,都对规范审判人员会见当事人、诉讼代理人提出了要求。比如审判人员不得私自单独会见本案当事人、诉讼代理人,不得为本案当事人推荐、介绍诉讼代理人,或者为律师、其他人员介绍代理本案的,等等。审判人员单独私自会见一方当事人,即便没有私下收受当事人的礼品,但由于其单独会见一方当事人,仅听取一方的陈述或者意见,而未给对方当事人同等的机会提出意见或者作出抗辩,只听一面之词,难免会偏听偏信,不利于居中公正审理案件,因此,对方当事人有权申请回避。

需要注意的是,根据本条第 3 款的规定,审判人员有第 2 款规定的行为的,除当事人有权要求其回避之外,对于有此类行为的审判人员,还应当依法追究其法律责任。原因在于,审判人员的此类行为,不仅妨害了司法公正,还有损审判人员的廉洁性,甚至构成犯罪。根据法官法及相关司法文件,法官存在接受当事人、诉讼代理人的请客送礼,违反规定会见当事人、诉讼代理人的,应当视情况给予警告至记大过处分,予以辞退或者给予降级以上处分,构成犯罪的,依法追究刑事责任。

本条前 3 款规定回避的主体范围是审判人员,而根据第 4 款的规定,回避制度同样适用于法官助理、书记员、司法技术人员、翻译人员、鉴定人、勘验人。对此,需要从三个方面理解:

首先,审判人员,既包括审判员,也包括人民陪审员。根据相关司法解释的规定,审判人员包括参与案件审理的人民法院院长、副院长、审判委员会委员、庭长、副庭长、审判员和人民陪审员。法官法、人民陪审员法分别对法官和人民陪审员的回避作了规定,法官和人民陪审员,在审理案件过程中都是行使审判权的主体,如果他们在审理案件过程中存在应当回避的情形而未回避,势必影响案件的公正审判。

其次,回避的主体除审判人员和人民陪审员外,还包括法官助理、书记员、司法技术人员、翻译人员、鉴定人、勘验人。法官助理作为审判辅助人员,其职责包括审查诉讼材料,协助法官组织庭前证据交换,协助法官组织庭前调解,草拟调解文书,受法官委托或者协助法官依法办理财产保全和证据保全措施等,受法官指派办理委托鉴定、评估等工作,根据法官的要求准备与案件审理相关的参考资料、研究案件涉及的相关法律问题,在法官的指导下草拟裁判文书等。书记员也属于审判辅助人员,主要在程序性事务中承担记录、整理、装订、归档、校对等职能,具体包括庭前准备的事务性工作,检查开庭时诉讼参与人的出庭情况、宣布法庭纪律,负责案件审理中的记录工作,整理、装订、归档案卷材料,以及法官交办的其他事务性工作。法官助理、书记员在案件审理过程中,能否保持公平、公正对待各方当事人,对于案件审理的整体公正性有很大影响,因此,回避制度也适用于法官助理、书记员。关于司法技术人员,人民法院组织法第 51 条规定,人民法院根据审判工作需要,可以设司法技术人员,负责与审判工作有关的事项。司法技术人员主要包括知识产权案件中的技术调查官,以及法医、工程、文痕等技术人员。翻译人员是人民法院委托或者指定从事案件翻译工作的人员。鉴定人员是经人民法院指定或者根据双方当事人选定,运用自己的专业知识进行鉴定活动,并向人民法院提出全面鉴定结论的人员。勘验人是人民法院的工作人员或者指定的其他人员,对一定的事件进行勘验、检验的人。司法技术人员、翻译人员、鉴定人、勘验人都是协助法官查明案件事实的工作人员,他们是否公正廉洁,也会影响法官对案件事实的判断,因此,对这些人员也适用回避制度。

最后,自行回避和申请回避都适用于法官助理、书记员、司法技术人员、翻译人员、鉴定人、勘验人。如果法官助理、书记员等存在本条第 1 款规定的情形,必须主动回避,当事人也可以申请其回避。如果他们存在本条第 2 款规定的情形,不仅当事人有权申请其回避,同样,也需要根据相关规定承担法律责任。

第四十八条 当事人提出回避申请,应当说明理由,在案件开始审理时提出;回避事由在案件开始审理后知道的,也可以在法庭辩论终结前提出。

被申请回避的人员在人民法院作出是否回避的决定前,应当暂停参与本案的工作,但案件需要采取紧急措施的除外。

【释义】 本条是关于回避申请的规定。

1. 回避申请提出的时间。本条第 1 款规定,当事人提出回避申请,应当说明理由,在案件开始审理时提出;回避事由在案件开始审理后知道的,也可以在法庭辩论终结前提出。一般而言,当事人可以在案件开始审理时提出回避申请。为保障当事人申请回避的权利,本法第 131 条规定,审判人员确定后,应当在三日内告知当事人。只有知道审判人员名单后,当事人才能知道审判人员的相关信息,才能决定是否需要申请回避。同时,本法第 140 条第 2 款规定,开庭审理时,由审判长或者独任审判员核对当事人,宣布案由,宣布审判人员、法官助理、书记员等的名单,告知当事人有关的诉讼权利义务,询问当事人是否提出回避申请。根据这些规定,当事人如果在开庭审理时,根据人民法院告知的审判人员、法官助理、书记员等的名单和相关信息,即能够作出是否申请回避的决定,在法官询问其是否回避时,就可以明确提出回避申请。当然,如果当事人在开庭时虽然知道审判人员、法官助理、书记员等的姓名、职务等信息,但并不知道是否存在回避事由,直到开庭审理之后才获悉审判人员、法官助理、书记员等存在应当回避的法定事由,依然可以提出回避申请。当然,根据本款的规定,回避申请应当在法庭辩论终结之前提出,因为经过庭前准备、法庭调查、法庭辩论,审判的主体程序已经完成,当事人再申请回避,对于保障当事人的平等诉权已经没有太大的实际意义。

2. 回避申请的要求。根据本条第 1 款的规定,当事人申请回避的,应当说明理由。说明理由就是说明回避的事实和缘由。当事人在申请回避时,应当提出理由,说明审判人员、法官助理、书记员等存在法定应当回避的情形,而不能毫无根据或者毫无理由即要求审判人员、法官助理、书记员等回避。比如,女性当事人不能认为法官是男性,怀疑法官会歧视女性而提出回避。当事人提出的理由必须符合法律规定的回避事由。根据本法第 47 条的规定,当事人有权申请回避的事由包括审判人员是本案的当事人或者当事人、诉讼代理人的近亲属,与本案有利害关系,与本案当事人、诉讼代理人有其他可能影响对案件公正审理的其他关系,以及审判人员接受当事人、诉讼代理人请客送礼,或者违反规定会见当事人、诉讼代理人。当事人提出回避申请时,必须指出审判人员存在哪种应当回避的情形。比如,当事人提出法官与本案存在利害关系,必须说明法官与案件审理存在什么样的利害关系。必要时,当事人在提出回避理由时,为证明其理由充分、确凿,可以附上相关证据予以证明。

3. 回避申请的效力。本条第 2 款规定,被申请回避的人员在人民法院作出是否回避的决定前,应当暂停参与本案的工作,但案件需要采取紧急措施的除外。根据此规定,当事人申请回避后,因当事人怀疑审判人员、法官助理、书记员等人员可能存在有碍公正司法的情形,需要进一步审查核实。此时,为确保案件审理程序的公正性,有必要让被申请回避人员暂停参加本案工作,直至人民法院作出是否回避的决定。理解本款,需要注意以下几点:第一,暂停的对象是被申请回避的人员。如果当事人申请审判员回避,那么审判员就应暂停参与案件审理工作;如果当事人申请审判长回避,那么审判长就应暂停合议庭的指挥协调工作;如果当事人申请回避的对象是法官助理,那么法官助理就应暂停参与本案的工作。第二,暂停的内容是被申请人参与本案工作。当事人申请法官回避,那么法官就暂时不应参与案件的法庭调查、法庭辩论等工作;如果申请书记员回避,书记员即应暂时中止本案的法庭记录、卷宗管理等辅助性工作。第三,暂时中止的时间是从提出申请开始,至人民法院作出是否回避的决定止。当事人一旦提出回避申请,不论这种回避申请是口头的还是书面的,被申请回避的人员就应当立即暂停本案相关工作,直至人民法院作出决定。如果当事人提出的回避申请符合法律规定,被申请回避人员则应当依法回避,退出本案的审理;如果当事人的回避申请不符合法律规定,依法被驳回,此时被申请回避人员即可以继续参与本案的工作。第四,暂停本案工作的例外情形。根据本款规定,通常情形下,被申请回避人员应当暂停本案工作,但是在案件需要采取紧急措施的情况下,则不应停止。比如,根据本法第103条第3款的规定,人民法院接受诉讼保全申请后,对情况紧急的,必须在48小时内作出裁定;裁定采取保全措施的,应当立即开始执行。本法第104条第1款规定,利害关系人因情况紧急,不立即申请保全将会使其合法权益受到难以弥补的损害的,可以在提起诉讼或者申请仲裁前向被保全财产所在地、被申请人住所地或者对案件有管辖权的人民法院申请采取保全措施。申请人应当提供担保,不提供担保的,裁定驳回申请。本法第104条第2款规定,人民法院接受申请后,必须在48小时内作出裁定;裁定采取保全措施的,应当立即开始执行。因此,在当事人提出保全申请时,在紧急情况下,被申请回避人员需要及时作出保全裁定、采取保全措施,如果不及时采取措施,可能造成当事人的重大损失,危及当事人的实体权益,此时就不应暂停参与本案工作,而应当依法及时采取保全措施。

第四十九条 院长担任审判长或者独任审判员时的回避,由审判委员会决定;审判人员的回避,由院长决定;其他人员的回避,由审判长或者独任审判员决定。

【释义】 本条是关于回避决定权人的规定。

本法第47条规定了启动回避的两种情形,即自行回避和当事人申请回避。不论哪种情形,是否回避最终都需要由人民法院作出决定。根据本条规定,作出回避决定的主体包括3种:

一是由审判委员会决定。人民法院组织法规定,各级人民法院设审判委员会。审判委员会由院长、副院长和若干资深法官组成,成员应当为单数。审判委员会会议由院长或者院长委托的副院长主持。审判委员会履行的职能包括总结审判工作经验,讨论决定重大、疑难、复杂案件的法律适用,讨论决定本院已经发生法律效力的判决、裁定、调解书是否应当再审,以及讨论决定其他有关审判工作的重大问题。这里的讨论决定其他有关审判工作的重大问题就包括讨论决定院长的回避事项。这里的院长既包括正院长,也包括副院长。当然,院长本人就是审判委员会的组成人员之一,在当事人对院长担任审判长或者独任审判员提出回避申请,审判委员会在讨论、决定院长是否回避时,院长本人就不能参与审判委员会的讨论,也不能参与决定,而应由其他院长主持讨论并作出决定。

二是由院长作出决定。根据本条规定,审判人员的回避,由院长决定。这里的审判人员既包括法官,也包括人民陪审员。院长既包括正院长,也包括副院长。在法官或者人民陪审员自行回避,或者当事人对法官或者人民陪审员提出回避申请时,院长应当对回避事由进行审查,并根据实际情况依法作出是否回避的决定。

三是由审判长或者独任审判员决定。本条规定,其他人员的回避由审判长或者独任审判员决定。这里的其他人员就是本法第 47 条第 4 款规定的法官助理、书记员、司法技术人员、翻译人员、鉴定人、勘验人。如果审判组织是合议制,决定回避与否的就是审判长;如果是由法官独任审判,则由独任审判员决定是否回避。

第五十条 人民法院对当事人提出的回避申请,应当在申请提出的三日内,以口头或者书面形式作出决定。申请人对决定不服的,可以在接到决定时申请复议一次。复议期间,被申请回避的人员,不停止参与本案的工作。人民法院对复议申请,应当在三日内作出复议决定,并通知复议申请人。

【释义】 本条是关于回避决定程序与救济的规定。

一、回避决定程序

回避申请的决定程序是否公平、合理、及时,对保障当事人的回避申请权利具有重要意义。本条为了确保当事人实现这一权利,对回避申请决定的时间和形式作了明确规定。本条规定,人民法院对当事人提出的回避申请,应当在申请提出的 3 日内以口头或者书面形式作出决定。

1. 回避决定作出的时限。根据本条规定,当事人提出回避申请的,人民法院应当在申请提出的 3 日内作出决定。当事人可能在庭审前提出回避申请,此时尚未开庭审理,人民法院最好暂时延迟开庭,待作出回避决定后再开庭审理;当事人也可能在开庭审理期间提出回避申请,此时由于当事人提出了回避申请,被申请回避的人员需要暂停本案工作,因此庭审也必须暂停,回避决定作出后再继续庭审。回避决定必须在3日内作出,即从当事人提出回避申请时起,最迟3日内人民法院必须作出回避决定。接到当事人提出的回避申请后,人民法院必须尽快审查当事人的申请是否依法有据,在3日内尽快作出是否回避的决定。当然,如果事实清楚,无须过多调查即可作出决定,人民法院可以立即作出决定;如果回避事项需要进一步调查,人民法院也应当尽快核实并在3日内作出决定。

2.回避决定作出的形式。本条规定,回避决定以口头或者书面形式作出。因此,回避决定既可以以口头形式作出,也可以以书面形式作出。书面形式就是人民法院作出回避决定书,回避决定书应当载明申请人及其基本信息(姓名或者名称、代理人、诉讼地位),并写明案由、案号,当事人提出回避申请的日期、理由,人民法院作出回避决定的理由,作出回避决定的法律依据,回避决定事项,作出决定法院落款,决定作出的日期,并告知当事人救济方式。审判长或者独任审判员对于当事人提出的回避申请,如果理由明显不充分,也缺乏事实依据,可以当庭口头驳回其申请;如果当事人提出的回避申请,事实清楚、证据充分确凿,也可以口头决定回避。当事人申请审判人员回避需要由院长作出决定,当事人申请院长回避则需要审判委员会作出决定。一般而言,由于涉及当事人的重大诉讼权利,尽量以书面形式对回避申请作出决定为宜。

二、不服回避决定的救济

在实践中,申请人对人民法院作出的决定有可能不服,为了保障当事人充分行使申请回避的权利,本条还对申请人不服回避决定的救济作了规定。

1.救济方式。根据本条规定,申请人对决定不服的,可以在接到决定时申请复议一次。因此,当事人对回避决定不服的救济方式就是申请复议。首先,复议机关为原审人民法院。当事人对决定不服,只能向原审人民法院申请复议,不能向上级人民法院上诉。其次,申请复议的次数为一次。根据本条的规定,申请人对人民法院作出的决定不服的,仅可以在接到决定时申请复议一次。之所以对当事人申请复议的次数作出限制,是为了防止当事人反复申请回避,妨碍案件审理的正常进行。

2. 申请复议的效力。根据本法第 48 条第 2 款的规定,除案件需要采取紧急措施的外,当事人提出回避申请后,被申请回避的人员应当暂停参与本案的工作。与回避申请效力最大的不同在于,被申请回避的人员,在复议期间不停止参与本案的工作。因此,人民法院驳回当事人的回避申请后,如果申请人对回避决定不服而申请复议,被申请回避的人员不需要暂停参与本案的工作,而依法可以继续参与本案的工作。

3. 复议决定。人民法院对复议申请,应当在当事人的复议申请提出后的 3 日内作出复议决定,并将最终决定通知复议申请人。之所以对复议决定时间作出限制,也是为了有利于民事案件的及时审理。

第五章　诉讼参加人

诉讼参加人包括当事人和诉讼代理人。本章共15条，对当事人资格、当事人在诉讼中的权利义务、共同诉讼、诉讼中的第三人、第三人撤销诉讼、民事公益诉讼以及诉讼代理人等内容分别作了规定。

第一节　当　事　人

第五十一条　公民、法人和其他组织可以作为民事诉讼的当事人。

法人由其法定代表人进行诉讼。其他组织由其主要负责人进行诉讼。

【释义】　本条是关于诉讼当事人的规定。

民事诉讼当事人，是指因民事上的权利义务关系发生纠纷，以自己的名义进行诉讼，并受人民法院裁判拘束的利害关系人。民事诉讼当事人一般应当具有以下三个特征：

1. 以自己的名义进行诉讼。凡不是以自己名义而以他人名义进行诉讼的人，如诉讼代理人，不是民事诉讼的当事人。

2. 与案件有直接利害关系。当事人原则上是发生民事争议的一方，与案件有直接利害关系。与案件没有直接利害关系的人，如支持受损害的单位和个人起诉的机关、社会团体、企业事业单位，不是民事诉讼的当事人。

3. 受人民法院裁判拘束。当事人进行诉讼，是要人民法院对他们之间的民事权利义务关系作出裁判。因此，虽以自己名义参加诉讼，但不受人民法院裁判拘束的人，如证人、鉴定人，不是民事诉讼的当事人。

我国民事诉讼法规定的当事人分为狭义当事人和广义当事人。狭义当事人仅指原告和被告；广义的当事人还包括诉讼中的第三人。当事人在不同的诉讼程序中有不同的称谓，在一审普通程序和简易程序中称为原告和被告;在二审程序中称为上诉人和被上诉人;在执行程序中称为申请执行人和被执行人。当事人的称谓不同,表明其在不同的诉讼程序中具有不同的诉讼地位,享有的诉讼权利和承担的诉讼义务也不完全相同。

根据本条第1款的规定,公民、法人和其他组织可以作为民事诉讼的当事人。

公民,通常是指具有一个国家国籍,并根据该国的宪法和法律规定享有权利并承担义务的人。公民都可以成为民事诉讼的当事人。无民事行为能力人和限制民事行为能力人是公民,当然也可以作为民事诉讼当事人,只不过其进行诉讼时,必须由其监护人作为法定代理人代为诉讼。

法人,是指具有民事权利能力和民事行为能力,依法独立享有民事权利和承担民事义务的组织。其他组织,包括个人独资企业、合伙企业等。其他组织虽然不具备法人资格,但他们能够以自己的名义独立地进行民事活动,承担相应的民事责任。民事诉讼法承认其他组织作为诉讼当事人的资格,允许他们以自己的名义在人民法院起诉、应诉,对于保护其他组织自身和与其他组织发生民事法律关系的单位和个人的民事权利,简化诉讼程序,及时解决纠纷都有重要意义。应注意的是,一些不能独立进行民事活动、承担民事责任的组织不能成为诉讼当事人,如机关的处室等,但是法律有特别规定的除外。

法人和其他组织进行民事诉讼与自然人有很大不同,其本身不能与自然人一样进行民事诉讼,而必须由他们的法定代表人和主要负责人代表他们进行诉讼。所以本条第2款规定:"法人由其法定代表人进行诉讼。其他组织由其主要负责人进行诉讼。"法人作为诉讼当事人时,由其法定代表人进行诉讼。所谓法定代表人,依照民法典第61条的规定,是指依照法律或者法人章程的规定,代表法人从事民事活动的负责人。一般情况下,法人的法定代表人以依法登记的为准,依法不需要办理登记的法人,以其正职负责人为法定代表人,没有正职负责人的,以其主持工作的副职负责人为法定代表人。设有董事会的法人,以董事长为法定代表人;没有董事长的法人,经董事会授权的负责人可作为法人的法定代表人。不具备法人资格的其他组织作为诉讼当事人时,由其主要负责人为代表人进行诉讼。其他组织主要负责人的产生不像法人的法定代表人那样具有严格的程序,有的组织甚至没有组织章程来规定如何产生主要负责人,一般情况下,其他组织的主要负责人有的是由主管机关任命产生或者经组织成员选举产生。

法定代表人和主要负责人的诉讼行为是以法人和其他组织的名义进行的,对法人和其他组织具有拘束力。在诉讼过程中法定代表人和主要负责人的更换,只是代表职务的具体人的更换,而不是诉讼当事人的更换,原法定代表人或者主要负责人已经进行的诉讼行为仍然有效。

> **第五十二条** 当事人有权委托代理人,提出回避申请,收集、提供证据,进行辩论,请求调解,提起上诉,申请执行。
>
> 当事人可以查阅本案有关材料,并可以复制本案有关材料和法律文书。查阅、复制本案有关材料的范围和办法由最高人民法院规定。
>
> 当事人必须依法行使诉讼权利,遵守诉讼秩序,履行发生法律效力的判决书、裁定书和调解书。

【释义】 本条是关于当事人诉讼权利和诉讼义务的规定。

民事诉讼的目的是使民事纠纷得到公正及时的裁判。为了达到这一目的,民事诉讼法赋予了民事诉讼当事人广泛的诉讼权利,同时也规定了他们应当承担的诉讼义务。当事人行使诉讼权利,可以维护自己的合法权益;当事人不履行诉讼义务,会产生相应的法律后果。在民事诉讼中,当事人行使诉讼权利和履行诉讼义务是统一的。只有正确行使诉讼权利,履行诉讼义务,才能保证诉讼程序的顺利进行,维护法律的权威和尊严。当事人应当依法行使诉讼权利并履行相应的诉讼义务,人民法院也应当保障双方当事人充分实现诉讼权利,督促双方当事人履行诉讼义务。

本条规定的当事人的诉讼权利包括:

1.委托诉讼代理人的权利。当事人不便亲自进行诉讼,或者虽能亲自诉讼,但需要别人提供法律帮助时,有权依照法律规定委托代理人代为诉讼。这既有利于当事人充分维护自己的合法权益,又有利于诉讼程序的顺利进行。

2.提出回避申请的权利。当事人认为审判人员、法官助理、书记员、司法技术人员、翻译人员、鉴定人或者勘验人是本案的当事人或者当事人、诉讼代理人的近亲属的,或者与本案有利害关系的,或者与本案当事人、诉讼代理人有其他关系,可能影响对案件的公正审理的,有权申请他们回避。

3. 收集、提供证据的权利。当事人为维护自己的民事权利,使人民法院作出有利于自己的判决,有权向有关单位和个人收集证据,并将收集到的证据提供给法院,以证明自己的诉讼请求合理合法,反驳对方的诉讼请求。

4. 进行辩论的权利。在人民法院主持下,当事人有权就案件事实和争议问题各自陈述自己的主张和根据,反驳对方的诉讼请求,就有争议的事实和法律适用问题展开辩论。

5. 请求调解的权利。在诉讼中,当事人有权请求人民法院用调解方式解决双方的纠纷。

6. 提起上诉的权利。我国民事案件实行两审终审制。当事人不服第一审人民法院的判决、裁定,有权在法定的上诉期内提起上诉,请求上级人民法院撤销或者变更下级人民法院的裁判,但是法律规定不准上诉的裁定和本法规定一审终审的案件除外。

7. 申请执行的权利。人民法院的判决、裁定、调解书发生法律效力后,一方当事人不履行的,对方当事人有权申请人民法院以司法强制手段来实现自己的民事权利。

8. 查阅并复制本案有关材料和法律文书的权利。当事人为行使诉讼权利,有权查阅并复制法庭笔录、法庭上出示的有关证据等与本案有关的材料,以及起诉状、答辩状等法律文书。查阅、复制本案有关材料的范围和办法由最高人民法院规定。此项权利具有以下作用:第一,增加人民法院审判案件的公开性和透明性,有利于当事人对人民法院的审判活动实行监督;第二,使当事人对各种审理笔录和法律文书中的缺漏及时提出补正,以维护他们的合法权益;第三,使当事人了解审判活动的进程,调整自己的诉讼活动;第四,使当事人掌握一定的庭审材料,为上诉和申诉打下良好的基础。

本条规定的当事人的诉讼义务包括:

1. 依法行使诉讼权利。当事人的诉讼权利不是绝对的,必须依照民事诉讼法的有关规定进行诉讼。比如,起诉要符合法定条件,要按照人民法院通知的时间到庭,上诉要在法定期间内提出等。不依法行使诉讼权利,当事人的民事权利也不能得到有效的保护。针对有的当事人违反诚信原则,滥用诉讼权利,恶意提起诉讼损害第三人利益等行为,本法第13条规定,民事诉讼应当遵循诚信原则。

2. 遵守诉讼秩序。良好的诉讼秩序是保证人民法院审判活动顺利进行的前提,当事人必须依法遵守。例如,不得哄闹法庭等。破坏诉讼秩序,构成妨害民事诉讼行为的,就要承担相应的法律责任。

3.履行发生法律效力的判决书、裁定书和调解书。人民法院的判决书、裁定书和调解书是人民法院审判权的体现,当事人有义务履行。当事人拒绝履行的,人民法院有权采取强制执行措施。

规定当事人诉讼义务的目的是保护当事人的合法权益,保障诉讼的顺利及时进行,因此,以上义务都要求当事人自觉履行。如果当事人不自觉履行义务,民事诉讼法规定了人民法院可以采取的一些强制措施。比如,对必须到庭的被告,经两次传票传唤,无正当理由拒不到庭的,人民法院可以采取拘传措施。

第五十三条 双方当事人可以自行和解。

【释义】 本条是关于和解的规定。

和解,是指当事人双方自行协商,就实体权利的处分达成协议,从而解决争议的活动。

和解与人民法院主持的调解不同,其区别主要在于:

1.行为主体不同。和解是当事人自己协商,解决纠纷;调解是在人民法院审判人员主持下,双方当事人达成调解协议。

2.法律后果不同。和解协议靠当事人双方自觉履行,不能作为人民法院的执行根据;经法院调解出具的调解书具有强制执行的法律效力。

和解分为诉讼外的和解与诉讼中的和解。诉讼外的和解,是民事主体在诉讼外进行的民事行为,不具有任何诉讼上的意义和效力。诉讼中的和解,是当事人双方在诉讼进行中自行协商,达成协议。在诉讼过程中,当事人双方可以自行和解,人民法院同意当事人和解的,可以通过原告撤诉的方式结束诉讼程序。

第五十四条 原告可以放弃或者变更诉讼请求。被告可以承认或者反驳诉讼请求,有权提起反诉。

【释义】 本条是关于诉讼请求和反诉的规定。

诉讼请求,是指原告通过人民法院对被告人提出的实体权利请求。诉的种类不同,诉讼请求也不同。给付之诉的诉讼请求是交付某项财物或者为一定的行为;确认之诉的诉讼请求是对某一法律关系的确定;变更之诉的诉讼请求是改变或者消灭某种法律关系。在诉讼中,被告反诉提出的请求,诉讼中的第三人向原诉的原告、被告提出的请求,也是诉讼请求。

放弃诉讼请求,是指原告起诉后放弃对被告人的实体权利请求。放弃诉讼请求是对实体权利的处分。在诉讼过程中,原告有权根据自己的实际情况全部或者部分放弃自己对被告的实体权利请求。比如,原告诉讼请求为被告偿还1000元欠款,后来原告全部放弃了这一请求,不要求被告偿还了,或者原告部分放弃诉讼请求,仅要求被告偿还500元。原告全部放弃诉讼请求的,人民法院可以终止案件的审理;部分放弃诉讼请求的,人民法院对放弃部分的实体权利,可以不予裁判。

变更诉讼请求,是指原告向人民法院起诉后,依法增加或者减少已经提出的实体权利请求。比如,原告诉讼请求为解除收养关系,后来原告又请求支付收养期间的抚养费。又如,原告诉讼请求为支付违约金并赔偿损失,后来原告仅请求支付违约金,不再请求赔偿损失。原告变更诉讼请求的,人民法院应当对变更后的请求作出裁判。因此,原告变更诉讼请求,一般应在判决作出前提出。

放弃或者变更诉讼请求,是原告的一项诉讼权利,但该项权利的行使不得违反法律,不得损害国家、集体和他人合法权益;否则,人民法院可不予准许。

承认诉讼请求,是指被告对于原告提出的实体权利的请求表示认可。承认诉讼请求,有的是无条件的,即承认对方提出的事实或者全部请求;有的只是部分承认对方的请求。比如,原告诉请人民法院判决被告偿还借款,被告承认原告所诉事实,并承诺如数偿还,这是无条件承认;如果被告只承认借款关系存在,但提出所借款项一部分用于原告的利益,应当予以抵销,这就是有条件承认。被告承认诉讼请求,是被告的诉讼权利,人民法院对此应当认真进行调查研究,仔细分析,判断原告、被告有无相互串通、规避法律、损害国家利益、社会公共利益和他人合法权益的情况,然后决定可否将该种承认作为定案的根据。

反驳诉讼请求,是指被告提出证据或者理由反对原告的诉讼请求。这是被告为维护自己的权利,所采取的一种诉讼手段。反驳诉讼请求可以从两方面进行:一是从实体上反驳,即以实体法的规定为理由,反对原告关于实体权利的请求。比如,以民法典为根据,提出合同是采取欺诈、胁迫手段签订的,应当判决撤销合同。二是从程序上反驳,即以程序法的规定证明原告违反了诉讼程序的要求。比如,提出本案属于行政争议,原告无权提起民事诉讼。人民法院对于被告反驳的诉讼请求,应当仔细听取,认真分析,反驳无理的,根据事实和法律进行说服教育;反驳有理的,查证属实后,应予采纳。

反诉,是指诉讼开始后,本诉的被告人以本诉的原告人为被告提出的具有对抗性的独立的诉讼请求。反诉的目的在于抵消、排斥或者吞并本诉的诉讼请求。反诉具有以下几个特征:(1)反诉以本诉的存在为前提,必须是本诉的被告对本诉的原告提起的诉讼。如果是被告对他人提起诉讼,或者将原告与他人一起作为被告,向法院提起诉讼,不是反诉;(2)被告提出反诉的诉讼请求或者诉讼理由必须与本诉基于同一事实或者同一法律关系;(3)反诉必须在诉讼开始后、人民法院作出裁判前提出,在诉讼开始前或裁判作出后,不存在与本诉相对的反诉;(4)反诉必须向本诉的受诉法院提出,被告人在其他法院起诉,不称为本诉反诉。

反诉与本诉具有关联性,人民法院可以将反诉与本诉合并审理。同时,反诉又具有独立性,提起反诉的被告人不仅享有原告的诉讼权利,而且,反诉不因本诉的撤回而终结。同样反诉的撤回,也不影响原诉继续审理。

提起反诉是被告的诉讼权利,对于维护被告的合法权益具有重要意义。同时,将反诉与本诉合并审理,可以节省人力、物力和时间,也便于彻底解决纠纷。

第五十五条 当事人一方或者双方为二人以上,其诉讼标的是共同的,或者诉讼标的是同一种类、人民法院认为可以合并审理并经当事人同意的,为共同诉讼。

共同诉讼的一方当事人对诉讼标的有共同权利义务的,其中一人的诉讼行为经其他共同诉讼人承认,对其他共同诉讼人发生效力;对诉讼标的没有共同权利义务的,其中一人的诉讼行为对其他共同诉讼人不发生效力。

【释义】 本条是关于共同诉讼的规定。

当事人一方或者双方为二人以上的诉讼为共同诉讼。原告为二人以上的,称为积极的共同诉讼;被告为二人以上的,称为消极的共同诉讼。共同诉讼是诉讼主体的合并。根据本条规定,共同诉讼分为必要的共同诉讼和普通的共同诉讼。

一、必要的共同诉讼

当事人一方或者双方为二人以上,其诉讼标的是共同的,为必要的共同诉讼。必要的共同诉讼的特点在于共同诉讼的一方当事人对诉讼标的有不可分的共同的权利义务。它基于以下两种情况产生:

1. 基于同一物权或者连带债权债务产生。比如,甲、乙二人共同所有的房屋被丙侵占,甲、乙二人对房屋有共同的权利,可以作为共同原告对丙提起诉讼;反之,丙的房屋被甲、乙二人侵占,甲、乙二人对返还房屋负有共同的义务,丙可以将甲、乙二人作为共同被告提起诉讼。又如,甲、乙二人合伙,与丙签订了租赁房屋的契约,但没有按租约交纳房租,丙可以将甲、乙二人作为共同被告提起诉讼;反之,如果丙没有按租约修缮房屋,甲、乙二人可以作为共同原告对丙提起诉讼。

2. 基于同一事实和法律上的原因产生。这是指共同诉讼人对诉讼标的本来没有共同的权利义务,同一事实和法律上的原因,才使他们产生了共同的权利义务。比如,乙在街上偶遇朋友甲与丙打架,遂参加进来,与甲一起将丙打伤。二人共同实施侵权行为这一事实,就产生了对丙承担赔偿责任的共同义务,丙可以将甲、乙二人作为损害赔偿之诉的共同被告。

必要的共同诉讼,共同诉讼人对诉讼标的有共同的权利义务,其中一人不参加诉讼,争议的权利义务关系以及当事人之间的权利义务关系就难以确定,因此,如果人民法院发现必要的共同诉讼的当事人没有参加诉讼的,应当追加其为当事人,通知其参加诉讼。根据《最高人民法院关于适用〈中华人民共和国民事诉讼法〉的解释》第73条的规定,必须共同进行诉讼的当事人没有参加诉讼的,人民法院应当依照民事诉讼法第135条的规定,通知其参加;当事人也可以向人民法院申请追加。人民法院对当事人提出的申请,应当进行审查,申请理由不成立的,裁定驳回;申请理由成立的,书面通知被追加的当事人参加诉讼。该解释第74条规定,人民法院追加共同诉讼的当事人时,应当通知其他当事人。应当追加的原告,已明确表示放弃实体权利的,可不予追加;既不愿意参加诉讼,又不放弃实体权利的,仍应追加为共同原告,其不参加诉讼,不影响人民法院对案件的审理和依法作出判决。

二、普通的共同诉讼

当事人一方或者双方为二人以上,其诉讼标的为同一种类,人民法院认为可以合并审理并经当事人同意的诉讼为普通的共同诉讼。普通的共同诉讼的特点在于共同诉讼的一方当事人对诉讼标的没有共同的权利义务,是一种可分之诉,只是因为他们的诉讼标的属于同一种类,人民法院为审理方便,才将他们作为共同诉讼审理。例如,某房屋出租人对承租人甲、乙、丙三承租人提起支付欠租之诉,三承租人与房屋出租人分别订立租赁合同,他们欠租的情况和数额各不相同,相互之间也并无共同权利义务,只是由于他们与房屋出租人均发生欠租纠纷,出租人又都对他们提起诉讼,才将他们作为共同被告。

普通的共同诉讼,共同诉讼人之间没有共同的利害关系,可以将他们作为各自独立的诉讼分别审理,也可以作为共同诉讼合并审理,但作为共同诉讼合并审理必须符合四个条件:第一,共同的被告必须在一个人民法院的辖区内。如果某一被告不在该法院辖区内,该法院不能将其列为共同被告。第二,几个诉讼必须属于同一诉讼程序。如果有的属于普通程序审理的案件,有的属于简易程序审理的案件,不能作为共同诉讼合并审理。第三,当事人同意作为共同诉讼合并审理。如果当事人不同意作为共同诉讼人,人民法院应当将其与对方当事人的纠纷单独审理。第四,必须符合合并审理的目的。合并审理后,应可以简化程序,节省时间和费用,否则应当分别审理。

根据本条的规定,共同诉讼的一方当事人,一人的诉讼行为对其他共同诉讼人是否发生法律效力,要看该诉讼是必要的共同诉讼,还是普通的共同诉讼。必要的共同诉讼中,一方当事人对诉讼标的有共同权利义务,其中一人的诉讼行为经其他共同诉讼人承认,对其他共同诉讼人发生效力。比如,丁诉甲、乙、丙返还占有的房屋,诉讼中,甲表示搬出,乙、丙承认甲的诉讼行为的,甲的诉讼行为对甲、乙、丙三人均发生法律效力,三人应迁出房屋;乙、丙不承认甲的诉讼行为的,甲的诉讼行为只对自己有效。普通的共同诉讼,共同诉讼人之间没有共同的权利义务,每个共同诉讼人只能对自己的权利进行处分,因此,其中一人的诉讼行为对其他共同诉讼人不发生法律效力。比如,丁诉甲、乙、丙三人未交纳房租,甲如果表示同意交纳,这一行为只能约束他自己,乙、丙二人是否同意交纳由他们自己决定,他们不因为共同诉讼人之一甲表示交纳了,就一定也要交纳,即使他们二人也都同意交纳,也是各自代表自己,人民法院要分别对他们的权利义务作出判决。

由此可见,普通的共同诉讼与必要的共同诉讼存在以下区别:

1. 诉讼标的的性质不同。普通的共同诉讼的诉讼标的是同一种类;必要的共同诉讼人对诉讼标的享有共同的权利或承担共同的义务,其诉讼标的是共同的或同一的。

2. 共同诉讼人之间的相关性与独立性不同。在普通的共同诉讼中,每个共同诉讼人都处于独立的地位,其诉讼行为对其他共同诉讼人不发生效力,而只对自己发生效力;在必要的共同诉讼中,采取承认的原则,视全体共同诉讼人为一个整体,其中一人的诉讼行为经其他共同诉讼人同意,对其他共同诉讼人发生效力。

3. 审判方式和审判结果不同。普通的共同诉讼是一种可分之诉,因此共同诉讼人既可以一同起诉或者一同应诉,也可以分别起诉或应诉。法院既可以合并审理,也可以分开审理。合并审理时应经共同诉讼人同意,并分别作出判决,确认每个共同诉讼人与对方当事人之间的权利义务关系。必要的共同诉讼是一种不可分之诉,因此共同诉讼人必须一同起诉或者一同应诉,法院必须合并审理并作出同一判决,且判决内容不得相左。

第五十六条 当事人一方人数众多的共同诉讼,可以由当事人推选代表人进行诉讼。代表人的诉讼行为对其所代表的当事人发生效力,但代表人变更、放弃诉讼请求或者承认对方当事人的诉讼请求,进行和解,必须经被代表的当事人同意。

【释义】 本条是关于人数众多且确定的共同诉讼的规定。

现实生活中有很多涉及多数人权益的案件,如环境污染案件、食物中毒案件、损害消费者权益案件等。多数人权益受到侵犯,诉讼活动如何进行?显然,让所有受害人一起出庭应诉是不现实的,势必造成审理的不方便和诉讼时间的冗长,而将所有受害人的起诉分别审理,既麻烦又可能作出相互矛盾的判决,为了解决这一问题,简化诉讼程序,节省时间和人力,民事诉讼法将涉及多数人利益的诉讼分为人数众多且确定的共同诉讼和人数不确定的涉及多数人权益的共同诉讼。本条主要规定人数众多且确定的共同诉讼。根据《最高人民法院关于适用〈中华人民共和国民事诉讼法〉的解释》的规定,人数众多一般指10人以上。

人数众多且确定的共同诉讼,是指当事人一方人数众多但起诉时人数可以确定的共同诉讼。比如,某县种子公司向1000多家农户分别出售了种子,结果种子是伪劣产品,为此,1000多家农户同时向人民法院提起了损害赔偿诉讼。人数众多且确定的共同诉讼具有以下两个特点:(1)诉讼标的是同一种类的。比如上述案件,农户都是因种子问题起诉。(2)提起诉讼的人数众多但在起诉时是确定的。比如上述案件,购买种子的多家农户都提起诉讼,他们是谁、人数多少都是确定的。

对于人数众多且确定的共同诉讼,为了保证诉讼有序进行,本条规定可以由当事人推选代表人进行诉讼。当事人必须推选他们之中的人作为代表进行诉讼,而不能推选当事人之外的人。推选代表人是当事人的意思表示,因此,代表一旦产生,其诉讼行为对其所代表的当事人发生效力。但是,这里讲的代表人的诉讼行为仅指提出管辖权异议、提供证据、进行法庭辩论、申请证据保全、申请顺延诉讼期间等不涉及当事人实体权利的行为。对实体权利的处分是法律赋予民事权利主体的重要权利,未经当事人授权,他人无权代为处分,因此,代表人的凡涉及当事人实体权利的诉讼行为,包括变更、放弃诉讼请求或者承认对方当事人的诉讼请求,进行和解,必须经被代表的当事人同意,否则将构成对被代表的当事人的权利的侵犯。法律规定代表人放弃、变更诉讼请求,或者承认对方当事人的诉讼请求,进行和解,必须经被代表的当事人同意。这可以防止代表人和对方恶意串通,损害被代表的当事人的权益。需要指出的是,当事人一方人数众多且确定的共同诉讼不是必须推选代表人进行诉讼,因为在这种诉讼中当事人的请求可能不完全一致,所以如果某个或者某几个当事人不愿推选代表而想亲自诉讼,也应当允许。当事人一方人数众多在起诉时确定的,可以由全体当事人推选共同的代表人,也可以由部分当事人推选自己的代表人;推选不出代表人的当事人,在必要的共同诉讼中可以自己参加诉讼,在普通的共同诉讼中可以另行起诉。

第五十七条　诉讼标的是同一种类、当事人一方人数众多在起诉时人数尚未确定的，人民法院可以发出公告，说明案件情况和诉讼请求，通知权利人在一定期间向人民法院登记。

向人民法院登记的权利人可以推选代表人进行诉讼；推选不出代表人的，人民法院可以与参加登记的权利人商定代表人。

代表人的诉讼行为对其所代表的当事人发生效力，但代表人变更、放弃诉讼请求或者承认对方当事人的诉讼请求，进行和解，必须经被代表的当事人同意。

人民法院作出的判决、裁定，对参加登记的全体权利人发生效力。未参加登记的权利人在诉讼时效期间提起诉讼的，适用该判决、裁定。

【释义】　本条是关于人数不确定的涉及多数人权益的共同诉讼的规定。

人数不确定的涉及多数人权益的共同诉讼，是指诉讼标的是同一种类，当事人一方人数众多但起诉时人数尚未确定的共同诉讼。比如，某市体育场宣传某些歌星将要到场演出，并销售出几万张晚会票，然而演出时并没有宣传的歌星出现，使所有慕名而来的观众的权益受到了损害。为此，某些观众向人民法院提起了损害赔偿诉讼。人数不确定的涉及多数人权益的共同诉讼具有以下几个特点：(1)诉讼标的是同一种类。比如，上述案件中，观众都是因演出主办方未能履行承诺而起诉。(2)提起诉讼时，受害人是不确定的。比如上述案件，究竟谁买了票，谁不满意该场演出，有多少人想请求赔偿损失，起诉时都不确定。(3)并非所有受害人都提起了诉讼，有些受害人甚至不知道诉讼的发生。

人数不确定的涉及多数人权益的共同诉讼，由于不知道究竟有多少人的权益受到侵害，又有哪些人愿意提起诉讼，而法律又要为那些权益受到了侵害但还没有提起诉讼的人提供司法上的保护，因此，人民法院受理案件后，可以发出公告，说明案件情况及诉讼请求，通知权利人在一定期限内向人民法院登记。期限的长短由人民法院根据案件的具体情况确定，但不得少于30日。当然，如果权利人在这个期限内未登记，并不意味着就会丧失权利。比如上面所说晚会票一案，人民法院受理某些观众起诉后，可以利用报纸、广播、布告等方式发布公告，说明因晚会演出一事，哪些人已经提起诉讼，要求晚会主办单位赔偿,凡购买该晚会票的人在多长时间可以持票向人民法院登记。向人民法院登记的权利人,应当证明其与对方当事人的法律关系和所受到的损害,证明不了的,不予登记,权利人可以另行起诉。

由于人数众多,一般情况下不可能每个当事人都到庭参与诉讼,因此,向人民法院登记的权利人可以推选代表人参加诉讼,推选不出代表人的,可以由人民法院提出人选与当事人协商;协商不成的,也可以由人民法院在起诉的当事人中指定代表人。代表人为2~5人,每位代表人可以委托1~2人作为诉讼代理人。代表人产生后,其诉讼行为对所代表的当事人发生效力,但代表人变更、放弃诉讼请求或者承认对方当事人的诉讼请求,进行和解,必须经被代表的当事人同意。该种诉讼审结后,人民法院作出的判决、裁定对参加登记的全体权利人发生效力。对于在公告期间内没有登记的权利人,只要其在诉讼时效期间内提起诉讼,人民法院的判决、裁定对其也适用,而不必再经过诉讼程序进行审理。所谓"适用该判决、裁定",是指适用该判决、裁定中人民法院认定的事实和理由,以及判决中确定的确认、给付的原则,至于具体确认、给付多少,则视权利人的具体情况而定。根据民法典的规定,向人民法院请求保护民事权利的诉讼时效期间为3年。法律另有规定的,依照其规定。

第五十八条 对污染环境、侵害众多消费者合法权益等损害社会公共利益的行为,法律规定的机关和有关组织可以向人民法院提起诉讼。

人民检察院在履行职责中发现破坏生态环境和资源保护、食品药品安全领域侵害众多消费者合法权益等损害社会公共利益的行为,在没有前款规定的机关和组织或者前款规定的机关和组织不提起诉讼的情况下,可以向人民法院提起诉讼。前款规定的机关或者组织提起诉讼的,人民检察院可以支持起诉。

【释义】 本条是关于民事公益诉讼的规定。

随着我国经济社会的快速发展和变化,环境污染、损害众多消费者权益等一些严重损害公共利益的行为,引起社会广泛关注。针对这些损害公共利益的行为,除了加强行政监管外,建立民事公益诉讼制度,保护公共利益,是民事诉讼法的一个重要问题,2012年民事诉讼法增加规定了民事公益诉讼制度,2017年修改民事诉讼法时,对这一制度作了进一步的完善,增加一款作为本条的第2款。

一、公益诉讼的基本内涵

对于什么是公益诉讼,目前学术界和实务界有不同意见和理解。一种观点认为,为维护公共利益提起的民事诉讼,都是公益诉讼,既包括没有直接利害关系的组织提起的保护公共利益的诉讼,也包括有直接利害关系的自然人或者法人提起的保护公共利益的诉讼。另一种观点认为,与原告有直接利害关系的诉讼是普通民事诉讼,只有与自己没有直接利害关系的民事主体,为维护公共利益提起的民事诉讼才是公益诉讼。前一种观点是广义的公益诉讼,后一种观点是狭义的公益诉讼,但两种观点都揭示了公益诉讼的核心内涵,即公民、法人或者其他组织为了维护公共利益可以提起民事诉讼。

公益诉讼与公诉有显著不同。公益诉讼既可以由特定的国家机关提起,也可以由相关组织提起,本质是一种民事救济方式。公诉,是指人民检察院针对犯罪嫌疑人的犯罪行为向人民法院提出控告,要求法院通过审判确定犯罪事实、惩罚犯罪人的诉讼活动,目的是惩罚犯罪嫌疑人,恢复被破坏的社会秩序,但不是民事救济方式。

与普通民事诉讼相比,公益诉讼具有以下主要特征:一是诉讼目的不完全相同。公益诉讼的主要目的是维护公共利益;而普通民事诉讼是为了解决民事主体之间的纠纷,直接目的是维护个体利益。二是保护利益的特点不同。公益诉讼保护公共利益,公共利益既是私益的集合体,与私益相关联,但又不等同于私益,有时具有抽象性、宏观性等特点。普通民事诉讼所保护的主要是个体利益,具有具体性、微观性等特点,范围较为清楚明确。三是对诉讼当事人的要求不同。公益诉讼的原告不要求一定与纠纷有法律上的直接利害关系,如污染环境的行为即使没有直接损害某一环保组织的利益,但直接破坏了环境,该环保组织也可以提起公益诉讼。在普通民事诉讼中,原告必须与案件有法律上的直接利害关系,否则法院不予立案或者驳回起诉。四是公益诉讼纠纷所涉及的损害往往具有广泛性、严重性和长期性。公益诉讼纠纷主要涉及污染环境、侵害众多消费者权益等侵权行为。这些侵权行为造成的损害一般具有广泛性、严重性和长期性,有些损害可能是隐形的,并没有现实表现,要经过几年甚至几十年才慢慢显现出来,并且有些损害一旦发生,将难以弥补,人类将付出很高的代价。例如,漏油造成海洋生态破坏有可能导致某些海洋物种的灭绝,这些物种一旦灭绝,人类无论付出多大努力都不可能使之再生。而普通民事诉讼主要涉及普通个体之间的利益损害,损害的范围一般较易界定。

二、我国建立公益诉讼制度的重要意义

(一)保护公共利益,促进经济社会发展

公益诉讼为保护公共利益提供了制度层面的保障,可以有效防范和遏制侵害公共利益的行为,促进经济社会的持续健康发展。

(二)落实宪法、民法典等实体法规定

我国宪法第12条规定,国家保护社会主义的公共财产。禁止任何组织或者个人用任何手段侵占或者破坏国家的和集体的财产。民法典规定,矿藏、水流、海域属于国家所有。森林、山岭、草原、荒地、滩涂等自然资源,属于国家所有,但是法律规定属于集体所有的除外。国家、集体、私人的物权受法律保护。此外,环境保护法、水污染防治法等其他法律也对社会公共利益的保护提出了相应的要求。这些规定构成了保护公共利益的实体法依据,但如何通过民事诉讼的方式保护公共利益,落实宪法、民法典等实体法的规定,却缺少相应的规定,特别是缺少公益诉讼起诉主体的规定。这直接制约了对公共利益的保护。为了落实宪法、民法典等实体法的规定,保护公共利益,民事诉讼法有必要作衔接性规定,建立公益诉讼制度。

(三)构建和谐社会

人与人的和谐,人与自然的和谐是构成和谐社会的重要组成部分。污染环境、侵害众多消费者利益等损害公共利益行为破坏了人与自然的和谐,也破坏了人与人之间的和谐,对和谐社会的构建造成了重大威胁。公益诉讼作为一项保护公共利益的诉讼制度,有利于缓解人与人之间的矛盾、人与自然之间的矛盾,有利于构建和谐社会。

(四)创新社会管理,促进社会进步

污染环境、损害众多消费者利益等侵害公共利益的行为多为大规模侵权,容易引起社会矛盾,诱发群体性事件,影响社会稳定。如何创新社会管理,化解社会矛盾是我国当前面临的一个重要课题。允许有关组织等主体提起公益诉讼,实质上是让代表社会权利的有关组织通过诉讼活动参与社会管理,介入公共利益的保护,将损害公共利益的行为有可能诱发的社会矛盾纳入司法渠道化解。同时,随着经济社会的发展,我国公众的民主、法治和社会参与意识有了明显提高,也出现了多样化的利益群体,以及代表他们利益的各种组织。这些组织作为社会整体利益的代表享有诉讼权,可以弥补国家在保护环境等公共利益方面的不足,也为人们有序参与管理公共利益提供了一条现实途径。因此,公益诉讼制度对有效发挥社会监督功能,维护社会公正、促进社会进步具有重要作用。

(五)弥补行政监管局限

行政手段具有及时、高效的优点,但从实践情况看,仅依靠行政手段保护公益利益的效果有限。这主要体现在两个方面:一是存在"违法成本低、守法成本高"的问题。许多情况下,行政罚款额往往难以填补环境污染和生态破坏等损害公共利益造成的损失,对违法者的威慑不足。公益诉讼可以弥补行政管理方式的不足,丰富保护公共利益的手段。二是在一些损害公共利益的案件中,行政机关对这些案件可能不作为,通过行政手段保护公共利益的目的不能完全实现。针对这种状况,除了完善相关法律,进一步加强行政监管外,公益诉讼制度无疑是保护公共利益的一个有效方式,可以在一定程度上解决这些问题,增强社会自我调节功能;同时,公益诉讼还可以通过法律手段监督相关行政机关依法及时行政,一定程度上约束公权力。因此,行政手段和司法手段保护公共利益各有优势,两种手段并用,可以发挥各自优势,互为补充,相互促进,更好地保护公共利益。

三、我国公益诉讼制度的立法过程

在民事诉讼法规定公益诉讼制度前,各地人民法院和人民检察院对公益诉讼进行了一些积极而又慎重的尝试。2000年,最高人民检察院发布了《关于强化检察职能、依法保护国有资产的通知》,强调检察机关应充分发挥检察职能,对侵害国家利益、社会公共利益的民事违法行为提起诉讼。各地检察机关根据最高人民检察院的要求,进行了公益诉讼的实践。

在环境污染和食品安全事故不断发生的背景下,一些全国人大代表和有关方面多次提出在民事诉讼法中增加规定公益诉讼制度,2012年民事诉讼法在总结实践探索经验的基础上,增加规定了公益诉讼制度。2012年民事诉讼法第55条规定,对污染环境、侵害众多消费者合法权益等损害社会公共利益的行为，法律规定的机关和有关组织可以向人民法院提起诉讼。

2015年，第十二届全国人大常委会第十五次会议通过《全国人民代表大会常务委员会关于授权最高人民检察院在部分地区开展公益诉讼试点工作的决定》，为加强对国家利益和社会公共利益的保护，授权最高人民检察院在生态环境和资源保护、国有资产保护、国有土地使用权出让、食品药品安全等领域开展提起公益诉讼试点。提起公益诉讼前，人民检察院应当依法督促行政机关纠正违法行政行为、履行法定职责，或者督促、支持法律规定的机关和有关组织提起公益诉讼。根据该授权决定，最高人民检察院自2015年7月起，在北京等13个省、自治区、直辖市开展为期两年的检察机关提起公益诉讼试点。2017年5月，习近平总书记主持召开中央全面深化改革领导小组第三十五次会议，审议通过《关于检察机关提起公益诉讼试点情况和下一步工作建议的报告》。该次会议指出，试点检察机关在生态环境和资源保护、食品药品安全、国有资产保护、国有土地使用权出让等领域，办理了一大批公益诉讼案件，积累了丰富的案件样本，制度设计得到充分检验，正式建立检察机关提起公益诉讼制度的时机已经成熟。要在总结试点工作的基础上，为检察机关提起公益诉讼提供法律保障。

2017年，在总结改革试点经验的基础上，第十二届全国人大常委会第二十八次会议修改了民事诉讼法，增加检察机关提起公益诉讼的规定。在本条中增加一款，作为本条第2款："人民检察院在履行职责中发现破坏生态环境和资源保护、食品药品安全领域侵害众多消费者合法权益等损害社会公共利益的行为，在没有前款规定的机关和组织或者前款规定的机关和组织不提起诉讼的情况下，可以向人民法院提起诉讼。前款规定的机关或者组织提起诉讼的，人民检察院可以支持起诉。"

四、公益诉讼的起诉主体

哪些主体可以提起公益诉讼是公益诉讼制度的核心问题，也是立法中争议较大的问题。有的观点认为，保护公共利益是全社会的共同职责，应实行起诉主体多元化，检察机关、社会组织和公民等都可以起诉。有的观点认为，目前还不宜赋予公民提起公益诉讼的权利，一是在我国经济社会发展的现阶段，考虑到法治建设的现状，全面赋予公民提起公益诉讼的权利，可能事倍功半，诉讼效果可能不佳，还可能导致滥诉。二是从实践情况来看，有的公民提起公益诉讼炒作成分较多。这种炒作有可能对我国现行社会管理体制造成冲击,影响社会安定。当然在很多情况下,损害公共利益的行为也会损害个人利益,公民个人依据民事诉讼法第122条规定的"直接利害关系规则"也可以达到直接保护个人利益,间接保护公共利益的效果。国外对这一问题的态度也不完全相同。英美法系国家的公益诉讼主体一般多元化,除国家公诉机关外,行政机关、组织、公民也可以提起公益诉讼。如《美国清洁空气法》《美国清洁水法》《美国噪声控制法》等法律专门规定了公民诉讼。根据该规定,任何组织或者公民为了保护环境公共利益,都可以代表公众提起公益诉讼。大陆法系国家一般对公益诉讼的主体限制较为严格。如德国、日本只允许消费者组织提起保护消费者权益的公益诉讼。大陆法系国家普遍限制公民个人提起该诉讼,并对有权提起公益诉讼的组织作严格限制,如日本规定,有权提起保护消费者权益的组织必须是国家许可的特定消费者组织。

从我国的现行管理体制和减少滥诉风险的角度看,为了使公益诉讼制度既能在我国适度开展,同时又能有序进行,目前提起公益诉讼的主体不宜过宽。行政主管部门等有关机关作为公共利益的主要维护者和公共事务的管理者,作为诉讼主体较为合适,既可以促使其依法积极行政,也可以利用诉讼救济的方式弥补其行政手段的不足。提起公益诉讼的机关原则上应当与案件涉及的公共利益相关联,如对污染海洋行为提起公益诉讼的机关应当是海洋环境监督管理部门等相关机关,市场监督管理部门等不涉及海洋环境管理的机关不能提起涉及环境污染的公益诉讼。考虑到我国的机关较多,为了避免引起混乱,本条规定"法律规定的机关"可以提起诉讼。也就是说,可以提起公益诉讼的机关,要有明确的法律依据。对可以提起公益诉讼的组织也应作一定的条件限制,例如,由特别法对设立时间、设立宗旨、组织结构、经费情况等作一定限制,并要求经过特定机关的专门许可,这也是日本、德国等大陆法系国家的通常做法。这种限制既可利用现有社会资源有效保护公共利益,同时也可以通过这些组织的筛选和前置性工作有效控制"滥诉"和"恶意诉讼"。提起公益诉讼的组织,原则上也应当与所起诉的事项有一定关联,如对污染环境的行为,环境保护法第58条规定,对污染环境、破坏生态,损害社会公共利益的行为,符合下列条件的社会组织可以向人民法院提起诉讼:(1)依法在设区的市级以上人民政府民政部门登记;(2)专门从事环境保护公益活动连续5年以上且无违法记录。对侵害众多消费者利益的行为,根据消费者权益保护法第47条规定,对侵害众多消费者合法权益的行为,中国消费者协会以及在省、自治区、直辖市设立的消费者协会,可以向人民法院提起诉讼。

五、公益诉讼的适用范围

公共利益是一个弹性较大、变化发展的概念,具体含义有不确定性,不同国家、不同历史发展阶段的理解各不相同。有的观点认为,不应对适用范围作限制,只要涉及维护公共利益的案件都可以适用公益诉讼。也有的观点认为,为防止当事人滥诉,同时防止法官滥用自由裁量权,宜严格限制公益诉讼的适用范围。国外公益诉讼的适用范围也不完全相同,有的国家规定,公益诉讼可以适用于消费者权益保护领域,如日本;有的国家则适用范围较宽,如《美国反欺骗政府法》规定,任何个人或者公司都有权以政府名义控告任何侵害国家利益或者社会公共利益者。

污染环境、损害众多消费者权益的案件多发,损害社会公共利益的情况较为严重,对公益诉讼的要求较为迫切,理论界和实务界的认识也较为一致,可以作为建立公益诉讼的突破口。但为了应对经济社会的不断发展,为将来的扩大适用留下空间,也不宜将公益诉讼的适用范围限制得过死。基于以上考虑,本条第1款规定,对污染环境、侵害众多消费者合法权益等损害社会公共利益的行为,可以提起公益诉讼。这样规定,既可突出对环境、消费者权益的保护,也有利于根据实践情况的发展,逐步扩大公益诉讼的适用范围。

六、检察机关提起公益诉讼

本条第2款规定,人民检察院在履行职责中发现破坏生态环境和资源保护、食品药品安全领域侵害众多消费者合法权益等损害社会公共利益的行为,在没有前款规定的机关和组织或者前款规定的机关和组织不提起诉讼的情况下,可以向人民法院提起诉讼。前款规定的机关或者组织提起诉讼的,人民检察院可以支持起诉。检察机关提起公益诉讼需注意以下几点:一是人民检察院提起公益诉讼的范围是破坏生态环境和资源保护、食品药品安全领域侵害众多消费者合法权益等损害社会公共利益的行为。二是提起公益诉讼前,人民检察院应当依法督促行政机关纠正违法行政行为、履行法定职责,或者督促、支持法律规定的机关和有关组织提起公益诉讼。在没有法律规定的机关和有关组织或者法律规定的机关和有关组织不提起诉讼的情况下，检察机关可以向人民法院提起诉讼。法律规定的机关或者有关组织提起诉讼的，检察机关可以支持起诉。

近年来，从民事诉讼法、行政诉讼法到反垄断法等法律，均对检察机关公益诉讼作了规定，公益诉讼的适用范围逐步扩大，已经从最初的生态环境和资源保护、食品药品安全、国有财产保护、国有土地使用权出让四大领域扩展到其他多个领域。一些法律也对检察机关提起公益诉讼作了规定，如英雄烈士保护法、未成年人保护法、安全生产法、军人地位和权益保障法、个人信息保护法、反垄断法、反电信网络诈骗法、农产品质量安全法、妇女权益保障法、青藏高原生态保护法、无障碍环境建设法等。

第五十九条 对当事人双方的诉讼标的，第三人认为有独立请求权的，有权提起诉讼。

对当事人双方的诉讼标的，第三人虽然没有独立请求权，但案件处理结果同他有法律上的利害关系的，可以申请参加诉讼，或者由人民法院通知他参加诉讼。人民法院判决承担民事责任的第三人，有当事人的诉讼权利义务。

前两款规定的第三人，因不能归责于本人的事由未参加诉讼，但有证据证明发生法律效力的判决、裁定、调解书的部分或者全部内容错误，损害其民事权益的，可以自知道或者应当知道其民事权益受到损害之日起六个月内，向作出该判决、裁定、调解书的人民法院提起诉讼。人民法院经审理，诉讼请求成立的，应当改变或者撤销原判决、裁定、调解书；诉讼请求不成立的，驳回诉讼请求。

【释义】 本条是关于民事诉讼第三人和第三人撤销之诉的规定。

一、民事诉讼第三人

本条第 1 款、第 2 款是对民事诉讼第三人的规定。民事诉讼的第三人，是指对当事人争议的诉讼标的具有独立的请求权，或者虽无独立的请求权，但案件处理结果同他有法律上的利害关系，从而参加到他人已开始的诉讼中去的人。民事诉讼中的第三人分为有独立请求权的第三人和无独立请求权的第三人。

(一)有独立请求权的第三人

有独立请求权的第三人,是指对当事人之间争议的诉讼标的的全部或者一部分,以独立的实体权利人的资格,提出诉讼请求而参加诉讼的人。比如,甲、乙二人就房屋的所有权发生争议,起诉到法院。丙认为房屋属于自己所有,甲、乙二人对房屋均无所有权,从而参加诉讼,对甲、乙二人争议的标的提出自己享有全部权利的诉讼请求。又如,兄弟二人因继承遗产发生纠纷,兄起诉到法院,他们的妹妹认为,兄弟二人分配遗产不考虑她的继承份额是违法的,从而参加诉讼,对兄弟二人争议的诉讼标的提出自己享有部分权利的诉讼请求。有独立请求权的第三人参加诉讼,既不同意原告的诉讼请求,也不同意被告的诉讼请求,因为不论原告胜诉还是被告胜诉,都将损害他的民事权利,他以独立的实体权利人的资格,向人民法院提起了一个新的诉讼,他在诉讼中的地位相当于原告,享有原告的诉讼权利,承担原告的诉讼义务,本诉的原被告即作为他的被告。第三人参加诉讼,实际是将两个诉讼,即原来当事人之间的本诉和第三人与本诉当事人之间的诉讼合并审理。人民法院将这两个诉讼合并审理,便于查明案情,彻底解决纠纷,也避免因将两个有关联的诉讼分别审理而可能作出相互矛盾的裁判。

(二)无独立请求权的第三人

无独立请求权的第三人,是指对他人之间争议的诉讼标的没有独立的实体权利,只是参加到诉讼中,以维护自己利益的人。例如,甲诉乙销售给他的锅炉不合格,要求赔偿损失,乙提出制造锅炉的材料是丙供给的,如果乙败诉,丙就可能对乙承担义务。因此,丙参加到诉讼中,提供证据证明自己供给乙的材料符合质量标准,以免除自己将来对乙可能承担的义务。无独立请求权的第三人,对原被告争议的诉讼标的没有独立的请求权,因此,他无权承认、变更或者放弃原被告争议的诉讼请求,无权请求对原被告的争议实行和解。但是,无独立请求权的第三人同诉讼结果有法律上的利害关系,诉讼可能涉及他的实体权利,因此其参加诉讼,有权委托诉讼代理人,提供证据,对涉及自己利益的事实和证据进行辩论,如果法院判决他承担民事责任,他即有当事人的一切诉讼权利义务。无独立请求权的第三人参加诉讼的途径有两条:一是根据自己的请求,二是由人民法院通知。无独立请求权的第三人参加诉讼,实际是将一个已经开始的诉讼和一个今后可能发生的潜在的诉讼合并审理,从而达到简化诉讼,方便当事人,彻底解决纠纷的目的。

诉讼中的第三人是在他人已经开始了的诉讼中参加进去的人,如果他人之间还没有开始诉讼,或者他人之间的诉讼已因原告撤诉、双方当事人和解以及人民法院作出判决而终结,不存在第三人参加诉讼问题。关于第三人参加诉讼的时间,本法没有规定,从诉讼理论上说,应当在诉讼进行中、人民法院作出判决前参加。判决前应当理解为终局判决前,第一审作出判决前的任何阶段,都可以申请参加诉讼;第一审判决后,当事人提起上诉,在第二审法院作出判决以前也可以申请参加诉讼。第三人在第二审程序参加诉讼的,如果其不同意以调解方式结案,第二审人民法院应当将案件发回第一审人民法院重审,以保证诉讼第三人的上诉权。

二、第三人撤销之诉

本条第3款是关于第三人撤销之诉的规定,这是2012年民事诉讼法修改增加的一项重要制度。第三人撤销之诉,是指未参加诉讼的第三人,有证据证明发生法律效力的判决、裁定、调解书的部分或者全部内容错误,损害其民事权益的,向作出该判决、裁定、调解书的人民法院提起诉讼,请求改变或者撤销原判决、裁定、调解书的制度。

(一)规定第三人撤销之诉的必要性

在我国民事诉讼的司法实践中,当事人通过恶意诉讼等手段,侵害他人合法权益的情况时有发生。特别是人民法院加强调解工作后,由于调解本身的特点,一些当事人利用调解进行诉讼欺诈,损害第三人合法权益的现象日益突出。如何保护受到侵害的第三人利益是民事诉讼法立法中的一个重要问题。根据2012年修改前的民事诉讼法规定,对第三人权益的保护主要依靠诉中第三人参加诉讼和执行阶段的执行异议制度。第三人参加诉讼又分为有独立请求权的第三人和无独立请求权的第三人参加诉讼。根据本条第1款、第2款的规定,对当事人双方的诉讼标的,第三人认为有独立请求权的,有权提起诉讼。对当事人双方的诉讼标的,第三人虽然没有独立请求权,但案件处理结果同他有法律上的利害关系的,可以申请参加诉讼,或者由人民法院通知他参加诉讼,人民法院判决承担民事责任的第三人,有当事人的诉讼权利义务。第三人参加诉讼制度解决了在本诉进行中,第三人参与到诉讼中对其权益的保护问题,但是该制度适用的前提是第三人在本诉进行中知道该诉的存在,且可以参加该诉讼,不能满足其未能参加诉讼而利益受到损害的正当程序需要,因为无论是有独立请求权的第三人还是无独立请求权的第三人,在很多情况下往往不知道诉讼的存在,尤其是当事人以恶意串通、虚假自认等方式损害第三人合法权益的,第三人更是无从知道,也就很难以有独立请求权或者无独立请求权的第三人身份参加到诉讼中去;法院常常也不能明确哪些人属于与案件有利害关系的第三人而通知其参加诉讼。在执行程序中,一些案件的执行可能损害第三人的利益,因此,民事诉讼法规定了执行异议制度,根据本法第238条的规定,执行过程中,案外人对执行标的提出书面异议的,人民法院应当自收到书面异议之日起15日内审查,理由成立的,裁定中止对该标的的执行;理由不成立的,裁定驳回。案外人、当事人对裁定不服,认为原判决、裁定错误的,依照审判监督程序办理;与原判决、裁定无关的,可以自裁定送达之日起15日内向人民法院提起诉讼。执行异议制度可以解决在执行程序中第三人利益的保护问题,但如果诉讼结果是损害第三人权益的确认判决或者形成判决而非给付判决,或者虽然是给付判决,案件基于当事人的自愿履行而没有进入执行程序,因案件不进入执行程序第三人利益也得不到保护。因此,这两种制度还不足以保护第三人的利益。为了对受到侵害而未能参加诉讼且案件也未进入执行程序的第三人给予救济,2012年修改民事诉讼法时增加了第三人撤销之诉制度。

在2012年修改民事诉讼法的过程中,对于立法采用什么方式保护第三人的权益有不同意见。有的意见认为,当第三人未能参加诉讼又无法通过执行异议对自己的权益救济时,可以通过另行起诉的方式解决。有的意见认为,可以通过再审的方式对第三人进行救济。有的意见提出,可以建立第三人撤销之诉来解决,即法律上有利害关系的第三人,因不可归责于自己的事由未能参加原案审理,但原案生效裁判损害其权益且无其他救济手段的,可以请求法院撤销或者改变原案生效裁判中对其不利的部分。国外和其他地区也有这三种立法例。经过反复调研,民事诉讼法最终规定,因不能归责于本人的事由未参加诉讼的第三人,有证据证明发生法律效力的判决、裁定、调解书的部分或者全部内容错误,损害其民事权益的,可以自知道或者应当知道其民事权益受到损害之日起6个月内,向作出该判决、裁定、调解书的人民法院提起诉讼。人民法院经审理,诉讼请求成立的,应当改变或者撤销原判决、裁定、调解书;诉讼请求不成立的,驳回诉讼请求。这样规定,主要是比较以另行起诉和再审的方式救济第三人的优劣后作出的。再审是特殊的救济程序，其目的在于纠错。以我国民事诉讼法规定的再审程序保护第三人的利益存在以下问题：一是案外第三人并不能直接申请再审。根据我国的司法实践，由于再审申请人必须是诉讼当事人或者其近亲属、代理人，第三人只能向法院或者检察院申请依职权启动再审。二是再审的条件较为严格、门槛较高，且再审事由不包括裁判侵害第三人权益，因此第三人进入再审程序较为困难，即使法院收到再审申请，也可以裁定不再审。三是再审模式不能充分保护第三人的审级利益。根据我国民事诉讼法关于再审程序的规定，原生效裁判是二审作出的，当事人对再审裁判不得提起上诉，这会损害从未参加原诉的第三人的审级利益。另行起诉的模式在我国也面临以下困难：一是管辖问题。根据我国民事诉讼法的规定，一审案件主要由基层法院管辖，但如果原诉裁判是由二审法院作出，第三人另行起诉到基层法院，将面临基层法院的法官能否撤销上级法院的裁判问题。例如，第三人根据民事诉讼法关于管辖的规定到原诉裁判法院辖区以外的法院起诉的，应当如何处理？二是另行起诉不能解决原生效裁判的效力问题。如果另行起诉后作出的裁判与原诉裁判不同，如何处理这两个不同的生效裁判，具有法律效力的原诉裁判不被撤销或者变更的，前诉生效裁判是否继续具有强制执行力？基于以上考虑，本法采取了第三人撤销之诉的模式。

(二) 第三人撤销之诉的主要内容

根据本条第 3 款的规定，第三人提出撤销之诉应当满足以下条件：一是因不能归责于本人的事由未参加诉讼。知道原诉会损害自己的利益且能参加诉讼而未参加的第三人，不得提出撤销之诉，只有因不能归责于本人的事由而未参加诉讼的，才可以提起撤销之诉，如原诉的双方当事人恶意诉讼损害第三人利益，第三人无从知道而未能参加诉讼的；第三人知道原诉有可能损害自己的利益，但因地震等不可抗力无法参加诉讼的等。本条之所以强调这一点，主要是为了让能参加诉讼的第三人在诉讼过程中参加诉讼，及时解决纠纷，避免在权利上"睡大觉"，避免让原生效裁判长期处于不稳定状态。二是有证据证明发生法律效力的判决、裁定、调解书的部分或者全部内容错误，损害其民事权益。第三人撤销之诉与普通民事诉讼不同之处在于，第三人撤销之诉的主要目的是改变或者撤销已经生效的判决、裁定、调解书。为了防止第三人滥用诉讼权利，影响生效判决、裁定和调解书的稳定性和权威性,应当对第三人提起撤销之诉设定相对严格的条件,要求第三人有证据证明生效的判决、裁定、调解书部分或者全部内容错误,损害了其民事权益。实践中,第三人提起撤销之诉的撤销事由主要有以下几类:(1)当事人恶意串通进行诉讼,损害其利益;(2)第三人对原判决、裁定、调解书所处分的财产拥有物上请求权;(3)原诉遗漏了必要的共同诉讼当事人,损害了其利益。三是自知道或者应当知道其民事权益受到损害之日起6个月内提起诉讼。第三人撤销之诉作为一种非常救济制度,其主要以撤销错误的生效裁判为目的,面临着如何在保护第三人利益与维护生效裁判既判力之间保持平衡的问题。在最大限度地保护第三人利益的前提下,为了避免因该诉讼制度的存在对法律关系的稳定、交易安全和社会秩序的稳定构成长期潜在的威胁,督促第三人及时行使权利,本条对第三人提起撤销之诉的期间作了必要限制,6个月期限的规定与申请再审的期限规定也是一致的。

关于第三人撤销之诉的管辖法院,本条明确规定,第三人应当向作出原生效判决、裁定、调解书的人民法院提起诉讼。这样规定,一是考虑到作出原生效判决、裁定、调解书的人民法院比较了解案情,有利于案件的审理;同时可以充分发挥原审法院的自身纠错功能。二是避免出现下级法院撤销或者变更上级法院作出的生效判决、裁定、调解书的情况。

关于第三人撤销之诉的法律效果,本条规定,人民法院经审理,诉讼请求成立的,应当改变或者撤销原判决、裁定、调解书;诉讼请求不成立的,驳回诉讼请求。根据该规定,法院审理第三人撤销之诉的案件时,先对第三人提出的撤销理由进行审理,撤销理由成立的,法院应当撤销或者变更原审判决、裁定、调解书对第三人不利的部分,并同时对第三人与原审当事人之间、原审当事人之间的实体权利义务关系重新作出裁判。

这里需要说明两点:第一,第三人提起的撤销之诉是依据新事实提起的新诉,对新诉的裁判,第三人和原诉的当事人可以提起上诉。第二,在执行过程中,第三人发现原裁判损害自己利益的,既可以按照本条第3款的规定提起第三人撤销之诉,也可以按照本法第238条的规定以案外人身份提起执行异议,若对执行法院所作的执行异议裁定不服,认为原裁判错误,可以依照审判监督程序提起再审。执行标的与原裁判无关的,该案外人只能依据本法第238条的规定,自执行法院作出的执行异议裁定送达之日起15日内向人民法院提起诉讼。

第二节 诉讼代理人

第六十条 无诉讼行为能力人由他的监护人作为法定代理人代为诉讼。法定代理人之间互相推诿代理责任的,由人民法院指定其中一人代为诉讼。

【释义】 本条是关于法定代理人的规定。

诉讼代理人,是指以当事人的名义,在一定权限范围内,为当事人的利益进行诉讼活动的人。被代理的一方当事人称为被代理人。诉讼代理人代理当事人进行诉讼活动的权限,称为诉讼代理权。诉讼代理的内容,包括代为诉讼行为和代受诉讼行为。前者如代为起诉,代为提供证据、陈述事实,代为变更或者放弃诉讼请求等;后者如代为应诉,代为答辩,代为接受对方当事人的给付等。根据民事诉讼法的规定,以诉讼代理权发生的原因为标准,诉讼代理人可以分为法定代理人和委托代理人两种。法定代理人,是指根据法律规定行使代理权的人。本条规定:"无诉讼行为能力人由他的监护人作为法定代理人代为诉讼。"诉讼行为能力是以自己行为实现诉讼权利,履行诉讼义务的能力。并不是每一个具有诉讼权利能力的人都具有诉讼行为能力。比如,无民事行为能力人、限制民事行为能力人的民事权利受到侵犯时,就不具有亲自进行诉讼活动的能力。因此,在他们作为诉讼当事人时,应当由他们的监护人作为法定代理人代为诉讼。民法典第 23 条规定,无民事行为能力人、限制民事行为能力人的监护人是其法定代理人。第 27 条规定,父母是未成年子女的监护人。未成年人的父母已经死亡或者没有监护能力的,由下列有监护能力的人按顺序担任监护人:(1)祖父母、外祖父母;(2)兄、姐;(3)其他愿意担任监护人的个人或者组织,但是须经未成年人住所地的居民委员会、村民委员会或者民政部门同意。第 28 条规定,无民事行为能力或者限制民事行为能力的成年人,由下列有监护能力的人按顺序担任监护人:(1)配偶;(2)父母、子女;(3)其他近亲属;(4)其他愿意担任监护人的个人或者组织,但是须经被监护人住所地的居民委员会、村民委员会或者民政部门同意。第 31 条规定,对监护人的确定有争议的,由被监护人住所地的居民委员会、村民委员会或者民政部门指定监护人,有关当事人对指定不服的,可以向人民法院申请指定监护人；有关当事人也可以直接向人民法院申请指定监护人。居民委员会、村民委员会、民政部门或者人民法院应当尊重被监护人的真实意愿，按照最有利于被监护人的原则在依法具有监护资格的人中指定监护人。依据民法典第31条第1款规定指定监护人前，被监护人的人身权利、财产权利以及其他合法权益处于无人保护状态的，由被监护人住所地的居民委员会、村民委员会、法律规定的有关组织或者民政部门担任临时监护人。法定代理人应当主动代理当事人进行诉讼，代为行使诉讼权利，承担诉讼义务，担负法律上的责任，维护当事人的合法权益。

法定诉讼代理权是基于法律的直接规定而产生的，无民事行为能力人或限制民事行为能力人的监护人以法定诉讼代理人身份参加诉讼，既是他们依法享有的一项权利，又是他们对被代理人和社会应尽的一项义务。因此，法定代理人不应推卸自己代理诉讼的责任。但是，在审判实践中，当无民事行为能力人或限制民事行为能力人的法定代理人有两个或者两个以上时，他们往往因怕影响自己的工作或者怕增加自己的负担而互相推诿诉讼代理责任。为了保障诉讼活动的正常进行，保护无民事行为能力人和限制民事行为能力人的利益以及社会公共利益，本条规定："法定代理人之间互相推诿诉讼代理责任的，由人民法院指定其中一人代为诉讼。"

法定代理人制度是基于无民事行为能力人、限制民事行为能力人不能正确分辨是非和表达自己的意志而设立的，因此，法定代理人在诉讼中的行为应当视为当事人的行为，与当事人的行为具有同等法律效力，人民法院和对方当事人对无诉讼行为能力的当事人所为的诉讼行为，应向其法定代理人进行。但是法定代理人毕竟不是当事人，他不是实体权利的享有者和义务的承担者，因此在诉讼中，法定代理人不能行使代理权或者死亡，没有其他法定代理人承担诉讼时，诉讼可以中止但不能终结。

法定代理人的代理权是依法律而确定的，法定代理人参加诉讼不需要办理委托代理书，只要证明自己的身份和与被代理人具有监护关系，其代理权便成立。法定代理人是在当事人无诉讼行为能力的情况下法律规定的诉讼代理人，如果在诉讼进行中，未成年的当事人成年了，或者被宣告无民事行为能力的当事人恢复了行为能力，法定代理权自行消灭。如果法定代理人与未成年人是基于养父母、养子女的亲属关系代理诉讼，法定代理权随收养关系的解除而消灭。法定代理权变更或者消灭后，当事人应当书面告知人民法院,并由人民法院通知对方当事人。

> **第六十一条** 当事人、法定代理人可以委托一至二人作为诉讼代理人。
>
> 下列人员可以被委托为诉讼代理人:
> (一)律师、基层法律服务工作者;
> (二)当事人的近亲属或者工作人员;
> (三)当事人所在社区、单位以及有关社会团体推荐的公民。

【释义】 本条是关于委托诉讼代理人的规定。

委托诉讼代理人,是指受当事人、法定代理人委托,代为进行诉讼活动的人。委托诉讼代理人具有以下三个特征:(1)代理权的发生是基于当事人、法定代理人的意思表示,而不是由法律规定;(2)代理事项及权限一般由当事人、法定代理人决定;(3)当事人、法定代理人委托他人代为诉讼,必须向受诉人民法院提交授权委托书。

本条第1款规定:"当事人、法定代理人可以委托一至二人作为诉讼代理人。"这样规定,一方面,是考虑诉讼的需要,尊重当事人的意思;另一方面,又是对委托诉讼代理人人数的限制,这种限制,既不影响当事人行使诉讼权利,又有利于诉讼的进行。

本条第2款对哪些人员可以被委托为诉讼代理人作了规定。2012年修改前的民事诉讼法规定,律师、当事人的近亲属、有关的社会团体或者所在单位推荐的人、经人民法院许可的其他公民,都可以被委托为诉讼代理人。实践中,当事人的近亲属、有关的社会团体或所在单位推荐的人代理的案件,总体上比例不高,且不存在问题。经人民法院许可的其他公民代理是在改革开放之初我国律师数量严重不足的特定历史条件下而在程序法中设定的一种特殊的制度安排。但是,从施行后的司法实践来看,经人民法院许可的其他公民代理案件,在实践中存在一些问题,主要表现为:

一是有些公民未经法律培训和司法考试,以营利为目的从事诉讼代理活动,有的甚至假冒律师违法代理,扰乱法律服务市场秩序。司法部曾发布《关于公民个人未经批准不得从事有偿法律服务问题的批复》(已于2014年4月失效)规定,"任何单位和个人未经司法行政机关批准,均不得面向社会提供有偿法律服务"，但由于在制度层面缺乏相应的监管、惩处配套措施，相关监管工作难以到位，使以营利为目的的公民代理诉讼问题屡禁不止。

二是多数公民代理人法律专业知识匮乏，诉讼代理经验、技能不足，调查、收集证据能力有限，难以有效地保护当事人的合法权益，甚至影响、制约诉讼活动的正常进行。

三是有部分法院退休但又不具有律师资格（不能做执业律师）的法官或现任法官的亲朋好友从事公民代理活动，利用关系影响、干扰案件的依法办理，甚至拉拢腐蚀法官队伍，影响司法公正。

在2012年修改民事诉讼法的过程中，有的部门、专家也提出，实践中有些个人以诉讼代理人的名义长期包揽诉讼，甚至滥用诉讼，应当适当限制诉讼代理人的范围。立法机构经研究认为，诉讼代理制度既要满足当事人的法律服务需求，也要有利于维护诉讼秩序。因此，在该次修法过程中，本条第2款删除了"经人民法院许可的其他公民"，将可以被委托为诉讼代理人的范围修改为：

1. 律师、基层法律服务工作者

律师是国家法律和当事人合法权益的维护者，近年来我国的律师队伍不断扩大，素质不断提高，已经成为我国法治建设中一支强有力的队伍。根据律师法规定，律师的一项主要业务就是接受民事案件当事人的委托，担任代理人参加诉讼。律师参与诉讼对人民法院查清事实，正确运用法律，维护当事人的合法权益具有重要作用。另外，为满足诉讼代理需求，规范诉讼代理活动，2012年修改民事诉讼法，明确了基层法律服务工作者的诉讼代理人地位，允许其像律师一样可以面向当事人提供民事诉讼代理服务。基层法律服务工作制度是一项具有我国特色的法律服务制度。该制度始创于20世纪80年代初期，基层法律服务组织设在农村乡镇、城市街道，基层法律服务工作者从具有法律知识的人中选拔，主要职能是面向基层群众尤其是低收入人群提供及时、便利、收费低廉的法律咨询服务，包括民事诉讼、行政诉讼代理服务。经过多年的发展，基层法律服务已经与律师服务形成拾遗补缺、优势互补的关系与格局，深受人民群众的欢迎。但此前基层法律服务工作的依据仅是国务院文件和司法部规章，尤其是基层法律服务工作者的诉讼代理地位在2012年修改民事诉讼法之前未从立法上予以确认，除部分地方以省级法院与司法厅（局）联合发文形式明确其诉讼代理地位外，多数地方的基层法律服务工作者多以"公民代理"身份参与诉讼活动。这一状况对于充分发挥基层法律服务作用,更好地满足基层群众诉讼代理服务需求造成了较大影响。因此,在缩小公民代理适用对象范围、规范公民代理行为的同时,明确基层法律服务工作者在民事诉讼中可以担任代理人的诉讼地位及其职责,对于充分发挥基层法律服务工作者的作用,更好地满足人民群众的法律服务需求具有重要意义。

2. 当事人的近亲属或者工作人员

当事人是自然人的,其近亲属可以作为诉讼代理人,根据民法典的规定,近亲属包括:配偶、父母、子女、兄弟姐妹、祖父母、外祖父母、孙子女、外孙子女。当事人是法人或者其他组织的,其工作人员可以作为诉讼代理人。

3. 当事人所在社区、单位以及有关社会团体推荐的公民

(1)当事人所在社区推荐的公民。这里的"社区"主要是指当事人所在的居委会、村委会。为了维护本社区当事人的权益,当事人所在的居委会、村委会也可以推荐本社区的公民代理当事人诉讼。

(2)当事人所在单位推荐的公民。当事人所在单位为保护其职工的合法权益,可以在单位中推荐一人为当事人代理诉讼,但被推荐的人作为诉讼代理人必须经当事人同意或授权。

(3)有关社会团体推荐的公民。社会团体指依法或经有关部门批准成立的,有章程、有名称、有一定数量成员、有经费来源、有办事机构、有办公地点的非营利法人。除了依法登记成立、取得法人资格的社会团体外,还有一些社会团体依法不需要办理法人登记,一经成立就具有法人资格:一类是参加中国人民政治协商会议的人民团体,包括中华全国总工会、中国共产主义青年团、中华全国妇女联合会、中国科学技术协会、中华全国归国华侨联合会、中华全国台湾同胞联谊会、中华全国青年联合会、中国全国工商业联合会;另一类是由国务院机构编制管理机关核定,并经国务院批准免于登记的团体,包括:中国文学艺术界联合会、中国作家协会、中华全国新闻工作者协会、中国人民对外友好协会、中国人民外交学会、中国国际贸易促进委员会、中国残疾人联合会、宋庆龄基金会、中国法学会、中国红十字会、中国职工思想政治工作研究会、欧美同学会、黄埔军校同学会、中华职业教育社。

第六十二条　委托他人代为诉讼,必须向人民法院提交由委托人签名或者盖章的授权委托书。

授权委托书必须记明委托事项和权限。诉讼代理人代为承认、放弃、变更诉讼请求,进行和解,提起反诉或者上诉,必须有委托人的特别授权。

侨居在国外的中华人民共和国公民从国外寄交或者托交的授权委托书,必须经中华人民共和国驻该国的使领馆证明;没有使领馆的,由与中华人民共和国有外交关系的第三国驻该国的使领馆证明,再转由中华人民共和国驻该第三国使领馆证明,或者由当地的爱国华侨团体证明。

【释义】　本条是关于委托诉讼代理人的程序的规定。

委托他人代理诉讼,应当遵守以下几方面的规定:

1. 委托他人代为诉讼,必须向人民法院提交由委托人签名或者盖章的授权委托书。委托他人代为诉讼,关系到当事人对实体权利和诉讼权利的处分,以及诉讼结果的承担,为避免日后因委托问题发生争议,影响判决、裁定和调解的执行,法律要求授权委托书必须采用书面形式,而且要由当事人、法定代理人签名或者盖章,以表明委托诉讼代理人是当事人、法定代理人的意思表示,当事人、法定代理人对委托诉讼代理人在代理权限范围内的诉讼活动负责。

2. 授权委托书必须记明委托事项和权限。代理制度是我国民事法律制度的一部分,代理分为民事代理和诉讼代理,前者是为了帮助当事人实现民事法律行为,后者是为了帮助当事人实现诉讼法律行为。要求授权委托书记明代理事项,实际是要当事人、法定代理人写明委托他人干什么,代理诉讼的标的是什么。诉讼代理人是代理当事人、法定代理人进行诉讼,代理人在代理权限范围内从事的代理行为,应当由当事人、法定代理人承担,超越代理权的行为,属于无权代理,后果应当由代理人自负。因此,代理权限的范围,实际是划分当事人、法定代理人与诉讼代理人责任的范围,因此,委托代理人必须写明代理权限,是委托代理人申请回避、提供证据、陈述事实、进行辩论、申请诉讼保全和证据保全、请求调解、提出反诉、上诉、申请执行,还是仅就其中一项或者几项授权代理。

3. 诉讼代理人代为放弃、变更诉讼请求,进行和解,提起反诉或者上诉,必须有委托人的特别授权。上述诉讼行为,涉及实体权利的处分,因此,当事人、法定代理人必须在授权委托书中特别注明，没有注明的，委托代理人的行为无法律效力，人民法院不予承认，当事人、法定代理人也可以不接受。

为保证侨居国外的中国公民委托诉讼代理人行为的真实性，更好地保护当事人的合法权益，本条第 3 款对在国外授权委托他人代为诉讼作了规定，即侨居在国外的中华人民共和国公民从国外寄交或者托交的授权委托书，必须经中华人民共和国驻该国使领馆证明，没有使领馆的，由与中华人民共和国有外交关系的第三国驻该国使领馆证明，再转由中华人民共和国驻该第三国使领馆证明，或者由当地爱国华侨团体证明。比如，中国公民某甲侨居美国，委托某乙作为他的诉讼代理人在我国人民法院提起诉讼，其对乙的授权委托书，必须经我国驻美国大使馆或者领事馆证明，未经使领馆证明的授权委托书，人民法院不予承认，其委托的诉讼代理人也不能代理为任何诉讼行为。又如，中国公民某丙侨在与我国没有建立外交关系的一个国家，那么其委托他人代为诉讼的授权委托书，可以由与我国建立外交关系的国家，如美国驻该国的使领馆证明，然后再转由我国驻美国的使领馆证明。如果当地有我国承认的爱国华侨团体，也可以由该爱国华侨团体对授权委托书证明。

第六十三条　诉讼代理人的权限如果变更或者解除，当事人应当书面告知人民法院，并由人民法院通知对方当事人。

【释义】　本条是关于变更和解除诉讼代理权限的规定。

委托诉讼代理关系成立后，委托代理人取得的诉讼代理权在诉讼过程中有可能发生变更或者解除。委托诉讼代理权限的变更，是指委托诉讼代理权成立后，遇到一定情况，当事人或者法定代理人与诉讼代理人协商扩大或者缩小代理权的范围。委托诉讼代理权限的解除，是指在委托诉讼代理关系成立后，因委托人收回诉讼代理权或者诉讼代理人放弃诉讼代理权而中止双方的诉讼代理关系。变更和解除委托都涉及代理人诉讼行为的效力，为保护当事人的合法权益，保证诉讼正常进行，当事人或者法定代理人必须将变更或者解除代理权限的情况书面告知人民法院并由人民法院通知对方当事人；否则，委托代理人依照原来的代理权限所为的行为，委托人应当承担。在委托诉讼代理权限未变更、解除前，委托代理人已经实施的诉讼代理行为仍然有效。

第六十四条 代理诉讼的律师和其他诉讼代理人有权调查收集证据,可以查阅本案有关材料。查阅本案有关材料的范围和办法由最高人民法院规定。

【释义】 本条是关于诉讼代理人的权利的规定。

诉讼代理人在代理权限内代理当事人进行诉讼活动,所以,民事诉讼法规定诉讼代理人具有一些必要的诉讼权利和义务,目的是保护当事人的合法权益,保证诉讼正确、顺利进行。

根据本条规定,律师和其他诉讼代理人代理诉讼主要有以下两个方面的权利。

1. 调查收集证据

根据本法规定,当事人对自己的主张,有提供证据的责任,只有在当事人及其诉讼代理人因客观原因不能收集证据或者人民法院认为有必要时,人民法院才主动调查、收集证据。为了使当事人更好地承担提供证据的责任,赋予其诉讼代理人收集证据的权利是十分必要的。诉讼代理人可以调查收集书证、物证、视听资料、电子数据、证人证言,并要求对某一事实进行鉴定等。有关单位和个人对诉讼代理人调查取证的工作应当支持。

2. 查阅本案有关材料

有关材料,一般指法庭审理过程中所有的证据材料、庭审笔录及起诉状、答辩状、代理意见书等在法庭审理中涉及的材料。有关材料的具体范围以及查阅的办法,由最高人民法院规定。2002年颁布的《最高人民法院关于诉讼代理人查阅民事案件材料的规定》(2020年修正)规定,代理民事诉讼的律师和其他诉讼代理人有权查阅所代理案件的有关材料,但诉讼代理人查阅案件材料不得影响案件的审理。诉讼代理人为了申请再审的需要,可以查阅已经审理终结的所代理案件有关材料。诉讼代理人在诉讼中查阅案件材料限于案件审判卷和执行卷的正卷,包括起诉书、答辩书、庭审笔录及各种证据材料等。案件审理终结后,可以查阅案件审判卷的正卷。诉讼代理人查阅案件材料可以摘抄或者复印。涉及国家秘密的案件材料,依照国家有关规定办理。查阅案件材料中涉及国家秘密、商业秘密和个人隐私的,诉讼代理人应当保密。

第六十五条 离婚案件有诉讼代理人的,本人除不能表达意思的以外,仍应出庭;确因特殊情况无法出庭的,必须向人民法院提交书面意见。

【释义】 本条是关于离婚案件的特殊规定。

一般说来,当事人委托了诉讼代理人的,本人就可以不出庭参加诉讼活动了,但离婚案件不同于其他民事案件,离婚案件涉及的是身份关系,它直接关系到家庭的存废,因此,解除还是维持这种身份关系,应当十分慎重,必须由当事人本人表达意见,而不宜由诉讼代理人转达。同时,根据我国民法典规定,夫妻能否离婚,主要取决于感情是否确已破裂,而关于这个问题,诉讼代理人往往把握不准,难以就具体情节进行陈述、辩论和说明。而且,人民法院审理离婚案件应当进行调解,如果当事人不出庭,调解则无法进行。因此,离婚案件委托了诉讼代理人的,原则上本人还要出庭。但是,在实践中,也有一些离婚案件当事人无法出庭的特殊情况。比如,当事人是精神障碍患者,不能正确表达自己的意思,要其出庭没有意义;又如,当事人正在患传染病,或正在国外不便亲自到庭,因此,法律在原则规定外,允许有例外。但前述两项例外也略有不同,对于不能表达意思的当事人,不仅可以不出庭,而且无需提交书面意见;而对于因特殊情况不能出庭的,当事人必须要将是否同意离婚的书面意见提交给人民法院。

第六章 证　　据

> 第六十六条　证据包括：
> (一)当事人的陈述；
> (二)书证；
> (三)物证；
> (四)视听资料；
> (五)电子数据；
> (六)证人证言；
> (七)鉴定意见；
> (八)勘验笔录。
> 证据必须查证属实，才能作为认定事实的根据。

【释义】　本条是关于证据种类的规定。

证据是指证明案件事实是否客观存在的材料，可以用于证明案件事实的材料，都是证据。证据在民事诉讼中有着极其重要的意义，它既是人民法院认定案件事实的根据，也是人民法院作出裁判的基础。

2012年修改前的民事诉讼法第63条第1款规定："证据有下列几种：(一)书证；(二)物证；(三)视听资料；(四)证人证言；(五)当事人的陈述；(六)鉴定结论；(七)勘验笔录。"这样规定容易给人造成误解，即证据种类只有这7种，其他材料都不属于证据。2012年修改民事诉讼法将此前民事诉讼法第63条第1款中的"证据有下列几种"修改为"证据包括"，以消除误解。同时，随着信息技术的飞速发展，电子计算机等各类电子设备在社会生活中广泛运用，越来越多的证据以电子数据的形式表现出来，如电子邮件、网上聊天记录、电子签名、网络访问记录，这种形式的证据是新的证据种类还是能够涵盖在原有7种证据种类中，存在较大争议，需要在民事诉讼法中予以

明确。根据本款规定,民事诉讼中的证据包括:

1. 当事人的陈述

当事人的陈述是指案件的当事人向人民法院提出的关于案件事实和证明这些事实情况的陈述。由于民事纠纷是在当事人之间进行的,所以,他们最了解争议的事实。对于人民法院来说,当事人的陈述是查明案件事实的重要线索,应当给予重视。但是,双方当事人在案件中处于对立地位,他们之间存在利害冲突,可能会夸大、缩小甚至歪曲事实。所以,人民法院对于当事人的陈述应当客观地对待,注意其是否有片面和虚假的成分。既不可盲目轻信,也不能忽视其作用。只有把当事人的陈述和案件的其他证据结合起来,综合研究审查,才能确定其是否可以作为认定案件事实的根据。

2. 书证

书证是指以文字、符号所记录或表示的,以证明待证事实的文书,如合同、书信、文件、票据等。书证是民事诉讼中普遍并大量应用的一种证据。

3. 物证

物证是指用物品的外形、特征、质量等说明待证事实的部分或全部的物品,如质量不合格的家具、被汽车撞坏的自行车等。

4. 视听资料

视听资料是指用录音、录像的方法记录下来的有关案件事实的材料,如用录音机录制的当事人的谈话、用摄像机拍摄的人物形象及其活动等。视听资料是随着科学技术的发展进入证据领域的。

5. 电子数据

电子数据是指与案件事实有关的电子邮件、网上聊天记录、电子签名、网络访问记录等电子形式的证据。这是 2012 年修改民事诉讼法增加的证据种类。

电子数据证据与传统证据有很大不同,因此在司法实践处理时遇到不少障碍和困难:

一是电子数据证据的法律定位。大陆法系国家一般在法律中没有明确规定证据的种类,而是允许采用任何有关的、能证明案件真实情况的证据。我国有所不同,2012 年修改前的民事诉讼法中具体列举了七类证据,但没有明确规定电子数据证据,因此,对于电子数据证据的法律定位问题争论激烈,影响力较大的就有视听资料说、书证说、分类划入说、混合证据说和独立证说等多种观点。司法实践中,特定证据的法律定位决定了其运用规则,对证据的采纳和采信意义重大。立法上的不明确和理论界的争论对电子数据证据的证明价值有较大影响,导致其在司法中的运用受到限制,类似的电子数据证据在不同案件中的证明力存在差异。

二是电子数据证据的调查取证。作为现代信息技术的产物,电子数据证据具有明显的特殊性。它通常的形式是存储在各种电子介质上,其本身难以为人们所直接认识,且容易被篡改,其调查取证存在困难。比如,如何对计算机现场进行勘查,网络证据如何收集,如何对电子数据进行扣押或者保全,如何对取得的数据进行备份等。特别是在民事案件中,由于缺乏法定程序,当事人调查收集的电子数据证据经常难以得到法官的认可,实践中不少采取公证的形式,但费用较高,其证明力也存在争议。

三是电子数据证据的质证。在证据提交法庭质证的环节中,要求提交原件、原物是我国民事诉讼法的一项传统规则,判断电子数据证据的原始性质是又一难题。电子签名法仅对于数据电文的原件要求作了规定,还有诸多电子数据证据缺乏关于出示原件、原物的举证规则。比如,是存储在计算机硬盘、光盘中的不可直接阅读的数据信息是原件,还是显示在计算机显示器上、存储在存储介质中,或者计算机打印输出的数据信息是原件;是保存在发件人处的电子数据是原件,还是保存在收件人处或者第三人处的电子数据是原件;如何判断电子数据证据在传递、保管的各个环节是否发生过潜在的实质性变化等。

四是电子数据证据的认证。电子数据证据一般都具有较高的技术含量,在认定其可靠性上存在很大难度,需要综合考虑多种因素。比如,需要判断电子数据证据生成的软件、命令程序、操作系统、网络状况是否稳定可靠,电子数据证据生成时的设备状态、客观环境是否稳定,计算机操作者的操作方法与电子数据证据收集、提取和保存的手段和程序对电子信息可靠性的影响以及被篡改、破坏的可能性等。

如何在民事诉讼法中规定电子数据证据,在2012年修改民事诉讼法时有一定争议,主要涉及电子数据证据的定位问题。

第1种意见认为,应把电子证据视为书证对待,通过完善书证的相关规定来解决电子数据证据带来的法律难题。主要理由是:第一,普通书证与电子数据证据虽然记录方式、记载介质不同,但却具有相同的功能,即均能记录完全的内容;第二,电子数据证据也是以其代表的内容来说明案件的某一问题,且必须输出、打印到纸上(当然也可显示在屏幕上),才能被人们看见、利用,因而具有书证的特点;第三,我国 1999 年制定的合同法(已失效)、2004年制定的电子签名法已经将传统的书面形式扩大到电子数据形式;第四,国外立法上运用的功能等同法能解决电子数据证据适用传统书证规则的诸多问题。反对意见主要认为:第一,书面形式并不等同于书证,证人证言、鉴定意见、勘验笔录等也可能是书面形式,但并不是书证;第二,一部分电子数据证据在表现形式和证明方式上类似于书证,但还存在不少与书证有较大不同的电子数据证据,如电子公告信息系统、网络服务器、路由器记录等;第三,书证说难以解决计算机声像资料、网络电子聊天资料等一些电子数据证据的证明机制问题。

  第 2 种意见认为,应将电子数据证据视为视听资料的一种。主要理由是:第一,在表现形式上,两者均显示为"可视或可听"的形式;第二,在存在的客观形态上,两者都是借助非传统的媒介(磁、光或者电介质等)存在的;第三,存储的视听资料及电子数据证据均须借助一定的手段转化为其他形式后才能被人们直接感知;第四,两者的正本与副本均没有区别;第五,目前司法部门在实务操作中大都把电子数据证据作为视听资料处理。反对意见认为:第一,法律上将视听资料与其他证据相区分,强调的是以声音和图像而非文字内容证明案件的真实情况,将电子数据证据中文字的可视与视听资料中的可视混在一起没有充分的理由;第二,将有些电子数据证据视为视听资料过于勉强,如通过 E-mail 形式签订的电子合同、电子聊天记录、计算机犯罪中黑客进行网络攻击发出的垃圾数据包等;第三,目前视听资料在司法实践中的证明能力有限,将电子数据证据视为视听资料不利于电子数据证据在诉讼中充分发挥作用;第四,目前司法部门在实务操作中大都将电子数据证据作为视听资料处理,主要是因为立法空白而采取的不得已的做法。

  第 3 种意见认为,电子数据证据既不是一种独立的证据种类,也不能仅划入现有的某一证据种类中去,而应当根据其来源和表现形式分别划入 7 种证据种类中。主要理由是:电子数据证据形式繁多,法律上的具体调整规则各异,将其划入某一传统证据种类中去的观点都带有一定的片面性,难以适用于全部电子数据证据。同传统证据相比,电子数据证据的不同之处主要在于来源和表现形式方面,而非证明机制方面。这决定了电子数据证据不是一种全新的证据,而是传统证据的演变形式,即我国所有传统证据均存在电子形式。将电子数据证据分别划为电子物证、电子书证、电子视听资料、电子证人证言、电子当事人陈述、电子鉴定意见以及电子勘验笔录,按照相应证据种类的运用规则处理,在具体规定上立法再针对电子数据证据的特殊性加以完善,目前来看较合理。反对意见认为:分类划入说具有一定意义上的合理性,但也存在不少问题。第一,该说是将电子数据证据转化后的证据种类和电子数据证据本身相混合,电磁波、电子脉冲等电子记录也很难划入传统的证据种类中。第二,我国证据种类之间本就存在一定交叉,把电子数据证据分别归入现有的证据种类中,将导致证据种类重合的现象更加严重,实务处理上存在较大难度。第三,电子数据证据与传统证据在运用规则上存在较大差别,采用分类划入说将会导致调整传统证据种类的诸多法律规则都要作出较大幅度的调整,实践操作将变得错综复杂,法律效果也难说良好。

第4种意见认为,电子数据证据应当作为一种独立的证据类型,确立一套自身统一的法律规则进行调整。主要理由在于:法律应当适应时代发展和社会需要。随着电子技术特别是计算机网络技术的发展,电子数据证据在数量上越来越多,在司法活动中作用越来越大。电子数据证据本身在种类上就有很大的复杂性和特殊性,将其简单地划入某一现有的证据种类或者是分别划入7种证据种类中,依靠对现有的各类证据的运行规则进行修补难以解决电子数据证据所带来的诸多法律难题,也无法充分发挥电子数据证据的证明价值。着眼于现实和未来发展的需要,应当将电子数据证据作为一种新类型证据来对待,建立一套自身统一的有关电子数据证据调查收集、质证、认证等的运用规则,更便于实际操作,解决具体问题。视听资料以前也不是一种独立的证据类型,只是随着视听技术的发展和普及,其独立的法律地位才得到三大诉讼法的认可。不少国家和地区针对电子数据证据制定了专门的法律予以调整也是很好的例子。特别是在我国,有关证据法律地位的界定直接决定该类证据的运用规则,对证据采纳和采信的意义重大。赋予电子数据证据以独立性,满足现代信息社会的要求,推动电子技术的发展,适应电子数据证据广泛运用的趋势,更有利于促进电子商务、电子政务的进一步普及,公正、及时地审理计算机犯罪、网络侵权案件,有效地解决各类涉及电子证据的纠纷。反对意见认为:第一,将电子数据证据作为一种独立的证据类型,会导致我国证据分类标准更加混乱,同样难以避免与现有证据种类的交叉,实践中区分具有较大难度,容易引起更大争议。第二,简单地将电子数据证据独立出来并不能解决具体问题,立法上还需要制定一整套相应的运用规则,鉴于电子数据证据本身的复杂性,目前还难以实现。第三,立法应当符合国情,我国现有证据法律制度本身就有不少缺陷,人们对电子数据证据的认识不深,理论界和实务界的研究还不够,许多规则还在摸索当中,以后赋予电子数据证据独立的法律地位未尝不可,但现在条件还不成熟。

2012年修改民事诉讼法时采纳了第4种意见,即将电子数据证据作为一种独立的证据类型处理。考虑到电子数据证据的复杂性和特殊性,其证据调查收集、质证、认证等问题难以在民事诉讼法中作出明确和统一的规定,因此,2012年修改民事诉讼法仅对电子数据证据在本条中作了原则性规定,具体运用规则还需要在司法实践中进一步探索,必要时再在法律中作出具体规定。

6. 证人证言

证人证言是指证人以口头或书面方式向人民法院所作的对案件事实的陈述。证人所作的陈述,既可以是亲耳听到、看到的,也可以是从其他人、其他地方间接得知的。由于民事纠纷的产生和变化总会被某些人直接或间接地了解,所以,证人证言在民事诉讼中被广泛应用。人民法院认定证人证言,可以通过对证人的智力状况、品德、知识、经验、法律意识和专业技能等的综合分析作出判断。

7. 鉴定意见

鉴定意见是指具备资格的鉴定人对民事案件中出现的专门性问题,通过鉴别和判断后作出的书面意见,如医学鉴定、指纹鉴定、产品质量鉴定、文书鉴定、会计鉴定等。由于鉴定意见是运用专业知识所作出的鉴别和判断,所以,具有科学性和较强的证明力,往往成为审查和鉴别其他证据的重要手段。2012年修改前的民事诉讼法使用了"鉴定结论"的表述,2012年修改民事诉讼法将"鉴定结论"修改为"鉴定意见"。这主要是考虑到用"鉴定意见"的表述更为科学、准确,更符合鉴定活动的本质特征。鉴定意见作为鉴定人个人的认识和判断,表达的只是鉴定人个人的意见,对整个案件来说,鉴定意见只是诸多证据中的一种证据,审判人员应当结合案件的全部证据,加以综合审查判断,从而正确认定案件事实,作出正确判决,而不是被动地将"结论"作为定案依据。2005年2月第十届全国人大常委会第十四次会议通过的《全国人民代表大会常务委员会关于司法鉴定管理问题的决定》(2015年修正)和2012年3月第十一届全国人大第五次会议通过的《全国人民代表大会关于修改〈中华人民共和国刑事诉讼法〉的决定》都已经将"鉴定结论"修改为"鉴定意见"。

8.勘验笔录

勘验笔录是指人民法院对能够证明案件事实的现场或者不能、不便拿到人民法院的物证，就地进行分析、检验、勘查后作出的记录。它是客观事物的书面反映，是保全原始证据的一种证据形式。比如，一些相邻关系纠纷，房屋产权纠纷、农村宅基地界址纠纷等，往往需要审判人员对现场情况亲自了解，将勘验情况制成笔录。

本条第1款所提到的证据，只是可以用于证明案件事实的材料，其内容是否真实还需要查证。因此，本条第2款明确规定："证据必须查证属实，才能作为认定事实的根据。"证据的查证应当通过法定程序进行，主要是指证据应当在法庭上出示，并由当事人互相质证。当事人在法庭上出示各自证据，互相质证，开展辩论，直接对抗，更有利于发现事实真相。人民法院通过质证等法定程序审查这些证据的真实性和合法性，同时，也对各种证据之间的相互联系以及它们与待证事实的关系进行审查。只有经过人民法院认真、细致地调查和分析，查证属实后，这些证据才能作为认定事实的根据。未查证属实的证据，不得作为认定事实的根据。

第六十七条 当事人对自己提出的主张，有责任提供证据。

当事人及其诉讼代理人因客观原因不能自行收集的证据，或者人民法院认为审理案件需要的证据，人民法院应当调查收集。

人民法院应当按照法定程序，全面地、客观地审查核实证据。

【释义】 本条是关于举证责任的规定。

民事诉讼是因当事人之间权利义务的争议引起的，原告起诉是为了维护自己的民事权益，被告或者第三人提出新的主张，也是为了维护自己的权益。从整个民事案件来看，当事人对发生纠纷的事实最为了解，他们更有能力提出维护自己权益的有力证据。因此，原告对自己诉讼请求所依据的事实，被告对自己答辩或反诉所根据的事实，第三人对自己提出的请求等，都应当提出证据。也就是说,当事人各自不同的主张,都应当由提出这一主张的当事人提出证据,加以证明。当事人对自己提出的诉讼请求所依据的事实或者反驳对方诉讼请求所依据的事实有责任提供证据加以证明。没有证据或者证据不足以证明当事人的事实主张的,由负有举证责任的当事人承担不利后果。人民法院应当向当事人说明举证的要求及法律后果,促使当事人在合理期限内积极、全面、正确、诚实地完成举证。

在民事诉讼中,提供证据既是当事人的权利,也是当事人向人民法院应尽的义务。明确规定当事人应当向人民法院提供证据,反映了民事诉讼的特点,有助于充分发挥当事人的积极性和主动性,保证人民法院及时取得证据,查明案情,同时,也可以防止当事人无理取闹,提出一些无根据的诉讼要求。

人民法院对于当事人提供的证据,应当全面地、客观地审查核实,不能片面地、主观地确认证据的证明效力。审判人员应当本着实事求是的精神,对取得的各种证据去粗取精,去伪存真。审判人员不仅要对具体证据具体分析,而且还要从各个证据与整个案件的内在联系等角度对所有证据进行综合分析、比较和鉴别。

1982年制定的民事诉讼法(试行)(已失效)曾规定:人民法院应当按照法定程序,全面地、客观地收集和调查证据。这样规定,实际上是让人民法院承担了提供证据的责任。这使现实中许多当事人认为人民法院有全面地、客观地收集证据的责任,因此,他们往往对自己的主张不加以证明,致使人民法院不得不投入大量人力、物力为当事人收集证据,而不能把重点放在对证据的审查核实这一重要环节上。为了突出民事诉讼的特点,调动当事人和人民法院两方面的力量,做好证据的收集工作,保证人民法院能够准确地判断和认定事实,1991年制定的民事诉讼法在本条第3款规定,人民法院应当按照法定程序,全面地、客观地审查核实证据。

当然,以上规定并不意味着人民法院可以不做任何的证据调查工作。在以下情况下,人民法院应当主动地收集证据:(1)当事人及诉讼代理人因客观原因不能自行收集的证据。比如,某些案件的真实情况需要作出勘验笔录的,当事人一般无法提供与此有关的证据,人民法院应当主动收集。又如,涉及土地、房产、公安、档案等方面的证据,根据国家有关规定,有些情况下公民个人不能收集,必须要由人民法院调取。此外,当事人年迈体弱,且无委托诉讼代理人,提供证据确有困难的,人民法院可以主动收集。(2)人民法院认为审理案件需要的证据。民事案件比较复杂,有时仅靠当事人提供的证据不足以认定事实,所以,只要人民法院认为需要,即可主动收集证据。例如,某案件的原告、被告提供的证据内容完全相反,但双方均表示自己提供的证据是正确的,那么,在这种情况下,人民法院就可以主动收集证据,以掌握真实的第一手材料。

总之,民事诉讼法一方面规定当事人应当提供证据,另一方面规定人民法院应当全面地、客观地审查核实证据并可以主动调查收集证据,以上两方面结合起来即为民事诉讼法规定的举证责任原则。

> **第六十八条** 当事人对自己提出的主张应当及时提供证据。
> 人民法院根据当事人的主张和案件审理情况,确定当事人应当提供的证据及其期限。当事人在该期限内提供证据确有困难的,可以向人民法院申请延长期限,人民法院根据当事人的申请适当延长。当事人逾期提供证据的,人民法院应当责令其说明理由;拒不说明理由或者理由不成立的,人民法院根据不同情形可以不予采纳该证据,或者采纳该证据但予以训诫、罚款。

【**释义**】 本条是关于当事人及时提供证据义务的规定。

本条规定是2012年民事诉讼法修改时增加的内容,主要是对当事人及时提供证据的义务及其后果作了规定。

本条第1款规定:"当事人对自己提出的主张应当及时提供证据。"这是对当事人及时提供证据义务的明确规定。当事人及时提供证据义务是指在民事诉讼中,当事人应当根据诉讼进行情况,在合理、适当的期间内对自己的主张提供证据。当事人违反及时提供证据义务的,根据不同情形应当承担一定的法律后果。

2012年修改前的民事诉讼法对当事人的举证期限未作明确规定,司法实践中存在一些弊端:一是当事人滥用举证权利,实施"证据突袭",庭前不提供证据,在庭审中突然袭击,甚至故意在法庭辩论终结后再提出新的证据,或者在一审时不提供证据,在二审或者再审中提出证据,以达到拖延诉讼的目的,损害了诉讼公平和司法公正;二是当事人随时提出证据,对方当事人就必须再花时间收集对抗证据、进行质证和法庭辩论等,增加了不必要的负担,提高了诉讼成本;三是当事人随时提出证据,致使重复开庭、延期开庭的现象经常发生,案件久拖不决,影响了人民法院的审判效率;四是当事人故意在二审或者再审中才提出新的证据的,致使本来正确的一审或者二审裁判被改判或者发回重审,既浪费了有限的审判资源,也损害了人民法院裁判的稳定性和权威性。

在民事诉讼法中明确规定当事人及时提供证据的义务,具有重要意义。第一,有助于程序公正的实现。双方当事人及时提供证据,能互相了解对方所拥有的证据,从根本上保证每一方当事人能够就对方的主张和证据进行充分的准备及辩论,防止在庭审中受到对方的突然袭击,也防止了当事人有证据故意不及时提交,通过随时提交新证据来达到拖延诉讼的目的。第二,有利于诉讼效益的提高。既降低了国家和当事人投入诉讼的成本,也能尽量通过一次开庭和集中审理来提高诉讼效率。第三,有利于民事诉讼法证据制度的完善。一是使举证责任制度落到实处,得到完善;二是有利于促使当事人积极举证;三是使举证期限与审限相配合,促进纠纷的顺利解决。

本条第1款规定了当事人及时提供证据的义务,但仅是原则性规定,要解决现实中存在的突出问题,促使当事人积极举证,还需要作进一步的具体规定,使其具有一定的可操作性。本条第2款便是对当事人及时提供证据义务并承担相应后果的规定,明确了当事人的举证期限和逾期提供证据的法律后果。

1. 举证期限。当事人对自己的主张应当及时提供证据,但如何界定"及时",在2012年修改民事诉讼法时有较大争议。有的意见认为,应当在民事诉讼法中明确规定当事人的举证期限,包括具体的法定期限、双方当事人协商确定的期限和协商不成时人民法院指定的期限,同时对期限的延长和期限外允许举证的情形作出明确规定;有的意见认为,司法实践情况较为复杂,明确界定"及时"难以做到,在民事诉讼法中应当不作具体规定,而留待司法解释细化,由法官根据案件具体情况作出判断。

从我国司法实践的情况来看,当事人协商确定举证期限的方式操作性不强,双方当事人很难达成一致意见。同时,民事案件类型众多、复杂程度差别很大,在不同的审判阶段要求当事人提供证据的时间应当有一定差异,根据案情的发展也存在变更的客观需要,法律不宜作出一个统一适用的法定期限的规定,由人民法院根据当事人的主张和案件审理情况来具体确定当事人的举证期限更具有合理性和可操作性。因此,本条第2款规定:"人民法院根据当事人的主张和案件审理情况,确定当事人应当提供的证据及其期限。当事人在该期限内提供证据确有困难的,可以向人民法院申请延长期限,人民法院根据当事人的申请适当延长……"

根据这一规定,首先,人民法院应当根据当事人的主张和案件审理情况来确定举证期限。民事案件情况复杂,赋予人民法院在确定举证期限问题上一定的自由裁量权是实践的需要,但人民法院的这一裁量权也不是不受限制的,而应当根据当事人的主张和案件审理情况来确定。其次,人民法院要确定的一般是具体证据的举证期限,而不是对整个案件的所有证据笼统地确定一个举证期限。我国地域辽阔,人口众多,经济发展不平衡,实际情况复杂,在民事诉讼中,还有不少当事人对向人民法院提供证据的重要性认识不足,或者虽有认识,但对应当提供哪些证据以证明自己的主张认识模糊。要使当事人能正确履行及时提供证据的义务,人民法院应当对当事人举证进行指导。在案件审理过程中,人民法院应当明确当事人应当提供的具体证据,如证明借款合同存在的借条,证明其对房屋有所有权的房产证等,在此基础上,才确定该具体证据的举证期限,做到有的放矢。因此,人民法院在民事案件审理过程中确定当事人的举证期限不一定是一次性的,有些复杂案件要根据诉讼发展不同阶段的需要多次确定当事人应当提供的证据和提供该证据的期限。最后,当事人在该期限内提供证据确有困难的,有权向人民法院申请延长期限,人民法院根据当事人的申请适当延长。有的证据当事人在人民法院确定的举证期限内提供确有困难,比如,证人刚好出国旅游或者探亲,在举证期限结束后才能回国。又如,由有关机关保存的证据,虽已申请调取,但该机关还须经过内部审批程序才能提供等,在这种情况下,当事人可以向人民法院提出证明其在举证期限内提供该证据确有困难,并申请延长举证期限,人民法院经审查后,如情况属实,应当根据当事人的申请适当延长当事人就该证据的举证期限,需要延长多少时间根据该证据和案件审理的具体情况由人民法院确定;如情况不属实,驳回当事人的申请。

2.逾期提供证据的法律后果。对当事人未及时提供证据的,应当令其承担一定的法律后果,只有这样才能促使其积极举证。从其他国家和地区的规定看,当事人未及时提供证据的,一般需承担的法律后果包括训诫、罚款、赔偿拖延诉讼造成的损失、对该证据不予采纳等。在2012年修改民事诉讼法时,对于如何规定当事人逾期提供证据的法律后果,有不同看法;有的意见认为,为促使当事人积极举证,对当事人逾期提供的证据,都应当不予采纳;有的意见认为,应当主要采取费用制裁等方式,只有在当事人逾期提供证据的目的是拖延诉讼时,才可以考虑不予采纳;有的意见认为,对逾期提供的证据一律不予采纳过于严苛,应当根据当事人的主观状态来确定法律后果,有故意或者重大过失的,可以不予采纳该证据;有的意见认为,应当根据是否会导致诉讼拖延来确定法律后果,如果证据逾期提供会拖延诉讼的终结的,对该证据不予采纳;有的意见认为,应采取主客观相结合的办法来确定法律后果,只有在逾期提供的证据不会导致诉讼拖延,并且当事人对逾期提供没有故意或者重大过失时,才能采纳该证据;有的意见认为,还需要考虑该证据的重要性,如果不审理该证据会导致裁判明显不公的,应当予以采纳。

可以看出,对于当事人逾期提供证据所应承担的法律后果,情况复杂,特别是在是否采纳该证据以及适用条件的问题上,争议很大。从我国实际情况来看,司法实践中律师的诉讼代理尚不普遍充分,有的当事人对自身的程序利益认识还比较模糊,一些相关的配套制度,包括当事人调查收集证据制度、证人伪证制裁制度、法官释明义务制度等还不完善,对逾期提供证据的当事人处以严厉制裁的条件尚不具备。同时,民事案件类型众多、情况复杂,具体个案中可能存在大量证据,有的证据事关诉讼成败,有的证据涉及案件标的范围,有的证据仅起辅助证明作用;当事人逾期提供证据的主观过失也有很大不同,有的是恶意拖延诉讼,有的因重大过失未能及时提供,有的因法律知识、诉讼能力的欠缺导致逾期提供。对复杂程度不一的案件、重要性不同的证据、主观过失不同的当事人,应当承担的法律后果应有区别,在民事诉讼法中统一作出规定是不合适的。基于此,本条第 2 款对当事人逾期提供证据的法律后果作了规定:"当事人逾期提供证据的,人民法院应当责令其说明理由;拒不说明理由或者理由不成立的,人民法院根据不同情形可以不予采纳该证据,或者采纳该证据但予以训诫、罚款。"

根据这一规定,首先,当事人逾期提供证据的,人民法院应当责令其说明理由,当事人应当向人民法院说明其逾期提供证据的理由,比如,该证据是在举证期限届满后才出现的。人民法院经审查核实后,如果当事人提出的理由成立的,对当事人提供的逾期证据应当采纳,对该当事人不予处罚。如果当事人拒不说明逾期提供证据的理由或者人民法院经审查后,认为当事人逾期提出的理由不能成立的,应当根据不同情形处理,可以不予采纳该证据,或者采纳该证据但对当事人予以训诫、罚款。这些不同情形包括该证据在该民事案件中的作用、当事人主观恶意的大小、逾期提供证据造成的损害等。人民法院应当在充分考虑案件的整体情况后作出合理决定。

第六十九条 人民法院收到当事人提交的证据材料,应当出具收据,写明证据名称、页数、份数、原件或者复印件以及收到时间等,并由经办人员签名或者盖章。

【释义】 本条是关于证据收据的规定。

在司法实践中,人民法院收到当事人提交的证据材料后,会出现一些证据材料丢失、更改的情况,由此引起不少纠纷,一方面影响审判工作,另一方面也可能损害当事人的合法权益。因此,2012年修改民事诉讼法增加了本条规定,规范了人民法院接收当事人证据材料的手续和程序。

收据是人民法院收到当事人证据材料的凭证,能够有效防止证据丢失、更改或者被抽换。根据本条规定,人民法院在收到当事人提交的证据材料后,应当仔细核对证据的名称、页数、份数、原件或者复印件等,确认当事人提交证据的时间,并在收据上写明上述事项。负责接收证据材料的经办人员应当在收据上签名或者盖章,然后将收据出具给提交证据材料的当事人。

第七十条 人民法院有权向有关单位和个人调查取证,有关单位和个人不得拒绝。

人民法院对有关单位和个人提出的证明文书,应当辨别真伪,审查确定其效力。

【释义】 本条是关于人民法院调查取证的规定。

人民法院要正确处理民事纠纷,必须运用证据查明案件的事实,审判人员只有掌握了充分的证据,才能在事实清楚的基础上适用法律,对民事案件作出正确的处理。

在民事诉讼中,许多情况下,人民法院需要向有关单位和个人调取证据。调取证据可以说是人民法院行使审判权所进行的重要职权活动。对于单位和个人来说,提供证据则是其应尽的义务。因此,人民法院调取证据时,任何单位和个人都有义务协助。有关单位和个人保存或持有证据的,应当将证据提交人民法院,不得以任何借口拒绝提交。如果有关单位拒绝或者妨害调查取证的,那么,人民法院可以根据民事诉讼法的相关规定,采取妨害民事诉讼的强制措施。

人民法院对机关、团体、企业事业单位和个人提交的证明文书,应当审查确定其效力。对证明文书的审查主要从两方面进行。第一,应当对证明文书的形式证明力进行审查,即对书证的真伪作出确认。如果证明文书本身是伪造的,那么就根本谈不到证明力的问题。第二,应当从实质上看证明文书是否能证明待证的事实。只有形式和实质上符合要求的证明文书,人民法院才能确认其证明力。为什么对机关、团体、企事业单位提交的证明文件,也要进行审查呢?这是因为,在我国有的机关、团体、企事业单位提交的证明文件一般来说具有一定的证明力,但是,有时因工作失误,对情况了解不全面或者为了某些利益,国家机关、团体、企事业单位出具的证明文书也会出现与事实不符的内容。因此,对于人民法院来说,不论证明文书是谁出具的,都不能理所当然地将它们作为认定事实的依据。人民法院应当通过对证明文书的审查、辨别其真伪。比如,人民法院可以将证明文件送交原制作单位核对,或者对有关证人进行询问、核对笔迹、进行鉴定等。如果机关、团体、企事业单位和个人提交的证明文件形式符合要求,内容确实能证明案件事实,则人民法院可以将其作为认定事实的依据。

第七十一条 证据应当在法庭上出示,并由当事人互相质证。对涉及国家秘密、商业秘密和个人隐私的证据应当保密,需要在法庭出示的,不得在公开开庭时出示。

【释义】 本条是关于法庭质证的规定。

人民法院在当事人提供证据和主动调查收集证据的基础上,要将证据作为认定事实的依据,应当将证据拿到法庭上出示,经当事人互相质证、辩论,这样才能保证证据的真实性和可靠性,避免认定事实的证据出现偏差。在实践中,有的审判人员顾虑证人不愿公开作证,往往不出示证据或者虽出示证据却不讲证据来源和证人姓名,这样使当事人无法质证、辩论,是不利于正确认定案件事实的,应当予以纠正。

作为认定事实根据的证据,必须在法庭上出示。经当事人互相质证,是人民法院审查核实证据最重要、最基本的方式。对于出示的证据,双方当事人无异议的,人民法院可以确认该证据的证明效力。如果一方当事人对证据提出异议的,人民法院则应当对该证据作进一步的调查和核实,而不能将有异议的证据作为认定事实的依据。对于涉及国家秘密、商业秘密或者个人隐私的证据,本法首先规定应当保密;在规定应当保密的同时,本法规定,涉及国家秘密、商业秘密或者个人隐私的证据,需要在法庭出示的虽应出示,但不得在公开开庭时出示。

国家秘密是关系国家安全和利益,依照法定程序确定,在一定时间内只限一定范围的人员知悉的事项。国家秘密的密级分为绝密、机密、秘密三级。绝密级国家秘密是最重要的国家秘密,泄露会使国家安全和利益遭受特别严重的损害;机密级国家秘密是重要的国家秘密,泄露会使国家安全和利益遭受严重的损害;秘密级国家秘密是一般的国家秘密,泄露会使国家安全和利益遭受损害。国家秘密受法律保护,一切国家机关、武装力量、政党、社会团体、企业事业单位和公民都有保守国家秘密的义务。商业秘密是民事主体依法享有的知识产权的重要客体之一,是指不为公众所知悉、具有商业价值并经权利人采取相应保密措施的技术信息、经营信息等商业信息。无论是经营者,还是经营者以外的其他自然人、法人和非法人组织,均不得实施侵犯商业秘密的行为。隐私是自然人的私人生活安宁和不愿为他人知晓的私密空间、私密活动、私密信息。自然人享有隐私权。任何组织或者个人不得以刺探、侵扰、泄露、公开等方式侵害他人的隐私权。

1991年制定民事诉讼法的过程中,有的代表提出,实践中某些涉及国家秘密的证据是不能出示的,有些证据虽需出示,但要保密。根据这一意见,将修改草案规定的"证据应当在法庭上出示,并由当事人互相质证,但涉及国家秘密、商业秘密或者个人隐私的证据,不得在公开开庭时出示",修改为:"证据应当在法庭上出示,并由当事人互相质证。对涉及国家秘密、商业秘密和个人隐私的证据应当保密,需要在法庭出示的,不得在公开开庭时出示。"

第七十二条　经过法定程序公证证明的法律事实和文书,人民法院应当作为认定事实的根据,但有相反证据足以推翻公证证明的除外。

【释义】　本条是关于公证证明作为证据的效力。

2012年修改民事诉讼法时将"经过法定程序公证证明的法律行为、法律事实和文书"修改为"经过法定程序公证证明的法律事实和文书",这主要是考虑到"法律事实"这一概念中已经包括了"法律行为",因此删除了原规定中"法律行为"这一内容。

公证证明是公证机构根据当事人的申请,依法定程序对法律事实和文书作出的确认其真实性、合法性的证明。根据我国公证法的规定,公证机构是依法设立、不以营利为目的、依法独立行使公证职能、承担民事责任的证明机构。遵守法律、坚持公正的原则是法律对公证活动的最基本要求。由于公证机构对于申请的事项要经过审查,公证证明是公证机构出具并经过法定程序制作,因此,公证机构作出的证明,一般都具有真实性和可靠性,它们往往有助于人民法院查明案件的真实情况,有效地预防或解决纠纷。

基于公证证明的特点,在民事诉讼活动中,人民法院应当将公证证明作为认定事实的依据。也就是说,经公证证明的法律事实和文书,人民法院一般予以确认。公证证明的证明效力高于其他种类的证据。

但是,根据民事诉讼法的规定,一切证据必须经过法定程序查证属实,才能作为认定事实的根据。因此,不是所有的公证证明都理所当然地可以作为人民法院定案的依据。人民法院应当本着实事求是的态度对待公证证明,如果由于公证机构工作失误或者其他原因,致使公证证明出现错误的,那么,只要有相反的证据足以推翻公证证明的,人民法院就应当否认公证证明的证明效力。

第七十三条 书证应当提交原件。物证应当提交原物。提交原件或者原物确有困难的,可以提交复制品、照片、副本、节录本。

提交外文书证,必须附有中文译本。

【释义】 本条是关于书证、物证提交的规定。

当事人提交书证的,应当提交原件。所谓"原件",是指文书制作人作出的最初定稿、签字的原本或者加盖印章与原本有同一效力的正本。在实践中,不少原件由国家机关、团体、企事业单位内部归档、保存。如果当事人提交原件确有困难的,比如,原件难以取得或者无法借出的,当事人可以提交复制品、照片、副本、节录本。其中"复制品"是指影印件等;"照片"主要是指与原件明暗程度相同的影像;"副本"是指加盖公章或签字的,与原本和正本同一内容的抄送本,它与原本、正本具有同一的效力。"节录本"是指原本、正本、副本的主要内容,即从这些文本中摘录下来的。应当指出的是,提交照片、副本、节录本必须附有有关机关的证明。

当事人提交的书证是外文的,必须附有中文的译本。这是因为在我国审理民事案件,人民法院必须使用我国的语言和文字。否则,有损我们国家的主权,也不利于民事诉讼活动顺利地进行。因此,本条规定,当事人提交外文书证的,必须同时提交外文书证的中文译本。

第七十四条　人民法院对视听资料,应当辨别真伪,并结合本案的其他证据,审查确定能否作为认定事实的根据。

【释义】　本条是关于视听资料证据审查的规定。

视听资料是通过现代科学技术手段,记录案件的真实情况,并能使案件得以再现的证据。视听资料可以通过声音、图像、储存的数据和资料形象地反映一定的法律事实。

但是,科学技术的发展也使伪造视听资料变得极其容易,当事人通过对视听资料的剪辑、编排、加工后,往往可以制出对自己有利的证据,或者虚造出新的证据。比如,在继承案件中,有的当事人从被继承人生前的其他谈话中,节选、编造出一份对自己有利的遗嘱录音,以达到独占被继承人遗产的目的。因此,人民法院对于视听资料,应当辨别其真伪,不要被其表面的现象所迷惑。同时,根据案件的情况确定视听资料是在法律关系发生时或者纠纷发生时形成的,还是复制的,当事人对视听资料有无进行剪裁或伪造,在必要的时候,人民法院可以请专业人员对其进行科学的鉴定。此外,人民法院还应当结合本案的书证、物证、证人证言等其他证据,对视听资料进行综合分析和判断。只有反映案件真实情况的视听资料,人民法院才能将其作为认定事实的根据。存有疑点的视听资料,不能单独作为认定案件事实的依据。

第七十五条　凡是知道案件情况的单位和个人,都有义务出庭作证。有关单位的负责人应当支持证人作证。

不能正确表达意思的人,不能作证。

【释义】 本条是关于证人作证义务和证人资格的规定。

2012 年民事诉讼法对此前民事诉讼法第 70 条作了修改,增加了部分内容,并将其改为三个条文。本条规定就是从中分出来的一个条文,具体内容没有实质变化,主要是对证人作证义务和证人资格的规定。

关于证人作证义务,根据本条的规定,凡是知道案件情况的单位和个人,都有义务出庭作证。人民法院审理案件,查明事实,必须依靠知道案情的各方面证人,对于证人来说,出庭作证是法律规定的义务。因此,知道案件情况的人都应当积极配合人民法院的审理工作,向法庭陈述自己耳闻目睹的事实或者间接了解的情况。有关单位的负责人应当支持证人作证。由于证人作证是法律规定的义务,所以,国家机关、社会团体、企事业单位的负责人,在本单位人员作证时,应当给予支持并提供方便,以保证证人能履行好法律规定的义务。

但是,不是所有的人都能作为证人,根据本条第 2 款的规定,不能正确表达意思的人,不能作证。根据这一款的规定,精神障碍患者、呆痴、年幼无知或者其他不能正确表达意思的人,不能作为证人。应当指出的是,生理上有缺陷的人,只要这种缺陷不会成为其了解一定事实的障碍时,仍可以作为证人。比如,聋哑人可以用文字表述其看到的事情,盲人可以证明他听到的事实。至于某些对事实有一定理解和表达能力的儿童,在某些情况下也可以作为证人。也就是说,待证事实与其年龄、智力状况或者精神健康状况相适应的无民事行为能力人和限制民事行为能力人,一般也可以作为证人。

第七十六条 经人民法院通知,证人应当出庭作证。有下列情形之一的,经人民法院许可,可以通过书面证言、视听传输技术或者视听资料等方式作证:

(一)因健康原因不能出庭的;
(二)因路途遥远,交通不便不能出庭的;
(三)因自然灾害等不可抗力不能出庭的;
(四)其他有正当理由不能出庭的。

【释义】 本条是关于证人出庭作证的规定。

本条规定主要包括三方面的内容:

第一,证人有出庭作证的义务。民事诉讼中的证人出庭义务,是指证人负有的在人民法院进行法庭审理时出庭接受询问的义务。证人是就其亲身感知的事实向法院作客观陈述的人,具有不可选择性和不可替代性。证人出庭作证,既保证了各方当事人通过质证在法庭上进行平等对抗的权利,也有利于发现案件真相,提高诉讼效率,促进纠纷公正解决。无论是大陆法系国家还是英美法系国家对证人作证都要求以出庭为原则,普遍规定了证人的出庭义务。但在目前我国司法实践中,由于种种原因,证人出庭作证率较低,基于此,2012年修改民事诉讼法时专门在本条中增加了规定:"经人民法院通知,证人应当出庭作证。"

第二,证人确有困难的,可以不出庭作证。证人负有出庭义务,但并不是说在任何情况下都应当出庭。由于各种主客观因素的影响以及从利于诉讼、方便诉讼的角度考虑,在某些例外情形下,证人可以不出庭作证。2012年修改前的民事诉讼法第70条中规定:"证人确有困难不能出庭的,经人民法院许可,可以提交书面证言。"但由于该规定过于原则,证人确有困难不能出庭的情形不明确,人民法院在实践中对证人确有困难不能出庭的情形审查的标准不一,一些法院掌握得较为宽松,只要证人随意提出一个理由都予以准许,这也是证人出庭率低的一个重要原因。2012年修改民事诉讼法时在民事诉讼证据相关司法解释规定的基础上,结合实际,明确在下列几种情形下,证人可以不出庭作证:

(1)因健康原因不能出庭的。证人由于身患疾病等健康原因不能出庭作证的,可以其他方式作证。

(2)因路途遥远,交通不便不能出庭的。这里的路途遥远与交通不便是相对应的。虽然路途遥远但交通便利的,不能作为证人不出庭作证的理由。只有在路途遥远,且交通不便,使证人出庭作证不合理或者不可行的情况下,证人才可以不出庭作证。

(3)因自然灾害等不可抗力不能出庭的。不可抗力是指不可预见、不能避免且不能克服的客观情况。证人由于自然灾害等不可抗力不能出庭作证的,也可以采取其他方式作证。

(4)其他有正当理由不能出庭的。除了上述3种情形外,其他有正当理由不能出庭的,经人民法院审查核实后,也可以不出庭作证。

第三,证人不出庭时的其他作证方式。一般说来,证人应当出席庭审提供证言,但如果出现本条规定的法定例外情形,证人可以不出庭作证,此时必须通过其他方法来调查证人证言。2012年修改前的民事诉讼法第70条中只规定了证人通过提交书面证言来作证。2012年修改民事诉讼法根据司法实践情况,增加了通过视听传输技术或者视听资料等作证的方式。

(1)通过书面证言的方式作证。书面证言是除证人出庭作证以外的最为简便和常见的作证方式。证人不能出庭的,可以提交其亲笔书写的书面证言,也可以以他人记录的证言笔录的形式作证。

(2)通过视听传输技术的方式作证。视听传输技术是现代科技发展的产物,为相距遥远的人们提供了便捷、有效的交流途径,人们可以通过电视网络、电话网络和因特网即时而且形象地将声音、图像进行传输,具有即时性、互动性的特点。现代科技的发展使这些先进技术可以用来为证人证言的调查服务,从而有利于诉讼顺利进行、降低诉讼成本。通过视听传输技术作证能够更为全面地反映证人作证的现场情况,并能够使质证和询问证人的程序及时展开,更有利于法庭正确地审核判断证据,从而更好地保障证人证言的真实性。

(3)通过视听资料的方式作证。视听资料与书面证言相比,可以比较全面地反映证人作证的环境,能够更好地保证证言的可信性。

第七十七条　证人因履行出庭作证义务而支出的交通、住宿、就餐等必要费用以及误工损失,由败诉一方当事人负担。当事人申请证人作证的,由该当事人先行垫付;当事人没有申请,人民法院通知证人作证的,由人民法院先行垫付。

【释义】　本条是关于证人出庭费用负担的规定。

本法第75条规定,凡是知道案件情况的单位和个人,都有义务出庭作证。证人在出庭作证的过程中,势必会耗费精力、财力和时间,影响正常的生活和工作,使其经济利益遭受损失,如果因为履行出庭作证的法定义务,而使证人自身的经济利益受到损失,这就违背了权利与义务相对应的原则和公平原则。同时,我国证人作证的意识相对淡薄,如果不建立证人出庭作证费用补偿机制,补偿证人因出庭作证而产生的经济损失,证人更不愿意出庭作证。从世界范围看,证人出庭作证给予经济补偿也是各个国家和地区民事诉讼立法或者证据立法的普遍做法。因此,证人因履行出庭作证义务而支出的必要费用以及因出庭作证而影响其正常收入时,在经济上理应有权获得必要的补偿。证人出庭费用负担的规定主要涉及两个问题。

一是证人出庭费用的范围。根据本条规定,这些费用包括证人因履行出庭作证义务而支出的交通、住宿、就餐等必要费用和误工损失两部分。证人作证支出的交通、住宿、就餐等必要费用,应当由法院确定一个以普通公民的行、住、食为基础的差旅费标准,根据证人的住所远近、交通状况、生活水平决定,不能过高也不能过低。《最高人民法院关于适用〈中华人民共和国民事诉讼法〉的解释》第118条规定,民事诉讼法第77条规定的证人因履行出庭作证义务而支出的交通、住宿、就餐等必要费用,按照机关事业单位工作人员差旅费用和补贴标准计算;误工损失按照国家上年度职工日平均工资标准计算。至于是否应当给予证人误工损失,存在一定争议。从我国国情出发,虽然本法已经规定证人所在单位应当支持公民出庭作证,但在现行市场经济体制下因证人出庭作证而给所在单位特别是所在企业造成利益损失的,不能一概将这些损失转嫁于该证人所在单位,当然也不能由证人自身负担,这部分损失应当包含在证人出庭费用范围内较为合适。

二是证人出庭费用的负担主体。对于证人出庭费用最终由谁承担,在2012年修改民事诉讼法时,争议较大。有的意见认为,应由败诉一方当事人承担;有的意见认为,谁主张证人出庭,费用就由谁来承担;有的意见认为,该证人作证支持哪一方的诉讼请求,就由哪一方承担证人的费用;有的意见认为,如证人证言未被法庭采信,则由申请证人出庭作证的当事人负担,如果证人证言被法庭采信,则由对方当事人负担;有的意见认为,应由国家负担。

证人出庭费用属于诉讼费用的一部分,从诉讼费用负担原则上来看,应当由败诉一方当事人负担更为合理,这也是规范、警戒、惩罚民事违法当事人的一种客观需要。为鼓励证人出庭作证的积极性,证人作证完毕就应当支付其出庭费用,但从证人出庭作证到确定哪一方当事人败诉有一段时间,因此,本条还对证人出庭作证费用的垫付作了规定。如果当事人申请证人作证的,由该当事人先行垫付;当事人没有申请,人民法院通知证人作证的,则由人民法院先行垫付。

第七十八条　人民法院对当事人的陈述,应当结合本案的其他证据,审查确定能否作为认定事实的根据。

当事人拒绝陈述的,不影响人民法院根据证据认定案件事实。

【释义】 本条是关于当事人陈述作为证据的规定。

当事人的陈述是民事诉讼证据的一种。在民事诉讼中,当事人对于案件的一切事实、证据的判断、法律的适用,以及对方当事人主张的事实和理由,有权表示同意或者提出反驳。那么,当事人的陈述是否都能作为人民法院定案的依据呢?

当事人是发生纠纷的民事法律关系的主体,他们是案件的亲身经历者,最了解案件的真实情况。但是,当事人与案件处理结果有直接的利害关系,为了胜诉,保护自己的利益,他们一般都要陈述对自己有利而于对方不利的事实,无形中会掩盖、缩小对自己不利的事实,甚至还会歪曲事实,虚构情节。总之,当事人的陈述往往带有片面性,甚至会掩盖事实的真相。因此,审判人员不能认为当事人是最了解案情的人,就轻信他们所说的一切,而应当把当事人的陈述和所掌握的其他证据如书证、物证、证人证言等结合起来,进行综合分析判断,审查其是否反映案件的真实情况。只有与案件事实有关,并且反映真实情况的陈述,才能作为人民法院认定案件事实的依据。

人民法院审理民事案件时,对当事人的陈述应认真听取。如果当事人的陈述和其他证据没有矛盾,并且双方当事人的陈述也不存在矛盾的,人民法院应当承认其证明效力。但是,有时当事人由于种种原因在案件审理时拒绝作出陈述,在这种情况下,如果人民法院掌握的书证、物证、证人证言等证据足以证明案件真实情况的,那么,人民法院即可以根据这些证据认定事实、作出判决。当事人拒绝向人民法院陈述的,不影响人民法院对案件的审理和判决,有其他证据就可以认定案件事实的,即使没有当事人陈述,也应当根据其他证据认定案件事实。

第七十九条 当事人可以就查明事实的专门性问题向人民法院申请鉴定。当事人申请鉴定的,由双方当事人协商确定具备资格的鉴定人;协商不成的,由人民法院指定。

当事人未申请鉴定,人民法院对专门性问题认为需要鉴定的,应当委托具备资格的鉴定人进行鉴定。

【释义】 本条是关于鉴定程序启动和确定鉴定人的规定。

随着社会的发展,民事纠纷越来越复杂,涉及专门知识的案件也越来越多,如知识产权纠纷案件、环境污染纠纷案件、产品质量纠纷案件等,对专门性问题进行鉴定日益成为审判实践中的普遍现象。这些专门性问题必须由具有专门知识的专业人员进行鉴定。对专门性问题进行鉴定的人即为鉴定人,他们根据法院的委托,利用专门知识对案件中的某些专门性问题进行鉴别、认定、分析和判断,最后提供的结论性意见即为鉴定意见。在民事诉讼中,鉴定意见在一些情形下往往具有其他证据方式所不能替代的作用,对于印证其他证据的真实和可靠程度,具有不可或缺的作用;在一些特定情形下,正确地运用鉴定意见,便可直接认定案件事实的主要情节或直接否定某些主要事实情节,这在一些疑难案件中显得更为重要。随着现代科学技术的发展和广泛运用,鉴定意见的重要性将越来越显著。但需要明确的是,由于种种原因,鉴定意见也有不准确、不可靠的时候。有的时候,不同鉴定人就同一问题得出的鉴定意见甚至完全相反,因此,审判人员认定案件事实不能唯鉴定意见是从,应当结合案件的全部证据加以综合审查判断,从而正确认定案件事实,作出正确判决。

2012年修改民事诉讼法时,在总结以往审判实践经验的基础上,对鉴定程序中涉及的一些重要问题作了进一步的规定。2023年修改民事诉讼法未对本条作出修改。本条规定了鉴定程序的启动和鉴定人的选任问题。

关于鉴定程序的启动,2012年修改前的民事诉讼法第72条第1款规定:"人民法院对专门性问题认为需要鉴定的,应当交由法定鉴定部门鉴定;没有法定鉴定部门的,由人民法院指定的鉴定部门鉴定。"这一规定没有涉及当事人申请鉴定的内容,使不少人误认为鉴定是人民法院的司法行为,是人民法院主动调查证据的行为。这一规定在实践中也容易导致人民法院不保持独立和中立,随意干涉当事人的诉讼权利,甚至有的人民法院因此对应当鉴定的专门性问题不予鉴定,实际上剥夺了当事人的诉讼权利,导致部分案件裁判不公。在我国的民事审判实践中,鉴定程序实际上在多数情况下也是因当事人的申请而启动的,这也是强化当事人的举证责任、建立现代民事审判制度的客观要求。因此,2012年修改民事诉讼法,增加了规定当事人申请鉴定的内容,明确规定:"当事人可以就查明事实的专门性问题向人民法院申请鉴定。"同时也就人民法院主动委托鉴定作了规定:"当事人未申请鉴定,人民法院对专门性问题认为需要鉴定的,应当委托具备资格的鉴定人进行鉴定。"根据本条规定,申请鉴定是当事人的一项权利,人民法院应当予以保护。对查明案件事实的专门性问题需要进行鉴定的,当事人有权向人民法院提出申请。对双方当事人均申请鉴定,或者一方当事人申请、另一方当事人同意的,人民法院应当启动鉴定程序;如果只有一方当事人申请鉴定,鉴定的内容为查明案件事实的专门性问题,另一方当事人虽然不同意,法院一般也应当启动鉴定程序。

本法第 67 条第 1 款明确规定:"当事人对自己提出的主张,有责任提供证据。"鉴定意见属于证据的一种,申请鉴定是当事人履行自己举证责任的内容。当事人需要鉴定意见来证明自己提出的主张时,理所当然应当申请鉴定;当事人未申请鉴定的,应当承担就该主张举证不能的法律后果,这是当事人对自己诉讼权利的处分,人民法院无须干涉,更不能强制要求当事人进行鉴定。但在某些情况下,虽然当事人没有申请鉴定,但人民法院认为审理案件需要对专门性问题进行鉴定,比如,某些专门性问题可能涉及有损国家利益、社会公共利益或者他人合法权益的事实,需要进行鉴定,在这种情况下,人民法院应当委托有资格的鉴定人进行鉴定。因此,本条第 2 款明确规定:"当事人未申请鉴定,人民法院对专门性问题认为需要鉴定的,应当委托具备资格的鉴定人进行鉴定。"

关于鉴定人的确定,本条规定了两种方式:协商和指定。根据本条规定,当事人申请鉴定的,由双方当事人协商确定具备资格的鉴定人;协商不成的,才由人民法院指定;当事人未申请鉴定,人民法院对专门性问题认为需要鉴定的,可以直接委托具备资格的鉴定人进行鉴定。在当事人申请鉴定的情况下,如果直接由法院指定鉴定人,容易产生法院根本不征求当事人的意见,径直指定某一鉴定人的情况。由于目前鉴定人制度还不完善,鉴定标准不一,法院直接指定鉴定人,当事人容易产生对鉴定人的不信任,导致重新鉴定等问题。为在程序上公正地保障当事人的诉讼权利,应当由双方当事人协商确定鉴定人。这体现了对当事人意愿和诉讼权利的尊重,可以避免当事人对法院和鉴定人中立性的质疑,鉴定意见更有可能使当事人心服口服,有利于法院妥当、迅速、信服地解决纠纷。法院指定鉴定人,只能发生在双方当事人无法达成一致意见、协商不成的情况下。在人民法院主动依职权启动鉴定的情况下,由于双方当事人都没有意愿进行鉴定,所以可以由法院直接指定鉴定人。

需要注意的是,虽然当事人可以协商选择鉴定人,但是决定和委托鉴定仍然是人民法院的工作,因此,双方当事人协商意见一致的,经人民法院审查同意后向双方当事人宣布并向鉴定人出具委托鉴定函。

第八十条　鉴定人有权了解进行鉴定所需要的案件材料,必要时可以询问当事人、证人。

鉴定人应当提出书面鉴定意见,在鉴定书上签名或者盖章。

【释义】　本条是关于鉴定人权利和义务的规定。

为保障鉴定人能够及时、顺利地开展鉴定活动,本条第1款明确规定,鉴定人有权了解进行鉴定所需要的案件材料,必要时可以询问当事人、证人。鉴定人实施鉴定,就鉴定所需的案件材料,自然有权予以了解,否则将无从进行鉴定,比如,鉴定因伤害而造成的伤情,鉴定人就有权了解当时纠纷发生时的情况,并查看当事人受伤后治疗情况的有关材料。只要鉴定需要,即使某些材料涉及国家秘密、商业秘密或者个人隐私,经人民法院许可,鉴定人也有权了解。有关当事人在诉讼中应当根据鉴定人的要求,将其掌握、控制的所有开展鉴定活动所必需的有关物件材料或者其他相关资料交予鉴定人。对诉讼卷宗和存于法院的证物,也应允许鉴定人利用。出于鉴定需要,鉴定人经过人民法院的许可,还可以向当事人、证人询问与鉴定有关的情况。

鉴定人依法接受委托,经过科学鉴定,不管鉴定结果的性质如何,都应当按照规定和要求提出书面鉴定意见。提出书面鉴定意见是鉴定人进行鉴定必须履行的一项义务。一般说来,书面鉴定意见上应当包括委托人姓名或者名称、委托鉴定的内容、委托鉴定的材料、鉴定的依据及使用的科学技术手段、对鉴定过程的说明、明确的鉴定结论和对鉴定人鉴定资格的说明等内容。最后,鉴定人还要在鉴定书上签名或者盖章。

第八十一条　当事人对鉴定意见有异议或者人民法院认为鉴定人有必要出庭的,鉴定人应当出庭作证。经人民法院通知,鉴定人拒不出庭作证的,鉴定意见不得作为认定事实的根据;支付鉴定费用的当事人可以要求返还鉴定费用。

【释义】　本条是关于鉴定人出庭作证的规定。

本法第 66 条规定："证据必须查证属实，才能作为认定事实的根据。"第 71 条规定："证据应当在法庭上出示，并由当事人互相质证。"鉴定意见是对民事诉讼中涉及的查明事实的专门性问题进行鉴别和判断形成的意见，属于证据的一种，对于案件的定性具有直接影响，有必要进行质证，这是对当事人诉讼权利的正当的程序保障。鉴定人出庭作证，接受当事人的发问，回答有关鉴定争议的问题，并说明鉴定的过程、依据等，是鉴定人的义务，也是保证鉴定意见真实性、合法性和证明力的重要形式。否则，鉴定意见的证明力无从产生，不得作为认定事实的根据。在民事诉讼法明确规定鉴定人的出庭作证义务之前，司法审判中鉴定人出庭作证的比例不高，不少法官只是当庭宣读鉴定意见而很少通知鉴定人出庭。另外，即使鉴定人接到出庭通知，也往往拒绝或推诿，法官也没有措施可以促使鉴定人出庭作证。种种情况说明，鉴定人不出庭作证的情况具有一定的普遍性，由此而造成了对鉴定意见基本上无法通过正当程序进行质证，严重地影响了鉴定意见作为认定案件事实的合法性基础。这种现象也对实践中多头鉴定、重复鉴定的产生起到了推波助澜的作用。因此，2012 年修改民事诉讼法时，针对鉴定人出庭作证的问题专门增加了本条规定。

本条首先明确了鉴定人出庭作证的条件，即当事人对鉴定意见有异议或者人民法院认为鉴定人有必要出庭的。根据这一规定，鉴定人出庭作证主要有两种情况：一种情况是当事人对鉴定意见有异议。鉴定人提出书面鉴定意见后，人民法院应当将鉴定意见发送给双方当事人，双方当事人均对鉴定意见表示没有异议的，可以在开庭时不再对鉴定意见进行质证，直接认可鉴定意见的证明力。如果双方当事人或者一方当事人对鉴定意见提出异议，则需要在开庭时对鉴定意见进行质证，此时，鉴定人应当出庭接受当事人的质询和提问，回答有争议的问题。另一种情况是人民法院认为鉴定人有必要出庭的。有的时候双方当事人对鉴定意见均没有异议，但人民法院根据案件审理需要认为鉴定人有必要出庭作证，比如，鉴定意见涉及可能有损国家利益、社会公共利益或者他人合法权益的事实，涉及依职权追加当事人等。此时，虽然双方当事人对鉴定意见均没有异议，但人民法院还是应当通知鉴定人出庭作证。

关于鉴定人不出庭作证的后果，本条明确规定：经人民法院通知，鉴定人拒不出庭作证的，鉴定意见不得作为认定事实的根据；支付鉴定费用的当事人可以要求返还鉴定费用。根据这一规定,经人民法院通知,鉴定人拒不出庭作证的,首先是鉴定意见不得作为认定事实的根据,即鉴定意见将失去证据作用。这样规定,主要是考虑到:一方面,鉴定意见是对民事诉讼中涉及的查明事实的专门性问题进行鉴别和判断形成的意见,对于案件的定性具有直接影响,有的直接关系到当事人是胜诉还是败诉。为保证鉴定意见的真实性、合法性,避免反复鉴定,提高审判效率,同时做到保护当事人正当的诉讼权利,让当事人接受鉴定意见,对裁判结果心服口服,应当在对鉴定意见有争议的情况下,促使鉴定人出庭作证,接受双方当事人的质询和提问,回答相关问题。另一方面,其他证据如证人证言对个案来讲是特定的,在诉讼上具有不可替代性,如果证人确有特殊原因不能出庭作证的,应当允许,并可以通过其他方式如通过书面证言、视听传输技术或者视听资料等方式作证。而鉴定意见是法院委托的,由专业人员根据科学方法和自己的专业知识作出的判断,不具有唯一性,具有可更换性或替代性。鉴定人不出庭的,人民法院可以另行委托其他鉴定人进行鉴定,提出鉴定意见。因此,不能像对待普通证人那样为鉴定人设定特殊原因从而使鉴定人拒绝出庭作证合法化。如果鉴定人在客观上确实因特殊情况,如长期抱病在身、到国外长期探亲甚至定居等难以出庭作证的,就应当及时更换鉴定人,并重新作出鉴定意见,而不得允许鉴定人不出庭作证。

鉴定人拒绝出庭作证,如果仅规定其鉴定意见不被法院接受作为认定事实的根据,就是把鉴定人不出庭作证的不利后果归于当事人,鉴定人无须承担任何责任。这对当事人来说是很不合理的,特别是已经支付了鉴定费用的当事人,更会起到纵容鉴定人不出庭作证的负面作用。因此,本条进一步规定,经人民法院通知,鉴定人拒绝出庭作证的,支付鉴定费用的当事人可以要求返还鉴定费用。

第八十二条　当事人可以申请人民法院通知有专门知识的人出庭,就鉴定人作出的鉴定意见或者专业问题提出意见。

【释义】　本条是关于有专门知识的人出庭的规定。

随着生产力的发展和现代科学技术的突飞猛进,生产关系也不断产生重大的变革,民事案件中遇到了越来越多的专门性问题,这些专门性问题与科学技术方面的新知识、新手段密切相关,涉及社会生活的方方面面,比如网络、医学、生物、金融等,当事人依据自身的知识往往不能适应诉讼上的需要,当事人委托的诉讼代理人及法官一般也是在法律上有专长,但对案件事实中存在的技术性问题也不一定能清楚。为了充分保障当事人的诉讼权利,维护当事人的正当权益,有助于法官居中裁判和对事实的正确认定,在总结实践经验的基础上,2012年修改民事诉讼法时增加了本条规定,明确当事人可以申请有专门知识的人出庭参加诉讼。理解本条规定,需要注意以下几方面的内容:

第一,如何认定"有专门知识的人"。本条规定的所谓"有专门知识的人",通俗一点讲就是"专家",有的将其称为"诉讼辅助人""专家辅助人"等,是指在科学、技术以及其他专业知识方面具有特殊的专门知识或者经验的人,根据当事人的申请并经人民法院通知,出庭就鉴定人作出的鉴定意见或者案件事实所涉及的专门问题进行说明或者发表专业意见的人。如何认定"有专门知识的人",首先,涉及对"专门知识"的理解。这里所称的"专门知识"应当是指不为一般法官和当事人所掌握而只有一定范围的专家熟知的那些知识。专门知识的范围应当排除普通知识,即凡有相当学识经验均能掌握的,应为当事人所应知应会、社会公知或者法官所必备的知识,如包括世人共知的自然法则、经验总结、生活规则、伦理道德规范等。专门知识一般也不包括现行法律法规的规定等法律知识,这些应当为法官及诉讼代理人等履职所具备。其次,有专门知识的人应当能够证明自己在该专门领域内作为真正的专家具备应有的经验,并被证明合格,能够对案件涉及的专门性问题作出合理证明。比如,有的学者认为,"专家"应当具有四个特征:(1)作为专家的工作,其性质应当具有高度的专业性,其重点不在于体力劳作而在于精神的、判断性的、脑力性的工作;(2)由于其职业的社会属性与职业竞争机制所决定的,作为专家的职业应极为重视其职业道德以及与客户相互间的关系;(3)作为专家的职业大都要求其具有一定的资格或者等级资质,并有相应的专家集团来维持和不断增强其业务水平;(4)由于专家的职能性工作在社会上具有的重要作用,因而专家个人都具有较高的社会地位和声望。最后,"有专门知识的人"没有固定的标准或者认定的程序,在民事诉讼法中也无法作出具体规定,只能由人民法院在司法审判实践中根据案件的具体情况来确定。

第二,有专门知识的人出庭的程序。根据本条规定,需要有专门知识的人出庭的,应当由当事人向人民法院提出申请,说明理由。人民法院接受申请后,应当进行审查,如果符合法律规定,理由充分,就应当通知有专门知识的人出庭;如果不符合法律规定或者理由不成立,就应当驳回当事人的申请。从本条规定来看,有专门知识的人出庭,只能在当事人申请的情况下才能启动,人民法院不能依职权主动通知有专门知识的人出庭。

第三,有专门知识的人出庭的作用。根据本条规定,有专门知识的人出庭,主要是对鉴定人作出的鉴定意见或者专业问题提出意见。因此,有专门知识的人出庭,主要有两个作用:

一是对鉴定人作出的鉴定意见提出意见。鉴定意见是具备资格的鉴定人对民事案件中出现的专门性问题,通过鉴别和判断后作出的书面意见。随着社会的发展,社会分工的日益细化,民事纠纷日益复杂,在民事案件中需要进行鉴定的专门性问题日益增多,鉴定越来越成为证明事实主张的一种十分重要的证明方法和手段,鉴定意见越来越受到重视。但作为一种证据种类,鉴定意见也存在其一定的局限性。由于需要鉴定的专门性问题错综复杂,鉴定过程容易受到各种因素的影响,鉴定发生错误的情况难以避免。同时,在一个专门性问题领域,可能鉴定人有许多,由于学识、学派、品行、分析判断的角度方法等的不同,对同一个问题,不同的鉴定人可能会有不同的鉴定意见,甚至导致选择什么样的鉴定人即等于选择了什么样的判决。另外,鉴定工作的专业性较强,仅凭其他诉讼参与人自身的知识难以发现鉴定中存在的问题,很难对鉴定意见进行质证,当事人对鉴定意见有异议的只能通过重新鉴定来解决;虽然法官可以对鉴定意见进行审查和判断,但由于知识结构上难以完备也不可能完备,法官往往难以作出正确判断,客观上只能对鉴定意见高度依赖,这种法院的判决被鉴定意见左右的情况最终也会损害司法的权威。为保证鉴定意见的科学性、准确性和公正性,当事人申请人民法院通知有专门知识的人出庭,由其根据其专业知识,对鉴定意见提出意见,寻找鉴定中可能存在的问题,如鉴定方法是否可行、鉴定程序是否合法、鉴定材料的选取是否适合等,从而为法官甄别鉴定意见、作出科学判断、提高内心确信提供参考,保证案件的公正审理。"有专门知识的人出庭"对鉴定意见提出意见这一制度设计本身也在客观上会进一步增强鉴定人的责任意识从而对鉴定意见产生正面的促进作用,增加鉴定意见的科学性。同时,这样也会在一定程度上减少重复鉴定的发生,能够节约诉讼资源,提高审判工作的效率,促进案件的尽快解决。

二是对专业问题提出意见。在民事诉讼中,有些问题涉及某一专门领域的专门知识,这些专门问题有的无法或者无须通过鉴定解决,但对于审理案件、认定案件事实又具有一定甚至决定性的作用,比如,建筑、机械、金融或者网络等领域中某一专业词语如何理解等问题。对这些专业问题的界定和把握,不少显然超出了法官这一职业所应当具备的知识结构和业务素养。有专门知识的人出庭,就专业问题进行说明,回答询问,提出自己的意见,能够帮助法官和当事人对这些专业问题作出适当理解,澄清不当的认识,克服因法官知识结构的局限和特殊专门经验的贫乏而对正确认定案件事实所产生的不利影响,从而使对案件事实的认定,能够建立在对专业人才充分运用的基础上,具备广泛的科学性和充分的客观性,保证案件判决的公正、合理。

> **第八十三条** 勘验物证或者现场,勘验人必须出示人民法院的证件,并邀请当地基层组织或者当事人所在单位派人参加。当事人或者当事人的成年家属应当到场,拒不到场的,不影响勘验的进行。
>
> 有关单位和个人根据人民法院的通知,有义务保护现场,协助勘验工作。
>
> 勘验人应当将勘验情况和结果制作笔录,由勘验人、当事人和被邀参加人签名或者盖章。

【释义】 本条是关于勘验笔录的规定。

在民事诉讼中,当事人争议的标的物,有些是无法移动或者难以携带、搬运到法院的。这些物件有时会成为人民法院审理案件的重要证据。在此情况下,人民法院就需要对这些物品进行勘验,比如,宅基地纠纷案件需要对宅基地进行测量等,在民事诉讼中,勘验是人民法院收集证据的重要方法。

人民法院勘验物证或者现场的,勘验人必须出示人民法院的证件,以表明勘验人的身份和具体执行的勘验任务。同时,人民法院应当邀请勘验物件所在地的基层组织或者有关单位派人前来参加。比如,可以邀请当事人所在的工作单位、村民委员会、居民委员会、公安局派出所、人民调解委员会等组织派人参加。邀请当地基层组织或者有关单位参加勘验工作,有利于勘验工作准确、顺利地进行。

此外，人民法院勘验时，如果当事人是公民的，应当通知当事人或者他的成年家属到场；如果当事人是法人或者其他组织的，应当通知其法定代表人或者其他组织的负责人到场，以便他们能了解勘验的情况，保护其合法权益。当事人或者其成年家属、法定代表人或者其他组织的负责人拒不到场的，不影响人民法院的勘验工作，勘验工作可以照常进行。

根据本条的规定，有关单位和个人有义务协助人民法院的勘验工作。在接到人民法院的通知后，有关单位和个人应当对勘验现场进行保护，并配合人民法院完成勘验任务。人民法院在勘验时，可以对物证或者现场进行拍照和测量，并将勘验情况和结果制作成笔录，分别交勘验人、当事人和被邀请参加的有关单位或个人签名或者盖章。对于绘制的现场图，应当注明绘制的时间、方位、测绘人姓名、身份等内容。勘验笔录作为证据之一，人民法院开庭审理时，应当当庭宣读，以便双方当事人以及其他到庭人员了解勘验的情况和结果。

第八十四条 在证据可能灭失或者以后难以取得的情况下，当事人可以在诉讼过程中向人民法院申请保全证据，人民法院也可以主动采取保全措施。

因情况紧急，在证据可能灭失或者以后难以取得的情况下，利害关系人可以在提起诉讼或者申请仲裁前向证据所在地、被申请人住所地或者对案件有管辖权的人民法院申请保全证据。

证据保全的其他程序，参照适用本法第九章保全的有关规定。

【释义】 本条是关于证据保全的规定。

证据保全，是指在证据可能灭失或者以后难以取得的情况下，人民法院依申请或者依职权予以调查收集和固定保护的行为。证据保全有助于保护可能被破坏或灭失的证据，能够保障和落实当事人的证据收集权和证据提出权，有利于诉讼的顺利进行和法院公正裁判，促进纠纷的和解，在民事诉讼中具有重要意义。根据证据保全适用的阶段不同，可以将证据保全分为诉讼证据保全和诉前证据保全。诉讼证据保全是当事人起诉之后进行的证据保全。诉前证据保全是当事人起诉之前进行的证据保全。诉讼证据保全和诉前证据保全在适用情形、管辖、程序和救济等方面存在一定差异。大多数大陆法系国家和地区在立法上都明确规定证据保全包括诉讼证据保全和诉前证据保全,并在具体规定中体现了两者的区别。2012 年修改前的民事诉讼法第 74 条规定,在证据可能灭失或者以后难以取得的情况下,诉讼参加人可以向人民法院申请保全证据,人民法院也可以主动采取保全措施。这一规定确立了诉讼证据保全制度,但对于诉前证据保全没有明确规定。1999 年颁布的海事诉讼特别程序法首次在法律中明确规定了诉前证据保全制度,随后修改的商标法、专利法和著作权法再次确认了诉前证据保全制度。2012 年修改的民事诉讼法明确规定了诉前证据保全制度,建立起统一的、普遍适用的民事诉讼证据保全程序。

一、诉讼证据保全

诉讼证据保全,是指在诉讼进行过程中,在证据可能灭失或者以后难以取得的情况下,法院依申请或者依职权对证据予以调查收集和固定保护的行为。本条第 1 款主要规定了诉讼证据保全的启动主体和条件。

根据本条第 1 款的规定,诉讼证据保全程序的启动有两种途径:一是依当事人申请而启动,二是法院依职权主动启动。依当事人申请而启动诉讼证据保全程序是大陆法系国家和地区的通例。根据本法第 67 条的规定,当事人对自己提出的主张,有责任提供证据,这是当事人进行民事诉讼需要承担的义务。一般情况下,应当由当事人自行收集证据,只有在证据可能灭失或者今后难以取得的情况下,人民法院才能介入。如果当事人不进行申请,意味着他不需要证据保全,人民法院当然也无须采取保全措施。只有在人民法院认为必要时,才可以在当事人不申请的前提下,依职权主动采取证据保全措施。

采取证据保全措施应当以下列条件作为前提:

首先,只有在诉讼进行过程中才能采取诉讼证据保全措施。在诉讼开始之前,当事人只能提出诉讼证据保全申请,人民法院也不得主动采取证据保全措施。

其次,被保全的证据必须与案件待证事实有联系。如果与案件待证事实没有任何联系,就没有保全的必要。但应当注意的是,人民法院只需要审查所要保全的证据与待证事实之间在形式上具有关联性即可,而实质上的关联性如何以及证据与待证事实之间所具有证明价值的大小和强弱则需要等到庭审质证之后才能得出结论,在诉讼证据保全程序中无法做到。

最后,须证据可能灭失或者以后难以取得。所谓证据可能灭失,有的是由客观原因引起的,比如,作为证据的物品由于自身原因可能腐烂、变质,证人因年迈或者疾病等即将死亡等;有的是由主观原因引起的,比如当事人或者第三人对证据材料可能故意毁损等。所谓证据以后难以取得,是指证据虽然不至于灭失,但如果不采取保全措施,将来获取它会遇到相当大的困难或者成本过高,比如,证人即将出国留学或者定居,在很长一段时间内都不会回国等。

二、诉前证据保全

诉前证据保全,是指在提起诉讼或者申请仲裁前,因情况紧急,在证据可能灭失或者以后难以取得的情况下,法院依利害关系人申请对证据予以调查收集和固定保护的行为。1999年颁布的海事诉讼特别程序法首次在法律中规定了诉前证据保全,其第13条规定:"当事人在起诉前申请海事请求保全,应当向被保全的财产所在地海事法院提出。"专利法、商标法和著作权法也规定了诉前证据保全制度。2012年民事诉讼法修改时,增加规定了诉前证据保全制度。

根据本条第2款的规定,采取诉前证据保全措施须符合下列条件:

第一,在提起诉讼或者申请仲裁前才能采取诉前证据保全措施。在利害关系人提起诉讼或者申请仲裁前进行诉前证据保全,可以防止证据的灭失或者难以取得,避免进行诉讼或者仲裁后的后续举证困难,也可以使欲主张权利的人在起诉或者仲裁前即能收集到相关证据,从而有助于当事人清楚了解争议事实的实际状况,进而更能接受调解或者和解,促进纠纷的顺利解决。同时,通过诉前证据保全,在进入诉讼或者仲裁后双方当事人就某些争议事实能更快达成一致,审理时能减少争点,实现诉讼或者仲裁经济的目的。

第二,须利害关系人提出申请。由于尚未进入诉讼或者仲裁程序,所以还不存在当事人,只能是利害关系人提出申请。这里的利害关系人,是指民事权益可能受到损害或者与他人发生民事权益纠纷的人。是否属于利害关系人,应当由人民法院审查判断予以确定。

第三,须情况紧急,证据可能灭失或者以后难以取得。这里与诉讼证据保全相比，多了一个情况紧急的条件。这是考虑到纠纷尚未进入诉讼或者仲裁程序，为避免相关利害关系人滥用诉前证据保全措施，损害其他人的合法权益，增加了"情况紧急"的条件，强调只有在证据可能灭失或者以后难以取得，利害关系人不立即申请证据保全就可能使其合法权益难以得到保护的情况下，才能向人民法院申请诉前证据保全，否则，就应当在诉讼或者仲裁过程中申请诉讼证据保全。是否情况紧急，应当由人民法院根据实践具体情况进行分析判断。

第四，须向证据所在地、被申请人住所地或者对案件有管辖权的人民法院申请。由于尚未提起诉讼或者申请仲裁，案件管辖法院无法确定，为便于利害关系人保护其合法权益，也为了便于人民法院采取证据保全措施，本款规定了利害关系人可以向三类人民法院提出申请，即证据所在地、被申请人住所地或者对案件有管辖权的人民法院。当然，其他法律有特别规定的，应当依照其规定，比如，海事诉讼特别程序法第13条就规定："当事人在起诉前申请海事请求保全，应当向被保全的财产所在地海事法院提出。"

根据本条第3款的规定，证据保全的其他程序，参照适用本法第九章保全的有关规定。本法中的"保全"与证据保全具有相似之处，本法第九章对保全已经作了较为详细的规定。因此，本条对于证据保全仅作了较为原则的规定，其他程序的内容，可以参照适用第九章的有关规定。比如，根据本法第九章第104条第3款的规定，诉前保全的，申请人在人民法院采取保全措施后30日内不依法提起诉讼或者申请仲裁的，人民法院应当解除保全。同样，对于诉前证据保全，提出申请的利害关系人在人民法院采取证据保全措施后30日内不依法提起诉讼或者申请仲裁的，人民法院也应当解除证据保全。又如，根据本法第九章第108条的规定，申请有错误的，申请人应当赔偿被申请人因保全所遭受的损失。同样，证据保全申请有错误的，申请人也应当赔偿被申请人因证据保全所遭受的损失。

第七章 期间、送达

本章共11条,对期间的种类、期间的计算、期间的顺延、送达的方式和送达的效力分别作了规定。

第一节 期　　间

第八十五条 期间包括法定期间和人民法院指定的期间。

期间以时、日、月、年计算。期间开始的时和日,不计算在期间内。

期间届满的最后一日是法定休假日的,以法定休假日后的第一日为期间届满的日期。

期间不包括在途时间,诉讼文书在期满前交邮的,不算过期。

【释义】 本条是关于期间种类和期间计算的规定。

一、期间概述

期间,是指人民法院、诉讼参加人进行某种诉讼行为的期限。如人民法院收到起诉状,经审查认为符合起诉条件的,应当在7日内立案,并通知当事人;当事人不服地方人民法院一审判决的,从收到判决书之日起15日内应提起上诉等规定,就属于期间的规定。本法规定期间的目的,在于保证当事人和其他诉讼参加人及时行使诉讼权利,履行诉讼义务,节省时间、人力和物力,使人民法院及时地进行审判,使当事人的民事争议及时得到解决,保证诉讼行为的有效性,稳定民事诉讼关系。

理解期间的概念,必须注意它与期日的区别。期日,是指人民法院指定的开始进行某一诉讼行为的具体时间,如开庭审理日期、宣判日期等。期间和期日有以下几个区别:第一,期日是一个时间点,只规定开始的时间,不规定终止的时间;而期间有始期和终期,是一段期限。第二,期日被确定后,要求人民法院和当事人以及其他诉讼参与人,必须在该期日会合在一起进行某种诉讼行为;而期间则自始至终是各诉讼主体单独进行诉讼活动的时间。第三,期日都是由人民法院指定的;而期间有的由法律规定,有的由人民法院指定。第四,期日因特殊情况的发生可以变更;而期间有的可以变更,有的不能变更。

二、期间的种类

诉讼期间按照不同标准可以分为:法定期间和指定期间;不变期间和可变期间。

以期间是法律规定还是法院指定的为标准,可以将期间分为法定期间和指定期间。法定期间,是指由法律直接规定的期间。比如,立案的期间是7日,从人民法院接到起诉状或者口头起诉之日起算;宣告公民失踪的公告的期间为3个月;上诉期间,不服地方人民法院一审判决提起上诉的期间为15日,不服地方人民法院一审裁定提起上诉的期间为10日;申请执行的期间为2年等。指定期间,是指人民法院根据案件的具体情况依职权确定的期间。比如,法院指定当事人补正起诉状欠缺内容的期间;法院在判决书中指定当事人履行义务的期间等。指定期间要明确具体,同时,既不能过长亦不能过短,过长会迟延诉讼的进行和案件的审结,过短会限制诉讼参加人行使诉讼权利。

以期间能否变更为标准,可以将期间分为不变期间和可变期间。不变期间,是指在规定的期间内,除法律另有规定的情况外,不准许法院延长或者缩短的期间。比如,上诉期间,当事人不服判决、裁定必须在判决书送达之日起15日内、裁定书送达之日起10日内提起上诉;宣告公民死亡的公告的期间为1年等。在不变期间内应当进行的诉讼行为没有进行,权利人就丧失了该项诉讼权利。比如,不在上诉期间内提起上诉,就丧失了上诉权,判决或者裁定即发生法律效力;宣告公民死亡的公告期间届满,该公民仍未出现,法院便作出判决,宣告该公民死亡。可变期间,是指期间一经确定,因发生特殊情况,在确定的期间内进行诉讼行为有困难,法院根据当事人的申请或者依职权变更原定的期间。指定期间都是可变期间;法定期间依照法律规定可以变更,法律没有规定的不能变更。

三、期间的计算

本条第 2 款规定,期间以时、日、月、年计算。期间开始的时和日,不计算在期间内。民法典第 200 条规定,民法所称的期间按照公历年、月、日、小时计算。民法典第 201 条第 1 款规定,按照年、月、日计算期间的,开始的当日不计入,自下一日开始计算。第 2 款规定,按照小时计算期间的,自法律规定或者当事人约定的时间开始计算。根据民法典和本条的规定,期间开始的时、日,不计算在期间内,而从下一个小时或者从次日起算。比如,人民法院采取诉讼财产保全措施,在接受当事人的申请后,情况紧急的,应当在 48 小时内作出裁定,并开始执行。如果当事人提出申请是在某日的 10 时,那么计算这一期间时,就应当从该日的 11 时开始起算,到第三日的 10 时止。人民法院必须在这个期间内作出裁定。又如,当事人在 2007 年 1 月 1 日接到判决书,依照本法的规定,他有权在 15 日内提起上诉。接到判决书的当日不算,从第二天起算,上诉期间是 1 月 2 日至 16 日。超过这个期间,他就丧失了上诉权。期间以月计算,则不分大月、小月;以年计算的,不分平年、闰年。以月计算的,期间届满的日期,应当是届满那个月对应于开始月份的那一天;没有对应于开始月份的那一天的,应当为届满那个月的最后一天。例如,在一起宣告失踪的案件中,人民法院于 2007 年 2 月 28 日公告寻找下落不明人,公告期间为 3 个月,公告期届满日期在 2007 年 5 月 28 日。在该日期下落不明人还未出现的,人民法院就可以判决宣告下落不明人失踪。

期间届满的最后一日是法定休假日的,如星期六、星期日、"五一"、"十一"、元旦、春节等,以法定休假日后的第一日为期间届满的日期。比如,当事人在 2006 年 12 月 17 日接到判决书,他有权在 15 日内提起上诉,从第二天起算,15 日届满的最后一日是 2007 年 1 月 1 日,1 月 1 日是元旦,扣除这一日,1 月 2 日为期间届满。如果法定休假日在期间中间,则不应扣除。民法典第 203 条第 1 款规定,期间的最后一日是法定休假日的,以法定休假日结束的次日为期间的最后一日。第 2 款规定,期间的最后一日的截止时间为 24 时;有业务时间的,停止业务活动的时间为截止时间。期间,无论是法定期间还是指定期间,都不包括在途时间。比如,诉讼文书是邮寄的,在期满前交邮的,不算过期。确定期满前是否交邮,应当以邮局的邮戳为准,只要邮戳上的时间证明在期间届满前,当事人或者人民法院已将需邮寄的诉讼文书交付邮局,就不算过期。

准确地计算期间,对保护当事人的诉讼权利十分重要。

第八十六条 当事人因不可抗拒的事由或者其他正当理由耽误期限的,在障碍消除后的十日内,可以申请顺延期限,是否准许,由人民法院决定。

【释义】 本条是关于期限顺延的规定。

当事人因不可抗拒的事由或者其他正当事由耽误诉讼期限的,可以申请顺延期限。不可抗拒的事由,是指人们不能预见、不可避免、不能克服的客观情况。比如,当事人的住所发生地震道路不通,不能在法定期限内提出上诉。其他正当理由如当事人身患重病住进医院,不能按照法院指定的日期出庭。因为这些情况的发生,不是由于当事人的故意或者过错,责任不在当事人,因此,应当顺延期限。

期限顺延由当事人向原审人民法院申请,申请的期限是在障碍消除后10天之内,超过10天就不得申请顺延了。法院经审查,认为申请顺延期限有理由的,应当顺延;认为无正当理由的,应当裁定驳回申请。

人民法院准予顺延期限后,顺延多长时间,因法定期间和指定期间的不同而有所不同。法定期间顺延日期的计算,以实际耽误的时间为准。指定期间顺延由法院根据具体情况决定。

本法规定的期限顺延,体现了对当事人诉讼权利的保护。

第二节 送 达

第八十七条 送达诉讼文书必须有送达回证,由受送达人在送达回证上记明收到日期,签名或者盖章。

受送达人在送达回证上的签收日期为送达日期。

【释义】 本条是关于送达回证的规定。

一、送达的概念、特征和意义

送达,是指法院依照法定方式和程序,将诉讼文书送交当事人和其他诉讼参与人的行为。执行送达任务,向当事人及其他诉讼参与人履行送达义务的人,称为送达人;接受法院送达的诉讼文书的当事人或者其他诉讼参与人,称为受送达人。诉讼文书一经送达,就会产生一定的法律后果,当事人及其他诉讼参与人便有在规定的期间内进行某种行为的权利,或者必须履行某种行为的义务;否则,就要承担法律规定的后果。因此,完善送达制度,规范送达行为和送达方式,对于保障当事人和其他诉讼参与人的合法权利,保证诉讼活动的顺利进行具有重要意义。

从历史渊源来看,民事诉讼中的送达,具有两个层面的含义:最初意义上的送达是一项诉讼活动,它是指法院依照法律规定的程序和方式将诉讼文书交付给当事人及其他诉讼参与人的诉讼行为。这种意义上的送达与诉讼制度的产生是相随相伴的,有着久远的历史,最早的送达活动具有随意性,未形成严格的法定程式。另一层面上的送达指的是一项诉讼制度,它以规范诉讼文书在当事人与法院之间的传递为内容,由一系列的法律原则和具体制度所组成。这一层面上的送达始于近代,是司法走向民主和中立、程序及实体相分离的产物,它以保障当事人及其他诉讼参与人诉讼权利为核心,其意义体现在两个方面:一是有利于全面保障当事人及其他诉讼参与人的诉讼权利,法院将应予送达的诉讼文书交与当事人及其他诉讼参与人,告之其争议事实理由及有关的权利义务,便于当事人及其他诉讼参与人参加诉讼,实现知情权,全面维护自身利益。二是推动诉讼进程的发展。诉讼活动始于送达,终于送达,送达推动诉讼进程的发展。例如,人民法院将受理案件通知书送达原告引起一审程序,随着一审判决的送达,一审程序终结,二审程序则可以在送达中往前推进。

综观各国民事诉讼立法,关于送达的立法体例大体有两种:一种是以英美法系为代表的当事人主义,即送达由当事人完成,法院原则上不参与送达,如《美国联邦民事诉讼规则》第4条第2款中明确规定:"原告提交起诉状的同时或之后,可以向书记官提交传唤状并要求书记官署名,加盖法院印章。如果传唤状的形式符合要求,书记官应当署名,加盖法院印章,并且将传唤状发还给原告,以便由原告向被告送达。"另一种是职权主义,即送达由法院完成,当事人不承担送达义务,如《日本民事诉讼法》第98条规定:"送达,除另有规定外,依(法院)职权进行。关于送达的事务,由法院书记官处理。"我国采取职权主义,送达在民事诉讼法中单列一节,另因案件涉及范围不同,还分为普通送达和涉外送达。

具体而言,本法规定的送达具有下列特征:

1. 送达的主体是法院。当事人向法院递交诉讼文书如起诉状、答辩状或者当事人之间相互交换证据材料等不称之为送达。

在英美国家,民事诉讼中的送达主体主要是当事人,如《美国联邦民事诉讼规则》第4条第3款明确规定,传唤状(传票)与起诉状副本的送达由原告在一定期限内负责送达;具体送达行为的完成,可以由年满18岁以上的非当事人来完成;根据原告的请求,法院可以指定美国联邦法警总长或法警副总长或者其他经法院特别委任的人送达。正是由于两大法系在送达性质认识上的区别,英美国家通过当事人或者其律师在他国境内送达传票、起诉状副本等法律文书的行为,被其他国家视为对该国司法主权的侵犯,20世纪60年代初,瑞士、法国等大陆法系国家曾对美国提出过一系列外交抗议,正是源于上述背景。两大法系主要国家于1965年缔结了《关于向国外送达民事或商事司法文书和司法外文书公约》(即《海牙送达公约》),通过指定中央机关进行境外送达,以调和各国在民事送达法律制度上的冲突。我国已于1991年3月2日由第七届全国人大常委会第十八次会议作出批准加入《海牙送达公约》的决定。根据本法第283条规定,人民法院对在中华人民共和国领域内没有住所的当事人送达诉讼文书,可以采取多种方式,其中之一便是依照受送达人所在国与我国缔结或者共同参加的国际条约中规定的方式送达。即便是在同样采取职权送达主义的大陆法系内部,关于送达主体的规定,也各有差异。如《日本民事诉讼法》第99条明确规定,实施送达的机关由邮政机关或者(法院)执行官进行,此外,第100条规定,法院书记官也可以亲自送达。

2. 送达的对象是当事人或者其他诉讼参与人。当事人和其他诉讼参与人之间、法院之间相互递送材料以及法院对其他单位或者个人发送材料,都不是我国民事诉讼法意义上的送达。

3. 送达的内容是各种诉讼文书,如起诉状副本、传票、开庭通知书、判决书、裁定书、调解书等。

4. 送达必须按法定的程序和方式进行。送达是法院的职权行为,法律文书一经送达,直接对当事人的诉讼权利和实体权利产生重要的法律意义,因此,唯有按照法定的程序和方式进行的送达,才是有效的送达;否则,送达程序和方式的不合法将导致送达无效。

二、送达回证

送达回证，是指人民法院制作的用以证明受送达人收到人民法院所送达的诉讼文书的书面凭证。送达回证是检查人民法院是否按法定程序和方式送达诉讼文书的标志，是送达人完成送达任务的凭证，不仅能够证明人民法院是否履行了法定的职责，完成了送达任务，而且还是受送达人接受或者拒绝签收送达文书的证明，能够证明当事人是否耽误了诉讼期间，是衡量当事人和其他诉讼参与人的诉讼行为是否有效的依据。

本条规定，送达诉讼文书必须有送达回证，由受送达人在送达回证上记明收到日期、签名或者盖章。受送达人在送达回证上的签收日期为送达日期，它是计算期间的主要根据。

人民法院向当事人或者其他诉讼参与人送达诉讼文书，无论采取何种送达方式，除公告送达外，都应当有送达回证，受送达人在送达回证上签收，签收的日期即送达日期。但是，在公告送达中，无须送达回证，公告期间届满的日期即送达日期。

第八十八条 送达诉讼文书，应当直接送交受送达人。受送达人是公民的，本人不在交他的同住成年家属签收；受送达人是法人或者其他组织的，应当由法人的法定代表人、其他组织的主要负责人或者该法人、组织负责收件的人签收；受送达人有诉讼代理人的，可以送交其代理人签收；受送达人已向人民法院指定代收人的，送交代收人签收。

受送达人的同住成年家属，法人或者其他组织的负责收件的人，诉讼代理人或者代收人在送达回证上签收的日期为送达日期。

【释义】 本条是关于直接送达的规定。

直接送达，是指执行送达任务的人员将应当送达的诉讼文书，直接交付给受送达人签收的送达方式。直接送达是送达的主要方式。根据本条规定，以下情况都属于直接送达：

1.受送达人是公民的，应当由本人签收；本人不在的，交他的同住成年家属签收；

2.受送达人是法人或者其他组织的,应当由法人的法定代表人、其他组织的主要负责人或者该法人、组织负责收件的人签收;

3.受送达人有诉讼代理人的,可以送交其诉讼代理人签收;

4.受送达人已向人民法院指定代收人的,送交代收人签收。

受送达人在送达回证上的签收日期即送达日期,不是受送达人本人签收的,受送达人的同住成年家属、法人或者其他组织的负责收件的人、诉讼代理人或者代收人在送达回证上签收的日期为送达日期。

有关本条直接送达的规定还涉及两个问题:

一是有关送达场所。对于受送达人是公民的,本条规定"应当直接送交受送达人,本人不在交他的同住成年家属签收",这里涉及的送达场所主要指当事人的住所。在2012年民事诉讼法修改过程中,有意见认为,本条将送达场所局限于当事人住所,客观上加剧了实践中的"送达难",建议借鉴日本、我国台湾地区的相关规定,扩大送达场所,由住所扩大至能够与受送达人会面的任何场所及其实际居住地、工作场所、固定从业场所、营业场所等。也有意见认为,"送达诉讼文书,应当直接送交受送达人",从行文来看,法律并未限定在何处直接送达,理论上可以包括一切可以见到受送达人本人的地点,因此不必仿照日本或者我国台湾地区单独就"会面送达"作出规定;此外,受送达人一方为公民的民事案件多涉及当事人的隐私(如婚姻、名誉、医疗损害等案件),出于保护当事人隐私的考虑,直接送达主要还是以当事人的住所为宜,因此2012年修改民事诉讼法时对此未作修改。

二是有关代收人的范围。对于受送达人是公民的,法律规定本人不在的,交他的同住成年家属签收。2012年民事诉讼法修改过程中,有意见认为,受送达人不在时,代收人的范围应当进一步扩展,不应局限于"同住成年家属",可以考虑借鉴日本、德国及我国台湾地区的做法,将同居者、保姆等纳入代收人范围,如我国台湾地区"民事诉讼法"第137条规定:"送达于住居所、事务所或营业所不获会晤应受送达人者,得将文书付与有辨别事理能力之同居人或受雇人。如同居人或受雇人为他造当事人者,不适用前项规定。"但也有意见认为,以"有辨别事理能力"的标准限定代收人,过于宽泛,司法实践中不宜操作,如日本最高裁判例曾将7岁孩子代为接收的送达判定为无效送达,而12岁孩子代为接收则判定为有效送达,判断标准并不统一。此外,因送达行为可能给当事人实体权利与诉讼权利带来重大的法律后果,代收人范围过宽容易对受送达人造成不利影响,直接送达还应严格掌握。鉴于上述背景,对于受送达人为公民而本人不在的,其代收人范围仍以"同住成年家属"为限,2012年修改民事诉讼法时对此未作修改。

第八十九条 受送达人或者他的同住成年家属拒绝接收诉讼文书的,送达人可以邀请有关基层组织或者所在单位的代表到场,说明情况,在送达回证上记明拒收事由和日期,由送达人、见证人签名或者盖章,把诉讼文书留在受送达人的住所;也可以把诉讼文书留在受送达人的住所,并采用拍照、录像等方式记录送达过程,即视为送达。

【**释义**】 本条是关于诉讼文书留置送达的规定。

在民事案件的审判实践中,有些当事人无故拒绝接收人民法院送达文书的行为,严重妨碍诉讼活动的正常进行。为了保障民事诉讼活动的正常进行,本法对留置送达作了规定。由于留置送达是在当事人拒绝签收的情况下直接由法律确定的强制性送达,出于保障当事人诉讼利益的考虑,留置送达需要规定明确的适用条件。

本条规定,受送达人或者他的同住成年家属拒绝接收诉讼文书的,送达人可以采取两种行为完成送达:一是可以邀请有关基层组织或者所在单位的代表到场,说明情况,在送达回证上记明拒收事由和日期,由送达人、见证人签名或者盖章,把诉讼文书留在受送达人的住所,即视为送达。需要强调的是,根据《最高人民法院关于适用〈中华人民共和国民事诉讼法〉的解释》第133条的规定,调解书应当直接送达当事人本人,不适用留置送达。当事人本人因故不能签收的,可由其指定的代收人签收。根据《最高人民法院关于适用〈中华人民共和国民事诉讼法〉的解释》第130条第2款的规定,本条规定的"有关基层组织和所在单位的代表"可以是受送达人居住地的居民委员会、村民委员会的工作人员以及受送达人所在单位的工作人员。二是可以把诉讼文书留在受送达人的住所,并采用拍照、录像等方式记录送达过程,即视为送达完成。留置送达同本法第88条规定的直接送达具有同等法律效力。

2012年修改之前的民事诉讼法关于留置送达规定了两项严格的适用前提,二者缺一不可:一是受送达人或他的同住成年家属拒绝接收诉讼文书;二是有关基层组织或所在单位的代表到场见证。2012年民事诉讼法修改过程

中,有意见认为,关于留置送达适用条件的规定过于严格,在制度设计与实践操作中都存在一些问题:

一是留置送达过于侧重一方当事人的诉讼利益,忽略了整个诉讼程序的顺畅进行。在现代司法理念的框架下,要树立对程序的尊重,减少程序的恣意,送达程序应当成为一种"刚性"的程序,法律关于送达程序各个环节的规定都应当是严肃的、权威性的,法院依法将诉讼文书送达受送达人是对其权利的尊重和维护,受送达人拒不签收,本身是对司法机关及其职能活动的藐视,诉讼参与人不根据法律规定行事,就应承担特定的不利后果。

二是留置送达中的见证人制度,该制度易被当事人滥用,成为受送达人拖延诉讼的保障。司法行为具有免证性,监督司法的行为原则上应是事后的,否则都将影响法院独立行使权力,而以留置送达中的见证人制度为例,恰恰表现为事前监督,基层组织或所在单位代表不愿到场见证的情况时有发生,若严格按照法律的规定,送达就无法进行。实践中,有些当事人被起诉后,开始搬出固定住所玩"失踪",而有关基层组织或者所在单位的代表及其他见证人出于种种原因又不愿在送达回证上签名或者盖章,送达无法及时有效完成,延误整个诉讼进程,对另一方当事人的利益保障不足。

三是见证人制度在实践中成本高昂、效率低下、难以操作。法院受理的每一起案件都存在送达的问题,且每一起案件至少存在两次以上的送达,在受送达方为公民的情况下,上班时间在其住所的可能性不大,很多案件法院都需要趁受送达人早上上班之前、晚上下班之后进行送达才能见到受送达人本人或其同住成年家属,上述情况下如果受送达人拒绝接收,再去找基层组织人员到场,无疑又为送达工作增加了更大的难度。由于基层组织工作的特殊性,一般不会 8 小时都在固定的办公地点,常发生见到了当事人却找不到基层组织人员,而找到了基层组织人员又找不到当事人的情况,造成三番五次都难以完成送达的被动局面,不仅影响案件进度,而且增加诉讼成本、浪费司法资源。此外,法律并未规定基层组织或者所在单位代表的法定见证义务或者送达协助义务,有关基层组织或单位是否到场见证取决于其自觉性和法律意识,实践中基层组织或者有关单位代表拒绝见证的情况并不鲜见。还应看到,司法人员的素质较以往已有明显的变化,在没有见证人的情况下由法院将诉讼文书直接留置的条件已经成熟,可以借鉴日本与我国台湾地区相关的规定,简化留置送达的程序要求。如《日本民事诉讼法》第 106 条第 3 款规定,"应受送达的人或根据第一款规定应接受文书交付的人无正当理由拒绝接受送达时,可以将文书留置在应送达的场所";再如,我国台湾地区"民事诉讼法"第 139 条第 1 款规定:"应受送达人拒绝收领而无法律上理由者,应将文书置于送达处所,以为送达。"

鉴于上述背景,2012 年民事诉讼法修改时对原有的留置送达制度作了修改,体现在两个方面:一是在受送达人或者他的同住成年家属拒绝接收诉讼文书的情况下,将原来"应当"邀请有关基层组织或者所在单位的代表到场修改为"可以",增加了留置送达的灵活性;二是在无法邀请有关基层组织、所在单位的代表到场或者上述见证人拒绝见证的情况下,送达人也可以把诉讼文书留在受送达人的住所,并采用拍照、录像等方式记录送达过程,即视为送达。现代信息技术的发展,使送达人可以充分利用拍照、录像等方式将送达过程客观准确地保存下来,作为送达依据,这也是传统的送达方式在新技术背景下的新发展。

第九十条 经受送达人同意,人民法院可以采用能够确认其收悉的电子方式送达诉讼文书。通过电子方式送达的判决书、裁定书、调解书,受送达人提出需要纸质文书的,人民法院应当提供。

采用前款方式送达的,以送达信息到达受送达人特定系统的日期为送达日期。

【释义】 本条是关于电子送达的规定。

一、送达方式的发展变化

送达作为连接整个民事诉讼活动的道路与桥梁,同样也面临着信息化发展的契机。在各国或地区民事诉讼制度发展史中,送达方式的演进一直伴随并反映特定历史阶段新技术的发展。4000 年前埃什努那法典向被告的送达通过大声喊出其名字并得到应答而完成,自此,直接送达一直是各国或地区诉讼制度中普遍适用的送达方式;而交通工具的进步使邮寄送达逐渐被各国或地区法律接纳;19 世纪末,作为对新生电报技术的回应,美国爱达荷州、犹他州等州际立法允许采用电报方式送达;20 世纪 80 年代末,传真方式的送达也逐渐被许多国家或地区纳入立法。20 世纪末,尤其是进入 21 世纪以来，随着全球社会迈入信息化时代，电子信息传播渠道日益普及，两大法系主要国家或地区都在纷纷推进文书送达的电子化。1996年4月11日，英国伦敦皇室王座分庭纽曼法官允许原告律师以电邮的方式向法院管辖区内的当事人送达司法命令，这是全球第一起通过电邮方式送达司法命令的案件。随后，1999年《英国民事诉讼规则》第6.2条明确规定："送达文书可采取如下方式：根据有关诉讼指引，通过传真或其他电子通讯方式。"2002年美国联邦第九巡回法院在Rio上诉案中作出史无前例的判决，判定电子邮件送达符合《美国联邦民事诉讼程序规则》和《美国宪法》的正当程序原则，该判决阐述："法院不能对技术变革和进步熟视无睹，我们生活的世界不再是一个仅能通过快速帆船和蒸汽轮船送达信件来进行交流的时代，通过卫星进行电子交流能够及时传送通知与信息，送达不再需要通过寄信到被告家里以便其能接到所有通知，只要被告有一个电子终端，即使其家里的钢制大门紧锁，也丝毫不妨碍被告接收所有信息。"除英美法系外，大陆法系国家主要代表在诉讼电子化方面也逐步推进，如德国自2007年起立法明文规定督促程序只能通过电子形式递交，对于非督促程序的普通诉讼，约1/5法院允许当事人通过电子途径递交起诉书。

我国民事诉讼法原来规定的送达方式包括直接送达、留置送达、委托送达、邮寄送达、转交送达和公告送达，人民法院的传统送达方式也是这几种。随着电子通信、互联网技术应用日益普遍，送达效率得到极大提升，人民法院开始借助传真、电子邮件方式送达，因此，2012年民事诉讼法修改时增加规定，明确可以采取传真、电子邮件等能够确认其收悉的方式送达，但判决书、裁定书、调解书除外。近年来，各地人民法院陆续建立服务当事人诉讼的电子平台，最高人民法院也建立了全国性的电子诉讼平台，以便利当事人通过网络方式参与诉讼活动，同时，也通过电子诉讼平台向当事人送达诉讼文书。2021年修改民事诉讼法时，修改了关于电子送达的相关规定，进一步拓展电子送达适用范围，丰富送达渠道。

二、电子送达的原则与方式

本条第1款规定，经受送达人同意，人民法院可以采用能够确认其收悉的电子方式送达诉讼文书；通过电子方式送达的判决书、裁定书、调解书，受送达人提出需要纸质文书的，人民法院应当提供。

1.电子送达的自愿原则。根据本款规定,采用电子送达的前提就是必须经受送达人同意。电子送达具有快捷便利的优势,能够提高送达效率,但是电子送达要求受送达人必须具备相应的条件,同时,电子送达也存在一定风险,如电子信息他人代替回复、电子邮箱自动回复,他人代为接收传真而使受送达人本人并未看到送达的法律文书。因此,为确保电子送达的有效性,法律规定采用电子送达的必须经受送达人同意。人民法院确认受送达人同意电子送达的最直接方式就是,由受送达人在送达地址确认书中予以确认。当然,人民法院也可以通过电话或者诉讼平台在线确认等方式,确认受送达人是否同意电子送达。人民法院在确认受送达人同意电子送达的同时,应当明确受送达人接收电子送达的具体方式和地址,同时告知电子送达的效力、送达地址变更方式以及其他需告知的送达事项。

2.电子送达的方式。电子送达的具体方式、载体随着科学技术的发展而不断丰富,从最早的传真,到电子邮件,信息技术日新月异,立法的规定也随之变化。本法在2021年修改前的条文中明确列明了电子送达的方式,考虑到将来信息技术还将进一步升级,为保持法律规定的前瞻性和包容性,2021年修改后的本条不再列明电子送达的具体媒介和方式。至于当事人具体选择哪种电子送达方式,需要由受送达人予以确认。

3.电子送达的特殊要求。本条第1款还规定,通过电子方式送达的判决书、裁定书、调解书,受送达人提出需要纸质文书的,人民法院应当提供。本法在2021年修改前的条文中规定,判决书、裁定书和调解书不适用于电子送达,主要原因在于这三类文书对于当事人的实体权利和程序权利有很大影响,在电子送达尚不成熟时,为了保障当事人的各项权利,对这三类文书适用电子送达作了限制。随着人民法院电子诉讼平台建设不断完善,电子送达技术更加成熟,电子送达也逐渐被更多的当事人接受,2021年本法第四次修正时,扩大了电子送达的范围,将所有诉讼文书都纳入电子送达范围。但是,毕竟判决书、裁定书、调解书与其他诉讼文书不同,因此,本条增加规定,当事人要求获得纸质文书的,人民法院必须提供。

三、电子送达时间的确定

根据本法第87条的规定,送达诉讼文书必须有送达回证,由受送达人在送达回证上记明收到日期,签名或者盖章。受送达人在送达回证上的签收日期为送达日期。由于电子送达与直接送达不同,人民法院并不会与受送达人直接接触,难以由受送达人直接签收送达回证。因此,送达日期就需要根据不同的规则确定。国外的做法一般有以下3种:第一,由受送达人采取电子签名的方式确认接收的日期为送达日期,以德国为代表,但由于电子签名对安全性的要求高,该类方式在德国实践的效果并不理想;第二,由网络服务提供商介入,如美国在线作为网络服务提供商可以在收件人实际阅读电子邮件之后,给发件人发送回证;第三,设置功能性回执确认送达,由受送达人(接收方)的计算机在收到送达人(源发方)的信息时自动发出信息,确认诉讼文书已经收到。

为了确定电子送达的时间,本条第2款规定,采用前款方式送达的,以送达信息到达受送达人特定系统的日期为送达日期。民法典第137条第2款对以数据电文方式作出意思表示的生效时间作了规定,明确以非对话方式作出的采用数据电文形式的意思表示,相对人指定特定系统接收数据电文的,该数据电文进入该特定系统时生效;未指定特定系统的,相对人知道或者应当知道该数据电文进入其系统时生效。当事人对采用数据电文形式的意思表示的生效时间另有约定的,按照其约定。根据本条第2款的规定,电子送达的送达时间是信息到达受送达人特定系统的日期。判断电子送达有效与否,需要根据"确认其收悉""送达信息到达"两个因素判断,根据有关司法解释,电子送达生效时间的确定,可以根据两种不同情形判断:第一种情形,如果当事人主动提供或确认了电子地址,采取"到达主义",即人民法院向受送达人主动提供或者确认的电子地址送达的,送达信息到达电子地址所在系统时,即为送达。第二种情形,如果是向人民法院主动获取的受送达人电子地址进行送达,则采取"收悉主义",即受送达人未提供或者未确认有效电子送达地址,人民法院向能够确认为受送达人本人的电子地址送达的,根据下列情形确定送达是否生效:受送达人回复已收悉,或者根据送达内容已作出相应诉讼行为的,即为完成有效送达;受送达人的电子地址所在系统反馈受送达人已阅知,或者有其他证据可以证明受送达人已经收悉的,推定完成有效送达,但受送达人能够证明存在系统错误、送达地址非本人使用或者非本人阅知等未收悉送达内容的情形除外。由于电子送达的特殊性,人民法院在开展电子送达时应当在系统中全程留痕,并制作电子送达凭证。

第九十一条 直接送达诉讼文书有困难的,可以委托其他人民法院代为送达,或者邮寄送达。邮寄送达的,以回执上注明的收件日期为送达日期。

【释义】 本条是关于委托送达和邮寄送达的规定。

一、委托送达和邮寄送达的适用前提

诉讼文书送达事关当事人的合法权益,送达是否有效,甚至决定诉讼程序是否合法。因此,人民法院在送达时应尽量采取直接向当事人送达的方式送达,确保送达的有效性,充分保障当事人的合法权益。采取直接方式送达,需要人民法院的送达人员能够直接找到或者联系上受送达人,但在司法实践中,常常存在人民法院难以直接找到受送达人的情形,导致难以送达,因此只能采取其他方式送达。采取委托送达、邮寄送达等方式,人民法院并未直接将诉讼文书交给受送达人,实践中存在一定的风险,因此,本条规定,委托送达、邮寄送达的前提是直接送达诉讼文书有困难。

二、委托送达

委托送达,是指人民法院将应送达的诉讼文书,委托其他人民法院代为送达的一种送达方式。委托送达一般适用于那些受送达人不在受诉人民法院辖区内居住,或者由于受送达人的某种特殊原因,直接送达诉讼文书有困难的情形。委托送达的主体,委托方为人民法院,受托方也必须是人民法院,人民法院不能委托行政机关、企事业单位或者社会团体送达。

根据相关司法解释的规定,委托送达的具体要求是:第一,委托人民法院出具委托函。委托其他人民法院代为送达,委托法院应当出具委托函,在委托函中应当载明委托事项,案由和案号,受送达人姓名或者名称、送达地址,同时附上需要送达的诉讼文书和送达回证。第二,受托人民法院应当及时直接送达。受托人民法院必须通过直接送达方式代为送达,而不能再次以委托、邮寄或者其他方式送达。同时,受托人民法院应当自收到委托函及相关诉讼文书之日起 10 日内代为送达。第三,送达日期的确定,以受送达人在送达回证上签收的日期为准。受托人民法院在代为送达时,必须由当事人签收送达回证,并注明签收时间。第四,受托人民法院根据委托法院提供的信息,

仍难以有效直接送达时,应当及时通知委托法院。

三、邮寄送达

邮寄送达,是指受诉人民法院将需送达的诉讼文书交付邮政企业,邮政企业以法院专递或者挂号信方式寄给受送达人的送达方式。由于送达需要确认送达的有效性和送达日期,因此,诉讼文书不能以普通信件方式邮寄送达,否则无法确认是否有效送达受送达人,也难以确定送达时间。挂号信是传统的邮寄送达方式,邮政机构的挂号收据是邮寄送达的凭证,挂号回执上注明的日期为收件日期,也是送达日期。挂号信邮寄送达虽然能保障送达的有效性,但时间过长,不利于及时送达。因此,最高人民法院与邮政企业建立了法院专递的邮寄送达方式,这种方式更为快捷、可靠。

第九十二条 受送达人是军人的,通过其所在部队团以上单位的政治机关转交。

【释义】 本条是关于向军人转交送达的规定。

军人是一种特殊职业,军队是一个特殊团体,具有流动性、保密性等特点,在诉讼活动中,如果要将有关诉讼文书直接送达某军人往往比较困难,委托送达或者邮寄送达也存在一定的难度。为了解决对军人送达诉讼文书的特殊问题,往往需要作出特别规定。比如,我国台湾地区"民事诉讼法"规定,对于在军队或军舰服役之军人为送达者,应嘱托该管军事机关或长官为之。本条就是对向军人送达专门作的规定。

根据本条规定,受送达人是军人的,通过其所在部队团以上单位的政治机关转交。正确理解本条需要注意以下几个方面:第一,转交送达的对象。根据国防法第71条规定,该法所称军人,是指在中国人民解放军服现役的军官、军士、义务兵等人员。第二,转交送达的主体。转交送达一般适用于地方人民法院向军人送达诉讼文书的情形。军事法院在办理民事案件过程中,一般采取直接送达方式向军人送达。地方人民法院向军人送达,须通过部队团以上单位的政治机关转交。需要注意的是,只能通过部队团以上单位的政治机关转交,既不得通过团以下的单位转交,也不得通过团以上单位的其他机关转交。第三,转交送达的程序。受诉人民法院应当向部队团以上政治机关提供受送达人信息,需要送达的诉讼文书,并附送达回证。代为转交的受送达人所在部队团以上单位的政治机关在收到诉讼文书后,必须立即交受送达人签收。第四,转交送达的效力。转交送达与直接送达具有同等法律效力,部队反馈的受送达人在送达回证上签收的日期为送达日期。

第九十三条 受送达人被监禁的,通过其所在监所转交。

受送达人被采取强制性教育措施的,通过其所在强制性教育机构转交。

【释义】 本条是关于向被监禁或者被采取强制性教育措施的人转交送达的规定。

被监禁或者被采取强制性教育措施的人,是一个特殊群体,他们的人身自由受到一定的限制,且他们一般被关押在一些特殊场所,不便于向这些人直接送达诉讼文书,委托送达或者邮寄送达也存在一定的难度。鉴于被监禁人或者被采取强制性教育措施人的人身自由受到限制这一特殊情况,立法需要对向此类人员的送达作出特别规定。如我国台湾地区"民事诉讼法"规定,对于在监所人为送达者,应嘱托该监所首长为之。

本条第1款规定,受送达人被监禁的,通过其所在监所转交。被监禁的人,主要包括三类:第一,已经判处刑罚、正在服刑的罪犯。根据刑法、刑事诉讼法等相关法律的规定,对被判处死刑缓期2年执行、无期徒刑、有期徒刑的罪犯,由公安机关依法将该罪犯送交监狱执行刑罚;对被判处有期徒刑的罪犯,在被交付执行刑罚前,剩余刑期在3个月以下的,由看守所代为执行;对被判处拘役的罪犯,由公安机关执行;对未成年犯应当在未成年犯管教所执行刑罚。第二,已经被羁押的嫌疑犯,就是被逮捕或者被刑事拘留的嫌疑犯。此类人员虽尚未被判处刑罚,但已经被执法机关羁押,丧失人身自由。第三,被行政拘留或者司法拘留的人。行政拘留属于行政处罚的一种,行政相对人的违法行为达到一定严重程度,即可以被处行政拘留。比如,治安管理处罚法规定,偷开他人机动车或者未取得驾驶证驾驶或者偷开他人航空器、机动船舶,情节严重的,处10日以上15日以下拘留,并处500元以上1000元以下罚款。司法拘留就是人民法院对妨害民事诉讼的当事人作出的一种处罚。如本法第114条第1款规定:"诉讼参与人或者其他人有下列行为之一的,人民法院可以根据情节轻重予以罚款、拘留;构成犯罪的,依法追究刑事责任:(一)伪造、毁灭重要证据,妨碍人民法院审理案件的;(二)以暴力、威胁、贿买方法阻止证人作证或者指使、贿买、胁迫他人作伪证的;(三)隐藏、转移、变卖、毁损已被查封、扣押的财产,或者已被清点并责令其保管的财产,转移已被冻结的财产的;(四)对司法工作人员、诉讼参加人、证人、翻译人员、鉴定人、勘验人、协助执行的人,进行侮辱、诽谤、诬陷、殴打或者打击报复的;(五)以暴力、威胁或者其他方法阻碍司法工作人员执行职务的;(六)拒不履行人民法院已经发生法律效力的判决、裁定的。"被行政拘留或者司法拘留的当事人,其人身自由受到限制,一般也较难通过直接送达的方式送达。根据本款的规定,向被监禁的人送达诉讼文书,应当通过其所在监所转交。监所就是监禁受送达人的场所,主要有:一是监狱。根据监狱法的规定,监狱是国家的刑罚执行机关,依照刑法和刑事诉讼法的规定,被判处死刑缓期2年执行、无期徒刑、有期徒刑的罪犯,在监狱内执行刑罚。二是看守所。根据刑事诉讼法的规定,对被判处有期徒刑的罪犯,在被交付执行刑罚前,剩余刑期在3个月以下的,由看守所代为执行。三是拘留所。治安管理处罚法规定,对被决定给予行政拘留处罚的人,由作出决定的公安机关送交拘留所执行。本法第118条第3款规定,被拘留的人,由人民法院交公安机关看管。拘留所条例规定,对被公安机关、国家安全机关依法给予拘留行政处罚的人、被人民法院依法决定拘留的人,拘留在拘留所执行。

根据本条第2款规定,受送达人被采取强制性教育措施的,要通过其所在强制性教育机构转交。

同样,人民法院向被监禁或者被采取强制性教育措施的人送达时,也应向监所或者强制性教育机构提供受送达人的基本信息、诉讼文书和送达回证,代为转交的机关、单位收到诉讼文书后,必须立即交受送达的被监禁人或者被采取强制性教育措施的人签收,以在送达回证上的签收日期为送达日期。

第九十四条 代为转交的机关、单位收到诉讼文书后,必须立即交受送达人签收,以在送达回证上的签收日期,为送达日期。

【释义】 本条是关于转交送达程序和日期的规定。

转交送达与直接送达的最大区别在于,人民法院无法直接要求受送达人签收诉讼文书、送达回证,而需要由转交机关向受送达人代为转交。为规范转交行为,本条对转交程序作了规定。根据本条规定,代为转交的机关、单位收到诉讼文书后,必须立即交受送达人签收。这里的代为转交的机关就是本法第92条规定的部队团以上单位的政治机关,代为转交的单位就是本法第93条规定的监所、强制性教育机构。人民法院在向代为转交的机关、单位提供需要送达的诉讼文书、送达回证后,这些机关、单位必须"立即"交受送达人签收。首先,代为转交的机关、单位不得拒绝。转交送达是法律规定的送达方式之一,在人民法院无法或者难以直接送达的情况下,部队政治机关、监所等应当配合人民法院开展送达工作,确保民事诉讼程序正常进行,保障当事人的诉讼权利。其次,代为转交的机关、单位应当立即转交。转交机关、单位不得拖延,而应即时开展送达工作。当然,如果受送达人出现特殊情形无法立即转交的,应当向人民法院说明情况。比如,军人在执行保密军事任务,部队政治机关也难以直接向其转交时,必须立即向人民法院反馈信息。最后,转交机关、单位应当要求受送达人签收。代为转交的机关、单位应当将法院需送达的诉讼文书交给受送达人,同时要求受送达人在送达回证上签收确认。因为只有受送达人签收后,才能确认受送达人确实收到了诉讼文书,转交送达才有法律效力,受送达人签收的日期即为送达日期。

需要注意的是,本条适用的是仅是转交送达。在人民法院可以对军人以及被限制人身自由的人直接送达时,则按照直接送达的方式送达即可。比如,对于关在监狱的罪犯,人民法院向其送达时,如果监狱允许人民法院的工作人员依法会见罪犯,在接到人民法院要求协助送达的通知后,可以安排好会见的时间、场所,人民法院的工作人员即可以直接到监狱向罪犯送达诉讼文书,并要求受送达人签收。这种情况下不属于转交送达,而是直接送达。

第九十五条 受送达人下落不明,或者用本节规定的其他方式无法送达的,公告送达。自发出公告之日起,经过三十日,即视为送达。

公告送达,应当在案卷中记明原因和经过。

【释义】 本条是关于公告送达的规定。

在实践中,常常出现受送达人下落不明,或者不能用本法规定的直接送达、委托送达、电子送达、邮寄送达、转交送达等方式将诉讼文书送达受送达人的情况。为了保证民事诉讼活动的顺利进行,保障当事人的诉讼权利,本法规定了公告送达制度。公告送达是指在受送达人下落不明或者采用其他方式均无法送达时,人民法院以发布公告的方式将送达内容向社会公众公布,经过法定期间即视为送达的送达方式。本条对公告送达的适用前提、期间等作了规定。2021 年民事诉讼法第四次修正时,为有效缩短人民法院的审理周期,降低当事人的诉讼成本,防止部分不诚信的当事人利用公告送达制度故意逃避、恶意拖延诉讼,对公告送达期间作了修改,将公告送达期间从 60 天缩短为 30 天。不少国家和地区的民事诉讼法都规定了公告送达制度。如我国台湾地区,公告送达称为公示送达。我国台湾地区"民事诉讼法"第 151 条规定,公示送达,应由法院书记官保管应送达之文书,而于法院之公告处粘贴公告,晓示应受送达人应随时向其领取。但应送达者如系通知书,应将该通知书粘贴于公告处。除前项规定外,法院应命将文书之缮本、影本或节本,公告于法院网站;法院认为必要时,得命登载于公报或新闻纸。第 152 条规定,公示送达,自将公告或通知书粘贴公告处之日起,公告于法院网站者,自公告之日起,其登载公报或新闻纸者,自最后登载之日起,经 20 日发生效力;就应于外国为送达而为公示送达者,经 60 日发生效力。但第 150 条之公示送达,自粘贴公告处之翌日起,发生效力。

1. 公告送达的前提。本条第 1 款规定,受送达人下落不明,或者用本节规定的其他方式无法送达的,公告送达。这是关于公告送达适用前提的规定。根据本条的规定,公告送达有严格的适用条件,这就是必须穷尽其他送达方式后仍无法有效送达。公告送达往往是最后的选择,大多数情况下将导致案件的缺席审理和判决,对当事人的诉讼权利义务有重大影响。因此,对公告送达应慎重适用,只有能够充分证明当事人下落不明,或者通过直接送达、委托送达、邮寄送达、转交送达、电子送达等方式均无法送达时,才可以适用公告送达。这里需要指出的是,所谓"穷尽所有送达方式",并非需要逐一尝试各种送达方式,而是指根据案件和当事人情况,能够采用的送达方式均已采用仍无法送达。比如,明知道被告没有被监禁,就没有必要仍尝试委托监所送达的方式。

2. 公告送达的方式。公告送达需要人民法院通过发布公告的方式予以送达。公告的具体方式也是随着时代的变化而不断发展变化的。根据相关司法解释的规定,公告送达可以在法院的公告栏和受送达人住所地张贴公告,也可以在报纸、信息网络等媒体上刊登公告。因此,公告送达的具体方式主要有4种:第1种方式是在法院公告栏张贴公告。这种公告送达方式,虽然具有向社会公众公布送达信息的作用,但毕竟人民法院公告栏的受众非常有限,送达效果一般。第2种方式是在受送达人住所张贴公告。这种方式有较强的针对性,但也存在受众有限的问题。第3种方式是在报纸上刊登公告。在报纸上刊登公告,报纸的发行范围一般较广,特别是全国性的报纸,这种公告送达的方式具有受众面广的优点。各级人民法院都会在指定的报纸上刊登送达公告。这3种公告送达都属于传统的线下公告方式,传统线下公告的覆盖范围、触达层面有限,除非受送达人主动查询,否则很难通过线下公告方式获取公告信息。长期以来,线下公告送达无法有效保障受送达人的知情权,也可能损害其他当事人及时获得裁判的权利,未能有效实现公告送达的制度功能。第4种方式就是在信息网络上发布送达公告。随着互联网的发展,人民法院逐步发展了电子公告送达方式。电子公告送达具有覆盖广、传播快、易查询、成本低等优势,能够有效弥补线下公告的不足,提升公告送达的有效性,充分发挥公告送达的作用。为了规范各级人民法院的电子公告送达,最高人民法院建立了专门的电子公告送达网站,该网站具有电子公告的发布、展示、办理、查询等多种功能,集中、统一、权威发布全国法院的公告送达信息,大大提升了公告送达的便捷性、覆盖面和精准度。

3. 公告送达的期间。根据本条第1款的规定,自发出公告之日起经过30日,即视为送达。因此,公告送达的期间为30天。这个期间是不变期间,不论采用哪种公告方式送达,都必须达到30天才可以。只有公告发布期满30天后,公告送达才发生法律效力。

4. 公告送达的要求。本条第2款规定,公告送达,应当在案卷中记明原因和经过。根据此规定,公告送达的要求包括两个方面:其一,公告送达应在案卷中记明原因。公告送达的原因有两种:一是受送达人下落不明,二是通过其他方式无法向受送达人送达。人民法院采取公告送达,必须在案件中记载采取公告送达的原因,并附必要的材料予以佐证。其二,公告送达还应在案件中记载公告送达经过。无论人民法院采取何种具体的公告送达方式,记载的内容都应包括公告送达的具体公告方式,公告的期间。为提高公告送达的效果,相关司法解释对送达公告本身也提出了明确要求:公告送达应当说明公告送达的原因;公告送达起诉状或者上诉状副本的,应当说明起诉或者上诉要点,受送达人答辩期限及逾期不答辩的法律后果;公告送达传票,应当说明出庭的时间和地点及逾期不出庭的法律后果;公告送达判决书、裁定书的,应当说明裁判主要内容,当事人有权上诉的,还应当说明上诉权利、上诉期限和上诉的人民法院。

第八章 调 解

第九十六条 人民法院审理民事案件,根据当事人自愿的原则,在事实清楚的基础上,分清是非,进行调解。

【释义】 本条是关于人民法院调解中自愿原则和查明事实、分清是非原则的规定。

本法第9条确立了我国民事审判中的法院调解原则,规定:"人民法院审理民事案件,应当根据自愿和合法的原则进行调解;调解不成的,应当及时判决。"法院调解是以当事人行使诉权为基础,以当事人意思自治为条件,以当事人依法行使处分权为内容的一项制度。对当事人而言,法院调解是当事人通过友好协商处分实体权利和诉讼权利的一种表现,对法院而言,法院调解是审判人员在充分尊重当事人行使处分权的基础上解决民事纠纷的一种职权行为,是法院行使审判权的一种方式。

调解并非审理民事纠纷的必经程序,不是一切案件都必须经过调解。在案件审理过程中,能够用调解方式解决的,尽量用调解解决,但不能"久调不决",调解不成的,应当及时判决。根据《最高人民法院关于适用〈中华人民共和国民事诉讼法〉的解释》第143条的规定,以下案件不适用调解:(1)特别程序、督促程序、公示催告程序的案件;(2)婚姻等身份关系确认案件;(3)其他根据案件性质不能进行调解的案件;同时,第145条还规定,人民法院审理民事案件,应当根据自愿、合法的原则进行调解。当事人一方或者双方坚持不愿调解的,应当及时裁判。人民法院审理离婚案件,应当进行调解,但不应久调不决。

调解贯穿于各个审判阶段,在审理前的准备阶段,如果事实清楚,可以进行调解;在开庭审理中,直至辩论终结作出判决前,也可以进行调解。无论是第一审程序,还是第二审程序、再审程序;无论是按普通程序,还是按简易程序审理的案件,只要是能够调解的案件,人民法院都可以进行调解。根据法院调解在开庭审理前进行还是在开庭审理过程中进行,可以把法院调解分为庭审前的调解和庭审中的调解两种。庭审前的调解又分为两种:一种是在立案受理阶段,当事人起诉到法院的民事纠纷,法官认为适宜调解的,先行调解;另一种是在诉讼初始阶段,被告应诉答辩之后、开庭审理前进行的调解。庭审中的调解是在民事案件开庭审理过程中进行的调解。根据本法第145条规定,法庭辩论终结,应当依法作出判决。判决前能够调解的,还可以进行调解,调解不成的,应当及时判决。

法院调解必须遵循当事人自愿原则。自愿原则,是指在民事诉讼过程中,人民法院对民事案件进行调解的前提必须是双方当事人自愿,不能有丝毫的勉强。一方面,调解的提出和进行必须是双方当事人的意愿。当事人的真实意思表示的形式应当是明示而不能是默示的。当事人是争议主体,在法律规定的范围内,当事人有权决定是否以调解的方式解决他们的纠纷。人民法院只有在双方当事人自愿接受调解的前提下,才能主持双方当事人进行调解,如果当事人一方坚持不愿调解的,人民法院不能强迫或变相强迫进行调解,应当进入诉讼程序,及时作出判决。人民法院根据案件的情况依职权主动提出进行调解,必须征得双方当事人的同意,否则调解也不能进行。另一方面,调解达成的协议内容必须反映双方当事人的真实意思。调解协议的内容直接涉及双方当事人的民事权利义务,应当由当事人按自己的意愿进行处分。人民法院只能根据法律进行一定的说服教育工作,引导他们解决纠纷,不能将自己对案件的处理意见强加给当事人。调解协议的内容,必须是双方当事人自愿协商的结果。

法院调解必须遵循查明事实、分清是非的原则。法院对民事案件进行调解必须在查明案件事实、分清责任的基础上进行。查明事实和分清是非,是法院调解的基础,这也是"以事实为根据,以法律为准绳"原则在调解中的贯彻实施,既是调解工作进行的前提,也是保证调解顺利开展的根本保证。法院调解不是简单的当事人的处分权运用,也涉及法院审判权的行使。审判人员在主持调解过程中必须查明案件基本事实,分清双方争议的是非曲直,明确当事人各自的责任,然后确定双方当事人的权利义务。只有基本的事实清楚,是非分明后,双方达成的协议才能由当事人自觉地履行。《最高人民法院关于适用〈中华人民共和国民事诉讼法〉的解释》第142条规定,人民法院受理案件后,经审查,认为法律关系明确、事实清楚,在征得当事人双方同意后,可以径行调解。

第九十七条　人民法院进行调解,可以由审判员一人主持,也可以由合议庭主持,并尽可能就地进行。

人民法院进行调解,可以用简便方式通知当事人、证人到庭。

【释义】　本条是关于调解程序中审判人员的组成、地点与传唤方式的规定。

由于法院调解的过程是人民法院对民事案件的审理过程,因此法院调解没有单独的程序而是与整个审理程序结合在一起的。本法只对法院调解作了原则性的规定,没有规定法院调解的具体程序。法院调解无论用哪种程序和在哪个阶段进行,调解的开始均包括两种方式:一是由当事人提出申请而开始,二是法院在征得当事人同意后依职权开始。审判人员在这一阶段的主要工作是,征求双方当事人是否愿意调解的意见,讲明调解的好处、要求和具体做法,并告知有关的诉讼权利和义务,通知当事人和证人到庭,为调解的进行做好准备。本条规定了调解程序中审判人员的组成、地点与传唤方式。

1. 关于调解中审判人员的组成。法院调解是在人民法院审判人员主持下进行的。本条规定人民法院进行调解,可以由审判员一人主持,也可以由合议庭主持。适用简易程序审理的民事案件,由独任审判员一人主持进行调解;适用普通程序审理的第一审民事案件,可以由合议庭或者独任审判员主持调解,也可以由合议庭成员中的一名审判员主持调解,第二审程序与审判监督程序中的调解亦然。

2. 关于调解的地点。人民法院进行调解,可以在法院内进行,但应尽可能就地进行。这样规定,是便利当事人诉讼原则的体现。司法实践中出现过许多法官到村间、地头主持调解的情况。

3. 关于调解的传唤方式。本条规定人民法院进行调解,可以用简便方式通知当事人、证人到庭。人民法院的调解活动,可以在任何一个诉讼阶段,根据案件的具体情况、当事人的思想变化而随时进行,其形式是多样化的,所以可以用简便方式通知当事人、证人到某一地点进行调解,如采用口头或者电话通知等方式,而不必像开庭那样发传票。法院调解时,双方当事人都应出庭,原则上要采取面对面的形式进行调解,但必要时也可以分别对双方当事人做调解工作。当事人不能出庭而委托诉讼代理人参加调解的,必须有当事人的特别授权。离婚案件当事人确因特殊情况无法出庭参加调解的,除本人不能表达意志的以外,应当出具书面意见。对无民事行为能力的当事人进行调解,应当由其法定代理人代为参加。

第九十八条　人民法院进行调解,可以邀请有关单位和个人协助。被邀请的单位和个人,应当协助人民法院进行调解。

【释义】　本条是关于调解中邀请有关单位和个人协助的规定。

人民法院进行调解,根据案件需要,可以邀请当事人所在单位、纠纷发生地基层组织以及当事人的亲友、邻居等个人协助人民法院进行调解。被邀请的有关单位和个人应当积极协助法院进行调解,不应推托。有关单位和个人通常了解案情或者为当事人所信任,他们参加调解工作,对当事人进行说服、疏导工作,有助于顺利解决当事人之间的纠纷,容易促使双方当事人达成协议。根据《最高人民法院关于人民法院民事调解工作若干问题的规定》第1条规定,人民法院可以邀请与当事人有特定关系或者与案件有一定联系的企业事业单位、社会团体或者其他组织,和具有专门知识、特定社会经验、与当事人有特定关系并有利于促成调解的个人协助调解工作。经各方当事人同意,人民法院可以委托上述单位或者个人对案件进行调解。

第九十九条　调解达成协议,必须双方自愿,不得强迫。调解协议的内容不得违反法律规定。

【释义】　本条是关于调解自愿原则与调解合法原则的规定。

自愿原则和合法原则是法院在进行调解中必须坚持的两大原则。本法第9条规定:"人民法院审理民事案件,应当根据自愿和合法的原则进行调解;调解不成的,应当及时判决。"《最高人民法院关于适用〈中华人民共和国民事诉讼法〉的解释》第145条第1款规定:"人民法院审理民事案件,应当根据自愿、合法的原则进行调解。当事人一方或者双方坚持不愿调解的,应当及时裁判。"

在法院调解的原则中,自愿原则居于核心地位,具有特殊的重要性。调解自愿原则包括两个方面:一是调解工作必须在双方当事人自愿的基础上进行,自愿一般表现为双方当事人申请调解或双方当事人自愿接受调解。如果有一方不愿通过调解方式解决纠纷,人民法院即不能强迫其接受调解。二是调解达成协议必须双方自愿,即双方都是自愿接受协议的内容,不能用强制的办法要求当事人接受调解协议的内容。人民法院进行调解应当遵循自愿的原则,在双方自愿调解的基础上由双方具体协商,提出意见。主持调解的审判员也可以提出调解意见供双方当事人参考,但不得强迫当事人接受。无论是从尊重当事人的处分权考虑,还是为了使达成的调解协议能够得到自觉的履行,都必须高度重视并认真贯彻自愿原则。

调解合法原则也是法院调解应当遵循的一项重要原则。合法原则,是指人民法院和双方当事人的调解活动及其协议内容,必须符合法律的规定。人民法院进行调解工作,必须以事实为根据,以法律为准绳,协议内容必须符合法律规定。符合法律规定,既包括符合实体法的规定,也包括符合程序法的规定。一方面,人民法院主持双方当事人进行调解活动,必须按照本法规定的程序进行;另一方面,当事人双方达成的协议内容,要符合有关法律的规定。人民法院调解,应当是在分清是非的基础上,正确地适用实体法来确定双方当事人的权利和义务。同时,根据在法律规定的范围内当事人有权处分自己的民事权利和诉讼权利的原则,可以互谅互让,达成调解协议。在理解合法原则时,应当注意以下两个问题:第一,要正确处理自愿与合法的关系。调解必须当事人自愿,但当事人自愿的,不等于都合法。目前有个别当事人利用诉讼或者调解,串通侵害其他人的利益或者社会公共利益,虽然双方自愿,但不合法,是应当受到制裁的违法行为。本法第115条第1款规定:"当事人之间恶意串通,企图通过诉讼、调解等方式侵害国家利益、社会公共利益或者他人合法权益的,人民法院应当驳回其请求,并根据情节轻重予以罚款、拘留;构成犯罪的,依法追究刑事责任。"第二,调解协议合法性的要求与判决合法性的要求有程度上的不同。当事人可以运用处分权,在不违反禁止性规定的前提下达成双方所能接受的调解协议,尽管协议的内容与法律上严格认定的权利义务关系并不完全一致。调解合法性原则中的合法性应是一种宽松的合法性,它不是指调解协议的内容必须严格遵照法律的规定,而是指协议内容不得与民事法律中的禁止性规定相冲突,不得违反公序良俗和损害第三人的合法权益。《最高人民法院关于人民法院民事调解工作若干问题的规定》第10条规定,调解协议具有下列情形之一的,人民法院不予确认:(1)侵害国家利益、社会公共利益的;(2)侵害案外人利益的;(3)违背当事人真实意思的;(4)违反法律、行政法规禁止性规定的。

> **第一百条** 调解达成协议,人民法院应当制作调解书。调解书应当写明诉讼请求、案件的事实和调解结果。
>
> 调解书由审判人员、书记员署名,加盖人民法院印章,送达双方当事人。
>
> 调解书经双方当事人签收后,即具有法律效力。

【释义】 本条是关于调解书的制作、调解书的内容和生效的规定。

调解的结束包括两种情况:一是因当事人达成调解协议而结束,二是因调解不成,未达成调解协议而结束。对于经调解达成协议的,人民法院应当及时对调解协议进行审查。对于当事人双方自愿达成,内容又不违反法律禁止性规定的协议,人民法院应当认可。调解协议依法达成后,对于应当制作调解书的,人民法院应当制作调解书,送达双方当事人签收;对于不需要制作调解书的调解协议,由书记员记入笔录,并由双方当事人、审判人员、书记员签名或者盖章。经审查,发现调解协议的内容违反法律的禁止性规定或者有悖于公序良俗的,人民法院不予认可。对于经调解未达成协议或者调解协议不被人民法院认可的,人民法院应当结束调解程序,恢复审判,及时作出裁判,而不能久调不决。

一、关于调解书的制作

调解达成协议,人民法院应当制作调解书。当事人的调解协议是人民法院制作调解书的前提和基础。当事人的调解协议,只有经人民法院确认后才具有法律上的拘束力。人民法院的调解书,是调解协议产生法律上拘束力的法定条件。生效的调解书与调解笔录具有以下效力:(1)确定当事人之间民事法律关系的效力。调解书或调解笔录生效后,表明双方当事人对曾经发生争议的民事法律关系已经取得共识并得到确认,权利方可以行使权利,义务方应当履行义务。(2)结束诉讼的效力。调解书或者调解笔录生效后,当事人之间的民事权益争议在法律上已最终解决,当事人不得以同一事实和理由向人民法院再行起诉。(3)强制执行的效力。调解书或调解笔录生效后,由于调解协议是双方当事人在人民法院主持下自愿达成的,一般情况下当事人都会自觉履行。但实践中也存在当事人拒不履行的情况,若有履行义务的当事人拒不履行,另一方当事人有权依据调解书向人民法院申请强制执行。

二、关于调解书的内容

调解书中应当写明诉讼请求、案件的事实和调解结果。调解书应按统一的格式制作,一般包括首部、正文和尾部三个部分。首部包括人民法院的名称、案号,当事人、诉讼代理人的基本情况,案由和原、被告的诉讼请求。正文主要包括案件事实和调解结果两部分。案件事实,即当事人之间的法律关系发生争议的事实、原因及双方的责任。调解结果是当事人在自愿、合法的原则下达成的解决双方间纠纷的合意,包括双方当事人在调解过程中提出的诉讼请求和理由,双方互相让步的请求及调解结果。尾部由审判人员、书记员署名,加盖人民法院印章,并写明调解书的制作时间。

三、关于调解书的生效

本条第3款是关于调解书生效的规定。调解书制作完成后,必须经双方当事人签收后,才具有法律效力。本款有以下几层含义:(1)关于调解书的生效时间。调解书在双方当事人签收时,才发生法律效力。《最高人民法院关于适用〈中华人民共和国民事诉讼法〉的解释》第149条规定:"调解书需经当事人签收后才发生法律效力的,应当以最后收到调解书的当事人签收的日期为调解书生效日期。"(2)关于调解书的送达方式。因为调解书是当事人自愿协商后制作的法律文书,以自愿为基础,如果当事人拒绝签收调解书,表明不愿意接受调解,因此,调解书不能强行送达,不适用留置送达和公告送达的方式,一般也不适用邮寄送达和有关单位转交,而是要由当事人签收。《最高人民法院关于适用〈中华人民共和国民事诉讼法〉的解释》第133条的规定:"调解书应当直接送达当事人本人,不适用留置送达。当事人本人因故不能签收的,可由其指定的代收人签收。"(3)调解书必须经双方当事人签收才生效。如果仅一方当事人签收了,另一方没有签收,调解书还未发生效力。在当事人签收之前,有权就调解达成的协议反悔,如果当事人在签收调解书前反悔,法院应当及时判决。

第一百零一条 下列案件调解达成协议,人民法院可以不制作调解书:
(一)调解和好的离婚案件;
(二)调解维持收养关系的案件;
(三)能够即时履行的案件;
(四)其他不需要制作调解书的案件。
对不需要制作调解书的协议,应当记入笔录,由双方当事人、审判人员、书记员签名或者盖章后,即具有法律效力。

【释义】 本条是关于可以不制作调解书的情形和生效程序的规定。

调解达成协议的案件,人民法院应当根据协议制作调解书,这是原则。本条规定有些案件在调解达成协议后,人民法院可以不制作调解书:(1)调解和好的离婚案件;(2)调解维持收养关系的案件;(3)能够即时履行的案件;(4)其他不需要制作调解书的案件。这些案件具有以下特征:一是属于确认、变更之诉的案件。这些案件没有给付的内容,不存在调解协议达成后,一方当事人不履行义务需要强制执行的情况。二是虽然属于给付之诉,但是能够即时履行,也不存在一方当事人不履行义务需要强制执行的情况。

对不需要制作调解书的协议,应当记入笔录,由双方当事人、审判人员、书记员签名或者盖章后,即具有法律效力,也可以通过原告撤诉的方式结案。调解笔录与调解书在法律上具有同等的法律效力,同是人民法院审结案件的一种法律形式。

第一百零二条 调解未达成协议或者调解书送达前一方反悔的,人民法院应当及时判决。

【释义】 本条是关于调解未达成协议或者调解书送达前一方反悔的情况处理的规定。

调解书送达双方当事人并由他们签收后,即具有法律效力。对不需要制作调解书的协议,双方当事人、审判人员、书记员在笔录上签名或者盖章后,即发生法律效力。调解书与判决书不同,一审审判程序中,人民法院宣判后,如果双方当事人过了上诉期都不上诉,判决书即发生法律效力。二审程序中,人民法院宣判后,判决书即发生法律效力。调解协议虽然是当事人自愿达成的,但有的当事人对已经达成的协议事后又反悔,包括在调解书签收前反悔和签收后反悔两种情况。在调解书签收前,双方当事人有权反悔,如果调解书签收前一方反悔的,人民法院应当及时判决;调解书签收后当事人反悔的,不影响调解书的效力,因为调解书在双方当事人签收时已经发生法律效力。

调解书生效后,就确定了双方当事人之间的实体上的权利义务关系,结束了诉讼程序。对发生法律效力的调解协议,当事人不得再以同一事实和理由,向人民法院提起新的诉讼,但是法律允许再起诉的除外。例如,调解和好的离婚案件,原告在调解协议发生法律效力后6个月内不得起诉,但过了6个月就可以再起诉。对发生法律效力的调解协议,当事人不得上诉,调解书生效之后,如果当事人提出异议,人民法院应当进行审查,发现确有错误的,按审判监督程序处理;没有错误的,当事人依照调解书履行义务。当事人对调解书申请再审的,要符合审判监督程序中规定的法定条件,即本法第212条规定的"当事人对已经发生法律效力的调解书,提出证据证明调解违反自愿原则或者调解协议的内容违反法律的,可以申请再审"。检察院发现调解书损害国家利益、社会公共利益的,应当提起抗诉。

第九章　保全和先予执行

本章共9条,规定了保全和先予执行制度。保全是人民法院为了确保将来的生效法律文书得以顺利执行或者避免申请人遭受不可弥补的损害,及时有效地保护当事人或者利害关系人的合法权益,而采取的限制有关财产的处分或转移,或者在判决前责令被申请人作出一定行为或禁止其作出一定行为的强制措施。先予执行是指法院在某些民事案件作出判决前,为了解决一方当事人生活或生产的紧迫需要,根据其申请,裁定另一方当事人给付申请人一定的钱物,或者实施或停止实施某种行为,并立即执行的制度。

在民事诉讼中,保全和先予执行都是法院为了确保将来的执行文书得以顺利执行或满足紧迫性需要,在执行文书生效之前,采取一定的强制性措施以限制义务人处分其财产或责令义务人作为或不作为的程序。建立这两种制度的意义在于:

一是有助于弥补通常诉讼程序事后救济的不足,全面保护当事人的合法权益。依通常诉讼程序,从原告提起诉讼,经过法庭调查、法庭辩论等程序,再到法院作出判决,这是需要时间的,其间有可能发生债务人转移、处分财产而使判决最终无法得到执行的情况,此时如果等到判决后执行,可能即使当事人胜诉了,也只是形式上的胜诉,实体上的权利并不能得到最终的保护和落实。通过保全和先予执行制度,法院可以在诉前或者诉讼中对被申请人的财产采取查封、扣押等措施以保证将来的强制执行得以实现,可以责令被申请人为或不为一定行为,以防止损害的扩大,或在受理案件后作出判决前裁定义务人给付原告一定钱物,这对于切实、全面地保护当事人的合法权益,具有十分重要的意义。

二是有利于解决"执行难"问题。如果大量的民事纠纷案件都能在事先对债务人的财产采取保全措施,或预先满足当事人的紧迫需要,那么到生效判决作出之后,执行难的问题就会得到大大缓解。

三是有利于降低判决实现的成本。申请人申请保全并采取了保全措施后,有些债务人便积极主动地要求和解,加大了迫使义务人自动履行义务的压力,对纠纷解决机制的完善具有十分重要的意义。

> **第一百零三条** 人民法院对于可能因当事人一方的行为或者其他原因,使判决难以执行或者造成当事人其他损害的案件,根据对方当事人的申请,可以裁定对其财产进行保全、责令其作出一定行为或者禁止其作出一定行为;当事人没有提出申请的,人民法院在必要时也可以裁定采取保全措施。
>
> 人民法院采取保全措施,可以责令申请人提供担保,申请人不提供担保的,裁定驳回申请。
>
> 人民法院接受申请后,对情况紧急的,必须在四十八小时内作出裁定;裁定采取保全措施的,应当立即开始执行。

【释义】 本条是关于诉讼中保全制度的规定。

一、保全的概念

各国民事诉讼制度中都规定了保全制度,有的国家规定在民事诉讼法中,有的国家规定在民事执行法中,有的国家专门制定了民事保全法。两大法系关于保全制度的称谓也有所不同,大陆法系一般称为"假扣押""假处分",英美法系一般称为"临时性救济措施""禁令",我国民事诉讼法采用了"保全"这一称谓。无论规定在哪部法律中,也无论称谓是什么,其内容大体是一致的,基本包括两个方面:

一是财产保全,是指人民法院作出裁定,对一方当事人的财产采取查封、扣押、冻结等保全措施,防止该当事人转移、处分被保全的财产,以保证将来生效判决的执行。如在金钱给付之诉中,为保证日后生效判决得以顺利执行,以判决可能支付的数额为限对被告的财产进行保全,以防止被告转移财产。

二是行为保全,是指人民法院作出裁定,责令一方当事人作出一定行为,或者禁止其作出一定行为,防止该当事人正在实施或者将要实施的行为给申请人造成不可弥补的损害。2012年修改民事诉讼法时增加规定了行为保全制度。一般而言,行为保全包括两层含义:第一层含义是要求被申请人作出或者禁止被申请人作出某种行为,如禁止被申请人处分标的物、要求被申请人停止实施侵权行为等;第二层含义是暂时确定申请人与被申请人之间的权利义务,如要求被申请人支付工资、赔偿金、扶养费、赡养费、医疗费用等。本章除规定保全外,还规定了先予执行制度,先予执行制度主要适用于支付赡养费、扶养费、抚养费、抚恤金、医疗费用、劳动报酬以及其他紧急情形,与行为保全制度在一定程度上有所重合。因此,本法中的保全制度仅指上述第一层含义,第二层含义包含在先予执行制度中。

二、增加规定行为保全制度的必要性

2012年修改前的民事诉讼法只规定了财产保全,一方当事人只能对另一方当事人的财产提出保全请求,如扣押诉争标的、查封对方当事人的部分财产等,却无法要求对方当事人作出一定行为或停止实施侵权行为,这给司法实践造成了一定的不便。

2012年修改前的民事诉讼法未规定行为保全制度,但其他一些单行法律在其适用范围内已经对行为保全制度作了部分规定。2000年7月实施的海事诉讼特别程序法第4章规定了具有行为保全性质的海事强制令制度。据此,海事法院可以在起诉前或者诉讼中根据海事请求人的申请,责令被请求人实施特定的作为或者不作为。2000年8月25日第九届全国人大常委会第十七次会议通过了专利法修改决定,修改后的专利法中规定了行为保全制度。随后修改的商标法、著作权法也规定了行为保全制度。在2012年修改民事诉讼法之前,不少意见建议在民事诉讼法中建立行为保全制度,认为海事强制令和知识产权诉讼中的诉前禁令,仅适用于海事案件、知识产权侵权纠纷案件两个专业诉讼领域,不能适用到普通的民事诉讼中。对于这一意见,立法机关进行了认真研究,认为一方面建立行为保全制度是民事诉讼司法实践的迫切需要。实践中,存在需要通过行为保全措施保护当事人合法利益的情形。比如,在家庭暴力案件,侵犯自然人肖像权、隐私权、名誉权等侵权案件中,有时需要责令加害人立即停止侵权行为;在离婚案件中,一方为了争夺对子女的监护权,往往转移、藏匿子女,需要立即制止这种行为;在相邻纠纷案件中,经常需要强制一方当事人立即拆除危险建筑或者立即停止建设尚未完工的危险建筑等;在环境污染侵权纠纷中,往往需要立即停止实施污

染环境的侵权行为；在针对特定物的诉讼中，需要一方当事人对该特定物实施临时管理；在租赁合同纠纷案件中，有时需要强制出租人退出建筑物。另一方面，有关海事强制令、知识产权诉前禁令的运用，为在民事诉讼法中规定行为保全制度提供了宝贵经验。此外，民事诉讼法学术研究也取得了不少成果，在此基础上，2012年修改民事诉讼法时，在原有财产保全制度的基础上增加规定了行为保全制度。

三、保全程序的特点

在民事诉讼中，保全程序与普通审判程序相比，一般具有如下特征：

一是暂定性。当事人之间的权利义务需要通过判决才能确定，在依照审判程序作出判决之前，当事人之间的权利义务都处于未定状态，但为了保证日后生效判决的执行，或者避免当事人遭受不可弥补的损害，法院根据一方当事人的申请，非依严格的审判程序，在判断当事人胜诉可能性的基础上，对当事人之间的权利义务关系作出暂时性的裁定。

二是程序的简易性。随着诉讼进程的深入，双方当事人胜诉或者败诉的可能性也逐渐显现，债务人可能在判决生效前转移、隐匿财产，即使将来法院作出判决，债权人拿到执行依据，其债权也可能无从实现。为避免出现这一结果，在债务人正在实施或者可能实施侵害债权人利益的行为时，法院需要迅速作出裁定，责令其作出一定行为或禁止当事人实施侵害行为，正因为时间上的紧急性，法院审理保全案件的程序较为简单，否则保全将失去意义。

三是非对审性。只要债权人发现债务人正在转移财产或者准备转移财产，就可以向法院申请保全，保全裁定往往只需要依据债权人提供的证据即可作出，无须通知债务人，并且可以在向债务人送达保全裁定的同时执行，以防止债务人利用送达裁定与采取保全措施之间的时间差转移财产。

四、申请保全的要件

本条对申请财产保全与行为保全的要件作出了规定，两者之间既有相同之处，也有不同之处。

相同之处在于：（1）申请时间。本条规定的是诉讼中保全，提出保全申请的时间必须是在法院受理案件后，判决作出前。既可以在第一审程序中进行，也可以在第二审程序中进行，《最高人民法院关于适用〈中华人民共和国民事诉讼法〉的解释》第 161 条对此作了衔接性的规定:"对当事人不服一审判决提起上诉的案件,在第二审人民法院接到报送的案件之前,当事人有转移、隐匿、出卖或者毁损财产等行为,必须采取保全措施的,由第一审人民法院依当事人申请或者依职权采取。第一审人民法院的保全裁定,应及时报送第二审人民法院。"(2)提供担保。由于保全具有暂定性和非对审性,通常情况下,法院根据申请人提交的证据即可作出保全裁定,可能会因申请人错误申请保全而给被申请人造成经济损失,为了平等保护双方当事人的利益,根据本条规定,法院采取保全措施,可以责令申请人提供担保,申请人不提供担保的,裁定驳回申请。(3)启动方式。本条规定了两种启动方式:一是由一方当事人提出申请,由法院作出裁定;二是当事人没有提出申请的,法院依职权主动采取保全措施。2012 年民事诉讼法修改过程中,针对是否应当取消法院依职权采取保全措施,存在不同意见。有的意见提出,申请保全是当事人的权利,并非所有案件都需要对一方当事人的财产或者行为进行保全,应当由当事人自己作出判断,法院不能越俎代庖,实践中也几乎没有法院主动采取保全措施的案例。也有的意见认为,我国地域辽阔,经济发展极不平衡,有些当事人连什么是保全都不知道,更遑论主动申请,法院依职权采取保全措施是对当事人申请的有益补充,实践中暂时不存在这方面的案例并不表明实践中不需要。综合上述两种意见,经研究认为,保全程序原则上应当依照当事人申请启动,在特殊情形下,法院知悉债务人正在实施或者准备实施转移、隐匿财产行为的,可以依职权采取保全措施,有利于维护诉讼秩序。因此,在 2012 年修改民事诉讼法时保留了法院可以依职权采取保全措施的规定。

不同之处在于:(1)提出保全案件的类型不同。财产保全的对象是双方争执的标的物,或者与争议有关的财物,提出财产保全的案件必须是给付之诉,或者包含给付之诉的诉讼。无论是在给付之诉,还是确认之诉、形成之诉中,当事人都可以申请行为保全。(2)申请目的不同。本条规定,申请保全的情形是"因当事人一方的行为或者其他原因,使判决难以执行或者造成当事人其他损害"。具体到财产保全和行为保全中,申请保全的事由有所区别。申请财产保全的主要目的在于保证将来的生效判决能够得以执行,顺利实现债权。申请行为保全的目的主要在于避免债权人遭受其他不可弥补的损害。如在地役权案件中,法院可以要求供役地人维持目前的地役关系,直至判决生效;在侵权案件中,法院可以责令加害人立即停止实施侵权行为;在知识产权案件中,法院可以责令侵权人停止有关行为。(3)执行内容不同。根据本条规定,保全裁定具有执行性,且需立即执行。财产保全的核心是防止债务人处分财产,最常见的执行措施是查封、扣押、冻结。对不动产实施查封,对动产实施扣押,对金钱账户、证券账户等金融资产实施冻结。行为保全的核心是限制债务人的行为,裁定债务人必须为或者不为一定行为,债务人一旦违反裁定设定的义务,应当承担一定的法律责任,如罚款、拘留直至承担刑事责任。

五、担保与保全的关系

1. 担保的必要性。根据本条规定,法院采取保全措施,可以责令申请人提供担保,申请人不提供担保的,裁定驳回申请。因保全只是一种临时性措施,如果申请有错误的,申请人应当赔偿被申请人因保全遭受的损失,为了使这种赔偿届时不致落空,申请人事先就应当通过提供担保来证实自己确有这种赔偿能力,这充分体现了对被申请人合法权益的保护。但是否所有保全案件都需要申请人提供担保呢?法律并没有作出"一刀切"的规定,本条规定的是"可以",不是"应当",更不是"必须",给予法院一定的自由裁量权。由法院根据案件具体情形决定是否需要申请人提供担保,主要是考虑具体案件千差万别,有的申请人财力雄厚,完全有能力承担因错误申请保全给对方当事人造成的损失,可以不要求其提供担保;有的申请人胜诉可能性较大,且不会给对方当事人造成过大的损失,也可以不要求担保;在有些行为保全案件中,要求对方当事人停止实施明显的侵权行为,事实较为清楚,也不会产生不良后果,无须要求担保。

2. 担保金额。本条没有对担保数额作出明确规定。在调研过程中,有的意见提出,司法实践中,法院对担保金额的要求做法不一,有些法院要求申请人提供全额担保,即提供的担保金额必须与保全金额相当,有些当事人因无法提供足额担保被法院驳回申请,如在离婚案件中,多数情形下丈夫为了少分财产给妻子,通过各种手段转移财产,妻子申请保全财产,但难以提供担保。有的意见提出,担保金额不应超过保全金额的1/10。经研究认为,保全裁定的作出并不需要严格的对审程序,要求申请人提供担保,是为了及时有效地赔偿可能因申请人申请错误而给被申请人造成的损失,也促使申请人在申请保全时慎重考虑。从审判实践来看,如果要求申请人提供担保的数额与请求担保的数额相当,对很多处于弱势的申请人来说是很不公平的,很多情况下,当事人申请保全出于紧急情况,而各地法院一般都要求现金担保或者具体的财物担保,当申请保全额很大时,相应数额的担保难以一时落实,从而错过时机,使债权人失去保全机会。所以,担保金额的确定应当以被申请人可能遭受的损失为基础,综合考虑申请人的经济状况、胜诉可能性、证据充分与否等情形,不能一概要求申请人提供与保全金额相当的担保。至于担保金额与保全金额的比例,法律中难以作出统一的规定,根据具体案件情况确定为宜。

3. 担保方式。本条没有对担保方式作出明确规定。在调研过程中,有的意见提出,有些法院只接受现金担保,不接受其他方式的担保。一般认为,担保可以分为人的担保和物的担保,人的担保可以分为保证人的担保和当事人签订的定金合同,物的担保又可以分为抵押、质押、留置。强制要求当事人缴纳现金进行担保并不合适,可能导致有些当事人难以提供担保。我们认为,当事人可以选择其认为合适的担保方式,不应局限于现金,只要能够确实起到担保作用,法院不应拒绝。

还有一点需要说明的是,有的意见提出,应当借鉴某些国家的做法,将担保金额作为申请人因错误申请承担的损害赔偿责任的限额,被申请人仅能在担保额度内就其因错误申请遭受的损失请求赔偿,以便申请人在申请时明确知道自己的风险。经研究认为,这种安排不适合我国司法实践,关键在于采取保全措施对被申请人可能造成多大损失难以预测,由法院确定担保数额风险较大。

4. 驳回申请的方式。2012年修改前的民事诉讼法规定,申请人不提供担保的,驳回申请。这一条没有对驳回申请的方式作出规定,实践中也没有统一的做法,有的法院以裁定的方式作出,有的法院以决定的形式通知,有的法院则口头通知申请人。以口头通知、决定的形式驳回影响当事人权益的申请不尽恰当、不够严肃,口头通知一般适用于简易程序,决定也只能适用于一些程序性事项。经研究,我们认为民事诉讼法应当对此作出规范,法院驳回申请是对当事人申请是否符合法律规定的判断,直接关系到今后生效判决能否顺利执行,应当以裁定的形式作出,因此,2012年修改民事诉讼法时增加规定,法院驳回保全申请必须以裁定方式作出。当事人对该裁定不服的,还可以根据本法第111条的规定申请复议一次。

六、作出裁定的时间

根据本条第3款的规定,人民法院接受申请后,对情况紧急的,必须在48小时内作出裁定;裁定采取保全措施的,应当立即开始执行。

在调研过程中,有的意见提出,要求法院在48小时内作出裁定,实践中难以做到,建议取消这一规定。有的意见提出,当事人申请保全的案件都是情况紧急的,应当一律在48小时内作出裁定,不应区分情况是否紧急。经研究认为,保全是对当事人合法权利的临时性救济,保全程序应当适应保全案件的紧急需要,但根据保全案件性质的不同可以有所区分,对于正在实施转移财产的行为,应当尽快作出查封、扣押、冻结的裁定,以防判决落空;对于情况并非紧急的,并非一律必须在48小时内作出裁定。何为情况紧急,应当由法官根据案件具体情形作出判断,法律中不宜作出统一规定。

第一百零四条 利害关系人因情况紧急,不立即申请保全将会使其合法权益受到难以弥补的损害的,可以在提起诉讼或者申请仲裁前向被保全财产所在地、被申请人住所地或者对案件有管辖权的人民法院申请采取保全措施。申请人应当提供担保,不提供担保的,裁定驳回申请。

人民法院接受申请后,必须在四十八小时内作出裁定;裁定采取保全措施的,应当立即开始执行。

申请人在人民法院采取保全措施后三十日内不依法提起诉讼或者申请仲裁的,人民法院应当解除保全。

【释义】 本条是关于诉讼前保全制度的规定。

根据申请保全的时间不同,保全可以分为诉讼中保全和诉讼前保全,本条是对诉讼前保全的规定。诉讼前保全,又称诉前保全,是指在起诉或者仲裁前,对于因情况紧急,不立即申请保全将会使利害关系人的合法权益遭受到难以弥补的损害,依据利害关系人的申请而采取的保全措施。

和诉讼中保全一样,本条规定的诉讼前保全也包括财产保全和行为保全,为了简化条文,没有重复本法第103条中的表述"可以裁定对其财产进行保全、责令其作出一定行为或者禁止其作出一定行为"。为了便于大家了解诉讼前保全制度,笔者对诉讼前保全与诉讼中保全进行对比,介绍两种制度的不同之处：

1. 申请保全的时间。顾名思义，申请诉前保全必须在向法院提起诉讼前申请；而申请诉讼中保全只能发生在诉讼进行中，判决作出前。2012年修改前的民事诉讼法仅规定了"可以在起诉前向人民法院申请"，在调研过程中，有的意见提出，目前纠纷解决方式除了诉讼之外，还有仲裁和调解，在仲裁前也可以申请保全。经研究认为，仲裁作为一种国际通行的纠纷解决途径，具有替代司法的功能，其作出的裁决具有法律效力，可以直接作为执行依据，仲裁法第28条仅规定了当事人可以在仲裁进行中申请保全，利害关系人在申请仲裁前向法院申请保全没有明确法律依据，有必要在民事诉讼法中进一步明确。2012年修改民事诉讼法时增加规定了仲裁前申请保全的规定。

2. 启动主体不同。根据本法第103条第1款规定，诉讼中保全除可由当事人申请外，法院也可依职权采取。根据本条第1款规定，诉前保全只能由利害关系人提出申请。在诉前保全中，因尚未进入诉讼程序，法院无法了解基本案情，不宜赋予法院依职权采取保全措施的权力。

3. 管辖法院不同。根据本法第103条第1款规定，当事人申请诉讼中保全，应当向审理案件的法院申请。对于诉前保全，2012年修改前的民事诉讼法仅笼统地规定向人民法院申请，未明确哪些法院具有管辖权。为方便利害关系人申请，2012年修改民事诉讼法时明确规定被保全财产所在地法院、被申请人住所地法院、对案件有管辖权的法院都可以受理。对案件有管辖权的法院是指根据本法对将要提起的诉讼具有管辖权的法院，如侵权案件可以由侵权行为地或者被告住所地法院管辖；合同纠纷案件可以由被告住所地或者合同履行地法院管辖；因不动产纠纷提起的诉讼应由不动产所在地法院管辖等。

4. 是否提供担保。根据本法第103条第2款规定，诉讼中保全，人民法院可以责令申请人提供担保，申请人不提供担保的，裁定驳回申请。而在诉前保全中，因案件尚未起诉到法院，法院并不了解案件事实、证据材料、申请人和被申请人的基本信息，利害关系人是否起诉及起诉后又能否胜诉尚属未知，而保全措施的适用可能会给被申请人造成经济损失，为了平等保护双方当事人的利益，本条第1款规定，申请人应当提供担保，不提供担保的，裁定驳回申请。也就是说，利害关系人申请诉前保全，一律要求提供担保，而担保的数额可以由法院根据具体情形确定。

5. 作出裁定的前提。根据本法第 103 条第 3 款规定,诉讼中保全,人民法院对情况紧急的,必须在 48 小时内作出裁定。而根据本条规定,申请诉前保全的要件之一即"情况紧急",人民法院接受申请后,必须在 48 小时内作出裁定。一般而言,"情况紧急"是指必须立即采取保全措施。

6. 解除条件不同。在诉讼中保全制度中,一般认为,关于保全裁定的效力应维持到生效法律文书执行时止。诉前保全是为了在紧急情况下保护申请人免受不可弥补的损害的临时性措施,并没有解决申请人与被申请人之间的实体权利义务,如果申请人未在一定期限内提起诉讼或者申请仲裁,长时间查封、扣押、冻结被申请人的财产或者限制被申请人的行为,将给被申请人日常生活或者正常的生产经营活动造成损害。为了平衡申请人与被申请人之间的利益,本条第 3 款规定,申请人在人民法院采取保全措施后 30 日内不依法提起诉讼或者申请仲裁的,人民法院应当解除保全。2012 年修改民事诉讼法前,提起诉讼或者申请仲裁的期限是"15 日",在立法过程中,经研究认为,15 日的期限过于短暂,适当延长期限,不仅有利于申请人准备起诉材料,同时也可能有利于当事人之间协商解决纠纷。2012 年修改民事诉讼法时,将提起诉讼或者申请仲裁的期限从"15 日"延长至"30 日"。

第一百零五条 保全限于请求的范围,或者与本案有关的财物。

【释义】 本条是关于保全范围的规定。

本条单独规定保全范围,且不限于财产保全,还包括行为保全;本法第 106 条则专门规定财产保全的措施。

通常来看,所谓"限于请求的范围",是指所保全的财产或者行为,应当在对象或者价值上与当事人所提诉讼请求的内容相符或者相等。因此,不论是当事人申请保全,还是受诉法院依职权主动采取保全措施,都应当遵循这一原则。如果其保全请求的范围与诉讼请求的范围重合,或者其保全请求的范围小于其诉讼请求的范围,均可直接以其保全请求的范围为准;如果其保全请求的范围大于其诉讼请求的范围,则应对超过其诉讼请求范围的那部分保全请求不予保全;否则,随意扩大保全范围将给被申请人造成不必要的损失。在财产保全中,这一点比较容易理解。比如,原告诉讼请求为要求被告支付货款 5000 万元,在申请保全时,只能在 5000 万元范围内申请保全。在行为保全中,比如,在商标权案件中,原告申请保全要求被告立即停止生产、销售侵犯其商标权的商品,被告的生产线除生产涉案商品外,还生产其他商品,原告申请的保全只能针对该涉案商品,不能要求被告停止该生产线上的一切生产活动;再如,在家庭暴力案件中,原告诉请法院判决被告停止实施家庭暴力行为并赔偿损失,原告申请保全也只能在此范围内,不能对被告的其他行为实施保全。

所谓"与本案有关的财物",是指本案的诉争标的,或者当事人在诉讼请求中没有直接涉及,但是与日后本案生效判决的强制执行相关联的财物。在财产保全案件中,可能出现两种情形:一种情形是请求保全的标的可能就是本案诉争标的,毫无疑问,申请人可以直接申请对该财产申请保全,如双方当事人就房屋权属发生争议,为防止实际控制房屋的一方不当处置该房产,另一方当事人可以申请查封该房屋。另一种情形是诉讼请求是给付金钱,并不涉及特定财物,根据民法原理,债务是以债务人的全部财产作为担保的,为强制执行生效判决,债务人的所有财产都可以作为执行标的,因此,债权人可以申请对债务人所有财产中相当于诉讼请求的部分进行保全,以保证日后生效判决得以顺利执行。

需要说明的是,本条中的"与本案有关的财物"是否可以包括案外人的财产,实践中曾产生争议。案外人并非本案的当事人,日后生效判决也不应执行案外人的财产,保全的效力不应及于该案外人。但案外人可能与案件当事人存在经济联系,如被申请人对案外人拥有到期或者未到期债权,该债权应当作为被申请人的财产成为保全标的,但能否因此而直接对该案外人的财产采取保全措施,存在不同意见。为明晰这一问题,《最高人民法院关于适用〈中华人民共和国民事诉讼法〉的解释》规定,对于债务人的财产不能满足保全请求,但对他人有到期债权的,人民法院可以依债权人的申请裁定该他人不得对债务人清偿,该他人对其到期债务没有异议并要求偿付的,由人民法院提存财物或价款,但人民法院不应对其财产采取保全措施。

第一百零六条 财产保全采取查封、扣押、冻结或者法律规定的其他方法。人民法院保全财产后,应当立即通知被保全财产的人。

财产已被查封、冻结的,不得重复查封、冻结。

【释义】 本条是关于财产保全措施的规定。

一、财产保全的措施

根据本法第103条、第104条的规定,人民法院裁定采取保全措施的,应当立即开始执行。根据本条规定,财产保全采取查封、扣押、冻结或者法律规定的其他方法。

查封,是一种针对不动产的临时性措施,是指把被执行人的财产清查封闭贴上封条,就地封存,不准任何人转移和处理。封条是由执行机构制作的表明实施查封机构、时间等内容并加盖执行机构所在法院印章的条幅。被查封的财产,执行员可以指定被执行人保管,被执行人拒绝保管或者保管不善造成损失,由他自己承担;执行员也可以指定其他人保管,被执行财产由他人保管的,所需费用由被执行人负担。

扣押也是一种临时性的措施,一般用于动产,是指把被执行人的财产就地或者运到另外的场所,加以扣留,避免被执行人占有、使用和处分。被扣押的财产可以由人民法院保管,也可以由有关单位和个人保管,保管人员不得任意使用该项财物,保管中发生的费用,由被执行人负担。

冻结,是指人民法院向银行、证券公司等金融机构发出协助执行通知书,不准被执行人在一定期限内提取和转移该项存款、证券的执行措施。

法律规定的其他办法,是指法律规定的除查封、扣押、冻结以外的其他执行措施,如清点被保全的财产,并责令被申请人保管,保管期间可以使用,但不得变卖、转移、毁损和隐匿;对不动产和特定的动产(如车辆、船舶等)进行财产保全,可以采用扣押有关财产权证照并通知有关产权登记部门不予办理该项财产的转移手续的财产保全措施;对债务人到期应得的收益,可以通知有关单位限制其支取;被申请人对第三人有到期债权的,人民法院可以通知该第三人不得向被申请人清偿;对季节性商品、鲜活、易腐烂变质以及其他不宜长期保存的物品采取保全措施时,可以责令当事人及时处理,由人民法院保存价款等。

二、法院的通知义务

本条第1款中规定,人民法院保全财产后,应当立即通知被保全财产的人。

保全程序的特点之一就是非对审性,在财产保全中表现得尤为突出。只要债权人发现债务人正在转移或者准备转移财产,就可以向法院申请财产保全,财产保全裁定往往只需要依据债权人提供的证据即可作出,无须通知债务人,以防止债务人利用答辩的机会转移财产。在执行保全裁定时,也无须事先向债务人发出执行通知,可以不经通知直接执行,但为了保护债务人的合法权益,人民法院应当在采取保全措施后,立即通知被保全财产的人。债务人得到通知后,认为财产保全裁定有错误的,可以根据本法第111条申请复议;认为执行措施不当的,可以提出执行行为异议。

三、禁止重复查封、冻结

本条第2款规定,财产已被查封、冻结的,不得重复查封、冻结。

禁止重复查封、冻结原则是指执行法院依法对被执行人的财产查封、冻结后,任何单位包括其他法院不得对该执行标的物在相同时间对同一标的物再行查封、冻结,否则后来的查封、冻结行为无效。确立这一原则的目的是理顺执行秩序,也为解决法院之间的执行争议提供依据。

在2012年修改民事诉讼法的过程中,有的意见提出,司法实践中经常发现多个法院对同一标的作出查封或者冻结裁定,这些裁定有的来自保全程序,有的来自执行程序,最高人民法院根据司法实践需要制定了司法解释,明确对已被人民法院查封、冻结的财产,其他人民法院可以进行轮候查封、冻结,查封、冻结解除的,登记在先的轮候查封、冻结即自动生效。需要明确的是,本款规定的不得重复查封、冻结,不包括轮候查封、冻结。

被查封、扣押、冻结的财产应当由谁保管?是否可以使用?一般来说,被查封、扣押、冻结的财产应当由采取保全措施的法院保管。但是,法院没有足够的人力来保管这些财物,有的财物也没有必要交给法院保管,这时既可以由被保全人自行保管,也可以委托他人或者申请保全人保管。例如,查封工厂的大型机器设备,法院难以将其搬运,也没有地方可供放置,查封后由被保全人继续保管较为合适,甚至可以允许被保全人继续使用这些机器设备,继续进行正常的生产经营,以免造成资源浪费。因此,《最高人民法院关于适用〈中华人民共和国民事诉讼法〉的解释》规定,人民法院在财产保全中采取查封、扣押、冻结财产措施时,应当妥善保管被查封、扣押、冻结的财产。不宜由人民法院保管的,人民法院可以指定被保全人负责保管;不宜由被保全人保管的,可以委托他人或者申请保全人保管。查封、扣押、冻结担保物权人占有的担保财产,一般由担保物权人保管;由人民法院保管的,质权、留置权不因采取保全措施而消灭。由人民法院指定被保全人保管的财产,如果继续使用对该财产的价值无重大影响,可以允许被保全人继续使用;由人民法院保管或者委托他人、申请保全人保管的财产,人民法院和其他保管人不得使用。

第一百零七条 财产纠纷案件,被申请人提供担保的,人民法院应当裁定解除保全。

【释义】 本条是关于被申请人提供担保后解除保全的规定。

一、被申请人提供担保的作用

保全的目的是保障将来生效判决的执行,避免申请人遭受不可弥补的损害,一旦被申请人提供担保,日后生效判决不能执行的可能性便不复存在,申请人可能遭受的损害也能得到弥补,同样达到了法院采取保全措施的目的,因此,继续实施保全已无必要。这种机制的设置与适用,同时具有双重意义,既可使日后生效判决的执行顺利进行,又可避免因继续保全而对被申请人财产功能的有效发挥造成客观障碍。

具体而言,被申请人提供的担保可以是多样化的,既可以是人的担保,也可以是物的担保;既可以实物担保,也可以无形财产作为担保。被申请人提供担保的,担保数额应当以解除保全可能给申请人造成的损失为基础计算,至少不应低于被保全财产的价值或者金额。

二、何谓"财产纠纷案件"

根据本条规定,只有财产纠纷案件,人民法院才可以根据被申请人提供的担保裁定解除保全。保全包括财产保全和行为保全,并不是所有的保全都可以因为被申请人提供了担保而裁定解除。

在民事诉讼理论中,根据原告诉讼请求的性质和内容,可以把诉分为给付之诉、确认之诉和形成之诉,分别对应着实体法上的请求权、支配权和形成权。给付之诉,是指原告请求被告履行一定给付义务的诉讼,原告对被告享有特定的给付请求权,是给付之诉成立的基础。依照给付的内容,给付之诉可分为金钱给付、物之给付和行为给付,如受害人请求加害人承担损害赔偿责任等。确认之诉,是指原告请求法院确认当事人之间有争议的权利或者法律关系是否存在的诉讼。确认之诉必须具有需要诉讼救济或保护的法律利益,确认之诉的判决一般不具有强制执行的效力,如物的所有权人因他人否定其具有所有权而针对该他人提起的诉讼等。形成之诉,是指原告请求法院变更某一法律关系的诉讼。在形成之诉中,当事人对于现存的法律关系并无争议,而对于现存的法律关系应否变更存在争议,如解除婚姻关系之诉、解除共有关系之诉等。实践中,由于诉的复杂性,往往产生诉的竞合。比如,给付之诉的审理必须对给付的权利义务关系予以确认,确认之诉是给付之诉的前提,形成之诉也以确认之诉为前提。

所谓财产纠纷案件,主要是指原告提出的诉讼请求涉及财产归属、要求被告承担金钱或者可以金钱计算的给付义务的案件。我们在此没有采用比较理论化的诉的类型的划分,而是采用了"财产纠纷案件"的表述,包括涉及财产归属的确认之诉、给付内容为金钱或者物的给付之诉案件。确认之诉的核心是确认当事人之间的权利义务关系,既可以是对物的所有权的确认,也可以确认是否存在侵权行为。对确认财产归属的案件,在作出最终判决前,为防止实际控制诉争财产的当事人实施转移、隐匿、处分等行为,对方当事人可以请求法院作出保全裁定,维持目前的法律关系直至判决作出,属于"财产纠纷案件";给付之诉中的金钱给付之诉、物的给付之诉,因其执行内容涉及财产移转,也属于"财产纠纷案件"。只具有行为给付内容的判决,执行标的也只能是被执行人的行为,不涉及财产移转;形成之诉案件,是对既存法律关系的变更,也不涉及财产移转,这两种都不属于"财产纠纷案件",不适用本条规定。

在非财产纠纷案件中,即便被申请人提供了担保,也不能裁定解除保全。试想,在家庭暴力案件中,能够因为丈夫提供了担保而解除责令其停止实施家庭暴力的行为保全吗?在这种非财产纠纷案件中,如果提供了担保就可以解除保全,可能会给当事人造成无法弥补的损害。

需要说明的是,这里规定的财产纠纷案件并不完全等同于财产保全案件,一部分行为保全案件也涉及财产纠纷,如侵犯知识产权中的财产权案件、普通的侵权案件等,也属于本条的适用范围。我国著作权法、商标法和专利法均规定了特殊情况下权利人可以申请行为保全或者财产保全。著作权法

第56条规定，著作权人或者与著作权有关的权利人有证据证明他人正在实施或者即将实施侵犯其权利、妨碍其实现权利的行为，如不及时制止将会使其合法权益受到难以弥补的损害的，可以在起诉前依法向人民法院申请采取财产保全、责令作出一定行为或者禁止作出一定行为等措施。商标法第65条规定，商标注册人或者利害关系人有证据证明他人正在实施或者即将实施侵犯其注册商标专用权的行为，如不及时制止将会使其合法权益受到难以弥补的损害的，可以依法在起诉前向人民法院申请采取责令停止有关行为和财产保全的措施。专利法第72条规定，专利权人或者利害关系人有证据证明他人正在实施或者即将实施侵犯专利权、妨碍其实现权利的行为，如不及时制止将会使其合法权益受到难以弥补的损害的，可以在起诉前依法向人民法院申请采取财产保全、责令作出一定行为或者禁止作出一定行为的措施。

第一百零八条　申请有错误的，申请人应当赔偿被申请人因保全所遭受的损失。

【释义】　本条是关于申请保全错误赔偿的规定。

保全是为了保证生效判决能够顺利执行、避免申请人遭受不可弥补的损害，在一定条件下采取的一项临时的强制性措施。在一般情况下，保全措施都是得当的，但是由于现实情况的复杂性，也存在错误申请保全的可能。申请有错误的原因是多种多样的：在诉讼保全中，如法院裁定驳回申请人起诉或者最终判决驳回诉讼请求、申请保全的原因不存在、因被申请人提出异议法院撤销保全裁定、其他可以归责于申请人的原因导致保全裁定被撤销等；在诉前保全中，利害关系人申请保全后未在法定期限内提起诉讼或者申请仲裁也将导致保全裁定被撤销。一旦出现错误，被申请人会因为其财产或者行为被采取保全措施而遭受损失。在多数情形下，保全是由一方当事人申请启动的，当因保全给对方当事人造成损失时，申请采取保全措施的一方应当赔偿被申请人因保全所遭受的损失。这样规定，既是对被申请人合法权益的保护，同时也是要求申请保全的当事人承担一定的义务来防止权利滥用。正是为了确保申请保全错误时对被申请人损失的赔偿，法律规定诉前保全的申请人都应当提供担保；诉讼中申请保全的，法院视情况可以责令申请人提供担保。

被申请人根据本条要求申请人赔偿损失的,应当同时满足以下条件:(1)保全错误并被人民法院裁定撤销,但由于达成和解而由申请人向法院申请撤销保全措施的除外;(2)被申请人的损害与申请人的错误申请之间存在因果关系;(3)在诉讼时效期间内主张权利。因诉讼保全导致被申请人受到损害的,被申请人可以向审理本案的人民法院起诉,由该法院将该案合并审理;申请人错误申请诉前保全的,根据《最高人民法院关于适用〈中华人民共和国民事诉讼法〉的解释》第27条规定,当事人申请诉前保全后没有在法定期间起诉或者申请仲裁,给被申请人、利害关系人造成损失引起的诉讼,由采取保全措施的人民法院管辖。

需要说明的是,根据本法第103条规定,对于诉讼保全,除了可以因当事人申请启动外,法院也可以依职权采取保全措施。本条仅规定因申请人错误申请造成被申请人损失应予赔偿,因法院错误依职权保全造成被申请人损失的,应当根据国家赔偿法以及相关司法解释申请国家赔偿,国家赔偿法第38条规定:"人民法院在民事诉讼、行政诉讼过程中,违法采取对妨害诉讼的强制措施、保全措施或者对判决、裁定及其他生效法律文书执行错误,造成损害的,赔偿请求人要求赔偿的程序,适用本法刑事赔偿程序的规定。"

其他国家或者地区也有类似的规定,例如《德国民事诉讼法》第945条规定,假扣押或者假处分的命令经判明自始为不合法时,请求发出命令的当事人,对于对方当事人因执行该命令而受到的损害,或者因免除执行或撤销处分而提供担保发生的损害,负赔偿责任。我国台湾地区"民事诉讼法"第531条规定,假扣押裁定因自始不当而撤销的,债权人应赔偿债务人因假扣押或提供担保所受之损害。

第一百零九条 人民法院对下列案件,根据当事人的申请,可以裁定先予执行:

(一)追索赡养费、扶养费、抚养费、抚恤金、医疗费用的;
(二)追索劳动报酬的;
(三)因情况紧急需要先予执行的。

【释义】 本条是关于先予执行制度适用情形的规定。

先予执行,是指人民法院在审理民事案件中,因当事人一方生活或生产的急需,在作出判决之前,根据当事人的申请,裁定一方当事人给付另一方当事人一定数额的款项或者特定物,或者停止实施某些行为,并立即执行的法律制度。

先予执行是相对于根据生效判决所进行的强制执行而言的。通常情况下,债务人的给付义务应当由判决加以确定,并在判决发生法律效力后予以强制执行。但是,法院审理民事案件,从立案到受理再到判决,从作出判决到强制执行,都是需要时间的,如本法第152条规定:"人民法院适用普通程序审理的案件,应当在立案之日起六个月内审结。有特殊情况需要延长的,由本院院长批准,可以延长六个月;还需要延长的,报请上级人民法院批准。"第164条规定:"人民法院适用简易程序审理案件,应当在立案之日起三个月内审结。有特殊情况需要延长的,经本院院长批准,可以延长一个月。"第183条规定:"人民法院审理对判决的上诉案件,应当在第二审立案之日起三个月内审结。有特殊情况需要延长的,由本院院长批准。人民法院审理对裁定的上诉案件,应当在第二审立案之日起三十日内作出终审裁定。"在这段时间里,个别原告可能因为经济困难,难以维持正常的生活或者生产经营活动。为了使这部分当事人在诉讼期间能够维持最起码的生活,或使其生产经营活动不至于陷入完全停顿的状态,有必要规定先予执行制度,于正式判决前让被告先行给付一定数额的款项或者财物,解决他们的燃眉之急。由于先予执行是在作出正式判决之前采取的临时救济措施,如果执行内容与日后判决不一致,将给执行回转造成困难,也会给被告造成一定的经济损失。因此,民事诉讼法对能够适用先予执行的案件以及适用条件都作了较为严格的限定。《最高人民法院关于适用〈中华人民共和国民事诉讼法〉的解释》第169条对此也进一步规定,民事诉讼法规定的先予执行,人民法院应当在受理案件后终审判决作出前采取。先予执行应当限于当事人诉讼请求的范围,并以当事人的生活、生产经营的急需为限。

先予执行制度为我国民事诉讼法所独创,在一定程度上替代了行为保全制度的部分内容。从确立以来的实践情况来看,先予执行制度在司法实践中运行良好,与财产保全制度一起共同构成了有中国特色的民事诉讼临时救济体系。其他国家和地区的法律也建立了一些类似于先予执行的制度,例如,德国的"调节处分"和"给付处分"制度,日本的"定暂时地位假处分"制度,我国台湾地区的"定暂时状态假处分"等。调节处分是为了避免重大损害或者急迫损害,而将当事人之间权利义务关系暂时确定,给付处分则允许在紧迫状况下进行部分或者全部的预先履行。《德国民事诉讼法》第940条规定,为避免重大损害或者防止急迫的强暴行为,或者因其他理由,对于有争议的法律关系,特别是继续的法律关系,有必要规定其暂时状态时可以实施假处分。《日本民事保全法》第23条规定,因系争物现状发生变更而有可能导致债权人无法实现其权利或者实现权利存在显著困难时,可发出针对系争物的假处分命令。若权利关系存在争议可导致债权人显著损害或者造成紧急危险,而有发出确定临时法律地位或者法律状态的假处分命令的必要时,可发出假处分命令。第24条规定,裁判所为达成假处分命令申请的目的,可命令债务人为一定行为,或者禁止债务人为一定行为,或者命令其为给付;亦可作出使保管人保管标的物的处分及其他必要处分。我国台湾地区"民事诉讼法"第538条规定,于争执之法律关系,为防止发生重大之损害或避免急迫之危险或有其他相类之情形而有必要时,得声请为定暂时状态之处分。前项裁定,以其本案诉讼能确定该争执之法律关系者为限。

根据本条规定,人民法院对下列案件,根据当事人的申请,可以裁定先予执行:

1. 追索赡养费、扶养费、抚养费、抚恤金、医疗费用的

追索赡养费、扶养费、抚养费的案件,通常情形下的支付对象是老人、妇女、儿童等弱势群体,追索的赡养费、扶养费、抚养费一般是他们的基本生活保障。追索抚恤金的案件,一般是指军人、国家机关工作人员以及其他人员因公牺牲或伤残的,依法应当对牺牲者的家属或者伤残者本人发给抚恤金而未发的案件。追索医疗费用的案件,不能一概而论,只有遇到不先予执行会使正在进行的医疗措施难以继续,严重影响申请人生命、健康的情况时,才能先予执行。如果医疗救治虽正在进行,但是申请人有能力支付费用的,也就无须先予执行。

2. 追索劳动报酬的

劳动报酬是当事人应得的劳动收入,一般关系到劳动者及其家属的生活,对于这类案件,人民法院可以根据当事人的申请先予执行。根据劳动合同法第30条第1款规定:"用人单位应当按照劳动合同约定和国家规定,向劳动者及时足额支付劳动报酬。"

3.因情况紧急需要先予执行的

因情况紧急需要先予执行的,是指在诉讼中,因一方当事人的行为或责任,使另一方当事人的生产或生活发生严重困难,不及时采取先予执行措施,生产、生活就难以维持下去的情况。《最高人民法院关于适用〈中华人民共和国民事诉讼法〉的解释》第170条对此进行了细化,包括:(1)需要立即停止侵害、排除妨碍的;(2)需要立即制止某项行为的;(3)追索恢复生产、经营急需的保险理赔费的;(4)需要立即返还社会保险金、社会救助资金的;(5)不立即返还款项,将严重影响权利人生活和生产经营的。在这些情况下,人民法院可以根据当事人的申请,采取先予执行措施。

人民法院准予先予执行的,应当以书面裁定的形式作出。根据本法第111条规定,当事人对先予执行的裁定不服的,可以申请复议一次。复议期间不停止裁定的执行。

第一百一十条　人民法院裁定先予执行的,应当符合下列条件:

(一)当事人之间权利义务关系明确,不先予执行将严重影响申请人的生活或者生产经营的;

(二)被申请人有履行能力。

人民法院可以责令申请人提供担保,申请人不提供担保的,驳回申请。申请人败诉的,应当赔偿被申请人因先予执行遭受的财产损失。

【释义】 本条是关于先予执行的适用条件、对先予执行的担保和对被申请人因先予执行遭受损失的赔偿的规定。

一、关于先予执行的适用条件

本条对适用先予执行的条件作出规定,人民法院裁定先予执行的,应当符合下列条件:

1.当事人之间的诉是给付之诉。诉可以分为确认之诉、变更之诉和给付之诉。适用先予执行的案件一般来说是给付之诉,因为具有执行性是给付之诉的一个特点,只有具有可以执行内容的案件才能先予执行。

2.当事人之间权利义务关系明确。当事人之间的权利义务关系明确,是指该案件的事实十分清楚,当事人之间的是非责任显而易见。例如,一位老年人无劳动收入也无其他经济来源,该老年人有两个成年子女,这一老年人起诉两个成年子女要求支付赡养费,在这种情况下,当事人之间的权利义务关系非常明确,人民法院可以根据原告的申请,在诉讼请求的限度内,裁定被告预先给付一定数额的金钱。

3. 不先予执行将严重影响申请人的生活或者生产经营的。不先予执行将严重影响申请人的生活或者生产经营的,主要指两种情况:一是申请人是依靠被告履行义务而维持正常生活的,在法院作出生效判决前,如果不裁定先予执行,原告将难以维持正常的生活。二是原告的生产经营活动,须依靠被告提供一定的条件或履行一定的义务才能进行,在法院作出生效判决前,如果不裁定先予执行,将严重影响原告的生产经营活动。如有的原告缺少生产经营资金,急需被告支付货款购置生产原料,如不先予执行将使原告停产甚至破产的,法院应根据申请及时裁定先予执行。

4. 被申请人有履行能力。被申请人有履行能力也是先予执行的必备条件,如果被申请人无履行能力,先予执行也就无法进行,因为此时如果裁定先予执行,可能会使被申请人无法维持生活或者生产经营,甚至破产,人民法院作为国家的审判机关,不仅要维护申请人的合法权益,也要维护被申请人的合法权益。因此,在这种情况下,不宜裁定先予执行。

5. 当事人需提出申请。只有当事人生活或者生产经营十分困难,并主动申请,人民法院才能作出对被告先予执行的裁定,人民法院不能依职权主动作出先予执行的裁定,这一点不同于诉讼保全制度。

上述五个条件,缺一不可。人民法院对当事人申请先予执行的案件,只有在案件的基本事实清楚,当事人间的权利义务关系明确,被申请人负有给付、返还或者赔偿义务,先予执行的财产为申请人生产、生活所急需,不先予执行会造成更大损失的情况下,才能采取先予执行的措施。

二、关于对先予执行的担保

根据本条第2款规定,人民法院可以责令申请人提供担保,申请人不提供担保的,驳回申请。

人民法院可以根据案件不同情况,对符合上述条件的申请,如果认为申请人应当提供担保的,可以责令申请人提供担保,申请人不提供担保的,裁定驳回申请。例如,有的经济合同纠纷案件比追索赡养费、扶养费、抚养费等案件的情况要复杂得多,需要先予执行的款项数额较大,万一发生错误,损失难以挽回,在这种情况下人民法院可以要求申请人提供担保。再如,未成年子女向离异父母追索抚养费,案件事实较为清楚,作为原告的未成年子女本就是因为生活困难而起诉,如果一概要求申请人提供担保,事实上剥夺了其申请先予执行的权利,这也就使先予执行制度丧失存在的意义了。提供担保的目的,在于保护被申请人的合法权益,当因申请人申请错误使被申请人遭受损失时,对被申请人的赔偿有保障。但是申请人申请先予执行不是必须提供担保,是否应提供担保,由法院根据案件具体情况确定,一旦法院责令申请人提供担保,申请人不提供担保的,驳回其先予执行的申请。

三、关于对被申请人因先予执行遭受损失的赔偿

人民法院裁定先予执行后,案件应当继续审理,最终判决存在两种可能,申请人胜诉或者败诉。申请人胜诉的,先予执行的部分可以在判决中冲抵。申请人败诉的,申请人必须返还被申请人先予执行的部分,而且因先予执行给被申请人造成财产损失的,申请人应当予以赔偿。如果申请人提供了担保,可以用担保的财产予以赔偿。这样规定,一方面保护了被申请人的合法权益,另一方面能促使申请人谨慎申请先予执行。根据《最高人民法院关于适用〈中华人民共和国民事诉讼法〉的解释》第 173 条规定,人民法院先予执行后,根据发生法律效力的判决,申请人应当返还因先予执行所取得的利益的,适用有关执行回转的规定。

第一百一十一条　当事人对保全或者先予执行的裁定不服的,可以申请复议一次。复议期间不停止裁定的执行。

【释义】　本条是关于对不服保全和先予执行裁定申请复议的规定。

一、当事人对裁定不服的,可以申请复议

民事诉讼法规定的对判决、裁定、决定的救济措施主要有:一是向上一级人民法院提起上诉,适用于判决和 3 种裁定,判决是指除一审终审的判决外的第一审判决,3 种裁定分别是不予受理裁定、管辖权异议裁定、驳回起诉裁定;二是申请复议,主要适用于保全裁定、先予执行裁定、回避申请的决定;三

是向上一级人民法院申请复议，主要适用于执行行为异议裁定、罚款决定、拘留决定，以及承认和执行或者不予承认和执行外国法院生效裁判的裁定；四是审判监督程序，适用于已经发生法律效力的判决、裁定，根据启动主体的不同可以分为当事人申请、法院依职权主动再审、检察机关提出抗诉或者再审检察建议。

保全和先予执行裁定都是法院根据一方当事人申请作出的，可能存在错误，给被申请人造成不必要的损失，为保护被申请人的合法权益，有必要规定其获得救济的权利。根据本条规定，当事人对保全或者先予执行的裁定不服的，可以申请复议。本条中的"不服"应当包括两种情形：一是申请人申请保全或者先予执行，人民法院裁定不予保全或者不予先予执行的。申请人认为其申请保全、先予执行完全符合本法规定的要件，法院裁定不予保全、不予先予执行是不正确的。二是被申请人认为保全和先予执行裁定存在错误。这里的错误，包含不应当保全或者先予执行，以及保全或者先予执行的范围过大。

本条中的"申请复议"指的是向作出裁定的人民法院申请，并不是向上一级人民法院申请。主要是考虑到，因保全和先予执行只是临时性救济措施，并不是对当事人权利义务关系的最终判决，由原审人民法院复议更为便利。根据《最高人民法院关于适用〈中华人民共和国民事诉讼法〉的解释》第171条规定，当事人对保全或者先予执行裁定不服的，可以自收到裁定书之日起5日内向作出裁定的人民法院申请复议。人民法院应当在收到复议申请后10日内审查。裁定正确的，驳回当事人的申请；裁定不当的，变更或者撤销原裁定。

根据本条规定，当事人申请复议以一次为限。

二、复议期间，不停止裁定的执行

根据本条规定，复议期间不停止裁定的执行。这是关于裁定执行力与复议关系的规定。在民事诉讼程序中，除不予受理、管辖权异议、驳回起诉3种裁定当事人可以提起上诉外，其他裁定立即发生法律效力，当事人不得提起上诉。由于保全和先予执行都是在紧急情况下采取的临时性救济措施，本条规定的"复议"属于事中救济，为了防止当事人利用申请复议的期间转移财产、损害申请人的合法利益，本条特别规定，复议期间不停止裁定的执行。

其他国家和地区的法律也规定了对保全裁定不服的救济措施，例如，《德国民事诉讼法》第924条规定，对于命令假扣押的裁定，可以提出异议。提出异议的当事人应在异议中陈述撤销假扣押的理由。法院应依职权指定言词辩论期日。假扣押的执行并不因提出异议而停止。《日本民事保全法》第19条规定，对驳回保全命令申请的裁判，债权人可于受告知之日起两周不变期间内提起即时抗告。第26条规定，对于保全命令，债务人可向发出该命令的裁判所提出保全异议申请。

第十章　对妨害民事诉讼的强制措施

本章共9条,对妨害民事诉讼的行为及应当适用的强制措施作了规定。

妨害民事诉讼的行为,是指诉讼参与人或者其他人故意实施的扰乱、危害正常诉讼秩序,并在客观上妨害了民事诉讼程序进行的行为。妨害民事诉讼的行为有多种,但在认定某一行为是否构成妨害民事诉讼的行为时,还要进行具体分析,只有符合以下几个要件,才构成妨害民事诉讼的行为。

1. 必须实施了妨害诉讼的行为。如果只有妨害诉讼的意图,而没有付诸行动,不能认为有妨害诉讼的行为。比如,当事人对证人作证不满,对自己家里人说要打证人一顿,但并没有去打,就不能认为有妨害诉讼的行为。

2. 必须是在诉讼期间实施的行为。诉讼期间,是指从起诉到执行终结的期间,包括:一审普通程序、简易程序、二审程序、特别程序、督促程序、公示催告程序和执行程序的期间。原告在起诉前和在申请再审阶段所为的某些扰乱人民法院工作秩序、殴打人民法院工作人员等违法犯罪行为不能认为是妨害民事诉讼的行为。因为起诉前,纠纷还没有起诉到人民法院,而申请再审时,诉讼程序已告完结,它们都不在诉讼程序中,因此,所为的行为不能认为是妨害诉讼的行为。但并不是说,对起诉前、申请再审时的违法行为没有人管,对此可依照有关法律,由有关部门处理。比如,对扰乱人民法院工作秩序的,可由公安机关依据治安管理处罚法的规定处理;构成犯罪的,可由人民检察院提起公诉,依法追究刑事责任。

3. 必须是故意的行为。过失不构成妨害诉讼的行为。有的行为只能由故意构成,如以暴力、威胁、贿买方法阻止证人作证或者指使、贿买、胁迫他人作伪证。但有些行为,是否出于故意还要进行具体分析,如违反法庭纪律,可能是故意所为,也可能是由于一时气愤、不冷静、没能控制住自己的情绪过失造成。对于过失行为,不能作为妨害诉讼的行为处理,但如果对其进行批评教育,仍不改正的,则构成故意行为。

妨害民事诉讼的强制措施是人民法院在民事诉讼中,对有妨害民事诉讼行为的人采取的一种强制教育和制裁的手段,是保证人民法院审判工作顺利进行的一项措施。

第一百一十二条　人民法院对必须到庭的被告,经两次传票传唤,无正当理由拒不到庭的,可以拘传。

【释义】　本条是关于拘传的规定。

拘传,是指司法机关对必须到庭的被告,由司法警察强制其到庭的措施。拘传是依法限制被执行人人身自由的强制措施,必须严格限定其适用范围和适用程序。其他国家和地区的民事诉讼法律中也建立了有关诉讼参与人不到庭时的拘传或者拘留制度,但是与我国民事诉讼法的拘传制度差异较大,一般将拘传的对象限于证人或者鉴定人等,并且往往要求在拘传前先进行罚款。例如,《俄罗斯联邦民事诉讼法》第168条规定,如果证人、鉴定人、专家、翻译人员不到庭,法院应听取案件参加人的意见,有无可能在证人、鉴定人、专家、翻译人员不到庭的情况下审理案件,并作出关于继续审理案件或者延期审理案件的裁定。如果被传唤的证人、鉴定人、专家、翻译人员由于法庭认为不正当的原因未到庭,对他们可以处以数额为联邦法律规定的最低劳动报酬额10倍以下的罚金。证人无正当理由再次不到庭的,可以进行拘传。《德国民事诉讼法》第390条规定,证人并未提出理由,或者经宣誓确定其理由不充分时,而仍拒绝作证或者拒绝履行宣誓手续,即可不经过申请,命证人负担因其拒绝而产生的诉讼费用。同时对证人处以违警罚款,不能缴纳罚款时,处以违警拘留。证人再次拒绝作证时,依申请命令拘留,以强制其作证,但不得超过在该审级中诉讼终结的时刻。《日本民事诉讼法》对于人身可以适用直接的强制措施,但是仅限于应当履行出庭义务的证人。《日本民事诉讼法》第192条规定,证人无正当理由不出庭时,裁判所可以决定形式命令其承担因此而生的诉讼费用,并处以10万日元以下的罚款。第193条第1款规定,证人无正当理由不出庭时,可处以10万日元以下的罚金或者拘留。第194条第1款规定,裁判所可以命令对无正当理由拒不出庭的证人进行拘传。

根据本条规定,拘传适用于必须到庭的被告。通常情况下,被告不出席庭审,并不影响法庭审理,根据本法第147条规定,被告经传票传唤,无正当理由拒不到庭的,或者未经法庭许可中途退庭的,可以缺席判决。但在某些类型的案件中,被告不到庭将使法庭难以查清案情,案件迟迟无法了结。"必须到庭的被告",一般指负有赡养、抚育、扶养义务和不到庭就无法查清案情的被告。"两次传票传唤",是指人民法院送达传票,并由受送达人或者法定的代收人在送达回证上签名或者盖章。"无正当理由",一般指没有不可抗力、意外事件等使被告无法到庭的特殊情况,是否属于正当理由,需要根据具体案件情况判断。

拘传必须经院长批准,而且必须用拘传票,并直接送达被拘传人;在拘传前,应向被拘传人说明拒不到庭的后果,经批评教育后仍拒不到庭的,方可拘传其到庭;对抗拒拘传的被拘传人可以采取适当的强制方法,包括可以使用戒具,迫使其到案;但询问结束后,如无须采用其他强制措施,应恢复被执行人的人身自由。

拘传与拘留都属于本章规定的妨害民事诉讼的强制措施,两者都在一定程度上限制了被执行人的人身自由,但拘传相对较为轻微,两者存在以下不同之处:(1)执行依据不同。拘传需由院长签发拘传票;拘留则需要根据拘留决定书。(2)执行方式不同。拘传由司法警察执行,必要时可以使用戒具;拘留由司法警察将被执行人送交当地公安机关看管,一般在看守所执行。(3)适用次数不同。拘传没有次数限制,只要符合本条规定的拘传的条件,在同一案件中可以多次适用;对同一妨害民事诉讼的行为不得连续适用拘留,但发生了新的妨害民事诉讼的行为,法院可以重新拘留。(4)适用条件不同。适用拘传的前提是经两次合法传唤,无正当理由拒不到庭,且仅适用于案件的被告;拘留既可以适用于被告,也可以适用于原告。(5)救济方式不同。本法没有规定针对拘传的救济措施;被拘留人对拘留决定不服的,可以向上一级人民法院申请复议。(6)期间不同。拘传的效力在被执行人到达法庭时结束,期间较短;拘留的期限最长可达15天。

第一百一十三条 诉讼参与人和其他人应当遵守法庭规则。

人民法院对违反法庭规则的人,可以予以训诫,责令退出法庭或者予以罚款、拘留。

人民法院对哄闹、冲击法庭,侮辱、诽谤、威胁、殴打审判人员,严重扰乱法庭秩序的人,依法追究刑事责任;情节较轻的,予以罚款、拘留。

【释义】 本条是关于对妨害法庭秩序的强制措施的规定。

为保证民事诉讼活动正常进行,诉讼参与人和其他人应当遵守法庭规则。诉讼参与人,是指在民事诉讼过程中,参与诉讼活动的人,包括当事人(共同诉讼人)、诉讼代理人、诉讼中的第三人、证人、鉴定人、勘验人、翻译人员等。其他人,是指并未参与诉讼,但关心诉讼活动进行的人,如法庭审理的旁听人。

在审判实践中,有些人法治观念淡薄,在诉讼过程中违反法庭规则,甚至哄闹冲击法庭,比如,在法庭审理时大喊大叫、未经审判人员许可中途退庭、故意打断其他诉讼参与人陈述或者答辩,甚至当庭起哄,当庭撕毁人民法院判决书,当庭谩骂、殴打审判人员等。对于妨害法庭秩序的人,应当视其行为的违法程度,适用不同的强制措施。

一是违反法庭规则。一般来说,违反法庭规则的行为主要有:未经准许进行录音、录像、摄影的;未经准许以移动通信等方式现场传播审判活动的;其他扰乱法庭秩序,妨害审判活动进行的行为等。对违反法庭规则的人,人民法院可以予以训诫,责令退出法庭,仍不改正的,可以予以罚款、拘留。

训诫,是指人民法院以批评、警告的方式,指出行为人的违法事实和错误,并且责令其不许再犯。训诫的强制性在所有强制措施中最弱,仅适用于诉讼参与人和其他人违反法庭规则且情节显著轻微,尚不需适用责令退出法庭、罚款、拘留措施的。适用训诫措施,本法没有规定严格的程序。责令退出法庭,是指命令违反法庭规则、扰乱法庭秩序的人暂离法庭或者依法强制其离开法庭,以防止妨害法庭审理的行为继续。罚款,是指责令妨害诉讼的人或者单位按照法律规定交纳一定的金钱,以达到制止妨害诉讼的行为,并防止违法行为再次发生的目的。罚款的适用范围较为广泛。拘留,是指在一定期间限制行为人自由,防止妨害行为继续,这是对妨害诉讼的人采取的一种最严厉的措施。

二是哄闹、冲击法庭,侮辱、诽谤、威胁、殴打审判人员,严重扰乱法庭秩序。对于有上述行为的人,如果情节严重的,应当依法追究行为人的刑事责任。刑法第 309 条规定了扰乱法庭秩序罪:"有下列扰乱法庭秩序情形之一的,处三年以下有期徒刑、拘役、管制或者罚金:(一)聚众哄闹、冲击法庭的;(二)殴打司法工作人员或者诉讼参与人的;(三)侮辱、诽谤、威胁司法工作人员或者诉讼参与人,不听法庭制止,严重扰乱法庭秩序的;(四)有毁坏法庭设施,抢夺、损毁诉讼文书、证据等扰乱法庭秩序行为,情节严重的。"上述行为如果情节较轻的,人民法院可以予以罚款、拘留。

> 第一百一十四条　诉讼参与人或者其他人有下列行为之一的,人民法院可以根据情节轻重予以罚款、拘留;构成犯罪的,依法追究刑事责任:
> (一)伪造、毁灭重要证据,妨碍人民法院审理案件的;
> (二)以暴力、威胁、贿买方法阻止证人作证或者指使、贿买、胁迫他人作伪证的;
> (三)隐藏、转移、变卖、毁损已被查封、扣押的财产,或者已被清点并责令其保管的财产,转移已被冻结的财产的;
> (四)对司法工作人员、诉讼参加人、证人、翻译人员、鉴定人、勘验人、协助执行的人,进行侮辱、诽谤、诬陷、殴打或者打击报复的;
> (五)以暴力、威胁或者其他方法阻碍司法工作人员执行职务的;
> (六)拒不履行人民法院已经发生法律效力的判决、裁定的。
> 人民法院对有前款规定的行为之一的单位,可以对其主要负责人或者直接责任人员予以罚款、拘留;构成犯罪的,依法追究刑事责任。

【释义】　本条是关于某些妨害诉讼行为的强制措施的规定。

根据本条第1款规定,对下列几种妨害民事诉讼的行为,人民法院可以予以罚款、拘留;构成犯罪的,依法追究刑事责任:

1.伪造、毁灭重要证据,妨碍人民法院审理案件。证据是指证明待证事实是否客观存在的材料。证据在民事诉讼中有着极其重要的意义,它既是人民法院认定案件事实的根据,也是人民法院作出裁判的基础。根据本法第66条的规定,证据包括当事人的陈述、书证、物证、视听资料、电子数据、证人证言、鉴定意见、勘验笔录。伪造证据,是指为了掩盖事实而伪造书证、物证、视听资料等,提供假的鉴定意见和勘验笔录。毁灭证据,是指把能够证明案件事实的证据毁灭掉。

2.以暴力、威胁、贿买方法阻止证人作证或者指使、贿买、胁迫他人作伪证。这里包括两方面的行为:一是不让知道案件情况的人作证;二是让证人或者并非证人的人提供与案件事实相悖或者根本不存在的证据。

3.隐藏、转移、变卖、毁损已被查封、扣押的财产,或者已被清点并责令其保管的财产,转移已被冻结的财产。查封、扣押、冻结、责令保管财产都是人民法院可以采取的执行措施。查封是一种针对不动产的临时性措施,是指把被执行人的财产清查封闭贴上封条,就地封存,不准任何人转移和处理。扣押也是一种临时性的措施,一般用于动产,是指把被执行人的财产就地或者运到另外的场所,加以扣留,避免被执行人占有、使用和处分。冻结,是指人民法院向银行、证券公司等金融机构发出协助执行通知书,不准被执行人在一定期限内提取和转移该项存款、证券的执行措施。根据本法规定,已被人民法院查封、扣押、冻结的财产,任何人都不得隐匿、转移、变卖、毁损。

4. 对司法工作人员、诉讼参加人、证人、翻译人员、鉴定人、勘验人、协助执行的人,进行侮辱、诽谤、诬陷、殴打或者打击报复。司法工作人员、诉讼参与人及协助执行的人,在诉讼中享有一定的诉讼权利,承担一定的诉讼义务,只要诉讼程序没有结束,在其行使权利或者履行义务时,任何人对其侮辱、诽谤、诬陷、殴打或者以其他方法打击报复的,都是妨害诉讼的行为。

5. 以暴力、威胁或者其他方法阻碍司法工作人员执行职务。这种行为是直接施加于司法工作人员的,是在司法工作人员执行职务时采取的。比如,围攻、殴打审判人员、执行人员等。根据《最高人民法院关于适用〈中华人民共和国民事诉讼法〉的解释》第187条的规定,以暴力、威胁或者其他方法阻碍司法工作人员执行职务的行为,包括:(1)在人民法院哄闹、滞留,不听从司法工作人员劝阻的;(2)故意毁损、抢夺人民法院法律文书、查封标志的;(3)哄闹、冲击执行公务现场,围困、扣押执行或者协助执行公务人员的;(4)毁损、抢夺、扣留案件材料、执行公务车辆、其他执行公务器械、执行公务人员服装和执行公务证件的;(5)以暴力、威胁或者其他方法阻碍司法工作人员查询、查封、扣押、冻结、划拨、拍卖、变卖财产的;(6)以暴力、威胁或者其他方法阻碍司法工作人员执行职务的其他行为。

6. 拒不履行人民法院已经发生法律效力的判决、裁定。根据本法规定,发生法律效力的判决、裁定具有执行力,当事人可以向有管辖权的人民法院申请执行。这一项规定的拒不执行行为在实践中较为常见,明明有财产,却声称:"要钱没有,要命有一条",背地里却隐藏、转移财产;或者外出躲藏,以逃避履行生效法律文书确定的义务。根据《最高人民法院关于适用〈中华人民共和国民事诉讼法〉的解释》第188条的规定,拒不履行人民法院已经发生法律效力的判决、裁定的行为,包括:(1)在法律文书发生法律效力后隐藏、转移、变卖、毁损财产或者无偿转让财产、以明显不合理的价格交易财产、放弃到期债权、无偿为他人提供担保等,致使人民法院无法执行的;(2)隐藏、转移、毁损或者未经人民法院允许处分已向人民法院提供担保的财产的;(3)违反人民法院限制高消费令进行消费的;(4)有履行能力而拒不按照人民法院执行通知履行生效法律文书确定的义务的;(5)有义务协助执行的个人接到人民法院协助执行通知书后,拒不协助执行的。

根据本条第2款规定,单位有上述行为之一的,可以对其主要负责人或者直接责任人员予以罚款、拘留;构成犯罪的,依法追究刑事责任。

> **第一百一十五条** 当事人之间恶意串通,企图通过诉讼、调解等方式侵害国家利益、社会公共利益或者他人合法权益的,人民法院应当驳回其请求,并根据情节轻重予以罚款、拘留;构成犯罪的,依法追究刑事责任。
>
> 当事人单方捏造民事案件基本事实,向人民法院提起诉讼,企图侵害国家利益、社会公共利益或者他人合法权益的,适用前款规定。

【释义】 本条是关于对虚假诉讼、调解侵害他人合法权益行为进行司法处罚的规定。

2023年修改民事诉讼法,对原条文主要作了两点调整:一是进一步明确侵害法益的范围。将虚假诉讼侵害法益从"他人合法权益"明确为"国家利益、社会公共利益或者他人合法权益",坚决防止虚假诉讼行为损害国家利益、社会公共利益。二是增加一款规制单方虚假诉讼。突出虚假诉讼的本质特征,在"双方恶意串通"情形之外,增加"单方捏造民事案件基本事实"的情形,准确界定虚假诉讼外延,压缩虚假诉讼存在空间。修改本条规定的目的在于,除双方虚假诉讼外,司法实践中还存在大量当事人单方以谋取非法利益为目的,捏造民事案件基本事实,通过诉讼方式误导法院作出错误裁判,侵害国家利益、社会公共利益或者他人合法权益,严重冲击了司法的权威性及诉讼制度的公正和效率。明确惩处单方虚假诉讼行为的法律依据,有助于全面打击虚假诉讼行为,维护司法公平公正的形象,进一步提升社会诚信理念。

一、对虚假诉讼行为进行规制的必要性

近年来,司法实践中虚假诉讼案件呈现高发态势,不仅严重侵害他人合法权益,而且浪费司法资源,严重损害了司法公信力。虚假诉讼案件主要可分为两种类型:一是双方串通型虚假诉讼。例如,在离婚案件中,一方当事人为了达到多分共同财产的目的,在离婚诉讼前,与他人恶意串通、虚构债务,并以判决书或者调解书的形式确认;在继承纠纷中,一些继承人与案外人串通,虚构被继承人的债务,假借判决、调解书转移遗产;有的当事人为逃避自身债务,与他人串通虚构债务,通过法院判决书或者调解书转移财产;有的当事人为逃避债务,与他人串通订立虚假抵押合同,侵害普通债权人的债权;有的公司法定代表人与他人串通,通过诉讼转移公司财产等。二是单方捏造型虚假诉讼。例如,在民间借贷已经偿还情形下要求对方再次偿还;对通过暴力等非法手段取得的借条等主张债权等。

根据本法的规定,法院通过审判程序作出的判决书以及在法院主持下达成的调解书,都是司法文书,具有法律效力并可以作为执行依据申请强制执行,非经法定程序不得变更和撤销。根据民事诉讼理论,判决书、调解书在双方当事人之间发生法律效力,但对案外人也有一定的溢出效力,可以影响案外人的权益,如当事人合谋虚构债务,转移债务人财产,降低偿债能力,使真正债权人无法受偿;当事人虚构抵押合同,使虚构的债权具有法定优先清偿的效力,侵害普通债权人的权益等。虚假诉讼的当事人正是利用这一点,伪造证据,虚构民事纠纷,使原本严肃的审判程序变成一场闹剧,以合法形式掩盖其非法目的,不仅侵害了他人的合法权益,更是严重干扰了人民法院的正常审判秩序,损害了公众对司法机关的公信力。

制造虚假诉讼的行为人为逃避法律制裁,采用的手段较之前更为隐蔽,也更难被察觉。为规制虚假诉讼行为,遏制虚假诉讼案件的增长,立法机关、司法机关对虚假诉讼加以规制和惩治的力度也在持续加大。2015年,刑法修正案(九)将虚假诉讼入罪,规定虚假诉讼罪是指以捏造的事实提起民事诉讼,妨害司法秩序或者严重侵害他人合法权益。2016年发布的《最高人民法院关于防范和制裁虚假诉讼的指导意见》,通过多种措施防范和制裁虚假诉讼行为。2018年公布的《最高人民法院、最高人民检察院关于办理虚假诉讼刑事案件适用法律若干问题的解释》,对虚假诉讼罪在具体适用方面的若干问题作出了明确规定,对于实践中综合运用民事、刑事等多种手段,依法惩治发生在民商事案件审判、执行程序中的虚假诉讼违法犯罪行为,维护正常司法秩序,保护公民、法人和其他组织的合法权益,具有重要意义。2021年公布的《最高人民法院、最高人民检察院、公安部、司法部关于进一步加强虚假诉讼犯罪惩治工作的意见》,对建立健全虚假诉讼犯罪惩治配合协作和程序衔接机制、进一步加强虚假诉讼犯罪惩治工作作了更加具体的规定。2023年修改民事诉讼法,明确单方虚假诉讼情形,有利于进一步全面打击虚假诉讼行为,维护司法的权威性及公信力。

二、虚假诉讼的构成要件

本条规制的虚假诉讼,包括双方虚假诉讼和单方虚假诉讼。双方虚假诉讼是指当事人之间恶意串通,企图通过诉讼、调解等方式侵害国家利益、社会公共利益或者他人合法权益。单方虚假诉讼是指当事人单方捏造民事案件基本事实,向人民法院提起诉讼,企图侵害国家利益、社会公共利益或者他人合法权益。符合本条规定的虚假诉讼应当满足下列构成要件:

1. 当事人恶意串通或单方捏造民事案件基本事实

当事人恶意串通,是指当事人合谋故意实施虚假诉讼的行为,双方当事人有着共同的目的,明知进行的是虚假诉讼行为却仍然实施。在司法实践中,当事人的主观状态难以直接证明,只能通过他们实施的客观行为来推定,如伪造证据、倒签借款协议、自认虚假事实等。当事人单方捏造民事案件基本事实是指当事人单方故意通过伪造证据、虚假陈述、指使证人作假证言等手段捏造民事案件基本事实的行为。

2. 通过诉讼、调解等方式

所谓诉讼,是指根据民事诉讼法提起民事诉讼,并在法院的主持下,由原告和被告以及诉讼代理人、证人、鉴定人等诉讼参加人参加,依照法定程序,解决当事人之间的民事、经济等权益争议和纠纷的一种活动。诉讼具有国家性、法律性、程序性和强制性等特征。本条规定的虚假诉讼,本质上是一个原本不应存在的诉讼,当事人将带有国家强制性的司法审判程序作为侵害国家利益、社会公共利益或者他人合法权益的一种手段。所谓调解,是指双方或多方当事人就争议的实体权利、义务,在第三方的主持下,自愿进行协商,通过教育疏导,促成各方达成协议、解决纠纷的办法。在我国法律中,调解不仅包括诉讼程序中在法院主持下的调解,还包括人民调解委员会、农村土地承包仲裁委员会、仲裁庭等组织主持下的调解。本条中的"调解"仅指法院主持下的调解活动。在就本条征求意见过程中,有的意见提出,实践中有些当事人通过其他形式的调解侵害他人合法权益,也应当予以规制。经研究,本法是规定民事诉讼程序的法律,主要规范人民法院主持下的诉讼中调解活动,通过其他形式的调解侵害他人合法权益的,可以由人民调解法等法律规定,不宜在本法中作出规定。此外,还有意见提出,仲裁作为与诉讼、调解并列的解决纠纷途径之一,将通过仲裁侵害他人合法权益的案件也时有发生,建议一并纳入本条作出规定。经研究,仲裁法、民事诉讼法已经分别对撤销仲裁裁决、不予执行仲裁裁决等制度作出了规定,当事人通过虚假仲裁侵害国家利益、社会公共利益或者他人合法权益的情形可以通过上述制度规范予以解决,可不纳入本条规范。

3. 侵害国家利益、社会公共利益或者他人合法权益

其中,"他人合法权益"中的"他人"既包括对方当事人,也包括案外人。案外人可能是特定的案外人,也可能是非特定的案外人。如当事人通过虚假诉讼转移某案外人所有的物,则其侵犯的是该特定案外人的合法权益;如当事人通过虚构债务转移自身财产,则其侵犯的是所有债权人的合法权益。此处的"合法权益",既包括物权,也包括债权、知识产权等法律保护的其他民事权益。

三、当事人实施虚假诉讼的法律责任

当事人进行虚假诉讼,不仅侵害国家利益、社会公共利益或者他人合法权益,而且浪费司法资源,冲击司法审判的权威性及公信力。法官在审理案件时如果认定当事人实施了虚假诉讼,应当驳回其请求,并根据情节轻重予以罚款、拘留;构成犯罪的,依法追究刑事责任。

(一)驳回请求

驳回请求,是指人民法院认为原告请求的内容没有事实依据而作出的对其请求不予支持的判决。虚假诉讼所要证明的事实并不存在,在此基础上的所谓的诉讼请求也是不成立的,应当予以驳回。当事人进行虚假诉讼是为了以判决、裁定或者调解书的形式确认原本并不存在的权利义务关系,通过判决驳回请求,可以从实体上阻断其实现非法目的。

(二)拘留、罚款

本条规定的拘留、罚款是指法院实施的对妨害民事诉讼的当事人采取的强制措施。当事人恶意串通或单方捏造事实,虚构权利义务关系,侵害国家

利益、社会公共利益或者他人合法权益,将司法权作为其实现非法目的的手段,严重干扰了法院正常的审判秩序。根据本条规定,除驳回请求外,法院还应当根据情节轻重予以罚款、拘留。根据修改后民事诉讼法第118条规定,对个人的罚款金额,为人民币10万元以下;对单位的罚款金额,为人民币5万元以上100万元以下;拘留期限为15日以下。

(三)依法追究刑事责任

当事人进行虚假诉讼,除了需要承担上述责任外,满足刑事犯罪构成要件的,还应当依法承担刑事责任。刑法第307条之一规定,"以捏造的事实提起民事诉讼,妨害司法秩序或者严重侵害他人合法权益的,处三年以下有期徒刑、拘役或者管制,并处或者单处罚金;情节严重的,处三年以上七年以下有期徒刑,并处罚金。单位犯前款罪的,对单位判处罚金,并对其直接负责的主管人员和其他直接责任人员,依照前款的规定处罚。有第一款行为,非法占有他人财产或者逃避合法债务,又构成其他犯罪的,依照处罚较重的规定定罪从重处罚。司法工作人员利用职权,与他人共同实施前三款行为的,从重处罚;同时构成其他犯罪的,依照处罚较重的规定定罪从重处罚"。此外,根据虚假诉讼的目的和手段不同,还可能涉及其他犯罪,如为提起虚假诉讼或者在虚假诉讼过程中,指使他人提供虚假的物证、书证、当事人的陈述、证人证言、鉴定意见等伪证,或者指使参与伪造证据的,可以按照妨害作证罪、帮助伪造证据罪处理;当事人以非法占有为目的,进行虚假诉讼,骗取公私财物的,可以按照诈骗罪处理;公司、企业或者其他单位人员利用职务便利,进行虚假诉讼,侵吞本单位财物的,可以根据单位的不同性质分别按照职务侵占罪、贪污罪处理等。

第一百一十六条 被执行人与他人恶意串通,通过诉讼、仲裁、调解等方式逃避履行法律文书确定的义务的,人民法院应当根据情节轻重予以罚款、拘留;构成犯罪的,依法追究刑事责任。

【释义】 本条是关于对恶意串通逃避执行行为进行司法处罚的规定。

本条规定的目的在于,从法律上明确对通过恶意串通,以诉讼、仲裁、调解等方式逃避履行法律文书确定的义务的行为进行处罚,具有很强的现实意义,有利于维护执行秩序,增强司法机关的公信力。

一、对恶意串通逃避执行行为进行规制的必要性

历经法庭调查、法庭辩论等一系列严格的审判程序后，法院以判决或者调解书的形式确认双方当事人的权利义务，但胜诉一方当事人的合法权益能否得到真正实现，还需要经过执行程序。因此，履行人民法院作出的生效法律文书所确定的义务，是民事诉讼制度中非常重要的一环，直接关系到申请执行人的合法权益能否实现，也关系到公众对司法机关的信心。近年来，随着有关破解"执行难"措施的深入，逃避执行的方式也越来越隐蔽，有些被执行人在申请执行人申请执行前或者法院对其财产采取执行措施前，与他人恶意串通，通过诉讼、仲裁、调解等方式转移财产，如判决确定申请执行人为房屋所有权人，被执行人串通他人，由他人提起确认之诉，以判决的形式确认房屋归他人所有，以对抗已生效判决的执行；判决确定被执行人对申请执行人负有金钱给付义务并限定了履行期限，在履行期限届满前，被执行人串通他人转移其全部财产，使判决难以得到执行；有些被执行人在败诉后，以离婚诉讼的方式将全部财产留给配偶，将全部债务留给自己，以逃避执行等。因通过诉讼、仲裁、调解等方式转移财产，具有合法外衣，没有确凿证据难以证明其非法目的。

为了保护申请执行人的正当权益，进一步加强法院执行工作的力度，民事诉讼法对这种恶意规避执行的行为予以规制，明确法律后果，为法院实施处罚提供法律依据。

二、恶意串通逃避执行行为的构成要件

（一）恶意串通

恶意串通是被执行人与他人共同实施逃避执行行为的主观要件。这一要件要求被执行人与他人之间必须有共同故意，以逃避执行为目的，明知会损害申请执行人的利益仍故意为之。

（二）通过诉讼、仲裁、调解等方式

本条主要规范的是被执行人与他人通过诉讼、仲裁、调解等方式逃避执行。

诉讼，是指根据本法提起的民事诉讼。当事人提起诉讼的目的是转移财产，据以提出诉讼的证据是伪造的，案件事实也是虚构的，这也正是本法第

115条所要解决的虚假诉讼问题。

仲裁,是指根据仲裁法等法律进行的仲裁活动。与虚假诉讼一样,当事人申请仲裁只是其达到转移财产目的的手段。相比诉讼程序,仲裁程序相对简便、灵活,审理期限短,一般不公开裁决,较为隐蔽。

调解,不仅包括法院主持下的诉讼中调解,还包括根据人民调解法等法律进行的调解活动。尽管不同主体主持下达成的调解协议的效力不同,如法院制作的调解书与判决具有同等效力,可以直接申请执行;人民调解委员会制作的调解协议,需由当事人向法院申请司法确认后方可执行。但是,当事人借用调解方式的目的是一致的,是要利用达成的调解协议,掩盖其转移财产的非法目的。相比诉讼、仲裁,利用调解规避执行更为简便,因调解没有固定的程序,期限更短,不对外公开,更为隐蔽。

本条列举了诉讼、仲裁、调解3种方式,尚未穷尽,实践中还可能包括通过取得公证债权文书、支付令等生效法律文书的方式。所以,本条在诉讼、仲裁、调解后规定"等方式"。

(三)逃避履行法律文书确定的义务

根据原告诉讼请求、案件性质的不同,法律文书确定的义务基本可以分为两种:一种是被执行人负有给付义务,给付义务又可以分为金钱给付与特定物的给付;另一种是被执行人负有履行一定行为的义务。以行为作为执行对象,被执行人拒绝履行的,法院可以通过替代履行、执行罚等措施强制其履行。

只有当被执行人负有给付义务时,无论是金钱给付还是特定物给付,法院必须查找被执行人的财产,被执行人与他人串通所逃避履行的义务也只能是给付义务,通过生效法律文书确认其转移财产的合法性,阻碍法院的执行行为。

需要说明的是,本条中的"法律文书",泛指所有可以作为执行依据的法律文书,除判决、裁定和调解书外,仲裁裁决,公证债权文书,支付令,以及法律规定由人民法院执行的其他法律文书。

三、实施恶意串通逃避执行行为的法律责任

根据本条规定,被执行人与他人恶意串通,逃避履行法律文书确定的义务的,人民法院应当根据情节轻重予以罚款、拘留;构成犯罪的,依法追究刑

事责任。

(一)罚款、拘留

本条规定的拘留、罚款是指法院实施的对妨害民事诉讼的人采取的强制措施,是一种司法行政行为。被执行人与他人恶意串通,伪造证据,虚构事实,通过诉讼、仲裁、调解等方式转移财产,逃避履行义务,严重干扰了法院正常的执行工作,侵害了申请执行人的合法权益,法院应当根据情节轻重对被执行人以及具有共同故意的他人采取强制措施。根据本法第118条规定,对个人的罚款金额,为人民币10万元以下;对单位的罚款金额,为人民币5万元以上100万元以下;拘留期限为15日以下。

(二)依法追究刑事责任

被执行人以及共同实施恶意行为的他人,除了承担司法行政责任外,符合刑法规定的构成要件的,还应当承担刑事责任。根据刑法第313条规定,对人民法院的判决、裁定有能力执行而拒不执行,情节严重的,处3年以下有期徒刑、拘役或者罚金;情节特别严重的,处3年以上7年以下有期徒刑,并处罚金。单位犯前款罪的,对单位判处罚金,并对其直接负责的主管人员和其他直接责任人员,依照前款的规定处罚。2002年全国人大常委会通过了《关于〈中华人民共和国刑法〉第三百一十三条的解释》,规定"刑法第三百一十三条规定的'人民法院的判决、裁定',是指人民法院依法作出的具有执行内容并已发生法律效力的判决、裁定。人民法院为依法执行支付令、生效的调解书、仲裁裁决、公证债权文书等所作的裁定属于该条规定的裁定"。还明确规定下列情形属于刑法第313条规定的"有能力执行而拒不执行,情节严重"的情形:(1)被执行人隐藏、转移、故意毁损财产或者无偿转让财产、以明显不合理的低价转让财产,致使判决、裁定无法执行的;(2)担保人或者被执行人隐藏、转移、故意毁损或者转让已向人民法院提供担保的财产,致使判决、裁定无法执行的;(3)协助执行义务人接到人民法院协助执行通知书后,拒不协助执行,致使判决、裁定无法执行的;(4)被执行人、担保人、协助执行义务人与国家机关工作人员通谋,利用国家机关工作人员的职权妨害执行,致使判决、裁定无法执行的;(5)其他有能力执行而拒不执行,情节严重的情形。《最高人民法院关于审理拒不执行判决、裁定刑事案件适用法律若干问题的解释》第2条进一步明确,负有执行义务的人有能力执行而实施下列行为之一的,应当认定为全国人民代表大会常务委员会关于刑法第313条的解释中规定的"其他有能力执行而拒不执行,情节严重的情形":(1)具有拒绝报告或者虚假报告财产情况、违反人民法院限制高消费及有关消费令等拒不执行行为,经采取罚款或者拘留等强制措施后仍拒不执行的;(2)伪造、毁灭有关被执行人履行能力的重要证据,以暴力、威胁、贿买方法阻止他人作证或者指使、贿买、胁迫他人作伪证,妨碍人民法院查明被执行人财产情况,致使判决、裁定无法执行的;(3)拒不交付法律文书指定交付的财物、票证或者拒不迁出房屋、退出土地,致使判决、裁定无法执行的;(4)与他人串通,通过虚假诉讼、虚假仲裁、虚假和解等方式妨害执行,致使判决、裁定无法执行的;(5)以暴力、威胁方法阻碍执行人员进入执行现场或者聚众哄闹、冲击执行现场,致使执行工作无法进行的;(6)对执行人员进行侮辱、围攻、扣押、殴打,致使执行工作无法进行的;(7)毁损、抢夺执行案件材料、执行公务车辆和其他执行器械、执行人员服装以及执行公务证件,致使执行工作无法进行的;(8)拒不执行法院判决、裁定,致使债权人遭受重大损失的。

此外,被执行人以及他人共同实施的行为如果构成其他犯罪的,如伪造公司、企业、事业单位、人民团体印章罪,妨害作证罪,帮助毁灭、伪造证据罪等,则依照刑法有关数罪并罚的规定处理。

第一百一十七条 有义务协助调查、执行的单位有下列行为之一的,人民法院除责令其履行协助义务外,并可以予以罚款:

(一)有关单位拒绝或者妨碍人民法院调查取证的;

(二)有关单位接到人民法院协助执行通知书后,拒不协助查询、扣押、冻结、划拨、变价财产的;

(三)有关单位接到人民法院协助执行通知书后,拒不协助扣留被执行人的收入、办理有关财产权证照转移手续、转交有关票证、证照或者其他财产的;

(四)其他拒绝协助执行的。

人民法院对有前款规定的行为之一的单位,可以对其主要负责人或者直接责任人员予以罚款;对仍不履行协助义务的,可以予以拘留;并可以向监察机关或者有关机关提出予以纪律处分的司法建议。

【释义】 本条是关于单位及其主要负责人或者直接责任人员不协助调查、执行的强制措施的规定。

民事诉讼是解决双方当事人之间民事纠纷的活动,本与案外人无关。但在人民法院审理案件过程中,有些证据材料可能由案外人掌握,需要相关单位配合人民法院调查取证。在民事执行程序中,需要通过有关单位的配合才能找到被执行人、了解其财产情况。若有关单位拒绝协助调查、执行,可能导致有些案件的事实无法查清、执行工作无法继续,诉讼程序和执行程序将陷入停顿。为维护人民法院的司法权威,保护当事人的合法权益,有必要对拒绝协助调查、执行的行为规定适用妨害民事诉讼的强制措施。

一、关于拒绝或者妨碍人民法院调查取证

本法第 70 条第 1 款规定:"人民法院有权向有关单位和个人调查取证,有关单位和个人不得拒绝。"人民法院要正确处理民事纠纷,必须运用证据查明案件的事实,审判人员只有掌握了充分的证据,才能在事实清楚的基础上适用法律,对民事案件作出正确的处理。在民事诉讼中,许多情况下,人民法院需要向有关单位调取证据,调取证据可以说是人民法院行使审判权所进行的重要职权活动。因此,人民法院调取证据时,有关单位有义务予以协助。有关单位保存或持有证据的,应当将证据提交给人民法院,不得以任何借口拒绝提交。

本条第 1 款第 1 项中的"拒绝或者妨碍人民法院调查取证"包括拒绝人民法院调查取证和妨碍人民法院调查取证两种行为。拒绝人民法院调查取证,既包括不让人民法院调查取证,不向人民法院提供所需要的证据,也包括对人民法院调查取证的请求不予理睬。妨碍人民法院调查取证,是指对人民法院的调查取证设置障碍,使人民法院无法得到所需证据。所谓有义务协助调查的单位,如管理某些文书档案的单位以及实际握有某一证据或者在该处可能查到某些证据的单位。

二、关于拒绝协助执行

协助执行,是指受理执行案件的人民法院通知有关单位、个人协助执行生效法律文书所确定的内容的一项法律制度。2007 年修改民事诉讼法后,有关单位协助法院执行的情况有所改观,但协助执行不力的情况仍有发生。有些单位负责人员自身的法律意识淡薄;有些单位在接到协助执行通知书的情况下仍采取消极协助、隐瞒真相、拖延时间,甚至公然对抗等方式逃避协

助;有些单位出于自身利益的需要,为被执行人通风报信,给法院执行工作设置障碍。

有义务协助执行的单位主要指执行标的物的掌管者、持有人或者有权决定是否给付的人。根据本条第1款第2、3项规定,"拒不协助"主要有两种表现形式:

一是有关单位接到人民法院协助执行通知书后,拒不协助查询、扣押、冻结、划拨、变价财产的。本法第253条规定:"被执行人未按执行通知履行法律文书确定的义务,人民法院有权向有关单位查询被执行人的存款、债券、股票、基金份额等财产情况。人民法院有权根据不同情形扣押、冻结、划拨、变价被执行人的财产。人民法院查询、扣押、冻结、划拨、变价的财产不得超出被执行人应当履行义务的范围。人民法院决定扣押、冻结、划拨、变价财产,应当作出裁定,并发出协助执行通知书,有关单位必须办理。"这里的"有关单位"主要指银行、信用合作社、证券公司、证券登记结算机构、证券交易所、保险公司等负有管理金融账户义务的金融机构。2012年修改民事诉讼法在第2项中增加了"扣押""变价"两种执行措施,扣押是指人民法院对有关的金融资产凭证予以扣留,避免被执行人占有、处分;变价是指对被执行人的债券、股票、基金份额等金融资产予以折现,以达到清偿债权人债权的目的。

二是有关单位接到人民法院协助执行通知书后,拒不协助扣留被执行人的收入、办理有关财产权证照转移手续、转交有关票证、证照或者其他财产的。(1)拒不协助扣留被执行人的收入。根据本法第254条规定,人民法院有权扣留、提取被执行人应当履行义务部分的收入,对人民法院发出的协助执行通知书,被执行人所在单位、银行、信用合作社和其他有储蓄业务的单位必须办理。(2)拒不协助办理有关财产权证照转移手续,如房产、机动车等财产证照。根据本法第262条规定,在执行中,需要办理有关财产权证照转移手续的,人民法院可以向有关单位发出协助执行通知书,有关单位必须办理。(3)拒不协助转交有关的票证、证照或者其他财产,如仓单、提单、支票、身份证、驾驶证、营业执照等。根据本法第260条规定,有关单位持有法律文书指定交付的财物或者票证的,应当根据人民法院的协助执行通知书转交,并由被交付人签收。

本条第1款第4项"其他拒绝协助执行"指第2、3项以外的拒绝协助的情形。比如,被执行人在判决生效后将诉争房屋出租给第三人,法院需要对该房屋采取执行措施,该第三人有义务予以配合。此外,《最高人民法院关于适用〈中华人民共和国民事诉讼法〉的解释》第 192 条还规定了几种可以适用本条规定予以处理的情形,包括:(1)允许被执行人高消费的;(2)允许被执行人出境的;(3)拒不停止办理有关财产权证照转移手续、权属变更登记、规划审批等手续的;(4)以需要内部请示、内部审批,有内部规定等为由拖延办理的。

三、法律责任

2007 年修改民事诉讼法前,不履行第 1 款规定的义务的,对单位的主要负责人和直接责任人员只可以罚款。当时有的部门提出,实践中,有些有义务协助调查、执行的单位以各种理由不协助调查、执行,甚至出于自身利益的需要,为被调查、执行人通风报信,对法院调查、执行工作设置种种障碍。对其主要负责人和直接责任人员只能罚款,不能拘留的规定,不能有效解决有关单位不予协助的问题。比如有的单位将对主要负责人和直接责任人员的罚款纳入经营成本,由于个人利益不受任何影响,要求单位协助调查、执行仍然很困难。为了保证人民法院的调查、执行工作顺利进行,应当有更多的、更严厉的强制措施可以对个人适用。

为了加大执行工作的力度,2007 年修改民事诉讼法时增加了对单位的主要负责人或者直接责任人员可以拘留的规定。由于拘留是限制人身自由的强制措施,本着教育和制裁相结合的原则,本款规定的对单位的主要负责人或者直接责任人员的拘留是有条件的,即对单位的主要负责人或者直接责任人员需要采取强制措施时,应当首先适用罚款,同时责令改正。如果罚款和责令改正后,有关单位履行了协助义务,对单位的主要负责人或者直接责任人员就不能予以拘留,只有拒不改正的,才可以拘留。

此外,在采取罚款或者拘留措施的同时,人民法院还可以向监察机关或者有关机关提出予以纪律处分的司法建议。

第一百一十八条 对个人的罚款金额,为人民币十万元以下。对单位的罚款金额,为人民币五万元以上一百万元以下。

拘留的期限,为十五日以下。

被拘留的人,由人民法院交公安机关看管。在拘留期间,被拘留人承认并改正错误的,人民法院可以决定提前解除拘留。

【释义】 本条是关于适用罚款和拘留措施的规定。

本条对罚款、拘留的幅度以及如何适用拘留措施作了规定。

一、关于罚款金额

1991年民事诉讼法规定，对个人的罚款金额，为人民币1000元以下，对单位的罚款金额，为人民币1000元以上30000元以下。2007年修改民事诉讼法时，将本条的罚款数额提高了10倍，即"对个人的罚款金额，为人民币一万元以下。对单位的罚款金额，为人民币一万元以上三十万元以下"。2012年修改民事诉讼法时，有的意见提出，应当继续提高罚款数额。为了保证诉讼活动的顺利进行，树立司法权威，2012年修改民事诉讼法时将罚款的数额标准调整为"对个人的罚款金额，为人民币十万元以下。对单位的罚款金额，为人民币五万元以上一百万元以下"。2023年修改民事诉讼法，没有对罚款金额标准再次进行调整。人民法院对个人或者单位采取罚款措施时，应当根据其实施妨害民事诉讼行为的性质、情节、后果，当地的经济发展水平，以及诉讼标的额等因素，在限额内确定相应的罚款金额。

二、关于拘留期限

根据本条第2款规定，拘留的期限，为15日以下，即拘留的最长期限不得超过15天。人民法院可以根据妨害民事诉讼行为人行为的性质及对诉讼影响的大小，决定拘留的天数。采取强制措施应当适度，能达到教育行为人、制止妨害行为的目的即可，应当防止任意使用或者滥用。

2012年修改民事诉讼法的过程中，有的意见提出，本条规定的拘留期限过短，不足以威慑被执行人，建议延长至3个月或者6个月。经研究，相比训诫、责令退出法庭、罚款等措施，拘留更为严厉，限制了被执行人的人身自由，期限不宜过长。我国法律规定中除有司法拘留外，还有行政拘留和刑事拘留，根据治安管理处罚法规定，行政拘留一般不得超过15日，行政拘留处罚合并执行的，最长不超过20日；根据刑事诉讼法规定，一般情况下，刑事拘留的期限最长为14日；刑事诉讼法、行政诉讼法规定的司法拘留最长期限也是15日。本条规定的15日期限与刑事诉讼法、行政诉讼法有关司法拘留期限的规定保持了一致。

三、关于拘留的执行

根据本条第3款的规定,对于需要拘留的人,人民法院应当交由公安机关看管,并应随时了解被拘留人的情况,有悔改表现的,可以提前解除拘留。解除拘留的决定应当由人民法院作出,公安机关没有解除拘留的权力。

四、刑事拘留、行政拘留和司法拘留的区别

我国法律规定了3种拘留,分别为刑事拘留、行政拘留和司法拘留,在理解适用上应当将三者加以区别。

1. 性质不同。刑事拘留是刑事诉讼中的保障性措施,其目的是保证刑事诉讼的顺利进行,不属于刑罚手段;行政拘留属于行政处罚,实质上是一种行政制裁,其目的是惩罚和教育有一般违法行为的人;司法拘留的目的是一种排除性措施,是针对已经出现的妨害诉讼活动的严重行为而采取的,目的是通过拘留促使行为人排除妨害诉讼活动的行为,履行法定义务。

2. 法律根据不同。刑事拘留是依据刑事诉讼法的规定而采取的;行政拘留是根据行政处罚法、治安管理处罚法等法律而采取的;司法拘留则是分别根据刑事诉讼法、民事诉讼法和行政诉讼法的规定而采取的。

3. 适用对象不同。刑事拘留适用于刑事案件中涉嫌犯罪的现行犯或者重大嫌疑分子;行政拘留适用于有一般违法行为的人;司法拘留则适用于所有在诉讼过程中实施了妨害诉讼行为的人,既包括诉讼当事人、其他诉讼参与人,也包括案外人。

4. 权力主体不同。刑事拘留依法由公安机关、人民检察院决定,并由公安机关执行;行政拘留依法由公安机关决定和执行;司法拘留依法由人民法院决定并由公安机关执行。

5. 羁押期限不同。对于一般现行犯的刑事拘留最长期限为14日;行政拘留的最长期限为15日,行政拘留处罚合并执行的,最长不超过20日;司法拘留的期限最长为15日。

第一百一十九条 拘传、罚款、拘留必须经院长批准。

拘传应当发拘传票。

罚款、拘留应当用决定书。对决定不服的,可以向上一级人民法院申请复议一次。复议期间不停止执行。

【释义】 本条是关于适用拘传、罚款、拘留措施的程序的规定。

对妨害民事诉讼的强制措施,是人民法院在民事诉讼中,对有妨害民事诉讼行为的人采取的一种强制教育和制裁的手段,这些手段包括拘传、罚款、拘留等。为了保障当事人的合法权益,避免他们遭受违法的拘传、罚款、拘留,适用强制措施应当遵守法定的程序,即拘传、罚款、拘留必须经院长批准。拘传、罚款、拘留具有一定的形式要求,即拘传应当发拘传票,罚款、拘留应当用决定书。本条还规定了被罚款、拘留的救济途径,即被罚款、拘留人对决定不服的,可以向上一级法院申请复议一次。为了保证制止妨害诉讼行为的有效性,防止时过境迁,达不到适用强制措施的目的,因此当事人申请复议期间,不停止罚款、拘留决定的执行。

第一百二十条 采取对妨害民事诉讼的强制措施必须由人民法院决定。任何单位和个人采取非法拘禁他人或者非法私自扣押他人财产追索债务的,应当依法追究刑事责任,或者予以拘留、罚款。

【释义】 本条是关于不得非法拘禁他人或者私自扣押他人财产的规定。

我国宪法第 37 条规定:"中华人民共和国公民的人身自由不受侵犯。任何公民,非经人民检察院批准或者决定或者人民法院决定,并由公安机关执行,不受逮捕。禁止非法拘禁和以其他方法非法剥夺或者限制公民的人身自由,禁止非法搜查公民的身体。"不仅如此,在刑事诉讼法、行政诉讼法等一些法律中,对有权采取拘禁措施和扣押财产措施的机关也作了规定。根据本条规定,在诉讼过程中,对实施了妨害诉讼行为的人采取强制措施必须由人民法院决定,其他任何单位和个人,如果为索取债务,非法扣押、拘禁他人,或者私自扣押债务人的财产如该行为构成犯罪的,可以依照刑法关于非法拘禁他人罪的规定处 3 年以下有期徒刑、拘役、管制或者剥夺政治权利。具有殴打、侮辱情节的,从重处罚。致人重伤的,处 3 年以上 10 年以下有期徒刑;致人死亡的,处 10 年以上有期徒刑。使用暴力致人伤残、死亡的,依照故意伤害罪和故意杀人罪的规定定罪处罚。不构成犯罪的,人民法院可以予以罚款、拘留。

第十一章 诉讼费用

本章仅1条,对诉讼费用作了原则规定。诉讼费用,是指当事人进行民事诉讼,依照法律规定应当向人民法院交纳和支付的费用。诉讼费用是世界各国在民事诉讼立法中规定的一项制度,法律一般在民事诉讼法中作原则规定。对诉讼费用的范围、标准和计算方法等,以单行法另作规定。收取诉讼费用,有利于减轻国家的财政开支和负担,有利于防止当事人滥用诉权。

本章还规定了诉讼费用免交、减交和缓交的司法救助制度,即依照法律规定应当交纳诉讼费用的当事人因经济上确有困难,无力负担或者暂时无力支付诉讼费用时,经当事人申请,由法院决定免交、减交、缓交诉讼费用的制度。实行司法救助,可以确保当事人不至于因为经济上的困难而失去利用诉讼途径、行使诉讼权利、维护自身合法权益的机会,有利于为那些经济上确有困难的当事人及时行使自己的诉讼权利提供保障,避免了因交不起诉讼费用而无法进行诉讼的情况。司法救助制度的建立,是保护弱势群体基本人权的重要举措,对于保障公民的基本人权,维护社会公平正义发挥了重要作用。

第一百二十一条 当事人进行民事诉讼,应当按照规定交纳案件受理费。财产案件除交纳案件受理费外,并按照规定交纳其他诉讼费用。

当事人交纳诉讼费用确有困难的,可以按照规定向人民法院申请缓交、减交或者免交。

收取诉讼费用的办法另行制定。

【释义】 本条是关于诉讼费用的种类和诉讼费用的缓交、减交或者免交的规定。

本条第1款规定了诉讼费用的种类。根据本条规定,诉讼费用有两种:一种是案件受理费,另一种是其他诉讼费用。

案件受理费,是指原告起诉,法院受理该案件时,由原告向法院交纳的费用。有的国家称为"规费",具有税收性质。案件受理费有两种:一是非财产案件受理费,二是财产案件受理费。如果案件的诉讼标的既涉及非财产性质,又涉及财产性质时,则要按规定分别交纳两种案件受理费。根据《诉讼费用交纳办法》第8条的规定,下列案件不交纳案件受理费:(1)依照民事诉讼法规定的特别程序审理的案件;(2)裁定不予受理、驳回起诉、驳回上诉的案件;(3)对不予受理、驳回起诉和管辖权异议裁定不服,提起上诉的案件;(4)行政赔偿案件。第9条规定,根据民事诉讼法和行政诉讼法规定的审判监督程序审理的案件,当事人不交纳案件受理费。但是,下列情形除外:(1)当事人有新的证据,足以推翻原判决、裁定,向人民法院申请再审,人民法院经审查决定再审的案件;(2)当事人对人民法院第一审判决或者裁定未提出上诉,第一审判决、裁定或者调解书发生法律效力后又申请再审,人民法院经审查决定再审的案件。案件受理费的计算方法是,以超额递减率对诉讼标的额分段计算,然后将各段结果相加,其总数即为应收取案件受理费的数额。

其他诉讼费用,主要是指人民法院在审理民事案件过程中实际支出的,应当由当事人支付的费用。《诉讼费用交纳办法》第6条规定,当事人应当向人民法院交纳的诉讼费用包括:(1)案件受理费;(2)申请费;(3)证人、鉴定人、翻译人员、理算人员在人民法院指定日期出庭发生的交通费、住宿费、生活费和误工补贴。依据本条规定,其他诉讼费用包括两种。(1)申请费。申请费包括:①申请执行人民法院发生法律效力的判决、裁定、调解书,仲裁机构依法作出的裁决和调解书,公证机构依法赋予强制执行效力的债权文书;②申请保全措施;③申请支付令;④申请公示催告;⑤申请撤销仲裁裁决或者认定仲裁协议效力;⑥申请破产;⑦申请海事强制令、共同海损理算、设立海事赔偿责任限制基金、海事债权登记、船舶优先权催告;⑧申请承认和执行外国法院判决、裁定和在中华人民共和国领域外作出的仲裁裁决。(2)证人、鉴定人、翻译人员、理算人员在人民法院指定日期出庭发生的交通费、住宿费、生活费和误工补贴。依据《诉讼费用交纳办法》,证人、鉴定人、翻译人员、理算人员在人民法院指定日期出庭发生的交通费、住宿费、生活费和误工补贴,由人民法院按照国家规定标准代为收取。当事人复制案件卷宗材料和法律文书应当按实际成本向人民法院交纳工本费。

案件受理费一般是在原告起诉时向人民法院预交,其他诉讼费用是在案件审结后,由人民法院结算并决定由哪方当事人负担。根据本条规定,非财产案件当事人只交纳案件受理费,财产案件当事人除交纳案件受理费外,还要交纳其他诉讼费用。案件受理费一般由败诉一方当事人负担,这是一般原则,也是世界各国的通例。同时,由于案件不同,诉讼费用负担亦有不同。有的按比例负担,如部分败诉部分胜诉,按比例负担;有的协商负担,协商不成的,由人民法院决定,如调解结案的案件、离婚案件。人民法院收取诉讼费用,应当严格遵守国家的财政制度,接受财政和审计部门的监督。同时,应当将收取的案件受理费,上交各级财政部门。

本条第2款是对诉讼费用缓交、减交和免交的规定。诉讼费用的缓交、减交和免交,属于一种司法救助,是指依照法律规定应当交纳诉讼费用的当事人,因经济上确有困难,无力负担或者暂时无力交付时,经当事人申请,由人民法院决定缓交、减交和免交的制度。依照本款的规定,当事人交纳案件受理费有困难,可以申请缓交、减交和免交。诉讼费用的缓交、减交和免交制度,有利于对那些经济上确有困难的当事人行使自己的诉讼权利予以保障,避免因交纳不起诉讼费而无力进行诉讼的情况。根据《诉讼费用交纳办法》,当事人交纳诉讼费用确有困难的,可以依照本办法向人民法院申请缓交、减交或者免交诉讼费用的司法救助。诉讼费用的免交只适用于自然人。

1. 关于免交诉讼费用。根据《诉讼费用交纳办法》第45条的规定,当事人申请司法救助,符合下列情形之一的,人民法院应当准予免交诉讼费用:(1)残疾人无固定生活来源的;(2)追索赡养费、扶养费、抚育费、抚恤金的;(3)最低生活保障对象、农村特困定期救济对象、农村"五保"供养对象或者领取失业保险金人员,无其他收入的;(4)因见义勇为或者为保护社会公共利益致使自身合法权益受到损害,本人或者其近亲属请求赔偿或者补偿的;(5)确实需要免交的其他情形。

2. 关于减交诉讼费用。根据《诉讼费用交纳办法》第46条的规定,当事人申请司法救助,符合下列情形之一的,人民法院应当准予减交诉讼费用:(1)因自然灾害等不可抗力造成生活困难,正在接受社会救济,或者家庭生产经营难以为继的;(2)属于国家规定的优抚、安置对象的;(3)社会福利机构和救助管理站;(4)确实需要减交的其他情形。人民法院准予减交诉讼费用的,减交比例不得低于30%。

3. 关于缓交诉讼费用。根据《诉讼费用交纳办法》第 47 条的规定,当事人申请司法救助,符合下列情形之一的,人民法院应当准予缓交诉讼费用:(1)追索社会保险金、经济补偿金的;(2)海上事故、交通事故、医疗事故、工伤事故、产品质量事故或者其他人身伤害事故的受害人请求赔偿的;(3)正在接受有关部门法律援助的;(4)确实需要缓交的其他情形。

世界上一些其他国家和地区的法律也规定了司法救助制度,例如《德国民事诉讼法》第 114 条第 1 款中规定,当事人如果按照其个人情况和经济情况,不能负担其进行诉讼的费用,或仅能负担一部分,或仅能分期支付的,如果他要进行的伸张权利或防卫权利是有希望得到结果的,并且不是轻率的,可以通过申请而得到诉讼费用的救助。《日本民事诉讼法》第 82 条规定,对于因诉讼准备或者诉讼进行而产生的必要费用无资力支付或者因支付该费用而显著妨碍其生活的人,裁判所可依申请作出诉讼救助决定。但明显无胜诉可能时,不在此限。诉讼救助决定由诉讼所处审理阶段的审级的裁判所作出。《日本家事案件程序法》第 32 条第 1 款规定,对于家事案件审判程序的准备及实施所需的必要费用无资力支付的人或者支付上述费用会导致其生活产生显著障碍的人,裁判所可依申请,作出程序上救助的裁判。但是请求救助之人明显基于不当目的提出家事审判或者调解申请以及作出其他程序行为时,不在此限。

在救助条件方面,本条规定的条件为"交纳诉讼费用确有困难",世界不同国家和地区的规定略有差别,一般都以经济困难或者诉讼将导致显著生活困难为前提。此外,还需要具备其他条件,其中,德国法律较为严格,还要求当事人"有胜诉的希望",日本和我国台湾地区较为宽松,日本要求"并非无胜诉的希望",我国台湾地区要求"并非明显无胜诉的希望",法国的规定则更为宽松,只需要"诉请明显不是无法获得法院受理或者并不是明显无法律依据的"即可。

第二编 审判程序

第十二章 第一审普通程序

本章共5节38条,对第一审普通程序的有关问题作了规定,主要包括起诉和受理、审理前的准备、开庭审理、诉讼中止和终结、判决和裁定等五个部分的内容。

第一审普通程序,又称为普通程序,是指人民法院审理和裁判第一审民事案件通常适用的程序。民事诉讼第一审程序包括普通程序和简易程序。第一审普通程序是民事诉讼程序中最基本、最核心的一种程序,是整个民事审判程序的基础,第一审普通程序的规定,可以说具有审判程序通则的功能。本法第10条中规定,人民法院审理民事案件,依照法律规定实行两审终审制度。根据第171条规定,当事人不服地方人民法院第一审判决或者裁定的,有权在一定期限内向上一级人民法院提起上诉。根据本法第181条规定,第二审人民法院审理上诉案件,除依照第二审程序一章规定外,适用第一审普通程序。第一审普通程序的一些规定,同样适用于第二审程序。

第一节 起诉和受理

第一百二十二条 起诉必须符合下列条件:
(一)原告是与本案有直接利害关系的公民、法人和其他组织;
(二)有明确的被告;
(三)有具体的诉讼请求和事实、理由;
(四)属于人民法院受理民事诉讼的范围和受诉人民法院管辖。

【释义】 本条是关于起诉条件的规定。

公民、法人和其他组织之间因财产关系和人身关系发生纠纷,其中一方向人民法院提出诉讼请求,要求人民法院行使国家审判权,依法裁决纠纷双方的民事法律关系,以保护自己合法权益的诉讼行为,称为起诉。为了维护当事人的合法权益,同时便于人民法院对起诉进行审查,法律对起诉的条件进行一定的规范是必要的,这有助于原告在正式起诉前对诉讼目的、诉讼对象、受诉法院等一系列事项进行全面考虑,在一定程度上防止了滥诉,也有助于规范审判秩序。根据本条规定,公民、法人或者其他组织向人民法院起诉必须符合以下4项条件。

一、原告是与本案有直接利害关系的公民、法人和其他组织

所谓"原告与本案有直接利害关系",是指当事人自己的民事权益受到侵害或者与他人发生争议。只有为保护自己的民事权益而提起诉讼的人,才是本案的合格原告。例如,在损害赔偿诉讼中,与本案有直接利害关系的原告,是认为自己民事权益受到侵害而主张侵权人负赔偿责任的公民、法人和其他组织;因合同纠纷提起诉讼的原告,应当是合同的一方、因对方不履行合同中的义务而依合同主张权利的公民、法人和其他组织。又如,在离婚诉讼中,有直接利害关系的原告,是指提出解除婚姻关系的夫妻一方。

二、有明确的被告

原告提起诉讼,应当明确被告是谁,也就是要明确原告与谁发生了民事争议,或者是谁可能承担民事责任。没有明确的被告,只有起诉的人,而无应诉的人的,人民法院无从进行审判活动,因而也就不可能受理。

三、有具体的诉讼请求和事实、理由

具体的诉讼请求,是指原告必须明确其起诉所要解决的问题,也就是向人民法院提出保护自己民事权益的具体内容。一般有以下几种类型:一是请求人民法院确认某种法律关系或者法律事实,比如请求确认双方的收养关系,请求确认某公民失踪或者死亡;二是请求对方当事人履行给付义务,比如请求对方赔偿损失,请求对方偿还贷款本息,请求对方履行合同约定的义务;三是请求变更或者消灭一定的民事法律关系,比如请求离婚,请求变更或者

撤销合同。

原告提出诉讼请求应当依据一定的事实和理由。原告提供的事实主要是纠纷发生的事实经过,即客观情况。有证明客观情况的证据的,应当提供证据,并在事实的基础上,根据法律规定说明提出诉讼请求的理由。要求原告在起诉时提供证据,以说明自己的诉讼请求是有根据的,这对于保护自己的合法权益是必要的,但是,应当说明的是,人民法院在受理案件时,不以要求原告提供足以胜诉的证据作为立案条件。起诉是原告的诉讼权利,至于是否胜诉,人民法院应在审理中根据原、被告双方提供的证据,以及人民法院自己调查收集的证据进行分析,才能最后认定。

四、属于人民法院受理民事诉讼的范围和受诉人民法院管辖

1.属于人民法院受理民事诉讼的范围。这主要是指符合本法第3条规定的公民之间、法人之间、其他组织之间以及他们相互之间因财产关系和人身关系提起的民事诉讼。例如,因婚姻、继承、侵权赔偿、抚养、赡养、相邻关系、合同、劳动以及海事海商等纠纷提起的诉讼都属于民事诉讼的范围。如果起诉事项不属于人民法院受理民事诉讼的范围,受诉人民法院应当告知起诉人向有关机关申请解决。

2.属于受诉人民法院管辖。原告提起的诉讼,除须属于民事诉讼的范围外,还必须是根据本法的有关规定,属于受理该案的人民法院管辖。例如,根据本法第34条关于专属管辖的规定,因不动产纠纷提起的诉讼,只能由不动产所在地人民法院管辖;因港口作业中发生纠纷提起的诉讼,只能由港口所在地人民法院管辖;因继承遗产纠纷提起的诉讼,由被继承人死亡时住所地或者主要遗产所在地人民法院管辖。如果起诉事项不属于受诉人民法院管辖,受诉人民法院应当告知起诉人向有管辖权的人民法院起诉。

第一百二十三条 起诉应当向人民法院递交起诉状,并按照被告人数提出副本。

书写起诉状确有困难的,可以口头起诉,由人民法院记入笔录,并告知对方当事人。

【释义】 本条是关于起诉方式的规定。

根据本条规定,原告起诉有两种方式:一为书面方式,二为口头方式。两种方式中以书面方式为主,只有在起诉人"书写起诉状确有困难"的情况下,为便利其行使起诉的权利,才可以允许原告口头起诉。此处所说的"书写起诉状确有困难",主要是指原告本人因文化水平、法律知识欠缺或者疾病等身体原因所造成的自行书写起诉状确有困难的情形,同时也包括原告为无民事行为能力人或限制民事行为能力人时,其法定代理人因类似原因而造成的书写起诉状确有困难的情形。在这两种情形下,都可以口头起诉。

书写起诉状,有利于明确表达原告的诉讼请求及其所根据的事实和理由,也便于人民法院审查起诉,决定是否受理,以及在决定受理后,向被告转达原告的诉讼请求及其根据,方便被告行使答辩的权利。根据本条规定,原告递交起诉状,应按被告人数递交相应份数的起诉状副本,以便在人民法院决定受理后由法院送达被告。所谓起诉状副本,即与起诉状内容相同的文本,是相对于递交人民法院的那份起诉状而言的。递交法院的起诉状称正本,副本可以抄写也可以打印、复印。

口头起诉的,由人民法院记入笔录,笔录应由起诉人签名或捺印,与起诉状具有同等效力。人民法院既可以将抄录的原告口诉笔录送给被告,也可以将原告口诉的主要内容口头告知被告。根据《最高人民法院关于适用〈中华人民共和国民事诉讼法〉的解释》第265条的规定,原告口头起诉的,人民法院应当将当事人的姓名、性别、工作单位、住所、联系方式等基本信息,诉讼请求,事实及理由等准确记入笔录,由原告核对无误后签名或者捺印。对当事人提交的证据材料,应当出具收据。

各个国家和地区的法律一般都对起诉状有明确的要求,例如,《德国民事诉讼法》第253条规定,起诉,以书状(诉状)的送达进行。诉状应记明下列各点:当事人与法院,提出请求的标的与原因以及一定的申请。此外,诉状还应说明:在提起诉讼前,是否进行调解或者适用其他替代性纠纷解决机制,是否存在不采取上述程序的理由;由哪个法院管辖决定于诉讼标的价额,而诉讼标的并不是一定的金额时,诉状应记明诉讼标的的价额;是否有不能将案件交付独任法官的原因。应当送达的诉状和当事人的其他声明和陈述,都应当用书面提出,并且按照其送达或者通知所需的份数,附具副本提交给法院。电子文档形式的诉状无须提交副本。《日本民事诉讼法》第133条规定,提起诉讼,应向裁判所提交诉状。诉状中应记载下列事项:当事人及法定代理人,诉讼标的和诉讼请求说明。

> **第一百二十四条** 起诉状应当记明下列事项:
> (一)原告的姓名、性别、年龄、民族、职业、工作单位、住所、联系方式,法人或者其他组织的名称、住所和法定代表人或者主要负责人的姓名、职务、联系方式;
> (二)被告的姓名、性别、工作单位、住所等信息,法人或者其他组织的名称、住所等信息;
> (三)诉讼请求和所根据的事实与理由;
> (四)证据和证据来源,证人姓名和住所。

【释义】 本条是关于起诉状应记明事项的规定。

起诉状是重要的诉讼文书,在民事诉讼中具有重要作用,是原告提起诉讼的根据,原告为争取人民法院受理案件并在诉讼中胜诉,应当认真书写起诉状。法律对起诉状的内容进行一定的规范是必要的,这既有利于原告写清楚事实根据与诉讼理由,也有利于送达被告,使其知晓诉讼事由,并行使诉讼权利,同时还有利于人民法院审查工作的顺利进行,方便审判工作的正式展开。本条对起诉状内容的规定主要有以下几个方面。

一、当事人的基本情况

当事人是自然人的,应当记明原告的姓名、性别、年龄、民族、职业、工作单位、住所和联系方式,被告的姓名、性别、工作单位、住所等能够确定其身份的信息。当事人是法人或者其他组织的,应当记明原告的名称、住所和法定代表人或者主要负责人的姓名、职务和联系方式,被告的名称、住所等信息。上述基本情况应当按原告、被告的顺序分别列出。如果原告有诉讼代理人,应当在原告基本情况之后,记明诉讼代理人的姓名、年龄、职务、住所和与被代理人的关系等基本情况,如果委托律师担任诉讼代理人,则只需记明律师姓名和所在律师事务所的名称。这有助于受诉人民法院审核、认定双方当事人的诉讼主体资格,并在当事人适格的基础上对案件进行审理和作出裁判。

需要说明的是,在起诉状记明事项中区分原被告分别处理,是 2012 年民事诉讼法修改时增加的内容:首先,关于原告应记明事项,除原来法律规定的

"姓名、性别、年龄、民族、职业、工作单位和住所"外,增加一项内容即"联系方式"。在 2012 年民事诉讼法修改过程中,曾有意见提出,民事诉讼法制定之初,当事人联系方式也主要以"住所"为主,随着经济社会的发展,固定电话、移动电话、电子邮件等新型联系方式已逐渐普及,法律制度也应与时俱进。此外,要求原告记明"联系方式",也为诉讼过程中的送达提供了便利条件。鉴于上述背景,本条补充规定了"联系方式"作为起诉状应当记明的原告事项。其次,关于起诉状应记明的有关被告的事项,修改为"被告的姓名、性别、工作单位、住所等信息,法人或者其他组织的名称、住所等信息"。与第 1 款有关原告应记明事项相比,并未要求记明被告"联系方式",而只是原则规定被告姓名、性别、工作单位、住所等能够确定其身份的信息,这是因为提交起诉状的原告往往并不掌握被告的确切联系方式,只要能够提供其他足以确定被告身份的信息,满足本法第 122 条第 2 项"有明确的被告"的条件即可。有关被告"联系方式"等信息,根据本法第 128 条的规定,应当由被告在提交答辩状时向法院提供。

二、诉讼请求和所根据的事实与理由

诉讼请求是起诉状中的重要内容,既是原告起诉必须符合的法定条件之一,也是起诉状必须记明的法定事项。原告应当在起诉状中记明诉讼请求,明确提出自己对实体权利的主张,以便受诉人民法院明确其在诉讼上的要求以及通过诉讼所要达到的目的。诉讼请求应力求明确,切忌含混不清、模棱两可。在记明诉讼请求的同时,应当记明提出诉讼请求的客观基础,这样才能使受诉人民法院明确其起诉的事实依据和具体原因,并在此基础上对案件进行依法审理和作出判决。事实部分应实事求是,陈述力求确切,理由部分应作出有理有据的论证。

三、证据和证据来源,证人姓名和住所

根据本法第 67 条第 1 款规定,当事人对自己提出的主张,有责任提供证据。因此,原告提出的诉讼请求是否合理,所根据的事实是否存在,应当有证据加以证明,原告在提出证据的同时,应当提供证据的来源,以便人民法院核实,如果提供的是证人,则应记载证人的姓名、住所或工作单位,以便人民法院调查。

除上述规定外,起诉状还应当写明起诉的日期,并由原告签名或盖章。原告起诉时已委托他人代为诉讼的,应当将授权委托书随起诉状一并递交。

第一百二十五条　当事人起诉到人民法院的民事纠纷,适宜调解的,先行调解,但当事人拒绝调解的除外。

【释义】　本条是关于先行调解的规定。

对本条的理解,需要把握3个问题:

一是先行调解制度设立的大背景。在早期司法观念中,通过法院进行诉讼,也就是司法救济,是解决纠纷的最主要途径。因此,法律上有"无诉讼则无权利"的说法。也就是说,如果一个权利不能够通过诉讼得以救济,那么该权利就不是真正的权利。随着社会的发展,权利实现方式日趋多样化,人们逐步认识到,诉讼只是解决纠纷的一种机制,除了诉讼,还存在其他纠纷解决机制,如调解、仲裁等。之所以需要各种非诉讼性的纠纷解决机制,乃是现实使然。一方面,因诉讼资源有限,不可能所有纠纷都通过法院解决。另一方面,现代社会各种纠纷种类不同,与之适应的解决纠纷的办法也不同,诉讼并不是解决一切纠纷的最好办法,因此必须求助于其他的纠纷解决机制。

作为重要的矛盾纠纷解决机制之一的调解制度,具有解决纠纷的独特优势,在倡导"和为贵"的中华传统文化氛围中为争议当事人重新架设交流的平台,能够化干戈为玉帛,真正消除矛盾,以致被国际司法界称为"东方经验"。在诉讼与非诉讼相衔接矛盾纠纷解决机制的大背景下,调解可以区分为两类:一类是诉讼外调解机制,运用比较成熟的是人民调解、行政调解等。2010年通过的人民调解法已经对人民调解的原则、程序等作了明确规定。另一类是诉讼中的调解,本法第八章对于人民法院审理民事案件过程中的调解制度也作了专章规定。2012年修改民事诉讼法过程中,有意见提出,2007年民事诉讼法第9条规定,人民法院审理民事案件,应当根据自愿和合法的原则进行调解,该条容易使人理解为开庭审理后才可以进行调解,建议法律明确规定立案前的调解和立案后审理前的调解,将多元化调解机制引入审前程序。也有意见提出,2009年出台的《最高人民法院关于建立健全诉讼与非诉讼相衔接的矛盾纠纷解决机制的若干意见》已经对立案前与立案后至开庭前的调解作了规定,这些调解活动在实践中取得了良好的效果,建议将司法实践中已取得积极效果的经验上升为法律。鉴于上述背景，2012年民事诉讼法对先行调解作了规定。

二是先行调解的适用范围，主要指向法院立案前或者立案后不久的调解。当事人向人民法院提起诉讼，递交起诉状或者口头起诉之后，人民法院尚未立案，根据案件具体情况，人民法院认为适宜调解的，可以先行调解。当事人不同意调解或者在商定、指定时间内不能达成调解协议的，人民法院应当依法及时立案。需要说明的是，案件受理之后开庭审理前，人民法院仍然可以进行调解。

三是先行调解的适用条件，主要是两项，二者缺一不可：其一，人民法院认为"适宜调解"。"适宜"的判断标准由人民法院根据案件的具体情况具体掌握。一般来说，家庭矛盾、邻里纠纷等民间纠纷适宜调解，其他案件如果事实基本清楚、当事人之间争议不大也"适宜"调解。其二，当事人不拒绝。调解的一项基本原则是当事人自愿，如果当事人明确表示不同意调解：尚未立案的，人民法院应当依法及时立案；已经受理立案的，应当依法及时判决。需要说明的是，当事人不拒绝不仅包括当事人明示同意，还包括默示同意。调解过程中，当事人未明确拒绝调解的，可以视为同意调解。

第一百二十六条　人民法院应当保障当事人依照法律规定享有的起诉权利。对符合本法第一百二十二条的起诉，必须受理。符合起诉条件的，应当在七日内立案，并通知当事人；不符合起诉条件的，应当在七日内作出裁定书，不予受理；原告对裁定不服的，可以提起上诉。

【释义】　本条是关于人民法院审查起诉、决定受理与否的期间，以及原告对不予受理的裁定不服可以上诉的规定。

为提高人民法院的办案效率，维护当事人的合法权益，根据本条规定，人民法院审查起诉必须遵守法定期间，人民法院收到起诉状或者口头起诉，经审查，认为符合起诉条件的，应当在7日内立案，并通知当事人；认为不符合起诉条件的，应当在7日内作出裁定书，通知原告不予受理，并向原告说明理由；如果原告对人民法院不予受理的裁定不服，可以提起上诉。根据本法第171条规定，当事人不服地方人民法院第一审判决的，有权在判决书送达之日起15日内向上一级人民法院提起上诉。当事人不服地方人民法院第一审裁定的,应当在裁定书送达之日起 10 日内向上一级人民法院提起上诉。否则,即丧失此项诉讼权利。

本条规定的立案期间和不予受理的期间,都是从人民法院收到当事人的起诉状的次日起计算。人民法院因起诉状内容欠缺令原告补正的,立案或不予受理的期间自补正后交法院的次日起计算。由上级人民法院转交下级人民法院,或者由基层法院转交有关人民法庭受理的案件,从受诉法院或人民法庭收到起诉状的次日起计算。

关于对本条的理解,需要把握以下两点:

一是关于人民法院对起诉条件的审查。根据本法规定,原告向法院提起诉讼后,人民法院将对起诉进行审查以便决定是否受理,审查分为两个部分:其一,对起诉状的形式审查,主要是看起诉状记明的事项是否符合第 124 条的规定,即是否记明原告姓名、性别、联系方式及被告姓名、性别等能够确定其身份的信息,是否记明诉讼请求和所根据的事实,是否记明证据和证据来源等。如果起诉状不符合形式要求,法院可以要求原告补齐相应的事项信息。对起诉状的形式审查,其他国家民事诉讼法都有相应的规定,如《日本民事诉讼法》第 133 条列举了诉状必须记载的事项,包括当事人即法定代理人,诉讼标的和诉讼请求说明。第 137 条第 1 款、第 2 款还规定,如果诉状中缺乏上述内容,法官将要求原告补正;原告拒绝补正的,审判长可以诉状驳回命令的形式驳回起诉。其二,对起诉要件的实质审查,主要是看起诉是否符合民事诉讼法第 122 条的规定,原告是否为与本案有直接利害关系的公民、法人和其他组织,是否有明确的被告,是否有具体的诉讼请求和事实、理由,是否属于人民法院受理民事诉讼的范围和受诉人民法院管辖。不符合起诉实质要件的,人民法院应当在 7 日内作出裁定书,通知原告不予受理。

二是强调人民法院应当保障当事人依照法律规定享有的起诉权利,对不符合起诉条件的,应当在 7 日内以书面形式作出不予受理的裁定。2012 年民事诉讼法修改过程中,"立案难"的反映尤为强烈,其中,有意见提出,有的法院以内部指导意见的形式列举诸多情形不予立案,违背了民事诉讼法关于起诉条件的规定,有的法院对于不予立案仅作出口头裁定,导致当事人难以就该口头裁定提起上诉,建议法律切实保障当事人的诉讼权利,在程序上作出更加明确、严格的规定。

鉴于上述背景,2012 年修改民事诉讼法时着重强调对当事人诉讼权利的保障,要求人民法院对符合本法第 122 条规定的起诉,必须受理;同时,进一步规范人民法院的立案行为,对原告起诉不予立案的,人民法院应当制作民事裁定书,由负责审查的审判人员、书记员署名,报请庭长或院长批准,并加盖人民法院印章,从立案流程上杜绝口头裁定不予立案情形的发生。对经书面裁定不予受理的案件,当事人不服的,可以向上一级人民法院提起上诉。

> 第一百二十七条 人民法院对下列起诉,分别情形,予以处理:
> (一)依照行政诉讼法的规定,属于行政诉讼受案范围的,告知原告提起行政诉讼;
> (二)依照法律规定,双方当事人达成书面仲裁协议申请仲裁、不得向人民法院起诉的,告知原告向仲裁机构申请仲裁;
> (三)依照法律规定,应当由其他机关处理的争议,告知原告向有关机关申请解决;
> (四)对不属于本院管辖的案件,告知原告向有管辖权的人民法院起诉;
> (五)对判决、裁定、调解书已经发生法律效力的案件,当事人又起诉的,告知原告申请再审,但人民法院准许撤诉的裁定除外;
> (六)依照法律规定,在一定期限内不得起诉的案件,在不得起诉的期限内起诉的,不予受理;
> (七)判决不准离婚和调解和好的离婚案件,判决、调解维持收养关系的案件,没有新情况、新理由,原告在六个月内又起诉的,不予受理。

【释义】 本条是关于人民法院对起诉进行审查的规定。

现实生活中存在很多纠纷,但并不是所有纠纷都可以以民事诉讼的形式向人民法院起诉,人民法院对当事人以起诉状或者口头方式提起的诉讼,应当按照本法第 122 条规定的起诉条件进行审查,对符合起诉条件的,必须予以受理,不得以法定条件之外的其他理由将当事人拒之门外;不符合起诉条件的,不予受理,但应当分别情形,予以处理。

1.依照行政诉讼法的规定,属于行政诉讼受案范围的,告知原告提起行政诉讼。

行政诉讼与民事诉讼性质不同,行政诉讼是指公民、法人或者其他组织认为行政机关或行政机关工作人员的行政行为侵犯其合法权益而提起的诉讼。民事诉讼是平等主体的公民、法人或者其他组织之间因财产关系和人身关系发生纠纷而提起的诉讼。对于公民、法人或者其他组织以行政机关和行政机关工作人员的行政行为违法侵犯了自己的合法权益为由提起的诉讼，人民法院应当告知原告按行政诉讼法规定的程序提起行政诉讼。

2. 依照法律规定，双方当事人达成书面仲裁协议申请仲裁、不得向人民法院起诉的，告知原告向仲裁机构申请仲裁。

当事人在争议发生前或者发生后，可以就争议的解决达成仲裁协议，仲裁协议系当事人的真实意思表示，对当事人具有法律约束力，有效的书面仲裁条款或者仲裁协议具有排除人民法院司法管辖权的法律效力。仲裁法第5条规定，当事人达成仲裁协议，一方向人民法院起诉的，人民法院不予受理，但仲裁协议无效的除外。本法第288条第1款规定，涉外经济贸易、运输和海事中发生纠纷，当事人在合同中订有仲裁条款或者事后达成书面仲裁协议，提交中华人民共和国涉外仲裁机构或者其他仲裁机构仲裁的，当事人不得向人民法院起诉。当事人以书面形式达成仲裁协议后又起诉的，人民法院不予受理，应当告知当事人按照仲裁协议申请仲裁机构解决争议。

3. 依照法律规定，应当由其他机关处理的争议，告知原告向有关机关申请解决。

依照宪法等法律的规定，人民法院与其他国家机关在职权范围上有着明确的分工，凡依法应当由其他机关处理的争议，人民法院无权处理。例如，行政机关工作人员对其机关给予的行政处分不服的，不属于人民法院的管辖范围，如果被处分的人向人民法院起诉，人民法院应当告知其向有关行政机关申请解决。

4. 对不属于本院管辖的案件，告知原告向有管辖权的人民法院起诉。

原告依照民事诉讼法提起诉讼的，应当向有管辖权的人民法院提出。如果原告向没有管辖权的人民法院提起诉讼，该法院应当告知原告向有管辖权的人民法院起诉。

5. 对判决、裁定、调解书已经发生法律效力的案件，当事人又起诉的，告知原告申请再审，但人民法院准许撤诉的裁定除外。

当事人在法定期间对一审判决、裁定没有提起上诉的，该一审判决、裁定发生法律效力，或者上诉后经过第二审人民法院作出判决、裁定的，该第二审判决、裁定立即发生法律效力,不得上诉。对已经发生法律效力的判决、裁定、调解书,当事人必须履行,不得以同一事实和同一诉讼标的再次提起诉讼。如果当事人认为已生效的判决、裁定有错误,只能按照本法第 210 条的规定,向上一级人民法院申请再审,通过再审程序解决。但是,经人民法院裁定准许撤诉的,当事人可以再行起诉。原告申请撤诉,只是其对诉讼权利的处分,并不意味着放弃实体权利,从诉讼程序上讲,人民法院用裁定方式准许原告的撤诉申请,仅意味着同意原告对自己诉讼权利的处分,当事人还可以同一事实和理由,就同一诉讼标的再次提起诉讼。

除发生法律效力的判决、裁定外,对于已经发生法律效力的调解书,根据本法第 210 条的规定,当事人提出证据证明调解违反自愿原则或者调解协议的内容违反法律的,可以申请再审。

6. 依照法律规定,在一定期限内不得起诉的案件,在不得起诉的期限内起诉的,不予受理。

依法在一定期限内不得起诉的案件,主要是指依据民法典第 1082 条的规定,女方在怀孕期间、分娩后 1 年内或者终止妊娠后 6 个月内,男方不得提出离婚;但是,女方提出离婚或者人民法院认为确有必要受理男方离婚请求的除外。

7. 判决不准离婚和调解和好的离婚案件,判决、调解维持收养关系的案件,没有新情况、新理由,原告在 6 个月内又起诉的,不予受理。

婚姻关系、收养关系的基础是双方的感情,人民法院判决不准离婚、维持收养关系的案件或者调解和好的离婚案件,原告在没有新情况、新理由的情况下,在 6 个月内又起诉的,人民法院不予受理。这是为了给双方一段时间,以消除双方的隔阂,促进双方和好。原告撤诉或者按撤诉处理的离婚案件,没有新情况、新理由,6 个月内又起诉的,也不予受理。但是,如果在 6 个月内,双方有了新的冲突,感情进一步恶化,即有新情况、新理由,原告又起诉的,人民法院应当予以受理。没有新情况、新理由,原告在 6 个月后又起诉的,人民法院也应当予以受理。没有新情况、新理由,被告在 6 个月内向人民法院起诉的,同样应当予以受理。

第二节 审理前的准备

为了保证案件审理顺利进行,人民法院自受理原告的起诉起到开庭审理之前,需要由案件承办人员依法进行一系列准备工作,这一阶段总称为审理前的准备,它是普通程序中开庭审理前的一个必经阶段,也是民事诉讼程序的重要组成部分,是保证庭审质量、提高庭审效率必不可少的基础,是民事诉讼活动顺利进行的必要前提。这一阶段的工作是否依法进行,关系到审判工作的有效性和合法性,对于保护当事人充分行使诉讼权利、保证法院正确行使审判权、切实维护当事人的合法权益,均具有十分重要的意义。

第一百二十八条　人民法院应当在立案之日起五日内将起诉状副本发送被告,被告应当在收到之日起十五日内提出答辩状。答辩状应当记明被告的姓名、性别、年龄、民族、职业、工作单位、住所、联系方式;法人或者其他组织的名称、住所和法定代表人或者主要负责人的姓名、职务、联系方式。人民法院应当在收到答辩状之日起五日内将答辩状副本发送原告。

被告不提出答辩状的,不影响人民法院审理。

【释义】　本条是关于人民法院发送起诉状副本、被告提出答辩状和人民法院发送答辩状副本以及期间的规定。

根据本条规定,人民法院受理案件后,应当在立案之日起 5 日内将起诉状副本发送被告,如果原告是口头起诉的,人民法院也应在 5 日内将口诉笔录的复制本发送被告。

被告在收到起诉状副本后,应当按照原告的人数,自收到之日起 15 日内向人民法院提交答辩状。答辩状应当记明被告的姓名、性别、年龄、民族、职业、工作单位、住所、联系方式;法人或者其他组织的名称、住所和法定代表人或者主要负责人的姓名、职务、联系方式。有关被告身份信息及联系方式的规定,是 2012 年民事诉讼法修改增加的内容,与本法第 124 条规定的起诉状应记明的有关原告信息的事项相呼应,关于联系方式的规定也为诉讼进程中的后续送达提供便利条件。

除被告的身份信息及联系方式外,答辩状还可以对原告提出的诉讼请求和所依据的事实与理由进行回答和辩解,答辩的内容既包括程序方面的,如提出原告没有诉权、起诉不符合条件或者受诉人民法院对案件无管辖权等,也包括实体方面的,如说明纠纷的原因、案件的事实,反驳原告的诉讼请求和理由,提出自己的诉讼请求等。人民法院应当自收到答辩状之日起 5 日内将答辩状副本发送给原告。

需要说明的是,如果被告不提出答辩状,或逾期不作出答辩,不影响人民法院对案件的审理,即并不影响民事诉讼程序下一阶段的进行。

第一百二十九条 人民法院对决定受理的案件,应当在受理案件通知书和应诉通知书中向当事人告知有关的诉讼权利义务,或者口头告知。

【释义】 本条是关于人民法院告知当事人有关诉讼权利义务的规定。

根据本条规定,人民法院对决定受理的案件,应当告知当事人有关的诉讼权利和义务,方便当事人充分行使诉讼权利、更好地维护自己的合法权益,同时这也是诉讼程序顺利进行的保证。告知可以采用两种方式:一是书面方式,即在受理案件通知书和应诉通知书中,向当事人写明有关的诉讼权利和义务。受理案件通知书是人民法院接到原告起诉后,经审查符合起诉条件的,在决定立案后向原告发出的决定立案和预交诉讼费的通知书。应诉通知书是人民法院对原告的起诉决定受理后,向被告发出的通知书,主要内容包括:原告、被告姓名,案由,送达起诉状副本,告知被告按期提出答辩,可以委托诉讼代理人及其他事项。二是口头方式,如果不在通知书中记明,则应当在送达通知书的同时,用口头方式告知,以便当事人及时了解诉讼权利和义务。

人民法院分别发送给原告、被告的受理案件通知书和应诉通知书中关于诉讼权利义务的内容主要有以下几个方面:根据本法第47条规定,当事人有权对本案的审判人员、法官助理、书记员、司法技术人员、翻译人员、鉴定人、勘验人提出回避申请。根据本法第52条、第53条、第54条及其他有关条款的规定,当事人有权委托代理人,收集、提供证据,进行辩论,请求调解和自行和解,提起上诉,申请执行,查阅本案有关材料,复制本案有关材料和法律文书。当事人必须依法行使诉讼权利,遵守诉讼秩序,履行发生法律效力的判决书、裁定书和调解书。原告可以放弃或者变更诉讼请求,被告可以承认或者反驳诉讼请求,有权提起反诉。

另外,根据《最高人民法院关于民事诉讼证据的若干规定》第50条的规定,人民法院应当在审理前的准备阶段向当事人送达举证通知书。举证通知书应当载明举证责任的分配原则和要求、可以向人民法院申请调查收集证据的情形、人民法院根据案件情况指定的举证期限以及逾期提供证据的法律后果等内容。

第一百三十条 人民法院受理案件后,当事人对管辖权有异议的,应当在提交答辩状期间提出。人民法院对当事人提出的异议,应当审查。异议成立的,裁定将案件移送有管辖权的人民法院;异议不成立的,裁定驳回。

当事人未提出管辖异议,并应诉答辩或者提出反诉的,视为受诉人民法院有管辖权,但违反级别管辖和专属管辖规定的除外。

【释义】 本条是关于管辖权异议和应诉管辖的规定。

2023年民事诉讼法修改,对本条第2款内容作了补充完善,在"应诉答辩"后增加了"或者提出反诉",使应诉管辖的规定更为周延。

对本条的理解,需要把握两个方面:

一是管辖权异议的提出与法院的审查处理。管辖权异议,是指人民法院受理案件后,当事人对人民法院对案件是否有管辖权提出异议,这是当事人的一项诉讼权利。受诉人民法院收到当事人提出的管辖权异议后,应当认真进行审查,必要时需召集双方当事人听证。对当事人所提出的管辖权异议,区别情况作出不同的处理:

其一,当事人就地域管辖权提出异议。经审查,异议成立的,受诉人民法院裁定将案件移送有管辖权的人民法院处理;异议不成立的,裁定驳回。当事人对裁定不服的,可以在裁定书送达之日起10日内向上一级人民法院提出上诉。当事人未提出上诉或者上诉被驳回的,受诉人民法院应通知双方当事人参加诉讼。当事人对管辖权问题申请再审的,不影响受诉人民法院对该案件的审理。

其二,当事人就级别管辖权提出异议。级别管辖是上下级法院之间在一审案件审理方面的分工。受诉人民法院审查后认为没有管辖权的,应将案件移送给有管辖权的人民法院。受诉人民法院拒不移送,当事人向上级人民法院反映并就此提出异议的,如情况属实确有必要移送,上级人民法院应当通知受诉人民法院将案件移送给有管辖权的人民法院;受诉人民法院拒不移送且作出实体判决的,上级人民法院应当以程序违法为由撤销受诉人民法院的判决,并将案件移送给有管辖权的人民法院审理。

其三,当事人在答辩期内以双方自愿达成书面仲裁协议应向仲裁机构申请仲裁为由提出管辖权异议,受诉人民法院应当依法进行审查。如果仲裁条款、仲裁协议有效,人民法院对该案无管辖权,当事人提出的异议成立,受诉人民法院依法应裁定驳回原告的起诉,告知当事人向仲裁机构申请仲裁;如果仲裁条款、仲裁协议无效、失效或者内容不明确,只要符合本法第122条受理条件规定,受诉人民法院就应裁定驳回当事人对管辖权提出的异议。

二是应诉管辖。所谓应诉管辖,学理上也称为默示或者拟制的合意管辖。关于应诉管辖的适用范围,虽然在国内学术界仍存在一定争议,认为应诉管辖不是协议管辖的一种,而且会导致协议管辖范围的无限制扩大,但是从国外许多国家民事诉讼的立法情况来看,设立完善的应诉管辖制度对于节省司法资源还是具有积极意义的。《德国民事诉讼法》第39条规定,一审程序中,被告不主张管辖错误而进行本案的言辞辩论时,也可以发生管辖权。《日本民事诉讼法》第12条规定,被告在一审不提出违反管辖的抗辩而对本案进行辩论或者在辩论准备程序中不提出违反管辖而进行陈述时,该法院则拥有管辖权。上述国家关于应诉管辖的规定并未区分涉外案件与国内案件,在可选择法院的范围限制上,除去不违反专属管辖的规定外,并无特殊要求。鉴于上述背景,在2012年修改民事诉讼法时,将应诉管辖的适用范围由原来的涉外民事案件扩大到非涉外民事案件,不仅为当事人减少诉累,也为法院管辖赋予正当的法律依据,节省司法资源,体现公正与效率。2023年修改民事诉讼法时,有意见提出,为进一步扩大我国法院对涉外民事案件的管辖权,在应诉管辖方面,可在形式上不强调须受级别管辖和专属管辖的限制。涉外民事案件的当事人未提出管辖权异议,并应诉答辩或者提出反诉的,即可视为人民法院有管辖权。如果受诉人民法院违反了本法关于级别管辖和专属管辖的限制,也可在先将管辖权争取到我国国内后,再根据移送管辖和指定管辖等规定进行管辖权的调整。经研究,2023年修改专门在涉外编增加一条规定(第278条):"当事人未提出管辖异议,并应诉答辩或者提出反诉的,视为人民法院有管辖权。"由此,关于应诉管辖问题,本法在涉外编和非涉外编都作了规定,且表述上有所区分。此外,2023年修改民事诉讼法的过程中,有意见提出,应当吸收有关司法解释的规定,增加"提出反诉"作为当事人应诉管辖的情形。经研究,提出反诉意味着当事人已经接受本诉管辖,并在此基础上以吸收、吞并对方的诉讼请求为目的提起了诉讼,自然应当视为受诉人民法院有管辖权。因此,本条和涉外编应诉管辖的条文都将"提出反诉"作为应诉管辖的情形加以规定。需要说明的是,基于应诉管辖规定在涉外编与非涉外编的不同考虑,本条的应诉管辖须受到级别管辖和专属管辖规定的限制,即不得违反本法有关级别管辖和专属管辖的规定。

第一百三十一条 审判人员确定后,应当在三日内告知当事人。

【释义】 本条是关于告知审判人员的规定。

2021年修改民事诉讼法时,将此前条文中的"合议庭组成人员"修改为"审判人员"。根据民事诉讼程序繁简分流改革试点的工作情况,2021年修改民事诉讼法时,扩大了独任制的适用范围,明确基层人民法院审理的基本事实清楚、权利义务关系明确的第一审民事案件,可以由审判员一人适用普通程序独任审理。根据这一修改,第一审普通程序中也会存在审判员独任审理的情况,故将"合议庭组成人员"修改为"审判人员"。

根据本法规定,人民法院立案后,将案件交由审判人员承办,依照第一审普通程序审理的案件,人民法院既可以组成合议庭进行审理,也可以对符合条件的案件由审判员独任审理。第一审合议庭有两种组织形式:一是由审判员和人民陪审员共同组成合议庭,人民陪审员在参加审判活动时,除法律另有规定外,与审判员有同等的权利义务;二是由审判员单独组成合议庭,人民陪审员不参与该合议庭的组成。合议庭的人数必须是3人以上的单数,对于审判员与人民陪审员的具体比例,本法未作规定。适用第一审普通程序独任审理的案件,由审判员一人审理。

根据本条规定,人民法院应当在审判人员确定后3日内告知当事人。当事人有权及时知晓负责审判的人员,以便日后开庭审理时依法充分、有效地行使申请回避的权利。申请回避的权利是当事人最重要的诉讼权利之一,也是保证案件得到公正审理的基础。

需要说明的是,人民法院在告知当事人后,可以根据需要对审判人员进行必要的调整,因情况变化必须调整审判人员的,应当于调整后3日内告知当事人。在开庭前3日内决定调整审判人员的,原定的开庭日期应予顺延。

第一百三十二条　审判人员必须认真审核诉讼材料,调查收集必要的证据。

【释义】 本条是关于审判人员审核诉讼材料、调查收集必要证据的规定。

所谓诉讼材料,是指原告、被告双方向受诉人民法院提交的起诉状、答辩状,以及他们各自提交的有关证据材料。必要的证据,是指对于认定事实、适用法律必不可少的证据材料。

审核诉讼材料,主要是指承办案件的审判人员对原告的起诉、被告的答辩状以及他们提出的证据和其他诉讼材料进行审查和核实。具体包括:再次审查案件是否属于人民法院受案范围和受诉人民法院管辖,发现该案件不属于人民法院受理范围的,裁定驳回起诉,发现不属于本院管辖的,移送有管辖权的人民法院管辖;了解原告的诉讼请求和被告对诉讼请求的反驳是否还需要一定的证明材料,如需要,通知当事人补正;审查被告是否提出了反诉,反诉是否符合条件,反诉的诉讼请求是什么,有何事实和理由;查明有无必要对证据进行鉴定或者勘验,是否需要人民法院调查、收集必要的证据,是否需要对可能灭失的证据采取保全措施;确定是否有必要按法定程序通知其他人参加诉讼。通过审核,可以使审判人员对案情有初步了解,掌握矛盾的焦点和争议的实质,把握案件的中心环节及案件能否进入开庭审理阶段。因此,审核诉讼材料是审判前准备工作中的必要步骤,对于案件能否及时开庭审理具有重要的意义。

人民法院调查、收集证据分为两种情形:一是人民法院依职权主动调查、收集与案件有关的证据;二是人民法院依当事人的申请,调查、收集与案件有关的证据。两种情形适用条件是不一样的。根据本法第 67 条第 1 款的规定,当事人对自己提出的主张,有责任提供证据。依据民事诉讼"谁主张,谁举证"的原则,当事人对其提出的诉讼请求、事实、主张有提供证据的责任,人民法院根据真实性、关联性、合法性对当事人提供的证据材料进行认定,并以此查清案件事实,作出裁判,如果不能提供证据予以证明,可能导致败诉。但是,在审判实践中,有一些证据材料是当事人难以自行收集,但对于查明案件事实却不可缺少的,如涉及土地、房屋、公安、存款等方面的证据,需要由人民法院依职权调取。根据本法第 67 条第 2 款规定,当事人及其诉讼代理人因客观原因不能自行收集的证据,或者人民法院认为审理案件需要的证据,人民法院应当调查收集。根据《最高人民法院关于适用〈中华人民共和国民事诉讼法〉的解释》第94条第1款规定,当事人及其诉讼代理人因客观原因不能自行收集的证据包括:(1)证据由国家有关部门保存,当事人及其诉讼代理人无权查阅的;(2)涉及国家秘密、商业秘密或者个人隐私的;(3)当事人及其诉讼代理人因客观原因不能自行收集的其他证据。

值得注意的是,审核诉讼材料和调查、收集必要证据的工作,并不是为了使审判人员在开庭审理前对案件事实以及证据的认定形成结论性的意见,否则将会造成审判人员认识上的先入为主,使日后即将进行的开庭审理失去意义而流于形式,而在于使审判人员通过认真审核诉讼材料和调查、收集必要的证据了解案情,审查证据,以便掌握双方当事人争议的焦点和需要庭审调查、辩论的主要问题,为在庭审活动中正确地指挥诉讼做好前期准备。从性质上讲,此项工作只是一种程序性的准备而非实体性的审理。

第一百三十三条　人民法院派出人员进行调查时,应当向被调查人出示证件。

调查笔录经被调查人校阅后,由被调查人、调查人签名或者盖章。

【释义】　本条是关于人民法院调查程序问题的规定。

人民法院要正确处理民事纠纷,必须运用证据查明案件事实,只有掌握了充分的证据,才能在事实清楚的基础上适用法律,对民事案件作出公正裁判。

在民事诉讼中的许多情况下,人民法院需要向有关单位和个人进行调查,这是人民法院行使审判权的重要职权活动,任何单位和个人都有义务协助,不得以任何借口予以拒绝。如果有关单位或者个人拒绝或者妨碍调查取证,人民法院可以根据本法相关规定对其采取妨害民事诉讼的强制措施。

根据本条规定,人民法院派出的审判员或书记员进行调查时,应当向被调查人出示表明调查人员身份的证件,取得被调查人的信任和合作。调查应当由两人以上共同进行。调查时应当制作调查笔录,调查完毕后应当将制作的调查笔录送请被调查人校阅,经核对准确后,由被调查人、调查人、记录人在笔录末尾处签名、捺印或者盖章。调查中摘抄的有关材料,除应注明原材料的名称、出处外,还应由有关单位和个人盖章。未经上述程序取得的调查材料,不具备证明效力,不得据以作出裁判。本条对于规范调查人员的调查行为,维护被调查人的合法权益,增强调查活动的合性法、严肃性具有重要意义。

第一百三十四条 人民法院在必要时可以委托外地人民法院调查。

委托调查,必须提出明确的项目和要求。受委托人民法院可以主动补充调查。

受委托人民法院收到委托书后,应当在三十日内完成调查。因故不能完成的,应当在上述期限内函告委托人民法院。

【释义】 本条是关于委托调查的规定。

根据本条规定,受诉人民法院除自行调查以外,对在外地的证据,在必要的时候可以委托外地人民法院调查,这样可以在保证调查质量的前提下降低调查成本,提高调查效率。委托调查是一种法定调查方式,受委托的人民法院有义务协助调查取证。委托调查,必须提出明确的项目和要求。为了保证调查事项的完整性并以此满足诉讼活动的客观需要,受委托的人民法院除根据委托调查的项目和要求进行调查外,如果发现与委托项目有关的证据,可以主动补充调查。

为了防止调查滞延,受委托的人民法院收到委托书后,应当在30日内完成调查,并将调查材料函复委托人民法院。如果因故不能完成,或者需要延长期限完成,应当在上述期限内函告委托人民法院。

第一百三十五条 必须共同进行诉讼的当事人没有参加诉讼的,人民法院应当通知其参加诉讼。

【释义】 本条是关于人民法院追加当事人的规定。

追加当事人,是指人民法院发现对诉讼标的具有共同权利或义务的当事人未参加诉讼时,依职权追加其为案件的原告或被告的诉讼行为。追加当事人只存在于必要的共同诉讼中,普通的共同诉讼不会发生追加当事人的问题。

根据本法第55条的规定,以共同诉讼人之间对诉讼标的的关系,共同诉讼可分为必要的共同诉讼和普通的共同诉讼。若争议的诉讼标的是同一的,则该共同诉讼是必要的共同诉讼;若争议的诉讼标的是同种类的,则该共同诉讼是普通的共同诉讼。必要的共同诉讼,必须具备两个条件:一是一方或双方当事人为两人以上,二是诉讼标的是共同的。例如,合伙关系中基于合伙财产的诉讼,共同继承人基于被继承财产的诉讼。当事人在实体法律关系中存在共同的利害关系,享有共同的权利或者承担共同的义务,体现在诉讼法律关系中即诉讼标的是共同的,它要求共同诉讼人必须一同起诉或应诉;未一同起诉或应诉的,应予以追加。对于必要的共同诉讼,法院应当合并审理,且作出合一判决,避免因分别审理和判决导致分割实体权利义务的内在联系,产生相互矛盾的判决。

所谓普通的共同诉讼,是指当事人一方或双方为两人以上,其诉讼标的是同一种类的,法院将其合并审理的诉讼。诉讼标的是同种类的,是指各个共同诉讼人与对方当事人争议的法律关系的性质相同,即他们各自享有的权利或承担的义务属于同一类型。例如,一加害人对数人实施了加害行为,数个受害人作为共同诉讼人分别向加害人提出损害赔偿请求。在普通的共同诉讼中,当事人的权利义务都是各自独立的,只是因为他们之间存在一定的关联或者在性质上是同一类型的,基于审判上的便利,经当事人同意,法院可以合并审理。普通的共同诉讼中,当事人之间没有共同的权利义务关系,不是必须共同参加诉讼,因此,不会产生追加当事人的问题,人民法院也不得擅自追加。

人民法院通过审核诉讼材料和审前调查,如果发现必须共同进行诉讼的当事人没有参加诉讼,应当通知其参加诉讼。只有依法追加当事人参加诉讼,人民法院才能全面彻底地解决争议。必须共同进行诉讼的当事人没有参加诉讼的,除人民法院有权通知其参加诉讼以外,当事人也可以向人民法院申请追加。人民法院对当事人提出的申请,应当进行审查,申请理由不成立的,裁定驳回;申请理由成立的,书面通知应被追加的当事人。人民法院依法追加共同诉讼的当事人时,应当通知其他当事人。

人民法院依法追加原告时,如果应当追加的原告已经明确表示放弃实体权利,可不予追加;既不愿意参加诉讼,又不放弃实体权利的,仍应追加为共同原告,其不参加诉讼,不影响人民法院对案件的审理和判决。人民法院依法追加被告时,不以其本人和案内所有其他诉讼当事人的主观意愿为转移,均应通知追加,即便其不来参加诉讼,也不影响人民法院对案件的审理与判决,且判决生效以后,对其同样具有约束力。但是,如果应当追加的被告属于依法必须到庭的被告,在经人民法院通知追加后拒不到庭参加诉讼,经两次传票传唤,无正当理由拒不到庭时,可以对其实施拘传。

第一百三十六条 人民法院对受理的案件,分别情形,予以处理:
(一)当事人没有争议,符合督促程序规定条件的,可以转入督促程序;
(二)开庭前可以调解的,采取调解方式及时解决纠纷;
(三)根据案件情况,确定适用简易程序或者普通程序;
(四)需要开庭审理的,通过要求当事人交换证据等方式,明确争议焦点。

【释义】 本条是关于开庭前准备阶段对案件处理情况的规定。

开庭前的准备程序,是整个民事诉讼程序的重要组成部分。对本条的理解,需要把握以下三个方面:

第一,开庭前准备程序的概念与范围。虽然两大法系主要国家对于开庭前的准备程序(许多国家称为"审前程序")有着不同的理解,但是作为与开庭审理相区别的一个阶段性程序,各国还是有一些共通性的认识:一是该程序具备功能多元化的特点,兼有实体法和程序法的意义,如法院组织双方交换证据、整理争点等,具有程序法上的意义,而法院对民事纠纷进行调解或双方当事人进行和解就具有实体审理的特征;二是主要的参加主体是当事人,两大法系中都是由当事人决定需要判断的案件事实,由当事人收集、提出并与对方交换证据,以此形成对庭审有约束力的争点,同时为法官判案提供基础。

需要说明的是,本条规定的开庭前准备程序与两大法系其他国家规定的审前程序既有联系又有区别,尤其是与英美法系的审前程序相比,本条规定的开庭前准备程序是指以法院主导为原则,在正式开庭审理前按一定方式、程序实施的并由当事人及其他诉讼参与人参加的一系列诉讼活动的总和。其具体包括法院根据案件的具体情形进行繁简分流,对于适宜通过非诉机制或者特别程序解决的纠纷,采取调解或者督促程序定分止争;对于必须通过诉讼机制解决的纠纷,法院根据案件性质,选择适宜的审理程序,指示当事人交换证据、明确争议焦点,为下一阶段的集中开庭审理做好准备。

第二,我国民事诉讼开庭前准备程序的立法背景,主要包括国际发展与国内需求两个方面:

一是世界多数国家有关民事审前程序改革的大背景。从国际上有关民事诉讼制度改革的最新发展来看,为了达到诉讼机制的效率与公正,当前世界各国日益重视对审前程序的改革和完善,尤其是采取法院职权主义诉讼模式的大陆法系主要国家,开始借鉴以当事人主义为主导的英美法系诉讼模式的审前程序,从原来偏重开庭审理转向审前准备与开庭审理并重。典型代表如德国,德国曾实行证据"随时提出主义",因而审前准备并不充分,后来德国进行了审前程序改革,将原来的"一步到庭"改为审前准备和审理程序两个阶段,设立口头辩论或交换书证两种准备方式供法官选择,并将证据"随时提出主义"改为"适时提出主义",加强了证据的失权效力。再如日本,1996年修订后的《日本民事诉讼法》,完善了审前准备程序,设立了3种准备程序:其一预备性口头辩论;其二辩论程序,由法官或书记官召集双方当事人出席不公开、非正式的对话;其三在一方当事人出庭、另一方当事人未出庭的情况下,法官可通过电话联络和证据调查等方式开展工作。

二是国内司法实践的迫切需求。1991年民事诉讼法第十二章第二节关于审理前的准备的7个条文只是有关开庭前准备工作的规定,该项工作是围绕庭审所做的一系列辅助工作,包括一些事务性工作,主要包括送达起诉状副本和答辩状副本,告知当事人诉讼权利和义务,告知当事人合议庭的组成人员,审核诉讼材料、调查收集必要的证据,通知必要的共同诉讼人参加诉讼等,目的是保障庭审合法有效地进行,并不具备独立的审前程序所具有的多元化功能。完善的审前程序,对庭审的辅助功能主要应体现于整理争议焦点,确定无争议的事实,交换证据、固定证据、排除没有证明力的证据,使当事人在相互充分了解的基础上对簿公堂,增加庭审活动的针对性和有效性。此外,根据我国社会的现实需求,审前程序还应具备繁简分流及通过多元化机制解决纠纷的功能。鉴于上述背景,考虑到司法实践中关于开庭前准备程序的改革早已先行并积累了相关经验,尤其是考虑到法律对开庭前准备程序的合理设置,对透明、公正、高效解决纠纷,实现公正与效率的重要意义,2012

年民事诉讼法修改时增加了有关开庭前准备程序的规定。

第三,开庭前准备程序中处理不同案件的具体内容,主要包括以下四个方面:

一是对于当事人之间没有争议并且符合督促程序适用条件的案件,转入督促程序。所谓"督促",是指对于以给付金钱或者有价证券为标的的请求,人民法院根据债权人的申请,向债务人发出附有条件的支付令,如果债务人在法定期间内未履行义务又不提出书面异议,债权人可以根据支付令向人民法院申请强制执行。从性质上看,督促程序不同于普通的诉讼程序。二者的重要区别在于督促程序主要适用于当事人之间无争议的关于给付金钱、有价证券的债权债务纠纷,法院只作形式审查,省去了答辩、调查、开庭、上诉和二审等环节,这使督促程序具有简便、迅速的特点。大陆法系的德国是较早适用督促程序的国家之一,德国的司法实践中,适用督促程序最多的案件类型依次为供货买卖合同纠纷、服务合同纠纷和加工承揽合同纠纷。

我国1991年在民事诉讼法中设立了督促程序,但这一制度在司法实践中的有效利用率不高。原因在于:其一,一旦债务人针对支付令提起异议,人民法院收到债务人提出的书面异议后,就应当裁定终结督促程序,支付令自行失效,债权人需另行起诉。这意味着,法院针对债权人关于支付令的申请所进行的前期审查不具有意义,法官不得不在争讼程序中对案件重新进行审理,这种重复工作造成了司法资源的浪费。其二,督促程序与诉讼程序之间没有衔接程序,督促程序终结,该争议并不能直接转入诉讼程序,债权人必须重新起诉,这加重了债权人的诉讼成本,影响了债权人适用督促程序的积极性。此外,现代化通信手段在督促程序中的欠缺、诉讼费用与费用分担机制的不合理以及当事人诚信义务的缺失等,都影响了督促程序功能的发挥。

一方面是督促程序在实践中运行不畅难以发挥应有的作用,另一方面是当前我国民事司法体系面临着诉讼案件逐渐增多的巨大挑战,"案多人少"已经成为很多基层法院亟须解决的问题,这就迫切需要督促程序发挥其应有的功能。此外,随着银行借贷案件特别是消费贷款、信用卡欠款等纠纷数量的逐渐增多,督促程序应当发挥作用的范围在逐渐拓宽,这些因素都对督促程序的快捷、便利与高效提出了迫切要求。

鉴于上述背景,2012年民事诉讼法修改时进一步完善了现有的督促程序,其中之一就是明确了督促程序的适用范围。本条第1项规定人民法院对于"当事人没有争议,符合督促程序规定条件的,可以转入督促程序"。这里的"符合督促程序规定条件",指符合本法第225条第1款规定的督促程序适用条件:"债权人请求债务人给付金钱、有价证券,符合下列条件的,可以向有管辖权的基层人民法院申请支付令:(一)债权人与债务人没有其他债务纠纷的;(二)支付令能够送达债务人的。"此外,2012年民事诉讼法修改时还进一步完善了督促程序与诉讼程序的衔接性规定,根据本法第228条的规定,债务人提出书面异议的,人民法院不是当然裁定督促程序终结,而是首先进行审查,异议成立的,裁定终结,支付令自行失效。支付令失效的,除申请支付令的一方当事人(债权人)不同意提起诉讼外,该争议转入诉讼程序。

二是对开庭前可以调解的,采取调解方式及时解决纠纷。该项规定的是开庭前调解的内容。调解是我国民事诉讼法的一项基本原则,本法第9条明确规定:"人民法院审理民事案件,应当根据自愿和合法的原则进行调解;调解不成的,应当及时判决。"调解这一基本原则,贯穿整个民事诉讼的各主要环节:其一,立案前的先行调解,本法第125条明确规定:"当事人起诉到人民法院的民事纠纷,适宜调解的,先行调解,但当事人拒绝调解的除外。"其二,开庭前的调解,本条第2项规定,开庭前可以调解的,采取调解方式及时解决纠纷。其三,除先行调解和开庭前的调解外,其后还有开庭审理后的调解,如本法第145条规定:"法庭辩论终结,应当依法作出判决。判决前能够调解的,还可以进行调解,调解不成的,应当及时判决。"

需要说明的是,理解开庭前"可以调解的",还是应遵循自愿和合法的原则,当事人拒绝调解的,应尊重当事人的意愿,及时开庭审理。

三是根据案件情况,确定案件适用简易程序或者普通程序。该项规定的是法院确定案件审理程序的内容。本法对于简易程序的适用条件作了明确的规定,主要分为两类:一类是"事实清楚、权利义务关系明确、争议不大的简单的民事案件",上述标准由受理该类案件的基层人民法院和它派出的法庭判断掌握;另一类是在上述民事案件之外,当事人双方约定适用简易程序的案件。该项规定"根据案件情况,确定适用简易程序或者普通程序",这里的"案件情况"不仅包括法院对案件是否属于"事实清楚、权利义务关系明确、争议不大的简单的民事案件"的判断,还包括当事人双方是否约定适用简易程序。即使案件不属于"事实清楚、权利义务关系明确、争议不大的简单的民事案件",只要当事人双方约定适用简易程序,人民法院也可以采取简易程序进行审理。需要说明的是,案件的审理程序主要还是应由法院根据案件性质确定,虽然当事人约定适用简易程序,但人民法院在审理过程中发现案件不宜适用简易程序的,裁定转为普通程序。

四是需要开庭审理的,通过要求当事人交换证据等方式,明确争议焦点。开庭审理前的证据交换和争议焦点的明确,是本条规定的重要内容之一。民事诉讼中的庭前证据交换,是指人民法院在案件开庭审理前,组织当事人及其诉讼代理人在指定的时间和地点互相交换已经持有的、证明各自诉讼主张的各种证据的活动。强调庭前准备活动,是现代诉讼程序的重要特点。证据交换制度是现代司法改革和司法理念的产物,其理论基础和目标是现代司法的两大价值目标:公正与效率。英美法系国家的证据开示制度源于防止证据突袭、维护诉讼公正的需要,在其发展过程中,对诉讼效率的要求使得以往的复杂程序逐步改革,同时法官对程序的管理职能得以保留,最终达到了公正与效率的平衡。

司法实践中,我国有不少法院对庭前程序特别是庭前证据交换进行了大胆的改革和探索。通过组织证据交换、召开庭前会议等方式,明确争议焦点,提高质证的效果,有利于法官正确判断和认定事实,提高案件审理质量,减少二审和再审的可能,使纠纷得到及时处理。此外,通过证据交换,双方所持有的证据及审理结果胜败预期一目了然,法官稍加推动,就很可能使纠纷在进入庭审前就得到解决。需要说明的是,本条规定的证据交换与焦点明确,是在法院的指挥和管理下进行的。具体而言,是否需要在开庭审理前明确争议焦点,是通过要求当事人以证据交换的方式还是以其他方式明确争议焦点,如何确定证据交换的日期等诸项事宜,都是法院根据案件的具体情况作出判断,并在其主导下组织当事人及其他诉讼参加人完成的,方式与方法可以灵活掌握。

第三节 开庭审理

人民法院完成审理前的准备工作之后,就进入了开庭审理阶段。开庭审理是指在审判人员主持和当事人、其他诉讼参与人的参加下,在法庭上对案件进行全面审理的过程。

第一百三十七条 人民法院审理民事案件,除涉及国家秘密、个人隐私或者法律另有规定的以外,应当公开进行。

离婚案件,涉及商业秘密的案件,当事人申请不公开审理的,可以不公开审理。

【释义】 本条是关于审理方式的规定。

公开审理是我国民事诉讼的一项基本原则,对于维护司法公正、保护当事人的合法权益具有极其重要的意义。根据本法第10条的规定,人民法院审理民事案件,依照法律规定实行公开审判制度。根据本条规定,除法律有特别规定外,所有民事案件的审理一律公开进行。

开庭审理根据是否向公众和社会公开,分为公开审理和不公开审理。公开审理是人民法院审判案件的一项基本原则,是开庭审理的主要形式,本条规定正是公开审判原则的具体实施。公开审理包括两个内容:一是对群众公开,指民事案件的审判过程,包括审理过程和宣告判决的过程,都允许群众旁听,法院应当在开庭审理前将审理案件的日期予以公告,以便群众旁听;二是对社会公开,指允许新闻记者对庭审过程作采访,并允许其对审理过程作报道,将案件向社会披露。通过公开审理案件,便于群众监督人民法院的审判活动,增强审判人员依法办案的自觉性,提高审判质量,也有利于当事人更好地行使诉讼权利,维护自己的合法权益,从而有助于纠纷的公正解决。同时,公开审理案件也扩大了法治宣传的范围,能够教育公民、法人和其他组织更加自觉地遵守法律。

根据本法规定,公开审理也存在例外情形。在特殊情形下,公开审理可能会对当事人造成消极影响,不利于保护当事人的合法权益,甚至可能给国家利益、社会公共利益造成难以弥补的损失。这种特殊情形主要包括两类案件:一类是法定不公开审理,主要是指涉及国家秘密、个人隐私的案件。根据保守国家秘密法的规定,所谓国家秘密,是关系国家安全和利益,依照法定程序确定,在一定时间内只限一定范围的人员知悉的事项。根据国家秘密的泄露使国家的安全和利益遭受损害程度的不同,国家秘密分为绝密、机密、秘密三级,绝密级国家秘密是最重要的国家秘密,泄露会使国家安全和利益遭受特别严重的损害;机密级国家秘密是重要的国家秘密,泄露会使国家安全和利益遭受严重的损害;秘密级国家秘密是一般的国家秘密,泄露会使国家安全和利益遭受损害。凡是涉及国家秘密的案件一律不公开审理,以免国家秘密泄露,给国家的安全和利益造成损失。所谓个人隐私,是自然人的私人生活安宁和不愿为他人知晓的私密空间、私密活动、私密信息。为了保护当事人的合法权益,不使当事人因为案件的审理而受到不必要的消极影响,本条规定涉及个人隐私的案件不公开审理。另一类是依当事人申请而不公开审理的案件。离婚案件涉及当事人感情问题,还可能涉及家庭私生活,这些方面可能是当事人所不愿意向社会公开的,为了尊重当事人的隐私权,当事人申请不公开审理的,可以不公开审理。所谓商业秘密,根据有关司法解释的规定,是指生产工艺、配方、贸易联系、购销渠道等当事人不愿公开的技术秘密、商业情报及信息。由于公开审理可能会造成商业秘密的泄露,给当事人造成难以挽回的损失,因此本条规定,在审理民事案件过程中,当事人可以以案件涉及商业秘密为由,申请不公开审理。但是,即便是依法不公开审理的,也必须传唤双方当事人并通知其他诉讼参与人到庭诉讼。此外,根据本法第151条第1款的规定,人民法院对不公开审理的案件,也要公开宣告判决。

第一百三十八条　人民法院审理民事案件,根据需要进行巡回审理,就地办案。

【释义】　本条是关于人民法院巡回审理、就地办案的规定。

便利人民群众进行诉讼,便利人民法院审理案件,是本法和审判实践一贯遵循的"两便原则"。这是我国民事审判工作的优良传统,是人民法院审理民事案件的一种行之有效的工作方法和制度。本法第8条中规定,人民法院审理民事案件,应当保障和便利当事人行使诉讼权利。

所谓巡回审理、就地办案,就是指人民法院派出流动法庭,轮流到民事案件发生地就近审理简单的民事案件。根据本条规定,人民法院可以根据需要决定是否巡回审理,就地办案。此制度在审判实践中主要有以下几方面积极意义:一是有利于人民法院查明案情、分清是非、正确及时处理纠纷。二是可以避免当事人和其他诉讼参与人因往返于住所和人民法院之间而延误正常的工作和学习,浪费时间、金钱,浪费诉讼资源。三是可以对当地群众进行法制宣传教育,特别是通过对在当地影响比较大、受群众关注比较多且反复发生的案件的审理,可以起到教育群众的作用。

本条将这一行之有效的传统做法法律化,用以规范民事审判活动,有利于密切司法机关与人民群众的联系,提高办案效率,及时审结为数众多的情节简单、争议标的额不大的民事案件,维护良好的社会、经济秩序,切实做到"司法为民"。

第一百三十九条　人民法院审理民事案件,应当在开庭三日前通知当事人和其他诉讼参与人。公开审理的,应当公告当事人姓名、案由和开庭的时间、地点。

【释义】　本条是关于人民法院通知当事人等诉讼参与人参加诉讼和对决定公开审理的案件发布公告的规定。

为了给当事人准备开庭审理留有必要的时间,人民法院审理民事案件,应当依法告知当事人和其他诉讼参与人开庭日期。鉴于开庭日期是法院根据审理前准备情形单方决定的,人民法院应当在开庭3日前用通知书通知诉讼代理人、证人、鉴定人、勘验人、翻译人员等出席庭审,对当事人应当采用传票传唤。应当说明的是,这一规定是要求人民法院将开庭通知书至迟在开庭3日以前送达当事人和其他诉讼参与人,而不是开庭前3日内才送到,更不是开庭前3日才发出开庭通知。提前发出开庭通知的主要目的是给当事人和其他诉讼参与人留有充裕的时间,按时参加庭审。当事人或者其他诉讼参与人在外地的,应当留有必要的在途时间。

为了使公开审理制度落到实处,方便公众旁听庭审和记者采访报道,凡公开审理的案件应当在开庭3日前发出公告。公告应当注明当事人姓名、案由和开庭的时间、地点。

第一百四十条　开庭审理前,书记员应当查明当事人和其他诉讼参与人是否到庭,宣布法庭纪律。

开庭审理时,由审判长或者独任审判员核对当事人,宣布案由,宣布审判人员、法官助理、书记员等的名单,告知当事人有关的诉讼权利义务,询问当事人是否提出回避申请。

【释义】　本条是关于人民法院在开庭审理前和审理时应作事项的规定。

2023年修改民事诉讼法,对本条第2款作了修改,将"宣布审判人员、书记员名单"修改为"宣布审判人员、法官助理、书记员等的名单"。

在审理开始阶段,主要任务是为开庭审理作必要的准备工作,解决影响庭审开始的有关程序方面的问题。

1.开庭审理前,由书记员查明当事人和其他诉讼参与人是否到庭。一方当事人或双方当事人以及其他诉讼参与人没有到庭的,应将情况及时报告审判长,并由合议庭决定是否延期开庭或者中止诉讼。决定延期开庭审理的,应当及时通知当事人和其他诉讼参与人;决定中止诉讼的,应当制作裁定书,发给当事人。

2.书记员宣布当事人及其诉讼代理人入庭,并宣布法庭纪律。依照《人民法院法庭规则》第17条的规定,"全体人员在庭审活动中应当服从审判长或独任审判员的指挥,尊重司法礼仪,遵守法庭纪律,不得实施下列行为:(一)鼓掌、喧哗;(二)吸烟、进食;(三)拨打或接听电话;(四)对庭审活动进行录音、录像、拍照或使用移动通信工具等传播庭审活动;(五)其他危害法庭安全或妨害法庭秩序的行为。检察人员、诉讼参与人发言或提问,应当经审判长或独任审判员许可。旁听人员不得进入审判活动区,不得随意站立、走动,不得发言和提问。媒体记者经许可实施第一款第四项规定的行为,应当在指定的时间及区域进行,不得影响或干扰庭审活动"。

3.审判长或者独任审判员应当核对当事人,查明原告、被告及其诉讼代理人的姓名、性别、年龄、职业等身份情况,查明诉讼代理人有无授权委托书及代理权限。

4.审判长或者独任审判员宣布案由及开始庭审,对依法不公开审理的案件应当说明理由。原告经传票传唤,无正当理由拒不到庭的,可以按撤诉处理;被告经传票传唤,无正当理由拒不到庭的,审判长可以宣布缺席审理并说明传票送达合法和缺席审理的根据,如果经两次合法传唤仍未到庭并属于法律规定必须到庭的情形,可以适用拘传;无独立请求权的第三人,无正当理由拒不到庭的,不影响案件的审理;当事人提供的证人在人民法院通知的开庭日期没有正当理由拒不到庭的,由提供该证人的当事人承担举证不能的责任。

5.审判长或者独任审判员宣布审判人员、法官助理、书记员等的名单,并逐项告知当事人法律规定的诉讼权利和义务。审判长或者独任审判员应当询问各方当事人是否申请回避,当事人提出回避申请的,合议庭应当宣布休庭。根据民事诉讼法第49条的规定,院长担任审判长或者独任审判员时的回避,由审判委员会决定;审判人员的回避,由院长决定;其他人员的回避,由审判长或者独任审判员决定。

2023年修改民事诉讼法,对宣布名单的人员范围作了扩大,由"审判人员、书记员"扩大至"审判人员、法官助理、书记员等"。首先,法官助理作为审判辅助人员,人民法院组织法对其职责已有明确规定。人民法院组织法第48条第1款规定,人民法院的法官助理在法官指导下负责审查案件材料、草拟法律文书等审判辅助事务。依照民事诉讼法第47条规定,法官助理协助法官参与案件审理各项辅助事务时,须同审判人员一样,适用民事诉讼法有关回避的规定。因此,只有在开庭审理时明确宣布法官助理的名单,才能切实保障当事人申请回避的权利。其次,2023年修改民事诉讼法,在宣布名单方面,除规定审判人员、法官助理、书记员之外,还有一个"等"字。这里的"等"应作"等外"解释,即应根据参与具体案件审理的诉讼参与人的情况加以确定。比如,根据民事诉讼法第47条第4款规定,有关回避的规定也应适用于司法技术人员。在有的知识产权纠纷案件审理过程中,人民法院为查清有关技术事实,需要指派技术调查官这一司法技术人员参与到开庭审理过程中来。在此种情形下,因司法技术人员同样需要适用回避的有关规定,故在开庭审理宣布人员名单时,审判长或者独任审判员应当同时宣布参加开庭审理的技术调查官的名单。

第一百四十一条　法庭调查按照下列顺序进行：
(一)当事人陈述;
(二)告知证人的权利义务,证人作证,宣读未到庭的证人证言;
(三)出示书证、物证、视听资料和电子数据;
(四)宣读鉴定意见;
(五)宣读勘验笔录。

【释义】　本条是关于法庭调查顺序的规定。

法庭调查,是指人民法院依照法定程序,在法庭上对案件事实进行调查,对各种证据予以核实的诉讼活动。法庭调查是开庭审理的核心,是案件进入实体审理后的主要阶段,主要任务是进一步明确当事人的诉讼请求,在当事人均在场的情况下,通过法院的直接审理,查明案件事实,审查核实证据,从而全面揭示案情,为认定案件事实、正确适用法律提供依据。对法庭调查的顺序进行规范是必要的,这对于规范法庭秩序、维护当事人的合法权益具有重要意义,也有利于法庭审理的有序进行。根据本条规定,法庭调查应当按照下列顺序进行。

一、当事人陈述

审判人员宣布进入法庭调查阶段后,审判人员直接就有关问题询问当事人,并让当事人陈述。首先由原告及其诉讼代理人陈述其诉讼请求和所根据的事实和理由,同时提出有关证据。然后由被告及其诉讼代理人陈述是否承认原告的诉讼请求,以及对原告诉讼请求所持的不同意见,包括反诉,提出事实和理由,并提出有关证据。有独立请求权的第三人参加诉讼的,由其陈述诉讼请求和理由;无独立请求权的第三人参加诉讼的,可以针对原、被告的陈述提出承认或者否认的答辩意见。原告或者被告可以对第三人的陈述进行答辩。

二、告知证人的权利义务,证人作证,宣读未到庭的证人证言

证人到庭作证,对澄清案件事实和查明证人证言的真实性有很大作用。根据本法第75条、第76条的规定,凡是知道案件情况的单位和个人,都有义务出庭作证。有关单位的负责人应当支持证人作证。证人确有正当理由不能出庭的,经人民法院许可,可以通过书面证言、视听传输技术或者视听资料等方式作证。证人出庭作证的,法庭应查明证人身份,告知证人的权利义务以及作伪证应负的法律责任。证人应当就其所知道的案件事实向法庭作全面、客观的陈述,审判人员可以对证人的陈述加以引导,还可以就有关事实询问证人。证人作证后,应征询双方当事人对证人证言的意见。经法庭许可,当事人及其诉讼代理人、第三人可以向证人发问。证人有两个以上的,应分别出庭作证。几个证人的证言之间有矛盾的,可以当庭对质核实。对确有正当理由不能出庭的证人作出的书面证言,应当当庭宣读,当事人及其诉讼代理人、第三人可以发表对证言的意见。

三、出示书证、物证、视听资料和电子数据

根据本法第 71 条的规定,证据应当在法庭上出示,并由当事人互相质证。未经质证的证据,不得作为认定案件事实的依据。因此,作为证明案件事实证据的书证、物证、视听资料和电子数据都应当在法庭上出示。对涉及国家秘密、商业秘密和个人隐私的证据应当保密,需要在法庭上出示的,不得在公开开庭时出示。当事人及其诉讼代理人、第三人可以就出示的证据陈述自己的意见,以辨明真伪,必要时可以责令提供书证的当事人或其他人对书证的内容作出说明。物证原物无法在法庭上出示的,可以出示物证的照片或者复制品。案件的视听资料应在法庭上播放,必要时,应由录制人员说明录制情况和经过,回答法庭提出的问题。

本条规定的电子数据这一证据形式,是指与案件事实有关的电子邮件、网上聊天记录、电子签名、网络访问记录等电子形式的证据。由于电子数据证据通常存储在各种电子介质上,难以为人们所直接认识,且容易被篡改,目前在确保电子数据证据的原始性、真实性方面还存在一些困难。在进行法庭调查出示电子数据证据时,人民法院应当充分考虑到电子数据的特殊性,为当事人出示电子数据证据提供条件。在对电子数据证据进行认定时,也要严格遵守相关证据规则,确保认定的电子数据证据的真实性。

四、宣读鉴定意见

鉴定意见,是指具备资格的鉴定人对民事案件中出现的专门性问题,经过鉴别和判断后作出的书面意见。考虑到鉴定主要是鉴定人利用自己的专业知识作出的一种判断,它只是证据获取途径中的一种,而非绝对的、最终的结论,对鉴定所出具的材料,用"鉴定意见"的表述更为科学、准确,也更符合鉴定行为的本质特征。故 2012 年修改民事诉讼法时,将本条中的"鉴定结论"修改为"鉴定意见"。

开庭审理前,人民法院针对专门性问题认为需要进行鉴定的,应当鉴定。开庭审理时,应当宣读鉴定意见,让当事人及其诉讼代理人知道鉴定情况和鉴定意见。

由鉴定人宣读鉴定意见的,应当告知鉴定人其权利和义务,告知如果故意作出不正确的鉴定意见,要负法律责任。然后,由鉴定人宣读鉴定意见及

其主要根据。如果当事人及其诉讼代理人认为鉴定不十分明确,可以请求人民法院让鉴定人就某些问题作进一步说明。当事人及其诉讼代理人对鉴定意见可以表示同意或者提出异议,也可以要求重新鉴定,是否准许,由人民法院决定。人民法院决定重新鉴定的,审判人员可以宣布休庭或者宣布延期审理。

五、宣读勘验笔录

作为证据的一种,勘验笔录应当在法庭上宣读。拍摄的照片或绘制的图表,都应当出示。当事人及其诉讼代理人、第三人可以向勘验人发问,认为勘验有误的,可以要求重新勘验,是否准许,由人民法院决定。

第一百四十二条 当事人在法庭上可以提出新的证据。

当事人经法庭许可,可以向证人、鉴定人、勘验人发问。

当事人要求重新进行调查、鉴定或者勘验的,是否准许,由人民法院决定。

【释义】 本条是关于当事人在法庭调查阶段诉讼权利的规定。

法庭调查对于案件的审理结果具有重要影响,明确当事人在法庭调查阶段的诉讼权利,有利于当事人及时行使权利,维护自己的实体权益。但是,庭审活动必须在法庭的指挥下进行,当事人行使诉讼权利也应当遵循一定的程序。

根据本法第 52 条的规定,当事人有权提供证据。提供证据是当事人的一项权利。当事人可以在起诉和受理的阶段提供,也可以在法院审理前的阶段提供,同样,在法庭调查阶段也有权提出新的证据。

在法庭调查中,如果当事人对证人证言、鉴定的情况和鉴定意见、勘验的情况和勘验笔录有异议,经法庭许可,可以向证人、鉴定人、勘验人发问,证人、鉴定人、勘验人应如实回答。如果当事人认为鉴定意见或勘验笔录有错误,可以提出申请,要求重新调查或鉴定、勘验,合议庭对当事人提出的申请应进行合议,决定是否重新调查或鉴定、勘验。

在法庭辩论阶段,如果发现当事人提出了新的证据,那么应将辩论阶段转换为调查阶段,等到审判人员对所提出的新证据调查核实完毕,再重新恢复法庭辩论。

第一百四十三条 原告增加诉讼请求,被告提出反诉,第三人提出与本案有关的诉讼请求,可以合并审理。

【释义】 本条是关于合并审理的规定。

根据本条规定,人民法院合并审理已有诉讼请求和新增诉讼请求主要包括以下3种情形。

一、原告增加诉讼请求

作为民事实体权利的主张人和民事诉讼的发起人,原告对自己的实体权利和诉讼权利拥有处分权,可以根据自身情况和诉讼形势的变化调整诉讼请求,包括在已提出的诉讼请求不足以满足自己的主张时,增加新的诉讼请求。在司法实践中,原告在诉讼过程中要求增加诉讼请求时,一般向审理本案的审判长或者独任审判员提出,审判长或者独任审判员根据本案的具体情况以及当事人新的诉讼请求,认为合并审理更有利于案件处理和纠纷解决的,可以合并审理。比如,某合同纠纷案件中,原告甲向被告乙购买10万双运动鞋,乙交付后,甲发现其中3万双鞋属于劣质产品。原告甲到人民法院起诉,根据民法典第582条的规定,要求被告乙更换不符合质量要求的产品。通过法庭调查,原告甲发现,根据有关证据,被告乙交付的10万双运动鞋中,除了明显劣质的3万双鞋外,还有5万双鞋也存在质量问题,不符合合同约定。于是原告甲在原来更换3万双鞋的诉讼请求之外,要求被告乙就另5万双质量达不到合同约定的鞋,承担减少价款的违约责任。由于原告甲新提出的诉讼请求与原诉讼请求基于同一事实发生,合并审理可以简化诉讼程序,为了全面解决纠纷,充分保护当事人的合法权益,新的诉讼请求可与原诉讼请求合并审理。

二、被告提出反诉

作为民事纠纷的另一方,被告对自己的实体权利和诉讼权利有与原告相同的处分权。根据本法第54条的规定,原告可以放弃或者变更诉讼请求;被告可以承认或者反驳原告提出的诉讼请求,也有权提起反诉。反诉是指在已经开始的民事诉讼程序中,被告针对原告提出的与本诉有牵连的诉讼请求。被告提出反诉的目的是抵消或者吞并本诉的诉讼请求,或者使本诉的诉讼请求失去意义。比如,甲对乙提起诉讼,要求乙赔偿将其打伤的医疗费用。在诉讼过程中,乙提出诉讼请求,要求甲赔偿在同一打架事件中甲伤害乙而使乙花费的医疗费用。乙对甲提出请求的诉讼就是反诉。

反诉有四个条件:(1)反诉是在本诉进行过程中提起的,如果本诉尚未提起,或者本诉已经审理终结,就不能提出反诉。(2)反诉的被告必须是本诉的原告,即反诉与本诉的当事人必须相同,只是他们之间的诉讼地位互换而已。(3)本诉与反诉的诉讼标的或者诉讼理由必须有联系。(4)提起反诉的目的是抵消或者吞并本诉的诉讼请求,或者使本诉的诉讼请求失去存在的意义。

理解本条中"被告提出反诉"的意义,还要将之与诉讼中被告提出反驳的情况相区别。反驳是指在诉讼过程中,被告对原告的诉讼请求不予承认,证明原告所提供的证据虚假,或者提出新的事实和证据证明原告的诉讼请求部分或者全部不成立。反驳也是被告享有的一项诉讼权利。反驳与反诉的不同之处在于:(1)反驳是被告针对原告的诉讼请求提出的,反驳不会引起新的诉讼;反诉是被告提出的诉讼请求,反诉产生新的诉讼。(2)反驳是在本案的诉讼过程中发生的;反诉虽然也在本诉的诉讼过程中提出,但是否和本诉合并审理,由人民法院根据案件的具体情况决定。(3)被告在反驳原告的诉讼请求时,仍然是本案的被告;被告在反诉中,与本诉的原告交换了诉讼地位,成了原告。(4)被告反驳的目的旨在通过反驳,对原告的诉讼请求不予承认,证明原告的诉讼请求部分或者全部不成立;被告反诉的目的旨在通过反诉,抵消或者吞并本诉的诉讼请求,或者使本诉的诉讼请求失去存在的意义。

三、第三人提出与本案有关的诉讼请求

民事诉讼的复杂性往往体现在一个民事纠纷往往涉及双方当事人之外的民事主体的权利,会出现第三人与双方当事人的权利义务争议。本法第59条第1款规定,对当事人双方的诉讼标的,第三人认为有独立请求权的,有权提起诉讼。第三人在诉讼过程中提出与本案有关的诉讼请求时,人民法院根据案件的具体情况及第三人提出的诉讼请求,认为合并审理可以避免程

序上的重复，节省时间和人力、物力，防止作出相互矛盾的裁判的，可以合并审理。例如，甲和乙订立了房屋租赁合同，约定甲将房屋租赁给乙。后乙因甲未履行合同而起诉甲。在案件的审理过程中，第三人丙称自己是房屋所有人而起诉甲和乙。这里原告乙和被告甲之间的诉讼可以称为本诉，第三人丙提出的诉讼可以称为第三人之诉。尽管这里第三人丙的起诉与本诉不是基于同一法律关系，也不是基于同一事实，但丙的诉讼请求与本诉的诉讼标的密切相关，人民法院可以决定将这两个诉合并审理。

不管是原告、被告还是第三人提出了新的诉讼请求，是否合并审理，都应当由人民法院依据民事诉讼的基本理论和案件的实际情况决定。

从理论上看，将原告的新的诉讼请求、被告的反诉以及第三人的起诉与本诉合并审理，应当具备以下两个条件：（1）原告的新的诉讼请求、被告的反诉以及第三人的起诉都是在本诉进行过程中提起的。本诉已经审理终结的，新的诉讼请求只能通过另外构成的新的诉讼来实现。（2）原告的新的诉讼请求、被告的反诉以及第三人的起诉应当与正在进行的诉讼在决定诉讼标的基础法律关系、讼争事实或者诉讼理由方面有足够的联系。

从司法实践经验来看，将原告的新的诉讼请求、被告的反诉以及第三人的起诉与本诉合并审理，应当有利于解决纠纷，简化诉讼程序。如果人民法院根据新旧诉讼请求的实际内容，结合案件的具体情况，认为合并审理并不能同时解决几个方面的问题，也不能简化诉讼程序，反而会给案件的处理增加困难，或者不利于当事人、第三人及其他诉讼参与人进行诉讼，人民法院可以作出不合并审理的决定。人民法院对于不合并审理的案件，应当告知当事人另行起诉，或者对第三人的起诉另行立案审理。

对于原告、被告和第三人而言，将原告的新的诉讼请求、被告的反诉以及第三人的起诉与本诉合并审理，可以有效降低诉讼成本。例如，《诉讼费用交纳办法》第18条规定："被告提起反诉、有独立请求权的第三人提出与本案有关的诉讼请求，人民法院决定合并审理的，分别减半交纳案件受理费。"对于人民法院而言，通过合并审理也可以充分利用司法资源，有效息诉止争。合理利用合并审理，充分保护各方当事人利益，简化司法程序，对构建高效、便捷的民事纠纷解决方式一直具有重要意义，在今后我国民事诉讼法律实践的发展中也将继续发挥应有的作用。

> **第一百四十四条** 法庭辩论按照下列顺序进行：
> （一）原告及其诉讼代理人发言；
> （二）被告及其诉讼代理人答辩；
> （三）第三人及其诉讼代理人发言或者答辩；
> （四）互相辩论。
> 法庭辩论终结，由审判长或者独任审判员按照原告、被告、第三人的先后顺序征询各方最后意见。

【释义】 本条是关于法庭辩论的规定。

法庭辩论是在法庭调查的基础上，双方当事人运用法庭调查已查实的证据和有关法律规定，对认定案件事实、确定诉讼请求等方面仍有争议的问题进行辩论，反驳对方的意见，阐明自己主张的正确性。通过法庭辩论，便于认定事实，辨明是非，使人民法院作出正确的裁判。

一、法庭辩论的一般流程

法庭调查后，当事人、第三人及其诉讼代理人为维护自己一方的诉讼请求、反驳对方提出的主张，可以在审判人员主持下在法庭上相互进行辩论。根据本条规定，法庭辩论应当按照下列程序进行。

（一）原告及其诉讼代理人发言

审判长或者独任审判员宣布进入法庭辩论阶段后，先由原告就法庭调查的事实和证据、应当适用的法律陈述自己的意见。原告陈述后，有代理人的，由代理人对原告的发言作补充或者进一步说明，以便更好地维护原告的合法权益。原告不到庭的，可由其诉讼代理人发言。

（二）被告及其诉讼代理人答辩

原告及其诉讼代理人发言完毕，由被告就法庭调查的事实和证据、应当适用的法律发表意见，并针对原告的发言进行答辩。被告有诉讼代理人的，在被告发言完毕后，其诉讼代理人对被告的发言作补充或进一步说明，以便更好地维护被告的合法权益。被告不到庭的，可由其诉讼代理人发言和答辩。

（三）第三人及其诉讼代理人发言或者答辩

有第三人参加诉讼的，原告、被告发言、答辩后，法庭应当让第三人发言或者答辩,让其就法庭调查的事实和证据、应当适用的法律,以及原告、被告的发言、答辩,提出自己的意见。第三人有诉讼代理人的,可由其诉讼代理人发言或者答辩。

（四）互相辩论

经过上述法庭辩论后,审判人员应当让双方当事人、第三人就本案的问题互相向对方发问,反驳对方的主张并阐述自己的意见。审判人员在当事人互相辩论时,应当使辩论集中在案件必须解决的问题上,必要时,可以对当事人进行启发、引导,审判人员必须公平地保障双方当事人的辩论权利。当事人也不得滥用辩论权利,无理狡辩、互相争吵,甚至哄闹滋事。

在司法实践中,法庭辩论由各方当事人按照本条规定次序依次发言。一轮辩论结束后,审判长或者独任审判员会询问当事人是否还有补充意见。当事人要求继续辩论的,可以再次按照顺序进行下一轮辩论,但审判长或者独任审判员要提醒不可重复已经发表的意见。

经过一轮或者几轮辩论后,当事人在法庭辩论终结时,都有陈述最后意见的权利。因此,法庭辩论终结,由审判长或者独任审判员按照原告、被告、第三人的先后顺序征询各方最后意见,以充分保证当事人行使诉讼权利。

二、法庭调查与法庭辩论的结合

一般来说,法庭辩论应当在法庭调查明确争点、揭示事实的基础上进行,但是在审判实践中,对一些争议较多的案件,审判人员为避免法庭调查与法庭辩论在一些问题上重复,或辩论的问题分散,庭审时间过长,有的会在法庭调查中合并一部分法庭辩论内容。当事人为避免说前忘后,也愿意每调查一个问题,就先就这个问题进行辩论。这是法院根据案件的不同情况和特点,从有利于发挥开庭审理的效率和提高审理的效果出发所采取的审理方式。但是,即便是根据审理的需要,也不得省略诉讼阶段依法应当进行的事项。

在司法实践中,法庭调查与法庭辩论往往以下列形式结合:法庭调查阶段,一方当事人认为另一方当事人陈述的某些事实不清,或者认为其他证据需要另一方当事人进行证实等的,在征得审判长或者独任审判员同意后,向另一方当事人发问,审判长或者独任审判员认为一方当事人的请求合理的,应当允许其向另一方当事人发问或者与另一方当事人进行辩论,并应指挥当事人的发问和辩论。审判长或者独任审判员一旦发现当事人所提的问题或者辩论的问题超出了本案的范围,应当及时制止。当事人之间的发问或者辩论结束后,审判人员继续进行法庭调查。

三、法庭辩论的意义

从诉讼程序的进行来看,法庭辩论是当事人庭审交锋的最后一环,所以,在司法实践中,法庭辩论往往是就一些事实问题作出判断的重要环节。比如,审理人身损害赔偿案件时,最终确定赔偿标准和数额,就有赖于一审法庭辩论终结前实际发生的数额;城镇居民人均可支配收入、农村居民人均纯收入、城镇居民人均消费性支出、农村居民人均年生活消费支出、职工平均工资等,也要根据一审法庭辩论终结时的上一统计年度相关统计数据确定。

法庭辩论是本法第12条规定的当事人的辩论权的直接体现。辩论是当事人的诉讼权利,本法第12条意义上的辩论权,涵盖当事人在诉讼过程中表达各自意思的各种方式,不仅法庭辩论是辩论权的体现,当事人提出起诉状、答辩状、当庭作出陈述等诉讼行为也是行使辩论权。法庭辩论是当事人各自表达意思最直接最集中的庭审阶段,审判人员应当尊重并保障当事人充分行使法庭辩论的权利。

理解法庭辩论的意义还可以与本法第211条第9项相结合。第211条第9项规定的违反法律规定,剥夺当事人辩论权利的情形,针对的是本法广义上的辩论权。偏听偏信,只听取一面之词,完全不允许另一方以任何方式发表意见的审判当然应当纠正。但是,辩论权的行使也是有边界的。具体到法庭辩论阶段,当事人离题万里、长时间争辩,不仅会影响其他诉讼参加人行使辩论权,也会影响人民法院行使审判权,不属于法律应当保护的辩论权。因此,对当事人在法庭辩论阶段进行合理引导,及时制止和纠正不当发言,是法律赋予审判人员的职责所在,不属于对当事人辩论权的剥夺。

第一百四十五条　法庭辩论终结,应当依法作出判决。判决前能够调解的,还可以进行调解,调解不成的,应当及时判决。

【释义】　本条是关于法庭辩论后的调解的规定。

调解是民事诉讼的一个基本原则,贯穿民事诉讼的整个过程。调解是人民法院解决民事纠纷的两种法定方式之一,调解和判决各有所长,在定分止争方面相辅相成。在司法实践中,能调解的要努力调解,调解不成的,应当及时判决。

从诉讼开始,审判人员就应根据双方当事人的意愿,能够调解的,予以调解。法庭辩论终结后,当事人双方如果自愿调解,在判决宣告前,人民法院还可以进行调解。

司法实践中,经过法庭调查和辩论,如果事实清楚,审判长会按照原告、被告和有独立请求权的第三人的顺序询问当事人是否愿意调解。无独立请求权的第三人需要承担义务的,在询问原告、被告之后,还会询问该第三人是否愿意调解。

当事人愿意调解的,可以当庭进行,也可以休庭后进行。调解时,可以先由各方当事人提出调解方案。当事人意见不一致的,合议庭要讲清法律规定,分清责任,促使双方当事人达成协议。必要时,合议庭还可以根据双方当事人的请求提出调解方案,供双方当事人考虑;也可以先分别征询各方当事人意见,然后进行调解。

经过调解,双方当事人达成协议的,应当在调解协议上签字盖章。人民法院应当根据双方当事人达成的调解协议制作调解书,并送达当事人。双方当事人达成协议后当即履行完毕,不要求发给调解书的,应当记入笔录,在双方当事人、合议庭成员、书记员签名或盖章后,即具有法律效力。

如果调解进行得非常顺利,双方当事人当庭达成调解协议,合议庭应当宣布调解结果,告知当事人调解书经双方当事人签收后,即具有法律效力。

本法之所以在本条强调法庭辩论后的调解,是因为有些民事案件,诉讼开始时,双方当事人争执很大,互不相让,不愿进行调解。法庭辩论终结后,案件已经查清,是非也已分明,双方当事人比较愿意接受调解。因此,民事案件判决前,能够调解的,审判人员仍可进行调解,如果当事人不愿意调解或者经过调解双方当事人达不成协议,人民法院应当依法判决。法庭辩论后的调解不要能调不调,更不要久调不决,这样才能充分实现调解的意义。

第一百四十六条　原告经传票传唤,无正当理由拒不到庭的,或者未经法庭许可中途退庭的,可以按撤诉处理;被告反诉的,可以缺席判决。

【释义】　本条是关于原告无正当理由拒不到庭,或者未经法庭许可中途退庭如何处理的规定。

在民事诉讼中,经人民法院传票传唤,原告有义务按时到庭,以保证诉讼活动及时、顺利地进行,明确当事人的权利义务关系,保护当事人的合法权益,也使法律的严肃性和人民法院的权威得到维护。要求解决纠纷、维护其权益而提起诉讼的原告更应当配合人民法院的工作,使案件得到及时、正确的处理。如果原告不履行出庭义务,将承担相应的法律后果。

一、原告无正当理由拒不到庭的法律后果

原告如果确实有不能到庭的事由,在接到人民法院的传票后,应当及早向人民法院提出。人民法院经审查,认为原告提出的不能到庭的理由正当,确实不能到庭的,可以决定延期审理,并及时将延期审理的情况通知被告。人民法院经审查,认为原告提出的理由不正当,可以决定不延期审理,并通知原告。原告接到不延期审理的通知后,应当按时出庭。原告经人民法院传票传唤,没有正当理由拒不到庭的,可以视为放弃自身的诉讼请求,是一种对自己诉讼权利的消极处分,可以按照撤诉处理。如果被告提出反诉,为了保障被告的合法权益,人民法院可以缺席判决。

二、原告未经法庭许可中途退庭的法律后果

原告未经法庭许可中途退庭,是一种藐视法庭的行为。这一行为违反了法庭纪律,扰乱了诉讼程序,干扰了诉讼进程。为了维护法律的尊严和人民法院的权威,对原告未经法庭许可中途退庭的,人民法院可以按照原告撤诉处理,被告反诉的,可以缺席判决。

三、按撤诉处理和缺席判决

撤诉是原告撤回起诉的诉讼行为。本法规定撤诉分两种情况:一是原告申请撤诉,二是人民法院按撤诉处理。按撤诉处理,是人民法院在审理过程中,依法对原告经传票传唤无正当理由拒不到庭或者未经法庭准许中途退庭行为进行处理的一种方式。按撤诉处理,要按照撤诉是否符合法律规定来掌握,对符合撤诉条件的,按撤诉处理;对不符合撤诉条件的,人民法院应当继续审理。

根据本法规定,适用缺席判决的,有以下 4 种情况:(1)被告经合法传

唤,无正当理由拒不到庭的,或者未经法庭许可中途退庭的;(2)宣判前,原告申请撤诉,人民法院裁定不准撤诉,经传票传唤原告无正当理由拒不到庭的;(3)原告经传票传唤,无正当理由拒不到庭或者未经法庭许可中途退庭,又不宜按撤诉处理的;(4)在被告提出反诉的情况下,原告经传票传唤无正当理由拒不到庭的,或者未经法庭许可中途退庭的。

人民法院进行缺席判决,也应当对当事人提出的诉讼材料认真审查,其中包括未出庭的原告已经提供的诉讼材料,在充分考虑缺席一方当事人合法权益的前提下作出判决。

需要注意的是,有独立请求权的第三人,也是独立起诉的主体,只是由于本讼的存在,其以第三人的身份参加到本诉的审理中。如果原告申请撤诉,人民法院在准许原告撤诉后,有独立请求权的第三人还可以作为另案原告,原案原告、被告作为另案被告,诉讼另行进行。第三人的诉讼权利和相关义务在其请求范围内与原告相同,所以司法实践中,对经人民法院传票传唤,无正当理由拒不到庭的,或者未经法庭许可中途退庭的第三人,往往比照本条的规定,按撤诉处理。

第一百四十七条　被告经传票传唤,无正当理由拒不到庭的,或者未经法庭许可中途退庭的,可以缺席判决。

【释义】　本条是关于被告无正当理由拒不到庭或者未经法庭许可中途退庭如何处理的规定。

在民事诉讼过程中,为了保障自己的合法权益,被告应当配合人民法院的工作,在人民法院传票传唤之后,按时出庭,以便人民法院及时查明案情,正确适用法律,公正裁判。

被告确有不能按时到庭的事由的,应当及早向人民法院提出。人民法院经审查,认为被告提出的理由正当,确实不能到庭的,可以决定延期审理,并将延期审理的情况及时通知原告。人民法院经审理,认为被告提出的理由不正当,可以决定不延期审理,并将不延期审理的决定通知被告。被告接到人民法院的通知后,应当按时出庭。如果被告经人民法院传票传唤,无正当理由拒不到庭,或者被告虽然到庭,但在审理过程中,未经法庭许可中途退庭,人民法院可以缺席判决。

必须到庭的被告经人民法院两次传票传唤,无正当理由拒不到庭的,人民法院可以根据本法的有关规定,对其采取拘传的强制措施。必须到庭的被告,一般是指追索赡养费、扶养费、抚养费、抚恤金、劳动报酬案件和离婚案件的被告,以及其他不到庭就无法查清案情的被告。两次传票传唤,指人民法院两次送达传票,并由受送达人或者代收人在送达回证上签名或者盖章。无正当理由,一般指没有不可抗力、意外事件等使被告无法到庭的特殊情况。

本条和本法第146条都是关于当事人无正当理由不按时出庭或者中途退出法庭的法律后果的规定。本法第211条第10项规定的"未经传票传唤,缺席判决"的再审情形与这两条有着密切的关系。缺席判决是一种对缺席当事人的权益保护非常不利的处理方式,为了正确判决,确保司法公正,本法对其适用规定了必须经传票传唤的前提条件。

对于各级人民法院而言,在具体适用本条和本法第146条时要特别注意遵守法定程序,慎重适用缺席审判,否则就可能导致案件进入再审程序,造成本来可以避免的司法资源消耗。现在人民法院在诉讼准备阶段向当事人提供的《人民法院民事诉讼风险提示书》中明确提示,原告经传票传唤,无正当理由拒不到庭,或者未经法庭许可中途退出法庭的,人民法院将按撤诉处理;被告反诉的,人民法院将对反诉的内容缺席审判。被告经传票传唤,无正当理由拒不到庭,或者未经法庭许可中途退出法庭的,人民法院将缺席判决。当事人也要明确诉讼中有可能因自己的不当行为带来不必要的诉讼风险,因此应当尊重法庭,遵守规则。

第一百四十八条　宣判前,原告申请撤诉的,是否准许,由人民法院裁定。

人民法院裁定不准许撤诉的,原告经传票传唤,无正当理由拒不到庭的,可以缺席判决。

【释义】　本条是关于原告撤诉的规定。

撤诉,是指原告向人民法院起诉后,在判决宣告前,全部放弃自己诉讼请求的行为。撤诉是原告的一项诉讼权利。本法第13条第2款规定,当事人有权在法律规定的范围内处分自己的民事权利和诉讼权利。

撤诉和起诉都是原告处分权的体现,其行使应当遵循诚信原则,不得违反法律的规定。起诉和撤诉是否发生原告希望的法律后果，取决于人民法院的决定。

如果原告的撤诉没有得到法院准许，诉讼程序就必须继续进行。原告仍然应当配合人民法院的审判工作，如果在接下来的审理过程中，原告经传票传唤，无正当理由拒不到庭，人民法院可以缺席判决。

一般而言，原告撤诉仅处分自己的诉讼权利，没有处分自己的实体权利，在一定条件下，原告还可以起诉，再次要求通过司法程序保护自己的实体权利。比如，在诉讼过程中，由于证据不足，人民法院无法查清案情，原告也无法胜诉，同时原告在短期内不可能提供认定事实的证据，人民法院也不可能在短期内获取该证据，为了避免案件久拖不决，造成人力、物力的浪费，原告可以向人民法院申请撤诉。原告在撤诉后，如果在诉讼时效期间内获取了能够证明案件真实情况的新的证据，可以就同一诉讼请求向人民法院重新提起诉讼。

> **第一百四十九条** 有下列情形之一的，可以延期开庭审理：
> （一）必须到庭的当事人和其他诉讼参与人有正当理由没有到庭的；
> （二）当事人临时提出回避申请的；
> （三）需要通知新的证人到庭，调取新的证据，重新鉴定、勘验，或者需要补充调查的；
> （四）其他应当延期的情形。

【释义】 本条是关于延期审理的规定。

延期审理，是指在诉讼过程中，由于发生了法律规定的情况，人民法院不能在原定的日期对案件进行审理，因此人民法院把已经开庭审理的案件，改到另一日期进行审理。有下列情形之一的，可以延期审理：

1.必须到庭的当事人和其他诉讼参与人有正当理由没有到庭。必须到庭的当事人主要有：负有赡养、抚育、扶养义务的被告以及不到庭就无法查清案情的被告等。必须到庭的其他诉讼参与人，是指其不到庭案件事实就无法查清或庭审就无法进行的诉讼参与人，如无诉讼行为能力当事人的法定代理人。必须到庭的当事人和其他诉讼参与人，如果确因突然患病等正当理由无法到庭，人民法院就难以正常审查核实证据、认定事实，在这种情况下，可以延期审理。

2.当事人临时申请回避。根据本法第四章的相关规定,当事人提出回避申请,应当说明理由,在案件开始审理时提出,回避事由在案件开始审理后知道的,也可以在法庭辩论终结前提出。人民法院对当事人提出的回避申请,应当在申请提出的3日内,以口头或者书面形式作出决定。被申请回避的人员,在人民法院作出回避决定前,应当暂停参与本案的工作。如果当事人临时申请回避,而被申请回避的人员不参加本案的工作,使案件审理一时无法进行,可以延期审理。

3.需要通知新的证人到庭,调取新的证据,重新鉴定、勘验或者需要补充调查。

4.其他应当延期审理的情形。例如,一方当事人在诉讼过程中因妨害民事诉讼而被拘留,不能按期或者继续开庭审理等。

人民法院决定延期审理后,对下次开庭审理的日期和地点能够即时确定的,应当当庭通知当事人和其他诉讼参与人。不能即时确定的,可以在确定以后另行通知。

司法实践中,发现是否存在需要延期审理的情况是开庭前准备的重要内容。开庭审理前,书记员应当查明当事人和其他诉讼参与人是否到庭。当事人或其他诉讼参与人没有到庭的,应将情况及时报告审判长或者独任审判员,并由合议庭或者独任审判员确定是否需要延期开庭审理或者中止诉讼。决定延期开庭审理的,应当及时通知当事人和其他诉讼参与人;决定中止诉讼的,应当制作裁定书,发给当事人。原告经传票传唤,无正当理由拒不到庭的,可以按撤诉处理;被告经传票传唤,无正当理由拒不到庭的,可以缺席判决。

第一百五十条 书记员应当将法庭审理的全部活动记入笔录,由审判人员和书记员签名。

法庭笔录应当当庭宣读,也可以告知当事人和其他诉讼参与人当庭或者在五日内阅读。当事人和其他诉讼参与人认为对自己的陈述记录有遗漏或者差错的,有权申请补正。如果不予补正,应当将申请记录在案。

法庭笔录由当事人和其他诉讼参与人签名或者盖章。拒绝签名盖章的,记明情况附卷。

【释义】 本条是关于法庭笔录的制作、宣读以及由当事人和其他诉讼参与人签名或者盖章的具体程序规定。

法庭笔录是由书记员制作的,如实反映人民法院在审判民事案件过程中审判人员、当事人以及其他诉讼参与人的主要活动的书面记录。

法庭笔录是法庭审判全部活动的反映,是人民法院依法判案的重要依据。真实、准确的法庭笔录,有利于人民法院正确及时解决当事人之间的纠纷,有利于审判人员总结工作经验、提高审判工作的质量,有利于上诉审和再审人民法院处理上诉案件和再审案件,有利于人民检察院对民事审判活动进行法律监督。

法庭笔录应当主要记明下列内容:(1)笔录名称,如开庭笔录、宣判笔录等。(2)案由,开庭时间和地点,审判人员、书记员的姓名。(3)原告、被告、第三人、诉讼代理人的姓名、性别、年龄等。若有未到庭的,应当记明未到庭的情况。(4)审判长或者独任审判员告知当事人其诉讼权利和义务,以及是否要求审判人员或者其他出庭人员回避的情况。(5)当事人陈述。(6)法庭调查的全部情况:法庭对所有证据进行的调查,当事人对各种证据的辨认和提出的意见和要求,在审理过程中提出的新证据。(7)原告、被告、第三人、诉讼代理人法庭辩论的发言。(8)原告增加、变更、撤回的诉讼请求,被告提出的反诉,第三人提出的诉讼请求等,以及审判人员对这些情况的处理。(9)审判人员、书记员、当事人和其他诉讼参与人的签名或盖章,或者当事人和其他诉讼参与人拒绝签名或盖章的情况。

法庭笔录应当当庭宣读,也可以告知当事人和其他诉讼参与人当庭或者在5日内阅读。当事人和其他诉讼参与人认为法庭笔录对自己的陈述记录有遗漏或者差错的,有权申请补正。如果不予补正,应当将申请记录在案。

法庭笔录由当事人和其他诉讼参与人签名或者盖章。拒绝签名盖章的,记明情况附卷。

第一百五十一条　人民法院对公开审理或者不公开审理的案件,一律公开宣告判决。

当庭宣判的,应当在十日内发送判决书;定期宣判的,宣判后立即发给判决书。

宣告判决时,必须告知当事人上诉权利、上诉期限和上诉的法院。

宣告离婚判决,必须告知当事人在判决发生法律效力前不得另行结婚。

【释义】 本条是关于公开宣告判决的规定。

一、公开宣告判决的意义

从诉讼程序角度讲,宣告判决是审判程序的最后一环;从实体权利角度讲,宣判是当事人争议的民事法律关系得到司法确认的标志。判决的公开宣告既体现了司法程序的文明、进步,又体现了国家司法权力的神圣和庄严。正是因为公开宣告判决在法律程序和实体关系上都具有重要意义,本条第1款规定:"人民法院对公开审理或者不公开审理的案件,一律公开宣告判决。"

二、公开宣判的注意事项

人民法院经过对案件的审理,查清了争议的事实的,可以当庭宣判;由于某种特殊原因不能当庭宣判的(如合议庭需要另行评议、案件需要提交审判委员会讨论决定等),也可以择日公开宣判。

人民法院宣告判决,应当注意以下事项:

1. 人民法院宣告判决,一律公开进行。无论是公开审理的案件,还是不公开审理的案件,宣告判决都应当公开。

2. 人民法院当庭宣判的,应当在10日内发送判决书;定期宣判的,宣判后立即发给判决书。

3. 人民法院宣告第一审判决时,必须告知当事人上诉权利、上诉期限和上诉审法院,即告知当事人如果不服本判决,可于接到判决书之日起15日内,向本院提交上诉状及副本,上诉于第二审人民法院。当事人不清楚的,审判人员应当作出解释。人民法院在宣告第二审判决时,应当告知当事人本判决为终审判决,不准上诉,并说明判决在宣判后即发生法律效力,当事人必须按照判决的内容履行义务。

4. 宣告一审离婚判决,必须告知当事人在判决发生法律效力前不得另行结婚。因为一审判决在上诉期限届满前是不发生法律效力的,只要有一方当事人上诉,就要进行二审,二审可能作出不准离婚的判决。因此,只有上诉期限届满当事人双方不上诉,离婚判决才能生效,当事人才可另行结婚。

一些国家和地区对于判决的宣告也有专门规定。《法国民事诉讼法》第450条规定,如果不能当庭宣判,为对案件进行更充分的评议,可以推迟至审判长指定的日期宣判,但第781条第3款规定的情形除外。但是,在辩论结束后可以告知当事人,判决的宣告由法院书记室在确定日期进行,但第781条第3款规定的情形除外。如果审判长决定推迟宣判,可以采取任何方式通知当事人。通知中包含推迟宣判的理由和作出裁判的新日期。第451条规定,争讼案件的裁判公开宣告,非讼案件的裁判不公开宣告,但特定案件有特别规定的除外。书记员进行的宣告,遵循相同的公开性规定。第452条规定,宣告判决限于判决的主文。我国台湾地区"民事诉讼法"第223条规定,判决应公告之;经言词辩论之判决,应宣示之,但当事人明示于宣示期日不到场或于宣示期日未到场者,不在此限。宣示判决,应于言词辩论终结之期日或辩论终结时指定之期日为之。前项指定之宣示期日,自辩论终结时起,独任审判者,不得逾二星期;合议审判者,不得逾三星期。但案情繁杂或有特殊情形者,不在此限。前项判决之宣示,应本于已作成之判决原本为之。第224条规定,宣示判决,应朗读主文,其理由如认为须告知者,应朗读或口述要领。公告判决,应于法院公告处或网站公告其主文,法院书记官并应作记载该事由及年、月、日、时之证书附卷。

第一百五十二条　人民法院适用普通程序审理的案件,应当在立案之日起六个月内审结。有特殊情况需要延长的,经本院院长批准,可以延长六个月;还需要延长的,报请上级人民法院批准。

【释义】　本条是关于人民法院审理民事案件的期限的规定。

明确规定人民法院对民事案件的审理期限,要求人民法院对民事案件及时审结,对于保护公民、法人和其他组织的民事权益,维护社会秩序有重要意义。本条根据人民法院按第一审普通程序审结民事案件所需时间的情况,规定人民法院适用普通程序审理案件的期限为自立案之日起6个月。由于民事案件范围广、种类多,不同种类案件的复杂程度不同,有的案件需要专门性知识,如专利、商标等知识产权侵权案件;有的案件需要做大量的调查取证与核实证据工作,如合同纠纷、知识产权纠纷等案件;还有的案件需要进行鉴定、公告等。考虑到有的案件可能在6个月内无法及时审结,本法作出了可以延长期限的规定。为了避免任意延长期限,将本院院长批准延长期限的权限限制在6个月内,如还需要延长,由上级人民法院批准。

人民法院审理的民事案件如果得不到及时处理,容易激化矛盾,不利于保护当事人的合法权益,也不利于社会秩序的稳定。因此,本法对民事案件的审理规定了上述期限。各级人民法院应当按照法律和相关规定,建立健全审限管理制度,确保高效、及时审结各类案件,不得久拖不决。各级人民法院都应当依法进行审限管理,提高司法效率。

第四节 诉讼中止和终结

> **第一百五十三条** 有下列情形之一的,中止诉讼:
> (一)一方当事人死亡,需要等待继承人表明是否参加诉讼的;
> (二)一方当事人丧失诉讼行为能力,尚未确定法定代理人的;
> (三)作为一方当事人的法人或者其他组织终止,尚未确定权利义务承受人的;
> (四)一方当事人因不可抗拒的事由,不能参加诉讼的;
> (五)本案必须以另一案的审理结果为依据,而另一案尚未审结的;
> (六)其他应当中止诉讼的情形。
> 中止诉讼的原因消除后,恢复诉讼。

【释义】 本条是关于中止诉讼的规定。

一般情况下,民事诉讼程序开始后,应当依照法定程序连续进行,但有时会出现某种无法克服和难以避免的特殊情况,导致诉讼程序不能或者不宜进行,此时便需要使诉讼程序暂时停止。根据本条规定,中止诉讼有下列情形。

一、一方当事人死亡,需要等待继承人表明是否参加诉讼

在诉讼过程中,一方当事人死亡,其诉讼权利能力自然终止,必须等待其继承人参加诉讼,诉讼程序才能继续进行。但确定继承人往往比较复杂,甚至可能发生争议。如果需要一定时间才能确定继承人是否承担被继承人的诉讼权利义务,就应当中止诉讼;如果能够即时确定继承人参加诉讼,可以不中止诉讼。值得注意的是,需要等待继承人参加诉讼的情况仅发生在因财产关系发生争议的案件中,因身份关系提起的诉讼,不发生等待继承人参加诉讼的问题。

二、一方当事人丧失诉讼行为能力,尚未确定法定代理人

在诉讼中,一方当事人丧失诉讼行为能力,如突发精神病,以致无法表达自身的意志,就不能自主行使诉讼权利、承担诉讼义务。此时就需要按照民法典的规定确定监护人,由监护人作为法定代理人代为诉讼,确定法定代理人确有困难,需要较长时间的,应中止诉讼。

三、作为一方当事人的法人或者其他组织终止,尚未确定权利义务承受人

诉讼中,一方当事人为法人或者其他组织的,如果因合并、撤销、决议解散等原因而终止,在权利义务承受人确定前,应中止诉讼。

四、一方当事人因不可抗拒的事由,不能参加诉讼

不可抗拒的事由是指不能预见、不能避免、无法克服的客观情况,如地震、洪水等自然灾害或者战争等依靠个人力量无法避免的情况。当事人因为这种重大变故,在较长的时间内不能参加诉讼的,应中止诉讼。

五、本案必须以另一案的审理结果为依据,而另一案件尚未审结

审判实践中,有些民事案件比较复杂,案件之间的法律关系或者事实情况相互牵连。一个案件的事实认定或者法律适用,要以另一案件的审理结果为依据,如果不等另一案件审结而急于裁判,就有可能出现两案件事实矛盾、适用法律失当、裁判矛盾的情况。这不仅不利于保护当事人的合法权益,使已有纠纷更加复杂,还有损法院判决、裁定的严肃性。因此,遇到这种情况就应当中止诉讼。例如,他人对作为主要遗产的房屋的所有权的诉讼正在进行中,继承遗产的诉讼就不能审理下去,需要等待该房屋所有权确定。在这种情况下,继承案件应中止,待房屋所有权案件审结后,再恢复诉讼。

六、其他应当中止诉讼的情形

除了前述 5 项情形外,还可能有其他情况,使案件的审理程序不能继续进行下去。例如,由于当事人住所临时变动,一时无法知晓其新的住所地。

中止诉讼应当由人民法院以书面形式作出裁定,由审判人员、书记员署名并加盖人民法院印章。中止诉讼的裁定一经作出即发生法律效力,当事人

不得上诉,不得申请复议。中止诉讼裁定的效力体现为:除了已经作出的保全和先予执行的裁定需要继续执行以外,其他属于本案诉讼程序的活动一律暂停,但已经进行的一切诉讼行为继续有效。中止诉讼的原因消除后,应及时恢复诉讼程序,自诉讼程序恢复之日起,中止诉讼的裁定自行失效。诉讼程序恢复后,诉讼程序中止前的状态继续前进,已经进行的诉讼行为对新出现的诉讼承担人具有约束力。

> **第一百五十四条** 有下列情形之一的,终结诉讼:
> (一)原告死亡,没有继承人,或者继承人放弃诉讼权利的;
> (二)被告死亡,没有遗产,也没有应当承担义务的人的;
> (三)离婚案件一方当事人死亡的;
> (四)追索赡养费、扶养费、抚养费以及解除收养关系案件的一方当事人死亡的。

【释义】 本条是关于终结诉讼的规定。

通常情况下,民事诉讼因人民法院对案件作出裁判而终结,但在诉讼过程中如果发生了法律规定的某种特殊情况,使案件的审理不可能进行下去或者进行下去没有意义时,就要以裁定终结诉讼的方式结束诉讼程序。本条规定,有下列情形之一的,终结诉讼:(1)原告死亡,没有继承人,或者继承人放弃诉讼权利。民事诉讼是因原告提出诉讼请求、主张一定权利而引起的。如果原告死亡,没有继承人,或者继承人放弃诉讼权利,就使诉讼失去了权利主张人。这样的诉讼继续下去既不可能也无意义,人民法院应当终结诉讼。(2)被告死亡,没有遗产,也没有应当承担义务的人。被告死亡,没有遗产,也没有应当承担义务的人的,原告的诉讼请求不可能得到满足,诉讼继续进行既不可能也无意义,应当终结诉讼。(3)离婚案件一方当事人死亡。离婚案件是为了解除当事人之间的婚姻关系。一方当事人死亡,婚姻关系自然消灭,诉讼所要解决问题的前提已经不复存在,应当终结诉讼。(4)追索赡养费、扶养费、抚养费以及解除收养关系案件的一方当事人死亡。追索赡养费、扶养费、抚养费案件的原告死亡的,提出给付要求的人不存在了;被告死亡的,也不能再支付赡养费、扶养费和抚养费。案件审理的实际意义消失,应当终结诉讼。解除收养关系案件的一方当事人死亡的,收养关系已经不复存在,诉讼也没有进行的必要,应当终结诉讼。

诉讼终结,案件就不再审理,当事人不得再就同一诉讼标的提起诉讼。诉讼终结关系到另一方当事人的民事权益能否得到保护的问题,本法明确规定了可以终结诉讼的 4 种情况,而没有作类似诉讼中止的兜底性条款的规定,其意义在于对诉讼终结的适用要严格掌握,依法进行。

人民法院决定案件诉讼终结,应当作出书面裁定。裁定应当由审判人员、书记员署名,并加盖人民法院印章,送达当事人。诉讼终结的裁定,一经作出即发生法律效力,当事人对该裁定,不得提起上诉。

诉讼终结与诉讼中止是两个彼此有联系但又不同的概念。诉讼中止是民事诉讼程序开始后,出现了法定原因导致诉讼程序不能或者不宜进行,需要使诉讼程序暂时停止,当这些原因消除后,应恢复诉讼。诉讼终止是在诉讼过程中发生了法律规定的某种特殊情况,使案件的审理不可能进行下去或者进行下去没意义时,人民法院以裁定终结诉讼的方式结束诉讼程序。诉讼中止是诉讼程序的暂时停止,诉讼终结是诉讼程序的最终结束。二者发生原因和法律上的意义均不同。但二者也有联系,一些诉讼中止的案件,在有些情况下可能最终转化为诉讼终结的案件。例如,原告死亡需要等待继承人表明是否参加诉讼时,人民法院可以中止诉讼,但是如果继承人最终明确表示放弃诉讼权利,诉讼中止案件将因符合诉讼终结的条件而转化为诉讼终结的案件,人民法院可以终结诉讼。

掌握本法有关诉讼终结的规定,应当注意以下两点:(1)诉讼终结是诉讼程序的终结,终结诉讼的裁定,不能确定死亡一方当事人的财产归属。(2)诉讼终结将从法律上排除当事人诉讼权利的行使,适用必须严格限制,对于本条规定之外的情形,即便其对诉讼的进行构成严重障碍,也不得扩张适用诉讼终结。例如,民事案件的原告起诉时提供的被告住址不准确,往往导致诉讼文书无法送达,案件也无法进行,但是对于这种情况应当要求原告补充材料。因有关部门不准许当事人自行查询其他当事人的住址信息,原告向人民法院申请查询的,人民法院应当依原告的申请予以查询。因客观原因原告不能补充或者依据原告补充的材料仍不能确定被告住址的,人民法院可以依法向被告公告送达诉讼文书。人民法院不能仅以原告不能提供真实、准确的被告住址为由裁定终结诉讼。

第五节　判决和裁定

> **第一百五十五条**　判决书应当写明判决结果和作出该判决的理由。判决书内容包括：
> （一）案由、诉讼请求、争议的事实和理由；
> （二）判决认定的事实和理由、适用的法律和理由；
> （三）判决结果和诉讼费用的负担；
> （四）上诉期间和上诉的法院。
> 判决书由审判人员、书记员署名，加盖人民法院印章。

【释义】　本条是关于制作判决书的规定。

一、民事判决的意义

民事判决是人民法院通过法定程序行使国家审判权，对所受理的民事案件依法作出的解决当事人民事纠纷的判决。将判决的内容依规定的格式制成的法律文书，即判决书。判决发生效力后，就具有法律约束力和执行力，除了人民法院按照法律规定的程序撤销或者改判外，任何单位和个人不得否定其法律效力。当事人应当自觉履行判决确定的义务，有关单位和个人也有义务协助判决的执行。一方当事人不履行判决确定的义务的，人民法院可以根据对方当事人的申请或者依职权强制执行判决。

人民法院的民事判决可以从不同角度作出不同的分类，按照判决所解决的案件的性质，可以分为确认判决、给付判决和变更判决；按照案件审理的结果，可以分为全部判决和部分判决；按照当事人是否出庭，可以分为对席判决和缺席判决。

二、民事判决书的内容

判决的目的在于定分止争，判决结果直接决定了当事人的权利和义务，是判决书的重要内容。判决书应当写明判决结果，使当事人在拿到判决书后可以非常明确地知道纠纷的处理结果。

除了判决结果，判决的理由也是一个很重要的方面。判决书不但要让当事人知道判决结果是什么,还要说明为什么作出该判决,这样才可以更好地使当事人服判息诉。实践中,有些判决书着重写明判决结果,没有或者很少说明作出该判决的理由,容易引发当事人对判决公开、公平和公正的质疑,最终导致司法权威受损。本条进一步明确规定判决书应当写明作出判决的理由,这样有利于促使人民法院增强判决书的说理,不断提高判决书的质量,提升当事人和社会公众对司法判决的认可度,对保护当事人的合法权益和提高司法权威具有重要意义。

具体来讲,判决书应当依次写明以下内容。

1. 案由、诉讼请求、争议的事实和理由

案由是指审理的案件的种类,案由一般是按照诉讼请求的内容划分的,如继承、离婚、合同纠纷等案件。

原告提出的诉讼请求以及根据的事实和理由,被告对原告诉讼请求的承认、反驳以及所根据的事实和理由,都应当按原告或者被告的陈述如实载明。被告提出反诉的,也应一并表述。

2. 判决认定的事实和理由、适用的法律和理由

判决书所表述的这一内容,通常称为理由部分,是人民法院作出判决的根据,它包括人民法院根据证据所认定的事实,分清争议双方的责任,表明人民法院对诉讼请求的意见以及所适用的法律条款和理由。

根据本法第7条的规定,人民法院审理民事案件,必须以事实为根据,以法律为准绳。确定事实和适用法律是司法裁判的两项重要内容,对解决纠纷起着关键作用。在事实认定方面,在经过法庭调查、法庭辩论等审理过程后,对于哪些事实予以认定采信,哪些事实不予认定采信,人民法院在判决书中都要作出说明,还要针对当事人争议的焦点,说明对相关事实予以认定或者不予认定的理由,这样才能最大程度尊重法庭审理的实际情况,充分回应当事人的争议,增强人民法院判决的规范性和公开性。

在适用法律方面,本条规定判决书应当写明"适用的法律和理由"。判决书应当明确该判决所适用的法律,让当事人明白作出该判决的标准。适用哪些法律以及如何适用法律是人民法院在作出判决时需要考虑的重要内容。有时针对同一个纠纷,适用不同的法律甚至会对当事人的权利义务产生截然不同的后果,因此,在有的诉讼中,当事人对事实的认定没有争议,而对如何适用相关法律却存在较大争议。司法实践中,有的判决书在认定相关事实

后,直接引用相关法条作出判决,而不说明适用该法条的依据,体现不出对当事人争议的法律问题的分析和说明,缺乏说服力。判决书的说理部分,不仅要写明认定事实的理由,还应当写明适用法律的理由。判决书应当写明适用法律的理由的规定,完善了关于判决书说理部分的内容,有利于人民法院在作出判决时辨法析理,更好地让当事人知悉作出该判决的事实和法律依据,提高裁判质量。

3. 判决结果和诉讼费用的负担

判决结果是人民法院根据上述认定的事实和理由以及适用的法律和理由对案件争议解决的内容,通常称为判决主文。判决主文要求明确具体,有执行内容的主文应当具有可操作性。例如,判决归还某种物品,应当将物品的种类、名称、数量以及归还的时间等表述清楚。

诉讼费用的负担,应根据有关法律规定,明确由哪一方负担,或者如何分担。

4. 上诉期间和上诉的法院

在判决书的结束部分应当写明上诉的期间、手续和应当向哪个人民法院提起上诉。例如可以写成:"如不服本判决,可于接到判决书之日起 15 日内,向本院提交上诉状及副本×份,上诉于某某人民法院。"

除上述内容外,在判决书的开端,应当写明原告、被告、第三人及他们诉讼代理人的基本情况。判决书的主文下面,应当由审判人员和书记员署名,加盖人民法院印章并注明作出判决书的日期。

三、民事判决书的制作要求

民事判决书是司法公正的载体,其权威性和严肃性决定了它在内容和形式上都要讲求规范和质量,不能简单罗列证据,没有完整叙述案件事实,也不能无的放矢,说理缺乏针对性,没有围绕诉争焦点展开,更不能出现引用法条错误、错漏字等严重的低级错误。一般来说,制作民事判决书应当符合以下要求:

1. 要依照本条规定的民事判决书的基本框架制作,不应随意变动。

2. 对于案件审理的重要程序事项和诉讼活动要明确表述,包括原告起诉时间,重要的诉讼文件和证据提交、转递情况,因管辖异议、中止诉讼、委托鉴定等导致审理时间延长的程序事实,采取的诉前或诉讼保全措施等。

3.突出对重点争议证据的认证说理以及对当事人诉讼请求的辨法析理,对相关证据的分析和认证要围绕当事人争议的焦点进行;对事实中当事人无争议的部分要直接陈述,防止证据的简单罗列和重复。

4.要增强判案的说理,努力做到"辨法析理、胜败皆明"。针对当事人争议的焦点,要详尽地阐述裁判的理由,不仅应当对实体判决的理由进行阐述,而且要对诉讼证据的采信和法律的适用阐述理由,这样才能让当事人信服。

5.要强调案件事实的公开性和完整性、证据认定的逻辑性以及文字语言的准确性;要根据案件的具体情况区别对待,做到简繁得当;对于难以通过文字表述的内容,可以通过附图、附表等适当方式予以表达;对于涉及个人隐私、商业秘密等的不宜直接公开的内容,可以采用附件等形式予以表述,对外不宜公开。

司法尊严要求司法工作人员具有较强的责任意识。确保判决书的质量,就要树立严谨细致的工作作风,严格遵循裁判文书的格式和要求,严把文字质量关,校对好文字和数字,坚决杜绝不应有的错误,这样民事判决的庄严和权威才能得到保障。

一些国家和地区对于判决书的制作也有专门规定。《法国民事诉讼法》第454条规定,判决以法国人民的名义作出。判决应当包括下列事项:(1)作出判决的法院;(2)参与合议的法官姓名;(3)日期;(4)参与辩论的检察官姓名;(5)书记员姓名;(6)当事人的姓名或名称、住所或总部住所地;(7)必要时,代理或辅助当事人的律师或其他人的姓名;(8)非讼案件中,应当向其通知判决的人的姓名。第455条规定,判决应当简要表述各方当事人的诉讼请求和支持理由;表述可以写明参照各方当事人的诉讼意见书,并指明诉讼意见书的日期;判决应当说明理由;判决以主文形式宣告裁判的内容。第456条规定,判决的制作可以采取书面或电子方式,由审判长和书记员签名。审判长因故不能签名时,应当在判决原件上注明,并由参与评议的一名法官签名。当判决采用电子载体制作时,制作过程应当保障判决的完整性和保存。电子判决上的签名,采用2017年9月28日第2017-1416号《关于电子签名的法令》中规定的安全电子签名方式。本条的适用方式由司法部颁布的条例具体规定。《德国民事诉讼法》第313条规定,判决书内容包括:(1)当事人及其法定代理人和诉讼代理人;(2)法院、参与裁判的法官的姓名;(3)言词辩论结束的日期;(4)判决主文;(5)事实要件;(6)裁判理由。在事实要件中,应当突出当事人的请求,扼要叙述当事人主张的请求权以及为此提出的攻击和防御手段的主要内容。对于事实情况和争议情况的具体情形,应当引用书状、笔录以及其他材料。在裁判理由中,应当简要概括作出裁判时在事实和法律方面的考量。第315条第1款规定,参与裁判的法官应当在判决上签名。法官无法签名时,应当说明无法签名的原因并由审判长在判决中对此添加附注;审判长无法完成时,由最年长的陪审法官在判决中添加附注。《德国民事诉讼法》还对判决书制作可以省略事实要件和裁判理由的情形作了具体规定,对缺席判决、认诺判决和舍弃判决的判决书制作作了规定。我国台湾地区"民事诉讼法"第226条规定,判决,应作判决书,记载下列各款事项:(1)当事人姓名及住所或居所;当事人为法人、其他团体或机关者,其名称及公务所、事务所或营业所。(2)有法定代理人、诉讼代理人者,其姓名、住所或居所。(3)诉讼事件;判决经言词辩论者,其言词辩论终结日期。(4)主文。(5)事实。(6)理由。(7)年、月、日。(8)法院。事实项下,应记载言词辩论时当事人之声明,并表明其声明为正当之攻击或防御方法要领。理由项下,应记载关于攻击或防御方法之意见及法律上之意见。一造辩论判决及基于当事人就事实之全部自认所为之判决,其事实及理由得简略记载之。第227条规定,为判决之法官,应于判决书内签名;法官中有因故不能签名者,由审判长附记其事由;审判长因故不能签名者,由资深陪席法官附记之。

第一百五十六条　人民法院审理案件,其中一部分事实已经清楚,可以就该部分先行判决。

【释义】　本条是关于人民法院就部分已查清事实进行先行判决的规定。

原告向人民法院提起诉讼,可以有一个或几个诉讼请求。一般情况下,在一个诉讼中,法院查明案件事实后,应当对原告提出的全部诉讼请求依法作出裁判。但是,司法实践中存在这样的情况:案件的审理已经进行了一段时间,由于种种原因,人民法院对原告各项诉讼请求的相关事实,难以全部查清,不能一次对所有的诉讼请求作出判决。为了及时保障当事人的合法权益,防止诉讼过分迟延,如果对一部分请求的相关事实已经查明,而且就这部分诉讼请求又需要尽快判决,人民法院可以先就该部分作出判决,其他诉讼请求待相关事实进一步查明后,通过后续判决解决。比如,某继承案件,继承人甲主张继承人乙占有的房屋、车辆均属被继承人的遗产,要求继承。人民法院经过审查,查明车辆属于乙自己的财产,而非遗产,但对于房屋是否属于遗产一时难以查明。此时人民法院可以对车辆的问题先行判决,然后继续审理关于房屋继承的请求。

就当事人的部分诉讼请求先行判决后,整个案件并没有结束,只是人民法院审判活动将集中在其他未决事项上。部分先行判决的法律效力与全案判决的效力相同,如果是一审,当事人对部分先行判决不服的,可以在判决作出后15日内,就该判决向上一级人民法院提起上诉。

理解本条还要注意以下两点:

1. 部分先行判决是为了及时保护当事人的民事权益。可以进行先行判决的部分,主要是指在诉讼请求中可以独立分出的部分,或者是几个合并审理的诉中的一个相对独立部分;而且先行判决部分事实必须已经清楚。如果该部分诉讼请求与整个诉讼请求不可分,对该部分先行判决将会使其余的诉讼请求难以确定,就不能对该部分先行判决。

2. 依据本条规定进行的先行判决并不是对全案作出的判决。没有判决的部分不是不管,而是仍然在审理中。所以就部分事实先行作出判决的,不会构成本法第211条第11项所说的遗漏诉讼请求的情况。对于全案判决中出现的遗漏当事人诉讼请求的情况必须予以纠正。在就部分已查清的事实进行先行判决时,也要向当事人说明案件的其他部分仍然在审理中,以免发生误解,造成不必要的纠纷。

其他国家和地区也有关于先行判决的规定。《德国民事诉讼法》第300条规定,诉讼已届裁判成熟之机的,法院应当作出终局判决。为同时进行辩论和裁判而合并数起诉讼,当其中一起诉讼已届裁判成熟之机时,本规定同样适用。第301条规定,在同一诉讼中主张数项请求权,但仅一项请求权或仅一项请求权的部分已届裁判成熟之机,或者在反诉的情形仅有本诉或反诉已届裁判成熟之机时,法院应当作出终局判决(部分判决)。对一项整体请求权的理由和数额存在争议,仅当同时对该请求权的其余部分作出理由判决时,才可以对该请求权的一部分作出部分判决。法院根据案件情况认为不适当时,可以不作出部分判决。我国台湾地区"民事诉讼法"第381条规定,诉讼达于可为裁判之程度者,法院应为终局判决。命合并辩论之数宗诉讼,其一达于可为裁判之程度者,应先为终局判决。但应适用第 205 条第 3 项之规定者,不在此限。第 382 条规定,诉讼标的之一部或以一诉主张之数项标的,其一达于可为裁判之程度者,法院得为一部之终局判决;本诉或反诉达于可为裁判之程度者亦同。

> 第一百五十七条　裁定适用于下列范围:
> (一)不予受理;
> (二)对管辖权有异议的;
> (三)驳回起诉;
> (四)保全和先予执行;
> (五)准许或者不准许撤诉;
> (六)中止或者终结诉讼;
> (七)补正判决书中的笔误;
> (八)中止或者终结执行;
> (九)撤销或者不予执行仲裁裁决;
> (十)不予执行公证机关赋予强制执行效力的债权文书;
> (十一)其他需要裁定解决的事项。
> 对前款第一项至第三项裁定,可以上诉。
> 裁定书应当写明裁定结果和作出该裁定的理由。裁定书由审判人员、书记员署名,加盖人民法院印章。口头裁定的,记入笔录。

【释义】 本条是关于裁定适用范围,可否上诉以及形式和内容要求的规定。

一、裁定的适用范围

在诉讼过程中,需要解决的程序问题较多,根据本条规定,裁定适用于下列范围:

1. 不予受理。根据本法第 126 条的规定,人民法院对不符合起诉条件的起诉,应当裁定不予受理。例如,提起诉讼的事项不属于人民法院行使民事审判权的范围,原告不是与本案有利害关系的公民、法人或者其他组织,没有明确的被告或者没有具体的诉讼请求和事实、理由。对于不予受理的裁定,当事人不服的,可以上诉。

2. 对管辖权有异议。根据本法第 130 条第 1 款的规定,人民法院对当事人提出的管辖权异议认为不能成立的,裁定驳回。对于管辖权异议的裁定,当事人不服的,可以上诉。

3. 驳回起诉。人民法院受理了不属于人民法院受理民事诉讼范围的案件,原告又不愿撤诉的,裁定驳回起诉。人民法院在审理案件的过程中,发现原告的起诉不符合起诉条件的,应当通知原告撤诉,原告不撤诉的,裁定驳回起诉。当事人对驳回起诉的裁定不服的,可以上诉。

4. 保全和先予执行。根据本法规定,人民法院决定保全和先予执行时,应当采用裁定的方式。人民法院可以依当事人的申请或者依职权作出保全的裁定或者依当事人的申请作出先予执行的裁定,该裁定一经作出,即具有法律效力,当事人不能上诉。对于保全和先予执行的裁定,当事人不服的,可以申请复议一次,但复议期间不停止对该裁定的执行。

5. 准许或者不准许撤诉。原告起诉后,在宣判前申请撤回起诉的,人民法院根据法律规定,作出准许或者不准许撤诉的裁定。该裁定一经作出,就具有法律效力,当事人不能上诉,也不能申请复议。

6. 中止或者终结诉讼。在诉讼过程中,发生了法律规定的中止或者终结诉讼的情况,人民法院应当作出中止或者终结诉讼的裁定。中止诉讼的障碍消除,可以恢复诉讼程序时,人民法院应当作出恢复诉讼的裁定。中止或者终结诉讼的裁定一经作出,即具有法律效力,当事人既不能上诉,也不能申请复议。

7. 补正判决书中的笔误。判决书中的笔误,是指错写、误算等情况。进行补正时,应当用裁定方式。补正笔误的裁定不涉及当事人实体权利和诉讼权利,没有上诉的必要,也没有复议的意义。

8. 中止或者终结执行。人民法院在执行过程中,如果出现了法律规定的中止或者终结执行的情况,应当作出中止或者终结执行的裁定。在造成中止执行的情况消除后,依法具有恢复执行的条件时,应当作出恢复执行的裁定。中止或者终结执行的裁定,送达当事人后立即生效。

9. 撤销或者不予执行仲裁裁决。目前,相关法律规定了人民法院裁定撤销仲裁裁决的制度。例如,根据仲裁法第 58 条、劳动争议调解仲裁法第 49 条的规定,当事人可以依法向人民法院申请撤销仲裁裁决,人民法院认为仲裁裁决有法律规定的应当撤销的情形的,应当裁定撤销仲裁裁决。因此,本条第 1 款第 9 项规定了裁定适用于撤销仲裁裁决,和相关法律规定作了衔接,完善了关于裁定适用范围的规定。对当事人申请执行的仲裁裁决,有本法第 248 条和第 291 条规定的情形之一的,经人民法院审查属实,应当作出不予执行仲裁裁决的裁定。撤销或者不予执行仲裁裁决的裁定一经作出,即具有法律效力,当事人不能上诉,也不能申请复议。

10. 不予执行公证机关赋予强制执行效力的债权文书。对当事人申请执行的公证机关依法赋予强制执行效力的债权文书,人民法院认定确有错误、不予执行的,作出不予执行的裁定。不予执行公证机关赋予强制执行效力的债权文书的裁定一经作出,即具有法律效力,当事人不能上诉,也不能申请复议。

11. 其他需要裁定解决的事项。除上述 10 种情形外,为解决某些程序问题,对于其他需要裁定的事项,人民法院也应当作出裁定。例如,依特别程序审理案件的过程中,发现本案存在民事权利义务争议,应当裁定终结特别程序;第二审人民法院对于不服第一审人民法院裁定的上诉案件的处理,一律使用裁定;人民法院按照审判监督程序决定再审的,裁定中止原判决、调解书的执行;人民法院还可以依法裁定返还已被执行的财产等。2023 年修改民事诉讼法,在涉外民事诉讼程序的特别规定一编增加规定了当事人对承认和执行或者不予承认和执行外国法院作出的发生法律效力的判决、裁定的救济方式,即本法第 303 条规定:"当事人对承认和执行或者不予承认和执行的裁定不服的,可以自裁定送达之日起十日内向上一级人民法院申请复议。"

对本条第 1 款第 1 项至第 3 项的裁定,当事人不服的,可以上诉;对第 4 项的裁定不服的,可以申请复议一次。对于可以上诉的裁定,在上诉期间原裁定不发生法律效力;对于可以申请复议的裁定,当事人申请复议的,在作出新的裁定之前,原裁定不停止执行。

二、裁定的形式、内容

裁定按其形式,可分为口头裁定和书面裁定。口头裁定指审判人员不制作裁定书,而是将裁定的内容口头向当事人宣布。口头裁定一般适用于比较简单的程序问题,如准予撤诉等,口头裁定的内容以及宣布的情况应当记入笔录。书面裁定是以书面形式作出的法律文书,适用于关系到当事人权利的比较重大的程序问题,如允许上诉的裁定以及终结诉讼、终结执行、不予执行等裁定,都应当采用书面裁定形式。书面裁定应当按照本法的有关规定送达当事人。

裁定书是人民法院对案件审理过程中所发生的程序问题作出的处理决定。本法第155条规定,判决书应当写明判决结果和作出该判决的理由。与判决书相似,裁定书也影响着当事人的权利义务。例如,人民法院作出的撤销仲裁裁决的裁定,可能导致仲裁裁决确定的当事人权利的丧失。裁定书既应当写明裁定结果,也应当写明事实和法律依据以及理由等内容,让当事人明白作出该裁定的来龙去脉,从而更容易接受该裁定书的内容。

具体来讲,裁定书应主要写明以下内容:(1)当事人的基本情况和诉讼代理人、案由。(2)认定的事实和理由、适用的法律和理由等作出裁定的理由。(3)裁定的结果。(4)允许上诉的裁定,注明上诉期间和上诉的法院。允许复议的裁定,注明复议的权利和复议的法院。(5)审判人员、书记员署名,加盖人民法院印章,注明日期。

第一百五十八条　最高人民法院的判决、裁定,以及依法不准上诉或者超过上诉期没有上诉的判决、裁定,是发生法律效力的判决、裁定。

【释义】　本条是关于发生法律效力的判决、裁定的规定。

一、判决的法律效力

1.法律效力的发生。不同级别的法院和适用不同程序作出的判决,发生法律效力的时间也不同,主要有以下几种情况:

(1)最高人民法院作出的判决,一经宣判即发生法律效力。最高人民法院无论是作为第一审人民法院,还是作为第二审人民法院,抑或依照审判监督程序审理再审案件,其作出的判决都是终审的判决。

(2)各级人民法院适用第二审程序作出的判决,一经宣判即发生法律效力。

(3)实行一审终审不准上诉的判决,一经宣告即发生法律效力。依法不准上诉的判决包括:依照特别程序审理的案件,即选民资格案件,宣告失踪、宣告死亡案件,指定遗产管理人案件,认定公民无民事行为能力、限制民事行为能力案件,认定财产无主案件,确认调解协议案件,实现担保物权案件;适用小额诉讼的程序审理的案件。

(4)实行两审终审的案件中,对于适用第一审程序作出的判决,当事人在收到判决书后的15日内未提出上诉,又无延长期限的正当理由的,该判决即发生法律效力。

2.生效判决的法律效力。民事判决生效后即具有执行力,当事人必须履行。一方当事人拒绝履行的,对方当事人可以向人民法院申请执行,也可以由审判员移送执行员执行。执行员接到申请执行书或者移交执行书后,向依判决负有义务的一方当事人发出执行通知,并可以立即采取强制执行措施。

对判决已经发生法律效力的案件,当事人又起诉的,人民法院不予受理。如果当事人认为生效判决确有错误,只能按审判监督程序申请再审。

二、裁定的法律效力

由于作出裁定的法院级别不同以及是否准许上诉的情况不同,裁定生效的时间也不同。

1.最高人民法院作出的所有裁定,都是具有法律效力的裁定。最高人民法院无论是作为一审法院还是二审法院,抑或依照审判监督程序审理再审案件,其作出的裁定都是发生终局效力的裁定。

2.不准上诉的裁定,一经宣布,即具有法律效力。依法不准上诉的裁定是指不予受理、决定管辖权异议、驳回起诉裁定之外的各种裁定,这些裁定有的可以复议,但复议不停止执行,裁定作出后就发生法律效力。

3.第二审人民法院对提起上诉的裁定作出的裁定是终审裁定,一经宣布,即发生法律效力。

4.对于可以上诉的裁定,超过法定期限当事人未提出上诉,又没有延长期限的正当理由的,上诉期届满后,裁定即发生法律效力。对于不予受理、决定管辖权异议、驳回起诉的裁定,当事人不服的,应当在裁定作出之日起10日内向上一级人民法院提起上诉。当事人在规定期间不提起上诉,又无正当理由延长上诉期间的,裁定即发生法律效力。

民事裁定发生法律效力后,即具有约束力,当事人必须履行。对裁定已经发生法律效力的案件,当事人又起诉的,除准许撤诉的裁定外,人民法院不予受理。如果当事人认为生效裁定确有错误,可以按照审判监督程序申请再审。

第一百五十九条　公众可以查阅发生法律效力的判决书、裁定书,但涉及国家秘密、商业秘密和个人隐私的内容除外。

【释义】　本条是关于裁判文书公开的规定。

一、裁判文书公开的意义

裁判文书记录着人民法院审理案件的审判活动、裁判理由、裁判依据和裁判结果等内容。裁判文书公开,是审判公开制度的一项重要内容,对提高审判质量、释法服判具有重要作用。具体来讲,有以下几点:一是裁判文书公开可以使公众知悉其内容,促进人民法院有效落实公开审判原则,实现司法透明和司法公开的价值;二是裁判文书公开可以促进法官增强责任心,慎重对待每一个判决,不断提高办案质量,最大限度地赢得公众对司法的信任和支持;三是裁判文书公开能够满足当事人、普通民众、专业人士等的需求,为普法和理论研究提供重要的资料来源,促进法学的发展;四是裁判文书公开还有利于各级法院之间相互交流、学习和借鉴,有利于统一裁判标准,提高司法水平。

二、一些国家和地区关于裁判文书公开的做法

(一)美国

美国联邦最高法院的判决通常在法庭上宣判后就公布在该院的网站上,判决全文由法院公共信息办公室负责提供。除了在网络上公布,美国联邦最高法院还会印制判决的单行本、汇编等。原则上,美国联邦初审法院的裁判可以不公开,但具有判例价值的联邦上诉法院的判决应当公布。目前,许多联邦巡回法院将判决交由出版公司出版,还有的在网络上公布。

(二)日本

在日本,法院一般将裁判文书存在法院书记官处,供公众查阅。法院也可以将一些具有指导性但又不涉及个人隐私或者商业秘密的案件,通过编辑成书或者上传互联网的方式予以公开,但其中所涉及的个人信息都经过技术处理。

对于公开审理的案件的裁判文书,任何人都可以申请查阅,但仅当事人、与案件有利害关系的其他人才可以请求法院书记官提供裁判文书副本或者

进行复印、抄录。对不公开审理的案件,仅限于当事人和其他利害关系人可以申请查阅、复制和抄录。裁判文书中涉及个人隐私或者商业秘密的,查阅人有义务保守秘密。如果裁判文书涉及重大个人隐私或者商业秘密,经当事人申请,法院有权禁止当事人以外的其他人查阅、复制或者抄录裁判文书的某些特定内容。

(三)瑞士

在瑞士,法院一般在判决后 10~15 日内公布判决书。如果判决公布后可能影响其他案件的裁判,则暂缓公布。在法院的网站上,公众可以查询各类案件的审理情况。根据法院关于信息公开方面的规定,对外公布判决时,必须隐去当事人的名字等信息。

(四)法国

在法国,法院通常以新闻公报的形式发布裁判文书。对外公布的裁判文书应隐去当事人的名字等信息。

(五)我国香港、澳门和台湾地区

香港裁判法院以上的法院,其裁判文书的内容上网公布。香港终审法院网站"判决书及法律参考资料"栏目中包括了香港终审法院、高等法院、区域法院、家事法庭和土地审裁处等作出的裁判文书。一般情况下,裁判文书于送达后 3 个工作日内上传至香港终审法院网站。对于一些重要案件的裁判,可于宣告当日上传。

《澳门司法组织纲要法》规定,合议庭裁判文书须及时公布于《澳门特别行政区公报》。澳门中级法院以上法院的裁判文书,除法律规定不公开的外,均上网公布。裁判文书在网上公布时,必须载有由卷宗裁判书制作人草拟的一份理论性摘要,包括案件的种类、编号、审判日期、主题、摘要、审判结果等。特别需要说明的是,案件的表决结果也是需要公开的。另外,终审法院每年出版一本《澳门特别行政区终审法院合议庭裁判》汇编,其中包括该法院所有合议庭在该年作出的裁判和决定。

我国台湾地区"法院组织法"规定,除有其他特别规定外,各级法院及分院应当定期出版公报或以其他方式公开裁判文书。公开时,不公开自然人的身份证统一编号以及其他足以识别相应个人的信息。

三、关于裁判文书公开的范围

根据本法第 52 条第 2 款规定,当事人可以查阅本案有关材料,并可以复制本案有关材料和法律文书。本法第 64 条规定了代理诉讼的律师和其他诉讼代理人可以查阅本案有关材料。这些规定赋予当事人及其诉讼代理人查阅权,主要是从维护当事人本身合法权益的角度出发的。当事人是民事诉讼活动的参加人,几乎所有的诉讼材料和法律文书都可能涉及当事人的诉讼权利和实体权利保护问题,因此应当尽可能地确保当事人及其诉讼代理人的查阅权。

本条规定的公众查阅权,与本法第 52 条、第 64 条的区别有以下几点:一是查阅主体不同,本条规定的公众,主要是指当事人及其诉讼代理人以外的人。由于本条主要是从司法公开和社会公众监督人民法院司法活动的角度出发所作的规定,因此,无论与本案是否有利害关系,公众均可根据本条的规定依法查阅生效的判决书、裁定书。二是查阅范围不同。根据本条的规定,公众查阅的对象为发生法律效力的判决书、裁定书,判决书、裁定书以外的法律文书不属于本条规定的公众查阅的范围,法院已经作出但尚未发生法律效力的判决书、裁定书,也不属于本条规定的公众查阅的范围;而当事人则可以查阅、复制起诉状、答辩状、法庭笔录、法庭上出示的有关证据等有关材料和法律文书,诉讼代理人在诉讼中可以查阅、摘抄和复印起诉状、答辩状、庭审笔录及各种证据材料等。三是对于涉密内容的查阅存在区别。根据本条的规定,公众无权查阅涉及国家秘密、商业秘密和个人隐私的内容。而相关规定并未禁止当事人及其诉讼代理人查阅本案中涉及国家秘密、商业秘密和个人隐私的内容。例如,《最高人民法院关于诉讼代理人查阅民事案件材料的规定》第 8 条规定:"查阅案件材料中涉及国家秘密、商业秘密和个人隐私的,诉讼代理人应当保密。"

四、关于裁判文书公开的方式

为了有效实施本条关于裁判文书公开的规定,人民法院应当积极采取相应措施,依法保障公众查阅发生法律效力的判决书、裁定书的权利。目前,一些国家和地区公开裁判文书的方式主要包括在法院书记室存放以供查阅、定期编纂判决汇编、在政府公告以及互联网上公布等。在我国,人民法院可以根据司法实践情况,依法采取多种方式公开裁判文书。

需要说明的是,根据本条的规定,查阅发生法律效力的判决书、裁定书,是公众享有的权利。裁判文书公开应当是人民法院必须遵守的法律规定,人民法院可以根据实际情况依法采取多种方式公开裁判文书,但前提是应当依法保障公民的查阅权,不能设置不合理的条件,限制公众依法查阅生效的裁判文书。人民法院在公开裁判文书时还应当确保及时性,在合理的时间内予以公开,不能无故拖延。同时,人民法院还应当确保公众查阅的生效裁判文书的规范性,使公众查阅到的裁判文书符合法律等规定的格式,除禁止查阅的内容外,应当保证提供的裁判文书相关内容的完整性等。2016年修改后的《最高人民法院关于人民法院在互联网公布裁判文书的规定》明确要求:人民法院在互联网公布裁判文书,应当依法、全面、及时、规范;在互联网公布的裁判文书,除依照该规定要求进行技术处理的以外,应当与裁判文书的原本一致;人民法院对裁判文书中的笔误进行补正的,应当及时在互联网公布补正笔误的裁定书;在互联网公布的裁判文书与裁判文书原本不一致或者技术处理不当的,应当及时撤回并在纠正后重新公布。

五、关于保护国家秘密、商业秘密和个人隐私

裁判文书中涉及国家秘密、商业秘密和个人隐私的内容,公众不能查阅。人民法院在公开裁判文书时,应当通过技术手段隐去裁判文书中涉及国家秘密、商业秘密和个人隐私的内容。

根据《最高人民法院关于人民法院在互联网公布裁判文书的规定》的要求,人民法院在互联网公布裁判文书时,应对特定人员的姓名进行隐名处理,对特定信息进行删除。该规定列举的应进行隐名处理的信息包括:婚姻家庭、继承纠纷案件中的当事人及其法定代理人,刑事案件被害人及其法定代理人、附带民事诉讼原告人及其法定代理人、证人、鉴定人,未成年人及其法定代理人。该规定列举的应作删除处理的信息包括:自然人的家庭住址、通讯方式、身份证号码、银行账号、健康状况、车牌号码、动产或不动产权属证书编号等个人信息,法人以及其他组织的银行账号、车牌号码、动产或不动产权属证书编号等信息,涉及商业秘密的信息,家事、人格权益等纠纷中涉及个人隐私的信息,涉及技术侦查措施的信息,人民法院认为不宜公开的其他信息。

第十三章 简易程序

本章共11条,对简易程序以及小额诉讼的程序的有关问题作了规定。

简易程序是基层人民法院和它派出的法庭审理事实清楚、权利义务关系明确、争议不大的简单的民事案件适用的程序。该程序相对于普通程序来说,在起诉手续、传唤当事人方式、审理程序以及审限等方面都作了简化,可以说是一种简化了的程序。民事案件中不少是事实清楚、权利义务关系明确、争议不大的简单民事案件,本法规定审理简单的民事案件适用简易程序。完善简易程序,对提高审判效率,降低当事人诉讼成本,合理利用司法资源,具有重要作用。

我国地域辽阔、人口众多,各地的经济发展水平不平衡。针对我国的国情,在新民主主义革命时期,我国就开始简化诉讼程序,实践中已建立起一套行之有效的简易程序,受到广大群众的欢迎。我国民事诉讼法规定的简易程序不仅继承了我国人民司法的优良传统和成功经验,而且有利于简易程序的进一步完善和规范。随着经济和社会的发展,我国民事案件的数量逐年增加,虽然法官队伍也在发展,但是相对于增加的案件而言,审判人员仍然较少。如果所有案件都采取普通程序,势必会造成案件积压,拖延案件的审理期限,使当事人之间的纠纷不能得到及时解决。由于简易程序具有办案手续简便、审理方式灵活、不受普通程序有关规定约束的特点,因此,有助于及时审结案件、保护当事人的合法权益。简易程序对于人民法院来说,可以快速解决一些事实清楚、权利义务关系明确、争议不大的简易民事案件,从而集中人力和物力办理大案要案,保证案件的审理质量。本法规定简易程序,体现了我国民事诉讼法便于当事人诉讼,方便人民法院审判工作的"两便"原则,反映了我国民事诉讼的特点。

为了进一步缩短诉讼周期,提高审判效率,2021年民事诉讼法修改中增加了小额诉讼的程序。基层人民法院和它派出的法庭审理事实清楚、权利义务关系明确、争议不大的简单民事案件中的金钱给付民事案件可以适用小额诉讼的程序。适用小额诉讼的程序的民事案件可以一次开庭审结并且当庭宣判，实行一审终审，并应当在立案之日起两个月内审结，有特殊情况需要延长的，经本院院长批准，可以延长一个月。适用小额诉讼的程序审理案件，审理程序更为简便、审限更短，对于满足当事人快速解决纠纷的需求具有一定的积极意义。为了在提高审判效率的同时，保障当事人的诉讼权利，本法对可以适用小额诉讼的程序的民事案件的类型和标的额也作了限定，并对小额诉讼的程序在适用过程中的程序转化作了规定。

> **第一百六十条** 基层人民法院和它派出的法庭审理事实清楚、权利义务关系明确、争议不大的简单的民事案件，适用本章规定。
>
> 基层人民法院和它派出的法庭审理前款规定以外的民事案件，当事人双方也可以约定适用简易程序。

【释义】 本条是关于简易程序适用范围的规定。

本条第1款对简易程序强制适用的条件和范围作了规定。简易程序只能适用于基层人民法院和它派出的法庭，中级以上人民法院不得适用简易程序。

简易程序只能适用于简单民事案件。简单民事案件，是指"事实清楚、权利义务关系明确、争议不大"的案件。"事实清楚"，是指当事人双方对争议的事实陈述基本一致，并能提供可靠的证据，无须法院调查收集证据即可判明事实、分清是非。如果在主要事实上有争议，并且认定事实的证据又不充分，就很难说"事实清楚"了。"权利义务关系明确"，是指诉讼当事人之间的民事权利义务关系简单、清楚，双方争议的矛盾也比较明确，当事人之间纠纷的形成和发展过程也不太复杂。"争议不大"，是指双方当事人对他们之间的法律关系的发生、变更或者消灭的法律事实，以及案件发生的原因、权利义务的归属等问题，都没有太大的争议。"争议不大"和"事实清楚"、"权利义务关系明确"相互关联，是判断属于简单民事案件的一个重要要素，意味着法院对案件的审判没有很大阻力。

对于简易程序的适用范围，有的国家采用数额限制，如日本、德国；有的地区采用数额、案由和当事人合意几种方式规范，如我国台湾地区。我国台湾地区"民事诉讼法"第 427 条中规定,关于财产权之诉讼,其标的之金额或价额在新台币 50 万元以下者,适用简易程序。关于这一数额司法机构得因情势需要,以命令减至新台币 25 万元,或增至 75 万元。下列各款诉讼,不问其标的金额或价额一律适用简易程序:(1)因建筑物或其他工作物定期租赁或定期借贷关系所生之争执涉讼者;(2)雇佣人与受雇人间,因雇佣契约涉讼,其雇佣期间在 1 年以下者;(3)旅客与旅馆主人、饮食店主人或运送人间,因食宿、运送费或因寄存行李、财物涉讼者;(4)因请求保护占有涉讼者;(5)因定不动产之界线或设置界标涉讼者;(6)本于票据有所请求而涉讼者;(7)本于合会有所请求而涉讼者;(8)因请求利息、红利、租金、退职金或其他定期给付涉讼者;(9)因动产租赁或使用借贷关系所生之争执涉讼者;(10)因第 1 款至第 3 款、第 6 款至第 9 款所定请求之保证关系涉讼者;(11)本于道路交通事故有所请求而涉讼者;(12)适用刑事简易诉讼程序案件之附带民事诉讼,经裁定移送民事庭者。不符合前述的数额和案由标准的,当事人可以书面合意适用简易程序。法院适用简易程序,当事人不抗辩而进行言词辩论的,视为当事人之间有适用简易程序的合意。

关于如何完善我国简易程序适用范围的规定,学界提出不少建议:有的建议,基层人民法院以简易程序为主,通过开庭认为事实复杂、关系一时难以查清的,可转普通程序审理。有的建议,采用法定数额限制、法定案件类型列举限制、法定反向排除列举限制和当事人合意选择的模式划定简易程序的适用范围。

从以上国家和地区的立法例及学者的建议来看,对简易程序适用范围的规定,有以下几种模式:一是法定数额模式,即规定一定标的额以下的案件适用简易程序;二是案由模式,即限制规定适用简易程序的案件类型;三是两种模式的结合。关于法定数额模式,我国幅员辽阔,各地经济发展不均,"一刀切"的法定数额限制不适合我国国情。关于案由模式,从司法实践来看,适用简易程序的案件,几乎延伸到各类一审民事案件,从案由角度无法科学合理地划分哪些案件应适用简易程序。

因此,我国现有的关于简易程序适用范围的规定较为合适,即基层人民法院和它派出的法庭审理事实清楚、权利义务关系明确、争议不大的简单的民事案件,适用简易程序,至于案件简单或者复杂,由法官根据具体案情进行判断,在此基础上,增加规定当事人的程序选择权。本条第 2 款规定,基层人民法院和它派出的法庭审理第一款规定以外的民事案件,当事人双方也可以约定适用简易程序。相对于普通程序,简易程序在起诉手续、传唤当事人方式、审理程序以及审限等方面都作了简化。适用简易程序比适用普通程序的诉讼费用低,《诉讼费用交纳办法》第 16 条规定,适用简易程序审理的案件减半交纳案件受理费。在简易程序的适用范围中增加规定当事人的程序选择权,使当事人能在权衡简易程序和普通程序的利弊后,发挥能动性对程序进行选择。民事程序选择权并不影响对当事人的程序保障,它是从当事人的角度出发,为满足当事人的利益需要,由当事人权衡并作出相应选择而设计的制度,主要通过当事人之间在充分权衡其实体利益和程序利益的基础上所达成的合意来实现。扩大简易程序的适用范围,也有利于提高诉讼效率,合理配置司法资源。

本条第 2 款有以下几层含义:一是本条规定中的当事人的程序选择权只适用于基层人民法院和它派出的法庭审理的民事案件,中级以上人民法院审理的民事案件不适用当事人的程序选择权。依据本法的规定,简易程序只适用于基层人民法院和它派出的法庭,中级以上人民法院审理民事案件不适用简易程序。一般情况下,中级以上人民法院审理的民事案件,标的额较大,案情较为复杂,因此,本款规定,当事人合意选择适用简易程序的范围仅限于基层人民法院和它派出的法庭。

二是当事人行使程序选择权适用简易程序,以当事人双方共同约定为前提。仅原告或者被告一方选择适用简易程序,不能适用简易程序,必须双方达成合意。当事人双方对适用简易程序达成合意即可,至于约定适用简易程序的方式,既可以是口头,也可以是书面。

三是当事人的程序选择权,限于依据本法规定适用普通程序的民事案件。对此类案件,当事人可经权衡利弊,约定适用简易程序。需要说明的是,当事人不能对依据本法规定适用简易程序的民事案件约定选择适用普通程序。一方面依据规定适用简易程序的民事案件是事实清楚、权利义务关系明确、争议不大的简单的民事案件,没有必要适用普通程序;另一方面整个社会的司法资源是有限的,对依据规定应适用简易程序的民事案件约定适用普通程序会增加司法资源的负担。因此,本款仅规定了当事人从普通程序向简易程序的程序选择权。

四是一旦当事人双方约定适用简易程序,人民法院应当适用简易程序。

《最高人民法院关于适用简易程序审理民事案件的若干规定》第 2 条第 1 款规定："基层人民法院适用第一审普通程序审理的民事案件,当事人各方自愿选择适用简易程序,经人民法院审查同意的,可以适用简易程序进行审理。"第 2 款规定："人民法院不得违反当事人自愿原则,将普通程序转为简易程序。"

简易程序是审判程序,因此要按照第一审程序关于简易程序的规定审判案件,但调解是贯穿审判过程始终的,所以,也应当适用调解的有关规定。如在作出判决前进行调解,达成协议的,也可以制作调解书;达不成协议的,应当作出判决。

第一百六十一条　对简单的民事案件,原告可以口头起诉。

当事人双方可以同时到基层人民法院或者它派出的法庭,请求解决纠纷。基层人民法院或者它派出的法庭可以当即审理,也可以另定日期审理。

【释义】　本条是关于简易程序起诉和受理的方式的规定。

简易程序在起诉和受理方式上都具有自己的特点,以体现便利当事人诉讼的原则。

一、适用简易程序的民事案件,可以采取口头方式起诉

本法第 123 条第 1 款规定："起诉应当向人民法院递交起诉状,并按照被告人数提出副本。"第 2 款规定："书写起诉状确有困难的,可以口头起诉,由人民法院记入笔录,并告知对方当事人。"因此,适用普通程序起诉时,只有在书写起诉状确有困难的情况下,才可以用口头方式起诉。适用普通程序审理的案件,是以书面起诉为原则,以口头方式为例外。而适用简易程序起诉的案件,原告可以用口头方式起诉,法律上没有附加任何条件。但是对口头起诉的案件,人民法院在审理时应当记入笔录,决定受理的,还应通知另一方当事人。

二、当事人双方可以同时到法院或者派出法庭起诉

根据本法关于一审普通程序的有关规定,原告起诉后,人民法院受理的,应当在立案之日起 5 日内将起诉状副本发送被告,被告应当在收到之日起

15 日内提出答辩状。这种方式在简易程序中可以使用,但不是必须使用。简易程序中当事人双方可以同时到基层人民法院或者它派出的法庭,请求解决纠纷。基层人民法院或者它派出的法庭可以当即审理,也可以另定日期审理。这样规定,起诉和受理非常便捷,有利于纠纷的迅速解决。当然,法院在适用简易程序审理案件时,也应当告知当事人诉讼权利和义务。

我国台湾地区"民事诉讼法"对于简易程序的起诉和受理也有简化的规定。我国台湾地区"民事诉讼法"第 429 条规定,以言词起诉者,应将笔录与言词辩论期日之通知书,一并送达于被告。就审期间,至少应有 5 日。但有急迫情形者,不在此限。第 432 条规定,当事人两造于法院通常开庭之日,得不待通知,自行到场,为诉讼之言词辩论。前项情形,其起诉应记载于言词辩论笔录,并认当事人已有第 427 条第 3 项适用简易程序之合意。

第一百六十二条 基层人民法院和它派出的法庭审理简单的民事案件,可以用简便方式传唤当事人和证人、送达诉讼文书、审理案件,但应当保障当事人陈述意见的权利。

【释义】 本条是关于简易程序可以用简便方式传唤、送达和审理案件的规定。

本条规定简易程序可以用简便方式送达诉讼文书、审理案件,并规定适用简易程序应当保障当事人陈述意见的权利,具体包含以下含义。

一、适用简易程序审理民事案件,人民法院可以用简便方式传唤当事人和证人

适用普通程序审理的案件,人民法院必须在法定期间、用法定发传票的方式传唤当事人、证人出庭。公开审理的,还应当公告当事人的姓名、案由和开庭的时间、地点。而适用简易程序审理民事案件,传唤当事人、证人到庭可以采用发传票的方式,也可以采用简便方式随时传唤。简便方式,是指可以采用电话通知、口头通知、有线广播通知(在农村)等灵活方式传唤当事人、证人。至于传唤的时间,可以根据审理案件的需要"随时"传唤,不受本法第 139 条"人民法院审理民事案件,应当在开庭三日前通知当事人和其他诉讼参与人"规定的限制。例如,在原告口头起诉后,随即用有线广播传唤被告和证人,当即审理。《最高人民法院关于适用简易程序审理民事案件的若干

规定》第6条规定,原告起诉后,人民法院可以采取捎口信、电话、传真、电子邮件等简便方式随时传唤双方当事人、证人。但是,任何方式的传唤,都应当以通知到被传唤人本人为准,未通知到本人的传唤,不能视为合法传唤。第18条规定,以捎口信、电话、传真、电子邮件等形式发送的开庭通知,未经当事人确认或者没有其他证据足以证明当事人已经收到的,人民法院不得缺席判决。

二、适用简易程序审理民事案件,人民法院可以用简便方式送达诉讼文书

适用普通程序审理的案件,人民法院必须在立案之日起5日内将起诉状副本发送被告,被告应当在收到之日起15日内提出答辩状,人民法院应当在收到答辩状之日起5日内将答辩状副本发送原告。送达方式,包括直接送达、留置送达、委托送达、邮寄送达、转交送达、电子送达等。适用简易程序审理民事案件,人民法院可以用简便方式送达诉讼文书。

三、适用简易程序审理民事案件,人民法院可以用简便方式审理案件

适用简易程序审理的案件,不受普通程序中审理程序的严格限制,可以用简便方式审理案件。一是适用普通程序的案件必须经过审理前的准备阶段,开庭3日前通知当事人和其他诉讼参与人,公开审理的,应当公告当事人姓名、案由和开庭的时间、地点;适用简易程序的案件可以随到随审,不是必须经过审理前的准备阶段,不受开庭3日前通知当事人和其他诉讼参与人的限制。二是适用普通程序审理的案件,法庭调查、法庭辩论是两个独立的阶段,每个阶段又有法定的顺序,开庭审理必须严格按照法定的阶段和顺序进行;适用简易程序的案件,审理中法庭调查、法庭辩论两大步骤不必严格划分,也不受法庭调查、法庭辩论先后顺序的限制,法官可根据案件情况,结合进行,灵活掌握审理程序。

四、适用简易程序审理民事案件,人民法院应当保障当事人陈述意见的权利

适用简易程序的案件,在程序上较普通程序简便,但在程序简便的同时,应保障当事人陈述意见的权利。简易程序虽然简易,但仍应保障当事人的诉讼权利。程序的简化不能以牺牲公正为代价,当程序以效率为唯一价值取向,以缓解法院压力而不是保护当事人的程序利益为出发点,成为一种可以

不顾及当事人意愿而强制适用的制度时,其效率价值就毫无意义。因此,简易程序相对于普通程序简易的同时,应当强调保障当事人的基本诉讼权利。当事人作为诉讼权利义务的直接主体,对争议发生的过程有着其他人无法比拟的感知,保障当事人陈述意见的权利对查明纠纷事实、明确当事人的真实意愿有着重要意义,是当事人基本诉讼权利中的重要权利。因此,本条规定简易程序简化程序的同时,还明确规定应保障当事人陈述意见的权利。

第一百六十三条　简单的民事案件由审判员一人独任审理,并不受本法第一百三十九条、第一百四十一条、第一百四十四条规定的限制。

【释义】　本条是关于简易程序审理方式的规定。

人民法院审理民事案件的组织形式,分为合议制和独任制。按照普通程序审理民事案件,一般应当采取合议制的审判方式,即由审判员和人民陪审员组成合议庭,或者由审判员组成合议庭。由于适用简易程序审理的民事案件,事实清楚、权利义务关系明确、争议不大,因此无须采用合议制,一人独任审判也可以保证审判质量。

独任审判是审判组织的简化,但也要遵守有关回避的规定。独任审判同样要告知当事人审判员、书记员等的名单,询问当事人是否提出回避申请,当事人如果提出,应按本法关于回避的有关规定办理。

简易程序相比普通程序,还可以不受本法第139条、第141条、第144条规定的限制。

本法第139条规定:"人民法院审理民事案件,应当在开庭三日前通知当事人和其他诉讼参与人。公开审理的,应当公告当事人姓名、案由和开庭的时间、地点。"适用简易程序则不受这个规定的约束。基层人民法院和它派出的法庭公开审理案件,可以采用其他方式通知,如通过有线广播通知或者让村民委员会传话等,无须发布公告。

本法第141条规定:"法庭调查按照下列顺序进行:(一)当事人陈述;(二)告知证人的权利义务,证人作证,宣读未到庭的证人证言;(三)出示书证、物证、视听资料和电子数据;(四)宣读鉴定意见;(五)宣读勘验笔录。"第144条第1款规定:"法庭辩论按照下列顺序进行:(一)原告及其诉讼代理人发言;(二)被告及其诉讼代理人答辩;(三)第三人及其诉讼代理人发言或者答辩;(四)互相辩论。"第2款规定:"法庭辩论终结,由审判长或者独任审判员按照原告、被告、第三人的先后顺序征询各方最后意见。"适用普通程序审理民事案件,案件要经过法庭准备、法庭调查、法庭辩论和宣告判决等阶段。根据本条规定,适用简易程序审民事案件,可以不受法庭调查和法庭辩论阶段的划分以及顺序的限制,人民法院可以根据实际情况,将法庭调查和法庭辩论两个阶段有机结合起来,灵活掌握审理程序。

第一百六十四条　人民法院适用简易程序审理案件,应当在立案之日起三个月内审结。有特殊情况需要延长的,经本院院长批准,可以延长一个月。

【释义】　本条是关于简易程序审理期限的规定。

本法第152条规定:"人民法院适用普通程序审理的案件,应当在立案之日起六个月内审结。有特殊情况需要延长的,经本院院长批准,可以延长六个月;还需要延长的,报请上级人民法院批准。"适用简易程序审理的案件是事实清楚、权利义务关系明确、争议不大的简单的民事案件,所以人民法院可以在较短的时间内完成审判工作。因此,本条规定适用简易程序审理案件,应当在立案之日起3个月内审结。

2021年修改民事诉讼法时,对本条作了修改,增加了延长简易程序审理期限的规定,明确了在案件审理过程中有特殊情况需要延长的,经本院院长批准,可以延长1个月。修改之后,简易程序的审理期限最长不超过4个月。对简易程序审理期限的修改,有利于进一步发挥简易程序快速高效解决纠纷的功能。在理解本条时,需要注意以下几个方面:

1. 延长审理期限的条件。延长简易程序的审理期限,需满足"有特殊情况"的前提条件。"特殊情况"是指案件审理过程中,因出现客观上无法预见或者无法避免的情形,虽然不会增加认定案件事实或者适用法律的难度,但直接导致案件难以在3个月的审限内审结,而必须延长审理期限的情况。例如,出现不可抗力事件导致法院的审理进度延误、需要等待关联案件的裁判结果等。是否延长审理期限,主要由法院来判断案件是否存在特殊情况,而无须征得当事人同意。

2. 延长审理期限的审批主体。延长审理期限涉及当事人的诉讼权益,须履行必要的审批程序。根据本条规定，延长审理期限的审批权由本院院长行使。

3. 延长审理期限的时间和次数。本条关于简易程序延长审理期限的时间和次数的规定均为刚性规定，在审判实践中不得扩张适用。根据本条规定，延长审理期限的时间为1个月，且延长审理期限后，不得再次延长，即简易程序的审理期限最长不得超过4个月。

> **第一百六十五条** 基层人民法院和它派出的法庭审理事实清楚、权利义务关系明确、争议不大的简单金钱给付民事案件，标的额为各省、自治区、直辖市上年度就业人员年平均工资百分之五十以下的，适用小额诉讼的程序审理，实行一审终审。
>
> 基层人民法院和它派出的法庭审理前款规定的民事案件，标的额超过各省、自治区、直辖市上年度就业人员年平均工资百分之五十但在二倍以下的，当事人双方也可以约定适用小额诉讼的程序。

【释义】 本条是关于小额诉讼的程序的规定。

一、小额诉讼的程序含义

小额诉讼的程序，是指基层人民法院和它派出的法庭在审理事实清楚、权利义务关系明确、争议不大的简单金钱给付民事案件时，如果案件标的额符合法律规定的小额标准，即适用最为简化的、实行一审终审的诉讼程序。

二、本法关于小额诉讼的程序规定的变化

本法对小额诉讼的程序规定经历了一些变化。2012年修改民事诉讼法时，增加规定了小额诉讼制度，2012年民事诉讼法第162条规定："基层人民法院和它派出的法庭审理符合本法第一百五十七条第一款规定的简单的民事案件，标的额为各省、自治区、直辖市上年度就业人员年平均工资百分之三十以下的，实行一审终审。"2021年修改民事诉讼法时，对上述条文作出修改，主要包括以下几个方面：一是修改了小额诉讼的程序适用案件的类型。将"基层人民法院和它派出的法庭审理符合本法第一百五十七条第一款规定的简单的民事案件（事实清楚、权利义务关系明确、争议不大的简单的民事案件)"修改为"基层人民法院和它派出的法庭审理事实清楚、权利义务关系明确、争议不大的简单金钱给付民事案件",将适用范围进一步限定为金钱给付案件。二是修改了小额诉讼的程序适用的标的额标准。将"标的额为各省、自治区、直辖市上年度就业人员年平均工资百分之三十以下"修改为"标的额为各省、自治区、直辖市上年度就业人员年平均工资百分之五十以下"。三是增加了允许当事人约定适用小额诉讼的程序的规定。增加一款规定:"基层人民法院和它派出的法庭审理前款规定的民事案件,标的额超过各省、自治区、直辖市上年度就业人员年平均工资百分之五十但在二倍以下的,当事人双方也可以约定适用小额诉讼的程序。"

三、小额诉讼的程序价值

首先,小额诉讼的程序使大众接近司法。当事人使用司法程序主张诉求时必然会考虑成本问题。因为无论审判能够如何完美地实现正义,如果付出的代价过于昂贵,人们往往也只能放弃通过审判来实现正义的希望。小额诉讼的程序最核心的价值在于简化诉讼程序、提高诉讼效率,从而使诉讼成本(包括经济成本和时间成本)与案件的复杂程度相适应,让当事人权衡诉讼的利弊后,能用司法手段争取诉求,体现"司法便民"。从各国实行小额诉讼的程序的经验来看,小额诉讼的程序具有简易、便利、快速等特征,让当事人不因复杂的程序而对诉讼避而远之。

其次,小额诉讼的程序可以合理配置司法资源。整个社会的司法资源是有限的,如何针对各类案件合理配置司法资源是在设计程序时应当考虑的问题。设计程序的通行做法是根据案件的复杂程度区分案件所适用的程序,对标的数额特别小的案件配置相对于复杂案件更少的司法资源,是小额诉讼的程序产生和发展的原因之一。通过诉讼实现权利与社会上通过交易行使权利是不同的,因为除本案原、被告外,还有很多人正在或即将通过法院解决纠纷。为此,各国民事诉讼制度中均采纳了所谓的"费用相当性原则",即根据案件金额对纠纷作出分类,分别适用繁简不同的程序,以保持案件重要性与诉讼成本基本相当。

总之,建立小额诉讼的程序是使有限司法资源效益最大化的体现,是对简易程序的创新与发展,并不是简单的程序简化,而是本着对程序正义、程序理念和程序价值的尊崇,赋予了程序更多的时代特征。

四、构建我国小额诉讼程序的指导思想

(一)明确程序定位,小额诉讼的程序应平衡公正和效率

平衡公正和效率是民事诉讼法修改的指导思想之一,构建科学的小额诉讼的程序,首先应以平衡公正与效率为原则。相比普通程序和简易程序,小额诉讼的程序更为简易、快速,如由法官独任审理、审级更少、审限更短等,体现了效率上的提高。设计小额诉讼的程序,必须在提高效率的前提下,通过各种制度兼顾公平:一是程序的简便并不代表对案件的不重视,对案件的审理仍需坚持以事实为依据、以法律为准绳。二是需在明确其程序定位的基础上,确定适合我国国情的小额诉讼的程序适用范围。三是结合我国现有的再审制度,对于符合再审条件的小额诉讼案件,可以申请再审。

(二)促进社会和谐,构建多元化的纠纷解决机制

随着我国社会经济快速发展、经济体制变革不断深化、社会利益格局不断调整,社会矛盾纠纷呈现纠纷类型多样化、利益诉求复杂化、纠纷主体多元化、矛盾交织复合化等特点,构建多元化的纠纷解决机制意义重大。目前,我国已通过民事诉讼法、人民调解法、仲裁法等法律构建起诉讼与非诉讼并存的纠纷解决机制。增加规定小额诉讼的程序,也是构建多元化纠纷解决机制的重要环节。小额诉讼的程序、简易程序和普通程序,根据案件的复杂程度,对案件繁简分流,有利于合理配置司法资源,构建诉讼中的多元化纠纷解决机制。

(三)立足我国国情,构建符合我国国情的小额诉讼的程序

法律是社会经济生活的反映,法律制度只有符合本国的政治架构、经济发展水平和历史文化背景,才能扎根于社会土壤。构建我国的小额诉讼的程序,必须坚持立足我国国情。目前,英国、美国、德国、日本、韩国等国家和我国台湾、香港地区都设立了小额诉讼的程序。构建我国的小额诉讼的程序时,不能对其他国家和地区的规定照搬照抄,必须结合我国实际情况,对我国民事审判现状进行调研和分析,在调研的基础上设计我国的小额诉讼的程序。只有坚持立足国情,才能构建符合我国国情的小额诉讼的程序。

五、我国的小额诉讼的程序

在高效快捷的审判需求和案件大量增加的大背景下,如何在保证案件公

正审判的同时，提高诉讼效率、降低诉讼成本、方便诉讼当事人，是完善我国民事诉讼审判程序时需要思考的重要问题。小额诉讼的程序具有让大众接近司法和合理配置司法资源的程序价值。建立并优化完善小额诉讼的程序，要适应经济社会发展变化的需要，凸显其程序特点和优势，进一步发挥小额诉讼的程序高效便捷、一次性终局解决纠纷的功能。

本条第1款规定，基层人民法院和它派出的法庭审理事实清楚、权利义务关系明确、争议不大的简单金钱给付民事案件，标的额为各省、自治区、直辖市上年度就业人员年平均工资50%以下的，适用小额诉讼的程序审理，实行一审终审。第2款规定，基层人民法院和它派出的法庭审理第1款规定的民事案件，标的额超过各省、自治区、直辖市上年度就业人员年平均工资50%但在2倍以下的，当事人双方也可以约定适用小额诉讼的程序。理解本条，需要注意以下方面。

1. 小额诉讼的程序只能在基层人民法院和它派出的法庭审理的民事案件中适用

小额诉讼的程序规定于简易程序一章，表明小额诉讼的程序与简易程序相同，只能在基层人民法院和它派出的法庭适用。中级以上人民法院审理的民事案件标的额较大，案情较为复杂，不能适用小额诉讼程序。

2. 小额诉讼的程序仅适用于简单金钱给付民事案件

小额诉讼的程序设置的目的，是为小额、简单的民事案件提供更方便、更快捷、更经济的诉讼程序，以小额、简单作为确定适用小额诉讼的程序的案件标准，才能真正体现小额诉讼的程序定位，发挥其程序功能。因此，小额诉讼的程序的适用范围必须是事实清楚、权利义务关系明确、争议不大的简单的民事案件。在这里，事实清楚是指当事人双方对争议的事实陈述基本一致，并能提供可靠的证据，无须法院调查收集证据即可判明事实、分清是非；权利义务关系明确，是指谁是责任的承担者，谁是权利的享有者，关系明确；争议不大是指当事人对案件的是非、责任以及诉讼标的的争执无原则性分歧。

2021年民事诉讼法修改时，将小额诉讼的程序适用的案件类型由"事实清楚、权利义务关系明确、争议不大的简单的民事案件"修改为"事实清楚、权利义务关系明确、争议不大的简单金钱给付民事案件"。"简单金钱给付民事案件"是指当事人提出的以给付金钱或者有价证券为诉讼请求，事实清楚、权利义务关系明确、争议不大、给付金额确定的民事案件。由于简单金钱给付民事案件诉讼请求单一,案件涉及的财产利益的范围也较为确定,当事人之间争议不大,因此也容易判断该案件是否满足适用小额诉讼的程序的标的额标准。简单金钱给付以外的民事案件所涉及的财产利益可能会增加程序的复杂性,比如可能会需要进行财物鉴定、评估等,如果超过了适用小额诉讼的程序的标的额标准,还需要适用简易程序其他规定或者转换成普通程序,增加了适用小额诉讼的程序的不确定性。司法实践中,小额诉讼的程序也主要集中适用于审理"小额钱债"纠纷。因此,2021年修改民事诉讼法时,将适用小额诉讼的程序的案件限定为金钱给付案件。根据本条规定,当事人除给付金钱的诉讼请求外,还提出其他诉讼请求的,原则上不得适用小额诉讼的程序。

3.适用小额诉讼的程序的标的额为各省、自治区、直辖市上年度就业人员年平均工资50%以下

如何合理确定小额诉讼的程序的标的额,是需要在立法过程中重点考虑的问题。从其他国家和地区的规定以及我国的实际来看,如果将小额诉讼的程序的标的额上限确定得过低,将导致小额诉讼案件过少,不能发挥小额诉讼的制度优势;如果将小额诉讼的程序的标的额上限确定得过高,大量一审民事案件将适用小额诉讼的程序,一方面不能达到合理配置司法资源的目的,另一方面也可能违背我国二审终审的审级制度。小额诉讼的程序的额度标准关乎老百姓对小额诉讼制度的认识、社会稳定以及纠纷的顺利解决,因此,适用小额诉讼的程序的标的额的确定应当符合社会经济发展的实际。此外,我国地域辽阔、各地发展差距较大,对于适用小额诉讼的程序的标的额不宜采"一刀切"的方式规定一个全国统一适用的绝对数,可以根据各地的经济发展水平规定一个相对的数。为此,2012年修改民事诉讼法时,将适用小额诉讼的程序的标的额确定为"各省、自治区、直辖市上年度就业人员年平均工资百分之三十以下"。

从司法实践来看,小额诉讼的程序自确立以来发挥了程序高效、便捷、低成本、一次性解决纠纷的制度优势。但是随着经济社会的发展、国民收入的提高,司法实践部门反映小额诉讼的程序的标的额上限已经略低于实践发展,导致小额诉讼案件过少,小额诉讼的程序适用率低。2019年,第十三届全国人大常委会第十五次会议作出《关于授权最高人民法院在部分地区开展民事诉讼程序繁简分流改革试点工作的决定》,授权在全国15个省(区、

市)的20个城市开展民事诉讼程序繁简分流的试点工作。在该项试点工作开展之前,小额诉讼的程序的适用率仅为5.7%。2020年1月15日,最高人民法院发布《民事诉讼程序繁简分流改革试点方案》和《民事诉讼程序繁简分流改革试点实施办法》,进一步推进案件繁简分流工作落实,该试点中一项重要内容即完善小额诉讼的程序。《最高人民法院关于民事诉讼程序繁简分流改革试点情况的中期报告》中提到,小额诉讼的程序适用率从试点前的5.7%上升至19.3%,形成常态化适用趋势;小额诉讼案件平均审理期限为27天,少于法定审限的一半,提起再审率为0.1%,再审改发率为0.01%,实现了司法质量、效率的双提升。从域外司法实践看,各国小额诉讼案件标的额总体上也都随着社会经济发展而同步提高。

在总结试点经验的基础上,2021年修改民事诉讼法时,对适用小额诉讼的程序的民事案件的标的额进行了调整,将适用小额诉讼的程序的民事案件的标的额由"各省、自治区、直辖市上年度就业人员年平均工资百分之三十以下"修改为"各省、自治区、直辖市上年度就业人员年平均工资百分之五十以下",以顺应经济社会的发展,尽可能满足低成本及便捷解决纠纷的需要。

以各省、自治区、直辖市上年度就业人员年平均工资的一定比例确定小额诉讼案件的适用标准,一方面可以与各省的经济发展情况相适应,另一方面可以根据各省、自治区、直辖市的经济发展情况进行调整。需要注意的是,该标的额是指当事人起诉时确定的诉讼请求数额,对于持续发生的违约金、利息等,应当以当事人起诉之日确定的金额总额来判断能否适用小额诉讼的程序。

4. 小额诉讼的程序实行一审终审

小额诉讼的程序快捷、简便的特点要求其适用不同于普通程序和简易程序的特殊审级制度。其他国家和地区对小额诉讼的程序的审级制度都有特殊规定。有的规定一审终审可以异议,如日本;有的规定原则上一审终审,特殊条件下可申请二审,如德国;有的规定有条件的二审终审,可以再审,如我国台湾地区。就审级制度而言,某一诉讼经过的审级越多,诉讼耗费的时间就越长,成本就越高。对于小额诉讼案件来说,其标的额本身就小,为了很小的标的额花费大量时间、精力和诉讼费用,并不利于纠纷和争议的解决,反而可能扩大矛盾,产生额外的纠纷和争议,最终可能违背小额诉讼的程序的基本特点和属性。小额诉讼涉案标的额较小,为迅速解决民事争议、减少案多人少的矛盾,没有必要再实行二审终审;同时如果小额诉讼实行二审终审,设立小额诉讼制度将很大程度上失去意义。因此,本条规定,小额诉讼实行一审终审。

5. 小额诉讼的程序的法定适用

小额诉讼的程序适用于小额且简单的金钱给付民事案件,本条第1款规定了法定适用小额诉讼的程序的条件和标准:既包含了标的额的客观标准,也包含了"事实清楚、权利义务关系明确、争议不大"的主观标准。在司法实务中,应注意避免仅考虑客观标准而忽视主观标准,不能仅以标的额大小来确定是否适用小额诉讼的程序,还应结合案件的实际情况,判断案件是否符合主观标准。如果案件不符合"事实清楚、权利义务关系明确、争议不大"这一条件,即使标的额非常小,也不应适用小额诉讼的程序。

小额诉讼的程序的法定适用条件具有强制性。因为小额诉讼的程序的适用不仅涉及当事人的利益,也涉及国家司法资源的有效使用和优化配置的问题。因此,一旦案件符合法定适用小额诉讼的程序标准,人民法院就应当依职权决定适用,当事人无权选择不适用,但可以依法提出异议。

6. 小额诉讼的程序的约定适用

对于小额诉讼的程序能否约定适用的问题,2012年的民事诉讼法没有作出规定,因此当事人无法选择适用小额诉讼的程序。2021年民事诉讼法修改时,采取了强制与自愿相结合的原则,即在一定标的额以下的案件,采取强制主义;标的金额在一定范围的案件,采取当事人双方自愿的原则。具体体现在本条第2款增加了小额诉讼的程序的约定适用,即"基层人民法院和它派出的法庭审理前款规定的民事案件,标的额超过各省、自治区、直辖市上年度就业人员年平均工资百分之五十但在二倍以下的,当事人双方也可以约定适用小额诉讼的程序"。这既赋予了当事人程序选择权,充分尊重当事人的约定,也扩大了小额诉讼的程序的适用范围。

至于当事人双方约定适用小额诉讼的程序的方式,既可以是当事人双方诉前约定适用,也可以是立案后当事人双方达成一致意见适用。人民法院也可以在开庭审理前,充分告知小额诉讼的程序实行一审终审等相关事项后,征询当事人双方的意见,当事人双方一致同意适用小额诉讼的程序审理的,可以适用。当事人双方约定适用小额诉讼的程序后,原则上不得反悔,以保证诉讼的有序性和程序的稳定性。但是,当事人认为适用小额诉讼的程序不当的,可以依法提出异议,由人民法院审查后决定是否继续适用小额诉讼的程序审理。

7. 对小额诉讼的救济

从其他国家和地区设立小额诉讼制度的规定看,很少采用一审终审而无任何救济的方式。当小额诉讼案件在法院作出裁判之后,应该给予对不公正判决予以补正的机会,但同时小额诉讼的程序大众化、成本低廉化、效率最大化的基本价值目标也应被严格遵守。本法规定小额诉讼的程序实行一审终审制,即对适用小额诉讼的程序作出的判决不服的,不允许上诉。保证小额诉讼的审判公正,应当与现有的审判监督程序挂钩。小额诉讼实行一审终审,当事人不服一审判决、裁定的,可以依法申请再审。根据本法第211条规定,当事人的申请符合下列情形之一的,人民法院应当再审:(1)有新的证据,足以推翻原判决、裁定的;(2)原判决、裁定认定的基本事实缺乏证据证明的;(3)原判决、裁定认定事实的主要证据是伪造的;(4)原判决、裁定认定事实的主要证据未经质证的;(5)对审理案件需要的主要证据,当事人因客观原因不能自行收集,书面申请人民法院调查收集,人民法院未调查收集的;(6)原判决、裁定适用法律确有错误的;(7)审判组织的组成不合法或者依法应当回避的审判人员没有回避的;(8)无诉讼行为能力人未经法定代理人代为诉讼或者应当参加诉讼的当事人,因不能归责于本人或者其诉讼代理人的事由,未参加诉讼的;(9)违反法律规定,剥夺当事人辩论权利的;(10)未经传票传唤,缺席判决的;(11)原判决、裁定遗漏或者超出诉讼请求的;(12)据以作出原判决、裁定的法律文书被撤销或者变更的;(13)审判人员审理该案件时有贪污受贿,徇私舞弊,枉法裁判行为的。适用小额诉讼的程序审结的民事案件,有上述情形的,当事人可以申请再审。

8. 简易程序其他体现简易的规定也适用于小额诉讼的程序

为体现小额诉讼的程序方便、快捷的特点,很多国家和地区对小额诉讼的具体程序设置了区别于普通程序的特殊规定。例如,美国对小额诉讼的程序设计及运作力求简易、非技术性,如对律师代理予以限制,大力简化起诉和送达的方式,允许被告不答辩,可以在周末或者夜间开庭审理,以一次开庭期日内审理完毕并结案为原则等。《德国民事诉讼法》规定对小额诉讼的程序不必拘泥于普通程序的规定,如可以采取书面审理的方式审理,但当事人明确要求开庭的需开庭,简化证据收集程序,省略判决书记载的内容等。《日本民事诉讼法》规定了小额诉讼的程序应一次审结、证据调查的范围较窄、即日宣判等。我国台湾地区"民事诉讼法"规定了小额诉讼的程序可以在夜间或休息日进行，允许选择使用表格化诉状，限制证据调查，限制诉之变更、追加与提起反诉。

小额诉讼的程序是规定在简易程序一章中的，因此，除了该章中对小额诉讼的程序相对于简易程序更为方便快捷的规定以外，该章中的一些规定，如可以口头起诉、当即审理，用简便方式传唤当事人和证人、送达诉讼文书、审理案件，由审判员一人独任审理以及不受法庭调查、法庭辩论程序的限制等在小额诉讼的程序中同样适用。

第一百六十六条　人民法院审理下列民事案件，不适用小额诉讼的程序：
（一）人身关系、财产确权案件；
（二）涉外案件；
（三）需要评估、鉴定或者对诉前评估、鉴定结果有异议的案件；
（四）一方当事人下落不明的案件；
（五）当事人提出反诉的案件；
（六）其他不宜适用小额诉讼的程序审理的案件。

【释义】　本条是关于不适用小额诉讼的程序的民事案件的规定。

本条明确了不得适用小额诉讼的程序的案件范围，为小额诉讼的程序适用设置了负面清单，避免实践中小额诉讼的程序滥用或者不当适用，推动小额诉讼案件类型与"事实清楚、权利义务关系明确、争议不大的简单金钱给付民事案件"的适用标准有效对应，从而保障当事人的诉权，统筹兼顾效率与公平。

根据本条规定，以下6种民事案件不得适用小额诉讼程序。

一、人身关系、财产确权案件

关于人身关系案件，实践中的纠纷主要有两种：一种是需要确认当事人之间是否存在父母子女、婚姻等人身关系；另一种是当事人对人身关系无争议，仅对给付赡养费、抚养费、扶养费的数额、时间、方式等存在争议。第一种情况需要确认是否存在人身关系,将此类确认人身关系的纠纷排除在小额诉讼的程序审理范围之外是世界大多数国家与地区的通行做法。人身关系涉及婚姻、家庭等,如果对此类纠纷不谨慎处理,就可能影响婚姻家庭和社会秩序的稳定。此外,小额诉讼的程序适用条件为简单金钱给付民事案件,不宜适用于确认人身关系是否存在的民事案件。第二种情况中,虽然当事人对身份关系无争议,但因为身份关系不能仅因当事人自认就予以确认,法官需要投入更多的时间、精力依职权查明身份关系的真实情况,审理程序相对复杂,一般难以快速审结,也不宜适用小额诉讼的程序审理。

财产确权类案件主要是指确认财产权属的纠纷,包括所有权确认纠纷、用益物权确认纠纷、担保物权确认纠纷、共有权确认纠纷等。这类纠纷主要是当事人对有关财产的所有权或者使用权存有较大争议,其主要特点就是权利义务关系不清晰,法官难以明确地判断出权利的享有者与义务的承担者,因此不符合"权利义务关系明确"这一要件。此外,这类案件在性质上属于确认之诉而非给付之诉,与小额诉讼的程序适用的基本标准不符。除确认财产权属以外,实践中常见的情形为确认财产价值,这类案件一般存在鉴定、评估环节,审理耗时较长,往往不能简单认定案件事实,故不宜适用小额诉讼程序审理。

二、涉外案件

所谓涉外案件,一般是指民事法律关系的主体、内容、客体三者之一含有涉外因素的民事案件。根据《最高人民法院关于适用〈中华人民共和国民事诉讼法〉的解释》第520条的规定:"有下列情形之一,人民法院可以认定为涉外民事案件:(一)当事人一方或者双方是外国人、无国籍人、外国企业或者组织的;(二)当事人一方或者双方的经常居所地在中华人民共和国领域外的;(三)标的物在中华人民共和国领域外的;(四)产生、变更或者消灭民事关系的法律事实发生在中华人民共和国领域外的;(五)可以认定为涉外民事案件的其他情形。"涉外民事纠纷在管辖、送达、答辩、调查取证、审限等方面与普通程序、简易程序有较大差别,还涉及国际协定、条约的适用与国际间的司法协助等问题,本法对涉外民事案件所适用的程序已作出特别规定,不宜适用小额诉讼的程序审理。

三、需要评估、鉴定或者对诉前评估、鉴定结果有异议的案件

需要评估、鉴定或者对诉前评估、鉴定结果有异议意味着案件的相关事实还有待查明，当事人权利义务关系的判定还需要等到评估、鉴定结果出具后才能再作划分，因此当事人之间的争议较大，案件的审理周期将会较长，也不宜适用小额诉讼的程序来审理。对于案件是否涉及评估、鉴定，实践中既可以结合原告起诉状中的事实与理由、被告的答辩意见作出判断，也可以结合案件类型进行考量，如涉及人身损害、财产损害、产品责任、医疗损害等纠纷，则一般可能涉及评估、鉴定，应当在适用小额诉讼的程序前统筹考虑。

四、一方当事人下落不明的案件

所谓一方当事人下落不明的案件，是指一方当事人离开最后居所或者住所后没有音讯，并且这种状况是持续的、不间断的民事案件。对于如何认定一方当事人"下落不明"，实践中一般由另一方当事人负举证责任，通过公安机关、居委会、村委会等出具证明等方式予以证明。下落不明的证明内容和过程较烦琐，实践中显然不可能等待当事人完成相关证明后再确定是否适用小额诉讼的程序。因此，在原告起诉时，如果通过原告提供的地址、电话、邮箱等，以及通过身份证、户口簿等上的地址无法有效联系到被告，就可以认定为一方当事人下落不明。一方当事人下落不明的案件，多数情况为单方诉讼，无法准确知悉下落不明一方当事人的意见，不宜一审终审。同时，由于一方当事人下落不明，案件一般要采用公告送达的方式，一次公告送达就需要30日，审理周期较长，而小额诉讼的程序的审理期限最多为3个月，因此不适宜采用小额诉讼的程序审理。

五、当事人提出反诉的案件

当事人提出反诉的案件，一般来说在当事人之间争议较大，法律关系相对复杂，因此不符合适用小额诉讼的程序的条件，也不宜适用小额诉讼的程序审理。

六、其他不宜适用小额诉讼的程序审理的案件

由于小额诉讼的程序并不是一个独立的程序，属于简易程序的特殊类

型,适用独任制审理,因此不得适用简易程序和独任制审理的案件,也不能适用小额诉讼的程序审理。如存在起诉时被告下落不明,发回重审,当事人一方人数众多,涉及国家利益、社会公共利益,以及法律规定应当适用特别程序、审判监督程序、督促程序和公示催告程序等情形的民事案件不能适用简易程序审理,自然也不能适用小额诉讼的程序审理。此外,本法第42条规定了不得由审判员一人独任审理的民事案件,这类案件也不得适用小额诉讼的程序审理。对于劳动关系、劳务关系纠纷,如果双方当事人就是否存在劳动关系、劳务关系存在争议,因案件已经超出一般金钱给付纠纷范畴,一般审理难度较大,审理周期也较长,也不宜适用小额诉讼的程序审理。

第一百六十七条 人民法院适用小额诉讼的程序审理案件,可以一次开庭审结并且当庭宣判。

【释义】 本条是关于小额诉讼的程序审理方式的规定。

本条对人民法院适用小额诉讼的程序审理方式作出倡导性的规定,鼓励人民法院一次开庭审结,加强当庭宣判,以促进案件高效审理。

小额诉讼具有高效、简便的特征,通过一审终审,能够快速确定当事人之间的权利义务关系,保障当事人诉讼权利及时实现,减轻当事人诉累。同时,小额诉讼能够简化诉讼流程,提高司法效率,提升审判质效。因此,小额诉讼案件的审理方式应当充分体现其高效、便捷和一次性终局解决纠纷的特征。

本条规定人民法院在适用小额诉讼的程序审理案件时"可以一次开庭审结并且当庭宣判",虽然用了"可以"的表述,但实际上在倡导小额诉讼的审理方式以"一次开庭审结并且当庭宣判"为原则。除非出现特殊情况,如需要追加当事人、更换案件承办法官、补充提交证据等确有必要再次开庭,且未因上述情况而明显增加案件的复杂程度和办理难度,一般不再二次开庭。

本条倡导人民法院在适用小额诉讼的程序审理案件时可以一次开庭审结并且当庭宣判,这实际上也对人民法院提出了较高的要求。首先,为实现小额诉讼的程序的一次开庭审结和当庭宣判,人民法院应当严格把握小额诉讼程序的适用标准,确保小额诉讼的程序适用于事实清楚、权利义务关系明确、当事人争议不大的简单金钱给付案件。在适用小额诉讼的程序之前,人民法院应当根据适用标准,对案件情况作出初步判断,综合考虑该案件是否可以在较短审理期限内一次开庭审结。审理过程中出现与适用标准不符的相关情形的,应当及时转换适用程序。其次,为实现小额诉讼的程序一次开庭和当庭宣判,人民法院还应当做好充分的庭前准备工作:向当事人告知小额诉讼案件的审判组织、审理期限、审理方式、一审终审等相关事项;开展庭前阅卷,全面了解案件情况;案件证据较多的,组织召开庭前会议和证据交换,完成举证质证;引导当事人确认案件核心要素事实和主要争点等。只有完成充分到位的庭前准备,才有可能实现小额诉讼的程序的一次开庭审结和当庭宣判,确保小额诉讼案件庭审的高效和规范。

第一百六十八条　人民法院适用小额诉讼的程序审理案件,应当在立案之日起两个月内审结。有特殊情况需要延长的,经本院院长批准,可以延长一个月。

【释义】　本条是关于小额诉讼的程序审理期限的规定。

本法第 152 条规定:"人民法院适用普通程序审理的案件,应当在立案之日起六个月内审结,有特殊情况需要延长的,经本院院长批准,可以延长六个月;还需要延长的,报请上级人民法院批准。"本法第 164 条规定:"人民法院适用简易程序审理案件,应当在立案之日起三个月内审结。有特殊情况需要延长的,经本院院长批准,可以延长一个月。"适用小额诉讼的程序的案件是标的额较小且事实清楚、权利义务关系明确、争议不大的简单金钱给付民事案件,人民法院一般可以在较短的时间内完成审判工作。因此,本条规定适用小额诉讼的程序审理案件,应当在立案之日起 2 个月内审结。有特殊情况需要延长的,经本院院长批准,可以延长 1 个月。根据本条规定,小额诉讼的程序的审理期限最长不超过 3 个月,这有利于进一步发挥小额诉讼的程序快速高效解决纠纷的功能。在理解本条时,需要注意以下几个方面:

一是延长审理期限的条件。延长小额诉讼程序的审理期限,需满足"有特殊情况"的前提条件。"特殊情况"是指案件审理过程中,出现客观上无法预见或者无法避免的情形,直接导致案件难以在法律规定的小额诉讼的程序 2 个月的审理期限内审结,从而必须延长审理期限的情况。如出现不可抗力事件导致法院的审理进度延误、需要等待关联案件的裁判结果、需追加当事人、因特殊情况需更换承办法官等。需要注意的是,这些特殊情况的出现不会增加认定案件事实或者适用法律的难度,该案件仍要符合适用小额诉讼的程序的条件。至于是否延长审理期限,主要由法院来判断案件是否存在特殊情况,而无须征得当事人同意。

二是延长审理期限的审批主体。延长审理期限涉及当事人的诉讼权益,须履行必要的审批程序。根据本条规定,延长审理期限的审批权由本院院长行使。院长应当对延长小额诉讼审理期限的事由严格把关,重点审查案件是否仍适宜适用小额诉讼的程序审理,避免延长审限的滥用和泛化。

三是延长审理期限的时间和次数。本条关于小额诉讼的程序延长审理期限的时间和次数的规定均为刚性规定,在审判实践中不得扩张适用。根据本条规定,延长审理期限的时间为 1 个月,且延长审理期限后,不得再次延长,即小额诉讼的程序的审理期限最长不得超过 3 个月。

第一百六十九条　人民法院在审理过程中,发现案件不宜适用小额诉讼的程序的,应当适用简易程序的其他规定审理或者裁定转为普通程序。

当事人认为案件适用小额诉讼的程序审理违反法律规定的,可以向人民法院提出异议。人民法院对当事人提出的异议应当审查,异议成立的,应当适用简易程序的其他规定审理或者裁定转为普通程序;异议不成立的,裁定驳回。

【释义】　本条是关于小额诉讼的程序的转换机制和当事人对适用小额诉讼的程序的异议权的规定。

一、关于小额诉讼的程序的转换机制

适用小额诉讼的程序有严格的标准和条件,并且小额诉讼一审终审的特点对当事人的诉讼权利和审级利益有重大影响,因此小额诉讼的程序适用必须合法、合理和合适,否则会对当事人的诉讼权利造成损害。完善小额诉讼的程序的转换机制,可以减少实践中小额诉讼的程序的不当适用,保障当事人的诉讼权利。本条规定了法院在审理案件的过程中,发现案件不宜适用小额诉讼的程序时,可以依职权对小额诉讼的程序进行转换,也可以根据对当事人异议的审查成立而对小额诉讼程序进行转换。转换的方式主要有两种:一种是将该案件适用简易程序的其他规定审理,另一种是裁定转为普通程序。

(一)小额诉讼的程序转换为适用简易程序的其他规定审理

小额诉讼的程序实际上属于简易程序的一种特殊类型,原则上与简易程序之间并不存在程序转换的问题,但是小额诉讼的程序与简易程序之间在适用标准、适用范围、审理期限、生效规则等方面都存在不同,因此也确实存在适用简易程序其他规定的问题。

当案件审理过程中出现不得适用小额诉讼的程序的情形,或者因案情、诉讼请求的变化等原因,案件不符合适用小额诉讼的程序条件时,如果该案件仍符合简易程序的适用条件,人民法院应当将该案件适用简易程序的其他规定审理。同时,法院应当向当事人发送书面通知,告知其案件在适用程序、审理期限、生效规则等方面的变化。

(二)小额诉讼的程序转换为普通程序

本条明确规定小额诉讼的程序可以转为普通程序。实践中,根据案件的不同情况,既可以转为普通程序独任制,也可以转为普通程序合议制。

小额诉讼的程序转为普通程序独任制,应满足以下条件:一是案件中出现增加诉讼请求、诉讼请求金额变化、需要评估鉴定、提出反诉等情形,使案件不再符合适用小额诉讼的程序条件;二是案件不符合适用简易程序的标准,或者查明事实的程序较为烦琐、审理周期较长,不宜适用简易程序;三是案件符合普通程序独任制"基本事实清楚、权利义务关系明确"的适用标准。

除了满足上述条件外,如果在案件审理过程中发现案件涉及国家利益、社会公共利益、群体性纠纷或社会影响较大等,或者存在案情疑难复杂、类型新颖等不宜适用审判员一人独任审理的情形,小额诉讼的程序应当转为普通程序合议制。

小额诉讼的程序向普通程序转换的,应当以裁定的方式作出,裁定可以采用口头或者书面的方式。小额诉讼案件转换为普通程序的,适用普通程序审理前,对于双方当事人已确认的事实,可以不再进行举证、质证;开庭后转换为普通程序的,一般应当再次开庭审理。

二、当事人对适用小额诉讼的程序的异议权

赋予当事人对适用小额诉讼的程序的异议权,有助于保障当事人的诉讼权利,监督法院正确适用小额诉讼的程序。但是当事人异议权的行使应当符合法律规定,不得滥用权利干扰审判工作的正常进行。当事人认为案件适用

小额诉讼的程序审理违反法律规定而向法院提出异议时,应当注意以下几点:

一是关于异议的事由。本条第 2 款明确了异议的事由为"案件适用小额诉讼的程序审理违反法律规定"。根据小额诉讼的程序的有关规定,案件适用小额诉讼的程序审理违反法律规定主要有以下 3 种情形:(1)案件不符合适用小额诉讼的程序的主客观标准,即不符合"事实清楚、权利义务关系明确、争议不大"的标准或者适用小额诉讼的标的额标准。(2)案件并非"金钱给付"案件或者属于不得适用小额诉讼的程序的情形。(3)案件属于不得适用独任制审理的情形。

二是关于提出异议的时间。当事人的异议对案件审理的后续进程有着重大影响。为保障程序的稳定性和有序性,促使当事人及时合法行使权利,根据有关司法解释规定,当事人对按照小额诉讼的程序审理有异议的,应当在开庭前提出。

三是关于对异议的处理。对于当事人提出的异议,人民法院应当审查。人民法院经审查,认为异议成立的,应当适用简易程序的其他规定审理或者裁定转为普通程序;认为异议不成立的,裁定驳回。裁定以口头方式作出的,应当记入笔录。此类裁定属于不可上诉的裁定,一经作出即产生法律效力。

第一百七十条　人民法院在审理过程中,发现案件不宜适用简易程序的,裁定转为普通程序。

【释义】　本条是关于简易程序转为普通程序的规定。

人民法院依据本法第 160 条的规定确定案件适用简易程序后,在审理过程中,发现案件不宜适用简易程序的,可以裁定转为普通程序。《最高人民法院关于适用简易程序审理民事案件的若干规定》第 3 条规定:"当事人就适用简易程序提出异议,人民法院认为异议成立的,或者人民法院在审理过程中发现不宜适用简易程序的,应当将案件转入普通程序审理。"第 26 条规定:"审判人员在审理过程中发现案情复杂需要转为普通程序的,应当在审限届满前及时作出决定,并书面通知当事人。"司法实践中,简易程序转为普通程序主要有以下几种情况:一是当事人改变或增加诉讼请求,导致案情复杂化;二是因当事人依法申请人民法院调取证据、申请证人出庭等原因致使案件在规定的简易程序审限内难以审结;三是无法直接或者留置送达应诉通知书,需公告送达;四是虽然案件较为简单,标的额不大,但代表一类案件,可能影响大量相同或类似案件审理;五是虽然案件较为简单,但关系到基本的生产生活,可能引发群体性事件。由于适用简易程序的民事案件在审判过程中,可能情况发生变化导致案情复杂,或者存在人民法院在审理过程中发现原来认为案情简单的案件实际案情复杂的情况,因此,2012 年修改民事诉讼法时增加本条规定,明确人民法院在审理过程中,发现案件不宜适用简易程序的,裁定转为普通程序。

其他国家和地区的立法例对简易程序向普通程序的转换也有规定。如《日本民事诉讼法》规定,在依简易程序审理案件的过程中若被告提出的反诉属于地方法院管辖,则经对方当事人申请,简易法院应当以裁定将本诉和反诉移送给地方法院。我国台湾地区"民事诉讼法"规定,依简易程序审理案件的过程中,因当事人为诉之变更、追加及提起反诉而致使诉之全部或一部分不属于简易程序的范围的,除当事人合意继续适用简易程序外,法院应以裁定改用通常诉讼程序。同时赋予法官在案情繁杂时将简易程序改为通常诉讼程序的自由裁量权。我国台湾地区"民事诉讼法"第 427 条中规定,本条第 2 项之诉讼,案情繁杂或其诉讼标的金额或价额逾第 1 项所定额数 10 倍以上者,法院得依当事人申请,以裁定改用通常诉讼程序,并由原法官继续审理。前项裁定,不得声明不服。

第十四章　第二审程序

本章共 13 条,对第二审程序的有关问题作了规定。

第二审程序,是指上级人民法院根据当事人的上诉,对下级第一审人民法院未发生法律效力的民事判决、裁定进行审理的程序。第二审程序是因当事人提起上诉引起的,因此可以称为上诉审程序。我国民事案件的审理采取两审终审制,因此,第二审程序又可称为终审程序。

第二审程序从当事人提起上诉开始。上诉是指当事人不服第一审人民法院对民事案件的判决、裁定而请求上级人民法院对第一审判决、裁定的合法性进行审查,并要求撤销或者改变原判决、裁定的诉讼行为。

当事人提起上诉是基于其享有的上诉权。所谓上诉权,就是法律赋予当事人的可以提起上诉的诉讼权利。法律赋予当事人上诉权的目的与规定上诉审的目的是一致的,就是使第一审人民法院对民事案件的错误判决、裁定能够得到及时有效的纠正,保证当事人的合法权益不因第一审的错误裁判而丧失。

上诉和起诉虽然都是通过人民法院的审理保护当事人合法权益不受侵犯,但起诉是要求人民法院解决民事争议,而上诉则不仅要求解决民事争议,而且要求上级人民法院对原审人民法院的错误裁判予以撤销或者改变。

上诉必须是当事人对第一审的未生效判决、裁定不服而提起的,对已生效的判决、裁定只能申请再审。

上诉审理的并不是新的民事诉讼法律关系,而只是对同一诉讼法律关系的继续审理。第一审人民法院审查原告与被告双方的民事争议、事实与根据,第二审人民法院也审查双方当事人的民事争议,并对当事人在第二审程序中提出的新的或者补充的事实、理由和证据进行审查;但同时第二审人民法院也对第一审判决、裁定所根据的事实、理由、证据进行审查。第二审程序与第一审程序是两个不同审级的程序。具体说来:一是程序开始的原因不同。第一审程序因原告起诉而开始,第二审程序则因一审当事人上诉而开始。二是审理的内容不同。第一审人民法院是就原告的诉讼请求,对当事人之间的民事纠纷进行全面审理,并对他们之间的权利义务关系作出处理;第二审人民法院主要是对上诉请求的有关事实和适用法律进行审查,就上诉请求所涉及的权利义务关系作出处理,同时也是纠正第一审判决、裁定中的错误。三是适用的程序有所不同。简易程序不适用于第二审案件的审理;第二审可以不开庭的程序也不适用于第一审程序的审理。四是判决、裁定的生效不同。第一审判决、裁定在当事人提起上诉的情况下处于不确定状态,暂不生效;第二审判决、裁定一经宣告立即生效。第二审程序虽然与第一审程序有上述不同之处,但两个程序之间有密切的联系。第二审人民法院审理上诉案件,是在第一审的基础上进行的,是第一审程序的继续,即对同一民事案件继续进行审理。

应当明确,第二审程序并不是每个一审案件的必经程序。第一审经调解解决的案件,当事人对第一审判决、裁定在上诉期限内没有提起上诉的案件,都无须经过第二审程序。此外,依照法律规定实行一审终审的案件也不发生第二审程序。

我国实行两审终审制。综观世界各国民事案件的审级制度,都是依其本国的具体情况、司法制度的传统而制定的,我国的审级制度是依照我国民事审判工作实践而确定的。外国关于民事诉讼上诉审程序的立法,有三级三审、四级三审等不同的审级制度,我们不能以审级之多寡判定诉讼制度之优劣,关键在于是否能够切实保障当事人的权益。我国规定了两审终审制,其目的就是通过第二审程序纠正第一审判决、裁定的错误,保证人民法院裁判的正确、合法,保护公民、法人或者其他组织的合法权益。从当事人方面来讲,设立第二审程序,就是为了保障当事人充分行使诉讼权利,以维护自己的合法权益。同时,规定第二审程序也便于上级人民法院监督和指导下级人民法院的审判工作,提高办案水平和办案效率,保证人民法院正确行使审判权。

第一百七十一条 当事人不服地方人民法院第一审判决的,有权在判决书送达之日起十五日内向上一级人民法院提起上诉。

当事人不服地方人民法院第一审裁定的,有权在裁定书送达之日起十日内向上一级人民法院提起上诉。

【释义】 本条是关于提起上诉的规定。

本条中提起上诉的当事人应是符合法定条件、享有上诉权的人。那么，什么人享有上诉权、可以提起上诉呢？

第一审程序中的原告和被告，在民事诉讼中具有实体权利义务，享有上诉权，可以提起上诉。有权提起上诉的公民如果死亡，其继承人可以提起上诉。有权提起上诉的法人或者其他组织终止，承受其权利的法人或者其他组织可以提起上诉。

有独立请求权的第三人在一审中相当于原告的地位，具有实体权利义务，因此可以提起上诉。无独立请求权的第三人既非原告，也非被告，只是因为原告与被告之间的诉讼涉及其利益才参加到诉讼中辅助当事人一方进行诉讼，不享有独立的上诉权。但是，如果一审法院判决其承担实体权利义务，即享有上诉权。

第一审程序中的共同诉讼人享有上诉权。共同诉讼人分为两类。第一类是有共同权利或者共同义务的，即必要的共同诉讼人。如果其中一人提起上诉，其上诉效力及于其他共同诉讼人，即应视为全体共同诉讼人行使上诉权。如果其中有的共同诉讼人声明不上诉，上诉审人民法院应作具体分析，认为上诉案件能成为可分之诉的，对声明不上诉的共同诉讼人可以不列为上诉人；认为上诉案件不能成为可分之诉的，其他共同诉讼人都应列为上诉人。第二类是没有共同权利义务的，即普通的共同诉讼人。他们是因为所诉标的为同一种类由法院合并审理而成为共同诉讼人的。他们各自享有上诉权，可以独立提起上诉。一个人上诉不对其他人产生上诉效力，只对该提起上诉的人有效。

作为第二审程序中的被上诉人也需要符合一定的条件。在第一审程序中作为上诉人相对方的当事人，或者与其争诉的第三人都可作为被上诉人。换句话说，上诉人在第二审程序中的相对方即为被上诉人，具体为第一审程序中的相对一方当事人，或者与之争诉的第三人（不具实体权利义务的除外）。第三人提起上诉的，一审中的原、被告双方均为被上诉人。

共同诉讼人作为被上诉人，也分为两种情况：一种情况是共同诉讼人有共同权利义务的，即共同诉讼人为必要的共同诉讼人。当对方当事人提起上诉时，则必要的共同诉讼人都是被上诉人。另一种情况是共同诉讼人没有共同权利义务的，即共同诉讼人为普通的共同诉讼人。当对方当事人提起上诉时,普通的共同诉讼人是否作为被上诉人,取决于对方当事人是否将其列为被上诉人,他们不是自然成为共同被上诉人。

享有上诉权的人,一般都能自己提起上诉,但有时享有上诉权的人没有诉讼行为能力,这时应由其法定代理人代为提起上诉或者指定代理人提起上诉。

如果上诉人为法人或者其他组织,则由其法定代表人或者主要负责人提起上诉。同样,作为被上诉人的法人或者其他组织,也应由其法定代表人或者主要负责人应诉。

被委托的诉讼代理人必须经过被代理人的特别授权,才能以被代理人的名义提起上诉。因此,诉讼代理人不得擅作主张提起上诉,如果擅作主张提起上诉,其上诉行为属无效行为,不产生上诉的法律效果。

根据本条规定,对判决提起上诉的期限为 15 日,对裁定提起上诉的期限为 10 日。

上诉期的确定基于两点考虑:其一,确保当事人诉权的行使,使其有充分的时间考虑提起上诉,其目的是确保实体权利。其二,要有利于维护社会经济秩序,尽早确定当事人之间的民事法律关系。

规定对判决的上诉期限为 15 天,比对裁定的上诉期限长,这是因为判决解决的是民事案件的实体性问题,关系到当事人双方的权利义务,影响较大;规定对裁定的上诉期限为 10 天,比对判决的上诉期限短,这是因为裁定解决的是程序性问题,不涉及当事人双方实体权利义务,影响较小。

当事人在法定期限内未提起上诉,判决和裁定即发生法律效力。当事人如果认为生效的判决或者裁定有错误就只能申请再审。当事人如果在法定期限内提起上诉,则必然引起第二审程序。因此,如何确定法定期限,如何进行计算,虽是技术问题,但十分重要,因为时间差一点儿,权利便可能会丧失。对判决、裁定不服的,上诉期限从送达之日起计算。

需要明确的是,上诉期限应在每个有上诉权的诉讼参加人各自收到判决书、裁定书后分别计算,任何一方均可在自己的上诉期内上诉,只有在所有有上诉权的诉讼参加人的上诉期限都届满而没有人提起上诉的情况下,判决和裁定才发生法律效力。因此,在其他有上诉权的诉讼参加人的上诉期限未满之时,一方诉讼参加人的上诉期限虽已满,但判决、裁定对其亦不生效。

在共同诉讼中,有两种情况:其一,在必要的共同诉讼中以最后一个共同诉讼人的上诉期限为全体共同诉讼人的上诉期限。其二,普通的共同诉讼中共同诉讼人的上诉期,以各自的起算日期计算。谁超过上诉期限便丧失上诉权,一审判决、裁定对其即发生法律效力,其他共同诉讼人上诉以后,二审法院的判决、裁定对其不发生效力。

提起上诉的还必须是可以提起上诉的判决和裁定。根据本法规定,可以上诉的判决为地方各级人民法院适用普通程序和简易程序审理的未超过上诉期限的第一审判决。最高人民法院作出的判决是终审判决,一经宣告即发生法律效力,不能上诉。第二审人民法院作出的判决,一经宣告即发生法律效力,也不能上诉。实行一审终审的案件作出的判决也无法上诉,如适用小额诉讼的程序审理的案件作出的判决、适用特别程序审理的案件作出的判决等。根据本法第157条规定,对人民法院作出的不予受理裁定、人民法院对管辖权异议作出的裁定、人民法院作出的驳回起诉的裁定,可以提起上诉。对这些裁定可以在上诉期内提起上诉,超过法定期限当事人未提出上诉,又没有延长期限的正当理由的,裁定即发生法律效力,当事人不得提起上诉。最高人民法院作出的裁定是具有法律效力的裁定,不能上诉。第二审人民法院对提起上诉的裁定作出的裁定是终审裁定,一经宣告,即发生法律效力,也无法上诉。

第一百七十二条　上诉应当递交上诉状。上诉状的内容,应当包括当事人的姓名,法人的名称及其法定代表人的姓名或者其他组织的名称及其主要负责人的姓名;原审人民法院名称、案件的编号和案由;上诉的请求和理由。

【释义】　本条是关于递交上诉状及上诉状内容的规定。

不服第一审人民法院的判决或者裁定,向上级人民法院提起上诉,应当提出上诉状。上诉状是上诉人不服第一审人民法院的裁判,请求上一级人民法院撤销或者变更原审人民法院裁判的诉讼文书。

上诉状与起诉状虽然同样都是引起人民法院审理程序的诉讼文书,但两者是不同的,起诉状要求人民法院对民事争议进行处理,维护自己的合法民事权益。上诉状的提起,固然也是从维护自身权益角度出发的,但其是通过要求上级人民法院撤销或者改变原审人民法院的判决、裁定来达到维护其权益的目的。

上诉状的内容包括以下各项:(1)上诉人、被上诉人的姓名,法人的名称及其法定代表人的姓名或者其他组织的名称及其主要负责人的姓名。(2)原审人民法院名称、案件的编号和案由。(3)上诉的请求和理由。此项为上诉状中的主要内容。上诉的请求是上诉人所要达到的目的,是要求上级人民法院撤销或者改变原裁判,从而维护自己的合法权益。同时,上诉状中应将理由叙述清楚,是认为认定事实不清还是适用法律不当,抑或两者兼有。此外,还可以提出在第一审程序中未提供的事实、理由和证据。

上诉人要提出上诉必须提出上诉状,不能口头提出。这与起诉不同,起诉可以口头提出。当事人在一审法院宣告判决、裁定时,当庭表示不服要上诉的,法庭应记入法庭笔录,承认其上诉的意思表示,但不能以此代替上诉状的提出,当事人仍应在法定上诉期内向人民法院提出上诉状,这样才能引起上诉审程序。即使当事人当庭声明不上诉,在法定上诉期内仍然有上诉权。

第一百七十三条 上诉状应当通过原审人民法院提出,并按照对方当事人或者代表人的人数提出副本。

当事人直接向第二审人民法院上诉的,第二审人民法院应当在五日内将上诉状移交原审人民法院。

【释义】 本条是关于上诉状提出方式的规定。

本条规定了两种上诉方式。一种方式是通过原审人民法院提出。由原审人民法院通知被上诉人应诉比较方便,而且,要经原审人民法院上报原审案件的卷宗。同时,原审人民法院也方便审查上诉人提出上诉状是否超过了法定上诉期限,上诉状的内容是否欠缺,如果欠缺则通知上诉人及时补正。同时亦可对上诉人提出的上诉理由提出意见附卷报送,供第二审人民法院在审理时参考。因此,这样规定便于当事人行使上诉权,也便于案件得到及时解决。这是提起上诉的主要方式。

另一种方式是直接向第二审人民法院上诉,这是给上诉人提供的又一选择方式。当事人如果心存疑虑或者有其他原因不愿将上诉状提交第一审人民法院,可以直接向第二审人民法院提交。这是从保护当事人的上诉权角度作出的例外规定。第二审人民法院接到上诉状后,应于5日内将上诉状移交原审人民法院,因为原审人民法院还要进行审查上诉人是否超过法定上诉期限,上诉状的内容是否欠缺,给被上诉人送达副本等工作。

2023年民事诉讼法修改过程中,修正草案曾规定,上诉状可以向第二审人民法院直接提出,也可以通过原审人民法院提出。当事人上诉的,应当按照对方当事人或者代表人的人数提出副本。在修正草案征求意见的过程中,不少意见提出,规定当事人可以向第二审人民法院直接提交上诉状,第二审人民法院无须再将上诉状移交原审人民法院,在电子卷宗尚未全面施行的情况下,并不能真正提升送达效率,还可能产生原审人民法院和第二审人民法院因沟通不畅而影响送达效率的问题,损害当事人的诉讼权利,建议维持上诉状应当通过原审人民法院提出的规定。经研究,最终采纳了上述意见,对本条未作修改。

第一百七十四条 原审人民法院收到上诉状,应当在五日内将上诉状副本送达对方当事人,对方当事人在收到之日起十五日内提出答辩状。人民法院应当在收到答辩状之日起五日内将副本送达上诉人。对方当事人不提出答辩状的,不影响人民法院审理。

原审人民法院收到上诉状、答辩状,应当在五日内连同全部案卷和证据,报送第二审人民法院。

【释义】 本条是关于受理上诉的规定。

原审人民法院收到上诉人直接提交的或者由上级人民法院移交的上诉状后,应当在5日内将副本送达被上诉人,这是原审人民法院的义务。原审人民法院在接到上诉状后,首先要对上诉状的内容进行审查,如发现上诉状内容不符合本法第172条的有关规定、存在欠缺,人民法院应限定期限,通知上诉人补正,上诉人逾期不补正的,应当裁定驳回上诉;上诉人在限定期限内补正交到法院的,该5日从此起算。人民法院将副本送达被上诉人后,被上诉人应于15日内提交答辩状。如果提出答辩状,人民法院应当在收到答辩状之日起5日内,将副本送达上诉人。被上诉人提出答辩状为诉讼权利,如果不愿提出,也是可以的,并不影响将来口头答辩或者以后再提交书面材料。15日的规定是指如果被上诉人愿意提出答辩状,应在15日内提出,15日内不提出,原审人民法院就不再等待答辩状的提交,而直接将案卷材料报送第二审人民法院。

原审人民法院在收到上诉状、答辩状以后,或者超过答辩期限被上诉人未提交答辩状的,均应连同原审的全部案卷和证据在 5 日内报送第二审人民法院。

第二审人民法院收到原审人民法院报送的材料后,便开始审理活动。

第一百七十五条　第二审人民法院应当对上诉请求的有关事实和适用法律进行审查。

【释义】　本条是关于审查范围的规定。

第二审人民法院审理上诉案件,应当对上诉请求的有关事实和适用法律进行审查。这一规定要求,第二审人民法院在审理上诉案件时应当对以下两个方面进行审查:第一,上诉请求涉及的有关事实,即针对上诉人提出的原判决、裁定中需要撤销或者变更的部分,以及其主张的民事权利有无事实根据进行审查。如果上诉请求涉及整个案件事实的认定,即应当全面审查第一审人民法院对案件的全部事实是否查明、证据是否充分、是非是否分清。当事人在二审中提出了新的事实和证据的,第二审人民法院应当一并审查核实。第二,对当事人提出的上诉请求中涉及的一审判决、裁定的内容在适用法律上是否正确进行审查。如果上诉请求涉及一审判决、裁定的所有内容,则对一审判决、裁定所有适用法律的事项都要进行审查。

按照本条的规定,二审的审查限于当事人上诉请求的范围,不一般性地作全面审查,这与 1982 年民事诉讼法(试行)规定的全面审查原则有很大差别。1982 年民事诉讼法(试行)第 149 条规定:"第二审人民法院必须全面审查第一审人民法院认定的事实和适用的法律,不受上诉范围的限制。"这里涉及一个非常重要的问题,即如何确定二审的审理范围。简单地说,就是第二审人民法院应当对哪些事项进行审理并作出裁判,其核心的问题是第二审人民法院是否应当对当事人上诉请求以外的事实认定和法律适用进行审查。这个问题涉及当事人对其民事权利的处分权和保证法律贯彻执行两个方面。

当事人有对其民事权利的处分权。当事人没有提起上诉的事项,表明当事人对其没有争议,或者原来虽有争议,但当事人对于一审所作裁判不再有争议。既无争议,当然也就没有纠纷,法院也就没有必要审理。当事人对其没有争议,表明当事人接受一审的裁判结果,虽然有些事项对其不利,或者损害其利益,但当事人放弃了其权利,或者说当事人处分了其权利,法院就应当尊重当事人的处分权,也就没有必要对这部分事项的事实认定和法律适用问题进行审查。

另外,确保法律原则得到贯彻落实是法院的职责,第二审程序就是要纠正第一审程序的裁判的错误。第一审裁判既然存在认定事实、适用法律上的错误,就破坏了法律原则的贯彻落实,损害了司法的权威性和严肃性。如果第二审程序不加以纠正,法律设立第二审程序的目的就会落空,第二审程序纠正第一审错误的功能设置就无法实现。从这一点上讲,似乎第二审程序对上诉案件的审查就不应限于当事人提出上诉的部分,无论当事人是否提出请求,对第一审裁判中存在的错误均必须予以纠正。

上述两个方面都有道理,但各自的结论不同。在法律上确定第二审程序审理的范围又必须确定一个基本原则,即是限于对上诉请求的事项进行审查还是对第一审全面审查,必须选择其一。从世界各国(地区)的民事诉讼制度规定和实践来看,绝大多数国家(地区)选择审理范围限于当事人上诉请求的范围,原则上只对上诉请求事项的事实认定和法律适用问题进行审理。但也有少数国家规定,第二审程序可以不受当事人诉讼请求范围的限制,对第一审裁判认定的事实和适用的法律作全面审查。可见,对这一问题的认识并不统一。多数国家(地区)在这个问题上的认识是基本一致的,即更多地考虑尊重当事人对其民事权利的处分权。

但是,问题并不是这么简单。我国1982年民事诉讼法(试行)对第二审程序规定了全面审查的原则,也属于上述"少数国家"之列,但不能说这样规定是不尊重当事人对其民事权利的处分权。任何一个国家都是根据其本国的国情和实际情况,从实际出发制定法律的。我国制定民事诉讼法(试行)是在改革开放初期,当时法制不健全,法治意识也很薄弱,律师很少,老百姓不了解诉讼程序,更不懂上诉,当然也就不懂得如何提出上诉请求。如果当时规定第二审程序只限于审查当事人上诉请求的事项,就会因为老百姓不懂法而在实际上损害其民事权利,更谈不上尊重当事人处分权的问题。因此,当时规定全面审查的原则,恰恰是尊重当事人的权利,是为了充分保护当事人的民事权利,是正确的。1982年民事诉讼法(试行)实施以后,随着改革开放的深入和经济的飞速发展,我国普法教育不断深入,律师队伍也不断壮大,法治环境有了很大改变,法制日益健全,老百姓法律意识也不断增强。1991

年民事诉讼法修改时,根据变化了的情况,对第二审程序的案件审查范围规定了与多数国家(地区)一致的原则。从多年来的实践来看,1991年修改民事诉讼法时采取限于对当事人上诉请求事项的事实认定和法律适用进行审查的原则,是适当的。

但是,本条规定的第二审程序限于对诉讼请求事项进行审查的原则在解释和适用上都不能绝对化。当事人的处分权要得到充分的尊重,同时,也要保证法律原则的贯彻执行,纠正违法行为。两者都不可偏废,必须进行综合平衡,以求最大限度地尊重当事人的权利,最大限度地保障法律的正确实施,维护社会公共秩序和整体利益。在域外,这一审查原则也不是绝对的。如《德国民事诉讼法》第522条规定:"(1)上诉法院应当依职权审查上诉本身是否被容许以及是否以法定形式在法定期间内提起。欠缺此类要件时,以上诉不合法为由予以驳回。可以裁定形式进行裁判。针对裁定可以提起法律抗告。(2)当上诉法院一致确信存在下列情形时,应当毫不迟延地裁定驳回控诉:①上诉明显毫无胜诉前景;②案件不具有原则性意义;③法律的续造或为保证裁判的统一无需上诉法院进行裁判,而且;④不要求进行言辞辩论。上诉法院或审判长应当事先提示当事人上诉将被驳回以及驳回的理由,并给予上诉人在指定的期间内发表意见的机会。根据第一句作出的裁定应当说明理由,但根据第二句作出的提示中已经包含驳回理由的除外。除此之外,可声明不服的裁定还应当援引被声明不服的判决中的事实确认,并说明可能的变更或补充。(3)针对根据第二款第一句作出的裁定,上诉人可以提起在以判决形式作出裁判时所允许提起的上诉。"根据上述规定,对于当事人上诉请求以外的事项,除上诉的合法性要件以外,第二审法院原则上不予审查。换句话说,第二审法院并非绝对不审理上诉请求以外的事项,但审理的上诉请求以外的事项仅限于上诉是否合法的问题。我国台湾地区有类似规定。我国台湾地区"民事诉讼法"第442条规定,提起上诉,如逾上诉期间或系对于不得上诉之判决而上诉者,原第一审法院应以裁定驳回之。上诉不合程序或有其他不合法之情形而可以补正者,原第一审法院应定期间命其补正,如不于期间内补正,应以裁定驳回之。上诉状未具上诉理由者,不适用前项之规定。第444条规定,上诉不合法者,第二审法院应以裁定驳回之。但其情形可以补正者,审判长应定期间先命补正。上诉不合法之情形,已经原第一审法院定期间命其补正而未补正者,得不行前项但书之程序。因此,对于上诉请求以外的事项,第二审法院原则上是不予审理的,但是对于上诉是否合法的问题,法院有审查权。这是因为上诉是否合法的问题,关系到上诉是否成立和第二审程序是否启动。

如果一审案件中存在当事人违法或者法官违法的问题,第二审人民法院应当依法进行判断以确定审查的范围。法律尊重当事人的处分权,但要看当事人处分的是不是他可以处分的权利。如果当事人或者一审的裁判行为既损害了另一方当事人的利益,同时又损害了国家利益、社会公共利益,即使受损害的当事人在上诉请求中不主张权利,第二审人民法院也应当纠正。比如,我国民法典第 132 条规定,民事主体不得滥用民事权利损害国家利益、社会公共利益或者他人合法权益。第 154 条规定,行为人与相对人恶意串通,损害他人合法权益的民事法律行为无效。当事人恶意串通损害他人合法权益的合同纠纷中,当事人对有些事项在上诉请求中虽未涉及,但第二审人民法院也不能以"不告不理"为由不予审查。因为这些上诉请求未涉及事项虽然有些可以认定为当事人放弃权利,但是这些事项损害了国家利益、社会公共利益或者他人合法权益,这是当事人无法处分的。第二审人民法院应当进行审查。

同时,也要防止另一种倾向。这就是在实践中存在的有的第二审人民法院对上诉案件不管上诉请求是否涉及都进行全面审查的情况。法律规定的第二审程序的"不告不理"原则,应当得到正确执行。我们传统上坚持"有错必纠",实行职权主义诉讼模式,实行全面审理的原则,倾向于进行全面审查是有原因的。但是,将本条规定的审查原则绝对化是错误的,不管上诉请求是否涉及都进行全面审查同样也是错误的。我们既要纠正那些法律严格禁止、损害国家和社会公共利益的行为,同时也要充分尊重当事人对民事权利的处分权。这就要求我们准确地掌握法律规定的原则精神,严格依法办事。

第一百七十六条 第二审人民法院对上诉案件应当开庭审理。经过阅卷、调查和询问当事人,对没有提出新的事实、证据或者理由,人民法院认为不需要开庭审理的,可以不开庭审理。

第二审人民法院审理上诉案件,可以在本院进行,也可以到案件发生地或者原审人民法院所在地进行。

【释义】 本条是关于二审可以不开庭审理的情况及二审审理地点的规定。

第二审人民法院接到上诉状及案卷材料后，应立即开始对上诉案件进行审查。首先，应当审查上诉人、被上诉人是否符合法定条件，是不是在法定上诉期内提起的上诉，上诉状的内容是否符合法律规定。对于无上诉权的人提起的上诉，作出裁定予以驳回；对于不符合条件的被上诉人通知更换；对于上诉状内容欠缺的，通知补正；对于超过法定上诉期而原审人民法院直接送第二审人民法院的，应当裁定驳回上诉。在对上诉行为审查之后，应立即审阅案卷材料，熟悉案情，必要时可作调查。其目的是看案情是否清楚，一审判决或者裁定是否有错误，上诉人的请求及理由是什么。

第二审人民法院对上诉案件原则上应当开庭审理。根据本条规定，无论第二审案件审判组织形式采取合议制还是独任制，原则上均应当开庭审理。坚持以开庭审理为基本原则，有利于充分保障当事人举证、质证、陈述、辩论等诉讼权利，增强二审裁判结果的公正性和权威性。特别是对二审独任制案件而言，审判组织的形式已经予以简化，为确保案件质量，保障当事人的诉讼权益，不宜再简化审理方式和程序，应当更加强调通过开庭方式审理。

人民法院经过审查案卷、调查、询问当事人，对于没有提出新的事实、证据或者理由的案件，如果认为案件事实清楚，上诉人的请求和理由明确，上诉人与被上诉人双方提出的事实和证据基本一致，纠纷比较清楚，也可以不开庭审理而径行判决。但如果案情比较复杂，双方争执不一，事实不清楚，或者当事人又有新的事实、证据或者理由提出，则应当开庭审理。不开庭审理是第二审案件审理中的例外情况，实践中应当严格把握适用条件。第二审人民法院对上诉案件，决定不开庭审理的，须以当事人没有提出新的事实、证据或者理由为前提，在此前提下，经过阅卷、调查和询问当事人，认为不需要开庭审理的，才可以不开庭审理，这两个条件缺一不可。如果当事人上诉时提出了新的事实、证据或者理由，则第二审人民法院必须开庭审理，以体现对当事人诉讼权利和实体权利的保护。具体而言：第一，上诉人须没有提出新的事实、证据或者理由。这在一定程度上说明，作为上诉案件基础的第一审判决在事实和证据的认定上被双方当事人认可，上诉人和被上诉人提出的事实和证据与第一审基本一致，可以不用再次经举证、质证等开庭审理步骤，因此可以考虑不开庭审理。第二，必须完成阅卷、调查和询问当事人三个步骤。"阅卷"主要是指全面查阅案件卷宗;"调查"主要是指通过调取、审查、询问、走访等方式,查实案件的证据和事实;"询问当事人"主要是指与当事人见面,听取其陈述、答辩、举证、质证、辩论意见,形式较开庭更为灵活。本条对以上3种方式的表述,采取的是并列式,因此如果要对第二审案件不开庭审理,需要完整完成以上三个步骤。

第二审人民法院在做好准备工作之后,如果决定开庭审理,则应当确定开庭的地点。第二审人民法院审理上诉案件,可以在本院进行,也可以到案件发生地或者原审人民法院所在地进行。这些做法的目的是方便当事人参加诉讼及方便人民法院审理案件,提高办案效率,维护当事人的合法权益。

第一百七十七条 第二审人民法院对上诉案件,经过审理,按照下列情形,分别处理:

(一)原判决、裁定认定事实清楚,适用法律正确的,以判决、裁定方式驳回上诉,维持原判决、裁定;

(二)原判决、裁定认定事实错误或者适用法律错误的,以判决、裁定方式依法改判、撤销或者变更;

(三)原判决认定基本事实不清的,裁定撤销原判决,发回原审人民法院重审,或者查清事实后改判;

(四)原判决遗漏当事人或者违法缺席判决等严重违反法定程序的,裁定撤销原判决,发回原审人民法院重审。

原审人民法院对发回重审的案件作出判决后,当事人提起上诉的,第二审人民法院不得再次发回重审。

【释义】 本条是关于对上诉案件进行判决、裁定的规定。

理解本条,应注意以下几点:

一是为了使人民法院在处理原判决、裁定时有法可依,本条对第二审人民法院经过审理,对原判决、裁定如何处理,分别作了规定。

二是本条以减少第二审人民法院将案件发回原审人民法院重审为原则进行规定。过多地将案件发回原审人民法院重审,既增加了当事人的诉讼成本,又影响了审判效率。在第二审人民法院能查清事实改判的情况下,由第二审人民法院直接查清事实后改判;在基本事实不清,第二审人民法院查清事实又有困难,发回原审人民法院查清更有利的情况下,才发回原审人民法院重审。因此,本条对事实错误区分了情况进行规定,如果原判决、裁定认定事实错误或者适用法律错误,以判决、裁定方式依法改判、撤销或者变更;如果原判决认定基本事实不清,裁定撤销原判决,发回原审人民法院重审,或者查清事实后改判。

三是对违反法定程序发回重审的情形进行了限定,必须是遗漏当事人或者违法缺席判决等严重违反法定程序的情况。本条规定,原判决遗漏当事人或者违法缺席判决等严重违反法定程序的,裁定撤销原判决,发回原审人民法院重审。作出该限定,是为了尽量减少在发回重审上的裁量空间,减少不必要的发回重审。

四是原审人民法院对发回重审的案件作出判决后,当事人提起上诉的,第二审人民法院不得再次发回重审。2012年修改前的民事诉讼法对不服第一审判决的上诉,仅规定了3种处理原则,即维持原判、改判以及发回重审,没有规定发回重审的次数。由于法律对于发回重审的次数没有规定,有的地方一个案件多次发回重审,既增加了当事人的诉讼负担,又影响了审判效率和司法公正的实现。为了能在法定的时间内结案,解决案件久拖不决的问题,提高诉讼效率,保障当事人的权益,2012年民事诉讼法修改过程中,对发回重审的条件和次数作了限制:原审人民法院对发回重审的案件作出判决后,当事人提起上诉的,第二审人民法院不得再次发回重审。2023年民事诉讼法修改过程中,修正草案曾规定:"原审人民法院对发回重审的案件作出判决后,当事人提起上诉的,除严重违反法定程序外,第二审人民法院不得再次发回重审。"在征求意见过程中,不少意见提出,限定发回重审只能一次是2012年民事诉讼法修改为应对实践中发回重审次数过多问题而专门增加的规定,修改应当特别慎重。第二审人民法院发回重审只能一次的规定避免了程序空转,有效维护了当事人的诉讼权利,对此不应设置"除严重违反法定程序"的例外,建议删除这一例外。经研究,并综合考虑实践情况和各方面意见,对本条第2款规定不作修改。

根据本条的规定,第二审人民法院对于上诉案件,应当根据不同的情形,作出不同的处理:

1. 以判决、裁定方式驳回上诉,维持原判决、裁定。原判决、裁定认定事实清楚,适用法律正确的,以判决、裁定方式驳回上诉,维持原判决、裁定。驳回上诉,以原判决、裁定正确合法为根据,原判决、裁定正确合法的,上诉理由不成立,以判决、裁定方式驳回上诉,维持原审判决、裁定的法律效力。对判决的上诉,原判决认定事实清楚,适用法律正确的,第二审人民法院以判决方式驳回上诉,维持原判决;对裁定的上诉,原裁定认定事实清楚,适用法律正确的,第二审人民法院以裁定方式驳回上诉,维持原裁定。

2. 以判决、裁定方式依法改判、撤销或者变更。原判决、裁定认定事实或者适用法律错误的,以判决、裁定方式依法改判、撤销或者变更。改判、撤销或者变更出现在以下几种情况下:一是认定事实错误;二是适用法律错误;三是认定事实和适用法律都存在错误。第二审人民法院直接以判决、裁定方式对原审判决、裁定进行改判、撤销或者变更。对判决的上诉,认定事实或者适用法律错误的,第二审人民法院以判决方式直接改判;对裁定的上诉,认定事实或者适用法律错误的,第二审人民法院以裁定方式撤销或者变更。

3. 查清事实后改判。原判决认定基本事实不清的,裁定撤销原判决,发回原审人民法院重审,或者查清事实后改判。首先,本项应与本条第1款第2项结合起来理解,在一般事实不清的情况下,第二审人民法院应直接查清事实后改判,只有在基本事实不清的情况下,第二审人民法院才可以考虑在查清事实后改判和发回重审之间选择。基本事实是指案件的关键事实,即可能影响案件最终判决的事实。其次,在原判决认定基本事实不清的情况下,为节约司法资源、提高司法效率,第二审人民法院如果能够直接查清事实后改判,应当首先考虑查清事实后改判;在由原审人民法院审理更便于查清基本事实的情况下,才考虑将案件发回原审人民法院重审。

4. 发回重审。为提高诉讼效率,保障当事人的诉讼权利,其他国家和地区也对发回重审作出限制。2002年德国联邦司法部对民事诉讼法进行了改革,改革的内容之一是限制发回重审,规定发回重审应由当事人申请。改革前,二审法院对一审判决一是依法改判,二是发回重审,如二审发现一审应调取的证据没有调取,通常会发回重审。德国立法者认为发回重审应是例外,因为发回重审会导致时间和经济成本增加。改革后规定,发回重审以当事人申请为条件,当事人没有申请发回重审的,应由二审直接改判。我国2012年修改民事诉讼法时也对发回重审的条件和次数作了限制。根据本条第1款第3项、第4项的规定,原判决认定基本事实不清的,可以发回原审人民法院重审,也可以查清事实后改判;原判决遗漏当事人或者违法缺席判决等严重违反法定程序的,裁定撤销原判决,发回原审人民法院重审。此外,本条第2款规定,原审人民法院对发回重审的案件作出判决后,当事人提起上诉的,第二审人民法院不得再次发回重审。重新审理不是对原判决的简单更正,而是要严格按照第一审程序重新审一遍,并且要另行组成合议庭审理。这样规定的目的就是要人民法院严肃、认真对待,保证合法、正确审判。发回重审的,由于原审人民法院仍按第一审程序进行审理,因此所作判决、裁定仍是第一审的判决、裁定,当事人对重审案件的判决、裁定,可以上诉,对此类案件,第二审人民法院不得以任何理由再次发回重审。

第一百七十八条　第二审人民法院对不服第一审人民法院裁定的上诉案件的处理,一律使用裁定。

【释义】　本条是关于对不服裁定的上诉案件一律使用裁定的规定。

按照本法第157条的规定,一审当事人对一审人民法院关于"不予受理""对管辖权有异议的""驳回起诉"的裁定不服的,可以上诉。

二审人民法院在对不服一审裁定的上诉案件的审查中,应当查明原审裁定作出所依据的事实,判断原审裁定是否正确。如果原审裁定依据的事实清楚、适用法律正确,则裁定驳回上诉,维持原裁定;原审裁定依据的事实错误或者适用法律错误的,应当撤销原审裁定,自行裁定。

除了上述裁定外,二审人民法院亦可对准许或者不准许撤回上诉、中止或者终结诉讼、补正判决书中的笔误等作出裁定。

第一百七十九条　第二审人民法院审理上诉案件,可以进行调解。调解达成协议,应当制作调解书,由审判人员、书记员署名,加盖人民法院印章。调解书送达后,原审人民法院的判决即视为撤销。

【释义】　本条是关于二审调解的规定。

一审程序中可以调解,二审程序中也可以调解。二审的调解书送达后,原审人民法院的判决即视为撤销。如果在调解书送达前当事人反悔或者调解不成的,应当及时判决,不应久调不决。

第一百八十条 第二审人民法院判决宣告前,上诉人申请撤回上诉的,是否准许,由第二审人民法院裁定。

【释义】 本条是关于撤回上诉的规定。

提起上诉是当事人的诉讼权利,因此,当事人可以对此项权利进行处分。有权申请撤回上诉的主体限于上诉人、上诉人的法定代理人,被上诉人无此权限。当事人提起上诉后,在判决或者裁定宣告之前可以撤回上诉。撤回上诉虽然是当事人的权利,但仍需经人民法院审查,是否准许,由人民法院裁定。根据《最高人民法院关于适用〈中华人民共和国民事诉讼法〉的解释》第335条的规定,在第二审程序中,当事人申请撤回上诉,人民法院经审查认为一审判决确有错误,或者当事人之间恶意串通损害国家利益、社会公共利益、他人合法权益的,不应准许。

撤回上诉的请求可以口头提出,但无论以何种方式提出,都需要在判决或者裁定宣告之前提出。因为判决或者裁定一经人民法院宣告,上诉人便丧失撤回上诉的权利。

第一百八十一条 第二审人民法院审理上诉案件,除依照本章规定外,适用第一审普通程序。

【释义】 本条是关于二审适用程序的规定。

第二审人民法院审理上诉案件,除依照本章规定外,适用第一审普通程序。二审开庭审理,也要进行审理前准备、审理开始、法庭调查、法庭辩论、法庭评议和裁判等,这里不再赘述。

第一百八十二条 第二审人民法院的判决、裁定,是终审的判决、裁定。

【释义】 本条是关于二审判决、裁定效力的规定。

根据本法第10条规定,人民法院审理民事案件,实行两审终审制度。因此,二审判决、裁定是终审的判决、裁定,一经送达即生效,当事人不能对二审的判决、裁定再上诉。

终审判决如果是对当事人实体权利义务的裁判,争议自当结束,判决一经作出,任何一方当事人不得再以此民事争议为由提起新的诉讼。但如果发生新的事实,当事人再次提起诉讼的,法院应当依法受理。终审判决具有给付内容,享有权利的一方有权要求对方履行义务,如果对方拒绝履行,享有权利的一方有权申请人民法院强制执行。

第一百八十三条　人民法院审理对判决的上诉案件,应当在第二审立案之日起三个月内审结。有特殊情况需要延长的,由本院院长批准。

人民法院审理对裁定的上诉案件,应当在第二审立案之日起三十日内作出终审裁定。

【释义】　本条是关于二审审限的规定。

对审限作出规定,主要基于以下考虑:第一,人民法院审判不能久拖不决,久拖不决会使民事关系长期处于一种不稳定状态,既不利于社会安定,也无法维护正常的经济生活秩序。第二,案件久拖不决,损害当事人的合法权益。第三,规定审限有利于人民法院提高工作效率。据此,本条根据民事审判工作的实践经验,对审限作出了规定。

由于对案件的实体审查与程序审查繁简不同,本条对判决与裁定作出了不同审限的规定,即对判决的上诉案件审限为3个月,而对裁定的上诉案件审限为30日。第二审案件的审理是在第一审的基础上进行的,大量审查核实和调查取证工作已由第一审人民法院进行,第二审人民法院的重点是对上诉请求的有关事实和适用法律进行审查。第二审人民法院审理事实清楚的民事案件,在认真审阅诉讼材料和询问当事人后,即可进行判决。相对第一审程序而言,适用第二审程序审理上诉案件的工作量要少。因此,本条规定,第二审人民法院审理对判决的上诉案件的期限为3个月。同时,考虑到部分上诉案件调查、核实证据等的工作量也较大,或者有其他疑难问题导致案件不能在3个月内审结,本条规定有特殊情况需要延长审限的,由第二审人民法院院长批准。

第十五章 特别程序

本章共8节25条,对特别程序的有关问题作了规定。

特别程序是人民法院依照本法审理特殊类型案件的一种程序。特别程序与普通程序相对,不是审理一般民事权益纠纷案件的程序。按照特别程序规定审理的案件,不能按照普通程序的规定去处理。

特别程序是一项重要的诉讼制度。法律之所以规定这一程序,是因为对特殊案件采取特殊的处理方法,方便处理,实事求是。此类案件没有必要或者没有可能适用普通诉讼程序,也没有必要或者没有可能完整经历一审、二审,因此,本法为其规定了特别程序。

2023年修改民事诉讼法,在本章增加了第四节"指定遗产管理人案件"。

第一节 一般规定

第一百八十四条 人民法院审理选民资格案件、宣告失踪或者宣告死亡案件、指定遗产管理人案件、认定公民无民事行为能力或者限制民事行为能力案件、认定财产无主案件、确认调解协议案件和实现担保物权案件,适用本章规定。本章没有规定的,适用本法和其他法律的有关规定。

【释义】 本条是关于适用特别程序审理案件的规定。

2023年修改民事诉讼法,在第十五章"特别程序"中专门增加规定"指定遗产管理人案件"一节,将此类案件列入适用特别程序的案件加以规范。相应地,本条关于适用特别程序审理案件的规定也增加了"指定遗产管理人案件"。

特别程序与普通程序不同。适用特别程序的案件不是因双方当事人之间发生了民事权利义务争议而引起的,人民法院审理的目的不是解决双方当事人之间的民事权利义务争议,而是确认某种法律事实是否存在,确认某种权利的实际状态。本条所列选民资格案件、宣告失踪或者宣告死亡案件、指定遗产管理人案件、认定公民无民事行为能力或者限制民事行为能力案件、认定财产无主案件、确认调解协议案件和实现担保物权案件，均具有这个特点。如宣告失踪或者宣告死亡案件，人民法院自发出寻找下落不明人的公告满3个月，根据下落不明的事实，即可判决宣告失踪，或者自发出寻找下落不明人的公告满一年，根据下落不明的事实，即可判决宣告失踪人死亡。判决宣告失踪可以解决失踪人财产管理、债务清偿等问题；判决宣告死亡可以解决其财产的继承等问题。这是一种法律拟制，是为了解决现实生活中存在的问题而设立的一种制度。

2020年5月28日，第十三届全国人大第三次会议通过了民法典，自2021年1月1日起施行。民法典继承编规定了遗产管理人制度，对遗产管理人的确定、职责、法律责任等作出规定，进一步保障了被继承人的遗产能够得到妥善管理、顺利分割，从而更好地维护继承人、债权人的利益。为与民法典规定的遗产管理人制度保持衔接，细化遗产管理人制度的程序规则，回应司法实践需求，2023年修改民事诉讼法，在第十五章新增一节"指定遗产管理人案件"，对申请指定遗产管理人的管辖法院、人民法院判决指定遗产管理人的原则、遗产管理人存在特殊情形下的处理等作出规定，从而为此类案件的审理提供明确的程序指引，增强了规则的可操作性，有利于遗产管理人制度功能的充分发挥。

第一百八十五条　依照本章程序审理的案件，实行一审终审。选民资格案件或者重大、疑难的案件，由审判员组成合议庭审理；其他案件由审判员一人独任审理。

【释义】　本条是关于特别程序审级制度及审判组织的规定。

特别程序在审级上实行一审终审制度，这一点与普通程序不同。人民法院对这类案件的审理所作的判决，自判决书送达之日起，立即发生法律效力，有关人员不得提起上诉。在审判组织上，特别程序与一般诉讼程序不同。除选民资格案件或者重大、疑难案件外，实行审判员一人独任审判。依照特别程序审理选民资格案件或者重大、疑难案件时，由审判员组成合议庭审理。而依照普通程序审理案件，既可以由审判员和人民陪审员共同组成合议庭，也可以由审判员组成合议庭审理。

第一百八十六条 人民法院在依照本章程序审理案件的过程中,发现本案属于民事权益争议的,应当裁定终结特别程序,并告知利害关系人可以另行起诉。

【释义】 本条是关于特别程序中对属于民事权益争议处理的规定。

特别程序与一般的民事诉讼程序不同。在一般民事诉讼程序中,人民法院审理案件的目的是解决民事权益争议,通过审判保护当事人的民事权益。而在特别程序中,人民法院审理案件的目的只是对一定的民事权利或者法律事实加以确认,而不是解决民事权益争议。这两种诉讼的目的不同,采用的诉讼形式也不同,不可混淆。因此,本条规定依照特别程序审理案件时发现属于民事权益争议的,应当裁定终结特别程序,并告知利害关系人可以另行起诉。

第一百八十七条 人民法院适用特别程序审理的案件,应当在立案之日起三十日内或者公告期满后三十日内审结。有特殊情况需要延长的,由本院院长批准。但审理选民资格的案件除外。

【释义】 本条是关于特别程序审限的规定。

审限短是特别程序的一个特点。适用特别程序审理的案件,主要是确认法律事实,除选民资格案件外,不存在权益争议,一般要及时审结。因此,本条规定了与普通程序、简易程序不同的审限,即人民法院适用特别程序审理的案件,应当在立案之日起 30 日内或者公告期满后 30 日内审结。如果存在特殊情况无法在 30 日内审结而需要延长审限的,应当经本院院长批准。需要注意的是,审理选民资格案件的审限不得延长。

第二节　选民资格案件

第一百八十八条 公民不服选举委员会对选民资格的申诉所作的处理决定,可以在选举日的五日以前向选区所在地基层人民法院起诉。

【释义】 本条是关于选民资格案件起诉与受理的规定。

选民资格案件,是指公民对选举委员会公布的选民名单有异议,向选举委员会提出申诉后,不服选举委员会所作的处理决定,而向人民法院提起诉讼的案件。

选举权与被选举权是宪法赋予我国公民的一项重要的、基本的政治权利,也是公民参与国家事务管理的基础。为保证公民选举权和被选举权的行使,有关法律从不同方面作了规定。一方面,法律规定有选举资格的公民都应被列入选民名单。全国人民代表大会和地方各级人民代表大会选举法第4条第1款规定,中华人民共和国年满18周岁的公民,不分民族、种族、性别、职业、家庭出身、宗教信仰、教育程度、财产状况和居住期限,都有选举权和被选举权。选举资格由选举主持单位确认并公布在选民名单上。如果选民名单遗漏本地区或者本单位享有选举权的公民,那就会使有选举资格的公民丧失选举权。如果将没有选举资格的人(如不满18周岁的公民、被剥夺了政治权利的人)列入名单,使他们获得选举资格,就意味着对选举这样的重大政治活动不负责,选举活动不严肃。因此,如果有人对选举资格的确认提起诉讼,人民法院都应当受理和审判,以保障选民名单准确无误,保障有选举资格的公民权利不受侵犯。另一方面,法律又明确规定保障公民选举权和被选举权的行使,如刑法中明确规定了破坏选举罪,对以暴力、威胁、欺骗、贿赂等手段破坏选举或者妨害选民和代表自由行使选举权和被选举权的,应当依法给予刑事处罚。

选民资格案件的起诉和审理程序是:

(1)申诉先行。选民资格案件的起诉必须以选举委员会对选民资格的申诉处理作为前置程序。按照全国人民代表大会和地方各级人民代表大会选举法第29条的规定,对于公布的选民名单有不同意见的,可以在选民名单公布之日起5日内向选举委员会提出申诉。选举委员会对申诉意见,应在3日内作出处理决定。申诉人如果对处理决定不服,可以在选举日的5日以前向人民法院起诉,人民法院应在选举日以前作出判决。申诉是起诉前的必经程序。选举资格是选举委员会确认并公布在选民名单上的,因此,选举委员会应当负责查处,在3日内作出决定,以免耽误选举。选举委员会认为申诉无理的,应当裁定驳回。认为申诉有理的,应当变更选民名单。有遗漏的补充,没有选举权但列入名单的应当除去。

(2)起诉。根据全国人民代表大会和地方各级人民代表大会选举法第29条规定,申诉人如果对处理决定不服,可以在选举日的5日以前向人民法院起诉,人民法院应在选举日以前作出判决。人民法院的判决为最后决定。这一期间属法定的不变期间。如果离选举日不足5日才提出诉讼,人民法院将不予受理。

(3)管辖。由选区所在地的基层人民法院管辖。这样,既便于公民起诉和选举委员会指派代表参加诉讼,又便于人民法院与选举委员会取得联系,查明事实真相,尽快审理案件,及时解决问题。

公民提起诉讼后,人民法院应及时进行审查,对符合上述条件的起诉,应予受理;对不符合上述条件的,应根据不同情况,分别处理。对未经申诉直接提起诉讼和不属于本院管辖的诉讼,应告知起诉人向选举委员会申诉和向有管辖权的法院起诉。对起诉人无民事诉讼行为能力或者离选举日不足5日的,应裁定不予受理;已经受理的,裁定驳回起诉。

第一百八十九条　人民法院受理选民资格案件后,必须在选举日前审结。

审理时,起诉人、选举委员会的代表和有关公民必须参加。

人民法院的判决书,应当在选举日前送达选举委员会和起诉人,并通知有关公民。

【释义】　本条是关于人民法院如何审理选民资格案件的规定。

人民法院审理选民资格案件,关系到公民的选举权与被选举权这一重要的政治权利,因此,审理这类案件必须严肃认真。

(1)诉讼参加人。包括起诉人、选举委员会的代表和有关公民。这里的有关公民是指起诉人认为不应列入选举名单的人等。

(2)审判组织。选民资格案件的审理实行合议制,并由审判员组成合议庭进行审理。即使案情简单,也不允许由审判员一人独任审判或者由审判员与人民陪审员共同组成合议庭。这主要是因为审理选民资格案件涉及公民政治权利,应当慎重、严肃。

(3)判决。人民法院对选民资格案件的审理,必须在选举日前作出判决,并将判决书送达选举委员会和起诉人,通知有关公民,以便于有选举权的公民在选举日到来时能够庄严地行使自己的选举权。人民法院的判决是终审判决,是对选民资格问题的最终决定,判决书一经送达即发生法律效力。

应当说明的是,选民资格案件不适用调解。选民资格案件的审理,虽然有起诉人、选举委员会代表及有关公民参加,但不能适用调解,不得以调解的方式结案。因为某一公民是否具有选举权和被选举权,是否具有选民资格,只能依据法律的具体规定,不受有关主体意志的影响。

第三节 宣告失踪、宣告死亡案件

第一百九十条 公民下落不明满二年,利害关系人申请宣告其失踪的,向下落不明人住所地基层人民法院提出。

申请书应当写明失踪的事实、时间和请求,并附有公安机关或者其他有关机关关于该公民下落不明的书面证明。

【释义】 本条是关于宣告公民失踪的条件及案件审理程序的规定。

宣告失踪案件,是指公民离开自己的住所或者经常居住地,去向不明、杳无音信,持续时间"满二年"的,利害关系人即可向人民法院提出申请,法院经查证属实后宣告该下落不明人为失踪人的案件。民法典第40条规定:"自然人下落不明满二年的,利害关系人可以向人民法院申请宣告该自然人为失踪人。"

公民是民事权利主体,在社会生活中必然同他人发生民事法律关系。公民长期失踪,既会使他本人的财产因无人照管而损坏、丢失,也会使他与别人的民事关系处于不稳定状态。例如,应由失踪人支付和收取的费用无人收付;已由失踪人承包经营的土地无人经营,但又不宜发包给别人;配偶实际上等于丧偶,但又无法与他人结婚。本法规定宣告失踪制度,主要考虑的是尽快结束有关失踪人权利义务关系的不确定状态,保护利害关系人的利益,稳定社会经济秩序。

一、宣告公民失踪的条件

(1)被申请人下落不明"满二年"。下落不明,是指公民离开住所或者经常居住地去向不明、杳无音信。"满二年"是指下落不明状态持续不断地达到2年时间,而不是在音讯时有时无的情况下将下落不明的时间累计相加

"满二年"。根据民法典第41条规定,自然人下落不明的时间自其失去音信之日起计算。战争期间下落不明的,下落不明的时间自战争结束之日或者有关机关确定的下落不明之日起计算。

(2)申请人为下落不明公民的利害关系人。利害关系人,是指与下落不明的公民在法律上有人身关系、财产关系、劳动关系等的公民、法人或者其他组织,如下落不明人的配偶、父母、成年子女、祖父母、外祖父母、成年的兄弟姐妹、债权人、合伙人、所在单位等。公民长期下落不明危及利害关系人的利益,因而利害关系人有必要也有权利申请宣告失踪。

二、宣告公民失踪案件的审理程序

(1)公民下落不明持续"满二年",其利害关系人可向下落不明人住所地的基层人民法院提出申请,请求人民法院宣告该公民失踪。利害关系人向有管辖权的人民法院提出申请,程序上才合法。人民法院收到利害关系人的申请后,认为申请不符合法定条件的,即以裁定驳回申请;认为申请符合法定条件的,则应当立案受理,并发布寻找下落不明人的公告。根据《最高人民法院关于适用〈中华人民共和国民事诉讼法〉的解释》第345条规定,寻找下落不明人的公告应当记载下列内容:一是被申请人应当在规定期间内向受理法院申报其具体地址及其联系方式。否则,被申请人将被宣告失踪、宣告死亡。二是凡知悉被申请人生存现状的人,应当在公告期间内将其所知道的情况向受理法院报告。

(2)申请必须是书面形式的,不能是口头的。利害关系人应当向人民法院提交宣告失踪的申请书,申请书应当写明公民下落不明的事实、时间和宣告失踪的请求,并附有公安机关或者其他机关出具的关于该公民下落不明的书面证明。

(3)由人民法院依据法定程序进行宣告。宣告失踪会对自然人的财产利益产生重大影响,因此,宣告失踪必须慎重,只能由人民法院经过严格程序之后作出判决,其他机关和个人都无权作出宣告失踪的决定。

三、宣告公民失踪的法律后果

下落不明的公民被宣告失踪后,其法律后果主要体现在失踪人的财产管理方面。根据民法典第42条第1款规定,失踪人的财产由他的配偶、成年子女、父母或者其他愿意担任财产代管人的人代管。第2款规定,代管有争议,没有前款规定的人,或者前款规定的人无代管能力的,由人民法院指定的人代管。

代管人应当妥善管理失踪人的财产,维护其财产权益。失踪人所欠税款、债务和应付的其他费用,由代管人从失踪人的财产中支付。代管人不得随意处分失踪人的财产,不得将财产据为己有,遇有侵害代管财产的行为,代管人有权向人民法院提起诉讼,请求排除妨害;造成损害的,可请求赔偿。失踪人对他人享有债权的,代管人可以请求债务人还债,也可以作为原告向法院提起诉讼。代管人不履行代管的法定职责或者侵犯失踪人合法财产权益的,失踪人的其他利害关系人可以向人民法院请求代管人赔偿损失、承担责任,也可以向人民法院请求变更财产代管人。代管人认为自己没有能力履行代管职责的,可以向人民法院提出申请,要求变更财产代管人。根据《最高人民法院关于适用〈中华人民共和国民事诉讼法〉的解释》第342条第1款规定,失踪人的财产代管人经人民法院指定后,代管人申请变更代管的,比照民事诉讼法特别程序的有关规定进行审理。申请理由成立的,裁定撤销申请人的代管人身份,同时另行指定财产代管人;申请理由不成立的,裁定驳回申请。第2款规定,失踪人的其他利害关系人申请变更代管的,人民法院应当告知其以原指定的代管人为被告起诉,并按普通程序进行审理。

第一百九十一条 公民下落不明满四年,或者因意外事件下落不明满二年,或者因意外事件下落不明,经有关机关证明该公民不可能生存,利害关系人申请宣告其死亡的,向下落不明人住所地基层人民法院提出。

申请书应当写明下落不明的事实、时间和请求,并附有公安机关或者其他有关机关关于该公民下落不明的书面证明。

【释义】 本条是关于宣告公民死亡的条件及案件审理程序的规定。

宣告公民死亡案件,是指人民法院根据利害关系人的申请,依法宣告下落不明满法定期限的公民死亡的案件。

宣告失踪制度虽然能够解决失踪人的财产代管和债务清偿等问题,但在公民长期失踪的情况下,并不能从根本上解决失踪人的财产归属和与失踪人有关的人身方面的法律关系问题,因此,有必要建立宣告死亡制度。

一、宣告死亡的条件

宣告死亡案件的成立,必须要求失踪人生死不明的状态持续一定时间。宣告死亡对被宣告人的利益关系影响极大,必须慎重。因此,虽生死不明但未经过法定期间的,不能宣告死亡。根据民法典第46条规定,自然人有下列情形之一的,利害关系人可以向人民法院申请宣告该自然人死亡:(1)下落不明满四年;(2)因意外事件,下落不明"满二年"。因意外事件下落不明,经有关机关证明该自然人不可能生存的,申请宣告死亡不受2年时间的限制。比如登山遇雪崩、乘船遇海难等,持续2年没有必要,只要有有关机关的证明即可。《最高人民法院关于适用〈中华人民共和国民事诉讼法〉的解释》第343条规定,人民法院判决宣告公民失踪后,利害关系人向人民法院申请宣告失踪人死亡,自失踪之日起"满四年"的,人民法院应当受理,宣告失踪的判决即是该公民失踪的证明。

二、宣告死亡的程序

(1)自然人下落不明的时间须达到法定要求。一般情况下,下落不明的时间要"满四年"。如果是因意外事件而下落不明,下落不明时间要"满二年"。如果因意外事件下落不明,经有关机关证明该公民不可能生存的,申请宣告死亡可不受2年时间的限制。

(2)申请人应向下落不明人住所地的基层人民法院提出。利害关系人向人民法院申请宣告下落不明人死亡,必须是书面形式,不能以口头形式提出。申请书应当写明公民下落不明的事实、时间和请求,并附有公安机关或者其他机关出具的关于该公民下落不明的书面证明。

(3)只能由人民法院经过法定程序,宣告自然人死亡。

三、宣告公民死亡的法律后果

公民被宣告死亡,其法律后果与自然死亡基本相同,但是宣告死亡与自然死亡毕竟不同,前者仅仅是从法律上推定为死亡,并不一定是真正的死亡。因此,在宣告公民死亡后,如果被宣告死亡的人重新出现,或者有人明确知道他还健在,其法律后果就会出现比较复杂的情况。

(1)宣告死亡人的财产在宣告期间被他人取得的,宣告死亡的判决被撤销后,该公民有权请求返还。利害关系人隐瞒真实情况使他人被宣告死亡而取得其财产的,除应当返还原物及孳息外,还应对造成的损失予以赔偿。

(2)宣告公民死亡的判决被撤销后,该公民因死亡宣告而消灭的人身关系,有条件恢复的,可以恢复。

(3)被宣告死亡人在被宣告死亡期间,其子女被他人依法收养,被宣告死亡的人在死亡宣告被撤销后,仅以未经本人同意而主张收养行为无效的,一般不应当准许,但收养人和被收养人同意解除收养关系和被收养关系的,不在此限。

(4)被宣告死亡和自然死亡的时间不一致的,被宣告死亡所引起的法律后果仍然有效,但自然死亡前实施的民事法律行为与被宣告死亡引起的法律后果相抵触的,则以其实施的民事法律行为为准。

(5)如果该公民在异地依然生存,并不影响其在那里的民事活动。

第一百九十二条 人民法院受理宣告失踪、宣告死亡案件后,应当发出寻找下落不明人的公告。宣告失踪的公告期间为三个月,宣告死亡的公告期间为一年。因意外事件下落不明,经有关机关证明该公民不可能生存的,宣告死亡的公告期间为三个月。

公告期间届满,人民法院应当根据被宣告失踪、宣告死亡的事实是否得到确认,作出宣告失踪、宣告死亡的判决或者驳回申请的判决。

【释义】 本条是关于人民法院发布宣告失踪、宣告死亡公告和作出判决有关事项的规定。

(1)受理和公告。人民法院接到书面申请和有关证明后,经过审查,认为手续完备、证明无误的,应当受理并发出寻找下落不明人的公告。公告应在人民法院的公告栏内张贴,也可以在适当的报纸、刊物等处刊登。关于公告期限,宣告失踪的公告期间为3个月;宣告死亡的公告期间为1年;因意外事故下落不明,经有关机关证明该公民不可能生存的,宣告死亡的公告期间为3个月。

(2)判决。公告期间届满后,如果下落不明人仍然没有消息,人民法院方可作出宣告失踪或者宣告死亡的判决。在公告期间,如果下落不明人重新出现或者有确实消息证明其已有下落,人民法院应当作出驳回利害关系人申请的判决。宣告失踪或者宣告死亡的判决和驳回申请的判决,都是终审判决,不得提起上诉。

人民法院宣告死亡不必先经宣告失踪的程序,只要公民下落不明"满四年"或者因意外事件下落不明"满二年",或者因意外事件且有有关机关证明公民不可能生存的书面证明,经公告期满后,法院即可宣告死亡。根据《民法典》第48条规定,被宣告死亡的人,人民法院宣告死亡的判决作出之日视为其死亡的日期;因意外事件下落不明宣告死亡的,意外事件发生之日视为其死亡的日期。

第一百九十三条 被宣告失踪、宣告死亡的公民重新出现,经本人或者利害关系人申请,人民法院应当作出新判决,撤销原判决。

【释义】 本条是关于撤销宣告失踪、宣告死亡的判决的规定。

宣告失踪为一种法律拟制,失踪人重新出现或者已知其下落,应重新恢复以前的法律状态。根据民法典第45条规定,失踪人重新出现,经本人或者利害关系人申请,人民法院应当撤销失踪宣告。失踪人重新出现,有权请求财产代管人及时移交有关财产并报告财产代管情况。

宣告死亡也只是法律拟制的死亡,是一种推定,被宣告死亡并不等于生理上的死亡。公民是否真正死亡,仍然不能肯定。被宣告死亡人不仅可能尚在世上生存,还可能重新出现,或者返回自己离开的住所,或者已知在其他地方生存,并有确切的证明。

下落不明的公民在被人民法院宣告失踪或者死亡后如果重新出现,经本人或者利害关系人申请,人民法院应当作出新判决,撤销原判决。具体处理如下:

(1)关于财产的处理。撤销失踪宣告后,取消财产代管,代管人有义务向已出现的失踪人返还代管的财产及其收益,失踪人有义务偿付代管人代管财产所支出的必要费用。对于撤销死亡宣告的,根据民法典第53条规定,被撤销死亡宣告的人有权请求依照民法典继承编取得其财产的民事主体返还财产;无法返还的,应当给予适当补偿。利害关系人隐瞒真实情况,致使他人被宣告死亡而取得其财产的,除应返还财产外,还应当对由此造成的损失承担赔偿责任。

(2)关于婚姻的处理。根据民法典第51条规定,被宣告死亡的人的婚姻关系,自死亡宣告之日起消除。死亡宣告被撤销的,婚姻关系自撤销死亡宣告之日起自行恢复。但是,其配偶再婚或者向婚姻登记机关书面声明不愿意恢复的除外。

第四节　指定遗产管理人案件

遗产管理人制度是民法典规定的新制度。遗产管理人是在继承开始后遗产分割前,负责处理涉及遗产有关事务的人。民法典第 1145~1149 条对遗产管理人制度作了基本规定,内容包括遗产管理人的选任和指定,遗产管理人的职责、民事责任和报酬等。民法典第 1145 条对遗产管理人的选任作了规定:继承开始后,遗嘱执行人为遗产管理人;没有遗嘱执行人的,继承人应当及时推选遗产管理人;继承人未推选的,由继承人共同担任遗产管理人;没有继承人或者继承人均放弃继承的,由被继承人生前住所地的民政部门、村民委员会担任遗产管理人。根据这一规定,遗产管理人可以由遗嘱执行人担任,没有遗嘱执行人的情况下,则由继承人推选或者共同担任遗产管理人,或者由民政部门或者村民委员会担任。当事人根据该规定对选任遗产管理人事项达成一致,遗产管理人即可以依法管理遗产。如果当事人对遗产管理人的确定发生争议,则涉及如何处理此类争议的问题,民法典第 1146 条对人民法院指定遗产管理人作了规定。民法典第 1146 条规定,对遗产管理人的确定有争议的,利害关系人可以向人民法院申请指定遗产管理人。民法典实施后,遗产管理人制度运行过程中,各地发生了不少遗产管理人相关纠纷,因此亟待配套的法律程序安排。2023 年修改民事诉讼法在本章中新增第四节,对指定遗产管理人案件的司法程序专门作了规定,以实现与民法典遗产管理人制度的有效衔接,确保被继承人的遗产得到妥善管理,保障继承人、债权人等利害关系人的合法权益。

第一百九十四条　对遗产管理人的确定有争议,利害关系人申请指定遗产管理人的,向被继承人死亡时住所地或者主要遗产所在地基层人民法院提出。

申请书应当写明被继承人死亡的时间、申请事由和具体请求,并附有被继承人死亡的相关证据。

【释义】 本条是关于指定遗产管理人案件的管辖和申请的规定。

一、确定遗产管理人的争议

在2023年修改民事诉讼法的过程中,有的意见提出,应当明确遗产管理人的资格和范围。考虑到民法典第1145条对遗产管理人的选任范围作了明确规定,遗嘱执行人、继承人都能担任遗产管理人。由于遗嘱执行人是由遗嘱人选定的,应当尊重遗嘱人的内心意愿,法律不宜作出过多限制;继承人也能担任遗产管理人,法律不宜对继承人的资格作出限制。因此,修改后的民事诉讼法没有对遗产管理人的资格作进一步规定。

根据民法典的规定,担任遗产管理人的范围包括遗嘱执行人、继承人、民政部门或者村民委员会。确定遗产管理人的方式包括4种:一是遗嘱人自主选定遗嘱管理人;二是全体继承人推选部分继承人担任;三是全体继承人共同担任;四是由民政部门或者村民委员会担任。根据民法典的规定,遗产管理人选任的不同方式之间是有先后顺序的:首先,有遗嘱执行人的,应当先由遗嘱执行人担任遗产管理人;其次,在没有遗嘱执行人的情况下,再由继承人推选遗产管理人;再次,继承人没有推选或者推选不出遗产管理人时,则由全体继承人共同担任遗产管理人;最后,没有继承人或者全体继承人均放弃继承时,则由民政部门或者村民委员会担任。

被继承人死亡后,如果当事人之间就遗嘱管理事务达成一致,按照民法典规定的顺序选任遗产管理人即可。但遗产管理毕竟涉及继承人、债权人等各方利益,存在利益诉求差异,难免会因遗产管理人的确定发生争议。当事人对遗产管理人的确定发生争议,可能有不同类型:第一类是对遗嘱执行人担任遗产管理人有争议。比如,遗嘱人指定了多个遗嘱执行人,遗嘱执行人之间就遗产管理事项发生争议。又如,遗嘱人指定的遗嘱执行人丧失行为能力,继承人对其担任遗产管理人提出异议。再如,遗嘱执行人认为自己不适合担任遗产管理人,需要另行确定遗产管理人。第二类是对继承人担任遗产管理人有争议。比如,继承人推选出遗产管理人后,有的继承人对所推选出的遗产管理人有异议。又如,继承人共同担任遗产管理人时,利害关系人对其中部分遗产管理人是否适合担任遗产管理人有争议。第三类是对民政部门或者村民委员会担任遗产管理人有争议。比如,村民委员会担任遗产管理人后,利害关系人认为自己有继承权,主张应由其担任遗产管理人,等等。不论由于哪种原因,只要利害关系人对遗产管理人的确定发生争议,就可以申请人民法院依法指定遗产管理人。

在2023年修改民事诉讼法过程中,有的意见提出,应当明确此类案件申请人(利害关系人)的范围。此类案件的利害关系人是指与遗产具有直接利益关系的人,包括遗嘱执行人、继承人、被继承人的债权人以及受遗赠人等。

二、指定遗产管理人案件的管辖

当事人对确定遗产管理人有争议,需要向人民法院提出申请,首先需要确定的就是向哪里的法院提出申请。确定民事案件的管辖,应当便利当事人诉讼,便利案件的审理和执行。因此,本条第1款明确了此类案件的管辖法院,即利害关系人申请指定遗产管理人的,应当向被继承人死亡时住所地或者主要遗产所在地基层人民法院提出。此规定与民事诉讼法关于遗产继承纠纷专属管辖的规定是一致的。本法第34条第3项专门规定,因继承遗产纠纷提起的诉讼,由被继承人死亡时住所地或者主要遗产所在地人民法院管辖。因此,指定遗产管理人案件的管辖法院为被继承人死亡时的住所地或者主要遗产所在地法院。之所以这么规定,是因为指定遗产管理人案件虽然不会处理遗产相关民事权益,但是确定遗产管理人的根本目的是更好地管理遗产事务,由与遗产存在密切联系的法院管辖更合适,且此类纠纷与遗产继承相关纠纷往往密切相关,由相同的法院管辖有助于了解案情,更为便利、经济。

(1)被继承人死亡时的住所地。住所是指民事主体进行民事活动的中心场所或者主要场所。自然人的住所一般指自然人长期居住、较为固定的居所。民法典第25条规定,自然人以户籍登记或者其他有效身份登记记载的居所为住所;经常居所与住所不一致的,经常居所视为住所。依据民法典的这一规定,自然人首先以户籍登记或者其他有效身份登记记载的居所为住所。户籍登记是国家公安机关按照国家户籍管理法律法规,对公民的身份信息进行登记记载的制度。因此,公民应当在经常居住地的公安机关进行户籍登记,户籍登记记载的居所即是其长期居住、较为固定的居所。其次,还可以根据"其他有效身份登记"记载的居所为住所,"其他有效身份登记"主要是指居住证、外国人的有效居留证件等。最后,如果经常居住地与住所不一致的,以经常居住地为住所。"经常居住地"是指自然人户籍登记的住所之外的连续居住超过半年的合法稳定居所。因此,判断被继承人死亡时的住所地,可以根据民法典的规定,根据户籍登记或者其他有效身份登记所记载的居所判断,如果住所与经常居住地不一致的,则以经常居住地判断。根据本条第1款规定,被继承人死亡时的住所地法院对指定遗产管理人案件享有管辖权,这主要是因为被继承人的住所地往往是其生活的中心,是其人际关系的主要发生地,往往也是主要遗产所在地,由住所地法院管辖,能够便利查明被继承人生前的社会关系和财产关系,以及继承人的情况等。

(2)被继承人的主要遗产所在地。所谓主要遗产所在地就是被继承人的绝大部分遗产的所在地。绝大部分遗产并非指遗产的数量,而应当根据遗产价值大小或者所占比重进行分析。比如,被继承人的遗产包括动产也包括不动产,如果其不动产的价值甚大,而动产的价值较小,则应当根据不动产所在地来确定主要遗产所在地。相反,如果被继承人为上市公司的实际控制人,其所持股票价值巨大,与之相比,其所有的不动产价值不足为道,则应当以其所持股票为主要遗产。根据本条第1款的规定,被继承人的主要遗产所在地法院对指定遗产管理人案件也享有管辖权,由主要遗产地法院管辖此类案件,有助于更好地查明被继承人的财产情况,同时也有利于遗产管理人管理遗产。

根据本条第1款规定,此类案件由被继承人死亡时住所地或者主要遗产所在地的基层人民法院管辖。因此,管辖指定遗产管理人案件的法院只能是基层人民法院。不论被继承人遗产多少,也不论被继承人是否为外国人,只要是指定遗产管理人案件,均由基层人民法院管辖。之所以这样规定,是因为考虑到此类案件并不复杂,难度也往往不大,且基层法院更贴近群众,有助于了解被继承人生前的生活状况,处理此类案件也更为便利。此外,被继承人死亡时的住所地基层人民法院和主要遗产所在地基层人民法院都享有管辖权,利害关系人可以选择其一提出申请。

三、指定遗产管理人的申请

本条第2款规定了指定遗产管理人申请书的要求,即申请书应当写明被继承人死亡的时间、申请事由和具体请求,并附有被继承人死亡的相关证据。2022年12月,最高人民法院提请审议的《中华人民共和国民事诉讼法(修正草案)》第2款规定的内容是:"申请书应当写明被继承人死亡的时间、申请事由和具体请求,并附有有关机关关于被继承人死亡的书面证明。"在征求意见过程中,一些意见提出,被继承人死亡的书面证明既有公安机关出具的,也有医疗机构出具的,且书面证明只有一份,利害关系人未必能够掌握,建议对此规定作出修改。经研究,对此作了修改,将"书面证明"修改为"相关证据"。根据本款规定,利害关系人申请指定遗产管理人的申请书的形式和实质要求包括:

第一,要以书面形式提出申请。利害关系人请求对被继承人的遗产管理事项指定遗产管理人,应当依法向有管辖权的人民法院提出书面申请,而不能仅以口头方式提出。书面形式就是以文字等可以有形形式再现内容的形式。书面申请可以是纸质版申请书,也可以根据人民法院信息化要求提交的电子版申请书。当然,对于书写申请书有困难的当事人,人民法院可以根据其口头申请依法制作笔录并由其签名或者盖章确认,同样具有法律效力。

第二,申请书的内容应当包括被继承人死亡的时间、申请事由和具体请求。首先,申请书应明确写明被继承人死亡的具体时间。被继承人死亡的时间应当明确写明死于某年某月某日,且死亡时间应当与所附证明材料上所载明的被继承人死亡时间一致。其次,申请书应写明申请事由。所谓申请事由就是申请指定遗产管理人的事实和理由。申请事由因案情不同而不同,需要根据个案的实际情况如实陈述。比如,遗嘱指定的遗嘱执行人因年老体弱,已经不具有执行遗嘱的能力,需要申请法院指定其他具有管理能力的人为遗产管理人;又如,推出的遗产管理人丧失民事行为能力,难以推选出新的遗产管理人,需要法院指定遗产管理人;等等。再次,申请书要写明具体请求,即申请法院指定遗产管理人,申请书可以明确申请法院指定某人为遗产管理人,也可以申请法院指定具备管理能力的人为遗产管理人。当然,除了这些核心内容外,申请书还应当写明申请人和被申请人的姓名、性别、年龄、住所、联系方式等基本信息,以及与被继承人的关系,还有申请日期,申请法院等相关内容。

第三,附有相关证据材料。申请指定遗产管理人的申请书,应当附上证明申请事由的相关证据。这些证据材料主要包括:(1)被继承人死亡的证明材料,诸如公安机关或者医院出具的死亡证明,由负责殡葬管理的部门出具的火化证明,近亲属公开发布的讣告,人民法院作出的宣告死亡判决,等等。(2)需指定遗产管理人的证据材料。比如,遗嘱执行人丧失行为能力的证据,部分继承人认为推选出的遗产管理人难以胜任管理职责的证据,等等。(3)申请法院所指定遗产管理人具备相应能力的证据材料。如果申请人明确申请法院指定某人作为遗产管理人,应当提交初步证据证明该人具备为被继承人管理遗产的相应能力和条件。

第一百九十五条　人民法院受理申请后,应当审查核实,并按照有利于遗产管理的原则,判决指定遗产管理人。

【释义】　本条是关于指定遗产管理人的原则的规定。

一、审查程序

1. 立案受理

根据有关司法解释的规定,实行立案登记制后,为保障当事人的诉讼权利,只要当事人提交的诉讼材料符合法定条件,人民法院必须登记立案,收取当事人提交的材料、给予答复或者书面裁定。因此,当事人向人民法院提交指定遗产管理人的申请后,人民法院应当初步进行形式审查,只要当事人提出的书面申请符合本法第194条第2款规定的形式要件就应当依法受理,登记立案;对于不符合条件的,人民法院应当释明指导,材料不全需要补充相关材料的,应当接收起诉材料,出具收到日期的书面凭证,并一次性告知当事人需要补充的材料,待当事人补充材料后及时依法决定是否立案。

2. 审查核实

人民法院在立案受理后,应当及时对当事人提出的申请进行审查。根据本法第185条的规定,审理指定遗产管理人案件一般实行独任制,如果案件是重大、疑难案件,则须由审判员组成合议庭审理。需要注意的是,特别程序的合议庭不能有人民陪审员。审查的方式既可以是书面审查也可以开庭审理,需要根据案件情况决定:如果案情比较简单,当事人之间也没有明显的争议,可以书面审查;如果案情比较复杂,涉及的当事人众多且争议较大,则不宜书面审查,而需要开庭审查,安排当事人到庭提出意见和主张,确保各方充分发表意见。书面审查可以节约当事人的时间成本,司法效率更高;开庭审查则有助于查明案情事实,便于法官准确裁判。

指定遗产管理人案件,虽然不会处理当事人的实体民事权益,法官也必须认真审查申请人提出的涉及指定遗产管理人的事实和主张:首先,是被继承人死亡的事实。应当查明被继承人是否死亡,死亡的时间,自然死亡还是宣告死亡等。其次,遗产管理争议事实。应当初步查明被继承人遗留的遗产情况,并查清当事人之间对被继承人的遗产管理存在什么争议。再次,遗产管理人候选人情况。法院应当查明被继承人是否指定了遗嘱执行人,继承人有哪些,继承人是否放弃继承,是否存在无继承人继承遗产的情况,等等。同时,在审理指定遗产管理人案件过程中,人民法院除了要审查申请人主张的事实,对于被申请人提出的各项主张,也应当调查核实。比如被申请人反驳申请人主张,并提交了相关证据,人民法院也应当分析其提交证据的真实性、合法性、有效性,进而判断被申请人的主张是否有事实基础和法律依据。

3. 审理期限

人民法院审理指定遗产管理人案件,也必须在法定期限内完成。指定遗产管理人案件适用特别程序,因此,也适用本法第十五章第一节的一般规定。根据本法第 187 条的规定,指定遗产管理人案件,除非有特殊情况,必须在立案之日起 30 日内或者公告期满后 30 日内审结。在审理此类案件过程中,如果遇到了诸如遗嘱执行人丧失行为能力、继承关系非常复杂等特殊情形的,可以经本院院长批准,适当予以延长。

4. 判决指定

根据本条规定,人民法院经过审理,在查明案件事实后,应当在法定期限内依法以作出判决的方式指定遗产管理人。指定遗产管理人不能以裁定的方式作出,必须作出判决。指定遗产管理人案件适用特别程序,根据本法第 185 条的规定,特别程序实行一审终审。因此,对于法院作出的指定遗产管理人的判决,作出即发生法律效力,当事人是不能上诉的。

二、指定遗产管理人的范围

利害关系人申请指定遗产管理人,人民法院经过审理后判决指定遗产管理人,必须在法律规定的遗产管理人范围内指定。根据民法典第 1145 条的规定,遗产管理人的范围包括遗嘱执行人、继承人、民政部门或者村民委员会。因此,人民法院应当在这些主体中指定遗产管理人。如果是多个遗嘱执行人因为担任遗产管理人有争议,则可以在其中指定一名或者数名遗嘱执行人为遗产管理人;如果是遗嘱执行人与继承人之间因遗产管理有纠纷,则可以在遗嘱执行人与继承人之间选择一人或者数人担任遗产管理人；如果是继承人之间因遗产管理人的确定发生纠纷，则应当在继承人之间指定合适的遗产管理人；如果是被继承人生前住所地的民政部门或者村民委员会之间因遗产管理人的确定发生纠纷，则需要在两者之间确定合适的机构担任遗产管理人。

人民法院是否能够指定律师或者律师事务所、会计师或者会计师事务所等与遗产无任何关系的其他人员、组织担任遗产管理人呢？这是不可以的，因为人民法院必须在民法典规定的遗产管理人范围内指定。当然，在管理遗产过程中，如果遗产管理人认为基于遗产管理的需要，必须聘请专业的人员或者机构处理某些遗产管理事务，则可以聘请专业机构或者专业人员提供相关服务，以达到帮助其实现遗产管理的目的。

三、确定遗产管理人的原则

根据本条规定，人民法院应当根据有利于遗产管理的原则指定遗产管理人。遗产管理涉及继承人、债权人、受遗赠人等各方当事人的权利和利益，因此，选择合适的人管理遗产至关重要。在各方对遗产管理存在争议的情况下，法院依法指定遗产管理人有利于尽快全面清理遗产，妥善保管和管理遗产，实现遗产的保值增值。同时，一个称职的遗产管理人，在主持遗产分割时能够确保遗嘱得到有效执行，依法确定继承人的范围和份额，确保公平有序分配遗产。因此，人民法院在指定遗产管理人时，应当按照有利于遗产管理的原则，结合被继承人生前所立遗嘱等有关文件，尽量尊重被继承人的内心意愿，根据候选人的能力水平、公信力等来确定。

1.担任遗产管理人的前提条件

担任遗产管理人需处理与遗产相关的各种民事权利义务，因此，遗产管理人首先应当具有完全民事行为能力，能够以自己的名义独立处理各种民事法律关系。法人担任遗产管理人自然享有完全民事行为能力，当然，法人指派的负责遗产管理事务的工作人员也应当具有完全民事行为能力。如果人民法院需要指定自然人则需要审查其是否具有完全民事行为能力。人民法院应当在法定遗产管理人范围内指定具有完全民事行为能力的人担任遗产管理人，否则遗产管理人没有完全民事行为能力，其自身的民事事务还需要法定代理人代理，指定其担任遗产管理人毫无意义。不少国家和地区的立法也规定了遗产管理人或者遗嘱执行人的基本条件。如《法国民法典》规定，管理遗产者应当具有完全民事行为能力；《德国民法典》规定，遗嘱执行人在管理遗产时不能是无民事行为能力人、限制民事行为能力人或者接受照管的人；《日本民法典》则规定，未成年人或者破产人不能担任遗嘱执行人。

2. 指定遗产管理人应当有利于遗产管理

人民法院指定的遗产管理人，既可以是法人，也可以是自然人。如果人民法院需要指定法人担任遗产管理人，根据民法典的有关规定，只能从被继承人生前住所地的民政部门或者村民委员会中选择。因此，如果被继承人是城镇居民，人民法院可以指定其生前住所地的民政部门担任遗产管理人；如果被继承人是农村居民，人民法院可以指定其生前住所地的村民委员会担任遗产管理人。人民法院选择指定自然人担任遗产管理人时，选择的范围则更大，包括遗嘱执行人、继承人。人民法院根据有利于遗产管理的原则指定遗产管理人时，应当综合考虑以下几个方面：首先，要尽量尊重被继承人的内心意愿。遗产是被继承人死亡时遗留的个人财产，虽然被继承人已经死亡，但处理其遗产还是应当根据民法典的自愿原则，尊重被继承人的内心真实意愿。这需要结合被继承人生前生活、遗嘱内容等，分析被继承人更倾向于让谁来处理其身后事务。比如，被继承人仅就部分遗产指定了遗嘱执行人，对于其他遗产未指定遗嘱执行人，如果当事人对于遗嘱执行人管理其他遗产存在争议，人民法院在指定遗产管理人时，结合被继承人指定遗产管理人的事实，能够确认被继承人完全信任遗嘱执行人，可以指定由遗嘱执行人管理全部遗产；又如，被继承人死亡之前一直与部分继承人长期共同生活，财产也是交由共同生活的继承人打理，被继承人对共同生活的继承人也是非常信任的，指定他们担任遗产管理人也是合适的。其次，要考虑候选人的能力和公信力。管理遗产毕竟要处理与遗产相关的很多事务，因此，在选定遗产管理人时，应当考虑其是否有管理遗产的能力和条件。当然，遗产管理人的能力高低只要与遗产相适应即可。如果被继承人遗留的遗产数量很少，产权清晰，金额也不大，一般能力的人也能够管理；相反，如果被继承人遗留的遗产数额巨大，产权结构和关系非常复杂，这就对遗产管理人的能力提出了更高要求，需要遗产管理人具有相应的管理能力和经验。人民法院在指定遗产管理人的时候应当结合遗产的情况，分析候选人是否具有相应的管理能力。当然，即便候选人的管理能力很强，还需要考虑其是否具备管理遗产的条件。

如果管理人在异国他乡,客观上不可能管理遗产,也不适合指定其担任遗产管理人。担任遗产管理人,除了应具有相应的管理能力外,人格品行也很重要。有的国家的立法就规定,精神有缺陷、有犯罪记录、破产或者无力偿还债务的人不能担任遗产管理人。遗产管理人需要履行法定职责,不仅要保管好遗产,还得依法分配遗产。因此,需要遗产管理人在继承人中间具有一定公信力,这样才能够公平公正处理和分割遗产。总之,人民法院在指定自然人担任遗产管理人时,应本着有利于管理遗产的原则,综合分析候选人的条件、能力等各方面因素,综合权衡后再作出判决。

第一百九十六条　被指定的遗产管理人死亡、终止、丧失民事行为能力或者存在其他无法继续履行遗产管理职责情形的,人民法院可以根据利害关系人或者本人的申请另行指定遗产管理人。

【释义】　本条是关于另行指定遗产管理人的规定。

遗产管理人根据民法典的规定处理遗产事务,在遗产分割完之前,必须履行法定职责。如果出现遗产管理人死亡等特殊情形,则会导致遗产陷入无人管理的境地,因此需要人民法院再次指定遗产管理人。本条规定仅适用于人民法院指定遗产管理人后需要再次指定的情形。如果遗产管理人并非人民法院指定的,而是由被继承人确定的遗嘱执行人担任,或者是继承人之间商议确定的,在遗产管理人死亡或者丧失民事行为能力时,则需要继承人再次推选,或者由其他继承人共同担任。当然,即便遗产管理人是人民法院指定的,在遗产管理人丧失民事行为能力或者无法继续履行管理职责时,只要继承人之间能够就遗产管理人人选达成一致,也无须人民法院另行指定遗产管理人;只有利害关系人就新的遗产管理人确定存在争议时,才有申请人民法院另行指定的必要。

一、另行指定遗产管理人的事由

根据本条规定,申请人民法院另行指定遗产管理人主要包括3种情形:

1. 遗产管理人死亡或者终止。遗产管理人死亡是指自然人担任遗产管理人时,自然死亡或者被宣告死亡。此时,自然人已丧失民事主体资格,自然无法履行管理遗产的法定职责。民政部门或者村民委员会担任遗产管理人的,如果由于各种原因而终止,同样也无法安排有关人员开展遗产管理活动,应当由人民法院重新指定。

2. 遗产管理人丧失民事行为能力。担任遗产管理人的自然人必须是完全民事行为能力人,因此,在遗产管理人由于精神障碍等原因丧失或者部分丧失民事行为能力时,其已经不具备管理遗产的基本条件,自然需要另外安排其他人处理遗产管理事务。

3. 遗产管理人有其他无法继续履行遗产管理职责的情形。除上述两种情形外,自然人也可能由于其他原因难以继续担任遗产管理人。比如,自然人由于生病需要长期住院治疗,已无时间和精力履行遗产管理职责;自然人长期在境外工作、生活,远离主要遗产所在地,客观上已经不可能履行遗产管理职责;自然人出现精神障碍,虽未丧失民事行为能力,但无法与他人正常交流沟通,不具备管理遗产的能力;自然人由于违法或者犯罪被羁押,失去人身自由,自然也无法履行遗产管理职责;自然人下落不明,被宣告失踪,其自身财产还需要他人代管,自然也不能继续担任遗产管理人;自然人由于种种原因,不愿意继续担任遗产管理人;等等。

二、另行指定遗产管理人的程序

申请另行指定遗产管理人,与申请指定遗产管理人的程序一样,包括提出申请、审查核实和判决:

1. 提出申请。申请另行指定遗产管理人,也需要由当事人提出申请,需要注意的是,能够提出申请的不仅包括利害关系人,还包括遗产管理人本人。利害关系人认为人民法院原来指定的遗产管理人已经无法继续履行遗产管理职责时,为了维护自身利益,保护好遗产,其有权向人民法院提出申请,请求人民法院另行指定适格的遗产管理人。同样,如果遗产管理人本人认为自己已无法履行遗产管理职责,也可以主动申请人民法院另行指定其他人担任遗产管理人。

2. 法院审查核实。人民法院受理当事人提出的另行指定遗产管理人的申请后,应当结合当事人提交的证据,对当事人提出的更换遗产管理人的事由进行审查核实。审查原先指定的遗产管理人是否已经无力继续履行遗产管理职责。比如,原遗产管理人是否已经死亡或者终止,是否已经完全丧失或者部分丧失民事行为能力,是否存在其他无法履职的事由。如果人民法院经审查,发现申请人并非对遗产管理人是否能够继续履职存在争议,而是对遗产管理人提出的遗产分配方案存在争议,认为其违反法律的规定分配遗产,则这种情形属于当事人对实体民事权益存在争议。对于这种情形,根据本法第186条的规定,人民法院应当裁定终结遗产管理人指定程序,告知当事人可以另行起诉。

3.判决另行指定。人民法院经审查核实,如果确认申请人的主张符合客观事实,遗产管理人确已无法继续履行遗产管理职责,则应当依法判决另行指定其他人担任遗产管理人。如果申请人的主张没有事实依据,则应当依法判决驳回其申请。对于人民法院作出的此类判决,当事人也是不能上诉的。

第一百九十七条　遗产管理人违反遗产管理职责,严重侵害继承人、受遗赠人或者债权人合法权益的,人民法院可以根据利害关系人的申请,撤销其遗产管理人资格,并依法指定新的遗产管理人。

【释义】　本条是关于撤销遗产管理人资格的规定。

作为管理被继承人遗产的人,遗产管理人应当勤勉尽职,像善良管理人一样管理好被继承人遗留的财产,在法律规定的权限范围内实施遗产管理行为。民法典不仅规定了遗产管理人的职责,还规定了其违反法定职责的责任。本条规定的是遗产管理人未尽到管理义务时利害关系人的程序性救济方式。

一、遗产管理人的法定职责

遗产管理人被确定后就要实施各种管理行为,法律一般都会明确遗产管理人职责的范围。不少国家、地区的民法中都有遗产管理人职责的相关规定。我国台湾地区"民法"规定,遗产管理人的职责包括编制遗产清册、为保存遗产必要之处置、声请法院依公示催告程序、清偿债权或交付遗赠物,必要时将遗产移交国库。我国民法典第1147条对遗产管理人的职责作了规定。根据《民法典》的规定,遗产管理人的职责包括六个方面:

1.清理遗产并制作遗产清单。遗产管理人要管理遗产,首先就必须掌握被继承人所遗留的遗产有哪些。清理遗产就是要清查整理被继承人遗留的所有遗产,既包括动产,也包括不动产;既包括有形财产,也包括无形资产;既包括债权,也包括债务。清理遗产还包括应当将被继承人的个人财产与家庭共有财产予以区分,将个人财产与夫妻共同财产予以区分。遗产管理人在清理遗产后,应当制作书面的遗产清单,详细列明被继承人遗留的所有财产的情况、债权债务的情况等。

2. 向继承人报告遗产情况。遗产管理人清理遗产并制作遗产清单后,应当向全体继承人报告遗产情况。需要注意的是遗产管理人应当以书面形式作出报告。除被继承人在遗嘱中有特别要求之外,遗产管理人应当向继承人全面报告遗产情况,即把所有的遗产情况告知全体继承人。

3. 采取必要措施防止遗产毁损、灭失。遗产管理人不仅需要清点遗产,还需要承担起积极妥善保管遗产的职责。在发现遗产存在毁损、灭失的风险时,应采取必要的措施防止遗产毁损、灭失。遗产管理人在接受遗产后,应当妥善保管遗产,这是遗产管理人最基本的职责。遗产的毁损、灭失包括两种情况:第一种是物理上的毁损、灭失。第二种是法律上的毁损、灭失。比如,遗产中的部分动产遭受侵权威胁,或者被侵权人占有,甚至被犯罪分子盗窃等,遗产的完整权利受到威胁,此时遗产管理人也应当采取必要的法律措施,确保遗产不遭受非法侵害。

4. 处理被继承人的债权债务。遗产不仅包括各种动产、不动产,还包括被继承人所享有的各种债权。遗产管理人的职责之一就是处理被继承人的债权债务。遗产管理人在清理遗产时,发现被继承人生前有债权的,应当依法向债务人主张债权。在分割遗产之前,遗产管理人还应当清偿被继承人生前所负债务。

5. 按照遗嘱或者依照法律规定分割遗产。遗产管理人的最终任务就是分割遗产。如果被继承人生前留下了遗嘱,遗产管理人应当根据被继承人所立遗嘱处理遗产。如果被继承人生前没有留下遗嘱,遗产管理人则需要按照法定继承的相关规则来分割遗产。

6. 实施与管理遗产有关的其他必要行为。遗产管理人除了实施前面五项管理遗产的必要行为之外,还应当实施其他与管理遗产有关的必要行为,比如参与涉及遗产的有关事项、对遗产情况开展必要的调查等。

这些职责是所有遗产管理人的法定职责,包括人民法院指定的遗产管理人,立遗嘱人指定的遗嘱执行人和继承人推选的遗产管理人,他们都必须履行这些法定职责。

二、撤销的范围与事由

根据本条规定,遗产管理人违反法定职责,严重侵害继承人、受遗赠人或者债权人合法权益的,利害关系人就可以申请人民法院撤销遗产管理人资格。

1. 撤销的范围。根据本条的规定,只要遗产管理人违反法定职责符合法定条件,利害关系人就可以申请人民法院撤销遗产管理人资格。本条规定对遗产管理人并未作特别限定,因此既包括人民法院指定的遗产管理人,也包括立遗嘱人选定的遗嘱执行人,继承人推选的遗产管理人。既包括担任遗产管理人的自然人,也包括担任遗产管理人的法人。

2. 撤销的事由。根据本条规定,申请撤销遗产管理人资格,需要满足两方面的条件:第一,遗产管理人违反法定职责。遗产管理人的法定职责包括上述六个方面,遗产管理人必须按照法律规定履行职责,怠于履行或者不履行法定职责,都可能造成遗产的损失或者减少,损害利害关系人的权益。遗产管理人违反法定职责,不论其在主观上是故意还是过失,只要其违反了法定职责即可。遗产管理人违反法定职责,既可以是积极的作为,也可以是消极的不作为。比如,遗产管理人不制作遗产清单,就是不作为;又如,遗产管理人明明知道债务人迟迟不履行债务,却不及时向债务人主张权利,导致债权超过诉讼时效,这也属于消极不作为,即没有及时处理被继承人的债权债务。第二,遗产管理人的行为严重侵害利害关系人的合法权益。遗产管理人的行为必须达到一定程度,利害关系人才能申请人民法院撤销其资格。根据本条规定,就是要严重损害利害关系人的合法权益。如果遗产管理人的行为并未造成利害关系人权益的严重损害,则不符合申请撤销的条件。所谓严重侵害,就是遗产管理人的行为导致遗产价值重大贬损或者灭失,或者被继承人的重大债权未能依法追回,或者受遗赠人未能获得受遗赠的财产,债权人的债权遭受重大损失,等等。当然,利害关系人的合法权益遭受重大损失与遗产管理人违反法定职责之间必须有因果关系,这些损失必须是由于遗产管理人怠于履行或者未履行职责造成的。

三、撤销程序

利害关系人申请撤销遗产管理人资格,同样需要向人民法院提出申请,人民法院经审查核实后依法作出判决。

1. 申请人的范围。根据本条规定，有权申请人民法院撤销遗产管理人资格的主体主要包括三类：第一类是继承人。继承人有权继承遗产，因此，与遗产的利害关系甚为密切，如果遗产管理人不尽心履职，直接危及继承人继承权的实现。继承人的继承权因为遗产管理人的行为受到不利影响的，应当赋予继承人救济渠道，维护其继承权。当然，如果继承人已经根据民法典第1124条的规定书面声明放弃继承，则遗产的多寡有无与其已经没有利害关系了，其自然也就无权申请撤销遗产管理人资格。如果继承人未就是否放弃继承作出任何意思表示，根据民法典的规定则视为接受继承，因此，这种继承人在遗产处理期间有权提出申请。第二类是受遗赠人。受遗赠人就是根据遗嘱或者遗赠扶养协议，接受被继承人遗产的人。受遗赠人是潜在的接受遗产的人，遗产管理是否妥当，也会直接影响其合法权益，在遗产管理人不履行法定职责严重侵害其权益时，法律也有必要赋予其申请撤销遗产管理人资格的权利。当然，根据民法典第1124条的规定，受遗赠人应当在知道受遗赠后60日内作出接受或者放弃受遗赠的表示，到期未表示的视为放弃受遗赠。因此，受遗赠人申请撤销遗产管理人资格的前提是，其在法定期限内作出了接受遗赠的意思表示。因为只有其接受遗赠，遗产才与其有直接的利害关系。第三类是债权人。根据民法典第1159条的规定，分割遗产前，应当清偿被继承人的债务。如果遗产管理人不管理好遗产，可能导致遗产减少或者灭失，进而使得被继承人生前所负债务无法偿还，损害债权人的权利。遗产管理人的履职行为与债权人存在直接的利害关系。

2. 提出撤销申请。由于申请的目的在于撤销遗产管理人资格，因此，此类案件的被申请人就是现有的遗产管理人。当事人如果认为遗产管理人未履行法定职责，也应当依法向人民法院提出书面申请，写清楚当事人的基本信息，申请撤销遗产管理人资格的事由。申请中应当详细陈述遗产管理人未履行什么法定职责，遗产管理人的行为给继承人、受遗赠人或者债权人造成了哪些重大损失。同时，应当提供证明遗产管理人失职行为的证据材料。

3. 审查核实。人民法院在依法受理当事人的申请后，同样应当审查核实遗产管理人是否存在违反法定职责的行为，其行为是否损害了利害关系人的合法权益，造成的损害是否重大，遗产管理人的失职行为与损害结果之间是否存在因果关系。当然，需要注意的是，如果利害关系人认为遗产管理人的行为已经对自己的合法权益造成损害,仅要求遗产管理人承担赔偿责任,则根据本法第 186 条的规定,人民法院应当裁定终结遗产管理指定程序,告知当事人另行起诉。

4. 判决撤销资格,并重新指定。人民法院经审查核实,认定遗产管理人存在违反法定职责的情形,且确实已严重损害利害关系人的合法权益的,人民法院应当依法作出判决,判决事项包括两个方面:一是撤销遗产管理人资格,即依法取消原先遗产管理人管理遗产的法律资格,这种撤销自判决生效时即发生法律效力。二是重新指定遗产管理人。利害关系人申请撤销遗产管理人资格并非根本目的,只有重新指定更为称职的遗产管理人才能真正维护其合法权益。因此,人民法院应当判决指定新的遗产管理人。对于人民法院撤销遗产管理人资格的判决,当事人也是不能上诉的。

第五节 认定公民无民事行为能力、限制民事行为能力案件

第一百九十八条 申请认定公民无民事行为能力或者限制民事行为能力,由利害关系人或者有关组织向该公民住所地基层人民法院提出。

申请书应当写明该公民无民事行为能力或者限制民事行为能力的事实和根据。

【释义】 本条是关于认定公民无民事行为能力、限制民事行为能力案件的规定。

一、无民事行为能力人、限制民事行为能力人的含义

民事权利能力,是指享有民事权利、承担民事义务的资格。根据民法典第 13 条的规定,自然人从出生时起到死亡时止,具有民事权利能力,依法享有民事权利,承担民事义务。这就是说,自然人不分男女老幼,不分民族信仰,都有资格享有民事权利和承担民事义务。

公民都具有民事权利能力,但不是都享有民事行为能力。民事行为能力是指独立地行使民事权利、履行义务的能力。这个能力不是人人具备的。

按照民事行为能力的大小或者有无,民法典将民事主体分为以下三类。

1. 完全民事行为能力人。根据民法典第 17 条、第 18 条的规定,18 周岁以上的自然人为成年人,成年人为完全民事行为能力人。16 周岁以上的未成年人,以自己的劳动收入为主要生活来源的,视为完全民事行为能力人。

2. 限制民事行为能力人。根据民法典第 19 条、第 22 条的规定,8 周岁以上的未成年人以及不能完全辨认自己行为的成年人为限制民事行为能力人。

3. 无民事行为能力人。根据民法典第 20 条、第 21 条的规定,不满 8 周岁的未成年人及不能辨认自己行为的成年人为无民事行为能力人。

二、审理认定公民无民事行为能力、限制民事行为能力的程序

《最高人民法院关于适用〈中华人民共和国民事诉讼法〉的解释》第 347 条规定,在诉讼中,当事人的利害关系人或者有关组织提出该当事人不能辨认或者不能完全辨认自己的行为,要求宣告该当事人无民事行为能力或者限制民事行为能力的,应由利害关系人或者有关组织向人民法院提出申请,由受诉人民法院按照特别程序立案审理,原诉讼中止。法律设定该项制度主要是为了保护被申请认定人的合法权益。认定公民无民事行为能力、限制民事行为能力案件的条件有:

1. 必须有被申请认定人不能辨认或者不能完全辨认自己行为的事实存在。人民法院认定公民无民事行为能力、限制民事行为能力的案件,必须要以该公民确实已经不具有正常人从事民事交往活动所必需的智商和心理状态为特征。具体来说,人民法院可以通过司法精神病学鉴定来认定该公民是否不能辨认自己的行为或者不能完全辨认自己的行为。如果没有相关鉴定,也可以参照医院的诊断证明书来认定。在没有鉴定、诊断的情况下,可以参照群众对被申请认定人公认的程度去认定。

2. 必须由被申请认定人的利害关系人或者有关组织提出申请。申请人是被申请认定的公民的利害关系人或者有关组织。利害关系人包括近亲属和其他利害关系人。根据民法典第 24 条第 3 款的规定,有关组织包括居民委员会、村民委员会、学校、医疗机构、妇女联合会、残疾人联合会、依法设立的老年人组织、民政部门等。

3. 必须采取书面形式提出。申请人提出申请必须以书面形式,不得以口头形式提出,申请书应当写明该公民无民事行为能力或者限制民事行为能力的事实和根据,即该公民的精神健康情况,丧失民事行为能力或者部分丧失

民事行为能力的原因及其表现,是否经医疗机构诊断以及医生对该公民病情的诊断情况等,都应在申请书中具体写明。

4.申请认定公民无民事行为能力、限制民事行为能力的案件应向被申请认定人住所地的基层人民法院提出。申请人应当向被申请认定人住所地的基层人民法院提出,这样便于就近了解该公民的实际情况。

第一百九十九条 人民法院受理申请后,必要时应当对被请求认定为无民事行为能力或者限制民事行为能力的公民进行鉴定。申请人已提供鉴定意见的,应当对鉴定意见进行审查。

【释义】 本条是关于对被请求认定为无民事行为能力或者限制民事行为能力的公民进行医学鉴定的规定。

被请求认定为无民事行为能力、限制民事行为能力的公民是否符合认定条件,一般应以医学鉴定为依据。人民法院在必要时应当对被请求认定为无民事行为能力或者限制民事行为能力的公民进行医学鉴定。申请人提出申请时,已经将有关医院出具的能够确切表明被申请认定人系不能辨认自己行为的人的鉴定意见作为证据提交人民法院,审判人员对申请人提供的鉴定意见审查核实后无疑问的,就不必再进行医学鉴定;如果不够确定,则应当由人民法院指定鉴定机构重新鉴定。

第二百条 人民法院审理认定公民无民事行为能力或者限制民事行为能力的案件,应当由该公民的近亲属为代理人,但申请人除外。近亲属互相推诿的,由人民法院指定其中一人为代理人。该公民健康情况许可的,还应当询问本人的意见。

人民法院经审理认定申请有事实根据的,判决该公民为无民事行为能力或者限制民事行为能力人;认定申请没有事实根据的,应当判决予以驳回。

【释义】 本条是关于审理认定公民无民事行为能力或限制民事行为能力案件的有关事项的规定。

基层人民法院认定公民无民事行为能力或者限制民事行为能力的判决,

是终审判决。

人民法院审理认定公民无民事行为能力、限制民事行为能力的案件,应当由该公民的近亲属为代理人,但如果该近亲属就是申请人,则这个近亲属就不能充当代理人。根据民法典的规定,近亲属包括配偶、父母、子女、兄弟姐妹、祖父母、外祖父母、孙子女、外孙子女。近亲属互相推诿的,由人民法院指定其中一人为代理人。在审理中,如果该公民的健康状态允许,那么指定谁做代理人,还需询问被申请认定人本人的意见。

人民法院受理认定公民无民事行为能力、限制民事行为能力案件后,经过审理,应根据不同情况作出判决:一种情况是,人民法院经审查认为,申请没有根据,该公民并未丧失民事行为能力,不能认定该公民为无民事行为能力或者限制民事行为能力人,应当判决驳回申请。另一种情况是,经过审理,人民法院有充分的事实根据认为,该公民不能辨认自己的行为或者不能完全辨认自己的行为,应当判决认定该公民为无民事行为能力或者限制民事行为能力人。公民被宣告为无民事行为能力或者限制民事行为能力人后,应当为其指定监护人。监护人的职责是代理被监护人实施民事法律行为,保护被监护人的人身权利、财产权利以及其他合法权益等。如果监护人不履行监护职责或者侵害被监护人的合法权益,应当承担法律责任。给被监护人造成财产损失的,应当赔偿损失。

第二百零一条 人民法院根据被认定为无民事行为能力人、限制民事行为能力人本人、利害关系人或者有关组织的申请,证实该公民无民事行为能力或者限制民事行为能力的原因已经消除的,应当作出新判决,撤销原判决。

【释义】 本条是关于撤销认定公民无民事行为能力或者限制民事行为能力的判决的规定。

公民被认定为无民事行为能力人或者限制民事行为能力人后,就需要有人对其进行监护。民法典对监护人的范围和顺序作出了规定。根据民法典第 28 条的规定,"无民事行为能力或者限制民事行为能力的成年人,由下列有监护能力的人按顺序担任监护人:(一)配偶;(二)父母、子女;(三)其他近亲属;(四)其他愿意担任监护人的个人或者组织,但是须经被监护人住所地的居民委员会、村民委员会或者民政部门同意"。

公民的民事行为能力既可能完全或者部分丧失,当然也有可能部分或者完全恢复。认定公民无民事行为能力或者限制民事行为能力,其目的就是保护他们的民事权益和民事活动的正常进行。如果判决认定该公民无民事行为能力或限制民事行为能力的原因已经消除,经本人、利害关系人或者有关组织的申请,人民法院在查清事实的基础上,应当作出新判决,撤销原判决。判决送达后,该公民就成为完全民事行为能力人,对自己的行为负完全责任,原判决指定的监护人就不再是该公民的监护人。

第六节 认定财产无主案件

第二百零二条 申请认定财产无主,由公民、法人或者其他组织向财产所在地基层人民法院提出。
申请书应当写明财产的种类、数量以及要求认定财产无主的根据。

【释义】 本条是关于申请认定无主财产的规定。

认定财产无主案件,是指对于所有人不明或者所有人不存在的财产,人民法院根据申请人的申请,查明属实后,作出判决,宣布为无主财产,判归国家或者集体所有的案件。

一般而言,任何财产都是有主的,财产所有人对财产有依法占有、使用、收益、处分的权利。但在实际生活中,经常会出现财产与财产所有人相分离的情形,财产所有人不知其为他人的财产,或者财产所有人死亡而又无人继承,这样就出现了财产无主的事实。此时,法律就有必要对无主财产进行确认,以助于对该财产的管理和保护,做到物尽其用,发挥该项财产应有的经济价值和效益,维护社会生产和生活的稳定。

认定财产无主案件的成立,需要具备以下几个条件:一是需要认定的财产必须是有形财产。无形财产或者精神财富,不能成为认定财产无主案件的对象。二是财产所有人确已消失或者财产所有权人不明,权利的归属问题长期无法确定。三是财产没有所有人或者所有人不明的,其无主的持续状态超过一定期限。

财产无主的情况主要包括以下几种情形:(1)所有人不明的埋藏物、隐藏物被发现;(2)遗失物(包括源流物、失散的饲养动物等)被拾到,经公安机关或者有关单位公告招领满一年无人认领的;(3)无人继承的财产,包括被继承人死亡后没有继承人、全部继承人放弃继承或者丧失继承权情况下的遗产;(4)财产没有所有人或者所有人不明的,如房产所有人不明,停靠在海边的船舶的所有人不明等。

财产无主使财产处于无人管理的状态,通过认定财产无主案件的审理程序,能够确定财产关系,维护国家、集体和个人的利益,稳定社会经济秩序,使物尽其用,为社会创造更多的财富。

无主财产是不是真的"无主"了?如果是真的无主,财产应当归谁?认定财产无主案件要解决的就是这两个问题。解决这两个问题的权力应当由人民法院行使,由人民法院发出公告,从法律上加以确认和解决。

申请认定财产无主案件的程序:

1. 申请。根据本条规定,申请人可以是公民、法人或者其他组织。一般而言,公民申请,大致有两种情况:一是他发现了无主财产;二是他知道原主,但原财产所有人已经死亡而该财产又无继承人,无人对财产主张权利。法人或者其他组织提出申请,主要有两种情况:一是在其主管范围内发现了无主财产;二是财产的原所有人是其成员或者与其有经济上的联系,而该原财产所有人无继承人等。申请人应提交申请书。申请书主要写明财产的种类、数量以及要求认定财产无主的根据。《最高人民法院关于适用〈中华人民共和国民事诉讼法〉的解释》第348条规定,认定财产无主案件,公告期间有人对财产提出请求的,人民法院应当裁定终结特别程序,告知申请人另行起诉,适用普通程序审理。

2. 管辖。审理认定财产无主案件的管辖法院是财产所在地的基层人民法院。这样规定,主要是便于法院了解无主财产的情况,便于寻找原财产所有人,便于法院及时作出裁判。

第二百零三条　人民法院受理申请后,经审查核实,应当发出财产认领公告。公告满一年无人认领的,判决认定财产无主,收归国家或者集体所有。

【释义】　本条是关于认定财产无主案件审理的规定。

人民法院决定受理申请认定财产无主案件后,应当进行认真的审查核实,如果查明是有主的,即应作出驳回申请人申请的判决,并通知所有人认领财产。财产所有人确实查不清的,应当发出财产认领公告。如果公告期间有人主张权利,也应作出驳回申请人申请的判决。如果公告期满一年无人认领,则应判决认定财产无主。根据不同情况,将财产收归国家或者集体所有。财产被他人占有的,占有人应自判决生效之日起将财产交还给国家或者集体。

> **第二百零四条** 判决认定财产无主后,原财产所有人或者继承人出现,在民法典规定的诉讼时效期间可以对财产提出请求,人民法院审查属实后,应当作出新判决,撤销原判决。

【释义】 本条是关于撤销认定财产无主判决的规定。

现实中,有的财产并非无主财产,而是财产所有人或者继承人因未见到公告等原因没能在人民法院公告期内前来认领财产。为了保护财产所有人或者继承人的合法利益,法律允许他们在一定期限内要求撤销已生效的宣告财产无主的判决。也就是说,人民法院作出认定财产无主的判决并将财产收归国家或者集体所有之后,如果原财产所有人或者合法继承人出现并在诉讼时效期间内对财产提出请求,人民法院不应以公告期满为由驳回申请,而应审查其是否属实。不属实的,驳回申请;属实的,应当作出新判决,撤销原判决。国家或者集体应将财产归还,如果已经损失,应当给予适当补偿;原财产已不复存在的,应按原财产的实际价值折价返还。

需要说明的是,民法典通过并实施后,普通诉讼时效期间已由原来的2年修改为3年。

第七节　确认调解协议案件

> **第二百零五条** 经依法设立的调解组织调解达成调解协议,申请司法确认的,由双方当事人自调解协议生效之日起三十日内,共同向下列人民法院提出:

> （一）人民法院邀请调解组织开展先行调解的，向作出邀请的人民法院提出；
> （二）调解组织自行开展调解的，向当事人住所地、标的物所在地、调解组织所在地的基层人民法院提出；调解协议所涉纠纷应当由中级人民法院管辖的，向相应的中级人民法院提出。

【释义】 本条是关于当事人向人民法院申请司法确认调解协议的规定。

2017年民事诉讼法第194条规定："申请司法确认调解协议，由双方当事人依照人民调解法等法律，自调解协议生效之日起三十日内，共同向调解组织所在地基层人民法院提出。"2021年对此作了修改，主要体现在两个方面：一是扩大了司法确认程序的适用范围。从类型上看，除人民调解以外，对其他依法设立的调解组织调解达成的调解协议也可以申请司法确认；从法院层级上看，除基层人民法院外，中级人民法院也可以适用司法确认程序。二是调整了司法确认案件的管辖规则。人民法院邀请调解组织开展先行调解的，按照"谁邀请、谁受理"的原则确定管辖法院。调解组织自行开展调解的，除调解组织所在地外，还增加了当事人住所地、标的物所在地两个管辖连接点；按照诉讼案件级别管辖的管辖标准，调解协议所涉纠纷应当由中级人民法院管辖的，由相应的中级人民法院受理司法确认申请。

理解本条规定，需要注意以下几点：

第一，关于申请司法确认的调解协议的范围。

2021年民事诉讼法修改时，扩大了司法确认程序的适用范围，将可以申请司法确认的调解协议的范围扩大至"经依法设立的调解组织调解达成调解协议"。依法设立的调解组织，既要满足一定的实体条件，如机构性质、职能范围、组织架构、人员、场所、经费等，也要遵循有关的设立程序要求，如按照规定提供证明文件、需要审批的完成审批手续，按照法律规定的要求进行登记等。只有经依法设立的调解组织调解达成的调解协议，才可以向法院申请司法确认。

第二，关于当事人申请司法确认的形式。

调解协议生效后，如果当事人想通过人民法院确认调解协议的效力，应当共同申请。现实中，许多纠纷经调解达成协议后，当事人都能自觉履行，但也存在不能即时履行调解协议的情况。有的当事人为防止在履行调解协议的过程中发生变故,希望通过司法程序来确认协议的效力。需要指出的是,"司法确认"是对已生效的调解协议的确认,并不是调解协议生效的必经程序。按照人民调解法的规定,当事人达成书面调解协议的,调解协议自各方当事人签名、盖章或者按指印,人民调解员签名并加盖人民调解委员会印章之日起生效;口头调解协议自各方当事人达成协议之日起生效。在调解协议达成后,如果双方当事人认为没有进行司法确认的必要,比如调解协议即时履行完毕,或者调解协议的内容不涉及民事给付内容,双方当事人可以不申请司法确认。如果认为有必要申请司法确认,双方当事人应当共同提出申请。一方当事人提出申请,另一方当事人表示同意的,可以视为共同提出申请。

第三,关于调解协议司法确认的期限。

根据本条规定,申请确认调解协议应当自调解协议生效之日起 30 日内提出。根据《最高人民法院关于适用〈中华人民共和国民事诉讼法〉的解释》的相关规定,当事人申请司法确认调解协议,应当向人民法院提交调解协议、调解组织主持调解的证明,以及与调解协议相关的财产权利证明等材料,并提供双方当事人的身份、住所、联系方式等基本信息。当事人未提交上述材料的,人民法院应当要求当事人限期补交。同时,确认调解协议的裁定作出前,当事人撤回申请的,人民法院可以裁定准许。当事人无正当理由未在限期内补充陈述、补充证明材料或者拒不接受询问的,人民法院可以按撤回申请处理。

第四,关于司法确认的管辖法院。

人民法院邀请调解组织开展先行调解的,按照"谁邀请、谁受理"的原则确定管辖法院。实践中,法院对于适宜调解的纠纷,通常以诉前委派调解组织调解的方式解决。本条中的"邀请"主要指人民法院的"特邀","先行调解"即指"诉前调解"。根据本条规定,诉前委派调解的,向作出委派的人民法院提出司法确认申请。需要注意的是,此处邀请调解的主体既可以是基层人民法院,也可以是中级人民法院。

调解组织自行开展调解的,其管辖规则须遵循实际联系原则。"调解组织自行调解"是指非经法院委派,当事人主动申请调解组织调解的情形。针对此类调解协议,2021 年修改民事诉讼法时,在保留"调解组织所在地"的基础上遵循实际联系原则,增加了"当事人住所地"和"标的物所在地"两个管辖连接点。这一方面为当事人申请司法确认提供了更多便利,另一方面也有利于人民法院审查和执行调解协议,加强对调解组织的监督和指导。针对该类司法确认申请,人民法院应当加大审查力度,切实防止虚假调解。

本条第 2 项中的"调解协议所涉纠纷应当由中级人民法院管辖的,向相应的中级人民法院提出",应当理解为只有在调解协议所涉纠纷的标的额、案件类型等符合中级人民法院管辖案件的范围时,当事人申请司法确认的,才应当向中级人民法院提出。向中级人民法院申请司法确认的,应当遵循本条第 2 项关于管辖连接点的规定,向"当事人住所地、标的物所在地、调解组织所在地"的中级人民法院提出,而不能把该项的前半句和后半句割裂开来理解。

第二百零六条 人民法院受理申请后,经审查,符合法律规定的,裁定调解协议有效,一方当事人拒绝履行或者未全部履行的,对方当事人可以向人民法院申请执行;不符合法律规定的,裁定驳回申请,当事人可以通过调解方式变更原调解协议或者达成新的调解协议,也可以向人民法院提起诉讼。

【释义】 本条是关于人民法院受理当事人确认调解协议的申请后如何处理的规定。

在调解协议司法确认制度出现之前,调解和民事诉讼的衔接一般有两种情况:一是调解达成协议当事人自觉履行的,不必进入诉讼程序;不履行协议的,通过诉讼解决争议。二是调解不成的,另行起诉。调解协议的司法确认制度将非诉讼纠纷解决机制与诉讼解决机制进行了有机的衔接。

一、对调解协议的审查

人民法院受理调解协议司法确认的申请后,应当对调解协议进行审查,经审查作出如下两种处理:一是调解协议符合法律规定的,裁定调解协议有效。二是调解协议不符合法律规定的,裁定驳回申请。审查调解协议是否符合法律规定,主要考虑以下情形:一是通过调解方式解决纠纷是否出于当事人自愿;二是调解协议的内容是否违反法律;三是达成调解协议是否出于当事人自愿,是否有重大误解或者显失公平等严重违背其真实意思表示的情形。经过审查,只有符合法律规定的,才裁定确认该调解协议有效;否则,就要驳回申请。

二、司法确认的效力

人民法院确认调解协议效力的裁定自送达双方当事人后发生法律效力,一方当事人拒绝履行或者未全部履行调解协议所约定的义务的,对方当事人可以向人民法院申请强制执行。根据本法有关规定,执行管辖法院是作出裁定的基层人民法院或者是被执行财产所在地的基层人民法院。

三、对申请司法确认的救济

申请人民法院确认调解协议的效力有两种结果,相应地也有两种救济方式:一是人民法院裁定确认调解协议,但当事人认为该裁定有错误的,可以按照审判监督程序的规定申请再审;二是人民法院驳回了司法确认的申请,对此,当事人可以通过调解方式变更原调解协议或者达成新的调解协议,也可以向人民法院提起诉讼。

第八节　实现担保物权案件

担保物权是以直接支配特定财产的交换价值为内容,以确保债权实现为目的而设定的物权。担保物权包括抵押权、质权和留置权。担保物权的实现,是指债务人不能履行债务时,担保物权人经法定程序,通过将担保标的物拍卖、变卖等方式,使其债权得到优先受偿的过程。

关于担保物权的实现方式,法律的规定有一个变化过程。1995 年担保法(已失效)第 53 条第 1 款规定:"债务履行期届满抵押权人未受清偿的,可以与抵押人协议以抵押物折价或者以拍卖、变卖该抵押物所得的价款受偿;协议不成的,抵押权人可以向人民法院提起诉讼。"随着经济的不断发展,实践中出现了无期限拖欠工程款且拖欠数额庞大的问题,不仅影响了工程建设进度,制约了投资效益的提高,也制约了建设企业的经营和发展。为了切实解决拖欠工程款的问题,保障承包人价款债权的尽快实现,1999 年合同法(已失效)第 286 条规定:"发包人未按照约定支付价款的,承包人可以催告发包人在合理期限内支付价款。发包人逾期不支付的,除按照建设工程的性质不宜折价、拍卖的以外,承包人可以与发包人协议将该工程折价,也可以申请人民法院将该工程依法拍卖。建设工程的价款就该工程折价或者拍卖的价款优先受偿。"该条规定发包人未按约定支付价款,经承包人催告后在合理期限内仍不支付的,承包人可以申请人民法院将该工程依法拍卖,但该规定没有明确要求通过诉讼实现其法定优先权。在 2007 年物权法(已失效)的制定过程中,有的意见提出,抵押权必须通过诉讼实现,这使得抵押权的实现程序复杂且漫长,不利于保障债权人的利益。为使抵押权的实现程序更加简便,应当允许抵押权人在协议不成的情况下,直接向人民法院申请拍卖、变卖抵押财产。因此,物权法修改了担保法的规定,明确"抵押权人与抵押人未就抵押权实现方式达成协议的,抵押权人可以请求人民法院拍卖、变卖抵押财产"。2020 年的民法典物权编延续了该规定。尽管实体法对担保物权的实现作出了规定,但在 2012 年民事诉讼法修改之前,本法却没有相应的程序制度保障担保物权的实现。

基于上述原因,有关方面建议在民事诉讼法中对担保物权的实现作出衔接性规定。根据各方面的意见和审判实践的需要,2012 年修改民事诉讼法时在特别程序一章中增加了"实现担保物权案件"一节。

第二百零七条　申请实现担保物权,由担保物权人以及其他有权请求实现担保物权的人依照民法典等法律,向担保财产所在地或者担保物权登记地基层人民法院提出。

【释义】　本条是关于申请实现担保物权的主体及管辖法院的规定。本条规定包括两方面内容:

一、申请实现担保物权的主体

依照本条规定,有权申请人民法院实现担保物权的人包括两类。

1. 担保物权人

本条所称申请实现的担保物权包括抵押权、质权、留置权。担保物权人包括抵押权人、质权人和留置权人。抵押权,是指为担保债务的履行,债务人或者第三人不转移财产的占有,将该财产抵押给债权人,债务人不履行到期债务或者发生当事人约定的实现抵押权的情形时,债权人有权就该财产优先受偿。质权,是指为担保债务的履行,债务人或者第三人将其动产或者权利证书等出质给债权人,债务人不履行到期债务或者发生当事人约定的实现质权的情形时,债权人有权就该动产或权利等优先受偿。质权分为动产质权和权利质权。根据民法典第 426 条的规定,法律、行政法规禁止转让的动产不得出质。根据民法典第 440 条的规定,"债务人或者第三人有权处分的下列权利可以出质:(一)汇票、本票、支票;(二)债券、存款单;(三)仓单、提单;(四)可以转让的基金份额、股权;(五)可以转让的注册商标专用权、专利权、著作权等知识产权中的财产权;(六)现有的以及将有的应收账款;(七)法律、行政法规规定可以出质的其他财产权利"。留置权,是指债权人可以留置已经合法占有的债务人的动产,并有权就该动产优先受偿。

2. 其他有权请求实现担保物权的人

现实中会出现以下情况:一是债务履行期满,债务人未履行债务,质权人控制着质物,又不马上行使质权,其结果可能是质物价格下跌,甚至发生毁损、灭失等。二是留置权人长期持续占有留置财产而不主张实现担保物权,造成留置财产自然损耗或者贬值。为了避免质权人、留置权人怠于行使权利,侵害出质人、债务人的合法权益,民法典第 437 条第 1 款规定:"出质人可以请求质权人在债务履行期限届满后及时行使质权;质权人不行使的,出质人可以请求人民法院拍卖、变卖质押财产。"民法典第 454 条规定:"债务人可以请求留置权人在债务履行期限届满后行使留置权;留置权人不行使的,债务人可以请求人民法院拍卖、变卖留置财产。"为与实体法的内容衔接,本条规定,其他有权请求实现担保物权的人,也可以申请人民法院实现担保物权。

二、管辖法院

根据本条的规定,申请实现担保物权,向担保财产所在地或者担保物权登记地基层人民法院提出。由担保财产所在地法院管辖便于担保财产的查封、扣押;规定由担保物权登记地基层人民法院管辖,主要考虑有些担保财产是财产权利,比如,以注册商标专用权、专利权等知识产权中的财产权和股权、应收账款等设立权利质权,在这种情况下,由担保物权登记地基层人民法院管辖更便于执行。

第二百零八条 人民法院受理申请后,经审查,符合法律规定的,裁定拍卖、变卖担保财产,当事人依据该裁定可以向人民法院申请执行;不符合法律规定的,裁定驳回申请,当事人可以向人民法院提起诉讼。

【释义】 本条是关于审查实现担保物权申请的规定。

人民法院受理申请后,应当对申请人的申请进行审查,经审查,分情形作出裁定:

1. 符合法律规定的,裁定拍卖、变卖担保财产

符合法律规定,主要指的是符合民法典的规定,即具备实现担保物权的条件,如债务确实发生、债务数额无异议、担保物权生效、债务人的债务到期未履行等。这些条件必须都满足,才谈得上实现担保物权的问题。因此,符合这些法律规定,具备实现担保物权条件的,人民法院应当裁定拍卖、变卖担保财产。

拍卖是实现抵押权的最为普通的一种方式。拍卖也称为竞卖,是指以公开竞争的方法将标的物卖给出价最高的买者。以拍卖的方式实现抵押权有很大的优点,因为拍卖是以公开竞价的方式出卖标的物,拍卖的价款能够最大限度地体现拍卖财产的价值,从而充分发挥抵押财产对债权的担保作用。担保标的物不适于拍卖的,人民法院可以委托有关单位变卖或者自行变卖。变卖,是指交由有关单位收购或者代为出售出卖财物,换取现款。为了保证变卖的价格公允,变卖担保财产应当参照市场价格。

2. 不符合法律规定的,裁定驳回申请

不符合法律规定的情况主要有双方对债务是否履行存在争议,对抵押合同的有关条款或者抵押权的效力问题存在争议等。存在这些问题,实际上是实现担保物权的前提条件尚不具备,如果双方就此类事情发生争议,就谈不上实现担保物权的问题。人民法院受理申请后,经审查,不符合法律规定的,裁定驳回申请,当事人可以向人民法院提起诉讼。

第十六章　审判监督程序

审判监督程序是对已经发生法律效力但确有错误的判决、裁定或者调解书,依法重新审理的程序。已经发生法律效力的判决、裁定或者调解书可能存在错误,包括判决、裁定在认定事实、适用法律方面有错误,审判活动违反法定程序影响判决、裁定的正确作出;调解违反自愿原则、调解协议的内容违反法律,调解书损害国家利益、社会公共利益。审判监督程序通过重新审理原案件,纠正生效法律文书的错误,保护当事人的合法权益。从需要重新审理原案件的角度出发,也有将审判监督程序简称为再审程序的。这一程序兼具监督性和补救性的特点。

一、审判监督程序具有监督性

审判监督程序集中体现着国家司法的监督机制,其价值在于保障人民法院依法行使审判权,督促审判人员不断提高审判质量,避免错误,纠正错案,维护司法公正。宪法第132条第2款规定:"最高人民法院监督地方各级人民法院和专门人民法院的审判工作,上级人民法院监督下级人民法院的审判工作。"第134条规定:"中华人民共和国人民检察院是国家的法律监督机关。"国家司法的权威性和正当性,需要合理有效的监督机制。已经发生法律效力的判决、裁定或者调解书是诉讼活动的结果,需要有相应的监督程序避免当事人的权利义务关系被错误处理,避免国家利益、社会公共利益遭受损害。

曾有意见提出,应将"审判监督程序"改为"再审程序";相反意见则提出:"审判监督程序"更能体现法律之间的用语一致。经研究,人民法院组织法、刑事诉讼法等法律,采用的都是"审判监督程序",本法对于同类制度也应用语一致。"审判监督程序"能更全面、恰当地概括本章规定的内容。本章规定了通过哪些途径发现错误,依照什么标准认定错误,如何进行再审审理等。这些规定全面回答了谁来监督、怎样监督以及如何保障监督实效等问题。监督性作为本章程序的重要属性之一,不应被淡化,还应更加鲜明。

二、审判监督程序具有补救性

审判监督程序不是审判程序中的一个审级,而是在特殊情况下才启动的程序,是对受错误判决、裁定、调解书约束的当事人的事后救济。根据本法第 2 条的规定,民事诉讼法的任务之一是确认民事权利义务关系,保护当事人的合法权益。为实现这一任务,我国民事诉讼采用两审终审的法律制度,在案件终审前的各个阶段都规定了相应的纠错机制。例如,为解决审判开始阶段可能出现的错误,本法第 157 条规定,不予受理、驳回起诉或者管辖权异议的裁定,可以上诉;为应对审判过程中可能出现的错误,不仅庭审过程中有申请回避、申请补正笔录等纠错机制,第十四章还专章规定了第二审程序。判决、裁定或者调解书发生法律效力,意味着正常审理程序已经完成,只有之前的纠错机制都未能确保正确认定当事人之间的民事权利义务关系时,才有必要进入审判监督程序,重新审理案件,使特定当事人的合法权益得到保护。可见,我国在一审程序、二审程序之外规定的审判监督程序,不是实行三审终审制,而是在维护和尊重两审终审制基础上的事后补救机制。

审判监督程序的补救性与如何正确认识判决、裁定和调解书的法律效力的问题有关。根据本法第 158 条和第 182 条的规定,最高人民法院和第二审人民法院的判决,法律允许上诉但超过上诉期没有上诉的一审判决,以及依法不准上诉的判决,是发生法律效力的判决。最高人民法院和第二审人民法院的裁定,法律允许上诉但超过上诉期没有上诉的裁定,以及依法不准上诉的裁定,是发生法律效力的裁定。根据本法第 100 条第 3 款的规定,调解书经双方当事人签收后,即具有法律效力。现实中往往存在两方面的疑虑:一方面,通过审判监督程序纠正已经发生法律效力的判决、裁定和调解书,会不会否认司法权威,造成"终审不终"?另一方面,维护已经发生法律效力的判决、裁定和调解书,会不会造成"有错不纠"?要想解除疑虑,需要明确生效判决、裁定和调解书具有什么样的法律效力。一般来说,判决、裁定和调解书所具有的法律效力包括三个方面:一是确定当事人之间的权利义务关系;二是强制当事人履行生效判决、裁定和调解书;三是终结当事人之间的权利义务争议,没有法律规定的特殊条件和专门程序,人民法院不得决定再行审理。

在这三方面的效力中,前两方面直接体现了民事诉讼法的目的,本身就要求不出错误;第三方面既维护了前两方面效力的稳定性和公信力,也说明审判监督程序是有必要存在的。按照审判监督程序依法纠错,不仅不损害司法权威,还是尊重判决、裁定和调解书法律效力的内在要求。

审判监督程序与一审程序和二审程序相比,有以下几点区别:一是审理的对象不同。一审程序审理的对象是当事人之间发生纠纷的权利义务关系,二审程序审理的对象是一审人民法院作出的尚未发生法律效力的判决、裁定,而审判监督程序是对已经发生法律效力的判决、裁定、调解书的审理。二是提起审理的主体不同。一审、二审程序由当事人提起,而审判监督程序可以由当事人提起,也可以由人民法院或者人民检察院提起。三是提起的时间不同。一审程序受诉讼时效限制,二审程序受上诉期限制,审判监督程序在当事人申请再审的情况下,受申请再审期间的限制,而人民法院依职权再审或者依人民检察院抗诉再审不受时间限制。四是提起的理由不同。提起一审程序是因为原告认为自己的民事权利受到了侵害,提起二审程序是因为当事人对一审判决、裁定不服,而提起审判监督程序是发现已经发生法律效力的判决、裁定有错误,或者调解违反自愿原则、调解协议的内容违反法律规定。

2007年和2012年两次修改民事诉讼法都对本章内容作了修改。2007年修改民事诉讼法,着重解决当事人"申诉难"的问题,切实保障当事人申请再审的权利,同时规范申请再审的行为,避免有的当事人无理缠诉,主要作了以下修改补充:一是进一步将再审事由具体化,增强可操作性,减少随意性,避免应当再审的不予再审,切实保障当事人申请再审的权利。二是明确向上一级人民法院申请再审和再审审查的期限。三是完善检察机关法律监督的规定,将人民检察院的抗诉事由进一步具体化,明确接受抗诉的人民法院裁定再审的期限。从修改以后的实施情况来看,审判监督程序的规定缓解了老百姓的"申诉难"的问题,对解决纠纷,化解矛盾起到了积极作用。各方面总体反映良好,还提出了进一步完善的要求。2012年修改民事诉讼法时,针对实践中的需要,主要作了以下修改补充:第一,强化审判监督程序中的检察监督,保证法律的正确实施。一是增加检察建议的监督方式;二是扩大监督范围,将人民法院的调解活动纳入检察监督的范围;三是强化监督手段,增加规定向当事人或者案外人调查核实的检察监督手段。第二,完善再审审级规定,更加方便公民申请再审。第三,增加当事人申请检察建议或者抗诉的程序规定。

经过几次修正,目前本章共16条,对人民法院依职权再审、当事人申请再审的事由、审查再审申请以及审理再审案件的法院、申请再审的期间、人民检察院抗诉而引起的再审、当事人申请检察建议或者抗诉的情形、审理再审案件的程序等问题作出了规定。

> **第二百零九条** 各级人民法院院长对本院已经发生法律效力的判决、裁定、调解书,发现确有错误,认为需要再审的,应当提交审判委员会讨论决定。
>
> 最高人民法院对地方各级人民法院已经发生法律效力的判决、裁定、调解书,上级人民法院对下级人民法院已经发生法律效力的判决、裁定、调解书,发现确有错误的,有权提审或者指令下级人民法院再审。

【释义】 本条是关于人民法院依职权提起再审的规定。

本条规定了发起再审程序的主体之一是人民法院,既包括本院自我监督进行再审,也包括最高人民法院及上级人民法院进行提审或指令下级人民法院再审。

一、对于发生法律效力的判决、裁定的再审

本条第1款是关于作出生效裁判的法院基于自我监督而对案件进行再审的规定。人民法院审理民事案件必须以事实为根据,以法律为准绳,这是我国民事诉讼法的重要原则,但法院的审判人员在认识能力和判断能力上也会有局限性,他们有可能在事实认定或者适用法律方面出现错误。按照有错必纠的原则,各级人民法院应当对本院作出的生效裁判负责。根据本条规定,各级人民法院院长发现本院的生效判决、裁定确有错误,在本院审判委员会确认并决定后,应当进入再审程序。

本条第2款是基于最高人民法院对地方各级人民法院审判工作的监督,以及上级人民法院对下级人民法院审判工作的监督而引起案件再审的规定。按照人民法院组织法的规定,最高人民法院是国家的最高审判机关,有权监督地方各级人民法院和专门人民法院的审判工作。同时,上级人民法院有权监督下级人民法院的审判工作。上级人民法院对下级人民法院审判监督的主要内容之一,就是发现下级人民法院已经发生法律效力的判决、裁定确有错误的,有权提审或者指令下级人民法院再审。

二、对于发生法律效力的调解书的再审

2007年民事诉讼法第182条规定:"当事人对已经发生法律效力的调解书,提出证据证明调解违反自愿原则或者调解协议的内容违反法律的,可以申请再审。经人民法院审查属实的,应当再审。"针对实践中一些人采用欺诈、胁迫、恶意串通等手段,通过调解方式损害国家利益、社会公共利益、他人合法权益的问题,为制止这一不良现象,不仅需要规定当事人可以对调解书申请再审,还需要进一步明确规定人民法院可以对调解书依职权再审,以及检察院可以对调解书提出再审检察建议或者抗诉。为此,结合司法实践中的已有经验,2012年修改民事诉讼法时,在本条增加规定人民法院可以对调解书依职权再审。

三、依职权提起再审的条件

不管是对发生法律效力的判决、裁定还是调解书,提起再审的条件都是"确有错误"。"确有错误"主要是指有本法第211条和第212条规定的各种情形。本法第211条规定:"当事人的申请符合下列情形之一的,人民法院应当再审:(一)有新的证据,足以推翻原判决、裁定的;(二)原判决、裁定认定的基本事实缺乏证据证明的;(三)原判决、裁定认定事实的主要证据是伪造的;(四)原判决、裁定认定事实的主要证据未经质证的;(五)对审理案件需要的主要证据,当事人因客观原因不能自行收集,书面申请人民法院调查收集,人民法院未调查收集的;(六)原判决、裁定适用法律确有错误的;(七)审判组织的组成不合法或者依法应当回避的审判人员没有回避的;(八)无诉讼行为能力人未经法定代理人代为诉讼或者应当参加诉讼的当事人,因不能归责于本人或者其诉讼代理人的事由,未参加诉讼的;(九)违反法律规定,剥夺当事人辩论权利的;(十)未经传票传唤,缺席判决的;(十一)原判决、裁定遗漏或者超出诉讼请求的;(十二)据以作出原判决、裁定的法律文书被撤销或者变更的;(十三)审判人员审理该案件时有贪污受贿,徇私舞弊,枉法裁判行为的。"第212条规定:"当事人对已经发生法律效力的调解书,提出证

据证明调解违反自愿原则或者调解协议的内容违反法律的,可以申请再审。经人民法院审查属实的,应当再审。"

> **第二百一十条** 当事人对已经发生法律效力的判决、裁定,认为有错误的,可以向上一级人民法院申请再审;当事人一方人数众多或者当事人双方为公民的案件,也可以向原审人民法院申请再审。当事人申请再审的,不停止判决、裁定的执行。

【释义】 本条是关于当事人申请再审的规定。

一、当事人对判决、裁定申请再审的条件

一是判决、裁定已经发生法律效力。如果判决、裁定尚未发生法律效力,当事人就不可以申请再审。

二是当事人认为生效判决、裁定有错误。我国再审程序采取了"宽进严出"的做法。所谓"宽进",即只要当事人认为判决、裁定有错误,即有权申请再审。所谓"严出",是指对于当事人的申请,受理的人民法院经过审查以后,认为有本法第211条规定的再审事由的,才能作出裁定,决定再审。采取"宽进严出"的做法,一方面,可以切实保护当事人申请再审的权利,倡导依法维权,维护社会秩序,促进社会和谐。另一方面,体现了尊重判决、裁定已经发生的法律效力,维护司法权威。发生法律效力的判决、裁定需要具有稳定性。如果生效判决、裁定的稳定性总是被打破,不但会使判决、裁定所调整的权利义务关系处于不确定的状态,降低当事人对司法权威的信赖;长远来看,司法权威降低,还有可能导致社会公信力下降。

二、当事人应当向哪一级人民法院申请再审

2007年和2012年两次民事诉讼法修改都涉及应向哪一级人民法院申请再审的规定。

1991年民事诉讼法第178条规定,当事人"可以向原审人民法院或者上一级人民法院申请再审"。也就是说,当事人申请再审,既可以向原审人民法院提出,也可以向上一级人民法院提出。2007年修改民事诉讼法,删除了当事人向原审人民法院申请再审的规定,只保留了当事人可以向上一级人民法院申请再审的规定。之所以这样修改,一方面是为了避免多头申诉、重复审查;另一方面,也可以避免原审人民法院自我纠错较为困难的情况,打消当事人对原审人民法院不公正处理的顾虑。

从实践情况来看,当事人申请再审应当向上一级人民法院提出的规定,受到了当事人的欢迎,效果总体是好的;但是从方便公民申请再审的角度看,还有两方面的情况需要考虑:一是,有些发生法律效力的判决、裁定,涉及的当事人都是公民,有的当事人向上一级人民法院申请再审时会遇到交通不便、开销较大等不便因素,愿意选择向原审人民法院申请再审。二是,有些发生法律效力的判决、裁定,涉及的当事人一方人数众多,由原审人民法院再审,有利于查清事实,将纠纷解决在当地。基于上述两方面情况,2012年修改民事诉讼法时,一方面坚持了当事人向上一级人民法院申请再审的原则,另一方面也积极回应司法实践需要,明确对当事人一方人数众多或者当事人双方为公民的民事案件,也可以向原审人民法院申请再审。

把握这一规定需要注意三点:第一,向上一级人民法院申请再审是一般原则;第二,向原审人民法院申请再审是例外规定,只能在当事人一方人数众多或者当事人双方为公民的案件中可以作为当事人的选择之一,其他案件还是要向上一级人民法院申请再审;第三,允许当事人在上一级人民法院和原审人民法院之中选择其一申请再审,并不意味着可以多头申诉、重复申请。如果当事人已经向原审人民法院提出再审申请,就不应当再向上一级人民法院提出;反之亦然。

三、申请再审与执行程序的关系

当事人申请再审的,不停止判决、裁定的执行。根据本法第215条的规定,人民法院对再审申请的审查期间为3个月。在作出是否进入再审程序的裁定前,不停止该判决、裁定的执行。一旦裁定进入再审程序,依照本法第217条的规定,对于追索赡养费、扶养费、抚养费、抚恤金、医疗费用、劳动报酬等案件,决定再审的人民法院可以不中止执行;而对于其他案件,决定再审的人民法院应当裁定中止原判决、裁定的执行。

2021年8月,第十三届全国人大常委会第三十次会议通过《全国人民代表大会常务委员会关于授权最高人民法院组织开展四级法院审级职能定位改革试点工作的决定》,授权最高人民法院暂时调整适用本条规定,试点期限为2年。试点期满后,对实践证明可行的,应当修改完善有关法律;对实践证明不宜调整的,恢复施行有关法律规定。同年9月,最高人民法院印发《关于完善四级法院审级职能定位改革试点的实施办法》,改革申请再审程序,限缩了当事人向最高人民法院申请再审的条件,规定当事人对高级人民法院作出的已经发生法律效力的判决、裁定,认为有错误的,应当向原审高级人民法院申请再审,但当事人对原判决、裁定认定的基本事实和适用的诉讼程序等无异议,认为适用法律有错误的,或者原判决、裁定经高级人民法院审判委员会讨论决定的,可以向最高人民法院申请再审。2022年12月,第十三届全国人大常委会第三十八次会议对最高人民法院提请审议的《中华人民共和国民事诉讼法(修正草案)》进行了初审。该修正草案在本条增加了一款作为第2款,规定:"当事人对高级人民法院作出的已经发生法律效力的判决、裁定,认为有错误的,应当向原审高级人民法院申请再审;符合下列情形之一的,可以向最高人民法院申请再审:(一)当事人对原判决、裁定认定的事实和适用的诉讼程序等无异议,认为适用法律有错误的;(二)原判决、裁定经高级人民法院审判委员会讨论决定的。"并将"当事人申请再审的,不停止判决、裁定的执行"作为本条第3款。在修正草案征求意见过程中,不少意见提出,这一规定大大提高了当事人向最高人民法院申请再审的门槛,可能会滋生地方保护主义,限制当事人的诉讼权利,建议删除。经与最高人民法院反复沟通,最高人民法院提出,根据四级法院审级职能定位改革试点的实践情况,目前修改这一制度的条件还不成熟,建议不作修改。最终,本条维持了此前的规定,未作修改。

第二百一十一条 当事人的申请符合下列情形之一的,人民法院应当再审:

(一)有新的证据,足以推翻原判决、裁定的;

(二)原判决、裁定认定的基本事实缺乏证据证明的;

(三)原判决、裁定认定事实的主要证据是伪造的;

(四)原判决、裁定认定事实的主要证据未经质证的;

(五)对审理案件需要的主要证据,当事人因客观原因不能自行收集,书面申请人民法院调查收集,人民法院未调查收集的;

(六)原判决、裁定适用法律确有错误的;

(七)审判组织的组成不合法或者依法应当回避的审判人员没有回避的;

(八)无诉讼行为能力人未经法定代理人代为诉讼或者应当参加诉讼的当事人,因不能归责于本人或者其诉讼代理人的事由,未参加诉讼的;

(九)违反法律规定,剥夺当事人辩论权利的;

(十)未经传票传唤,缺席判决的;

(十一)原判决、裁定遗漏或者超出诉讼请求的;

(十二)据以作出原判决、裁定的法律文书被撤销或者变更的;

(十三)审判人员审理该案件时有贪污受贿,徇私舞弊,枉法裁判行为的。

【释义】 本条是关于申请再审条件的规定。

申请再审是当事人的一项权利,即当事人只要认为判决、裁定有错误,就可以申请再审,但决定进入再审程序,则需要符合严格的条件。因为发生法律效力的判决、裁定具有稳定性和公信力,非经法定的条件和程序是不能撤销和改判的。明确应当再审的具体情形,可以增强当事人申请再审的可操作性,减少进入再审的随意性,避免应当再审的不予再审,不应当再审的不当再审,切实保障当事人的申诉权利,维护正确判决、裁定已经发生的法律效力。

1991年民事诉讼法第179条第1款规定:"当事人的申请符合下列情形之一的,人民法院应当再审:(一)有新的证据,足以推翻原判决、裁定的;(二)原判决、裁定认定事实的主要证据不足的;(三)原判决、裁定适用法律确有错误的;(四)人民法院违反法定程序,可能影响案件正确判决、裁定的;(五)审判人员在审理该案件时有贪污受贿,徇私舞弊,枉法裁判行为的。"2007年修改民事诉讼法时细化了上述规定。2007年修改后的民事诉讼法第179条第1款规定:"当事人的申请符合下列情形之一的,人民法院应当再审:(一)有新的证据,足以推翻原判决、裁定的;(二)原判决、裁定认定的基本事实缺乏证据证明的;(三)原判决、裁定认定事实的主要证据是伪造的;(四)原判决、裁定认定事实的主要证据未经质证的;(五)对审理案件需要的证据,当事人因客观原因不能自行收集,书面申请人民法院调查收集,人民法院未调查收集的;(六)原判决、裁定适用法律确有错误的;(七)违反法律规定,管辖错误的;(八)审判组织的组成不合法或者依法应当回避的审判人员没有回避的;(九)无诉讼行为能力人未经法定代理人代为诉讼或者应当参加诉讼的当事人,因不能归责于本人或者其诉讼代理人的事由,未参加诉讼的;(十)违反法律规定,剥夺当事人辩论权利的;(十一)未经传票传唤,缺席判决的;(十二)原判决、裁定遗漏或者超出诉讼请求的;(十三)据以作出原判决、裁定的法律文书被撤销或者变更的。"第 2 款规定:"对违反法定程序可能影响案件正确判决、裁定的情形,或者审判人员在审理该案件时有贪污受贿,徇私舞弊,枉法裁判行为的,人民法院应当再审。"2012 年修改的民事诉讼法在 2007 年规定的基础上,将申请再审的事由调整为以下 13 种情形。

1. 有新的证据,足以推翻原判决、裁定的。

所谓新证据,主要指在过去的诉讼过程中没有发现的证据,而该证据又足以推翻原判决、裁定,因此可以申请再审。

2. 原判决、裁定认定的基本事实缺乏证据证明的。

保证案件审理正确的前提是查明案件事实,而案件事实是需要证据加以证明的。当事人对自己提出的主张有责任提供证据,否则将承担不利的诉讼后果。如果当事人不能提出证据证明自己所提出的诉讼请求有客观依据,或者所提供的证据不足以证明自己的诉讼请求符合客观事实,而法官却支持了当事人的诉讼请求,这个判决就属于缺乏证据的判决。本法第 67 条第 3 款明确要求人民法院应当按照法定程序,全面地、客观地审查核实证据。全面地收集证据是保证案件正确审理的前提条件。因此,"判决、裁定认定的基本事实缺乏证据证明"违反了本法对法院审理案件的基本要求,也就足以构成再审的条件。

3. 原判决、裁定认定事实的主要证据是伪造的。

伪造证据属于严重的妨害民事诉讼的行为,理应受到法律的惩罚。本法第 114 条对此有专门规定。审理案件的法官如果没有发现证据材料的虚假性,还将其作为认定事实的根据,对这样的判决、裁定应当进行再审。

4. 原判决、裁定认定事实的主要证据未经质证的。

按照本法的规定,无论是公开审理还是不公开审理的案件,证据都必须在法庭上出示,并由当事人互相质证。只有经过质证,才能查明证据的真伪,才能去伪存真。质证是查证证据属实的必要手段,按照本法第 66 条第 2 款的规定,证据只有查证属实之后,才能作为认定事实的根据。因此,未经质证的证据不能作为认定事实的根据。判决、裁定认定事实的主要证据未经质证，是进入再审程序的原因之一。没经过质证的证据，可能是真实的，但法律设立质证规则的目的是从程序上确保查明证据的真实性，违反了程序就有可能导致认定事实方面的错误，程序的价值就在于此。因此，规定的程序必须要遵守，程序的价值必须被尊重。

5. 对审理案件需要的主要证据，当事人因客观原因不能自行收集，书面申请人民法院调查收集，人民法院未调查收集的。

本法第 67 条第 2 款规定："当事人及其诉讼代理人因客观原因不能自行收集的证据，或者人民法院认为审理案件需要的证据，人民法院应当调查收集。"某些案件中的证据，当事人因客观原因不能自行收集到，而且这些证据往往对于正确审理案件至关重要，一旦取得，将成为案件的主要证据。例如，某离婚案件涉及财产分割时，一方当事人主张对方当事人在某银行有一笔存款，但因不能向该银行进行查询而无法提供证据，只能请求法院向该银行进行查询。这笔存款的证据如果取得，将成为分割财产的主要依据。根据本法第 70 条和第 117 条的规定，人民法院有权向金融机构查询当事人的存款状况，而且金融机构必须协助人民法院进行查询。当人民法院接到当事人调查取证的申请后，查明该证据是当事人不能自行调查收集的，人民法院有权利也有义务进行调查收集。根据本法第 132 条的规定，审判人员在审理前的准备工作中，必须认真审核诉讼材料，调查收集必要的证据。如果人民法院没有调查收集主要证据，就支持或者驳回了当事人的诉讼请求，则该判决、裁定缺乏证据证明，可能导致判决、裁定的实体错误，因此可以作为再审的原因之一。

2012 年修改民事诉讼法时，将 2007 年民事诉讼法该项中的"审理案件需要的证据"修改为"审理案件需要的主要证据"。一个案件涉及的证据可能有许多，但对认定案件事实起决定性作用的证据可能只是其中的一部分。如果事无巨细都要求法院去调查收集，不仅会浪费司法资源，而且也无助于案件审理，因此，只有人民法院没有调查收集"主要证据"，从而影响正确认定当事人权利义务的，才能作为应当再审的情形。

6. 原判决、裁定适用法律确有错误的。

当事人认为原判决、裁定适用法律有错误的，可以申请再审，但原判决、裁定在适用法律方面是否真的存在错误，则需要法院通过审查予以确认。通过审查,如果原判决、裁定适用法律确有错误,应当予以再审。"适用法律错误"中的"适用错误"包括不同情形,比如:适用的法律与案件性质明显不符的;确定民事责任明显违背当事人约定或者法律规定的;适用已经失效或尚未施行的法律的;违反法律溯及力规定的;违反法律适用规则的;明显违背立法本意的;等等。把判决、裁定适用法律错误作为应当再审的情形之一,可以督促审判人员更加全面、准确、及时地掌握法律规定的内容,做到法律规定与案件实际情况的正确结合,提高司法水平,切实体现司法对当事人合法权益的维护。

7. 审判组织的组成不合法或者依法应当回避的审判人员没有回避的。

本法第三章对审判组织作了规定。如果审判组织的组成不合法,当事人可以申请再审,人民法院经查证属实后,应当裁定再审。比如,本法第42条规定:"人民法院审理下列民事案件,不得由审判员一人独任审理:(一)涉及国家利益、社会公共利益的案件;(二)涉及群体性纠纷,可能影响社会稳定的案件;(三)人民群众广泛关注或者其他社会影响较大的案件;(四)属于新类型或者疑难复杂的案件;(五)法律规定应当组成合议庭审理的案件;(六)其他不宜由审判员一人独任审理的案件。"对于上述案件,如果人民法院未组成合议庭审理,而是由审判员一人独任审理,则构成本项规定的"审判组织的组成不合法"这一应当再审的情形。

本法第47条明确规定了审判人员应回避本案审理工作的情形。在法律规定的情形下,即使当事人没有提出回避申请,审判人员也应当主动回避,否则即使作出了发生法律效力的判决、裁定,也会面临再审。例如,在某一民事案件中,审判人员是当事人的近亲属。在对方当事人不知底细,没有申请该审判人员回避的情况下,该审判人员没有主动回避,而是继续审理了此案。在该案的判决生效后,对方当事人获知这一情况,就可以据此申请再审。人民法院对再审申请进行审查后,一旦确认确有其事,就要裁定进入再审。

8. 无诉讼行为能力人未经法定代理人代为诉讼或者应当参加诉讼的当事人,因不能归责于本人或者其诉讼代理人的事由,未参加诉讼的。

本法第60条规定,无诉讼行为能力人由他的监护人作为法定代理人代为诉讼。法定代理是为了维护无诉讼行为能力人的合法权益,主要是无民事行为能力人或者限制民事行为能力人的合法权益。如果某一案件的当事人是无诉讼行为能力人,法官在未查明的情况下没有通知他的法定代理人代为诉讼就进行了审理,在判决、裁定作出并发生法律效力以后,该无诉讼行为能力的当事人有权通过法定代理人申请再审。人民法院经过审查发现情况属实的,应当裁定再审。从国外的规定来看,多数大陆法系国家的民事诉讼法对此项再审事由都有规定。

本法第 135 条规定:"必须共同进行诉讼的当事人没有参加诉讼的,人民法院应当通知其参加诉讼。"如果人民法院没有按照该条规定进行通知或者非因应当通知的当事人的原因通知没有送达该当事人,就有可能导致应当参加诉讼的当事人对诉讼无从知晓,更无法通过参加诉讼维护其合法权益。这样的情况包括:人民法院应当通知却未作通知;人民法院虽然发出了通知,却有其他当事人从中隐匿、破坏甚至勾结其他人制造通知已经被收到的假象等。应当参加诉讼的当事人没有参加诉讼会直接造成诉讼主体缺失,即使已经作出了发生法律效力的判决、裁定,该判决、裁定也没有对相应权利义务关系作出正确判断,因此有必要通过再审来纠正。需要注意的是,如果人民法院按照本法第 135 条的规定作出了通知,而接收通知的当事人因为其自身或者其诉讼代理人的故意或者过失,没有按照通知要求在诉讼中出现并主张自身权利,就要为自己的不当行为承担责任,不能以自己没有参加诉讼为由申请人民法院进行再审。

9. 违反法律规定,剥夺当事人辩论权利的。

本法把保障当事人的辩论权作为基本原则之一。本法第 12 条规定:"人民法院审理民事案件时,当事人有权进行辩论。"剥夺当事人的辩论权利,在案件审理过程中一般有以下情形:第一,在案件审理前的准备阶段,没有给被告进行书面答辩的权利。被告提出答辩状是被告行使辩论权利的体现。根据本法第 128 条的规定,人民法院应当在立案之日起 5 日内将起诉状副本发送被告,被告应当在收到之日起 15 日内提出答辩状。被告不提出答辩状的,不影响人民法院审理。是否提交答辩状是当事人的诉讼权利,但如果法院没有按规定送达起诉状副本,给被告提供书面答辩的机会,则属于剥夺了被告的答辩权利。第二,人民法院在开庭审理阶段没有经过辩论程序,而是在法庭调查之后径行作出了判决。

10. 未经传票传唤,缺席判决的。

根据本法第 139 条的规定,人民法院审理民事案件,应当在开庭 3 日前通知当事人和其他诉讼参与人。如果在第一审普通程序和第二审程序中,人民法院没有在开庭前3日通知当事人参加庭审,特别是未以传票的形式通知被告出庭应诉,就作出了缺席判决,则被告可以申请对此案进行再审,接受再审申请的人民法院在审查以后,查证属实的,应当裁定再审。

11. 原判决、裁定遗漏或者超出诉讼请求的。

按照本法规定,当事人提起民事诉讼必须有具体的诉讼请求和事实、理由,并且在起诉状中予以列明。当事人对自己的诉讼请求有责任提供证据。人民法院应当根据当事人提供的证据和法院调查收集的证据,判断当事人所提供的事实是否为客观事实,以对当事人的诉讼请求作出判决。如果人民法院没有对当事人提出的某项诉讼请求进行法庭调查和法庭辩论,在判决、裁定中遗漏了当事人的这一诉讼请求就草草结案,将构成审判工作的重大失误,当事人有权利对这一判决、裁定申请再审,人民法院查证属实之后,也应当进行再审。

当事人的处分原则是本法的基本原则之一。依照本法第13条第2款的规定,当事人有权在法律规定的范围内处分自己的民事权利和诉讼权利。因此,原告提出以及不提出哪些诉讼请求,是原告处分自己民事权利和诉讼权利的体现;被告是否反诉,也是被告处分自己民事权利和诉讼权利的体现。原则上人民法院应当在当事人提出的诉讼请求的范围内审理案件,不能超出当事人的诉讼请求作出判决、裁定。如果判决、裁定超出诉讼请求,当事人有权申请再审,人民法院查证属实后,也应当裁定再审。

12. 据以作出原判决、裁定的法律文书被撤销或者变更的。

有些民事案件是以另一民事案件的审理结果作为依据而作出判决的。如果另一个民事案件的判决、裁定后来依照法定程序被撤销或者变更了,则之前以这些判决、裁定作为依据所作的判决、裁定也应当相应地被撤销或者变更。例如,甲钢铁厂向乙锅炉厂供应钢材,乙厂未按合同约定支付货款。乙厂将生产的锅炉卖给了丙。丙在使用过程中锅炉发生爆炸,丙起诉到法院要求乙厂给予赔偿。在案件审理过程中,乙厂提出是钢材的质量问题引起的爆炸,请求法院对钢材质量进行鉴定,明确是作为第三人的甲厂的责任。此时,甲厂因为乙厂欠付货款问题,将乙厂起诉到法院。乙厂提出抗辩,认为甲厂的钢材质量不合格,甲厂应当对此负责,因而拒绝支付货款;但是也提出需要等待乙厂与丙的案件结果出来以后,才能最终认定甲厂的钢材是否存在质量问题。于是法院中止了甲厂与乙厂的诉讼。乙厂与丙的案件判决结果是:

乙厂所使用的钢材质量不存在问题,爆炸是因为乙厂生产的锅炉存在不合理的缺陷,责任在乙厂,乙厂应赔偿丙的损失。在该判决生效后,法院以这个判决为依据,判决乙厂支付甲厂货款并承担相应的违约责任。乙厂后来向法院申请对其与丙的侵权纠纷案件进行再审。法院经过再审,认定锅炉爆炸的原因是钢材质量有问题,虽然乙厂仍需首先对丙承担赔偿责任,但最终责任人应当是第三人甲厂。乙厂拿到这个再审判决后,可以申请对其与甲厂的合同纠纷案件进行再审,人民法院查证属实后,应当裁定再审。

有些民事案件的判决、裁定是以其他的法律文书为依据作出的。如果据以作出判决、裁定的其他法律文书后来被撤销或者变更,那么,已经发生法律效力的判决、裁定也应当相应地被撤销或者变更。例如,某一民事案件是依据原告提供的经过公证的法律文书判决的。根据公证法第36条的规定,经公证的民事法律行为、有法律意义的事实和文书,应当作为认定事实的根据。法院根据公证书证明的法律关系,判决支持了原告的诉讼请求。在该判决生效后,被告认为该公证书存在错误,向出具该公证书的公证机构提出复查。公证机构经过复查,发现公证的内容违法或者与事实不符,撤销了该公证书。因此,被告可以据此向法院申请对该案进行再审,人民法院查证属实后,应当裁定对该案进行再审。

13. 审判人员审理该案件时有贪污受贿,徇私舞弊,枉法裁判行为的。

根据本法第46条的规定,审判人员应当依法秉公办案,不得接受当事人及其诉讼代理人请客送礼。审判人员有贪污受贿,徇私舞弊,枉法裁判行为的,应当追究法律责任;构成犯罪的,依法追究刑事责任。因此,当事人认为审判人员审理该案件时有贪污受贿、徇私舞弊或者枉法裁判行为的,可以申请再审;人民法院查证属实的,应当裁定再审。从国外的规定来看,很多国家或地区都规定了此项再审事由。

除以上13种情形之外,2012年修改民事诉讼法时还删除了2007年民事诉讼法第179条第1款第7项规定的"违反法律规定,管辖错误"及第2款规定的"对违反法定程序可能影响案件正确判决、裁定的情形"。删除上述两项规定,主要是考虑到:第一,因管辖问题导致案件有错误的,一般表现为判决、裁定认定的事实和适用的法律是错误的,而这些错误已经明确可以再审。同时,本法在第一审程序中还对管辖问题规定了异议和上诉纠错机制。第二,司法实践表明,以上列举的13项情形已经比较全面,审判过程中虽然会发生一些细微的程序性错误,但没有必要启动再审程序。

> **第二百一十二条** 当事人对已经发生法律效力的调解书,提出证据证明调解违反自愿原则或者调解协议的内容违反法律的,可以申请再审。经人民法院审查属实的,应当再审。

【释义】 本条是关于调解书再审的规定。

调解书是由人民法院制作的、记载当事人双方协商并达成协议的法律文书。按照本法第 100 条的规定,调解达成协议,人民法院应当制作调解书。调解书应当写明诉讼请求、案件的事实和调解结果,并由审判人员、书记员署名,加盖人民法院印章,送达双方当事人。需要强调的是,调解书经双方当事人签收后,即具有法律效力,对第一审程序中作出的调解书而言,调解书生效后,当事人不能上诉。但是,如果调解违反了自愿原则,或者调解协议的内容违反了法律,对此种情形下达成的调解书,应当给予当事人救济。

本条规定了当事人对已经发生法律效力的调解书申请再审的条件,具体如下:

第一,调解违反自愿原则。包括两种情形:一是,按照本法第 96 条的规定,人民法院审理民事案件,根据当事人自愿的原则,进行调解。该条要求人民法院进行调解,必须在双方当事人自愿的基础上进行,不得强迫当事人进行调解。如果法院强迫当事人进行调解,就违反了调解自愿原则。二是,按照本法第 99 条的规定,调解达成协议,必须双方自愿,不得强迫。该条明确双方当事人对调解协议的内容都应是自愿接受的,人民法院不得强迫一方当事人或者双方当事人接受。如果法官强迫当事人接受调解协议,则违反了调解自愿原则。例如,个别法官在双方当事人都不愿意调解的情况下,依然强迫双方进行调解。面对法官提出的调解协议方案,一方当事人明确表示拒绝接受,但是该法官威胁说,如果不接受这个调解方案,其一判决的等待时间过长,其二将来判决的结果与这个调解方案也没有大的出入。在施压之下,当事人最终被迫接受了这个调解方案。上述法官的行为就属于违反调解自愿原则的情况。本法第 145 条规定,法庭辩论终结,判决前能够调解的,还可以进行调解,调解不成的,应当及时判决。该条明确法官不能使案件久调不决,久调不决属于变相强迫当事人接受调解协议内容的行为,也是违反当事人自愿原则的。就以上两种情形而言,如果当事人能够证明调解是在非自愿的基础上进行的,或者调解协议是在非自愿的基础上达成的,人民法院经审查属实,应当再审。

第二,调解协议的内容违反法律。本法第 96 条规定,人民法院进行调解,应当在事实清楚、分清是非的基础上进行;第 99 条规定,调解协议的内容不得违反法律规定。从以上规定可以看出,调解应当依法进行,调解协议的内容应当符合实体法的规定,不得违反法律强制性规定。如果调解协议的内容违反法律规定,当事人即使签收了法院制作的调解书,也可以向法院申请再审,提出证据证实违法情形,人民法院经审查属实的,应当再审。

第二百一十三条　当事人对已经发生法律效力的解除婚姻关系的判决、调解书,不得申请再审。

【释义】　本条是关于决定离婚的案件当事人不得申请再审的规定。

实践中,许多离婚案件是通过调解解除婚姻关系的,根据本法的规定,调解书与判决书具有同等法律效力。婚姻关系属于人身关系,按照民法典的规定,婚姻关系基于男或女一方死亡或者双方离婚而终止。离婚分为登记离婚和判决离婚。依照民法典第 1079 条的规定,夫妻一方要求离婚的,可以由有关组织进行调解或者直接向人民法院提起离婚诉讼。人民法院审理离婚案件,应当进行调解;如果感情确已破裂,调解无效的,应当准予离婚。

人民法院作出解除婚姻关系的判决或者调解书,一旦发生法律效力,男或女任何一方都可以与他人再婚。如果男方与他人再婚,女方以感情未破裂为由申请对离婚案件进行再审已失去任何意义,因为男方与他人的婚姻关系不可能强行解除,所以法律不允许对已经发生法律效力的解除婚姻关系的判决申请再审。解除婚姻关系的判决或者调解书发生法律效力后,男或女任何一方都没有与他人再婚的,如果双方感情确未完全破裂,法律也给双方提供了救济渠道。民法典第 1083 条规定,离婚后,男女双方自愿恢复婚姻关系的,应当到婚姻登记机关重新进行结婚登记。因此,一方以感情未破裂为由,申请对离婚判决进行再审也没有任何意义。因此,2012 年修改民事诉讼法时增加规定,对解除婚姻关系的调解书也不得申请再审。

需要说明的是,当事人可以对离婚判决或者离婚调解书中的财产分割问题申请再审。例如,离婚判决将一方的婚前财产作为夫妻共同财产进行了分割,该当事人可以就该部分判决申请再审。

> **第二百一十四条** 当事人申请再审的,应当提交再审申请书等材料。人民法院应当自收到再审申请书之日起五日内将再审申请书副本发送对方当事人。对方当事人应当自收到再审申请书副本之日起十五日内提交书面意见;不提交书面意见的,不影响人民法院审查。人民法院可以要求申请人和对方当事人补充有关材料,询问有关事项。

【释义】 本条是关于当事人申请再审程序的规定。

申请再审是法律赋予当事人的一项诉讼权利,但当事人要启动再审程序,也有义务提交再审申请书等材料。再审申请书应当比照本法第124条和第172条的规定,记明下列事项:(1)申请人的姓名、性别、年龄、民族、职业、工作单位、住所、联系方式,法人或者其他组织的名称、住所和法定代表人或者主要负责人的姓名、职务、联系方式;(2)对方当事人的姓名、性别、工作单位、住所等信息,法人或者其他组织的名称、住所等信息;(3)作出发生法律效力的判决、裁定的原审人民法院的名称,案件编号和案由;(4)再审的法定情形、具体请求和所依据的事实与理由。

人民法院应当自收到再审申请书之日起5日内将再审申请书副本发送对方当事人。对方当事人应当自收到再审申请书副本之日起15日内提交书面意见;不提交书面意见的,不影响人民法院审查。需要说明的是,第一,人民法院对再审申请的审查,是审查是否符合再审条件,是否应当再审,不是重新审理案件。这与起诉和上诉是有本质区别的。当事人起诉或者上诉后,人民法院正式立案审理,所以将起诉状副本或者上诉状副本发送被告或者被上诉人,由被告或者被上诉人提出答辩状。而对再审申请进行审查时案件还没有进入重新审理阶段,所以对方当事人提交的是"书面意见",即表明是否同意对案件进行再审并提出相应的事实和理由,而不是"答辩状"。第二,在人民法院对再审申请进行审查的阶段,对方当事人可以提交书面意见,也可以不提交书面意见。决定提交书面意见,或者不提交书面意见,都是对方当事人行使法律所赋予的辩论权利的体现。不提交书面意见的,不影响人民法院对再审申请的审查。

人民法院可以要求申请人和对方当事人补充有关材料,向他们询问有关事项。从某些国家或地区的规定来看,在再审申请的审查阶段,法院可以采用类似于听证的程序,听证程序不是对案件正式进行再次审理的程序,而是证明原判决、裁定是否确实存在错误的程序。在这个阶段,法院可以向一方当事人也可以向双方当事人询问原判的有关情况。

> **第二百一十五条** 人民法院应当自收到再审申请书之日起三个月内审查,符合本法规定的,裁定再审;不符合本法规定的,裁定驳回申请。有特殊情况需要延长的,由本院院长批准。
>
> 因当事人申请裁定再审的案件由中级人民法院以上的人民法院审理,但当事人依照本法第二百一十条的规定选择向基层人民法院申请再审的除外。最高人民法院、高级人民法院裁定再审的案件,由本院再审或者交其他人民法院再审,也可以交原审人民法院再审。

【释义】 本条是关于人民法院对再审申请进行审查的程序和再审案件审理法院的规定。

一、审查再审申请的期限

人民法院应当自收到再审申请书之日起3个月内审查,作出是否进行再审的裁定。1991年民事诉讼法没有明确规定人民法院对当事人再审申请的审查期限。为了充分保障当事人的再审权利,2007年民事诉讼法修改时增加了人民法院对当事人再审申请的审查期限的规定,此后的民事诉讼法基本维持了该条规定,未作修改。

人民法院对再审申请,除了要审查再审申请书,还要审查对方当事人提交的书面意见,特别要结合原审人民法院的案卷进行审查。除了进行书面审查以外,人民法院根据实际情况,在审查过程中还可以当面询问当事人。经过审查,符合本法第211条规定的,裁定再审;不符合本法第211条规定的,裁定驳回申请。

二、审查再审申请的法院

根据本法第210条的规定,当事人对已经发生法律效力的判决、裁定申请再审,一般应当向作出生效裁判的法院的上一级人民法院提出,即再审申请的审查法院一般是作出生效裁判的法院的上一级人民法院。作为该原则的例外,当事人一方人数众多或者当事人双方为公民的案件,也可以向原审人民法院申请再审。也就是说,在这两种例外情况下,如果当事人不向上一级人民法院申请,而向原审人民法院申请,原审人民法院就可以审查再审申请。

三、裁定再审后的审理法院

审查当事人再审申请的法院原则上是作出生效裁判的法院的上一级人民法院。相应地,经审查裁定再审后审理再审案件的法院原则上也是作出生效裁判的法院的上一级人民法院,但也存在特殊规则。

2007年修改民事诉讼法时,主要对高级人民法院和最高人民法院裁定再审的案件规定了特殊规则:最高人民法院、高级人民法院裁定再审的案件,由本院再审或者交其他人民法院再审,也可以交原审人民法院再审。这里的原审人民法院应当是作出生效裁判的人民法院;这里的其他人民法院应当是和原审人民法院同级的人民法院。之所以允许高级人民法院和最高人民法院把自己裁定再审的案件交下一级人民法院进行审理,是因为:第一,高级人民法院和最高人民法院承担着大量的对下级人民法院的指导和监督工作。第二,高级人民法院和最高人民法院已经承担了较多的对再审申请的审查工作。第三,规定当事人向原审人民法院的上一级人民法院申请再审,已经充分考虑到了对再审申请人合法权益的保护。上一级人民法院经过审查,认定原审裁判存在应当裁定再审的情形之一的,也就基本认定了生效裁判存在错误。即使将案件的再审审理任务交给下一级其他人民法院或者原审人民法院完成,原判决、裁定的错误一般也会得到纠正,当事人的合法权益能够得到维护。第四,符合方便当事人诉讼和方便人民法院审判的"两便"原则,在一些情况下既能减少当事人因为再审而向省会城市和首都奔波的劳累、行程开销,又能使重新审理案件的法院更接近纠纷发生地,便于查清事实,正确审判。

此外,需要注意的是,对于基层人民法院作出的发生法律效力的判决、裁定,当事人依照本法第210条的规定选择向基层人民法院申请再审的,基层人民法院也可以在裁定再审后继续审理再审案件。

第二百一十六条 当事人申请再审,应当在判决、裁定发生法律效力后六个月内提出;有本法第二百一十一条第一项、第三项、第十二项、第十三项规定情形的,自知道或者应当知道之日起六个月内提出。

【释义】 本条是关于当事人申请再审期限的规定。

1991年民事诉讼法第182条规定:"当事人申请再审,应当在判决、裁定发生法律效力后二年内提出。"对此没有规定例外情况。2007年修改民事诉讼法时,有意见提出,在司法实践中存在2年后才发现某些再审事由的情形,一律按照"二年内提出"的规定,限制申请再审,不利于保护当事人的权利。因此,2007年修改后的民事诉讼法在第184条中增加规定:"二年后据以作出原判决、裁定的法律文书被撤销或者变更,以及发现审判人员在审理该案件时有贪污受贿,徇私舞弊,枉法裁判行为的,自知道或者应当知道之日起三个月内提出。"2012年修改民事诉讼法时,从三方面对之前的规定作出了修改:一是将2年的申请再审期间缩短为6个月;二是将后来才可能被发现的再审事由增列为4种;三是将自知道或者应当知道之日起3个月的申请再审期间延长为6个月。此后民事诉讼法的修改对本条均未作实质调整。

需要明确的是,本条规定中申请再审的6个月期间为不变期间,不存在中断或中止的情况。一般而言,6个月的期间是从判决、裁定发生法律效力时才开始起算的,但存在以下4种例外情形:第一,判决、裁定发生法律效力后,发现有新的证据,足以推翻原判决、裁定的,当事人应当自知道或者应当知道之日起6个月内申请再审。第二,判决、裁定发生法律效力后,发现原判决、裁定认定事实的主要证据是伪造的,当事人应当自知道或者应当知道之日起6个月内申请再审。第三,判决、裁定发生法律效力后,据以作出原判决、裁定的法律文书被撤销或者变更的,当事人应当自知道或者应当知道之日起6个月内申请再审。第四,判决、裁定发生法律效力后,发现审判人员审理该案件时有贪污受贿,徇私舞弊,枉法裁判行为的,当事人应当自知道或者应当知道之日起6个月内申请再审。

第二百一十七条 按照审判监督程序决定再审的案件,裁定中止原判决、裁定、调解书的执行,但追索赡养费、扶养费、抚养费、抚恤金、医疗费用、劳动报酬等案件,可以不中止执行。

【释义】 本条是对决定再审的案件中止原判决、裁定、调解书执行及例外情形的规定。

一、关于决定再审应当中止执行的原则

按照审判监督程序决定再审的案件,是判决、裁定、调解书发生法律效力的案件,当事人应当自觉履行发生法律效力的判决、裁定、调解书确定的义务。一方当事人拒绝履行的,对方当事人可以向人民法院申请强制执行。在当事人尚未自觉履行完毕的情况下,或者人民法院强制执行尚未终结的情况下,如果人民法院决定对该案进行再审,原则上应当裁定中止执行。这主要是因为决定对案件进行再审,前提是发生法律效力的判决、裁定、调解书存在错误。经过再审纠正错误,很可能会改变执行内容。通常情况下,如果继续执行,可能损害再审申请人的利益,并且造成司法资源的浪费。

中止原判决、裁定、调解书的执行主要指以下几种情况:

第一,人民法院依职权决定再审的案件。一是各级人民法院院长提交审判委员会讨论决定再审的案件。二是最高人民法院对地方各级人民法院已经发生法律效力的判决、裁定、调解书,上级人民法院对下级人民法院已经发生法律效力的判决、裁定、调解书,发现确有错误,决定提审或者指令下级人民法院再审的案件。决定再审后,作出决定的人民法院一般应当裁定中止原判决、裁定、调解书的执行。

第二,根据当事人申请,人民法院裁定再审的案件。因当事人申请裁定再审的案件,无论是由本院再审,还是交其他人民法院再审,或者交原审人民法院再审,一般由作出裁定的人民法院在再审裁定中同时中止原判决、裁定、调解书的执行。

第三,根据人民检察院的抗诉,人民法院裁定再审的案件。因人民检察院抗诉裁定再审的案件,无论该再审案件是由接受抗诉的人民法院审理,还是依法交其他人民法院审理,一般由接受抗诉的人民法院在再审裁定中同时中止原判决、裁定、调解书的执行。

需要说明的是,如果原判决、裁定、调解书已经执行完毕,再裁定中止执行就没什么意义了。如果再审结果是撤销原判或者对原判进行改判,那就需要执行回转。根据本法第244条的规定,执行完毕后,据以执行的判决、裁定和其他法律文书确有错误,被人民法院撤销的,对已被执行的财产,人民法院

应当作出裁定,责令取得财产的人返还;拒不返还的,强制执行。

2007年民事诉讼法第185条规定,按照审判监督程序决定再审的案件,裁定中止原判决的执行。2012年修改民事诉讼法时增加规定了中止对原调解书的执行。当事人对调解书申请再审,人民法院裁定再审的,如果原调解书尚未执行完毕,人民法院也会在同一裁定中中止原调解书的执行。此外,2012年修改民事诉讼法时还增加规定了中止对原裁定的执行。这是考虑到2012年民事诉讼法修改时在"特别程序"中新增了确认调解协议案件和实现担保物权案件,这两类案件作出的裁定都可能涉及实体执行内容,一旦进入再审,就需要对其有所规定,从而增加了对原裁定中止执行的规定。

二、关于不中止执行的例外情况

法院决定再审的案件,原则上应当中止执行,否则不利于保护再审申请人合法的民事权益,但是对此也存在例外情况。2012年修改民事诉讼法时,有意见提出,再审原则上应当中止原判决、裁定、调解书的执行,但决定再审的案件有的不一定会最终改判,特别是对追索赡养费、扶养费、抚养费、抚恤金、医疗费用、劳动报酬的当事人,如果一律中止执行,可能会给这些当事人带来生活困难。对于追索赡养费、抚养费、医疗费用等影响当事人生计、涉及其生命健康的案件,不中止执行更有利于扶危济困,以人为本。因此,2012年修改民事诉讼法时对此作了明确的补充规定,即对于上述案件,可以不中止执行。人民法院在适用时可以根据上述案件的具体实际,客观判断是否中止执行,并且作出相应的裁定。

第二百一十八条 人民法院按照审判监督程序再审的案件,发生法律效力的判决、裁定是由第一审法院作出的,按照第一审程序审理,所作的判决、裁定,当事人可以上诉;发生法律效力的判决、裁定是由第二审法院作出的,按照第二审程序审理,所作的判决、裁定,是发生法律效力的判决、裁定;上级人民法院按照审判监督程序提审的,按照第二审程序审理,所作的判决、裁定是发生法律效力的判决、裁定。

人民法院审理再审案件,应当另行组成合议庭。

【释义】 本条是关于再审案件审理程序和再审判决、裁定效力的规定。

我国民事诉讼实行二审终审,再审是通过重新审理的方式达到纠错目标的程序,因而再审没有专门的审理程序。人民法院决定或者裁定再审的案件,应当根据原生效判决、裁定作出的法院而分别适用一审程序或者二审程序。分为以下几种情况:

第一,第一审法院作出的判决、裁定发生法律效力后,该第一审法院依职权决定再审的,该再审案件适用第一审程序进行审理,所作的判决、裁定,当事人可以上诉。需要说明的是,如果发生法律效力的判决、裁定是适用简易程序作出的,则再审进行审理时应当适用第一审普通程序,由合议庭进行审理,且原审的独任审判员不得参加新组成的合议庭。

第二,最高人民法院或者上级人民法院对下级人民法院已经发生法律效力的判决、裁定决定再审并进行提审的,由进行提审的上级人民法院组成合议庭,按照第二审程序进行审理,所作的判决、裁定是发生法律效力的判决、裁定。

第三,最高人民法院或者上级人民法院对下级人民法院已经发生法律效力的判决、裁定决定再审并指令下级人民法院再审的,如果下级人民法院是第一审法院,则再审适用第一审程序;如果下级人民法院是第二审法院,则再审适用第二审程序。但是,都需另行组成合议庭。

第四,因当事人申请裁定再审的案件,如果由负责审查再审申请的人民法院再审,一般应当适用第二审程序,所作的判决、裁定是发生法律效力的判决、裁定;在例外情况下适用第一审程序,所作的判决、裁定,当事人可以上诉。这里的"例外情况",是当事人依照本法第210条的规定,选择向原审人民法院申请再审后可能面临的一种后续情况。2012年修改民事诉讼法在第199条中增加规定,当事人一方人数众多或者当事人双方为公民的案件,也可以向原审人民法院申请再审。如果上述案件发生法律效力的判决、裁定是第一审法院作出的,而且当事人也选择向该第一审法院申请再审,该第一审法院就可以在裁定再审后继续进行再审审理,在这种例外情况下,应当适用的程序是第一审程序。与发生法律效力的判决、裁定相对比,经过再审后作出的判决、裁定仍然是第一审人民法院作出的,当事人也仍然可以上诉。

第五,因当事人申请裁定再审的案件,被最高人民法院、高级人民法院交与原审人民法院同级的其他人民法院再审或者交原审人民法院再审的,如果发生法律效力的判决、裁定是第一审程序作出的,则再审适用第一审程序;如果发生法律效力的判决、裁定是第二审程序作出的,则再审适用第二审程序。需要说明的是,交原审人民法院再审的,原审人民法院审理时应当另行组成合议庭。

第六,人民检察院抗诉的案件,如果由接受抗诉的人民法院再审,则适用第二审程序,因为接受抗诉的人民法院肯定是作出生效判决、裁定的人民法院的上一级法院。

第七,人民检察院抗诉的案件,交下一级人民法院再审的,如果原生效判决、裁定是第一审程序作出的,则再审适用第一审程序;如果原生效判决、裁定是第二审程序作出的,则再审适用第二审程序。

> **第二百一十九条** 最高人民检察院对各级人民法院已经发生法律效力的判决、裁定,上级人民检察院对下级人民法院已经发生法律效力的判决、裁定,发现有本法第二百一十一条规定情形之一的,或者发现调解书损害国家利益、社会公共利益的,应当提出抗诉。
>
> 地方各级人民检察院对同级人民法院已经发生法律效力的判决、裁定,发现有本法第二百一十一条规定情形之一的,或者发现调解书损害国家利益、社会公共利益的,可以向同级人民法院提出检察建议,并报上级人民检察院备案;也可以提请上级人民检察院向同级人民法院提出抗诉。
>
> 各级人民检察院对审判监督程序以外的其他审判程序中审判人员的违法行为,有权向同级人民法院提出检察建议。

【释义】 本条是关于人民检察院对生效判决、裁定、调解书提出抗诉或者检察建议的规定。

一、抗诉的监督方式

宪法第134条规定:"中华人民共和国人民检察院是国家的法律监督机关。"人民检察院对人民法院的审判活动进行监督是我国民事诉讼法律制度的一项原则。本法第14条规定:"人民检察院有权对民事诉讼实行法律监督。"其中对人民法院作出的发生法律效力的民事判决、裁定、调解书进行抗诉属于事后监督,是对民事审判活动实行法律监督的重要内容。

从来源上看,人民检察院提出抗诉,很多是由于当事人向人民检察院提出了申诉。人民检察院经过审查,发现发生法律效力的判决、裁定有本法第211条规定的情形之一的,或者发现发生法律效力的调解书损害国家利益、社会公共利益的,可以向人民法院提出抗诉。

关于人民检察院能否依职权抗诉,也就是说,在没有当事人向人民检察院提出申诉的情况下,人民检察院从其他渠道发现某民事案件的判决、裁定、调解书确有错误,能否向人民法院提出抗诉的问题,答案是肯定的。因为人民检察院是国家的法律监督机关,有权对人民法院的审判活动实行法律监督。人民检察院依职权抗诉的主要是那些损害国家利益和社会公共利益的判决、裁定、调解书。

1991年民事诉讼法第185条规定了人民检察院对发生法律效力的判决、裁定提出抗诉的4种情形。2007年修改民事诉讼法时,将抗诉的情形具体化,与人民法院裁定再审的情形一致。这样修改,使人民检察院对生效的民事判决、裁定的抗诉范围更加明确,有利于对法院审判活动的监督,从而更好地维护当事人的合法权益和国家的法制统一。2012年修改民事诉讼法时,进一步增加了对调解书抗诉的规定,即人民检察院发现调解书损害国家利益、社会公共利益的,应当提出抗诉。这样修改,使检察监督在审判监督程序中的规定更为完满,有利于加强监督力度,提高监督实效。此后在民事诉讼法修改过程中,均未对本条作出实质性修改。

根据本条规定,人民检察院提出抗诉的情况是:

第一,最高人民检察院对各级人民法院已经发生法律效力的判决、裁定,发现确有错误的,即符合本法第211条规定的情形之一的,有权提出抗诉;最高人民检察院发现各级人民法院已经发生法律效力的调解书损害国家利益、社会公共利益的,有权提出抗诉。

第二,上级人民检察院对下级人民法院已经发生法律效力的判决、裁定,发现确有错误的,即符合本法第211条规定的情形之一的,有权提出抗诉;上级人民检察院发现下级人民法院已经发生法律效力的调解书损害国家利益、社会公共利益的,有权提出抗诉。

关于抗诉的级别,根据本条第1款的规定,对生效民事判决、裁定、调解书的抗诉原则上实行"上级抗",即由上级人民检察院对下级人民法院生效的民事判决、裁定、调解书提出抗诉。地方各级人民检察院对同级人民法院的民事审判活动也有法律监督权,但不能提出抗诉,即不能"同级抗",如果发现同级人民法院已经发生法律效力的判决、裁定有本法第211条规定的情形之一,以及调解书损害国家利益、社会公共利益,只能提请上级人民检察院提出抗诉。

需要明确的是,最高人民检察院可以进行"同级抗",即最高人民检察院对最高人民法院已经发生法律效力的判决、裁定,发现确有错误的,即符合本法第211条规定的情形之一的,或者调解书损害国家利益、社会公共利益的,有权向最高人民法院提出抗诉。

二、检察建议的监督方式

检察机关对民事诉讼实行法律监督,是保证人民法院依法行使审判权,正确实施法律的重要制度,对促进司法公正、维护社会公共利益具有重要作用。强化检察机关的法律监督是2012年民事诉讼法修改的重要内容,其中的一个方面就是增加规定了检察建议的监督方式。

2012年修改前的民事诉讼法只规定了抗诉一种监督方式。此后,检察机关为了更好地发挥民事检察监督的作用,通过积极试点探索,在实践中创造了通过检察建议实施民事检察监督的模式。

本条第2款规定了在审判监督程序中如何运用检察建议。检察建议不同于抗诉:其一,检察建议不能立刻引发对生效判决、裁定、调解书的再审,但检察建议可以加强人民法院和人民检察院在审判监督方面的合作和配合,能够促使人民法院发现错误、纠正错误。其二,检察建议不同于上级人民检察院提出的抗诉,检察建议是人民检察院向同级人民法院发出的监督建议。2012年修改民事诉讼法时,通过并行规定向上级人民检察院备案检察建议和提请抗诉,也有利于上下级检察机关之间更及时地沟通情况,从而更慎重地决定是否抗诉。

本条第3款规定了对审判监督程序之外的问题进行检察监督。检察建议比抗诉的适用范围更广,除了在审判监督程序中发挥作用外,检察建议还可以用于帮助人民法院发现其他审判程序中审判人员的违法行为。

第二百二十条　有下列情形之一的,当事人可以向人民检察院申请检察建议或者抗诉:

(一)人民法院驳回再审申请的;

（二）人民法院逾期未对再审申请作出裁定的；

（三）再审判决、裁定有明显错误的。

人民检察院对当事人的申请应当在三个月内进行审查，作出提出或者不予提出检察建议或者抗诉的决定。当事人不得再次向人民检察院申请检察建议或者抗诉。

【释义】 本条是关于当事人申请检察建议或者抗诉的规定。

一、申请条件

审判监督程序中既包括人民法院决定再审，又包括人民检察院抗诉引起再审。实践中不少当事人就同一发生法律效力的判决、裁定、调解书重复提出申请，既向人民法院申请再审，又向人民检察院申请抗诉。这往往导致人民法院和人民检察院都对同一发生法律效力的判决、裁定、调解书进行审查，不仅增加了国家机关的重复劳动，占用了宝贵的司法资源，还使当事人增加了不必要的成本。为更合理地配置司法资源，切实解决重复申请、多头审查的弊端，增强法律监督实效，2012年修改民事诉讼法时对此增加规定，当事人对于已经发生法律效力的判决、裁定、调解书，应当首先依法向人民法院申请再审，在以下3种情况下才可以转而向人民检察院申请检察建议或者抗诉：一是人民法院驳回再审申请的；二是人民法院逾期未对再审申请作出裁定的；三是再审判决、裁定有明显错误的。在第1种情况下，向人民法院申请再审已经结束，此时向人民检察院申请检察建议或者抗诉不会造成重复工作。在第2种情况下，向人民法院申请再审的程序处于不正常的延宕中，此时向人民检察院申请检察建议或者抗诉有利于发挥监督效能，促进审判监督程序尽快进行。在第3种情况下，有必要迅速决定再审，及时纠正错误，向人民检察院申请检察建议或者抗诉有利于保障当事人的权利，实现公正和效率的兼顾。

二、审查期限

本条第2款规定，人民检察院对当事人的申请应当在3个月内进行审查，作出提出或者不予提出检察建议或者抗诉的决定。这里的3个月审查期限应当严格遵守，以保证检察监督的及时性。这里的决定，是对当事人申请的明确回应。要么决定提出检察建议或者抗诉,要么不予提出,都应当按期给当事人以明确答复,以切实保障当事人的申请权。决定提出检察建议或者抗诉的,人民检察院应当及时向人民法院依法提出;决定不予提出的,人民检察院也应当做好疏导工作,明法析理,使申请人尽早服判息诉。

三、限制反复申请

司法实践中,一些当事人往往纠结于某一发生法律效力的判决、裁定、调解书,反复缠诉,"终审不终"。审判监督程序如果成为重复程序、反复程序,不仅会违背民事诉讼法律制度的目的,也不利于维护当事人的利益。对此本条第2款明确规定,当事人不得再次向人民检察院申请检察建议或者抗诉。当事人提出申请之后,如果人民检察院已经在审查处理,再次提出是没有必要的;如果人民检察院已经作出了提出检察建议或者抗诉的决定,再次提出也不具有价值;如果人民检察院已经作出了不予提出检察建议或者抗诉的决定,允许再次提出就可能导致反复纠缠,引发"终审不终"的不良后果。不管哪种情况,都是不符合法律规定的。

第二百二十一条 人民检察院因履行法律监督职责提出检察建议或者抗诉的需要,可以向当事人或者案外人调查核实有关情况。

【释义】 本条是关于人民检察院调查权的规定。

根据人民检察院组织法第6条的规定,人民检察院坚持司法公正,以事实为根据,以法律为准绳,遵守法定程序,尊重和保障人权。检察权是一项严肃的国家权力,应当在坚持实事求是的基础上行使。民事诉讼中主要体现当事人对自己诉讼权利和民事权利的自主掌控,国家权力的干预应当慎重。在审判监督程序中,人民检察院决定是否提出检察建议或者抗诉,需要对有关情况进行调查核实。本条规定是建立在检察机关履行法律监督职责的基础之上的。

对于案件的有关情况,首先是当事人掌握有关信息。案件之外,未卷入纠纷的其他人有时也可能了解情况。人民检察院为了正确履行法律监督职责,需要就相关情况向有关人员进行调查了解。当事人和案外人应当支持人民检察院依法履行职责,如实提供有关信息。

人民检察院在行使调查权时还要注意严格遵守法律,注意根据提出检察建议或者抗诉的需要了解必要的信息。依照本条行使调查权主要是要了解与生效判决、裁定、调解书有关的特定信息,是为了决定是否提出检察建议或者抗诉。本条所规定的调查权,不应超出为了对生效判决、裁定、调解书提出检察建议或者抗诉而需要了解情况的范围,更不能理解为类似刑事诉讼中的侦查权。人民检察院行使相关职权、履行法律监督职责时应当明确这一区分,尊重并保护民事诉讼当事人的合法权益。特别是对涉及个人隐私、个人信息的问题,更要依法行事,严格遵守相关规定。

> **第二百二十二条** 人民检察院提出抗诉的案件,接受抗诉的人民法院应当自收到抗诉书之日起三十日内作出再审的裁定;有本法第二百一十一条第一项至第五项规定情形之一的,可以交下一级人民法院再审,但经该下一级人民法院再审的除外。

【释义】 本条是关于人民检察院抗诉的法律后果和审理抗诉案件的法院的规定。

人民检察院是国家的法律监督机关,人民检察院对人民法院生效的民事判决、裁定的抗诉必然引起再审程序的发生,这是其与当事人申请再审的重要区别。人民法院只要接到人民检察院的抗诉,就应当裁定案件进入再审。

1991年民事诉讼法第186条没有规定人民法院在接到人民检察院的抗诉书后多少日内裁定再审。2007年修改民事诉讼法时对此作了规定,明确只要是人民检察院提出抗诉的案件,接受抗诉的人民法院必须在30日内作出再审的裁定。2007年修改民事诉讼法时,还增加规定了审理抗诉案件的法院。原则上,审理抗诉案件的人民法院也是接受抗诉的人民法院,同样还是原审人民法院的上级人民法院。在这一原则之下,也有例外情况:一是对于有新的证据,足以推翻原判决、裁定的抗诉,接受抗诉的人民法院可以交下一级人民法院再审;二是对于原判决、裁定认定的基本事实缺乏证据证明的抗诉,接受抗诉的人民法院可以交下一级人民法院再审;三是对于原判决、裁定认定事实的主要证据是伪造的抗诉,接受抗诉的人民法院可以交下一级人民法院再审;四是对于原判决、裁定认定事实的主要证据未经质证的抗诉,接受抗诉的人民法院可以交下一级人民法院再审;五是对于审理案件需要的主要证据,当事人因客观原因不能自行收集,书面申请人民法院调查收集,人民法院未调查收集的抗诉,接受抗诉的人民法院可以交下一级人民法院再审。这五方面的情况涉及第211条第1项至第5项规定的情形,主要是案件的事实问题,由下一级人民法院再审,有助于纠正事实认定方面的错误,便于进行对证据的调查。2012年修改民事诉讼法时,在2007年民事诉讼法的基础上,结合司法实践,增加规定"但经该下一级人民法院再审的除外"。也就是说,人民检察院因有本法第211条第1项至第5项规定的情形之一提出抗诉的,接受抗诉的人民法院如果要交下一级人民法院审理,要看抗诉所针对的发生法律效力的判决、裁定、调解书是否是该下一级人民法院再审后作出的。如果发生法律效力的判决、裁定、调解书已经是该下一级人民法院再审之后作出的,就不能再交该下一级人民法院进行再审了。这样规定有利于保障当事人的合法权益,更好地发挥监督职能,有效纠正错误。此后民事诉讼法修改时,均未对本条作实质性修改。

第二百二十三条　人民检察院决定对人民法院的判决、裁定、调解书提出抗诉的,应当制作抗诉书。

【释义】　本条是关于人民检察院抗诉应当制作抗诉书的规定。

人民检察院的抗诉是其行使法律赋予的监督权的体现,抗诉在形式上必须要严肃。也就是说,要采用抗诉书的方式提出抗诉,而不能以口头方式提出抗诉。本条规定,人民检察院决定对人民法院的判决、裁定、调解书提出抗诉的,应当制作抗诉书。

抗诉书是人民检察院制作的诉讼文书,主要内容包括:(1)提出抗诉的人民检察院的名称;(2)案件来源,作出发生法律效力的判决、裁定、调解书的原审人民法院的名称,案件编号和案由;(3)基本案情、人民法院审理情况、抗诉要求和所根据的事实与理由;(4)证据和证据来源。抗诉书由检察长签发,加盖人民检察院印章。

第二百二十四条　人民检察院提出抗诉的案件,人民法院再审时,应当通知人民检察院派员出席法庭。

【释义】 本条是关于人民法院对抗诉案件进行再审时应当通知人民检察院派员出席法庭的规定。

人民检察院对生效民事判决、裁定、调解书提出抗诉的,不仅要向法院提交抗诉书,还应当在案件审理时派员出席法庭。

人民检察院派员出席法庭,检察员在法庭上既不处于原告的地位,也不处于被告的地位,即不影响原审当事人的诉讼地位,而是在法庭上陈述抗诉的要求和所依据的事实与理由,并监督人民法院的审判活动是否合法。

第十七章　督促程序

督促程序,是指债权人要求债务人给付金钱、有价证券,人民法院根据债权人的请求发布支付令,催促债务人履行债务的程序。本章共4条,对申请支付令的条件、支付令的受理和审理以及督促程序的终结等作了规定。

> **第二百二十五条**　债权人请求债务人给付金钱、有价证券,符合下列条件的,可以向有管辖权的基层人民法院申请支付令:
> (一)债权人与债务人没有其他债务纠纷的;
> (二)支付令能够送达债务人的。
> 申请书应当写明请求给付金钱或者有价证券的数量和所根据的事实、证据。

【释义】　本条是关于申请支付令的条件和如何申请支付令的规定。

督促程序是专门针对社会生活中一些简单纠纷如欠款或者有价证券等纠纷所设定的程序。这类纠纷的案情往往十分清楚,当事人不否认欠债的存在和所欠债务的数额,按照一般的诉讼程序审理,会增加诉讼成本,有悖于诉讼经济和诉讼效率的原则。督促程序规定了简便的办理方式,不仅方便当事人快速解决纠纷,也节约了司法资源。

根据本条规定,申请支付令应当符合下列两个条件:

1.债权人与债务人没有其他债务纠纷。这是指申请人对被申请人没有给付金钱等其他债务,如果申请人虽然对债务人有债权,但也有债务,就不能申请支付令。比如,甲和乙签订了购销钢材的合同,甲如约履行义务后,乙不按期给付价款,这时甲对乙已没有对待给付义务,可以申请人民法院发出支付令。如果甲要求乙支付货款时还没有发货,此时其对乙还有对待给付义务,就不能申请支付令。

2. 支付令能够送达债务人。能够送达是指能够通过审判人员等直接送达或者通过邮寄送达、委托送达方式送至受送达人手中。债务人不在我国境内，或者债务人下落不明需要公告送达的，不能申请支付令。

除满足上述法律规定的条件外，当事人申请支付令还应当符合下列程序要求：

1. 提交申请书。支付令申请书应当写明请求给付金钱或者有价证券的数量和所根据的事实和证据。事实是指债权债务关系存在及债务人没有履行债务的事实。对于提出的事实要有相应的证据证明。

2. 向有管辖权的基层人民法院申请。哪个法院是有管辖权的人民法院，取决于法律关系的性质和本法关于管辖的规定。比如，如果是因合同关系请求对方给付金钱，可以向合同履行地或者被告所在地人民法院申请。这里需要注意的是，法律规定应向基层人民法院申请支付令，因此选择管辖法院时，只需要考虑地域管辖，不需要考虑级别管辖。司法实践中，出现过基层人民法院受理申请支付令案件的标的金额达5000多万元、个别案件标的金额超过1亿元的情况。有的意见认为标的金额如此大的案件由基层人民法院受理不合适。这里需要明确的是，法律规定申请支付令由基层人民法院管辖，与民事诉讼理论和支付令制度的宗旨密切相关。督促程序的目的是方便人民群众快速解决问题、提高人民法院办案效率。申请支付令的案件不必经过复杂的审判程序，基层人民法院完全能够胜任。如果受理申请后，债务人对该案件事实有异议，可以向受理法院提出书面异议，要求终结督促程序。督促程序终结后，当事人提起诉讼的，应按有关级别管辖的规定，由有管辖权的人民法院对案件进行审理。

督促程序具有非诉性、特定性、可选择性、简洁性。该程序不解决当事人之间权利义务关系的争议，当事人不直接进行对抗；在满足法律规定的两个特定条件时，才能申请支付令；债权人请求债务人给付金钱、有价证券时，可以申请支付令，但是法律没有规定这类案件必须适用督促程序，当事人可以选择以普通诉讼程序解决问题；督促程序一般是书面审理，没有上诉程序，具有简洁性。

第二百二十六条　债权人提出申请后，人民法院应当在五日内通知债权人是否受理。

【释义】 本条是关于支付令受理的规定。

债权人提出支付令申请,人民法院应当在收到申请后5日内将是否受理的决定通知债权人。一般说来,只要符合本法第225条规定的申请支付令的条件,人民法院都应当受理。

> **第二百二十七条** 人民法院受理申请后,经审查债权人提供的事实、证据,对债权债务关系明确、合法的,应当在受理之日起十五日内向债务人发出支付令;申请不成立的,裁定予以驳回。
>
> 债务人应当自收到支付令之日起十五日内清偿债务,或者向人民法院提出书面异议。
>
> 债务人在前款规定的期间不提出异议又不履行支付令的,债权人可以向人民法院申请执行。

【释义】 本条是关于支付令的审理、异议和执行的规定。

适用督促程序的目的之一是简化程序,尽快稳定经济社会关系。因此,人民法院受理支付令申请后,只审查债权人提供的事实和证据,无需询问债务人和开庭审理。人民法院经审查,认为债权债务关系明确、合法,应当在受理之日起15日内向债务人发出支付令;申请不成立的,应当裁定驳回申请。申请不成立,包括债权债务关系不明确,如双方各自有什么样的债权债务、履行情况怎样在申请书上反映不清楚,或者没有证据证明对方负有债务;也包括债权债务不合法,如所谓的债权债务系赌博形成。

人民法院发出支付令前,仅审查了申请人提出的事实,并没有接触被申请人,也没有让被申请人对申请人的请求答辩,为了平等保护双方当事人的合法权益,法律规定了支付令异议程序。支付令异议是督促程序中的一个重要内容。根据本条第2款的规定,债务人收到人民法院发出的支付令后,在15日内可以提出书面异议。债务人在法定期间提出书面异议的权利称为异议权,这是债务人在督促程序中享有的与债权人的支付令申请权相对应的权利,目的在于反驳、对抗债权人的申请权。

债务人提出的书面异议可以有以下情况:一是债权人不适格。向人民法院提出支付令申请的,应当是债权债务关系中的债权人。如果不是本案的债权人以自己的名义提出申请,债务人有权向人民法院提出异议,并拒绝支付令的执行。二是债权债务关系不是当事人之间约定的民事法律关系。如果债权人针对没有约定或者超出约定范围的债权提出支付令申请，债务人有权提出异议。三是债权人申请支付令的债权不是确定的债权。如果债权人申请支付令的债权尚未到期，则这一债权依然是期待权，债务人还没有履行债务的义务。对这一支付令，债务人有权提出异议。四是债权人申请支付令的债权客体不是金钱或有价证券。如果债权人申请支付令的债权客体是其他客体，债务人有权向人民法院提出异议。五是债权人申请支付令的债权债务关系不受法律保护。如果债权人申请支付令的债权债务关系依法不能受法律保护，债务人有权提出异议。六是对债权人提出的给付金钱或者有价证券的数额有异议。

债务人收到人民法院发出的支付令后，如果认为债权债务关系存在，没有异议，就应当自收到支付令之日起 15 日内向债权人清偿债务；如果债务人自收到支付令之日起 15 日内既不履行支付令，又不提出异议，申请人可以申请人民法院强制执行。

> **第二百二十八条** 人民法院收到债务人提出的书面异议后，经审查，异议成立的，应当裁定终结督促程序，支付令自行失效。
>
> 支付令失效的，转入诉讼程序，但申请支付令的一方当事人不同意提起诉讼的除外。

【释义】 本条是关于终结督促程序的规定。

根据本法第 225 条的规定，督促程序是指人民法院对于债权人提出的以给付一定数量的金钱、有价证券为标的的请求，仅根据债权人单方面的申请，不经开庭审理，直接向债务人发出支付令的程序。督促程序不以双方当事人直接对抗为必要，但能够产生与诉讼程序类似的法律后果。同时，督促程序也是略式程序，无须传唤债务人开庭审理，仅就债权人的申请和证据进行单方形式审查。

1991 年民事诉讼法第 192 条规定："人民法院收到债务人提出的书面异议后，应当裁定终结督促程序，支付令自行失效，债权人可以起诉。"2007 年修改民事诉讼法时未对该规定作出修改。2012 年修改民事诉讼法时，对本条内容作了修改，主要包括两方面内容：一是明确人民法院收到书面异议后，

"经审查,异议成立的",才裁定终结督促程序。二是增加了一款规定,明确支付令失效的,转入诉讼程序,但申请支付令的一方当事人不同意提起诉讼的除外。

1. 关于支付令失效。人民法院对债务人的书面异议进行审查后,认为异议成立的,债权人的申请就不符合本法第225条申请支付令的基本条件了,应当裁定终结督促程序。此时支付令发生自动失效的法律效果,债务人不需要按照支付令的内容向债权人支付;双方的权利义务纠纷可以通过诉讼的方式加以解决。这里需要注意的是,并非债务人一提出异议,支付令就必然失效。如果债务人对债权债务关系没有异议,只是对清偿能力、清偿期限、清偿方式等提出不同意见,则不影响支付令的效力。这是因为清偿能力、清偿方式等只涉及债务人对债务的履行,不影响对当事人之间债权债务关系的确认;至于清偿期,应当是指债权到期后具体完成债务履行的期限,不是针对未到期债权,因此也不能成为有效异议。例如,债权人基于同一债权债务关系向债务人提出多项支付请求,债务人仅就其中一项或几项请求提出异议,则不影响其他请求的效力。还有的情况下,债权人基于同一债权债务关系就可分之债向多个债务人提出支付请求,多个债务人中的一人或几人提出异议的,不影响其他请求的效力,即支付令对没有提出异议的当事人有效。因此,在适用本条规定时,需要由人民法院根据具体案件的情况进行审查,不能一概而论。

2. 关于支付令失效的后果。2012年修改民事诉讼法前,由于督促程序的设计不严密,缺乏与诉讼程序的衔接,督促程序因债务人提出异议终结后,并不自动进入诉讼程序,债权人如果通过诉讼程序实现债权,须另行起诉。由于债权人在督促程序中需要花费一定的时间和精力,但债权往往由于债务人滥用异议权而无法通过督促程序实现,与直接起诉相比,债权人不仅浪费了时间,还增加了讼累。因此,2012年修改民事诉讼法时增加规定了督促程序与诉讼程序相衔接的有关内容,即申请支付令一方的当事人不需要另行起诉,案件直接转入普通诉讼程序,这样就使督促程序较好地与诉讼程序对接,省去了当事人再立案的麻烦。同时,考虑到是否转入诉讼程序的决定权在于当事人自己,因此本条规定申请支付令的一方不同意转入诉讼程序的,则不转入诉讼程序。

第十八章　公示催告程序

公示催告程序,是指人民法院根据申请,以公示方法催促票据的利害关系人在一定期间申报权利,如果期满时仍未申报,人民法院通过判决的形式宣告票据权利无效,由此利害关系人丧失对公示催告票据的权利的程序。

票据在使用过程中出现被盗、遗失和灭失的情况较为常见。对此,失票人尽管可以及时通知票据的付款人挂失止付,但由于有的票据具有可转让性,超过了止付规定的期限其他人可以凭票据主张权利,票据的付款人需要见票即付,否则,可能违反票据法律的规定。实践中,有人为了防止丢失的票据被他人利用,通过电视、报纸公示"×××的票据遗失,声明作废",这种做法并不能产生相应的法律效果,声明者不能以自己已声明为由,要求票据的付款人承担声明后又支付的责任。由此可见,实践中需要一个法律程序,在票据被盗、遗失、灭失时,使宣告票据无效的行为具有法律效力,从而更好地保护相关主体的合法权益,稳定社会经济秩序,为此本法规定了"公示催告程序"一章。

本章共6条,对公示催告程序的适用范围、审理程序,公示催告期间申请人、利害关系人、支付人的权利义务,除权判决等作了规定。

第二百二十九条　按照规定可以背书转让的票据持有人,因票据被盗、遗失或者灭失,可以向票据支付地的基层人民法院申请公示催告。依照法律规定可以申请公示催告的其他事项,适用本章规定。

申请人应当向人民法院递交申请书,写明票面金额、发票人、持票人、背书人等票据主要内容和申请的理由、事实。

【释义】　本条是关于公示催告程序的适用范围和如何申请公示催告的规定。

一、公示催告程序的适用范围

(一)按照规定可以背书转让的票据被盗、遗失或者灭失

票据有广义、狭义之分,广义的票据指商业上的权利凭证,如提单、仓单、保险单;狭义的票据指以支付一定金额为目的,可以转让、流通的证券,如汇票、本票、支票。背书转让,指票据持有人在票据背面签名,将票据上的权利转让给他人。背书的形式有很多,有限定性背书,即背书人在票据背面签字,写明"仅付给×××或付给×××不得转让";有特别背书,又称记名背书,即背书人在票据背面签字,写明"付给×××的指定人";有空白背书,又称不记名背书,即背书人只在票据背面签名,不写付给某人;有附条件背书,指背书上带有条件。从目前我国的有关规定看,可以背书转让的票据主要是汇票、支票、本票3种,当这3种票据被盗、遗失、灭失时,可以申请公示催告。

(二)法律规定可以申请公示催告的其他事项

从其他国家的民事诉讼法和我国台湾地区"民事诉讼法"的规定看,可以申请公示催告的事项除票据外,还包括:(1)继承人为限定继承者,申请公示催告被继承人的债权人在一定期间内申报债权;(2)无人承认的继承,申请公示催告继承人在一定期间内承认继承;(3)遗产管理人申请公示催告被继承人的债权人和受遗赠人在一定期间内申报债权和表明是否接受遗赠;(4)申请宣告失踪人死亡的公示催告;(5)对土地所有人、船舶所有人、抵押权人的公示催告;等等。

目前,我国民事诉讼法和民事实体法还没有明确规定除票据外哪些事项可以适用公示催告程序。随着社会经济的不断发展,今后法律可能会规定适用公示催告程序的其他事项。为此,本条对公示催告程序的适用范围作了较为灵活的规定,明确"依照法律规定可以申请公示催告的其他事项,适用本章规定"。

二、公示催告程序的适用

公示催告程序的意义在于票据被盗、遗失或灭失后,催促不明的利害关系人申报权利,使"不明"变为"明",到期没有不明利害关系人主张权利的,人民法院判决宣告不明的利害关系人对公示催告事项的权利无效。在此程序中,没有特定的相对人或者说该程序是为了寻找特定的相对人,这是公示

催告程序的特点。如果相对人是明确的,当事人应当通过提起诉讼的方式解决纠纷,不得适用公示催告程序。也就是说,公示催告程序不处理具体的权利义务纠纷。

根据公示催告程序的特点,其只能依申请而开始。申请公示催告应当向人民法院递交申请书。实践中公示催告申请书一般是表格形式,由人民法院统一印制供申请人填写。表格中主要包括申请人情况、住所、联系方式,申请公示催告的事项、票据的种类(支票、汇票、本票)、票面金额、出票人(票据原始所有人)、持票人(票据最后持有人)、背书人、被背书人、票据开户银行、付款银行账号,票据遗失的时间、原因及经过等内容。

根据法律规定,只有可以背书转让的票据被盗、遗失或者灭失,才能够申请公示催告;不可以背书转让的票据在支付方面相对简单,基本不涉及票据流通秩序,因此无须通过公示催告程序予以保护。

第二百三十条　人民法院决定受理申请,应当同时通知支付人停止支付,并在三日内发出公告,催促利害关系人申报权利。公示催告的期间,由人民法院根据情况决定,但不得少于六十日。

【释义】　本条是关于人民法院受理申请后,通知停止支付和进行公示催告的规定。

人民法院收到公示催告的申请后,应当进行审查,认为申请事项可以适用公示催告程序的,应当受理。受理后,一方面,为防止公示催告期间票据被兑付,使申请人的权利受到损害,人民法院应当在决定受理的同时通知票据的支付人停止支付。另一方面,人民法院应当在受理之日起3日内发出公告,催促利害关系人申报权利。公示催告的期间可以根据情况决定。比如,票据的公示催告可以根据票据流转的范围、转让的次数等具体情况决定公示催告的期间。一般说来,流转范围广、转让次数多的票据,其公示催告的期间应当比流转范围窄、转让次数少的票据要长一些。公示催告的期间虽然可以由人民法院决定,但为了尽快稳定经济秩序,该期间不能过长;同时,为了保护利害关系人的合法权益,使利害关系人有充分的时间和机会知悉票据公示催告的情况,该期间又不能过短。因此,本条规定,公示催告的期间由人民法院根据情况决定,但不得少于60日。

公告可以张贴于人民法院的布告栏中,也可以在报纸中刊载,这样一方面是为了使利害关系人能够知晓以便及早申报权利;另一方面,也是为了提醒所有可能收到票据的人注意该票据的权利处于不确定状态,不要接受该票据。

第二百三十一条　支付人收到人民法院停止支付的通知,应当停止支付,至公示催告程序终结。

公示催告期间,转让票据权利的行为无效。

【释义】　本条是关于停止支付的规定。

支付人收到人民法院停止支付的通知后,应当停止向持有该票据的人支付票据所载款额,直至公示催告程序终结。如果支付人接到通知后支付了该票据,票据权利人的损失要由支付人赔偿。持有票据的人被拒绝支付的,可以及时向有管辖权的人民法院申报权利,由此可以查明票据权利,使善意持票人的利益得到法律的保护。

公示催告期间,票据权利的归属处于一种不确定状态,因此,该期间内转让票据权利的行为无效。

第二百三十二条　利害关系人应当在公示催告期间向人民法院申报。

人民法院收到利害关系人的申报后,应当裁定终结公示催告程序,并通知申请人和支付人。

申请人或者申报人可以向人民法院起诉。

【释义】　本条是关于申报票据权利的规定。

人民法院发出公示催告后,申请人以外的对票据主张权利的人为维护自己对该票据的权利,防止人民法院判决宣告票据无效,应当在公示催告期间向人民法院申报,表明自己对该票据享有权利。

一旦有人申报,一张票据就有了至少两个主张权利的主体,票据权利的归属必然发生争议。由于公示催告程序并非确权程序,而是非诉程序,因此,只要在公示催告期间有人申报权利,公示催告的目的就达到了,人民法院应当裁定终结公示催告程序,并将有人申报权利的情况通知申请人和支付人。

法律规定要通知支付人,是因为在有的情况下,票据持有人是从媒体的公告中得知票据被公示催告,进而到人民法院申报权利的,而此时支付人并不知情。为了尽快稳定支付关系,尽量避免支付人错误支付,应当通知支付人该情况。司法实践中,如果申请人自己向人民法院撤回申请,也是允许的,这表明票据权利再次得到明确,可以裁定终结公示催告程序。例如,申请人甲因一张银行承兑汇票丢失,向人民法院申请公示催告。人民法院受理后发出公告,催促利害关系人在60日内申报权利。申报权利期间,申请人甲以银行承兑汇票已找回为由申请撤回公示催告,人民法院可以裁定终结本案的公示催告程序。

人民法院裁定终结公示催告程序后,申请人或者申报人可以就票据权利归属纠纷向人民法院提起确权之诉。

第二百三十三条 没有人申报的,人民法院应当根据申请人的申请,作出判决,宣告票据无效。判决应当公告,并通知支付人。自判决公告之日起,申请人有权向支付人请求支付。

【释义】 本条是关于公示催告的判决的规定。

公示催告期间,没有人申报权利的,表明票据上的权利为申请人所有,人民法院可以根据申请人的申请作出判决,宣告票据无效。为了使宣告票据无效的判决为人们所知,也为了使票据支付人明确自己的支付行为,宣告票据无效的判决应当公告,并通知票据支付人。宣告票据无效的判决具有两方面的法律效果:一是,除申请人外,其他人失去了对票据的权利,今后其他任何持票人要求支付,票据支付人有权拒付;二是,自公告之日起,申请人可以向票据支付人主张权利,也就是说,申请人可以要求票据支付人付给其失去的票据上所载的金额。比如,甲丢失一张20万元人民币的汇票,经公示催告程序,人民法院作出宣告该票据无效的判决。判决作出后,甲可以根据人民法院的判决,要求票据支付人付给自己20万元人民币。

第二百三十四条 利害关系人因正当理由不能在判决前向人民法院申报的,自知道或者应当知道判决公告之日起一年内,可以向作出判决的人民法院起诉。

【释义】 本条是关于因故未申报票据权利的利害关系人权利保护的规定。

人民法院受理公示催告的申请发出公告后,利害关系人应当在公示催告期间申报,但有时因为某些特殊原因,利害关系人没能在法院判决前申报权利。比如,公示催告期间某人正患病或者在国外,不知道法院对票据的公示催告,法院判决作出后,其才得知自己所持票据已被宣告无效,但又认为自己取得的票据权利是合法的、正当的。为了维护这部分人的合法权益,法律允许他们在判决作出后向作出票据无效判决的人民法院提起诉讼。为了促使票据权利人及时主张权利,以利于经济关系的稳定,利害关系人申请撤销公示催告判决的诉讼应当在知道或者应当知道判决公告之日起1年内提出。

第三编 执 行 程 序

执行,是指法定的执行机关依照法定程序,运用国家强制力,采取法定措施促使义务人履行法律文书确定的义务的行为。

执行具有两个基本特征:第一,执行的前提是义务人不履行法律文书确定的义务。如果不存在法定义务,或者虽然存在法定义务,但义务人已经自觉履行,就不发生执行的问题。第二,执行必须由具有执行权的机构采取强制措施,促使义务人履行义务。

执行和审判既有区别又有联系,其区别表现在:审判是查明案件事实,适用法律,确定当事人之间权利义务关系的行为;执行是实现生效法律文书确定的内容,保证义务人履行义务和权利人实现权利的行为。人民法院对案件作出判决不必然引起执行,但执行是审判的保障。没有执行,人民法院的判决、裁定、调解书就是一纸空文,审判活动将失去意义。同时,没有审判,也就没有执行。审判和执行相辅相成,都是为了解决当事人的民事权利争议,使当事人的合法权益得到保障。当然,根据我国法律的规定,能够申请民事执行的并不仅限于人民法院审判活动产生的法律文书,仲裁裁决、具有强制执行力的公证债权文书等由人民法院执行的其他法律文书,当事人也可以申请执行。

人民法院的执行活动及其在执行活动中与有关单位和个人发生的关系受法律规范调整,调整这些活动和关系的规范的总和即执行程序。本法规定执行程序的意义是:

第一,保护当事人的合法权益。法律文书确定了当事人之间的权利义务关系。规定执行程序,一方面可以促使当事人自觉履行义务,另一方面在义务人不履行义务时,可以强制实现法律文书确定的义务,从而使当事人的合法权益得到有效的保护。

第二,促进经济的稳定和发展。现实生活中常常出现法律文书作出后,一方当事人不自觉履行法律文书确定的义务,造成另一方当事人生产、经营困难的情况,执行程序可以为债权人及时追回债权,使其生产、经营能够正常运转。

第三,制裁违法行为,教育民众自觉遵守法律,维护法治的尊严和权威。依法由人民法院作出的判决书、裁定书和调解书以及仲裁裁决,公证机构作出的具有强制执行力的公证债权文书,义务人必须履行。不履行生效法律文书确定的义务属于违法行为,执行可以强制义务人履行义务,使其服从法律的权威,认识到守法的必要性。

第十九章 一 般 规 定

本章共 12 条,对执行程序的基本问题,执行应当遵循的基本原则以及执行中的共性规则等作了规定,主要包括以下几个方面的内容:执行根据、执行管辖、执行救济、变更执行法院、案外人异议、执行机构、委托执行、执行和解、提供担保的暂缓执行、被执行人死亡或者终止的债务履行、执行回转以及对执行活动的检察监督等。

第二百三十五条 发生法律效力的民事判决、裁定,以及刑事判决、裁定中的财产部分,由第一审人民法院或者与第一审人民法院同级的被执行的财产所在地人民法院执行。

法律规定由人民法院执行的其他法律文书,由被执行人住所地或者被执行的财产所在地人民法院执行。

【释义】 本条是关于执行根据和执行管辖的规定。

一、执行根据

执行根据也称执行依据、执行文书,是申请人据以申请执行和执行人员据以执行的凭证,即法律规定由人民法院执行的法律文书。

根据本条规定,作为执行根据的法律文书有以下几种:

1. 人民法院制作的发生法律效力的民事判决书、裁定书和调解书。民事判决书是人民法院对当事人双方的实体权利所作的结论性判定。作为执行根据的民事判决书必须具有给付内容,比如,给付金钱、交付某种物品或者要求从事某种行为。变更判决和确认判决一般不发生执行问题。民事裁定书是人民法院为解决案件的程序问题所作的判定。可作为执行根据的裁定主要是保全裁定,先予执行裁定,承认和执行外国法院判决、裁定或者仲裁机构作出的仲裁裁决。民事调解书是当事人双方意思表示一致的产物，一般不发生执行问题，但在实践中，某些当事人达成调解协议后，又不履行调解协议确定的法律义务。由于调解是在人民法院的主持下达成的，是人民法院审结案件的一种方式，是人民法院行使审判权的内容之一，因此，调解书也可以作为执行根据。

2. 人民法院依督促程序发布的支付令。根据本法第 227 条第 3 款的规定，债务人自收到人民法院依督促程序发布的支付令之日起 15 日内不提出异议又不履行支付令的，债权人可以向人民法院申请执行。

3. 发生法律效力而具有财产内容的刑事判决书、裁定书。比如，依据刑法判处罚金、没收财产或者赔偿被害人的经济损失的刑事判决书、裁定书，都可以作为执行根据。

4. 仲裁机构的生效裁决书。本法第 248 条第 1 款规定："对依法设立的仲裁机构的裁决，一方当事人不履行的，对方当事人可以向有管辖权的人民法院申请执行。受申请的人民法院应当执行。"从这一规定可以看出，只要是依法设立的仲裁机构的裁决，都可以作为执行根据。

5. 公证机构制作的依法具有强制执行效力的债权文书。公证法第 37 条第 1 款规定："对经公证的以给付为内容并载明债务人愿意接受强制执行承诺的债权文书，债务人不履行或者履行不适当的，债权人可以依法向有管辖权的人民法院申请执行。"从这一规定可以看出，公证机构制作的依法具有强制执行效力的债权文书，也是人民法院的执行根据之一。

二、执行管辖

执行管辖，是指生效法律文书应由哪一个法院负责执行。

1991 年民事诉讼法第 207 条第 1 款规定，发生法律效力的民事判决、裁定，以及刑事判决、裁定中的财产部分，由第一审人民法院执行。这一规定总的来看是适当的，但实践中存在一些问题：其一，有些案件的被执行人的财产不在第一审人民法院所在地，被执行人的住所也不在第一审人民法院所在地，由第一审人民法院执行较为困难。其二，有些案件的被执行人或者被执行人的财产不在第一审人民法院辖区，执行法院需要异地执行，这将造成人力、财力的浪费。其三，为了减少异地执行，本法规定了委托执行制度，但实践中委托执行的案件积压严重。通常情况下，由被执行财产所在地的法院采取执行措施更为便利，也更有利于节约执行成本。从其他国家和地区的规定看,大部分国家和地区将被执行财产所在地法院作为执行法院。例如,《日本民事执行法》第 44 条第 1 款规定:"关于不动产,由其所在地的地方法院作为执行法院进行管辖。"《韩国民事执行法》第 79 条规定:"不动产的强制执行,由不动产所在地的地方法院管辖。不动产在多个地方法院的管辖区域时,各地方法院均有管辖权。在此种情况下,法院认为必要时,可以向其他法院移送该案件。"我国台湾地区"强制执行法"第 7 条规定,强制执行由应执行之标的物所在地或应为执行行为地之法院管辖。应执行之标的物所在地或应为执行行为地不明者,由债务人之住、居所、公务所、事务所、营业所所在地之法院管辖。同一强制执行,数法院有管辖权者,债权人得向其中一法院申请。受理强制执行事件之法院,须在他法院管辖区内为执行行为时,应嘱托该他法院为之。2007 年修改民事诉讼法时,有的意见提出,民事诉讼法应当在保留第一审法院管辖规定的同时,增加被执行财产所在地法院管辖的规定,使债权人可以灵活选择执行法院。为此,2007 年民事诉讼法修改时,将"第一审人民法院或者与第一审人民法院同级的被执行的财产所在地人民法院"作为执行管辖法院加以规定。此后的历次民事诉讼法修改,均没有对此规定再作出修改。

依据这一规定,无论终审判决、裁定由哪一级法院作出,执行工作原则上由第一审人民法院或者与第一审人民法院同级的被执行的财产所在地人民法院负责。也就是说,基层人民法院一审终审的案件和中级人民法院审结的上诉案件,由基层人民法院执行;中级人民法院一审终审的案件和高级人民法院审结的上诉案件,由中级人民法院执行。本法之所以规定判决、裁定由第一审人民法院或者与第一审人民法院同级的被执行的财产所在地人民法院执行,主要是考虑到第一审人民法院或者与第一审人民法院同级的被执行的财产所在地人民法院一般也是被执行人住所地或者被执行人的财产所在地的法院,这样规定便于开展执行工作。

第二百三十六条 当事人、利害关系人认为执行行为违反法律规定的,可以向负责执行的人民法院提出书面异议。当事人、利害关系人提出书面异议的,人民法院应当自收到书面异议之日起十五日内审查,理由成立的,裁定撤销或者改正;理由不成立的,裁定驳回。当事人、利害关系人对裁定不服的,可以自裁定送达之日起十日内向上一级人民法院申请复议。

【释义】 本条是关于对违法的执行行为提出异议和复议的规定。

"执行难"是人民群众反映较强烈的问题,也是全社会关注的热点问题。从实践的情况看,产生"执行难"的原因是多方面的,并带有一定的普遍性。例如,被执行人无财产可供执行,被执行人有财产但难以执行,地方或者部门保护阻碍执行等。因法院或者执行人员自身原因导致不能执行也是产生"执行难"的原因之一。比如有的执行人员素质不高,执法水平低,执行方法简单,执行行为不规范,造成执行效率不高;有的执行人员消极不作为,甚至办关系案、人情案、油水案,给执行工作造成障碍。对于执行人员拖延执行、消极执行或违法实施执行行为等问题,大多数国家或者地区对此都有相应规定,建立了较为完善的执行救济制度。例如,《德国民事诉讼法》第766条规定:"对于强制执行的种类和方式,或对于执行人员在执行时应遵守的程序提出申请、异议与抗议时,由执行法院裁判之。执行法院有权发出本法第七百三十二条第二款规定的命令。执行人员拒绝接受执行委任,或拒绝依照委任实施执行行为时,或者对于执行人员所计算的费用提出抗议,由执行法院裁判之。"我国台湾地区"强制执行法"第12条规定:"当事人或利害关系人,对于执行法院强制执行之命令,或对于执行法官、书记官、执达员实施强制执行之方法,强制执行时应遵守之程序,或其他侵害利益之情事,得于强制执行程序终结前,为声请或声明异议。但强制执行不因此而停止。前项声请及声明异议,由执行法院裁定之。不服前项裁定者,得为抗告。"第13条规定:"执行法院对于前条之声请,声明异议或抗告认为有理由时,应将原处分或程序撤销或更正之。执行法院于前项撤销或更正之裁定确定前,因必要情形或依声请定相当并确实之担保,得以裁定停止该撤销或更正裁定之执行。当事人对前项裁定,不得抗告。"

赋予当事人或者利害关系人在执行程序中对其正当权利保护的救济途径是保证执行公正、公平的重要内容。1991年民事诉讼法没有规定当事人和利害关系人对违法执行行为的救济途径,也未规定有关部门相应的处理程序。实践中,当事人、利害关系人只能通过申诉、信访等渠道向法院反映问题,法院对这些问题的处理也缺乏明确的可以遵循的依据,从而导致对该类问题的处理往往比较随意,当事人、利害关系人的合法权益难以得到充分保障。为了充分保障当事人、利害关系人的合法权益,规范人民法院的执行行为,保障发生法律效力的判决、裁定及其他法律文书的依法执行,民事诉讼法应当明确赋予当事人、利害关系人对违法执行行为提出异议的权利,建立执行救济制度。对此,2007年修改民事诉讼法时增加了本条规定。此后,民事诉讼法修改的过程中未对本条再作出调整。

依据本条的规定,当事人、利害关系人认为执行行为违反法律规定的,可以向人民法院提出书面异议。对于当事人、利害关系人提出的书面异议,人民法院应当自收到书面异议之日起15日内审查。如果当事人、利害关系人提出的异议理由成立,人民法院应当以裁定的方式撤销或者改正违法的执行行为。如果当事人、利害关系人提出的异议理由不成立,人民法院应当以裁定的方式驳回当事人的申请。当事人、利害关系人对人民法院的裁定不服的,可以自裁定送达之日起10日内向上一级人民法院申请复议。

第二百三十七条 人民法院自收到申请执行书之日起超过六个月未执行的,申请执行人可以向上一级人民法院申请执行。上一级人民法院经审查,可以责令原人民法院在一定期限内执行,也可以决定由本院执行或者指令其他人民法院执行。

【释义】 本条是关于变更执行法院的规定。

在有的执行案件中,被执行人明明有可供执行的财产,但人民法院受各种因素的制约,长期没有实施执行。例如,一些地方领导法治观念淡薄,为追求政绩和经济发展指标,以影响地方经济发展、社会稳定为由,通过行政性无偿划拨企业资产、对企业挂牌保护等手段干扰执行工作,甚至要求人民法院执行时提前报党政领导干部审批同意,或者直接发文件、批条子要求人民法院对某些企业不得强制执行。一些协助执行人担心影响其与被执行人的业务关系或者情感关系,经常找各种借口推脱、阻挠,导致无法执行。例如,到金融机构办理查询、冻结、划拨等手续时,金融机构以需领导签字、领导出差或者计算机故障等理由搪塞、拖延甚至给被执行人通风报信,帮助其转移财产;要求相关单位协助提取被执行人工资、退休金、劳务收入时,这些单位以各种理由拒绝,或者表面答应,暗地里我行我素;一些机关或者企事业单位以其内部规定来应对人民法院的协助执行要求等。针对上述情况,实践中,许多人民法院尝试将此类案件变更为上级法院提级执行或者指令给其他法院执行。这种做法能够有效克服地方保护主义的干扰,被公认为解决执行难的有力武器。但是,由于1991年民事诉讼法对提级执行或者指令执行没有规定,实践中提级执行或指定执行主要依靠上级法院的监督而实施。而上级法院受各种主客观因素的制约,对很多案件难以及时提级或指令执行,加之提级和指令执行缺乏法定条件和程序,实践中也存在随意性大、程序不规范等问题,因此,有必要赋予申请执行人向上级人民法院申请由其他人民法院执行的权利,并对提级执行和指令执行作出规范。在此背景下,2007年修改民事诉讼法时,增加了本条规定。

本条规定明确了以下几方面内容:一是明确赋予申请执行人变更执行法院的权利。二是明确规定申请提级和指令执行的条件,即自执行程序开始后,人民法院收到申请执行书之日起6个月未执行。三是明确申请人向哪一级人民法院申请变更执行法院,即本条规定的"申请执行人可以向上一级人民法院申请执行"。四是明确规定上级人民法院对当事人的申请应当进行审查,并作出相应的处理,可以责令原人民法院在一定期限内执行,也可以决定由本院执行或者指令其他人民法院执行。需要注意的是,本条规定的"人民法院自收到申请执行书之日起超过六个月未执行的",主要指的是被执行人有可供执行的财产,人民法院拖延执行、怠于执行的情形。如果经人民法院查证被执行人根本就没有可供执行的财产,在这种情形下申请变更执行法院的意义就不大。

第二百三十八条 执行过程中,案外人对执行标的提出书面异议的,人民法院应当自收到书面异议之日起十五日内审查,理由成立的,裁定中止对该标的的执行;理由不成立的,裁定驳回。案外人、当事人对裁定不服,认为原判决、裁定错误的,依照审判监督程序办理;与原判决、裁定无关的,可以自裁定送达之日起十五日内向人民法院提起诉讼。

【释义】 本条是关于案外人异议的规定。

案外人异议是指在执行过程中,案外人对执行标的提出不同意见。执行过程中,指执行程序开始后终结前。案外人,指本案执行当事人之外的人。对执行标的提出不同意见,主要指对人民法院强制执行的标的主张权利。比如,人民法院去查封被执行人某甲的机器设备,案外人某乙提出该机器设备并非某甲的财产,而是自己寄放在甲处所的,不应查封。

案外人对执行标的提出异议,往往涉及实体权利义务争议。域外比较常见的做法是设立案外人异议之诉,通过审判程序处理。例如,《德国民事诉讼法》第771条规定:"第三人主张在强制执行的标的物上有阻止让与的权利时,可以向实施强制执行的地区的法院提起异议之诉。异议之诉对债权人和债务人提起时,应以该双方为共同被告。"《日本民事执行法》第38条规定:"对强制执行的标的物有所有权及其他妨碍标的物转让或移交的权利的第三人,为了阻止强制执行,可以提起第三人异议之诉。"《韩国民事执行法》第48条规定:"(1)第三人对于强制执行的标的物主张所有权或者主张具有阻止标的物让渡或引渡的权利时,可将债权人作为对象,提出强制执行异议之诉。但是,如果债务人争执该异议,把债务人作为共同被告。(2)异议之诉,由执行法院管辖。但是,诉讼标的不属于独任法官管辖时,由执行法院所在地的地方法院的合议庭管辖。"我国台湾地区"强制执行法"第15条规定:"第三人就执行标的物有足以排除强制执行之权利者,得于强制执行程序终结前,向执行法院对债权人提起异议之诉。如债务人亦否认其权利时,并得以债务人为被告。""债务或第三人就强制执行事件得提起异议之诉时,执行法院得指示其另行起诉,或谕知债权人,经其同意后,即由执行法院撤销强制执行。"

在我国的司法实践中,案外人异议的情况比较复杂,归纳起来主要有3种情形:一是对生效判决、裁定指向的标的权属有异议;二是对判决、裁定并未涉及但执行过程中被作为执行标的予以执行有异议;三是认为执行行为影响了自己对执行标的的使用权而提出异议。1991年民事诉讼法第208条规定:"执行过程中,案外人对执行标的提出异议的,执行员应当按照法定程序进行审查。理由不成立的,予以驳回;理由成立的,由院长批准中止执行。如果发现判决、裁定确有错误,按照审判监督程序处理。"这一规定总的来说是好的,但在适用过程中也发现一些不足:一是没有涵盖案外人异议的全部情况,对不涉及原判决、裁定的案外人异议如何处理没有规定;二是案外人异议往往涉及实体权利义务争议,规定由执行员对异议进行审查,使执行机构权力过大,不符合"审执分立"的原则,也不利于查明案件事实从而充分保护当事人的合法权益。

考虑到审判程序比较复杂,如果对所有的案外人在执行中提出的异议不经审查便直接进入审判程序,不仅影响执行效率,还可能给一部分债务人拖延履行留下空间,不利于债权的及时实现。实际上,一部分案外人异议仅通过执行机构的初步审查即可能得到解决,而有些案外人异议的案件并不涉及原判决、裁定,难以通过审判监督程序解决。因此,2007年修改民事诉讼法时,对1991年民事诉讼法第208条规定作了修改,主要是:第一,对于案外人提出的异议,先由人民法院在法定期间内进行初步审查并作出相应的处理。即本条规定的"执行过程中,案外人对执行标的提出书面异议的,人民法院应当自收到书面异议之日起十五日内审查,理由成立的,裁定中止对该标的的执行;理由不成立的,裁定驳回。"第二,对人民法院初步审查的裁定不服的,赋予案外人、当事人不同的救济途径。如果认为原判决、裁定有错误,按照审判监督程序的规定办理;如果提出的异议与原判决、裁定无关,可以在法定期间内向人民法院提起诉讼,最终通过诉讼解决争议,即本条规定的"案外人、当事人对裁定不服,认为原判决、裁定错误的,依照审判监督程序办理;与原判决、裁定无关的,可以自裁定送达之日起十五日内向人民法院提起诉讼。"此后的民事诉讼法修改未再对此内容进行修改,该规定沿用至今。

第二百三十九条　执行工作由执行员进行。

采取强制执行措施时,执行员应当出示证件。执行完毕后,应当将执行情况制作笔录,由在场的有关人员签名或者盖章。

人民法院根据需要可以设立执行机构。

【释义】　本条是关于执行机构、执行程序的规定。

执行机构,是指行使执行权、负责执行工作的机构,是完成执行工作的重要保障。理论上,执行工作应由独立的执行机构完成,还是由审判组织完成,在我国一直存有争议。20世纪50年代,地方各级人民法院一般都设有执行机构,和民事、刑事审判庭的地位平行,但此后执行机构撤销,执行工作由民事审判庭负责,即"审执合一"。这种做法有一定的好处,例如,审判人员熟悉案情,了解当事人的财产状况、履行能力等情况,由审判直接转入执行可以简化程序、节省人力。但是,由于审判人员兼顾审判和执行,可能顾此失彼,影响执行质量。而且,审判、执行集于一人,也不利于及时发现和纠正审判错误。对此,1979年通过的人民法院组织法第41条第1款规定:"地方各级人民法院设执行员,办理民事案件判决和裁定的执行事项,办理刑事案件判决和裁定中关于财产部分的执行事项。"此后,人民法院组织法先后于1983年、1986年、2006年进行了修改,修改后的人民法院组织法均保留了上述规定。从以往的司法实践看,执行工作由专门的人员负责,能够较好地完成执行任务,保证生效法律文书的履行,而且执行人员在执行前审查作为执行根据的法律文书,能够及时发现判决、裁定等法律文书中的错误,保护公民、法人和其他组织的合法权益。需要指出的是,2018年修改的人民法院组织法,删除了有关"执行员"的规定。2018年修改前的人民法院组织法第40条第1款规定:"地方各级人民法院设执行员,办理民事案件判决和裁定的执行事项,办理刑事案件判决和裁定中关于财产部分的执行事项。"2017年《关于〈中华人民共和国人民法院组织法(修订草案)〉的说明》专门提到:"有关人民法院的执行权,经商有关部门,草案对此未作规定。党的十八届四中全会提出,推动实行审判权和执行权相分离的体制改革试点。目前,审判权和执行权如何分离,尚未达成共识,还在调研论证。人民法院的执行权主要规定在民事诉讼法中,现行人民法院组织法对法院的执行权也未作规定,草案维持现行人民法院组织法的规定,不影响法院的执行工作。"

执行人员采取执行措施时,应当出示证明其身份的证件,比如,工作证、人民法院的证明信等。执行完毕后,应当将执行情况制作笔录,比如,执行标的的种类、数量、质量,执行中谁在场,执行标的有无毁损,等等。执行笔录应当由在场的被执行人、单位的法定代表人或者被执行人住所地基层组织的代表等有关人员签名或盖章。

第二百四十条 被执行人或者被执行的财产在外地的,可以委托当地人民法院代为执行。受委托人民法院收到委托函件后,必须在十五日内开始执行,不得拒绝。执行完毕后,应当将执行结果及时函复委托人民法院;在三十日内如果还未执行完毕,也应当将执行情况函告委托人民法院。

受委托人民法院自收到委托函件之日起十五日内不执行的,委托人民法院可以请求受委托人民法院的上级人民法院指令受委托人民法院执行。

【释义】 本条是关于委托执行的规定。

执行工作一般是在人民法院的辖区内进行。但在执行实践中,被执行人、被执行的财产在外地的情况普遍存在,负责执行的法院不便执行。为了节省人力、物力和时间,更好地完成执行任务,当被执行人、被执行的财产在外地时,可以委托当地人民法院代为执行。委托当地人民法院代为执行应当发出委托执行的函件,说明执行事项的具体内容,并附执行根据。某些地方的人民法院为了保护本地方的经济利益,对外地人民法院的委托采取不协助、不理睬的态度,造成委托执行难。为此,本条不仅对受委托后的执行期间作了规定,而且规定不得拒绝委托,同时还明确无论是否执行,都要函复委托的人民法院;如果在30日内还未执行完毕,也应当将执行情况函告委托人民法院。对于在法定期间内不执行的,本条第2款还具体规定了处理措施,即委托人民法院可以请求受委托人民法院的上级人民法院指令受委托人民法院执行。

第二百四十一条 在执行中,双方当事人自行和解达成协议的,执行员应当将协议内容记入笔录,由双方当事人签名或者盖章。

申请执行人因受欺诈、胁迫与被执行人达成和解协议,或者当事人不履行和解协议的,人民法院可以根据当事人的申请,恢复对原生效法律文书的执行。

【释义】 本条是关于执行和解的规定。

执行和解,是指在执行过程中,双方当事人自行协商,达成协议,执行员将协议内容记入笔录,由双方当事人签名或者盖章;如果义务人按照协议的内容履行义务,就结束原执行程序。比如,法院判决甲偿还乙借款5万元人民币,执行过程中,双方达成甲偿还乙4万元人民币的和解协议,甲按照协议履行后,原执行程序也就结束。

在执行程序中,允许当事人双方自行和解,是当事人处分原则的具体体现。民事权利的性质,决定了当事人可以在法律规定的范围内自由处分自己的民事权利;民事诉讼法的一个重要原则,就是当事人有权在法律规定的范围内处分自己的民事权利和诉讼权利。权利人的权利虽为生效法律文书所确认,但他仍有权处分这种权利。例如,法院作出判决判定甲偿还乙借款及利息共计25万元,该判决书生效之后,乙可以申请强制执行,也可以不申请强制执行;申请强制执行后,可以自愿与甲达成偿还低于生效法律文书确定金额的和解协议,甚至自愿免除该25万元债务,这都属于乙对自身权利的处分，只要不违反法律规定或者损害他人利益，法院没有必要干涉。

执行和解制度有其设立的必要性。生效法律文书作出后，基于被执行人的履行能力和具体案件中的其他诸多因素，申请执行人仍有可能与被执行人就生效法律文书确定的内容达成和解协议。例如，生效法律文书判决乙给付甲人身损害赔偿款5万元，但乙无财产可供执行，法院即使采取各种执行措施，甲的5万元赔偿款也难以落实。此时乙提出，自己先向亲戚朋友筹借2万元，余下的3万元一年内还清。甲综合权衡乙的偿还能力等多方面因素，可能会同意乙的提议，并就此达成和解协议。实践中，申请执行人和被执行人就生效判决确定的标的及其数额、履行期限和履行方式等内容都有可能达成和解协议，履行完毕后，法院即作执行结案处理。

执行和解制度有其设立的积极意义。一是和解协议有利于当事人自觉履行。和解协议是双方当事人意思表示一致的结果，在达成协议的过程中，双方当事人通过充分沟通，能够进一步了解彼此的实际情况，体谅彼此的困难；互相理解，有助于当事人自愿履行义务、权利人的权利及时得以实现。二是有些当事人之间是长期的合作伙伴关系或者亲戚朋友、街坊邻居关系，权利人为了保持或者维系相互之间的关系，往往倾向于采取较为舒缓的手段解决执行问题，通过签订和解协议，由义务人自觉履行，有利于缓和对抗情绪，化解矛盾。三是在执行过程中，当事人之间达成和解协议，义务人自觉履行后，法院即无须采取强制执行措施，有助于节约有限的司法资源。

执行和解不同于审判阶段的调解。审判阶段的调解是法官行使职权的行为，是一种审判活动。在法官的主持下，当事人就他们之间的权利义务作出安排，法院作出的调解书具有终局确定当事人权利义务的效力，当事人不得上诉。执行和解是当事人之间就生效法律文书确定的标的及其数额、履行期限和履行方式等作出新的安排，是当事人就已经生效的法律文书确定的权利义务再行协商的行为。另外，在执行程序中，人民法院不得主动依职权进行调解以变更执行根据所确定的权利义务关系。如果允许在执行程序中继续进行调解，将会损害生效法律文书的确定性和权威性，而当事人自行和解不存在这方面的问题。

2012年修改前的民事诉讼法第207条第2款规定："一方当事人不履行和解协议的，人民法院可以根据对方当事人的申请，恢复对原生效法律文书的执行。"2012年民事诉讼法修改过程中，有的意见提出，实践中有的申请执行人是因欺诈、胁迫而与被执行人达成和解协议。例如，被执行人故意隐匿资产，制造出欠缺还债能力的假象，或者虚构执行标的之价值等，骗得申请执行人与其签订和解协议。如果依据本条原有规定，"一方当事人不履行和解协议的，人民法院可以根据对方当事人的申请，恢复对原生效法律文书的执行"，申请执行人受胁迫达成和解协议后，如果要恢复对原生效法律文书的执行，自己无法向法院提出申请，要由对方当事人即被执行人提出申请，这不利于对申请执行人的权益予以救济。执行和解是由各方当事人经过自愿协商而作出的共同意思表示，是当事人意思自治的产物，应当是当事人双方平等自愿地将各自内心的真实意思充分表达于外部。和解过程中的欺诈、胁迫行为，使申请执行人违背了内心的真实意思，极大地侵蚀了申请执行人的权利，也在一定程度上损害了司法权威。因此，2012年民事诉讼法修改时，增加规定了申请恢复执行的主体，也就是申请执行人一方因受欺诈、胁迫而与被执行人达成和解协议的，也可以申请法院恢复对原生效法律文书的执行，并将"一方当事人""对方当事人"的表述均修改为"当事人"。此后民事诉讼法修改未再对此作出调整。理解本条，需要注意以下两点：

一是申请执行人因欺诈、胁迫而与被执行人达成和解协议的，可以向法院提出申请，恢复对原生效法律文书的执行。例如，判决书判定甲给付乙货款20万元，执行过程中，甲以所掌握的关于乙的隐私相胁迫，乙不得已而与甲签订了和解协议，同意甲给付10万元货款即可。在此种情况下，乙可以向法院主张和解协议是因胁迫而达成，因而申请恢复执行原判决书，即仍要求甲给付20万元货款。

二是当事人包括执行人和被执行人，均应按照约定的内容履行和解协议。如果任何一方当事人不履行和解协议，法院均可以根据当事人的申请恢复对原生效法律文书的执行。比如，被执行人不履行和解协议的，申请执行人可以申请法院恢复对原生效法律文书的执行。但如果被执行人按照和解协议的内容全面履行了义务，法院即可作执行结案处理，申请执行人就不得申请法院恢复执行原生效法律文书，除非其因欺诈、胁迫而与被执行人达成和解协议。

第二百四十二条 在执行中，被执行人向人民法院提供担保，并经申请执行人同意的，人民法院可以决定暂缓执行及暂缓执行的期限。被执行人逾期仍不履行的，人民法院有权执行被执行人的担保财产或者担保人的财产。

【释义】 本条是关于执行担保的规定。

执行担保是指执行开始后,被执行人向人民法院提供某种履行义务的保证,经申请执行人同意后,暂缓执行程序的进行。

理解本条,需要注意以下几点:

一是被执行人向人民法院提供担保。这一点与民法典担保制度有重大区别,实体法中的担保制度是向债权人提供担保。执行担保既可以是保证人以其信誉担保,也可以是担保人或者被执行人以实物担保。例如,执行开始后,被执行人提出由某公司作为自己履行义务的保证人。又如,执行开始后,被执行人以自己的房屋作抵押,保证在一定期间履行义务。

二是执行担保无须登记。民法典中的担保是物权制度的重要组成部分,按照公示公信的原则,需要有登记手续。而法律没有要求执行担保进行登记,实践中只需要申请人向法院提交担保书、权利凭证,并向申请执行人送交相应副本即可。

三是被执行人提供担保后,能否暂缓执行,取决于申请执行人是否同意。有时申请执行人因保证人信誉不好,或者提供的财物为滞销产品,或者自己急需资金等原因,可能不接受执行担保,此时,执行工作就不应当停止。

四是被执行人向人民法院提供担保,并经申请执行人同意的,人民法院可以决定暂缓执行和暂缓执行的期限。如果超过了暂缓执行的期限,被执行人仍不履行义务,人民法院不必经过权利人申请,有权直接执行被执行人的担保财产或者担保人的财产。为了确保被执行人仍不履行义务时,能够顺利执行被执行人的担保财产或者担保人的财产,人民法院一般会对执行担保进行必要的审查,如查明担保是否符合法律规定,担保人的履行能力如何,担保财产的价值能否覆盖执行标的额等。

执行担保可以延缓债务人履行义务的期限,使其能够有机会整顿生产、经营、筹措资金,防止破产倒闭,对于保护债务人的合法权益、促进经济发展都有积极意义。

第二百四十三条 作为被执行人的公民死亡的,以其遗产偿还债务。作为被执行人的法人或者其他组织终止的,由其权利义务承受人履行义务。

【释义】 本条是关于被执行人死亡或者终止的债务履行的规定。

在执行程序中,有时会出现作为被执行人的公民死亡以及作为被执行人的法人或者其他组织终止的情况。为了使权利人的合法权益不因这些情况的出现而失去保护,本条规定"作为被执行人的公民死亡的,以其遗产偿还债务。作为被执行人的法人或者其他组织终止的,由其权利义务承受人履行义务。"也就是说,作为被执行人的公民死亡后,无论其遗产是否有人继承,也无论继承人是否承认被执行人生前的债务,人民法院均可以从其遗产中划出相应份额用于履行被执行人的义务。需要明确的是,此种执行,仅限于遗产。如果被执行人的遗产不足以偿还全部债务,执行程序即告终结,所余债务也不再由继承人偿还。作为被执行人的法人或其他组织被决议解散、被依法撤销、被依法宣告破产或者因其他原因终止后,只要有承受其权利义务的法人或者其他组织的,该法人或者其他组织就应当偿还终止的法人或者其他组织的全部债务;不偿还的,人民法院可以强制执行。

第二百四十四条 执行完毕后,据以执行的判决、裁定和其他法律文书确有错误,被人民法院撤销的,对已被执行的财产,人民法院应当作出裁定,责令取得财产的人返还;拒不返还的,强制执行。

【释义】 本条是关于执行回转的规定。

执行回转,是指执行完毕后,由于出现某种特殊原因,将已经执行了的标的回复至原有状态。

发生执行回转的原因主要有以下几种:

一是人民法院作出的先予执行的裁定,在执行完毕后,被生效的判决否定。先予执行是一种临时性的救济措施,并非法院的最终决定,因此,如果判决否定了先予执行赋予一方当事人的权利,获得权利的当事人就应将其所得返还给对方。比如,人民法院受理案件后,根据原告甲的申请,裁定其养子乙先行给付其一笔赡养费,但案件经过审理,判决确认甲乙二人并不存在养父子关系,甲就应当把所取得的赡养费退还给乙。

二是人民法院制作的判决书、裁定书执行完毕后,判决书、裁定书被依法撤销。比如,原判决确认甲乙争执的房屋归甲所有,后来人民法院根据乙提供的新证据对案件再审,将房屋改判为乙所有,为此,甲就应当把房屋退还给乙。

三是其他机关制作的法律文书,如仲裁机构制作的仲裁裁决、公证机构制作的具有强制执行力的债权文书等依法由人民法院执行完毕,但又被撤销。

实行执行回转,应当符合以下条件:

一是人民法院已经按照执行程序将生效法律文书执行完毕,如果法律文书尚未执行,则不发生执行回转。

二是据以执行的法律文书被依法撤销。法律文书未经法定程序撤销,不能实行执行回转。

三是执行回转只适用于已经被执行的财产的情况。如果执行标的非财产,或者执行标的为财产但实际没有执行,根据本条规定也不发生执行回转。

四是符合执行回转条件的,人民法院应当作出裁定,责令取得财产的人返还财产,拒不返还的,强制执行。

第二百四十五条　人民法院制作的调解书的执行,适用本编的规定。

【释义】　本条是关于调解书执行的规定。

调解书是人民法院主持达成调解协议后制作的法律文书,具有与判决书同等的法律效力。因此,一方当事人不履行调解书确定的法律义务时,人民法院可以依照本法执行程序编的有关规定执行。

第二百四十六条　人民检察院有权对民事执行活动实行法律监督。

【释义】　本条是关于对民事执行活动进行法律监督的规定。

对民事诉讼进行法律监督是国家法律赋予检察机关的重要职能。我国宪法第134条规定:"中华人民共和国人民检察院是国家的法律监督机关。"该条以根本法的形式确立了检察机关的法律监督机关的地位。1991年民事诉讼法第14条规定,人民检察院有权对民事审判活动实行法律监督。关于该条中的"民事审判活动"是否包括"民事执行活动",存在不同意见。一种意见认为,检察监督的对象是法院的审判活动,执行不属于审判活动,法院行使执行权不是行使审判权,检察机关不应对执行活动进行监督。另一种意见认为,"执行乱""执行难""执行不公"是司法领域比较突出的现象,严重损害了法律权威,侵害了当事人及案外人的合法权益。产生这些现象的一个重要原因是对民事执行活动缺乏有效监督。因此,对民事执行活动进行监督是必要的,监督的范围应当着眼于执行人员的不作为以及违法犯罪行为。还有一种意见认为,对民事执行活动应当监督,但监督什么、以什么方式监督还需进一步研究。2012年修改民事诉讼法时,将上述规定修改为:"人民检察院有权对民事诉讼实行法律监督"。同时,在执行程序编明确增加本条规定,即"人民检察院有权对民事执行活动实行法律监督"。这为人民检察院对执行活动实行法律监督提供了明确的法律依据。

需要指出的是,本条仅就检察机关对民事执行活动实行法律监督作了原则性规定,并未对监督的范围、程序、形式、效力等问题作出具体规定。这主要是考虑到上述问题涉及检察机关可以对哪些执行活动进行监督。有的执行活动是法院以执行裁定的方式作出的,有的是在执行实施中作出的,有的涉及执行人员的违法违纪行为,有的是执行人员能力不足所致,有的还涉及地方保护主义和行政干预等,情况比较复杂,性质也不完全相同。监督程序涉及检察机关可以采取哪些手段进行监督,是事中监督还是事后监督,由哪一级检察机关提出监督;监督方式是采用检察建议还是采用其他方式;监督效力涉及监督意见应当产生何种法律后果,法院如何对待检察机关提出的监督意见,监督错误的是否承担法律责任等。对这些较为具体的问题,在2012年修改民事诉讼法时各方意见并不完全一致,还需要继续实践和探索。

经过多年的探索和理论研究,2018年修改的人民检察院组织法第20条规定,"人民检察院行使下列职权……(六)对判决、裁定等生效法律文书的执行工作实行法律监督";第21条规定:"人民检察院行使本法第二十条规定的法律监督职权,可以进行调查核实,并依法提出抗诉、纠正意见、检察建议。有关单位应当予以配合,并及时将采纳纠正意见、检察建议的情况书面回复人民检察院。抗诉、纠正意见、检察建议的适用范围及其程序,依照法律有关规定。"人民检察院组织法的上述规定对民事执行监督的范围、方式都作了明确规定。

在司法解释层面,为了贯彻落实中央司法体制和工作机制改革精神,规范人民法院执行行为,支持人民法院依法执行,最高人民法院与最高人民检察院商定,在部分地方开展民事执行活动法律监督的试点工作。2011年,最高人民法院、最高人民检察院发布了《关于在部分地方开展民事执行活动法律监督试点工作的通知》。2016年,在总结试点工作情况的基础上,为促进人民法院依法执行,规范人民检察院民事执行法律监督活动,最高人民法院、最高人民检察院印发《关于民事执行活动法律监督若干问题的规定》,该规定是现行有效的人民检察院开展执行监督的主要依据。最高人民检察院还在2021年发布了《人民检察院民事诉讼监督规则》。这些司法解释为人民检察院开展民事执行活动法律监督提供了详细的操作依据。

第二十章　执行的申请和移送

本章共5条,对执行的申请和移送、仲裁裁决的执行、公证债权文书的执行、申请执行期间、执行通知以及强制执行措施采取的时间等作了规定。

> **第二百四十七条** 发生法律效力的民事判决、裁定,当事人必须履行。一方拒绝履行的,对方当事人可以向人民法院申请执行,也可以由审判员移送执行员执行。
>
> 调解书和其他应当由人民法院执行的法律文书,当事人必须履行。一方拒绝履行的,对方当事人可以向人民法院申请执行。

【释义】　本条是关于申请执行和移送执行的规定。

申请执行和移送执行是引起执行开始的两种途径。

1. 申请执行

申请执行,是指根据生效法律文书,享有权利的一方当事人在对方拒绝履行义务的情况下,向人民法院提出申请,请求人民法院强制执行。

申请执行应当具备以下几个条件:

(1)必须是义务人在法律文书确定的履行期间届满仍没有履行义务。比如,判决要求某甲在2023年4月30日前付清其欠乙的5000元人民币,如果截至4月30日24时,某甲仍没有全部付清,某乙就可以申请人民法院强制执行。

(2)必须在本法规定的申请执行期间内提出申请,超过法定期间提出申请的,人民法院不予执行。

(3)申请执行一般应采用书面形式,递交申请执行书,书写确有困难的,也可以口头申请,由执行员记入笔录。申请执行书应当说明申请执行的事项和理由,提出证据,并应当尽量提供被申请人的经济状况及可供执行的财产情况。

(4)申请执行必须提交执行根据。

根据本条规定,当事人可以申请执行的情形有两种:一是发生法律效力的民事判决、裁定,负有义务的一方拒绝履行的;二是调解书和其他应当由人民法院执行的法律文书确定的负有义务的当事人拒绝履行的。《最高人民法院关于适用〈中华人民共和国民事诉讼法〉的解释》第461条规定:"当事人申请人民法院执行的生效法律文书应当具备下列条件:(一)权利义务主体明确;(二)给付内容明确。法律文书确定继续履行合同的,应当明确继续履行的具体内容。"

2. 移送执行

移送执行,是指人民法院审判人员审结案件后,将生效的判决书、裁定书移送执行员执行。审判实践中,执行程序一般由当事人提出申请开始,但在某些特殊情况下,如追索国家财产案件的判决,追索赡养费、抚养费、扶养费案件的判决,人民法院往往不经当事人申请而直接移送执行。移送执行是人民法院的职权行为,哪些案件需要移送执行,法律没有明文规定,审判人员可以根据案件的具体情况决定是否移送执行。凡审判人员没有移送执行的案件,就意味着执行开始需要当事人申请。

根据本条规定,由审判员移送执行的情形是,发生法律效力的民事判决、裁定,负有义务的一方拒绝履行。

第二百四十八条 对依法设立的仲裁机构的裁决,一方当事人不履行的,对方当事人可以向有管辖权的人民法院申请执行。受申请的人民法院应当执行。

被申请人提出证据证明仲裁裁决有下列情形之一的,经人民法院组成合议庭审查核实,裁定不予执行:

(一)当事人在合同中没有订有仲裁条款或者事后没有达成书面仲裁协议的;

(二)裁决的事项不属于仲裁协议的范围或者仲裁机构无权仲裁的;

(三)仲裁庭的组成或者仲裁的程序违反法定程序的;

(四)裁决所根据的证据是伪造的;

(五)对方当事人向仲裁机构隐瞒了足以影响公正裁决的证据的;

(六)仲裁员在仲裁该案时有贪污受贿,徇私舞弊,枉法裁决行为的。

人民法院认定执行该裁决违背社会公共利益的,裁定不予执行。

裁定书应当送达双方当事人和仲裁机构。

仲裁裁决被人民法院裁定不予执行的,当事人可以根据双方达成的书面仲裁协议重新申请仲裁,也可以向人民法院起诉。

【释义】 本条是关于仲裁裁决执行的规定。

仲裁,是指通过双方当事人之外的第三方主体居中裁决纠纷的一种纠纷解决方式。以仲裁方式解决纠纷,兴起于古罗马时代,发展到现代,许多国家都建立了仲裁制度,制定了仲裁法律,赋予仲裁裁决法律效力。但是仲裁机构毕竟不是司法机关,其对仲裁裁决没有强制执行的权力。根据仲裁法的规定,依法设立的仲裁机构作出的裁决自作出之日起即发生法律效力,对各方当事人都有约束力和强制执行力。当事人应当在裁决规定的期限内自动履行仲裁裁决所确定的义务。如果一方当事人拒不履行仲裁裁决,对方当事人可以向有管辖权的人民法院申请强制执行。

一般认为,与诉讼制度相比,仲裁制度具有更大的自主性、灵活性、及时性、秘密性等特征和优势。但是,仲裁制度具有自身的局限性,需要对仲裁裁决进行司法审查,原因在于:(1)仲裁员或者仲裁庭的权力来自当事人之间的仲裁协议,该协议是当事人基于意思自治对私权的处分。这种处分不得被无限制地滥用,不得违反法律的规定,这就需要代表国家公权力的法院的介入,对仲裁是否依法进行予以监督。(2)仲裁机构的民间性决定了仲裁机构的权力具有局限性,不具有国家强制性。对于仲裁裁决的执行,仲裁庭本身没有强制执行权,需要法院的协助与支持。仲裁裁决确定的债权的实现需要法院的强制执行,涉及国家公权力的行使,法院有必要对作为执行根据的仲裁裁决进行司法审查。(3)仲裁的秘密性要求仲裁活动只在仲裁员和当事人之间进行,这几乎是一个封闭的系统,一定程度上导致仲裁开庭缺乏一定的监督和制约,可能会侵犯一方当事人的合法权益。因此,有必要由法院对仲裁裁决进行司法审查,更好地保护当事人的权益。

对仲裁裁决进行司法审查,有利于当事人对仲裁裁决寻求合理的救济,督促仲裁员公正仲裁,维护法制统一。从世界范围来看,法院的干预是伴随仲裁的发展而不断变化的,从最初的绝对不干预、过度干预,发展到如今的适度干预。各个国家和地区的仲裁法普遍设立了对仲裁裁决的司法审查制度。我国的仲裁司法审查制度,主要包括申请撤销仲裁裁决和不予执行仲裁裁决两种。

不予执行制度作为我国仲裁裁决司法审查的一种方式,由1991年民事诉讼法最先确立。1991年民事诉讼法对不予执行仲裁裁决的事项规定得较为全面,既包括实体方面的事项,也包括程序方面的审查事项,具体包括六方面的内容:(1)当事人在合同中没有订有仲裁条款或者事后没有达成书面仲裁协议的;(2)裁决的事项不属于仲裁协议的范围或者仲裁机构无权仲裁的;(3)仲裁庭的组成或者仲裁的程序违反法定程序的;(4)认定事实的主要证据不足的;(5)适用法律确有错误的;(6)仲裁员在仲裁该案时有贪污受贿,徇私舞弊,枉法裁决行为的。其中,第一、二、三项主要属于程序方面的审查事项,第四、五项涉及对仲裁裁决的实体审查,第六项则属于对仲裁员违法犯罪行为的监督。1991年民事诉讼法对不予执行仲裁裁决规定了较为全面的审查事项,主要是因为当时我国的仲裁事业刚刚起步,国内仲裁主要为经济合同仲裁等行政性仲裁,尚未完全脱离行政仲裁体制,因此有必要对仲裁裁决的程序和实体问题,包括认定事实的主要证据不足、适用法律错误等实体性事项进行全面审查。

1994年通过的仲裁法确立了对仲裁裁决的申请撤销制度。依据其第58条的规定,当事人申请撤销仲裁裁决的事项主要包括:(1)没有仲裁协议的;(2)裁决的事项不属于仲裁协议的范围或者仲裁委员会无权仲裁的;(3)仲裁庭的组成或者仲裁的程序违反法定程序的;(4)裁决所根据的证据是伪造的;(5)对方当事人隐瞒了足以影响公正裁决的证据的;(6)仲裁员在仲裁该案时有索贿受贿,徇私舞弊,枉法裁决行为的。从世界范围来看,20世纪90年代以来,许多发达国家和经济发展较快的中等发达国家、地区都修改了仲裁法,对仲裁采取了更为宽松和支持的态度,以支持本国、本地区仲裁事业发展。我国仲裁法建立的申请撤销仲裁裁决制度顺应了当时国际形势,对仲裁裁决采取了较为宽松的态度,体现了鼓励和支持仲裁的理念。

一般认为,我国的不予执行和撤销仲裁裁决制度的不同之处主要有以下几方面:(1)法律效果不同。撤销后的仲裁裁决为自始无效,已经执行的可能出现执行回转等情况;而不予执行并不对仲裁裁决自身的效力作肯定或者否定评价。(2)提出申请的当事人不同。仲裁案件中的双方当事人均可以申请撤销仲裁裁决;而有权提出不予执行仲裁裁决的当事人一般是仲裁裁决的被申请人。(3)具体的申请理由有所不同。申请不予执行和申请撤销仲裁裁决的大部分事由比较一致,但也有不同之处。2012年民事诉讼法修改之前,申请不予执行的事由中有"认定事实的主要证据不足""适用法律确有错误",区别于申请撤销事由中的"裁决所根据的证据是伪造的""对方当事人隐瞒了足以影响公正裁决的证据"。相比较来说,申请不予执行事由的审查实体性更强。(4)管辖法院不同。依据仲裁法第58条的规定,当事人申请撤销仲裁裁决,可以向仲裁委员会所在地的中级人民法院提出;而当事人申请不予执行仲裁裁决是向执行仲裁裁决的法院提出,不限于中级人民法院。(5)提出申请的期限不同。当事人申请撤销仲裁裁决,应当自收到仲裁裁决书之日起6个月内向人民法院提出;而当事人申请不予执行仲裁裁决则是在对方当事人向有管辖权的人民法院申请执行之后。(6)具体程序有所不同。仲裁法第61条规定:"人民法院受理撤销裁决的申请后,认为可以由仲裁庭重新仲裁的,通知仲裁庭在一定期限内重新仲裁,并裁定中止撤销程序。仲裁庭拒绝重新仲裁的,人民法院应当裁定恢复撤销程序。"而在不予执行仲裁裁决的程序中,人民法院经审查后对是否不予执行仲裁裁决作出裁定,不能要求仲裁庭重新仲裁,裁定不予执行的,当事人可以根据双方达成的书面仲裁协议重新申请仲裁,也可以向人民法院起诉。

2012年民事诉讼法修改过程中,除有个别意见建议取消不予执行仲裁裁决制度,只保留撤销仲裁裁决制度外,各方面总体上认为,撤销和不予执行仲裁裁决在目标、价值等方面都是不同的,在仲裁裁决的执行阶段,赋予被执行人一定的抗辩权利确有其必要性,一些国家和地区,如日本和我国台湾地区都规定了这两种制度,我国的不予执行仲裁裁决制度也应当予以保留。但有较多意见认为,应当统一对国内不予执行仲裁裁决和撤销仲裁裁决的审查标准。主要理由有:(1)不予执行仲裁裁决制度严格的实体审查标准,影响了仲裁的性质和优势的发挥。仲裁具有民间性的特质,以仲裁的方式解决纠纷是当事人的自愿选择,体现了当事人将实体问题交给仲裁庭按照其标准来解决纠纷的意愿。在事实认定和法律适用的标准方面,仲裁法第7条规定:"仲裁应当根据事实,符合法律规定,公平合理地解决纠纷。"由此,仲裁庭在事实基本清楚和不违反法律规定的前提下,可以根据交易习惯、行业惯例等作出公平合理的裁决。这与民事诉讼法规定的"以事实为根据,以法律为准绳"的司法准则具有一些差异,体现出仲裁的民间性和合理解决纠纷的优势。而在当事人申请不予执行仲裁裁决时,法院以"认定事实的主要证据不足"和"适用法律确有错误"的标准来审查仲裁裁决的效力,违背了仲裁的基本原则和仲裁自身规律。经过多年的发展,我国已经确立了民间仲裁、协议仲裁、一裁终局,或裁或诉的现代商事仲裁制度。在市场主体日益多元、社会关系日益复杂、纠纷大量涌现的背景下,如果法院仍然用诉讼的特性去要求仲裁的发展与其趋于一致,对仲裁进行过多实体审查和干预,就不仅破坏仲裁制度本身的价值和优势,也显然不符合建立多元化纠纷解决机制的要求。(2)"认定事实的主要证据不足"的审查标准,很难准确而毫无争议地确定。实践中,有时出现法官因对案件实体裁判结果与仲裁庭存在不同看法,而以仲裁裁决"认定事实的主要证据不足"或者"适用法律确有错误"为由不予执行。(3)不予执行仲裁裁决和申请撤销仲裁裁决的审查事由不同,导致在实践中容易出现当事人滥用这两种救济制度的情形。最高人民法院针对当事人先后申请撤销仲裁裁决和不予执行滥用救济制度的情况,在《最高人民法院关于适用〈中华人民共和国仲裁法〉若干问题的解释》第26条中规定:"当事人向人民法院申请撤销仲裁裁决被驳回后,又在执行程序中以相同理由提出不予执行抗辩的,人民法院不予支持。"但不予执行和申请撤销仲裁裁决的审查事由毕竟不同,如果当事人以不同的事由先后申请撤销和不予执行仲裁裁决,前述司法解释就不能适用。如果这种滥用的情形不能得到遏制,一方面导致仲裁裁决长期处于效力未定状态,使当事人的合法权益无法得到保障,损害了仲裁的声誉和当事人选择仲裁的信心;另一方面也导致争议解决成本极大增加,浪费了宝贵的司法资源。

综合各方面意见,经认真研究,2012年修改民事诉讼法将不予执行仲裁裁决情形的第四项"认定事实的主要证据不足的"修改为"裁决所根据的证据是伪造的";将第五项"适用法律确有错误的"修改为"对方当事人向仲裁机构隐瞒了足以影响公正裁决的证据的"。这在一定程度上降低了不予执行仲裁裁决的审查标准,统一了不予执行仲裁裁决和撤销仲裁裁决的审查标准。此后的民事诉讼法修改,未再对本条作出调整。

根据本条规定,对依法设立的仲裁机构的裁决,一方当事人不履行,对方当事人向有管辖权的人民法院申请执行的,如果人民法院认定执行仲裁裁决违背社会公共利益,或者被申请人提出证据证明仲裁裁决有下列情形之一,

经人民法院组成合议庭审查核实的,裁定不予执行:

1. 当事人在合同中没有订有仲裁条款或者事后没有达成书面仲裁协议的。仲裁以当事人双方自愿为前提,当事人如果没有选择仲裁,而仲裁机构进行了仲裁,就会违背仲裁的基本原则,因此所作的裁决,人民法院可以不予执行。

2. 裁决的事项不属于仲裁协议的范围或者仲裁机构无权仲裁的。仲裁机构裁决的事项要受到双方当事人协议的限制,即将哪些纠纷交付仲裁要由当事人决定,仲裁机构不能超出当事人协议范围增加仲裁事项。对于仲裁机构超出当事人协议范围裁决的事项,人民法院有权不予执行。另外,根据仲裁法的规定,有些纠纷是不允许仲裁的。如果仲裁机构对这些纠纷实施了仲裁,其作出的裁决也不应执行。

3. 仲裁庭的组成或者仲裁的程序违反法定程序的。仲裁庭是仲裁的法定主体,仲裁庭的组成如果违反法定程序,势必会影响仲裁的公正。仲裁程序是仲裁公正的保证,如果仲裁程序违法,对仲裁裁决的结果会造成影响。因此,如果仲裁庭的组成或者仲裁的程序违反法定程序,人民法院有权不予执行。例如,仲裁法第31条第1款规定:"当事人约定由三名仲裁员组成仲裁庭的,应当各自选定或者各自委托仲裁委员会主任指定一名仲裁员,第三名仲裁员由当事人共同选定或者共同委托仲裁委员会主任指定。第三名仲裁员是首席仲裁员。"根据仲裁法第34条的规定,仲裁员与本案有利害关系的必须回避。如果仲裁庭的组成违反上述规定,必须回避的仲裁员没有回避,那么对其所作的裁决,人民法院有权不予执行。

4. 裁决所根据的证据是伪造的。证据是仲裁庭认定事实、确定双方当事人的责任并作出裁决的根据。因此,当事人必须向仲裁庭提供真实的证据。如果当事人提供了伪造的证据,势必会影响仲裁庭对案件事实作出的判断,仲裁裁决的正确性就要打问号,一方当事人的合法权益就可能受到损害。因此,此种情况下的仲裁裁决也不应不予执行。

5. 对方当事人向仲裁机构隐瞒了足以影响公正裁决的证据的。所谓足以影响公正裁决的证据,是指直接关系到仲裁裁决最后结论的证据,通常与仲裁案件所涉及的争议焦点或关键事实密切相关。为了保障仲裁裁决认定事实的正确性和裁决结果的公正性,一方当事人向仲裁机构隐瞒了足以影响公正裁决的证据的,另一方当事人可以申请法院不予执行,其需要证明两点:第一,对方当事人向仲裁机构隐瞒了相关证据;第二,该证据足以影响仲裁机构作出公正裁决。

6. 仲裁员在仲裁该案时有贪污受贿,徇私舞弊,枉法裁决行为的。上述行为是仲裁过程中的违法行为,严重影响仲裁裁决的公正性,人民法院查实后,不予执行该仲裁裁决。

经合议庭审查核实,不予执行仲裁裁决的,人民法院应当作出裁定书,并送达双方当事人和仲裁机构。仲裁裁决被人民法院裁定不予执行的,当事人可以根据双方达成的书面仲裁协议重新申请仲裁,也可以向人民法院起诉。

第二百四十九条 对公证机关依法赋予强制执行效力的债权文书,一方当事人不履行的,对方当事人可以向有管辖权的人民法院申请执行,受申请的人民法院应当执行。

公证债权文书确有错误的,人民法院裁定不予执行,并将裁定书送达双方当事人和公证机关。

【释义】 本条是关于执行公证债权文书的规定。

民事法律关系的当事人,可以请求公证机构对借款、借用财物等债权文书进行公证,经公证的债权文书具有强制执行的法律效力。一方当事人不履行经过公证的债权文书的,对方当事人可以持此文书请求人民法院强制执行。公证法第37条第1款规定:"对经公证的以给付为内容并载明债务人愿意接受强制执行承诺的债权文书,债务人不履行或者履行不适当的,债权人可以依法向有管辖权的人民法院申请执行。"

但是,公证机构的工作有可能出现失误。比如,某甲对其所请求公证的债权文书并不享有权利,但公证机关却证明甲是债权人。人民法院在收到执行公证债权文书的申请后,如果有证据证明公证文书确有错误,应当裁定不予执行公证债权文书,同时将此裁定送达双方当事人和公证机关。

第二百五十条 申请执行的期间为二年。申请执行时效的中止、中断,适用法律有关诉讼时效中止、中断的规定。

前款规定的期间,从法律文书规定履行期间的最后一日起计算;法律文书规定分期履行的,从最后一期履行期限届满之日起计算;法律文书未规定履行期间的,从法律文书生效之日起计算。

【释义】 本条是关于申请执行期间的规定。

1991年民事诉讼法第219条对申请执行期间作了规定。该条第1款规定："申请执行的期限，双方或者一方当事人是公民的为一年，双方是法人或者其他组织的为六个月。"这一规定在司法实践中产生的问题主要是：第一，申请执行的期限过短，助长了一些债务人利用时效逃债的侥幸心理；第二，债权人担心超过申请执行期间法院不予保护，明知债务人无财产可供执行或者法律文书生效后双方已达成分期履行的协议，也不得不申请强制执行，加剧了债权人与债务人之间的紧张关系，使一些案件过早进入执行程序，形成了执行"死案"，浪费了宝贵的司法资源，增加了当事人的成本；第三，对公民、法人和其他组织适用不同的申请执行期限，不符合民事主体平等的原则。从实际情况看，不少债务人履行义务需要较长时间，申请执行期限太短，不利于债务人履行债务，也不利于当事人达成和解。一些当事人因不懂法律、受对方蒙骗等特殊原因未能在法定期限申请执行，事后无法再通过国家强制力获得保护，造成了严重的不公平，也导致了上访案件的增多。为有利于当事人行使权利、履行债务，2007年修改民事诉讼法时对上述规定作出修改，2007年民事诉讼法第215条第1款规定："申请执行的期间为二年。申请执行时效的中止、中断，适用法律有关诉讼时效中止、中断的规定。"此外，2007年修改民事诉讼法还对申请执行期间的起算点问题作了补充完善，明确了"法律文书未规定履行期间的，从法律文书生效之日起计算"。

本条第2款规定了申请执行的2年期间的起算。1991年、2007年民事诉讼法均规定，对于申请执行的期间，"法律文书规定分期履行的，从规定的每次履行期间的最后一日起计算"。举例如下：人民法院判决公民甲自2008年1月起，每月5日向公民乙归还欠款5000元人民币，10个月内还清。甲支付2个月后，第3个月的5日没有支付，那么，乙可以从2008年3月6日起至2010年3月6日申请执行期间届满前，申请人民法院执行甲应当在第3个月支付的款额，如果甲从3月至10月都没有支付，申请执行的期限按月以此类推。2021年民事诉讼法修改过程中，不少意见提出，申请执行时效与诉讼时效的主要功能均在于促使权利人及时行使权利、稳定法律秩序。对于同一债务分期履行的情形，申请执行时效与诉讼时效的规定应当保持一致。民法典第189条规定："当事人约定同一债务分期履行的，诉讼时效期间自最后一期履行期限届满之日起计算。"申请执行期间的起算点也应作出相应修改，与民法典关于诉讼时效期间起算点的上述规定保持一致。经研究，2021年民事诉讼法对此作了修改，即将2007年民事诉讼法第215第2款规定中的"法律文书规定分期履行的，从规定的每次履行期间的最后一日起计算"修改为"法律文书规定分期履行的，从最后一期履行期限届满之日起计算"。

关于本条，可以从以下几个方面理解：

一是按照本条的规定，当事人申请执行的期间为2年。申请执行的期间，从法律文书规定履行期间的最后一日起计算。例如，人民法院判决甲工厂在2007年6月1日前给付乙工厂货款，甲工厂在6月1日前没有给付，乙工厂可以从2007年6月2日起计算2年，在2009年6月2日前的2年时间内均可以申请执行。

二是法律文书规定分期履行的，申请执行的期间从最后一期履行期限届满之日起计算。对此，应当注意区分分期履行债务与定期履行债务的不同，本条针对的是分期履行债务的情形。定期履行债务是当事人约定在履行过程中重复出现、按照固定的周期给付的债务，如工资1个月支付1次。用人单位支付的每个月工资，都是其在一定时期内用工的对价。定期履行债务的最大特点是存在多个债务，各个债务之间都是独立的。正是因为相互独立，所以每一个债务的申请执行期间均应当自每一期履行期间届满之日起分别起算。分期履行债务是按照当事人事先约定，分批分次完成一个债务履行的情况。例如，对于甲与乙之间的借款合同纠纷，人民法院作出调解书，内容如下：甲向乙分3次共偿还借款50万元，2023年6月1日偿还借款30万元，2023年11月1日偿还借款10万元，2024年2月1日再偿还借款10万元。即使甲在2023年6月1日或者2023年11月1日没有按时偿还借款，乙申请执行的期间仍然不起算，而是自最后一期借款履行期限届满之日起算，即自2024年2月2日起算。

三是法律文书未规定履行期间的，申请执行的期间从法律文书生效之日起计算。

四是本法规定申请执行的期间，是为了促使权利人尽快主张权利，及早稳定经济关系，避免时过境迁，难以执行。如果权利人确因法定事由未能在法定申请执行期间内提出执行申请，申请执行时效中止、中断，适用法律有关诉讼时效中止、中断的规定。民法典第194条、第195条、第197条对诉讼时效中止、中断问题作出了规定。申请执行时效的中止、中断也适用民法典上述规定。据此,结合民法典第194条关于诉讼时效中止的规定,申请执行时效的中止,限于申请执行期间的最后6个月内发生了特定的导致权利人不能申请执行的障碍,这些障碍包括但不限于:不可抗力;无民事行为能力人或者限制民事行为能力人没有法定代理人,或者法定代理人死亡、丧失民事行为能力、丧失代理权;继承开始后未确定继承人或者遗产管理人;权利人被义务人或者其他人控制等。自中止时效的原因消除之日起满6个月,申请执行的期间届满。结合民法典第195条关于诉讼时效中断的规定,在权利人向义务人提出履行请求或者义务人同意履行义务等情形下,申请执行时效中断,申请执行的期间重新计算。另外,根据民法典第197条规定,诉讼时效中止、中断的事由由法律规定,当事人约定无效。据此,当事人对申请执行时效中止、中断的事由另行作出约定的,该约定也是无效的。

第二百五十一条　执行员接到申请执行书或者移交执行书,应当向被执行人发出执行通知,并可以立即采取强制执行措施。

【释义】　本条是关于执行通知的规定。

1991年民事诉讼法第220条规定:"执行员接到申请执行书或者移交执行书,应当向被执行人发出执行通知,责令其在指定的期间履行,逾期不履行的,强制执行。"2007年修改民事诉讼法时,一些意见认为,这一规定容易使当事人无视生效法律文书确定的履行期限,也放任执行人员任意改变判决确定的履行期限,会影响生效法律文书的严肃性。同时,执行前先发出执行通知,无异于给被执行人通风报信,为被执行人转移、隐匿财产提供了时间,也给被执行人寻求地方和部门保护以可乘之机。将发出执行通知作为采取执行措施的前置条件,还束缚了执行人员的手脚,使其无法及时采取执行措施,导致许多案件丧失了有利的执行时机。法律文书生效后,债务人即应按照法律文书规定的期限履行义务,执行通知再设定一个执行期限,有改变法律文书内容之嫌,因此建议删除这一规定。有的意见认为,债务人逾期不履行法律文书确定的义务的情况较为复杂:有的确因生活困难,或者经营不善,没有财产,导致不能及时履行义务;有的债务人虽然有财产,但多为弱势群体,如困难企业案件,部分房屋拆迁、腾退案件,这些案件所涉及的当事人多为生活困难人群,履行法律义务有难度;有的债务人明明有财产,却采取种种手段隐匿、转移财产，逃避甚至抗拒履行法律文书确定的义务。如果不分情形，对凡是逾期不履行法律文书确定义务的被执行人不发送执行通知，一过履行期限就采取强制措施，势必会导致矛盾激化，反而不利于法律文书的履行。为了维护社会的和谐稳定，建议继续保留执行通知的规定，但对于故意不履行法律文书确定的义务，并有可能隐匿、转移财产的被执行人，应当增加可以立即采取强制执行措施的规定。经研究认为，向被执行人发出执行通知，可以使被执行人对人民法院将要采取的执行措施做必要的协助、配合等准备，是为了保证执行工作的顺利进行，也是文明执法的体现。但同时，也要防止被执行人利用执行通知逃避债务履行。对此，2007年修改民事诉讼法在该条增加第2款规定，"被执行人不履行法律文书确定的义务，并有可能隐匿、转移财产的，执行员可以立即采取强制执行措施"。根据这一修改，执行员接到当事人的申请执行书或者审判庭移交的执行书后，一般是不能立刻采取执行措施的，而应先向被执行人发出执行通知，责令被执行人在通知确定的履行义务期间履行法律文书确定的义务，被执行人在通知确定的履行义务期间不履行义务的，人民法院可以采取措施，强制被执行人履行法律文书确定的义务。如果被执行人不履行法律文书确定的义务，并有可能隐匿、转移财产的，执行员可以立即采取强制执行措施。

2007年修改民事诉讼法之后，有的意见提出，民事诉讼法将执行员可以立即采取强制执行措施的情形限定在被执行人隐匿、转移财产，仍然不利于执行工作的开展，不利于保证债权人的权利及时得以实现。在一些案件中，被执行人隐匿、转移财产的行为非常隐蔽，执行员往往难以查清，债权人也难以证实，法院如果不能立即采取强制措施，将错过最佳的执行时机。另外，有的意见认为，被执行人可能隐匿、转移财产的行为，需要执行员的审查与判断，而这也可能会成为执行员怠于采取强制措施的借口，不利于保障申请执行人的权益。为加强执行工作力度，提高执行工作效率，更好维护申请执行人的权益，2012年民事诉讼法修改时，将该条两款规定合并为一款，修改为："执行员接到申请执行书或者移交执行书，应当向被执行人发出执行通知，并可以立即采取强制执行措施。"此后的民事诉讼法修改，未再对这一条作出调整。

根据本条规定，执行员接到申请执行书或者移交执行书，应当向被执行人发出执行通知，并可以立即采取强制执行措施，对被执行人的财产予以查封、扣押、冻结等。例如,当事人依据生效的判决书,向法院申请强制执行对方当事人拖欠的货款50万元。执行员在接到当事人的申请执行书后,首先需要向被执行人发出执行通知,如果同时发现了被执行人所有的机器设备、运输工具等财产,可以立即对这些财产采取查封、扣押等强制执行措施,以防止被执行人转移、隐匿财产,逃避执行义务。

第二十一章 执行措施

执行措施，是指人民法院为了实现生效裁判所确定的权利人的权益，对被执行人实施强制执行的具体方法和手段。执行工作关系到生效法律文书能否真正落实，公民、法人及其他组织的合法民事权益能否得到切实保护，正常的社会生活秩序和经济秩序能否得到维护，而执行措施是人民法院做好执行工作，使生效判决、裁定、调解书及其他法律文书得以履行的重要保证。

执行措施可以针对被执行财产和义务人。对被执行财产可以采取的措施包括查明、控制、处置财产的方法和手段。查明是指调查了解被执行人的财产状况的行为，包括要求被执行人报告财产状况、对被执行人进行询问、搜查被执行人财产的存放地等；控制是指对被执行人财产进行掌控和制约的行为，使其财产不被转移、藏匿，包括冻结、查封等手段；处置是指对被执行人的财产进行处理的行为，包括拍卖、变卖等。对义务人可以采取的执行措施是指促使义务人作为或者不作为的措施，包括：责令义务人实施某行为或者停止实施禁止的行为；责令义务人支付赔偿金、迟延履行金；对于可以替代的行为，由他人代为完成的，义务人承担由此产生的费用等。本章对法院有权采取的执行措施作了较为全面、系统的规定。2007年修改民事诉讼法对"执行措施"一章主要增加了财产报告制度和对被执行人的限制措施（包括限制出境，在征信系统记录、通过媒体公布不履行义务信息以及法律规定的其他措施）。2012年修改民事诉讼法明确了对债券、股票、基金份额等金融资产的执行措施，完善了拍卖、变卖财产规则。2023年修改民事诉讼法，未对该章内容进行修改。

强制执行制度要有利于实现生效法律文书所确定的权利的实现，但也要适当兼顾被执行人的权益。本章"执行措施"对此主要体现在两个方面：

一是禁止超额采取查封、变价等执行措施。各个国家或者地区的民事执行制度普遍规定了禁止超额查封。例如，《日本强制执行法》规定，查封动产不能超过偿还债权及执行费用所必要的限度。我国台湾地区"强制执行法"规定,查封动产,以其价格足以清偿强制执行之债权额及债务人应负担之费用者为限。本章也对此作了规定。根据本法第253条规定,人民法院查询、扣押、冻结、划拨、变价的财产不得超出被执行人应当履行义务的范围。根据本法第254条规定,人民法院扣留、提取被执行人的收入限于被执行人应当履行义务的部分。根据本法第255条规定,人民法院查封、扣押、冻结、拍卖、变卖被执行人的财产限于被执行人应当履行义务的部分。

二是建立了执行财产豁免制度。原则上,被执行人的所有财产,包括不动产、动产和其他财产,都可以执行。但基于维护被执行人基本生存的需要或者基于公序良俗,各个国家或者地区普遍建立了执行财产豁免制度,规定被执行人的特定财产不得执行。例如,《德国民事诉讼法》对不得扣押的财产作了较为细致的列举规定,包括供债务人个人使用或者维持家庭生活所用之物,债务人及其家属在4周内所用的食物、燃料、照明用材料,从事相关职业所必需的物品等。依照《日本强制执行法》的规定,禁止查封、扣押的财产包括:对于债务人的生活不可欠缺的生活必需品,债务人1个月生活所必要的食物及燃料,相当于标准家庭2个月所需的生活费用的金钱,从事相关职业所必需的物品,尚未公开的发明或尚未发表的著作,债务人所必需的假手、假足以及其他补足身体的物品等。我国台湾地区"强制执行法"也有类似规定。本章也建立了执行财产豁免制度。根据本法第254条规定,人民法院扣留、提取被执行人的收入时,应当保留被执行人及其所扶养家属的生活必需费用。根据本法第255条规定,人民法院查封、扣押、冻结、拍卖、变卖被执行人财产时,应当保留被执行人及其所扶养家属的生活必需品。

第二百五十二条 被执行人未按执行通知履行法律文书确定的义务,应当报告当前以及收到执行通知之日前一年的财产情况。被执行人拒绝报告或者虚假报告的,人民法院可以根据情节轻重对被执行人或者其法定代理人、有关单位的主要负责人或者直接责任人员予以罚款、拘留。

【释义】 本条是关于被执行人报告财产情况的规定。

强制执行能否取得实际效果,很大程度上取决于能否找到被执行人的财产。因此,解决"执行难"的关键问题之一在于建立有效的查明被执行人财产的法律制度。从司法实践来看,在查明被执行人财产方面存在的问题十分突出,大量的案件因为找不到被执行人的财产而无法执行。这种现象的存在,一方面是由于我国对于可以查明财产的公示、纳税等一系列的制度建设不够健全;另一方面也与法律不够完善有关。

为了保证执行的效果,许多国家和地区都将查明被执行人的财产作为强制执行制度的一项重要内容,明确规定了被执行人申报财产状况的义务以及相关第三人的协助调查义务,并明确规定了被执行人拒不履行申报义务或虚假申报的法律后果。德国规定,债务人在进入执行程序后首先要在法院指定的日期报告财产并进行宣誓,宣誓要做成记录,保证其已经按照要求凭自己的良心和良知作出了正确且完整的报告。债务人于举行宣誓的指定日期不到场,无理由拒绝宣誓的,法院可以依债权人的申请,拘留债务人(6个月以下),并强制债务人报告财产并宣誓。当债权人不能因扣押而使债权获得全部实现时,债务人依申请有义务报告宣誓日前的一定时间内的财产变动情况,包括:债务人对其配偶或未婚配偶,直系尊亲属或卑亲属、或其配偶的直系尊亲属或卑亲属,全血缘或半血缘的兄弟姐妹、或其配偶的全血缘或半血缘的兄弟姐妹,或对这些人的配偶的有偿转让;债务人在指定作出宣誓日前1年中所作的无偿处分,但通常节日礼品除外;债务人在指定作出宣誓日前2年中有利于其配偶的无偿处分。瑞士规定:债务人有义务披露其资产,包括在为实施充分扣押所必需的范围内披露未在其占有之下的资产及其对第三人享有的债权和权利(违者可处5年以下有期徒刑或罚款);保管债务人财产或欠债务人钱款的第三人负有与债务人相同的资产披露义务(违者负刑事责任);主管机构负有与债务人相同的资产披露义务。韩国规定,债权人可以向法院提出要求债务人明示财产的申请,债务人要如实明示其财产目录,包括:在送达财产明示命令前1年之内的不动产的有偿转让;前1年内向配偶、直系亲属及四等亲等以内的旁系亲属及其配偶、配偶的直系亲属和兄弟姐妹所为的不动产以外财产的有偿转让;前2年之内所作的财产上的无偿处分,但礼仪性礼物除外。债务人无正当理由在明示日期不出庭、拒绝提出财产目录或者拒绝宣誓的,法院可以处20日以内拘留;债务人提出虚假财产目录的,处3年以下有期徒刑或者500万元以下罚金。我国台湾地区规定,执行法院发现债务人财产不足以抵偿债权或者不能发现债务人应交付的财产时,可以依职权或依申请,定期间责令债务人据实报告该期间届满前1年内的财产状况。债务人无正当理由不到场报告的,法院可拘留。

根据司法实践存在的问题并借鉴国外及有关地区的法律规定,2007年民事诉讼法修改时增加规定了被执行人的财产报告制度,此后的历次民事诉讼法修改,未再对本条作出调整。财产报告制度的主要内容有:(1)财产报告的法定前提条件是,被执行人未按执行通知履行法律文书确定的义务。债务人在接到法律文书后,就应当按照法律文书所确定的义务自觉履行,债务人不履行债务,经债权人向法院申请强制执行后仍不按执行通知的要求履行的,被执行人就应当向法院如实报告其财产状况,也就是说,被执行人只要未按执行通知履行法律文书确定的义务,就必须报告财产状况。(2)财产报告的期间要求是,被执行人当前的以及收到执行通知之日前1年的财产情况。被执行人要如实报告当时的以及前1年的财产状况,包括有多少动产、不动产、现金、存款、股权、无形财产、银行账户号,不动产所在地,动产的存放场所,所享有的对第三人的债权,1年期间内所进行的财产变动情况,提交必要的与财产有关的文件或者权利凭证等。(3)拒绝报告或者虚假报告的法律责任是,人民法院可以根据情节轻重对被执行人或者其法定代理人、有关单位的主要负责人或者直接责任人员予以罚款、拘留。被执行人是自然人的,对其本人或者其法定代理人实施处罚;被执行人是单位的,对其主要负责人或者直接责任人员予以处罚。根据本法第118条、第119条的规定:对个人的罚款金额,为人民币10万元以下;对单位的罚款金额,为人民币5万元以上100万元以下。罚款、拘留可以单处也可以并处,拘留的期限为15日以下。在拘留期间,被拘留人承认并改正错误的,人民法院可以决定提前解除拘留。罚款、拘留必须经院长批准。罚款、拘留应当用决定书。对决定不服的,可以向上一级人民法院申请复议一次。复议期间不停止执行。

第二百五十三条 被执行人未按执行通知履行法律文书确定的义务,人民法院有权向有关单位查询被执行人的存款、债券、股票、基金份额等财产情况。人民法院有权根据不同情形扣押、冻结、划拨、变价被执行人的财产。人民法院查询、扣押、冻结、划拨、变价的财产不得超出被执行人应当履行义务的范围。

人民法院决定扣押、冻结、划拨、变价财产,应当作出裁定,并发出协助执行通知书,有关单位必须办理。

【释义】 本条是关于查询、扣押、冻结、划拨、变价金融资产的规定。

司法实践中,有些被执行人故意隐瞒其在银行的存款,拒不提供其在银行存款的账户号码,使执行工作难以进行,因此,1991年民事诉讼法对存款的执行措施单列一条专门予以规定。1991年民事诉讼法第221条规定:"被执行人未按执行通知履行法律文书确定的义务,人民法院有权向银行、信用合作社和其他有储蓄业务的单位查询被执行人的存款情况,有权冻结、划拨被执行人的存款,但查询、冻结、划拨存款不得超出被执行人应当履行义务的范围。人民法院决定冻结、划拨存款,应当作出裁定,并发出协助执行通知书,银行、信用合作社和其他有储蓄业务的单位必须办理。"经过多年发展,我国经济社会生活发生了重大变化,民事主体的交易活动日益频繁,交易方式日趋复杂,资本市场逐步开放并获得了较大发展。民事主体掌握的金融资产也从以单一的存款为主,逐步发展到债券、股票、基金份额等多种形式并存的局面。为保证执行工作的正常开展,民事诉讼法也要适应形势的发展,作出相应的修改。2012年修改民事诉讼法,在本条原有规定的基础上,主要作了三处修改:第一,扩大了查询财产的范围。本条原来只规定查询被执行人的"存款情况",修改后增加规定对债券、股票、基金份额等财产情况也可以查询。第二,强化了执行措施。本条原有规定的执行措施是"冻结、划拨被执行人的存款",修改后将"冻结、划拨"扩展,规定人民法院有权根据不同情形扣押、变价被执行人的财产,同时相应规定"人民法院查询、扣押、冻结、划拨、变价的财产不得超出被执行人应当履行义务的范围。人民法院决定扣押、冻结、划拨、变价财产,应当作出裁定"。第三,负有协助执行义务的单位,从"银行、信用合作社和其他有储蓄业务的单位"扩展到"有关单位"。本条原有规定主要是针对存款的执行,负有协助义务的单位也主要指银行、信用合作社和其他有储蓄业务的单位。但修改之后,本条执行措施针对的对象不仅限于存款,还包括债券、股票、基金份额等财产。这些金融资产往往由有关单位实际掌握、控制或者管理、运用,人民法院对这些金融资产采取查询、扣押、冻结、划拨、变价等执行措施,往往需要上述有关单位予以协助。基于以上考虑,本条将负有协助查询以及协助扣押、冻结、划拨、变价被执行人财产义务的单位修改为"有关单位"。司法实践中,法院需要根据执行的财产及将要采取的执行措施等情况,确定具体的负有协助执行义务的单位。例如,法院在对被执行人持有的基金份额采取查询、冻结等执行措施时,根据案件的具体情况,往往需要担任基金管理人的基金管理公司、担任基金托管人的商业银行等单位的协助,有关基金管理公司、商业银行等单位不得拒绝。另外,对存款情况进行查询,也不仅限于有储蓄业务的单位。实践中,为了了解被执行人的存款情况,以便于采取进一步的执行措施,法院往往需要人民银行协助查询被执行人的结算账户开户银行名称等情况,人民银行应该予以协助。此后的历次民事诉讼法修改,未再对本条规定作出调整。

本条第1款是关于人民法院有权对存款、债券、股票、基金份额等金融资产采取强制执行措施的规定,包含以下两方面的内容:其一,采取的执行措施包括查询、扣押、冻结、划拨、变价。查询即人民法院向银行等有关单位,调查询问被执行人的存款、债券、股票、基金份额等财产情况,是了解被执行人在银行等有关单位有无存款及存款数额,持有的债券、股票、基金份额等财产情况的方法,以便采取进一步的执行措施。扣押是指人民法院对有关的金融资产凭证予以扣留,避免被执行人占有、处分,也是一种临时性的强制执行措施。冻结是指人民法院对被执行人的存款、债券、股票、基金份额等财产,依照一定的法律程序,限制被执行人的提取、赎回、转移、转让等,这往往需要银行等有关单位的协助。划拨主要指人民法院将被执行人在银行等金融机构的存款等强制转汇至某一账户,以清偿权利人的债权的措施。变价指对被执行人的债券、股票、基金份额等金融资产采取拍卖、变卖或者法律规定的其他方式将其价值予以兑现,以达到清偿权利人债权之目的。其二,人民法院采取执行措施的财产不得超出被执行人应当履行义务的范围。例如,判决确定某公司偿还债务20万元人民币,那么人民法院查询、扣押、冻结、划拨、变价的存款、债券、股票、基金份额等财产的数额应当限于20万元人民币和依法应当支付的利息,不得多于这一数额。在实践中,有些人民法院超出被执行人履行义务的范围对其存款等采取强制执行措施,比如,被执行人欠款20万元人民币,但人民法院却通知银行冻结50万元人民币,造成被执行人的生产经营或者生活困难。因此,本条对查询、扣押、冻结、划拨、变价财产的范围作了限制,以保护被执行人的合法权益。

本条第2款是关于人民法院对金融资产采取执行措施的程序性规定,包括两方面的内容:其一,人民法院对存款、债券、股票、基金份额等财产的执行措施,必须严格依法进行。人民法院决定扣押、冻结、划拨、变价财产,应当作出裁定,并发出协助执行通知书。否则,有关单位有权予以拒绝。例如,法院决定冻结被执行人的银行账户存款20万元,执行人员在银行办理冻结存款手续时,需要出具法院作出的裁定书,以及法院的协助执行通知书,协助执行通知书需要明确具体地写明银行协助执行的内容,如要写明被执行人的姓名、账户、冻结的款项等。其二,明确规定有关单位的协助执行义务。根据相关法律的规定,有些单位对客户负有保密的义务。例如,根据商业银行法第29条、第30条的规定,对个人、单位存款,商业银行有权拒绝任何单位或者个人查询、冻结、扣划,但法律另有规定的除外。本条规定的有关单位的协助执行义务,即属于商业银行法的除外规定。如果有关单位收到人民法院的裁定书和协助执行通知书,拒不履行协助执行义务,如银行为存款人通风报信甚至擅自转移存款,人民法院可以对有关单位按照妨害民事诉讼予以处理。根据本法第117条的规定,有关单位接到人民法院协助执行通知书后,拒不协助查询、扣押、冻结、划拨、变价财产的,人民法院除责令其履行协助义务外,还可以对该单位及其主要负责人、直接责任人员予以罚款;对仍不履行协助义务的,可以对其主要负责人、直接责任人员予以拘留;并可以向监察机关或者有关机关提出予以纪律处分的司法建议。

第二百五十四条 被执行人未按执行通知履行法律文书确定的义务,人民法院有权扣留、提取被执行人应当履行义务部分的收入。但应当保留被执行人及其所扶养家属的生活必需费用。

人民法院扣留、提取收入时,应当作出裁定,并发出协助执行通知书,被执行人所在单位、银行、信用合作社和其他有储蓄业务的单位必须办理。

【释义】 本条是关于扣留、提取被执行人收入的规定。

被执行人未按执行通知履行法律文书确定的义务,人民法院有权扣留、提取被执行人应当履行义务部分的收入。

扣留、提取被执行人的收入主要是针对自然人采取的措施。收入主要指金钱收入,收入的形式可以是工资、奖金、劳务报酬、稿酬、咨询费、存款利息、房屋租金等。扣留被执行人的收入,主要指被执行人所在单位按照人民法院的协助执行通知书扣留被执行人的工资、奖金等收入。例如,人民法院通知某甲所在单位按照法律文书的规定,按月扣留某甲的工资作为其母的赡养费。提取被执行人的收入,主要指人民法院通过银行、信用合作社和其他有储蓄业务的单位或者被执行人所在单位将被执行人的收入支取出来,交给申请执行人。

扣留、提取被执行人的收入应当注意以下几点:(1)必须是被执行人未按执行通知履行法律文书确定的义务。(2)扣留、提取的收入应当与被执行人履行义务的款额相当。(3)扣留、提取收入时,应当保留被执行人及其所供养家属的生活必需费用。我国的民事执行,贯彻全面保护当事人合法权益的原则,也就是说,既要依法保护权利人的权利得以实现,又要防止因执行工作使被执行人及其家属无法生活。劳动收入,是被执行人的生活来源,关系到他和他所供养家属的切身利益,所以在扣留和提取时,必须为被执行人和其所供养家属保留维持生活的基本费用,而不能执行过多,给他们生活造成困难。(4)人民法院扣留、提取收入时,应当作出裁定,并发出协助执行通知书,被执行人所在单位、银行、信用合作社和其他有储蓄业务的单位必须办理。根据本法第117条的规定,有关单位拒不协助的:人民法院除责令其履行协助义务外,还可以对该单位及其主要负责人、直接责任人员予以罚款;对仍不履行协助义务的,可以对其主要负责人、直接责任人员予以拘留;并可以向监察机关或者有关机关提出予以纪律处分的司法建议。

第二百五十五条　被执行人未按执行通知履行法律文书确定的义务,人民法院有权查封、扣押、冻结、拍卖、变卖被执行人应当履行义务部分的财产。但应当保留被执行人及其所扶养家属的生活必需品。

采取前款措施,人民法院应当作出裁定。

【释义】　本条是关于人民法院有权查封、扣押、冻结、拍卖、变卖被执行人财产的规定。

查封、扣押、冻结、拍卖、变卖被执行人的财产,是人民法院经常采取的强制执行措施,正确使用这些措施,对于做好执行工作具有重要意义。

查封,是一种临时性措施,是指把被执行人的财产就地封存,不准任何人转移和处理。被查封的财产,执行员可以指定被执行人保管,被执行人拒绝保管或者保管不善造成损失,由其自己承担;执行员也可以指定其他人保管,被执行财产由他人保管的,所需费用由被执行人负担。扣押也是一种临时性措施,是指把被执行人的财产运到另外的场所加以扣留,避免被执行人占有、使用和处分。被扣押的财产既可以由人民法院保管,也可以由有关单位和个人保管,保管人员不得任意使用该项财物,保管中发生的费用由被执行人负担。冻结是针对被执行人的存款所采取的执行措施。冻结存款既可以是个人的储蓄存款,也可以是法人或者其他组织的存款。存款被冻结后,非经人民法院通知,任何单位和个人不得提取和转移。

关于查封、扣押、冻结,最高人民法院有关司法解释根据民事诉讼法等法律的规定,对查封、扣押、冻结的期限,轮候查封、扣押、冻结,预查封等问题作出了一些具体规范。根据《最高人民法院关于适用〈中华人民共和国民事诉讼法〉的解释》的有关规定,人民法院冻结被执行人的银行存款的期限不得超过1年,查封、扣押动产的期限不得超过2年,查封不动产、冻结其他财产权的期限不得超过3年。申请执行人申请延长期限的,人民法院应当在查封、扣押、冻结期限届满前办理续行查封、扣押、冻结手续,续行期限不得超过前款规定的期限。《最高人民法院关于人民法院民事执行中查封、扣押、冻结财产的规定》对轮候查封、扣押、冻结作了相关规定:对已被人民法院查封、扣押、冻结的财产,其他人民法院可以进行轮候查封、扣押、冻结。查封、扣押、冻结解除的,登记在先的轮候查封、扣押、冻结即自动生效。其他人民法院对已登记的财产进行轮候查封、扣押、冻结的,应当通知有关登记机关协助进行轮候登记,实施查封、扣押、冻结的人民法院应当允许其他人民法院查阅有关文书和记录。其他人民法院对没有登记的财产进行轮候查封、扣押、冻结的,应当制作笔录,并经实施查封、扣押、冻结的人民法院执行人员及被执行人签字,或者书面通知实施查封、扣押、冻结的人民法院。2004年《最高人民法院、国土资源部、建设部关于依法规范人民法院执行和国土资源房地产管理部门协助执行若干问题的通知》对预查封问题作了规定。依照该通知有关规定,被执行人全部缴纳土地使用权出让金但尚未办理土地使用权登记的,人民法院可以对该土地使用权进行预查封。被执行人部分缴纳土地使用权出让金但尚未办理土地使用权登记的,对可以分割的土地使用权,按已缴付的土地使用权出让金,由国土资源管理部门确认被执行人的土地使用权,人民法院可以对确认后的土地使用权裁定预查封。对不可以分割的土地使用权,可以全部进行预查封。被执行人在规定的期限内仍未全部缴纳土地出让金的,在人民政府收回土地使用权的同时,应当将被执行人缴纳的按照有关规定应当退还的土地出让金交由人民法院处理,预查封自动解除。下列房屋虽未进行房屋所有权登记,人民法院也可以进行预查封:(1)作为被执行人的房地产开发企业,已办理了商品房预售许可证且尚未出售的房屋;(2)被执行人购买的已由房地产开发企业办理了房屋权属初始登记的房屋;(3)被执行人购买的办理了商品房预售合同登记备案手续或者商品房预告登记的房屋。

拍卖和变卖是对被执行人的财产强制出卖。一般在查封、扣押的基础上进行。人民法院查封、扣押财产后,执行员应当责令被执行人在指定期间履行义务,如果被执行人逾期不履行,人民法院就可以依照规定拍卖或者变卖被查封、扣押的财产。当然,拍卖、变卖也可以不经查封、扣押,而由执行员直接将被执行人的财产拿去拍卖或者变卖。拍卖也称"竞卖",为公开竞争出价而确定价金的买卖方式,分自愿与强制两种。此条中的拍卖指由专门机构主持的,将被执行人的财产公开出售,由不特定的众人出价竞购,将货物卖给出价最高的买主的买卖方式。拍卖在一般情况下能够较为充分地实现财产的价值。不适于拍卖或者当事人双方同意不进行拍卖的财物,可以采取变卖的方式。变卖,一般是将财产交有关个人或者组织收购。从实践情况来看,采用变卖的方式,所得到的价款与变卖的财物的实际价值往往相差较大,同时,变卖价款过低,不足以偿还债务时,债权人的权益也受到了损害。相比而言,拍卖是按照一定的程序公开叫卖,看谁出价最高就将财物卖给谁,这对于保护债权债务双方的合法权益更为有利。本条将拍卖放在变卖之前,意图在于要求人民法院处理被执行人的财物时,应当首先考虑拍卖的形式。当然,如果财物属于国家限制自由买卖的物品,应当交有关单位按照国家规定的价格收购。

查封、扣押、冻结、拍卖、变卖被执行人的财产,应当注意以下几点:(1)必须是被执行人未按执行通知履行法律文书确定的义务。(2)查封、扣押、冻结、拍卖、变卖的财产应当相当于履行义务部分的财产。查封、扣押财产不一定和执行标的物相同,但价值应当相当。例如,判决确定甲还乙30万元人民币,甲拒不履行义务,人民法院可以查封甲相当于30万元人民币的财产,不能超额查封。(3)应当保留被执行人及其所扶养家属的生活必需品。也就是说,在采取强制措施时,不要针对被执行人的日常生活必需品,要保证被执行人及其所扶养家属的基本生活需要。(4)查封、扣押被执行人财产时,被执行人是公民的,应当通知被执行人或者他的成年家属到场;被执行人是法人或者其他组织的,应当通知其法定代表人或者主要负责人到场。(5)人民法院查封、扣押、冻结、拍卖、变卖被执行人的财产,应当作出裁定。

根据本条规定,采取查封、扣押、冻结、拍卖、变卖措施的被执行人财产,不仅包括不动产、动产,也包括被执行人所享有的债权及其他财产权利。本法第 256 条、第 257 条、第 258 条对查封、扣押、拍卖、变卖财产的一般程序性规则作了较为概括的规定。司法实践在此基础上对具体的程序性规则作了进一步探索,相关司法解释也作了更为具体的规定。例如,《最高人民法院关于适用〈中华人民共和国民事诉讼法〉的解释》对债权的冻结作了规定。根据该司法解释第 499 条的规定,人民法院执行被执行人对他人的到期债权,可以作出冻结债权的裁定,并通知该他人向申请执行人履行。该他人对到期债权有异议,申请执行人请求对异议部分强制执行的,人民法院不予支持。

> **第二百五十六条** 人民法院查封、扣押财产时,被执行人是公民的,应当通知被执行人或者他的成年家属到场;被执行人是法人或者其他组织的,应当通知其法定代表人或者主要负责人到场。拒不到场的,不影响执行。被执行人是公民的,其工作单位或者财产所在地的基层组织应当派人参加。
>
> 对被查封、扣押的财产,执行员必须造具清单,由在场人签名或者盖章后,交被执行人一份。被执行人是公民的,也可以交他的成年家属一份。

【释义】 本条是关于查封、扣押财产程序的规定。

查封、扣押被执行人的财产,直接涉及被执行人的财产及其相关利益,人民法院采取这一执行措施,一方面要保证生效法律文书的履行,另一方面也要注意保证被执行人合法的财产权益不受侵害。为了双方当事人的合法权益,法律规定了相应的制度保障,即本条所规定的,人民法院在采取这一措施时,被执行人是公民的,应当通知被执行人或者其成年家属到场;被执行人是法人或者其他组织的,应当通知其法定代表人或者主要负责人到场。被执行人拒不到场的,不影响执行的进行。为了表明执法的合法性、公正性,本条还规定,被执行人是公民的,其工作单位或者财产所在地的基层组织应当派人参加。

本条第 2 款规定了执行员对被查封、扣押的财产要造具清单的要求,这是为了确认查封、扣押财产的具体内容,保证执行的财物清楚、明确,避免执行机构与被执行人就查封、财产的内容发生争执,以备将来有据可查。清单要写明执行财物的种类、数量、质量等,由在场人签名或者盖章后,交被执行人或者其成年家属、法定代表人或者单位主要负责人一份,另一份由人民法院附卷保存。依照《最高人民法院关于人民法院民事执行中查封、扣押、冻结财产的规定》第 18 条的规定:查封、扣押、冻结被执行人的财产时,执行人员应当制作笔录,并载明执行措施开始及完成的时间,财产的所在地、种类、数量,财产的保管人等;执行人员、保管人以及到场人员应当在笔录上签名。

第二百五十七条 被查封的财产,执行员可以指定被执行人负责保管。因被执行人的过错造成的损失,由被执行人承担。

【释义】 本条是关于被查封财产保管的规定。

如果由被执行人保管和继续使用查封财产,不会使债权人的合法权益产生不能受偿或者使被查封财产遭受明显贬值的危险的,执行员可以指定被执行人保管被查封财产,因被执行人的过错造成的损失,由他自己承担。被执行人的过错,主要指其主观上没有毁损、灭失被查封财产的故意,由于保管不善致使被查封财产产生损失的情况,在这种情况下,被执行人仍然要承担责任,可以以其他财产清偿。如果因被执行人的故意造成被查封财产毁损、灭失的,除应当以其他财产清偿债务外,还应当承担相应的法律责任。因此,被执行人应当妥善地保管被查封财产,以备清偿法律文书所确定的债务。根据《最高人民法院关于人民法院民事执行中查封、扣押、冻结财产的规定》第 10 条的规定:查封、扣押的财产不宜由人民法院保管的,人民法院可以指定被执行人保管;不宜由被执行人保管的,可以委托第三人或者申请执行人保管查封、扣押的财产。由人民法院指定被执行人保管的财产,如果继续使用对该财产的价值无重大影响,可以允许被执行人继续使用;由人民法院保管或者委托第三人、申请执行人保管的,保管人不得使用。

> **第二百五十八条** 财产被查封、扣押后,执行员应当责令被执行人在指定期间履行法律文书确定的义务。被执行人逾期不履行的,人民法院应当拍卖被查封、扣押的财产;不适于拍卖或者当事人双方同意不进行拍卖的,人民法院可以委托有关单位变卖或者自行变卖。国家禁止自由买卖的物品,交有关单位按照国家规定的价格收购。

【释义】 本条是关于拍卖、变卖被查封、扣押财产的规定。

依照本条规定,可以把握以下几个层次:一是查封、扣押。拍卖、变卖的前提是财产被查封、扣押。二是被执行人自觉履行。财产被查封、扣押后,执行员应当责令被执行人在指定期间履行法律文书确定的义务,被执行人应当自觉履行。三是拍卖。被执行人逾期不履行的,人民法院应当拍卖被查封、扣押的财产。人民法院可以自己组织拍卖,也可以委托拍卖。四是变卖。实践中有的财产不适于拍卖,如保质期较短、需及时处理的财产。有的当事人希望尽快变现财产,实现债权。因此,对于不适于拍卖或者当事人双方同意不进行拍卖的财产,人民法院可以委托有关单位变卖或者自行变卖。五是收购。国家禁止自由买卖的物品,交有关单位按照国家规定的价格收购。

2007年民事诉讼法第223条规定:"财产被查封、扣押后,执行员应当责令被执行人在指定期间履行法律文书确定的义务。被执行人逾期不履行的,人民法院可以按照规定交有关单位拍卖或者变卖被查封、扣押的财产。国家禁止自由买卖的物品,交有关单位按照国家规定的价格收购。"2012年修改民事诉讼法,对该条作了修改,修改内容涉及两点:一是规定了拍卖优先的原则;二是改变拍卖原则上实行委托拍卖的做法,将"人民法院可以按照规定交有关单位拍卖"修改为"人民法院应当拍卖被查封、扣押的财产"。此后的历次民事诉讼法修改,未再对该条作出调整。

一、关于拍卖优先原则

财产被查封、扣押后,被执行人逾期不履行义务的,人民法院应当先拍卖被查封、扣押的财产,对于不适于拍卖或者当事人双方同意不进行拍卖的财产,人民法院才可以进行变卖处理。这样规定,有利于充分发挥被查封、扣押财产的价值,最大化实现权利人的权利。

二、人民法院自行拍卖

2012年修改民事诉讼法过程中,有不少意见涉及法院自行拍卖或者委托拍卖的问题。有的认为应当实行委托拍卖制度,理由如下:一是有利于维护法院的公正形象。法院的强制拍卖是其履行法定职责、依法执行公务的行为。执行公务与商业行为有根本性区别。但是公众对法院强制拍卖的性质认识不清,认为属商业行为,因此法院委托拍卖有利于维护形象公正。二是有利于法院实施监督职能。执行中的拍卖毕竟不同于任意拍卖,拍卖作为一种变价方式,是执行程序中继查封、扣押、冻结之后的又一种执行措施,其中涉及许多问题需要监督,而此种拍卖不仅仅具有公法性质,还伴有买卖性质。由委托机构实施拍卖,便于人民法院实施监督。三是法院自行拍卖往往容易受到利益驱动的影响,委托拍卖机构实施拍卖有利于避免执行人员在实施拍卖时违法。四是法院的主要精力应放在司法工作方面,而拍卖是一种商业活动。无论将拍卖视为何种性质,都不能不承认其中有着浓厚的商业气息,这种气息与法院的性质不相协调。由执行人员充当拍卖人,将执行法院作为拍卖场所,有失法院的尊严。五是拍卖有很强的专业性、技术性,需要具备拍卖的专业知识和丰富的实践经验,如果法院自行拍卖要求执行人员充当拍卖师的角色总有点勉为其难,拍卖效果也不一定好。司法实践中基本采用的是委托拍卖的方式。

但也有不少意见提出,委托拍卖制度存在很多问题。经过十多年的实践,委托拍卖制度远没有发挥出预期的作用,其本应具有的优势也难以显现。第一,中介机构恶性竞争。由于利益驱动的影响,拍卖行业的竞争日趋激烈,出现了一些拍卖机构无序竞争的情况。少数拍卖机构为拓展业务,采取不正当的方式向执行人员行贿。一些拍卖机构在未被选中的情况下,在竞买中对拍卖标的物散布恶意消息,造成标的物流拍。有的拍卖机构为了使拍卖活动得以实现,在拍卖前就与个别竞买人串通,使整个拍卖流于形式。第二,拍卖款和保证金管理不善。一些拍卖公司收取竞买人的拍卖款后不及时按要求将款项打入法院的账上,有的甚至挪用执行款。第三,委托环节不规范。有的拍卖公司就是为某一业务才成立的,本身无拍卖师,也无正式场所。第四,中介机构收益和付出形成巨大反差。拍卖机构佣金收取比例过高,一些案件尤其是标的额大的案件佣金达到百万元甚至上千万元,拍卖机构承担的义务却较少。实践中,有的法官认为,有些拍卖行除举槌是自己做的,其他全部都是法官做的,法官干活,拍卖行获利,一些法官的违法犯罪行为就与这种心态失衡有一定关系。因此,法院应当自行拍卖,理由如下:一是由执行机关直接拍卖更符合目前民事拍卖的本质要求。民事拍卖作为一种公法行为,应当由国家机关负责实施,这与公权力的本质属性相吻合。法院享有民事执行的权力,由执行法院直接实施拍卖理应是首选。不应认为民事执行拍卖具有商业色彩而与法院的性质不符。民事执行拍卖不以营利为目的,拍出最高价的目的在于最大化实现申请执行人的债权,不同于任意拍卖中的利益驱动,不具商业色彩。执行法院作为负责实现有执行根据的债权的机关,理应直接实施拍卖。二是执行机关实施拍卖能更好地彰显民事执行拍卖的公法效力,维护拍卖的公信力,提高竞买人的积极性。民事执行拍卖的公法效力需要执行机关运用国家公权力具体组织实施,其他机关或公司难担此任。强制性拍卖过程本身对被执行人和潜在的"老赖"就是一种威慑,因此,法院主持拍卖不但不会降低法院的权威,相反,法院的强制拍卖结果更容易让当事人接受。三是执行机关实施拍卖更能保护执行当事人的合法权益,使其利益得到最大的维护。竞买积极性得到提高就必然使拍卖标的物成功拍卖的可能性增加,债务清偿、债权实现的概率大大增加。执行机关作为国家机关实施民事执行拍卖可以免去大额的委托拍卖佣金,最大限度地降低执行成本,减轻债务人的负担,提升受偿比例,进而提高执行效率。四是不由执行法院实施拍卖也不可能杜绝执行人员违法行为,执行法院实施拍卖并不必然存在执行人员违法行为。执行法院委托商业拍卖机构实施拍卖,反而使执行人员与拍卖机构之间形成了较为固定的利益关系,不利于法院的廉政建设。执行人员直接实施拍卖,当事人可对其行为直接进行监督,更有利于高效、廉洁执行拍卖队伍的建设。索贿、受贿等问题不因拍卖权主体的不同而有本质性区别。法院拍卖过程中违法行为的出现,是因为强制执行拍卖活动的监督制度还不完善。五是执行法院可以通过聘用专业拍卖师,引进人才、培训等方式解决缺乏拍卖经验的问题。六是人民法院直接行使强制拍卖权符合国际惯例。目前,世界大多数国家的强制执行法等法律中都有明确规定,执行程序中的强制拍卖由法官或执行官直接实施。在德国,除拍卖的启动外,法院按照职权来实施拍卖程序,动产的拍卖原则上由执行员实施,应债权人或债务人的申请,执行法院也可以命令由执行员之外的其他人实施拍卖,不动产的拍卖则由执行法院实施。在日本,执行法院对整个拍卖过程组织实施。例如,对债权人合法的执行申请作出拍卖开始决定,对财产进行现状调查,实施竞卖或宣布最高价买受人等,都由执行法院的法官或执行官主持进行。

针对上述两种不同意见,经认真研究,2012年修改民事诉讼法改变了拍卖原则上实行委托拍卖的做法,将"人民法院可以按照规定交有关单位拍卖"修改为"人民法院应当拍卖被查封、扣押的财产"。目前司法实践中,采用拍卖方式处置财产的,原则上由人民法院通过互联网拍卖平台实施。最高人民法院于2016年发布、2017年实施的《最高人民法院关于人民法院网络司法拍卖若干问题的规定》对此作了明确规定。根据该司法解释的规定,人民法院以拍卖方式处置财产的,应当采取网络司法拍卖方式,但依照规定必须通过其他途径处置,或者不宜采用网络拍卖方式处置的除外。所谓网络司法拍卖,是指人民法院依法通过互联网拍卖平台,以网络电子竞价方式公开处置财产的行为。总体来说,网络司法拍卖是由人民法院主导,相关社会机构或者组织提供辅助服务,网络服务提供者提供平台的一种拍卖方式。一是人民法院主导网络司法拍卖的实施,履行下列职责:制作、发布拍卖公告;查明拍卖财产现状、权利负担等内容,并予以说明;确定拍卖保留价、保证金的数额、税费负担等;确定保证金、拍卖款项等支付方式;通知当事人和优先购买权人;制作拍卖成交裁定;办理财产交付和出具财产权证照转移协助执行通知书;开设网络司法拍卖专用账户等。二是对于网络司法拍卖实施中的拍卖辅助工作,人民法院可以委托社会机构或者组织承担,例如:制作拍卖财产的文字说明、视频或者照片等资料;展示拍卖财产,接受咨询,引领查看,封存样品等;拍卖财产的鉴定、检验、评估、审计、仓储、保管、运输等。三是在网络司法拍卖实施中,网络服务提供者负责:提供符合规定的网络司法拍卖平台,并保障安全正常运行;提供安全便捷配套的电子支付对接系统;全面、及时展示人民法院及其委托的社会机构或者组织提供的拍卖信息;保证拍卖全程的信息数据真实、准确、完整和安全等。总体而言,网络司法拍卖在互联网拍卖平台上向社会全程公开,有利于接受社会监督,公开性、透明性较强,并且参与竞价的人数众多,有利于最大限度地实现拍卖物的价值,在降低拍卖成本、提高拍卖效率方面具有独特的优势。

第二百五十九条 被执行人不履行法律文书确定的义务,并隐匿财产的,人民法院有权发出搜查令,对被执行人及其住所或者财产隐匿地进行搜查。

采取前款措施,由院长签发搜查令。

【释义】 本条是关于搜查被执行人财产的规定。

搜查是对被执行人的人身、住所或者有可能隐匿财产的地方进行搜寻、查找的强制措施。如果被执行人是法人或者其他组织的,应当对其经营或者活动的场所及可能隐匿财产的地方进行搜查。搜查这一执行措施体现了民事执行的强制性。有关国家或者地区的民事执行制度也对搜查作了规定。例如,《德国民事诉讼法》规定,执行员在执行中有必要时,有搜查债务人的住所与储存物件处所的权力;房屋的门、房间的门以及储存物件处所的门是闭锁的情况下,执行员有权强制开启。

在司法实践中,某些被执行人明明有财产,却将财产隐藏起来,谎称无钱还债,拒不向人民法院报告自己真实的财产状况,使执行工作难以进行。针对这一情况,本法规定了对被执行人及其住所或者其他场所的搜查措施,以防止被执行人隐匿、转移财产,从而保证人民法院的判决实现,保障债权人的合法权益。

根据本条规定,人民法院在执行中有权对被执行人及其住所或者财产隐匿地进行搜查。搜查分为对被执行人的搜查和对被执行人的住所或者财产隐匿地的搜查。对被执行人搜查,指对被执行人的人身搜查,这是为了防止某些被执行人将财物藏在身上,抗拒人民法院执行。对住所搜查,主要指对被执行人户籍登记、其他有效身份登记记载的居所或者经常居所进行搜查,也可以是对被执行人现时所住的地方进行搜查。对财产隐匿地搜查,是指根据线索对藏匿财产的地点进行搜查。由于搜查是一种严厉的执行措施,涉及当事人的人身自由、名誉、居住等权利,处理不好会侵犯被执行人和其他公民的人身权、财产权和住宅不受侵犯的权利。为了防止不良社会后果的产生,人民法院采取该项措施必须特别慎重,必须由负责执行法院的院长签发搜查令方可进行,未经批准不得采取搜查措施。执行员进行搜查时,应当向被执行人及其家属或者有关场所的负责人出示搜查令。搜查令是执行搜查的法律凭证,搜查令应当写明搜查的原因,被搜查人的姓名、职业、住址等。《最高人民法院关于适用〈中华人民共和国民事诉讼法〉的解释》第496条、第498条规定："人民法院搜查时禁止无关人员进入搜查现场；搜查对象是公民的，应当通知被执行人或者他的成年家属以及基层组织派员到场；搜查对象是法人或者其他组织的，应当通知法定代表人或者主要负责人到场。拒不到场的，不影响搜查。搜查妇女身体，应当由女执行人员进行。""搜查应当制作搜查笔录，由搜查人员、被搜查人及其他在场人签名、捺印或者盖章。拒绝签名、捺印或者盖章的，应当记入搜查笔录。"

> **第二百六十条** 法律文书指定交付的财物或者票证，由执行员传唤双方当事人当面交付，或者由执行员转交，并由被交付人签收。
>
> 有关单位持有该项财物或者票证的，应当根据人民法院的协助执行通知书转交，并由被交付人签收。
>
> 有关公民持有该项财物或者票证的，人民法院通知其交出。拒不交出的，强制执行。

【释义】 本条是关于强制被执行人交付财物或者票证的规定。

交付执行以转移物的占有为目的。本条规定的交付执行，是指将由债务人或第三人占有的法律文书所指定的财物或票证转移为由债权人占有或支配，执行标的物应当是特定的财物或者票证。财物主要是指动产，票证是指具有财产内容的各项证明文书、执照和支付凭证等，如房产证、土地证、山林权属证、车辆证照、专利证书、商标证书及汇票、支票、本票等有关的票据，金钱以及种类物的交付不属本条规定的执行标的物。境外民事执行制度普遍对特定动产的交付作了规定。例如，《德国民事诉讼法》规定，债务人应交付特定动产时，由执行员将标的物从债务人处取走并交付于债权人。应交付的标的物不在时，债务人依债权人的申请，应作出保证以代宣誓，保证其并未占有该标的物，也不知道标的物所在。《日本强制执行法》规定，对交付动产的强制执行，执行官可以采用将该动产直接交付于债权人的方式实施。第三人占有执行标的物且负有将标的物交付于债务人的义务时，执行法院可冻结债务人对第三人的交付请求权，并发出命令允许债权人行使该请求权，以此方式实施强制执行。我国台湾地区"强制执行法"规定，执行名义系命债务人交付一定之动产而不交付者，执行法院得将该动产取交债权人。债务人应交付之物为书据或者其他相类之凭证而依照上述规定执行无效果者,执行法院可以公告宣示未交出之书据无效,另作证明书发给债权人。执行法院还可以参照对不可替代行为的执行,债务人不履行时,对债务人处以一定的怠金或者管收之措施。

本条规定了两种交付特定标的物的具体办法和程序:一是由执行程序中的当事人当面交付。执行员指定交付的日期和地点,传唤双方当事人同时到达某一地点,被执行人将财物或者票证直接交给债权人,执行员制作执行笔录,由双方当事人签字。二是由执行员转交,即执行员将被执行人交来的法律文书指定的财物或者票证,转交给债权人并由债权人签收。

对第三方占有法律文书所指定的财物或者票证的情况,本条也作了具体规定:如果被执行的财物或者票证由有关单位持有,人民法院应当发出协助执行通知书,由有关单位转交给应交付的人,并由被交付人签收;如果有关公民持有该财物或者票证,人民法院应当通知其交出,拒不交出的,强制执行。

第二百六十一条 强制迁出房屋或者强制退出土地,由院长签发公告,责令被执行人在指定期间履行。被执行人逾期不履行的,由执行员强制执行。

强制执行时,被执行人是公民的,应当通知被执行人或者他的成年家属到场;被执行人是法人或者其他组织的,应当通知其法定代表人或者主要负责人到场。拒不到场的,不影响执行。被执行人是公民的,其工作单位或者房屋、土地所在地的基层组织应当派人参加。执行员应当将强制执行情况记入笔录,由在场人签名或者盖章。

强制迁出房屋被搬出的财物,由人民法院派人运至指定处所,交给被执行人。被执行人是公民的,也可以交给他的成年家属。因拒绝接收而造成的损失,由被执行人承担。

【释义】 本条是关于强制被执行人迁出房屋或者退出土地的规定。

本条的规定主要是针对房屋、土地等不动产方面的强制执行。生效法律文书确定房屋占有人迁出房屋、土地占有人退出土地的,房屋占有人、土地占有人必须履行,如不履行,将给对方当事人的合法权益或者社会公共利益造成损害,为此本条规定了强制迁出房屋、强制退出土地的执行措施。境外民事执行制度普遍对此作了规定。例如,《德国民事诉讼法》规定,债务人应迁出不动产时,执行员应解除债务人的占有,并使债权人取得占有;非强制执行标的的动产,执行员应将之取出并交给债务人、其代理人或者成年家属等。如上述人员均不在场或者拒不受领时,执行员可采用一定的方式予以保管,费用由债务人承担。在债务人迁出不动产后1个月的期间内,债务人不赎回上述动产的,执行员可以将这些动产予以出售并提存所得款项。《日本强制执行法》规定,交付或者腾退不动产的,执行官采用解除债务人对不动产占有的方式实施,可进入债务人占有的不动产,必要时可以为开锁等必要的处分。执行官在执行中应挪走或者拆除非执行标的物的动产,并交付给债务人、其代理人或者具有辨识能力的同住亲属等。无法将上述动产交付给上述人员的,执行官可依照有关规定出售上述动产,在交付或者出售前,应保管该动产。执行官在出售上述动产后,应当从出卖价金中扣除出售、保管必要费用后予以提存。我国台湾地区"强制执行法"规定,执行名义系命债务人交出不动产而不交出者,执行法院得解除债务人之占有,使归债权人占有;如债务人于解除占有后,复即占有该不动产者,执行法院得依声请再为执行。再为执行,应征执行费。

非法占有房屋和土地,必将严重影响群众生活、国家建设、社会安定和人民团结,因此,当事人不按法律文书迁出房屋和退出土地时,人民法院有权采取强制迁出、强制退出的措施。由于这一措施对被执行人的生活影响较大,法律规定了严格的程序,人民法院采取这两种执行措施,由法院院长签发公告,限定期限,责令被执行人在指定的期间履行,逾期仍不履行的,由执行员强制执行。强制执行应当依照本条规定的程序进行:(1)通知到场。被执行人是公民的,应当通知被执行人或者他的成年家属到场;被执行人是法人或者其他组织的,应当通知其法定代表人或者主要负责人到场。(2)相关单位、组织派员参加。被执行人是公民的,其工作单位或者房屋、土地所在地的基层组织应当派人参加。(3)制作执行笔录。执行员应当将强制执行情况记入笔录,由在场人签名或者盖章。搬迁的财物要详细记录,避免被执行人的合法利益受到损害或者因此可能产生纠纷。(4)被搬出财物的交付。强制迁出房屋被搬出的财物,由人民法院派人运至指定处所,交给被执行人。被执行人是公民的,也可以交给他的成年家属。因拒绝接收而造成的损失,由被执行人承担。

在采取执行措施时,如果被执行人拒绝执行或者人为对执行工作设置障碍,造成财产损失,应当由其自己承担。

第二百六十二条 在执行中,需要办理有关财产权证照转移手续的,人民法院可以向有关单位发出协助执行通知书,有关单位必须办理。

【释义】 本条是关于办理财产权证照转移手续的规定。

在执行程序中,有些案件需要办理有关财产权证照转移手续,本条所称"有关财产权证照",是指有财产权内容的证照,如土地使用权证、房产证等。

人民法院判决确认某一权利(如土地使用权、房屋所有权)的归属后,常常需要有关单位办理权利转移手续。但在实践中,某些单位却不协助办理。为了防止这种现象,保障执行工作的顺利进行,本法对有必要协助办理证照转移的单位规定了法定义务,有关单位必须按照协助执行通知给予办理,不得推诿、拒绝。对不予协助办理证照转移手续的,人民法院可以根据本法第十章"对妨害民事诉讼的强制措施"的有关规定,除责令其履行协助义务外,还可以对主要负责人或者直接责任人员予以罚款;对仍不履行协助义务的,可以予以拘留;并可以向监察机关或者有关机关提出予以纪律处分的司法建议。

第二百六十三条 对判决、裁定和其他法律文书指定的行为,被执行人未按执行通知履行的,人民法院可以强制执行或者委托有关单位或者其他人完成,费用由被执行人承担。

【释义】 本条是关于强制执行法律文书指定的行为的规定。

人民法院作出的生效法律文书,有的属于要求当事人从事某种行为。行为的执行,是指要求被执行人履行作为或者不作为的义务。作为执行标的的行为,可以分为作为和不作为两种。作为也称积极的行为,即被执行人以积极的方式作出某种行为,如修缮房屋、拆除违章建筑等。不作为,也称消极的行为,是指被执行人不得作出某种行为,如停止侵害。关于法律文书指定的行为的强制执行,是各个国家或者地区民事执行制度的一项基本内容。例如,依照《德国民事诉讼法》的规定,债务人不履行某行为的,如果该行为是可以替代的,则可以由第三人替代实施,债务人预付实施费用。如果该行为不可替代,债务人不实施该项行为时,将被处以罚款,如仍不实施,将被处以拘留。一次罚款的数额不超过2.5万欧元。《日本强制执行法》也是区分可替代的行为与不可替代的行为,采取不同的强制措施。对于可替代的行为,执行法院可命令债务人预先支付必要费用,由他人替代实施;对于不可替代的行为,执行法院采取间接强制措施,可命令债务人向债权人支付可确保债务履行的一定数额的金钱。我国台湾地区"强制执行法"规定,依执行名义,债务人应为一定行为而不为者,执行法院得以债务人之费用,命第三人代为履行。前项费用,由执行法院酌定数额,命债务人预行支付或命债权人代为预纳,必要时,并得命鉴定人鉴定其数额。依执行名义,债务人应为一定之行为,而其行为非他人所能代履行者,债务人不为履行时,执行法院得定债务人履行之期间。债务人不履行时,得处新台币3万元以上30万元以下之怠金。续经定期履行而仍不履行者,得再处怠金或管收之。

　　本条对行为的执行规定了本人实施和可替代实施两种。可替代行为,是指可以由他人代替行为人本人实施的行为。如果被执行人不按人民法院通知履行义务,人民法院可以强制执行,或者委托有关单位或其他人完成。一般来说,可替代行为都是积极的行为,不作为一般不具有可替代性。可替代性行为,原则上应当由被执行人自己履行;被执行人拒绝履行的,执行机构可以委托有关单位或者个人代为完成该行为,代为履行的费用由被执行人承担;如果被执行人不自动给付,法院可以强制执行。《最高人民法院关于适用〈中华人民共和国民事诉讼法〉的解释》对如何选择代履行人以及如何确定代履行费用作了进一步规定。关于如何选择代履行人,该司法解释第501条规定:"被执行人不履行生效法律文书确定的行为义务,该义务可由他人完成的,人民法院可以选定代履行人;法律、行政法规对履行该行为义务有资格限制的,应当从有资格的人中选定。必要时,可以通过招标的方式确定代履行人。申请执行人可以在符合条件的人中推荐代履行人,也可以申请自己代为履行,是否准许,由人民法院决定。"关于如何确定代履行费用,根据该司法解释第502条、第503条的规定,代履行费用的数额由人民法院根据案件具体情况确定,并由被执行人在指定期限内预先支付。被执行人未预付的,人民法院可以对该费用强制执行。对于只能由被执行人完成的行为,被执行人拒不履行的,人民法院应当按照妨害执行行为的有关规定处理。根据本法第114条的规定,被执行人拒不履行人民法院已经发生法律效力的判决、裁定的,人民法院可以根据情节轻重予以罚款、拘留;构成犯罪的,依法追究刑事责任。根据本法第118条的规定,对个人的罚款金额,为人民币10万元以下,对单位的罚款金额,为人民币5万元以上100万元以下;拘留的期限,为15日以下。

第二百六十四条　被执行人未按判决、裁定和其他法律文书指定的期间履行给付金钱义务的,应当加倍支付迟延履行期间的债务利息。被执行人未按判决、裁定和其他法律文书指定的期间履行其他义务的,应当支付迟延履行金。

【释义】　本条是关于强制被执行人加倍支付利息或者支付迟延履行金的规定。

法律文书一旦生效,当事人就应当履行法律文书确定的义务,对不履行法定义务的,应当进行制裁,以保护对方当事人的合法权益,维护法律的尊严。在实践中,某些被执行人认为,能晚一天还债自己就能多利用一天资金,多享一分利益,甚至抱着侥幸心理,认为能拖一天是一天,或许能把债拖没了。由于他们迟迟不履行判决,给权利人造成了很大的损失。针对这种情况,本法规定了逾期不履行义务加倍支付债务利息和迟延履行金。

本条对被执行人未按判决、裁定和其他法律文书指定的期间履行给付金钱义务或者其他义务的,规定了加倍支付迟延履行期间的债务利息或者支付迟延履行金。债务利息,是指被执行人没有按期履行给付金钱义务而应当向债权人支付的除债务本金之外的一定费用。迟延履行金,是指被执行人因迟延履行生效法律文书确定的其他义务而应当向权利人支付的除原债务以外的款项,具有弥补权利人损失和对义务人惩罚的双重功能。

本条对于金钱债务的利息明确规定为加倍支付。例如,判决确定被执行人应当在某日前清偿一定金额的债务,如果被执行人超过期限没有还债,就要强制其加倍支付从确定日期至执行完毕期间的债务利息。如果被执行人未按判决裁定和其他法律文书指定的期间履行其他义务,比如,没按法律文书规定交出有关的财物或者票证,没按法律文书迁出房屋或者退出土地,未按法律文书履行一定的行为,人民法院应当责令被执行人支付迟延履行金。

至于应支付的迟延履行金的数额是多少,人民法院可以区分情形加以确定。《最高人民法院关于适用〈中华人民共和国民事诉讼法〉的解释》对此作了具体规定。该司法解释第505条规定:"被执行人未按判决、裁定和其他法律文书指定的期间履行非金钱给付义务的,无论是否已给申请执行人造成损失,都应当支付迟延履行金。已经造成损失的,双倍补偿申请执行人已经受到的损失;没有造成损失的,迟延履行金可以由人民法院根据具体案件情况决定。"

第二百六十五条 人民法院采取本法第二百五十三条、第二百五十四条、第二百五十五条规定的执行措施后,被执行人仍不能偿还债务的,应当继续履行义务。债权人发现被执行人有其他财产的,可以随时请求人民法院执行。

【释义】 本条是关于继续履行义务及随时申请执行的规定。

在执行过程中,执行法院已经实施了法律所规定的关于查询、扣押、冻结、划拨、变价被执行人的存款、债券、股票、基金份额等金融资产,扣留、提取被执行人收入,以及查封、扣押、冻结、拍卖、变卖被执行人财产的措施后,被执行人仍无法偿还债务的,债务并不因此而消灭,债务人还应当继续履行义务;债权人发现被执行人有其他财产的,可以随时请求人民法院执行。当事人之间因申请强制执行所产生的法律关系并没有终结。也就是说,被执行人的义务不因采取了执行措施而终结,被执行人什么时候有钱,什么时候就应当履行义务,一直到义务履行完毕。如果申请执行人发现被执行人在人民法院采取执行措施后还有其他可供执行的财产,或者发现被执行人经过一段恢复期后,又获得了新的财产,可以随时请求人民法院执行。

第二百六十六条 被执行人不履行法律文书确定的义务的,人民法院可以对其采取或者通知有关单位协助采取限制出境,在征信系统记录、通过媒体公布不履行义务信息以及法律规定的其他措施。

【释义】 本条是对被执行人采取有关限制措施的规定。

本条是2007年修改民事诉讼法时增加的规定。司法实践中,某些债务人明明有履行义务的能力,却谎称没钱,企图躲过一阵子,赖掉债务后舒服一辈子。社会各界呼吁在民事诉讼法中规定对拒不执行法律文书确定义务的"老赖"的限制措施,以加大执行力度,增强对被执行人的威慑力,否则不利于健康、规范的社会主义市场经济秩序的建立,也不利于诚实、守信的良好社会环境的营造。

2007年民事诉讼法修改过程中,根据各方面意见,本条规定了对被执行人的限制性措施。这些措施包括:

(1)限制出境。限制出境的对象是被执行人,包括自然人、法人的法定代表人和其他组织的负责人。

(2)在征信系统记录。在市场经济环境中,判断一个人是否值得信任,比较有效的办法是看其过往的诚信记录。如果一个人从来没有不诚信的记录,他多半是一个值得信赖的人;如果一个人有不诚信的记录,则其诚信与否就值得考虑了。将不履行义务记录在征信系统这个诚信数据库中,一个人也许可以从一次背信行为中获得暂时的利益,但此后他将可能用整整一生来持续地为这次获益付出代价。法律规定将不履行法律文书确定义务的行为记录在征信系统中,从某种意义上说确立了维护社会诚信的基本制度。

(3)通过媒体公布不履行义务信息。将拒不履行义务的被执行人的名单通过电台、电视台、报刊、网络等新闻媒体,以公告的形式公布,使被执行人不履行义务的情况在一定范围内为社会公众所知晓,造成一定的社会影响和压力,从而促使其自动履行义务。

(4)法律规定的其他措施。这是一项兜底性规定,为今后可能规定的措施在法律上留有一定的余地。根据本项规定,只有法律明文规定的,才能作为对拒不履行义务的被执行人的限制性措施;其他规范性文件不能规定这类限制性措施。

对本条规定有两点需要注意:第一,限制措施是针对逾期不履行生效法律文书及执行通知书所确定的义务的主体。第二,限制措施的实施主体有的是法院的执行部门,有的是其他有关部门。例如,限制出境的实施主体就应当是出境入境管理机关,有关部门应当按照法律的规定协助实施。

第二十二章 执行中止和终结

执行程序基于当事人申请和审判员移送而开始,在一般情况下,执行程序应该依序进行直至执行完毕,但出现法定的特殊情况时,执行程序可能暂时不能进行,或者根本无法继续进行。本法针对这种情况,规定了执行中止和执行终结。

> **第二百六十七条** 有下列情形之一的,人民法院应当裁定中止执行:
> (一)申请人表示可以延期执行的;
> (二)案外人对执行标的提出确有理由的异议的;
> (三)作为一方当事人的公民死亡,需要等待继承人继承权利或者承担义务的;
> (四)作为一方当事人的法人或者其他组织终止,尚未确定权利义务承受人的;
> (五)人民法院认为应当中止执行的其他情形。
> 中止的情形消失后,恢复执行。

【释义】 本条是关于执行中止的规定。

执行中止是执行程序开始后,由于出现某种法定原因暂时停止执行,待法定原因解除后再继续执行。从暂时停止执行到继续执行这一段期间,可以称为执行中止的期间。

需要中止执行的法定原因有:

1.申请人表示可以延期执行

申请人的这种表示是对自己民事实体权利和民事诉讼权利的一种处分,因此,申请人愿意延长执行的,在所延长期限届满前,执行程序应当中止。

需要说明的是,申请执行人表示可以延期执行是其对自己权利的处分,执行法院对该权利应充分尊重,不能随便剥夺。但在执行实践中存在一种现象,有些申请执行人表示延期执行并非出于自己的本意,而是在被执行人制造无履行能力假象等情况下无奈作出的。有些执行人员工作责任心不强,在收到申请人的书面申请后,不做任何调查工作,便机械、草率地作出中止执行的裁定,导致申请人的合法权益受到侵害。因此,执行法院应当做好必要的调查工作,防止被执行人恶意促使申请人同意中止执行。

2. 案外人对执行标的提出确有理由的异议

如果案外人对执行标的提出了确有理由的异议,那么在该异议审结以前,法律文书所确认的民事权利义务关系就发生了争议,本案能否继续执行,即取决于法院对案外人异议的审理结果。因此,案外人对执行标的提出确有理由的异议后,执行程序应当中止。需要说明两点:第一,案外人对执行标的提出异议并非当然发生执行中止的法律后果,案外人的异议必须"确有理由"。第二,是否"确有理由"由人民法院进行审查。本法第238条规定:"执行过程中,案外人对执行标的提出书面异议的,人民法院应当自收到书面异议之日起十五日内审查,理由成立的,裁定中止对该标的的执行;理由不成立的,裁定驳回。案外人、当事人对裁定不服,认为原判决、裁定错误的,依照审判监督程序办理;与原判决、裁定无关的,可以自裁定送达之日起十五日内向人民法院提起诉讼。"

3. 作为一方当事人的公民死亡,需要等待继承人继承权利或者承担义务

执行开始后,如果申请人死亡,需要等待他的继承人继承权利;如果被执行人死亡,需要等待他的继承人承担义务。在继承人继承权利或者承担义务之前,执行程序应当中止,等待继承人继承权利或者承担义务之后,执行工作继续进行。需要指出的是,依照本法的规定,作为被执行人的公民死亡,其继承人仅在所继承的遗产范围内偿还债务,继续履行法律文书确定的义务。

4. 作为一方当事人的法人或者其他组织终止,尚未确定权利义务承受人

在执行过程中,作为一方当事人的法人或者其他组织终止,应当由承受其权利义务的法人或者其他组织作为当事人继续参与执行程序,履行义务。但在特殊情况下,承受权利义务的法人或者其他组织一时尚未确定,在确定之前执行程序应当中止。

5. 人民法院认为应当中止执行的其他情形

在执行过程中,人民法院认为出现除上述情况外的其他情形,需要中止

执行的,可以作出中止执行的裁定。这一规定较为灵活,以适应执行工作中的复杂情况。例如,《最高人民法院关于适用〈中华人民共和国民事诉讼法〉的解释》对特定情形下的中止执行作了规定:一是,该司法解释第297条规定:"受理第三人撤销之诉案件后,原告提供相应担保,请求中止执行的,人民法院可以准许。"二是,该司法解释第511条规定:"在执行中,作为被执行人的企业法人符合企业破产法第二条第一款规定情形的,执行法院经申请执行人之一或者被执行人同意,应当裁定中止对该被执行人的执行,将执行案件相关材料移送被执行人住所地人民法院。"又如,《最高人民法院关于执行和解若干问题的规定》第2条规定:"和解协议达成后,有下列情形之一的,人民法院可以裁定中止执行:(一)各方当事人共同向人民法院提交书面和解协议的;(二)一方当事人向人民法院提交书面和解协议,其他当事人予以认可的;(三)当事人达成口头和解协议,执行人员将和解协议内容记入笔录,由各方当事人签名或者盖章的。"再如,《最高人民法院关于人民法院办理仲裁裁决执行案件若干问题的规定》第7条第1款规定,"被执行人、案外人对仲裁裁决执行案件提出不予执行申请并提供适当担保的,执行法院应当裁定中止执行。中止执行期间,人民法院应当停止处分性措施,但申请执行人提供充分、有效的担保请求继续执行的除外"。

除了本条规定之外,本法及其他相关法律也对中止执行的某些特定情形作了规定。例如,本法第217条规定:"按照审判监督程序决定再审的案件,裁定中止原判决、裁定、调解书的执行,但追索赡养费、扶养费、抚养费、抚恤金、医疗费用、劳动报酬等案件,可以不中止执行。"仲裁法第64条第1款规定:"一方当事人申请执行裁决,另一方当事人申请撤销裁决的,人民法院应当裁定中止执行。"

人民法院对决定中止执行的案件,应当作出裁定,并通知当事人。中止执行只是执行程序的暂时停止,不是执行程序的结束。引起中止执行的情况消除后,应当恢复执行。恢复执行可以由人民法院依职权主动进行,也可以由当事人申请,经法院同意后恢复。

第二百六十八条 有下列情形之一的,人民法院裁定终结执行:
(一)申请人撤销申请的;
(二)据以执行的法律文书被撤销的;

(三)作为被执行人的公民死亡,无遗产可供执行,又无义务承担人的;

(四)追索赡养费、扶养费、抚养费案件的权利人死亡的;

(五)作为被执行人的公民因生活困难无力偿还借款,无收入来源,又丧失劳动能力的;

(六)人民法院认为应当终结执行的其他情形。

【释义】 本条是关于执行终结的规定。

执行终结分为正常情况下的执行终结和特殊情况下的执行终结。前者是指法院执行员按照已经生效的法律文书的要求,采取相应措施全部执行完毕。后者是指执行开始后,由于出现某种法定原因使执行工作永远无法进行或者无须进行,因而以裁定的方式结束执行程序。人民法院裁定终结执行程序的情形有:

1. 申请人撤销申请

执行程序一般是因当事人的申请而开始,如果当事人撤销申请,不再要求人民法院执行,这就是对其民事实体权利和民事诉讼权利行使处分权,只要符合法律规定,不违背社会公共利益,人民法院应当准许,执行程序也因此而终结。

2. 据以执行的法律文书被撤销

人民法院的执行工作必须有合法的执行根据。根据本法的相关规定,执行根据主要包括:(1)发生法律效力的民事判决书、裁定书和调解书;(2)人民法院制作的发生法律效力并且具有财产内容的刑事判决书、裁定书;(3)其他应当由人民法院执行的法律文书,例如仲裁机构制作的生效的裁决书、调解书,公证机关制作的依法赋予强制执行效力的债权文书。如果由于某种特殊原因,作为执行根据的上述法律文书被撤销,继续执行将缺乏合法有效的法律依据,因此人民法院应当裁定终结执行。

3. 作为被执行人的公民死亡,无遗产可供执行,又无义务承担人

被执行人是执行程序中负有义务的一方当事人,如果其在执行过程中死亡,依照本法规定,人民法院首先应当裁定中止执行,等待其继承人承受义务。如果被执行人的遗产继承人没有放弃继承,人民法院可以裁定变更被执行人,由该继承人在继承遗产的范围内偿还债务;如果继承人放弃继承,人民

法院可以直接执行被执行人的遗产；如果被执行人既无遗产，又无义务承担人，执行工作就无法进行，人民法院应当裁定终结执行。

4.追索赡养费、抚养费、抚养费案件的权利人死亡

追索赡养费、扶养费、抚养费的权利和人身权紧密相连，只能由生效的法律文书确定的具有特殊身份的权利人享有，如父母、配偶或者未成年子女，以上权利不得继承或者转让。如果追索赡养费、扶养费、抚养费案件的权利人死亡，那么执行程序就无须进行，人民法院应当裁定终结执行。

5.作为被执行人的公民因生活困难无力偿还借款，无收入来源，又丧失劳动能力

既要保护权利人的合法权益，又要适当照顾被执行人必要的生活需要，是本法执行程序编的一项重要原则。执行程序开始后，被执行人生活困难，借款无力偿还，既没有收入来源，又丧失劳动能力，无论现在还是将来都无力履行法律文书确定的义务，在这种情况下，人民法院可以裁定终结执行。

6.人民法院认为应当终结执行的其他情形

现实生活是复杂的，上述五项规定不可能将实际执行工作中发生的所有情形概括无遗，因此，本条作出兜底规定，人民法院认为其他情形使执行工作无法进行或者无须进行的，可以终结执行。

2009年《中央政法委、最高人民法院关于规范集中清理执行积案结案标准的通知》提出将"终结本次执行程序"作为无财产可供执行案件的一种结案方式，规定："无财产可供执行的案件，执行程序在一定期间无法继续进行，且有下列情形之一的，经合议庭评议，可裁定终结本次执行程序后结案：(1)被执行人确无财产可供执行，申请执行人书面同意人民法院终结本次执行程序的；(2)因被执行人无财产而中止执行满两年，经查证被执行人确无财产可供执行的；(3)申请执行人明确表示提供不出被执行人的财产或财产线索，并在人民法院穷尽财产调查措施之后对人民法院认定被执行人无财产可供执行书面表示认可的；(4)被执行人的财产无法拍卖变卖，或者动产经两次拍卖、不动产或其他财产权经三次拍卖仍然流拍，申请执行人拒绝接受或者依法不能交付其抵债，经人民法院穷尽财产调查措施，被执行人确无其他财产可供执行的；(5)作为被执行人的企业法人被撤销、注销、吊销营业执照或者歇业后既无财产可供执行，又无义务承受人，也没有能够依法追加变更执行主体的；(6)经人民法院穷尽财产调查措施，被执行人确无财产可供

执行或虽有财产但不宜强制执行，当事人达成分期履行和解协议的；(7)被执行人确无财产可供执行，申请执行人属于特困群体，执行法院已经给予其适当救助资金的。"同时规定："裁定终结本次执行程序的，应当符合下列要求：(1)裁定书中应当载明执行标的总额、已经执行的债权数额和剩余的债权数额，并写明申请执行人在具备执行条件时，可以向有管辖权的人民法院申请执行剩余债权。(2)执行法院终结本次执行程序，在下达裁定前应当告知申请执行人。申请执行人对终结本次执行程序有异议的，执行法院应当另行派员组织当事人就被执行人是否有财产可供执行进行听证；申请执行人提供被执行人财产线索的，执行法院应当就其提供的线索重新调查核实，发现被执行人有财产可供执行的，应当继续执行。""裁定终结本次执行程序后，如发现被执行人有财产可供执行的，申请执行人可以再次提出执行申请。申请执行人再次提出执行申请不受申请执行期间的限制。申请执行人申请或者人民法院依职权恢复执行的，应当重新立案。"

在2012年修改民事诉讼法的过程中，关于终结本次执行程序，有的意见提出，这一方式有积极意义：一是能够将优先的资源集中到有财产可供执结的案件上，提高工作效率。目前，我国法院系统普遍面临案多人少的困境，在众多案件中先将有可能执结的案件优先执结，是目前比较可行、有效的办法，既能提高执结率也能减少法院承受的社会压力。相对于执行任务而言，法院执行力量明显不足。执行案件多，被执行人主动履行的却少而又少。案件能否执行，关键在于查明有无可供执行的财产。无论是申请执行人提供还是被执行人申报，效果均不理想，过于依赖法院的调查。法院经过必要的调查，对于被执行人确无履行能力的案件终结本次执行程序，一方面可以对不具备执行条件的案件及时在执行期限(6个月)内结案；另一方面更为重要，可以使法院轻装上阵，集中力量执行有履行能力的案件，特别是那些有履行能力但拒不履行的案件，法院通过整合执行力量，有效地使用有限的人力物力，使所有可能实现的债权都能最终实现，从而最大限度地保护债权人的合法权益。二是有利于保护债权人的合法权益。因客观原因、经强制执行而执行无果或执行不能时应裁定终结执行，那么债权人自身保护合法权益的请求权将随之消失。一旦终结执行裁定生效后，再发现债务人有能力或有财产可供执行，则无法律救济途径可供选择，因为现有法律、法规、司法解释对此并未提供执行依据，债权人的实体权利的实现也就无从谈起，这显然是不公平的。无财产可供执行案件由于不具备执行条件,中止以后往往长期搁置,无法继续执行,既不利于保护申请执行人的债权,也难以进行有效的管理。实施终结本次执行程序,债权人可以待债务人具有履行能力时,申请恢复强制执行。这样,在程序上保护了债权人的请求权,从而为其实体权益的保护创造了合法、有利的条件。程序终结适用于被执行人没有履行能力的执行案件,被执行人仍负有继续履行的义务,在一定条件下,申请执行人有权重新申请执行。因此,程序终结是对不具备执行条件的案件在程序上终结执行,不是对执行依据的终结,不会损害申请执行人的债权和申请执行权。

也有一些意见认为,终结本次执行程序这种结案方式存在一定的弊端:一是终结本次执行裁定送达,容易使当事人产生法院重新"打白条"的误会。生效的法律文书所确定的履行义务、履行时间是人民法院根据案情实际情况和当事人的履行能力而确定的,其最大的特点是具有稳定性,即非经法定程序不得变更、撤销。而终结本次执行裁定的发放虽然是原生效法律文书的继续或延伸,但对于申请执行人来说,在付出了金钱、时间等不小的成本后,如果得到的仅仅是表达在纸上的权利,真正实现合法权益却遥遥无期,这对法院的威信、法律的尊严无疑会造成或大或小的影响。二是终结本次执行程序后,恢复执行须由申请人提供财产线索后,经申请人的申请,方能启动恢复执行的程序;赋予申请人恢复执行的请求权,旨在维护申请人的合法权益。该规定的出发点是好的,但存在不足之处。申请人对被执行人的有形财产线索进行了解、掌握后提供给法院,比较容易。而对有价证券、存款收入等,如要求申请人去了解后提供给法院,实践中就比较牵强,甚至根本行不通。如此,申请人行使恢复执行请求权即存在局限性。三是对法院恢复执行的主动性缺乏激励和约束。案件一经裁定终结本次执行程序,非经申请人申请恢复执行,主办法官即可将该案束之高阁。即便当事人提供了财产线索,拟申请恢复执行,仍需等待重新立执行案件后,原有的执行工作才会得到延续。如此,对执行法官的主动性、能动性难以调动,容易错失或贻误执行良机。此外,还有一些意见提出,"终结本次执行程序"还涉及对本条规定的"终结执行"如何理解的问题。虽然本条第 6 项规定了"人民法院认为应当终结执行的其他情形",但多数学者主张本条规定的"终结执行"是免责的终结,或者说彻底不再执行的终结。综合考虑上述意见,2012 年修改民事诉讼法没有规定终结本次执行程序。

第二百六十九条 中止和终结执行的裁定,送达当事人后立即生效。

【释义】 本条是关于中止执行和终结执行的裁定效力问题的规定。

人民法院受理民事案件后,对诉讼程序问题所作的处理决定叫作裁定,和判决书一样,人民法院的裁定也是人民法院行使审判权的表现形式,具有严肃性和权威性。需要说明一点,人民法院作出的中止执行或者终结执行的裁定,送达当事人后立即生效,当事人不得对执行中止或者执行终结的裁定提起上诉。

第四编　涉外民事诉讼程序的特别规定

该编共5章37条,专门就涉外民事诉讼程序的一般原则,管辖、送达、调查取证、期间、仲裁和司法协助等问题作了规定。

涉外民事诉讼的特殊性,决定了有必要在本法中对涉外民事诉讼程序作出特别规定。例如,人民法院在审理涉外民事案件中,往往涉及国家主权、互惠关系、国际条约、国际惯例以及司法协助等问题,还要考虑当事人不在我国领域内的管辖、送达、调查取证、期间和财产保全等种种特殊情况。这些都需要在本法中作出特别规定。在立法体例上,本法采用了设专编规定涉外民事诉讼程序的体例。这样既便于涉外民事诉讼的当事人在进行诉讼时了解和遵循,又便于人民法院在审理案件时掌握和适用,有利于本法的贯彻和实施。

2023年9月1日,第十四届全国人大常委会第五次会议高票通过了《全国人民代表大会常务委员会关于修改〈中华人民共和国民事诉讼法〉的决定》,自2024年1月1日起施行。2023年民事诉讼法修改,贯彻落实党中央关于统筹推进国内法治和涉外法治、加强涉外法治建设的决策部署,主要对涉外民事诉讼程序制度进行了修改完善,包括:完善涉外民事案件管辖规则,适当扩大我国法院对涉外民事案件的管辖权;增加平行诉讼相关规定、不方便法院原则等条款;总结涉外案件送达审判实践经验,修改涉外送达相关规定,着力解决涉外案件"送达难"问题;增设域外调查取证相关规定;完善承认与执行外国法院生效判决、裁定的基本规则;促进仲裁裁决的跨境执行等。

第二十三章　一般原则

第二百七十条　在中华人民共和国领域内进行涉外民事诉讼，适用本编规定。本编没有规定的，适用本法其他有关规定。

【释义】　本条是关于在我国领域内进行涉外民事诉讼适用本法的规定。

本条规定是国家主权原则的重要体现，是涉外民事诉讼程序的首要原则。进行民事诉讼，在程序法上适用法院地国家的法律，是国际公认的一条准则。适用我国的民事诉讼法主要体现在以下几个方面：（1）外国人、无国籍人、外国企业和组织在我国起诉、应诉，应当依照我国民事诉讼法规定的程序办理；（2）凡属我国人民法院管辖的案件，我国人民法院均享有司法管辖权，凡由我国人民法院专属管辖的案件，任何外国法院均无权管辖；（3）外国法院的裁判只有经我国法院审查并裁定予以承认后，才可以在我国发生法律效力，需要在我国执行的，应当按照我国民事诉讼法规定的执行程序办理。

根据本条规定，对于涉外民事诉讼，首先要适用涉外民事诉讼程序的特别规定；涉外民事诉讼程序的特别规定中未作规定的，则适用本法其他各编的相关规定。涉外民事诉讼程序的特别规定属于适应涉外民事诉讼特点的特殊规定，而其他各编的规定属于适用于国内一般民事诉讼的一般规定。根据特别规定优先于一般规定的原则，对于涉外民事诉讼，应优先适用本编规定。在本法中对民事诉讼程序作出特别规定，是由涉外民事诉讼的特点决定的。首先，涉外民事诉讼涉及国家主权。由于涉外民事诉讼含有涉外因素，在管辖、取证、执行等环节涉及国与国的关系。人民法院在审理涉外民事案件时，既要尊重他国主权又要维护我国主权。其次，涉外民事诉讼期间较长。在涉外民事诉讼中，有的当事人在我国领域内没有住所，在送达诉讼文书、调查取证、传唤证人、起诉、答辩、上诉等方面需要较长的时间。再次，审理涉外民事案件关系到法律适用问题。其中，既包括实体法，也包括程序法，还涉国际条约的适用问题。最后，人民法院审理涉外民事案件有时需要外国法院的协助。例如，调查取证有时要委托外国法院协助完成，对生效判决有时需要请求外国法院执行。

根据本条规定，对涉外民事诉讼，本编没有规定的，适用本法其他有关规定。例如，在涉外民事诉讼中，也应以本法的基本原则为准则，当事人诉讼权利平等原则、辩论原则、诚信原则都应得到适用。

所谓涉外民事诉讼，是指含有涉外因素的民事诉讼。《最高人民法院关于适用〈中华人民共和国民事诉讼法〉的解释》第520条规定："有下列情形之一，人民法院可以认定为涉外民事案件：（一）当事人一方或者双方是外国人、无国籍人、外国企业或者组织的；（二）当事人一方或者双方的经常居所地在中华人民共和国领域外的；（三）标的物在中华人民共和国领域外的；（四）产生、变更或者消灭民事关系的法律事实发生在中华人民共和国领域外的；（五）可以认定为涉外民事案件的其他情形。"由此可以看出，涉外因素主要包括四个方面：（1）诉讼当事人一方或者双方是外国人、无国籍人、外国企业或者组织。涉外民事诉讼可能是外国人、外国企业或者组织与我国公民、法人或者其他组织之间的诉讼，也可能是外国人、外国企业或者组织之间的诉讼。（2）诉讼当事人中一方或者双方的经常居所地在外国。例如，原被告均为中国公民，但是一方当事人在国内没有住所和经常居所，主要在外国居住。（3）诉讼当事人争议的诉讼标的物在外国。例如，原被告均为中国公民，但继承的财产在国外。（4）诉讼当事人之间民事关系的设立、变更、终止的法律事实发生在外国。例如，诉讼双方当事人都是中国企业，但合同的履行地在国外。有上述情形之一的，即为涉外民事诉讼，根据本法规定，应当首先适用本编规定。

第二百七十一条　中华人民共和国缔结或者参加的国际条约同本法有不同规定的，适用该国际条约的规定，但中华人民共和国声明保留的条款除外。

【释义】　本条是关于适用我国缔结或者参加的国际条约的规定。

国际条约是国家间就其相互权利义务关系所作的书面形式的约定。国际条约有双边国际条约和多边国际条约之分。双边国际条约，是指两个国家间签订的条约，如《中华人民共和国和法兰西共和国关于民事、商事司法协助的协定》。多边国际条约也称公约,是指两个以上的国家缔结或者参加的国际条约,如 1965 年在海牙通过的《关于向国外送达民事或商事司法文书和司法外文书公约》(以下简称《海牙送达公约》)、1958 年在纽约通过的《承认及执行外国仲裁裁决公约》(以下简称《纽约公约》)等。

对于国际条约,缔约国或者参加国均有信守和付诸实施的义务。根据本条规定,人民法院在审理涉外民事案件时,应当承认我国缔结或者参加的国际条约在涉外民事诉讼中的效力,即使国际条约的规定与本法的规定有所不同,也应当适用国际条约的规定。另外,本法没有规定但国际条约有规定的,也应当依照国际条约的规定办理。

适用国际条约的规定并不是绝对的,而是有条件的。首先,国际条约的效力只及于缔约国或者参加国。人民法院适用的国际条约,必须是我国缔结或者参加的国际条约。如果不是我国缔结或者参加的,对我国无任何约束力,人民法院也不予适用。其次,即便是我国缔结或者参加的国际条约,但我国在缔结或者参加时声明保留的条款,即未予承认和接受的条款,对我国也不发生效力,人民法院在审理涉外案件时不予适用。例如,我国加入的《海牙送达公约》,对公约第 10 条规定的采用邮寄、直接通过负责送达的官员进行送达的方式在中国境内进行送达等条款作了保留,则该保留条款对我国不发生效力。

第二百七十二条　对享有外交特权与豁免的外国人、外国组织或者国际组织提起的民事诉讼,应当依照中华人民共和国有关法律和中华人民共和国缔结或者参加的国际条约的规定办理。

【释义】　本条是关于外交特权与豁免原则适用的规定。

外交特权与豁免,是指为了便于外交代表或者具有特殊身份的外交官员有效地执行职务,各国根据其缔结或者参加的国际条约、国际惯例,或者根据平等互惠原则,给予驻在本国的外交代表和以外交官员的身份来本国执行职务的人员以特别权利和优惠待遇。其中,包括民事上的司法豁免权,即外交代表和有特殊身份的外交官员的民事行为及其财产免受驻在国法院管辖。例如,不受驻在国法院的审判,不受强制执行,以及没有以证人身份作证的义务等。此外,某些外国组织和国际组织也享有司法管辖豁免。

本条所指的享有外交特权与豁免的外国人,主要是外国驻在我国的外交代表(外国驻华使馆的馆长和具有外交官衔的使馆工作人员),另外,来中国访问的外国国家元首、政府首脑、外交部长以及其他具有同等身份的官员,也享有外交特权与豁免;与外交代表共同生活的配偶及未成年子女、使馆行政技术人员及与其共同生活的配偶和未成年子女、来我国参加有关国际组织(如联合国)召开的国际会议的代表、临时来我国的有关国际组织的官员和专家,以及途经我国的驻第三国的外交代表等,也在不同程度上享有司法管辖豁免。

本条所指的法律和国际条约,主要是指我国外交特权与豁免条例、领事特权与豁免条例,《维也纳外交关系公约》和《维也纳领事关系公约》等。对享有司法管辖豁免的外国人提起的民事诉讼,一般情况下人民法院不予受理。但是民事管辖豁免并不是绝对的,上述人员只能在我国法律和我国缔结或者参加的国际条约规定的范围内享有民事上的司法管辖豁免。就外交代表来说,我国《外交特权与豁免条例》第14条对其享有的民事管辖豁免的例外情形作了如下规定:(1)外交代表以私人身份进行的遗产继承的诉讼;(2)外交代表在中国境内为私人利益从事公务范围以外的职业或者商业活动的诉讼。可见,外交代表在职务范围以外进行民事和商事活动,一般不享有司法管辖豁免。在强制执行问题上,外交代表原则上免受强制执行,但对前述两种诉讼,如果强制执行不构成对其人身和寓所的侵犯,则可以采取强制执行措施。该条例第15条还规定在下述情况下,外交代表也不享有民事司法管辖豁免:第一,外交代表的管辖豁免由派遣国政府明确表示放弃,我国即可行使管辖权;第二,外交代表如果主动提起诉讼,对与本诉直接有关的反诉,不得援用管辖豁免。此外,放弃民事管辖豁免,不等于对判决的执行也放弃豁免。放弃对判决执行的豁免,须由派遣国另行作出明确表示;在派遣国放弃了民事管辖豁免,又另行放弃判决执行的豁免时,才可以采取执行措施。

对享有外交特权与豁免的外国人、外国组织或者国际组织提起的民事诉讼,除了依照我国有关法律的规定办理外,在与我国共同缔结或者参加有关国际条约的缔约国之间,则应当首先依照国际条约的规定办理。例如,我国是1961年《维也纳外交关系公约》、1946年《联合国特权与豁免公约》、1947年《联合国各专门机构特权与豁免公约》的参加国,在上述公约的缔约国之间,人民法院应当首先适用相关国际条约的规定。

领事官员也享有一定的司法管辖豁免。对驻在我国的有关国家的领事官员,应当依照我国领事特权与豁免条例、1963年《维也纳领事关系公约》以及我国与一些国家签订的双边领事条约的规定办理。领事特权与豁免条例第14条规定:"领事官员和领馆行政技术人员执行职务的行为享有司法和行政管辖豁免。领事官员执行职务以外的行为的管辖豁免,按照中国与外国签订的双边条约、协定或者根据对等原则办理。领事官员和领馆行政技术人员享有的司法管辖豁免不适用于下列各项民事诉讼:(一)涉及未明示以派遣国代表身份所订的契约的诉讼;(二)涉及在中国境内的私有不动产的诉讼,但以派遣国代表身份所拥有的为领馆使用的不动产不在此限;(三)以私人身份进行的遗产继承的诉讼;(四)因车辆、船舶或者航空器在中国境内造成的事故涉及损害赔偿的诉讼。"

第二百七十三条 人民法院审理涉外民事案件,应当使用中华人民共和国通用的语言、文字。当事人要求提供翻译的,可以提供,费用由当事人承担。

【释义】 本条是关于审理涉外民事案件使用我国通用的语言、文字的规定。

一个国家的法院在审理涉外案件时,使用法院所在国的语言、文字,这是世界各国的一致做法。人民法院在审理涉外民事案件时,必须使用我国通用的语言、文字,这是国家主权的体现,不能有任何变通。即使审判人员通晓外语,也不能使用外语对外国当事人进行询问、审判。外国当事人提供的有关诉讼材料,应当附有中文翻译件。外国当事人要求提供翻译的,人民法院可以提供,以方便外国当事人进行诉讼,便于人民法院对案件的审理。因提供翻译所需的费用,由要求提供翻译的当事人承担。

第二百七十四条 外国人、无国籍人、外国企业和组织在人民法院起诉、应诉,需要委托律师代理诉讼的,必须委托中华人民共和国的律师。

【释义】 本条是关于外国当事人需要委托律师代理诉讼必须委托中国律师的规定。

外国当事人可以亲自在我国人民法院起诉或者应诉,进行诉讼活动,也可以委托他人代理诉讼。但是委托律师代理诉讼的,只能委托中国律师,而不能委托别国律师,包括外国当事人本国的律师以及其他任何一个国家的律师。这是因为,一国的司法制度只能适用于本国领域内,不能延伸于国外。律师制度是国家司法制度的组成部分,外国律师参与非本国法院的诉讼活动,关系到一个国家的司法主权。外国律师的律师资格是外国法律赋予的,外国律师是外国司法制度的体现者,一个主权国家是不能允许外国律师出席本国法庭参加诉讼的,否则就无异于让外国律师介入本国的司法审判权。此外,当事人委托律师代理诉讼的目的是由律师提供法律上的帮助,而一般而言,外国律师对法院地国的法律不太熟悉,因而委托非法院地国的律师代理诉讼,也往往无助于案件的顺利解决。

需要说明的是,本条规定仅指在需要委托律师代理诉讼的情况下,必须委托中国律师。外国当事人委托本国律师以非律师身份担任诉讼代理人,外国当事人委托其本国公民或者其他国家的公民作为诉讼代理人,外国驻华使领馆官员受本国公民的委托以个人名义而非官方名义担任该国当事人的诉讼代理人,以及外国当事人委托中国公民作为诉讼代理人,都是可以的。《最高人民法院关于适用〈中华人民共和国民事诉讼法〉的解释》第526条、第527条规定:涉外民事诉讼中的外籍当事人,可以委托本国人为诉讼代理人,也可以委托本国律师以非律师身份担任诉讼代理人;外国驻华使领馆官员,受本国公民的委托,可以以个人名义担任诉讼代理人,但在诉讼中不享有外交或者领事特权和豁免。涉外民事诉讼中,外国驻华使领馆授权其本馆官员,在作为当事人的本国国民不在我国领域内的情况下,可以以外交代表身份为其本国国民在中国聘请中国律师或者中国公民代理民事诉讼。

第二百七十五条　在中华人民共和国领域内没有住所的外国人、无国籍人、外国企业和组织委托中华人民共和国律师或者其他人代理诉讼,从中华人民共和国领域外寄交或者托交的授权委托书,应当经所在国公证机关证明,并经中华人民共和国驻该国使领馆认证,或者履行中华人民共和国与该所在国订立的有关条约中规定的证明手续后,才具有效力。

【释义】　本条是关于在我国领域内没有住所的外国当事人委托他人代理诉讼,需要办理有关的委托证明手续的规定。

授权委托书是一种重要的诉讼文书,它表示委托人的行为由代理人行使,甚至代为处分实体权利。因此,授权委托书必须具有真实性与合法性。本法对在我国领域内没有住所的外国当事人从我国领域外寄交或者托交的授权委托书规定了必要的公证、认证(由使领馆在公证证明文件上证明当事人所在国的公证人员和公证机关的签名印章属实)手续,使之成为授权委托书产生效力的必经程序,这对于确认授权委托书的真实性、合法性,顺利地、正确地解决纠纷,维护诉讼当事人的合法权益,有着重要的作用。

根据本条规定,在我国领域内没有住所的外国当事人从我国领域外寄交或者托交的授权委托书,只有在经过所在国的公证机关证明及我国使领馆认证后,其效力才会得到人民法院的认可,委托代理关系才告成立,诉讼代理人才能根据授权委托书中所设定的范围代理诉讼。当然,本条所规定的授权委托书需要履行的公证、认证手续,是在一般情况下的必经程序。如果我国与该当事人所在国缔结或者共同参加了有关条约,该外国当事人履行了条约中规定的证明手续后,其授权委托书同样具有效力。例如,在我国与一些国家签订的司法协助协定中就有免除认证的规定,即由缔约一方法院或者其他主管机关制作或者证明的并加盖印章的文件,不必经过认证,便可在缔约另一方境内使用。如果缔约另一方国家的当事人完成了上述证明手续,其授权委托书便产生了效力。2023年3月8日,我国加入《取消外国公文书认证要求的公约》,该公约于2023年11月7日在我国生效实施。《取消外国公文书认证要求的公约》是海牙国际私法会议框架下适用范围最广、缔约成员最多的国际条约,旨在简化公文书跨国流转程序。根据该公约的规定,自2023年11月7日起,中国送往其他缔约国使用的公文书,仅需办理公约规定的附加证明书,即可送其他缔约国使用,无须办理中国和缔约国驻华使领馆的领事认证。其他缔约国公文书送中国内地使用,只需办理该国附加证明书,无须办理该国和中国驻当地使领馆的领事认证。

值得说明的是,需要履行本条规定的公证、认证手续的授权委托书,只是在我国领域内没有住所的外国当事人从我国领域外寄交或者托交的授权委托书。对于在我国领域内有住所的外国当事人递交的授权委托书,以及外国当事人在我国领域内虽无住所,但在我国领域内作短期停留,如旅行、探亲、讲学、经商时,在人民法院法官的见证下签署授权委托书,或者在我国领域内签署并递交的授权委托书,一般无须履行本条规定的公证、认证手续。

第二十四章　管　　辖

> **第二百七十六条** 因涉外民事纠纷，对在中华人民共和国领域内没有住所的被告提起除身份关系以外的诉讼，如果合同签订地、合同履行地、诉讼标的物所在地、可供扣押财产所在地、侵权行为地、代表机构住所地位于中华人民共和国领域内的，可以由合同签订地、合同履行地、诉讼标的物所在地、可供扣押财产所在地、侵权行为地、代表机构住所地人民法院管辖。
>
> 除前款规定外，涉外民事纠纷与中华人民共和国存在其他适当联系的，可以由人民法院管辖。

【释义】 本条是关于对在我国领域内没有住所的被告提起除身份关系以外的涉外民事诉讼案件行使特殊地域管辖的规定。

涉外民事诉讼管辖直接关系到国家主权，它是国家主权在涉外民事诉讼中的具体体现。管辖问题也涉及人民法院的审判活动和当事人的诉讼活动能否顺利进行，国际民商事纠纷能否得到及时和正确的解决。因适用不同法律所带来的不同的判决结果，直接影响我国当事人的财产利益和其他权益，因此，涉外民事诉讼管辖与维护我国当事人的合法权益也密切相关。所以说，正确确定涉外民事诉讼管辖对国家和当事人都有着非常重要的意义。对外开放以后，随着涉外案件的增多，涉外司法审判工作进一步开展，实践中常常遇到涉外案件的管辖权问题。为了明确我国对涉外案件的管辖权，使人民法院在审理涉外民事案件中有所依据，也为了使涉外民事诉讼当事人在进行诉讼时有所遵循，民事诉讼法专门作出了涉外案件管辖的规定。

当前，各国司法管辖权争夺日趋激烈，随着对外开放战略的深入推进，我国海外利益不断拓展，需要构建更为积极开放的管辖制度。2023年修改民事诉讼法，对涉外民事诉讼管辖制度作了较大的修改和完善，以更好地平等保护中外当事人诉权，切实维护我国主权、安全、发展利益。

2021年民事诉讼法第272条规定,因合同纠纷或者其他财产权益纠纷,对在中华人民共和国领域内没有住所的被告提起的诉讼,如果合同在中华人民共和国领域内签订或者履行,或者诉讼标的物在中华人民共和国领域内,或者被告在中华人民共和国领域内有可供扣押的财产,或者被告在中华人民共和国领域内设有代表机构,可以由合同签订地、合同履行地、诉讼标的物所在地、可供扣押财产所在地、侵权行为地或者代表机构住所地人民法院管辖。2023年民事诉讼法修改,主要对上述条文作了以下三处调整:一是扩展了人民法院对涉外民事纠纷行使特殊地域管辖的案件类型,2021年民事诉讼法对在我国领域内没有住所的被告,只是规定人民法院对"合同纠纷或者其他财产权益纠纷"可以行使特殊地域管辖,根据2023年民事诉讼法的规定,对在我国领域内没有住所的被告,人民法院可对除身份关系以外的涉外民事纠纷行使特殊地域管辖;二是对相关表述作了精简,直接规定对在我国没有住所的被告提起的除身份关系以外的涉外民事纠纷,如果合同签订地、合同履行地、诉讼标的物所在地、可供扣押财产所在地、侵权行为地、代表机构住所地位于我国领域内的,即可以作为法院管辖的依据;三是增加了一款规定作为第2款,除本条第1款规定外,涉外民事纠纷与我国存在其他适当联系的,人民法院也可以对其行使管辖权。

在理解这条时,要注意以下几点:

一是本条的适用前提为因涉外民事纠纷,对在我国领域内没有住所的被告提起除身份关系以外的诉讼。在涉外民事案件中,被告一方在我国领域内没有住所是经常出现的情况,如果被告在我国境内有住所,不论其国籍如何,我国人民法院均有管辖权,被告住所地与经常居住地不一致的,只要其经常居住地在我国领域内,我国人民法院也可以行使管辖权。本条涉及的纠纷种类限于除身份关系以外的涉外民事纠纷,涉及身份关系的涉外民事案件的管辖应当按照2023年民事诉讼法第二章的规定确定。根据2023年民事诉讼法第23条的规定:对不在中华人民共和国领域内居住的人提起的有关身份关系的诉讼,由原告住所地人民法院管辖;原告住所地与经常居住地不一致的,由原告经常居住地人民法院管辖。

二是适用本条的管辖依据有合同签订地、合同履行地、诉讼标的物所在地、可供扣押财产所在地、侵权行为地、代表机构住所地。为了便于人民法院对被告在我国领域内无住所的涉外民事案件行使审判权,民事诉讼法对因涉外民事纠纷提起的诉讼,而被告在我国领域内又没有住所的案件的管辖依据作了明确规定:(1)如果合同签订地与合同履行地在我国领域内,可以由合同签订地或者履行地人民法院管辖。(2)如果诉讼标的物所在地、可供扣押财产所在地在我国领域内,可以由诉讼标的物所在地、可供扣押财产所在地人民法院管辖。诉讼标的物所在地和可供扣押财产所在地是确定涉外民事纠纷管辖权的重要依据。诉讼标的物位于一国领域之内,就意味着与该国有客观的、空间上的联系,这也是一国行使管辖权的重要依据。可供扣押财产一般指被告的财产,尽管它可能与诉讼争议并无直接联系,但许多国家都将其作为确立管辖权规则的基础之一,这是因为如果能有效控制被告的财产,才能保证判决有可能被实际执行,适应审判实践的需要。(3)如果侵权行为地在我国领域内,可以由侵权行为地人民法院管辖。侵权行为地的确定往往是侵权案件管辖权的一个重要问题。在我国,侵权行为案件的管辖权也在不断地发展变化,某些特定类型侵权案件的管辖权呈逐步扩大的趋势。《最高人民法院关于适用〈中华人民共和国民事诉讼法〉的解释》规定,侵权行为地,包括侵权行为实施地、侵权结果发生地。该解释还规定,信息网络侵权行为实施地包括实施被诉侵权行为的计算机等信息设备所在地,侵权结果发生地包括被侵权人住所地。此外,还有一些司法解释对侵权行为地作了扩大解释。例如,《最高人民法院关于审理侵害信息网络传播权民事纠纷案件适用法律若干问题的规定》规定,侵害信息网络传播权民事纠纷案件由侵权行为地或者被告住所地人民法院管辖。侵权行为地包括实施被诉侵权行为的网络服务器、计算机终端等设备所在地。侵权行为地和被告住所地均难以确定或者在境外的,原告发现侵权内容的计算机终端等设备所在地可以视为侵权行为地。(4)如果被告在我国领域内设有代表机构,可以由代表机构住所地人民法院管辖。根据本条规定,被告在我国领域内设有代表机构是构成我国法院对涉外民事纠纷行使管辖权的依据。根据《外国企业常驻代表机构登记管理条例》的规定,外国企业常驻代表机构,是指外国企业依照该条例规定,在中国境内设立的从事与该外国企业业务有关的非营利性活动的办事机构。代表机构不具有法人资格。

三是除了本条第1款规定的管辖依据以外,涉外民事纠纷与我国存在其他适当联系的,可以由人民法院管辖。这是2023年民事诉讼法修改新增加的一款规定,增加"其他适当联系"这一管辖依据,作为人民法院行使涉外民事案件管辖权的兜底条款。对于确需人民法院行使保护性管辖权的案件,可以适用该款行使管辖权,坚定维护我国主权、安全、发展利益。确立"适当联系"这一管辖依据,将为适当扩大我国法院的管辖权提供具有一定弹性的管辖依据。

第二百七十七条　涉外民事纠纷的当事人书面协议选择人民法院管辖的,可以由人民法院管辖。

【释义】　本条是关于涉外协议管辖的规定。

本条是2023年修改民事诉讼法新增加的条文,旨在建立符合我国国情、顺应国际趋势的涉外协议管辖制度。

协议管辖,又称合意管辖或者约定管辖,是指双方当事人在纠纷发生之前或发生之后,以合意方式约定解决他们之间纠纷的管辖法院。协议选择管辖法院是意思自治原则在民事诉讼领域的延伸和体现,有助于实现当事人双方诉讼机会的均等。协议选择管辖,已为当今世界许多国家和地区在立法上和司法实践中所肯定。协议选择管辖法院在我国的民事诉讼实践中也具有十分重要的意义。允许当事人双方选择处理争议的法院,让当事人选择对收集证据、安排证人出庭、出席法庭辩论等更有利的法院来审理纠纷,不仅有利于圆满解决纠纷,而且增加了诉讼及裁判结果的确定性、可预见性和可执行性,避免因管辖权的争议而延误纠纷的解决,有助于保障交易安全和交易双方的合法权益。

我国民事诉讼法关于协议管辖制度的规定经历了一些变化。1991年民事诉讼法第25条规定:"合同的双方当事人可以在书面合同中协议选择被告住所地、合同履行地、合同签订地、原告住所地、标的物所在地人民法院管辖,但不得违反本法对级别管辖和专属管辖的规定。"第244条规定:"涉外合同或者涉外财产权益纠纷的当事人,可以用书面协议选择与争议有实际联系的地点的法院管辖。选择中华人民共和国人民法院管辖的,不得违反本法关于级别管辖和专属管辖的规定。"2012年修改民事诉讼法时,删除了1991年民事诉讼法第244条关于涉外协议管辖的规定,将涉外协议管辖和非涉外协议管辖统一规定于第34条,修改为:"合同或者其他财产权益纠纷的当事人可以书面协议选择被告住所地、合同履行地、合同签订地、原告住所地、标的物所在地等与争议有实际联系的地点的人民法院管辖,但不得违反本法对级别管辖和专属管辖的规定。"也就是说,涉外民事诉讼中,合同或者其他财产权益纠纷的当事人可以依据2012年民事诉讼法第34条规定,书面协议选择被告住所地等与争议有实际联系的地点的管辖法院。

在2023年修改民事诉讼法时,很多意见提出,根据2012年民事诉讼法的规定,适用协议管辖制度的涉外案件仅限于合同或者其他财产权益纠纷,须与协议选择的法院存在实际联系,且不得违反级别管辖和专属管辖的规定。这在司法实践中对我国法院的涉外管辖权造成了一定限制:一是协议管辖制度仅限于涉外合同或者其他财产权益纠纷,其他类型的涉外纠纷无法适用协议管辖制度;二是双方均为外国当事人,主动协议选择我国法院管辖涉外民商事案件,但我国与争议无实际联系而无法行使管辖权,不利于我国打造国际民商事争议解决的优选地;三是即使争议与我国存在实际联系,但由于争议标的额有时预先不能确定,有时协议选择人民法院管辖的条款可能因违反民事诉讼法有关级别管辖的规定而被认定无效。由于民事诉讼法涉外编主要调整我国与其他国家或者不同法域之间的司法管辖问题,不宜简单套用2021年民事诉讼法第35条的规定来限制涉外协议管辖条款的效力,有必要单独构建涉外协议管辖机制。为此,2023年民事诉讼法修改在涉外编管辖一章单独增加了涉外协议管辖的规定。

需要重点把握的是,涉外民事诉讼的协议管辖与国内民事诉讼的协议管辖存在以下不同之处:一是在适用范围上,国内民事诉讼的协议管辖仅限于合同或者其他财产权益纠纷,而涉外民事诉讼的协议管辖就没有适用范围上的限制,不仅合同或者其他财产权益纠纷的当事人可以协议选择管辖法院,其他类型的涉外民事纠纷的当事人也可以协议选择管辖法院。二是在选择管辖法院的联结点上,国内民事诉讼中的当事人可以协议选择的法院应当是被告住所地、合同履行地、合同签订地、原告住所地、标的物所在地等与争议有实际联系的地点的人民法院,而涉外民事诉讼中的当事人在协议选择法院时没有这方面的限制。尊重当事人协议选择法院的意思自治、弱化实际联系的要求是国际民事诉讼的发展趋势。海事诉讼特别程序法第8条明确规定,海事纠纷的当事人都是外国人、无国籍人、外国企业或者组织,当事人书面协议选择中华人民共和国海事法院管辖的,即使与纠纷有实际联系的地点不在中华人民共和国领域内,中华人民共和国海事法院对该纠纷也具有管辖权。

我国的海事法院在司法实践中依据该条规定受理并审结了多起双方均为外国当事人主动协议选择我国海事法院管辖的案件。我国于2017年签署的《选择法院协议公约》也未要求争议与协议选择的法院有实际联系。为此，本条规定涉外民事纠纷的当事人书面协议选择我国法院管辖的，可以由我国法院行使管辖权，不受"实际联系"原则对协议管辖的限制性要求，以鼓励外国当事人选择我国法院管辖，充分体现我国尊重当事人意思自治、平等保护、宽容自信开放的司法态度。

在如何确定由国内哪一个法院具体行使管辖权方面，国内民事诉讼协议管辖制度不仅要求所选择的法院与争议有实际联系，还要求所选择的法院不能违反级别管辖和专属管辖的规定，而涉外民事诉讼协议管辖的规定却没有作出这种限制规定。本条之所以未规定当事人协议选择我国法院时"不得违反本法对级别管辖和专属管辖的规定"，一方面是考虑到本条主要是解决与我国法院无实际联系的涉外民事纠纷的当事人协议选择我国法院管辖时，我国法院的涉外民事诉讼管辖权问题；另一方面也是为了尊重当事人选择我国法院的意愿，最大限度地保障当事人的选择落地，避免外国当事人因不了解我国关于级别管辖和专属管辖的相关规定，而造成管辖协议被认定为无效的情形。值得注意的是，本条未作出这方面的限制性规定，并不意味着涉外民事诉讼的当事人在协议选择管辖法院时可以不适用民事诉讼法有关级别管辖和专属管辖的规定，而是首先尊重当事人选择我国法院进行管辖的意愿，将管辖权先"拿进来"，至于确定我国法院的涉外民事管辖权后，由国内哪一法院具体行使管辖权，应再依据民事诉讼法有关级别管辖、专门管辖等规定来确定具体的管辖法院。如果涉外民事诉讼的当事人协议选择了我国国内的某个具体的法院，而这一法院在受理后发现根据争议标的的性质和标的额，由其受理案件不符合民事诉讼法或者其他法律关于级别管辖或者专门管辖的规定，可以依据民事诉讼法有关移送管辖和指定管辖的规则确定具体的管辖法院。

此外，涉外民事纠纷的当事人在协议选择法院管辖时，应当采用书面形式，这与国内民事诉讼协议管辖的要求一致。这是协议管辖的形式要件，要求当事人双方必须以书面合同的形式选择管辖法院，口头协议无效。从形式上，书面协议可以采取合同书的形式，包括书面合同中的协议管辖条款，也可以采取信件和数据电文（包括电报、电传、传真、电子数据交换和电子邮件）

等可以有形地表现当事人双方协议选择管辖法院意思表示并可以随时调取查用的形式。从协议内容上,应当体现当事人双方选择管辖法院的真实意愿,一方不能将自己的意志强加给另一方,如果管辖协议不符合民事法律行为效力的有关规定,将被认定为无效或者可撤销。双方当事人订立有效的选择管辖法院的协议后,当然可以在双方协商一致的情况下,变更已经选择的管辖法院,选择其他法院处理争议。

第二百七十八条 当事人未提出管辖异议,并应诉答辩或者提出反诉的,视为人民法院有管辖权。

【释义】 本条是关于涉外应诉管辖的规定。

本条是2023年修改民事诉讼法新增加的条文,旨在建立符合我国国情、顺应国际趋势的涉外应诉管辖制度。

应诉管辖,学理上也称默示或者拟制的合意管辖,是指根据国际条约或者国内立法,民事案件的被告不抗辩法院无管辖权而出庭应诉并进行答辩或者提出反诉,因而确定法院管辖权的制度。从国外许多国家民事诉讼的立法情况来看,设立完善的应诉管辖制度不仅可以为当事人减少诉累,也为法院管辖赋予正当的法律依据,从而起到节省司法资源、体现公正与效率的积极作用。《德国民事诉讼法》第39条规定,一审程序中,被告不主张管辖错误而进行本案的言辞辩论时,也可以发生管辖权。《日本民事诉讼法》第12条规定,如果被告就案件实体问题进行口头抗辩或者在未提起管辖权异议的情况下在预备性程序中发表声明,则日本法院享有管辖权。

对于应诉管辖制度,2021年民事诉讼法在非涉外编已经作出了规定,2021年民事诉讼法第130条第2款规定,当事人未提出管辖异议,并应诉答辩的,视为受诉人民法院有管辖权,但违反级别管辖和专属管辖规定的除外。根据《最高人民法院关于适用〈中华人民共和国民事诉讼法〉的解释》的规定,当事人未提出管辖异议,就案件实体内容进行答辩、陈述或者反诉的,可以认定为2021年民事诉讼法第130条第2款规定的应诉答辩。2023年修改前的民事诉讼法中的应诉管辖的适用范围并未区分国内民事案件和涉外民事案件。

2023年修改民事诉讼法时,有的意见提出,2021年民事诉讼法第130条第 2 款规定在适用涉外民事案件时存在以下问题:一是在法律条文中缺乏被告提出反诉情形下应视为同意法院管辖的规定。在涉外民事诉讼中,只要被告不对一国法院提出管辖异议,并应诉答辩或者提起反诉,即视为其承认该国法院的管辖权。二是不得违反级别管辖和专属管辖的规定不符合涉外民事审判的实际情况。一国法院取得管辖权后,有关级别管辖和专属管辖问题可通过国内管辖规则来解决。为了顺应涉外民事管辖权规则和国内民事管辖权规则有所区别的特点,2023 年涉外编修改对涉外民事管辖权制度作了修改完善,对涉外管辖权采取相对集中的立法模式,增强涉外管辖权制度的明确性、可预见性和操作性。为此,在涉外编管辖这一章中新增关于涉外应诉管辖的规定。

在适用本条时需要注意,即便涉外民事案件的当事人在我国法院起诉时,我国法院无管辖权,如果案件当事人未提出管辖异议,并应诉答辩或者提出反诉的,那么我国法院便享有管辖权。在确定我国法院的涉外民事管辖权后,如果发现该受理案件的法院不符合民事诉讼法中有关级别管辖、专属管辖等的规定,那么就应该再依据民事诉讼法中的有关规定来确定具体的管辖法院并进行移送。

第二百七十九条 下列民事案件,由人民法院专属管辖:

(一)因在中华人民共和国领域内设立的法人或者其他组织的设立、解散、清算,以及该法人或者其他组织作出的决议的效力等纠纷提起的诉讼;

(二)因与在中华人民共和国领域内审查授予的知识产权的有效性有关的纠纷提起的诉讼;

(三)因在中华人民共和国领域内履行中外合资经营企业合同、中外合作经营企业合同、中外合作勘探开发自然资源合同发生纠纷提起的诉讼。

【释义】 本条是关于涉外专属管辖的规定。

2023 年修改民事诉讼法,对涉外专属管辖的案件范围作了扩张,除因在中华人民共和国领域内履行中外合资经营企业合同、中外合作经营企业合同、中外合作勘探开发自然资源合同发生纠纷提起的诉讼外,新增两类涉外专属管辖的案件类型:一是因在中华人民共和国领域内设立的法人或者其他组织的设立、解散、清算,以及该法人或者其他组织作出的决议的效力等纠纷提起的诉讼;二是因与在中华人民共和国领域内审查授予的知识产权的有效性有关的纠纷提起的诉讼。

涉外专属管辖,是指对某些特定类型的涉外民事案件,法律强制规定只能由内国法院行使独占的管辖权。凡是属于我国法律专属管辖的涉外民事案件,只能由我国人民法院行使管辖权,外国法院没有管辖权。当事人双方也无权以协议的方式变更管辖法院。

2021年民事诉讼法第273条规定,因在中华人民共和国履行中外合资经营企业合同、中外合作经营企业合同、中外合作勘探开发自然资源合同发生纠纷提起的诉讼,由中华人民共和国人民法院管辖。2023年修改民事诉讼法,立足我国现实利益需要,结合各国立法实践,增加了两类我国法院专属管辖的涉外民事案件的类型,进一步扩大了我国法院对特定类型案件行使排他性的司法管辖权的范围。

根据本条,下列三类涉外民事案件,由我国人民法院专属管辖:

一是因在我国领域内设立的法人或者其他组织的设立、解散、清算,以及该法人或者其他组织作出的决议的效力等纠纷提起的诉讼。

在我国领域内设立的法人及其他组织与其民事权利能力直接相关的纠纷,如该组织的设立、解散、清算等,由于法人和其他组织的民事权利能力来源于国家公权力的确认,与登记设立地的法律密切相关,往往涉及我国的公共秩序,宜由我国法院专属管辖。对于法人或者其他组织作出的决议的效力等纠纷,一般认为这些组织所在国的法院是最有利于解决这些纠纷的法院,因为与该法人或者其他组织有关的相关信息往往在该国进行通知或发布,该法人或其他组织所作出的决议的效力往往要依据其所在国的法律判断等,因此在我国领域内设立的法人或者其他组织作出的决议的效力等涉外纠纷也宜由我国法院专属管辖。大陆法系很多国家和地区也都有对法人及其他组织的设立、解散、清算纠纷以及所作决议的效力纠纷行使专属管辖的立法例。例如《欧盟布鲁塞尔条例Ⅰ》(重订版)第24条第2项规定,以公司、其他法人组织、自然人社团、法人社团的有效成立、撤销或解散,或以其机关的决议的有效性为标的的诉讼,由该公司、法人组织或社团所在地的成员国法院专属管辖。

二是因与在我国领域内审查授予的知识产权的有效性有关的纠纷提起

的诉讼。

知识产权的地域性原则是知识产权法最重要的原则之一。大多数国家在国内立法中规定注册性知识产权的效力性争议由本国法院专属管辖。《欧盟布鲁塞尔条例Ⅰ》(重订版)第 24 条第 4 项规定,有关专利、商标、外观设计或必须备案或注册的其他类似权利的注册或效力的诉讼,由备案或注册的申请提出地、备案或注册地或按照本联盟文件或国际公约视为备案或注册地的成员国法院专属管辖。《韩国国际私法法典》第 10 条第 1 款第 4 项也规定,因注册或托管产生的知识产权已在大韩民国注册或申请注册时,有关该知识产权的产生、有效性或消灭的诉讼,由韩国法院专属管辖。由于专利、商标等知识产权源于国家的授予,我国法院对因与在我国领域内审查授予的知识产权的有效性有关的纠纷引起的涉外诉讼进行专属管辖,具有必要性和正当性,有利于充分保护我国知识产权权利人的合法权益,有助于提升我国解决知识产权纠纷的质效,强化对我国知识产权的司法保护,为提升我国知识产权的国际竞争力提供法律保障。

在立法过程中,有的部门提出,根据我国商标法、专利法等有关知识产权法律的规定,对知识产权有效性的认定是由有关知识产权行政主管部门负责,对其作出的认定不服的,应向人民法院提起行政诉讼。需要注意的是,本项所规定的"因与在中华人民共和国领域内审查授予的知识产权的有效性有关的纠纷提起的诉讼"必须是民事案件,这一规定并不改变目前有关知识产权法律中所规定的就知识产权有效性认定最终提起行政诉讼的做法。至于何为"与知识产权的有效性有关的纠纷",由人民法院在审判实践中根据案件情况具体把握。

三是因在我国领域内履行中外合资经营企业合同、中外合作经营企业合同、中外合作勘探开发自然资源合同发生纠纷提起的诉讼。

民法典第 467 条第 2 款规定,在中华人民共和国境内履行的中外合资经营企业合同、中外合作经营企业合同、中外合作勘探开发自然资源合同,适用中华人民共和国法律。这里所说的适用我国法律,包括适用我国法律中的实体法和程序法。本条规定在程序法中明确了在我国履行上述涉外合同发生纠纷提起的诉讼,由我国人民法院专属管辖,排除了其他任何国家的法院对此类案件的管辖权。中外合资经营企业、中外合作经营企业具有中国法人资格,中外合作勘探开发自然资源合同涉及国家主权,理应受到我国法律的保护,也应当由我国法院专属管辖。同时,合同纠纷诉讼由与合同有最密切联系的国家的法院管辖,这也是国际公认的一条原则,也是其他国家民事诉讼法律在合同纠纷诉讼管辖问题上所依据的一项基本准则。在我国履行中外合资经营企业合同、中外合作经营企业合同、中外合作勘探开发自然资源合同,与我国有着最为密切的联系,并且在我国履行上述合同还往往涉及在我国领域内的不动产以及我国的自然资源。根据合同纠纷案件由与合同有最密切联系地点的法院管辖,以及不动产诉讼唯有不动产所在地法院才有管辖权的原则,在我国履行上述涉外合同而发生的诉讼,应由我国人民法院专属管辖,这也是国家主权原则的体现。

对于以上三类专属管辖案件,我国人民法院享有绝对的管辖权,不能由其他任何国家法院管辖,也不允许当事人协议选择其他国家的法院管辖。

第二百八十条　当事人之间的同一纠纷,一方当事人向外国法院起诉,另一方当事人向人民法院起诉,或者一方当事人既向外国法院起诉,又向人民法院起诉,人民法院依照本法有管辖权的,可以受理。当事人订立排他性管辖协议选择外国法院管辖且不违反本法对专属管辖的规定,不涉及中华人民共和国主权、安全或者社会公共利益的,人民法院可以裁定不予受理;已经受理的,裁定驳回起诉。

【释义】　本条是关于平行诉讼的一般规定。

本条为新增条款,主要是对平行诉讼的法院管辖权问题进行规范。

所谓平行诉讼,是指相同当事人就同一争议基于相同事实以及相同目的在两个以上国家或地区的法院进行诉讼的现象。平行诉讼的产生与平行管辖紧密相连,平行管辖是指国家在主张对某些种类的涉外民事案件具有管辖权的同时,并不否认外国法院对此类案件的管辖权,由此导致平行诉讼的产生。在涉外民事诉讼中,因各国涉外民事管辖权的扩展和延伸、当事人出于自身利益挑选法院以及国际社会缺乏民事诉讼管辖权协调机制等,平行诉讼现象呈高发态势。平行诉讼虽然可以使当事人获得更多的诉讼机会,使当事人能够获得必要的、对其更为有利的司法救济手段;但平行诉讼也会产生多个判决的矛盾、冲突,导致司法资源的浪费、不公等问题,不仅影响当事人的个人利益,也影响社会公共利益。此外,平行诉讼也会给国际司法协助,尤其是判决的承认与执行带来许多问题。因此,有必要在法律层面上规定协调平行诉讼的相关措施。

本条明确了规范平行诉讼的一般规则。主要是以下三个方面:

一是对于什么是平行诉讼,本条明确规定有两种情形:一种为当事人之间的同一纠纷,一方当事人向外国法院起诉,另一方当事人向我国法院起诉;另一种为当事人之间的同一纠纷,一方当事人既向外国法院起诉,又向我国法院起诉。

二是对于平行诉讼的立场,本条规定,如果我国法院依据我国法律有管辖权,我国法院可受理,不因外国法院已受理而让渡我国的司法管辖权。

三是充分尊重当事人的意思自治,承认当事人协议管辖的效力。对于当事人订立排他性管辖协议选择外国法院且不违反本法专属管辖规定,不涉及我国主权、安全或者社会公共利益的,我国法院可以不行使管辖权。在涉外民事诉讼中,管辖协议分为排他性和非排他性两类。排他性管辖协议兼具授权和排他双重功能,授予当事人协议选择的法院管辖权的同时,排除其他未选择法院的管辖。非排他性管辖协议不具有排他功能,是在充分尊重当事人自由处分权的基础上授予多个国家法院管辖权,最后管辖权的确定还需要根据其他限制性条件判定。根据本条规定,在平行诉讼中,只有当事人订立排他性管辖协议选择外国法院,我国法院才可以不行使管辖权。如果当事人订立了非排他性管辖协议,未排除我国法院的管辖权,那么对于这种情况中的平行诉讼,我国法院仍可以行使管辖权。这里需要强调的是,当事人尽管可以通过订立排他性管辖协议选择外国法院管辖,但这种排他性的管辖协议不能违反本法对专属管辖的规定,不能涉及我国的主权、安全或者社会公共利益,否则这种管辖协议将被认定无效。

第二百八十一条 人民法院依据前条规定受理案件后,当事人以外国法院已经先于人民法院受理为由,书面申请人民法院中止诉讼的,人民法院可以裁定中止诉讼,但是存在下列情形之一的除外:

(一)当事人协议选择人民法院管辖,或者纠纷属于人民法院专属管辖;

(二)由人民法院审理明显更为方便。

外国法院未采取必要措施审理案件,或者未在合理期限内审结的,依当事人的书面申请,人民法院应当恢复诉讼。

> 外国法院作出的发生法律效力的判决、裁定,已经被人民法院全部或者部分承认,当事人对已经获得承认的部分又向人民法院起诉的,裁定不予受理;已经受理的,裁定驳回起诉。

【释义】 本条是关于平行诉讼处理措施的规定。

本条为新增条款,主要规定的是为协调平行诉讼,我国法院所采取的处理措施。

平行诉讼在给当事人提供更多诉讼机会的同时,也会带来一些司法资源的浪费,加重当事人的诉讼负担,加剧涉外民事诉讼管辖权的冲突。因此,对平行诉讼进行合理规制有着重要的实践意义,很多国家的立法和国际公约都规定了协调平行诉讼的措施,主要有两种模式:一种为"承认先受理法院管辖权的模式",例如《1968年布鲁塞尔公约》第21条与《欧盟布鲁塞尔条例Ⅰ》(重订版)第27条便采用这种模式,即在成员国法院之间,受理在后的法院主动中止程序,受理在先的法院管辖权一旦确定,任何其他受理的法院均应放弃管辖权,由受理在先的法院审理;另一种为"预期承认模式",即如果本国法院预期外国法院的判决可以被本国法院承认,则本国法院可以中止本国的诉讼。如《瑞士联邦国际私法法规》第9条第1款规定,相同当事人间具有同一表达诉讼已在外国法院提起但尚未判决时,如果可预见外国法院在合理的期限内将作出能在瑞士得到承认的判决,瑞士法院即应中止诉讼。该条第3款规定,能够在瑞士得到承认的外国判决一经呈递于瑞士法院,瑞士法院应驳回在瑞士的诉讼。

在本条规定以前,我国法律对如何解决平行诉讼问题没有明确规定。《最高人民法院关于适用〈中华人民共和国民事诉讼法〉的解释》第531条规定:"中华人民共和国法院和外国法院都有管辖权的案件,一方当事人向外国法院起诉,而另一方当事人向中华人民共和国法院起诉的,人民法院可予受理。判决后,外国法院申请或者当事人请求人民法院承认和执行外国法院对本案作出的判决、裁定的,不予准许;但双方共同缔结或者参加的国际条约另有规定的除外。外国法院判决、裁定已经被人民法院承认,当事人就同一争议向人民法院起诉的,人民法院不予受理。"根据这一规定,人民法院可以受理一方当事人的起诉,而不论另一方当事人是否已在他国起诉,或者他国法院是否已经受理当事人之间的纠纷。在我国法院作出判决后,外国法院申请或者当事人请求人民法院承认和执行外国法院对本案作出的判决、裁定的,应当不予准许。

在就平行诉讼问题设置法律规范时,尽管维护本国的司法管辖权是非常重要的,但是也需要兼顾国际礼让原则在解决管辖权冲突的重要作用,考虑国际合作与互助的必要性。为了最大限度在国际交往层面稳定社会秩序,减少不必要的司法资源浪费,本条借鉴相关条约和相关国家立法所采取的模式,规定在平行诉讼中,如果外国法院先于人民法院受理案件,并且当事人以此为由向人民法院申请中止诉讼,人民法院可以裁定中止诉讼。但是在下列情况下,人民法院不能裁定中止诉讼,而应当继续审理:第1种情况为当事人协议选择人民法院管辖,在这种情况下,人民法院应当充分尊重当事人的意思自治,根据管辖协议的约定行使管辖权;第2种情况为纠纷属于人民法院专属管辖,在这种情况下我国法律排除了其他外国法院对此类纠纷的管辖权;第3种情况为由人民法院审理明显更为方便。相同当事人的同一纠纷起诉至我国法院或外国法院时,如果相比而言,诉讼与我国联系更密切、证据在我国的可获得性更大、判决在我国的可执行性更大等由我国人民法院审理明显更方便时,法院不应中止诉讼,而应继续审理。

根据本条第2、3款规定,人民法院中止诉讼后,应根据外国法院受理案件后的不同情况采取不同的措施:如果外国法院未采取必要措施审理案件,或者未在合理期限内审结的,那么为了保护当事人的利益,依当事人的书面申请,人民法院应当恢复诉讼,及时解决纠纷。如果外国法院受理案件后作出了发生法律效力的判决、裁定,并已经被我国法院全部或者部分承认,相关争议我国法院不再受理;已经受理的,驳回起诉。

第二百八十二条 人民法院受理的涉外民事案件,被告提出管辖异议,且同时有下列情形的,可以裁定驳回起诉,告知原告向更为方便的外国法院提起诉讼:

(一)案件争议的基本事实不是发生在中华人民共和国领域内,人民法院审理案件和当事人参加诉讼均明显不方便;

(二)当事人之间不存在选择人民法院管辖的协议;

(三)案件不属于人民法院专属管辖;

(四)案件不涉及中华人民共和国主权、安全或者社会公共利益;

(五)外国法院审理案件更为方便。

裁定驳回起诉后,外国法院对纠纷拒绝行使管辖权,或者未采取必要措施审理案件,或者未在合理期限内审结,当事人又向人民法院起诉的,人民法院应当受理。

【释义】 本条是关于不方便法院原则的规定。

本条为新增条款,主要是对不方便法院原则进行规范,以更好地协调平行诉讼,体现我国注重国际礼让和合作、提升纠纷解决效率的立场。

不方便法院原则是解决平行诉讼管辖权冲突的手段之一,是指在被告提出管辖异议的情况下,一国受理案件的法院认为该案件由其审理以及当事人参加诉讼均存在不方便的情形,而外国法院审理更为方便时,可以拒绝行使管辖权,并告知当事人向更为方便的外国法院提起诉讼。不方便法院原则已被不少国际条约和国家立法采纳,体现了一国注重国际礼让的司法立场,有助于涉外案件审判执行效率的提升。

适用本条,需要注意把握以下几个方面:

一是,在被告提出管辖异议的情况下,法院经审查,认为案件同时具备第1款所列5种情形的,可以适用不方便法院原则。

二是,案件争议的基本事实不是发生在我国领域内,人民法院审理案件和当事人参加诉讼均明显不方便。在这种情况下,如果仍由我国法院审理,不仅会增加法院的工作负担,造成司法资源浪费,还会给当事人带来不便,加重当事人的负担。

三是,案件由外国法院审理不损害我国国家利益、不违反我国法律规定。案件不涉及我国主权、安全或者社会公共利益,案件不属于人民法院专属管辖,当事人之间不存在选择人民法院管辖的协议时,人民法院适用不方便法院原则,告知原告向更为方便的法院起诉的,才不会损害国家利益,才不会违反我国法律关于专属管辖和协议管辖的规定。

四是,外国法院审理案件更为方便。法律上没有对"审理案件更为方便"的标准作出规定,一般而言,法官可以根据当事人参加诉讼是否方便、证据的可获得性、判决的可执行性、争议发生地在何处、语言因素、法律适用方面等来综合考量由哪个法院审理更加方便。

在被告提出管辖异议,法院根据不方便法院原则裁定驳回起诉,告知原告向更为方便的法院起诉以后,如果外国法院对纠纷拒绝行使管辖权,或者未采取必要措施审理案件,或者未在合理期限内审结,在此情况下当事人又向人民法院起诉的,人民法院应当受理。这意味着,如果人民法院适用不方便法院原则驳回起诉后且纠纷未在外国法院得到适当解决时,当事人可以通过在国内法院起诉得到救济。

第二十五章　送达、调查取证、期间

第二百八十三条　人民法院对在中华人民共和国领域内没有住所的当事人送达诉讼文书，可以采用下列方式：

（一）依照受送达人所在国与中华人民共和国缔结或者共同参加的国际条约中规定的方式送达；

（二）通过外交途径送达；

（三）对具有中华人民共和国国籍的受送达人，可以委托中华人民共和国驻受送达人所在国的使领馆代为送达；

（四）向受送达人在本案中委托的诉讼代理人送达；

（五）向受送达人在中华人民共和国领域内设立的独资企业、代表机构、分支机构或者有权接受送达的业务代办人送达；

（六）受送达人为外国人、无国籍人，其在中华人民共和国领域内设立的法人或者其他组织担任法定代表人或者主要负责人，且与该法人或者其他组织为共同被告的，向该法人或者其他组织送达；

（七）受送达人为外国法人或者其他组织，其法定代表人或者主要负责人在中华人民共和国领域内的，向其法定代表人或者主要负责人送达；

（八）受送达人所在国的法律允许邮寄送达的，可以邮寄送达，自邮寄之日起满三个月，送达回证没有退回，但根据各种情况足以认定已经送达的，期间届满之日视为送达；

（九）采用能够确认受送达人收悉的电子方式送达，但是受送达人所在国法律禁止的除外；

（十）以受送达人同意的其他方式送达，但是受送达人所在国法律禁止的除外。

不能用上述方式送达的，公告送达，自发出公告之日起，经过六十日，即视为送达。

【释义】 本条是关于向在我国领域内没有住所的当事人送达诉讼文书方式的规定。

2023年修改民事诉讼法，对涉外送达方式作了进一步修改完善，以丰富涉外送达手段，切实解决"送达难"这一制约涉外审判效率提升的"卡脖子"问题。在充分保障受送达人程序权利的前提下，优化涉外送达制度，回应中外当事人对程序效率的迫切需求，提升我国涉外争议解决机制的国际吸引力。

首先需要明确的是，本条规定的送达方式，只是当事人在我国领域内没有住所的情况下采用。如果当事人在我国领域内有住所，即便是外国当事人，也仍应按照2023年民事诉讼法第7章所规定的送达方式进行送达；反之，如果当事人在我国领域内没有住所而居住在国外，即使该当事人是中国国籍，也需要采用本条关于涉外送达所规定的送达方式进行送达。

根据本条规定，人民法院向在我国领域内没有住所的当事人送达传票、判决书、裁定书，以及起诉状和答辩状副本等诉讼文书，可以采用下述方式：

一是，依照受送达人所在国与我国缔结或者共同参加的国际条约中规定的方式送达。

这一方式是人民法院向在我国领域内没有住所的当事人送达诉讼文书时首先应当考虑采用的方式。按照国际条约规定的方式送达诉讼文书，在手续上往往比通过外交途径送达简单。例如，我国于1991年加入的1965年《海牙送达公约》，对缔约国之间相互送达诉讼文书规定了以下主要方式：(1)由文书发出国的主管机关或者司法协理员将文书直接送交文书发往国的中央机关，请予协助送达；(2)由文书发出国的主管机关直接请求文书发往国的主管机关协助送达；(3)由文书发出国的驻外领事机构将文书送交驻在国的中央机关，请求协助送达。人民法院在向缔约另一方领域内送达诉讼文书时，即可采用该公约所规定的送达方式。

根据《最高人民法院、外交部、司法部关于执行〈关于向国外送达民事或商事司法文书和司法外文书公约〉有关程序的通知》规定：(1)凡公约成员国驻华使、领馆转送该国法院或其他机关请求我国送达的民事或商事司法文书，应直接送交司法部，由司法部转递给最高人民法院，再由最高人民法院交有关人民法院送达给当事人。送达证明由有关人民法院交最高人民法院退司法部，再由司法部送交该国驻华使、领馆。(2)凡公约成员国有权送交文书的主管当局或司法助理人员直接送交司法部请求我国送达的民事或商事司法文书,由司法部转递给最高人民法院,再由最高人民法院交有关人民法院送达给当事人。送达证明由有关人民法院交最高人民法院退司法部,再由司法部送交该国主管当局或司法助理人员。(3)对公约成员国驻华使、领馆直接向其在华的本国公民送达民事或商事司法文书,如不违反我国法律,可不表示异议。(4)我国法院若请求公约成员国向该国公民或第三国公民或无国籍人送达民事或商事司法文书,有关中级人民法院或专门人民法院应将请求书和所送司法文书送有关高级人民法院转最高人民法院,由最高人民法院送司法部转送给该国指定的中央机关;必要时,也可由最高人民法院送我国驻该国使馆转送给该国指定的中央机关。(5)我国法院欲向在公约成员国的中国公民送达民事或商事司法文书,可委托我国驻该国的使、领馆代为送达。委托书和所送司法文书应由有关中级人民法院或专门人民法院送有关高级人民法院转最高人民法院,由最高人民法院径送或经司法部转送我国驻该国使、领馆送达给当事人。送达证明按原途径退有关法院。(6)我国与公约成员国签订有司法协助协定的,按协定的规定办理。

二是,通过外交途径送达。

这是国际公认的一种最为正规的送达方式。在两国之间没有国际条约关系的情况下,即可采用这种方式。这一方式在人民法院的审判实践中经常使用。一般的做法是,需要送达的诉讼文书,经高级人民法院审查后,交由外交部转递受送达人所在国驻我国的外交机构,再由其转交该国外交机关,该国外交机关再转交该国司法机关,由该国司法机关送交受送达人。

根据《最高人民法院、外交部、司法部关于我国法院和外国法院通过外交途径相互委托送达法律文书若干问题的通知》规定,我国法院通过外交途径向国外当事人送达法律文书,应按下列程序和要求办理:(1)要求送达的法律文书须经省、自治区、直辖市高级人民法院审查,由外交部领事司负责转递。(2)须准确注明受送达人姓名、性别、年龄、国籍及其在国外的详细外文地址,并将该案的基本情况函告外交部领事司,以便转递。(3)须附有送达委托书。如对方法院名称不明,可委托当事人所在地区主管法院。委托书和所送法律文书还须附有该国文字或该国同意使用的第三国文字译本。如该国对委托书及法律文书有公证、认证等特殊要求,将由外交部领事司逐案通知。

三是，对具有中国国籍的受送达人，可以委托我国驻受送达人所在国的使领馆代为送达。

采用这种送达方式，须在该中国籍受送达人驻在国允许我国使领馆直接送达的前提下，人民法院才可以委托我国驻该国使领馆送达。由使领馆向居住在国外的本国人送达诉讼文书，是通常使用的方法。不少国家的立法和国际条约中都有明文规定。我国与有关国家签订的司法协助协定，以及我国加入的《海牙送达公约》《维也纳领事关系公约》，都允许缔约国之间采用这种方式。

四是，向受送达人在本案中委托的诉讼代理人送达。

2021年民事诉讼法本项的表述为"向受送达人委托的有权代其接受送达的诉讼代理人送达"。在一般情况下，人民法院将需要送达的诉讼文书交给受送达人委托的诉讼代理人，即为送达完成。接受法院送达的司法文书是受送达人委托诉讼代理人的当然义务。2023年修改民事诉讼法过程中，有的意见提出，实践中出现了委托诉讼代理人提交的授权委托书载明"不包括接受司法文书"以逃避送达的情形，故此次修改为"向受送达人在本案中委托的诉讼代理人送达"。

五是，向受送达人在我国领域内设立的独资企业、代表机构、分支机构或者有权接受送达的业务代办人送达。

2021年民事诉讼法本项的表述为"向受送达人在中华人民共和国领域内设立的代表机构或者有权接受送达的分支机构、业务代办人送达"。2023年修改删除了"分支机构"前"有权接受送达的"表述，主要是考虑到外国法人在我国领域内设立的分支机构并非独立法人，其有义务接受向外国法人送达的司法文书。2023年修改还增加了受送达人在我国领域内设立的"独资企业"。比如，外国法人在我国领域内设立的独资企业，因其股东和日常经营管理人员全部来自外国法人的委派，因此规定可以向独资企业送达，以提高送达效率。如果受送达人在我国领域内设有独资企业、代表机构、分支机构或者业务代办人有权接受送达，人民法院可以把诉讼文书送至该受送达人在我国领域内设立的独资企业、代表机构、分支机构或者有权接受送达的业务代办人，即为送达完成。这种方式，有利于人民法院方便、及时地将诉讼文书送达受送达人。

六是，受送达人为外国人、无国籍人，其在中华人民共和国领域内设立的法人或者其他组织担任法定代表人或者主要负责人,且与该法人或者其他组织为共同被告的,向该法人或者其他组织送达。

本项为2023年民事诉讼法修改新增加的规定。受送达人为外国人、无国籍人,其在我国领域内设立的法人或者其他组织担任法定代表人或者主要负责人,如果该法定代表人或者主要负责人与该法人或者其他组织因同一纠纷被诉而成为共同被告时,由于该自然人与该法人或者其他组织联系密切,且都是共同被告,因此规定向该法人或者其他组织送达,即视为对该外国人、无国籍人的替代送达完成,以提高送达的质效。

七是,受送达人为外国法人或者其他组织,其法定代表人或者主要负责人在我国领域内的,向其法定代表人或者主要负责人送达。

本项为2023年民事诉讼法修改新增加的规定。法定代表人或者主要负责人是依照法律或者章程,代表法人或者其他组织从事民事活动的负责人。因此,当外国法人或者其他组织的法定代表人或者主要负责人在我国领域内时,向其法定代表人或者主要负责人送达,即完成对该法人或者其他组织的替代送达。

八是,受送达人所在国的法律允许邮寄送达的,可以邮寄送达,自邮寄之日起满3个月,送达回证没有退回,但根据各种情况足以认定已经送达的,期间届满之日视为送达。

采用这种方式的前提条件是,受送达人所在国不反对邮寄送达,才可以将诉讼文书直接邮寄给受送达人。如果受送达人所在国不允许邮寄送达,则不能采用这种方式。由于采用邮寄送达方式有时难以确认诉讼文书于何时送达到受送达人,因此本项还规定,自邮寄之日起满3个月,送达回证没有退回,但根据各种情况足以认定已经送达的,期间届满之日视为送达。

九是,采用能够确认受送达人收悉的电子方式送达,但是受送达人所在国法律禁止的除外。

2021年民事诉讼法本项表述为"采用传真、电子邮件等能够确认受送达人收悉的方式送达"。随着科技的发展,即时通讯软件的使用越来越广泛,司法实践中"移动微法院"等特定电子系统送达司法文书的效率也越来越高,可靠性增强。因此本条不再列举"传真、电子邮件"等具体方式,而是直接概括为"能够确认受送达人收悉的电子方式送达",以拓展电子送达的途径。同时,增加规定使用电子方式送达,以不违反受送达人所在国禁止性法十是，以受送达人同意的其他方式送达，但是受送达人所在国法律禁止的除外。

本项为2023年民事诉讼法修改新增加的规定。尊重当事人意思自治，赋予以受送达人同意的其他方式送达的法律效力，即只要受送达人所在国法律不禁止，受送达人同意以其他方式送达的，按照该方式送达时，送达完成。

本条第2款规定，不能用上述方式送达的，公告送达，自发出公告之日起，经过60日，即视为送达。这种送达方式，是在其他方式都不能采用时才使用的一种送达方式，一般是在受送达人住所不明或者下落不明的情况下适用。一般的做法是，将需要送达的诉讼文书制成公告内容，在人民法院的公告栏内张贴，并在我国对外发行的报纸上登载。待公告60日的法定期间届满，即视为该诉讼文书的内容已经送达到受送达人。

2021年民事诉讼法对此表述为："不能用上述方式送达的，公告送达，自公告之日起满三个月，即视为送达。"2023年修改民事诉讼法将"自公告之日起满三个月"修改为"自发出公告之日起，经过六十日"。公告送达是拟制送达，目前国内非涉外民事案件公告期限已经缩短为30日，考虑到现代资讯传媒的发展，当事人通过公告媒介获取信息的周期大为缩短，且公告送达是人民法院在穷尽本条规定的其他送达方式后才会采用的送达方式，在整个诉讼中可能涉及不同阶段需要多次送达，为提高诉讼效率，2023年修改缩短了公告送达期限，优化涉外公告送达规则。

第二百八十四条 当事人申请人民法院调查收集的证据位于中华人民共和国领域外，人民法院可以依照证据所在国与中华人民共和国缔结或者共同参加的国际条约中规定的方式，或者通过外交途径调查收集。

在所在国法律不禁止的情况下，人民法院可以采用下列方式调查收集：

（一）对具有中华人民共和国国籍的当事人、证人，可以委托中华人民共和国驻当事人、证人所在国的使领馆代为取证；

（二）经双方当事人同意，通过即时通讯工具取证；

（三）以双方当事人同意的其他方式取证。

【释义】 本条为2023年新增条款,是关于当事人申请人民法院调查收集的证据位于中华人民共和国领域外时,人民法院如何调查收集的规定。

域外调查取证是我国涉外民事案件司法协助制度的重要组成部分,其与域外送达、外国法院判决、裁定及外国仲裁裁决的承认与执行,共同构成涉外民事案件司法协助制度的主要内容。民事诉讼法在"涉外民事诉讼程序的特别规定"一编专设"司法协助"一章,对司法协助的基本内容及相关程序性事项作了规定。在2023年民事诉讼法修改前,尽管民事诉讼法对包括域外调查取证在内的司法协助事项的基本程序性规则作了规定,但具体到域外调查取证这一司法协助事项,诸如调查取证的对象、途径、具体方式等内容仍然未作明确。因此,在2023年民事诉讼法修改过程中,有的意见提出,域外调查取证对于涉外案件审判过程中准确查明案件事实、正确适用法律具有重要意义,应当对域外调查取证的对象、具体方式等作出规定,补足这一司法协助制度的"短板",更好发挥域外调查取证制度的功能作用,这也是完善我国民事诉讼制度涉外程序规则的应有之义。

本条第1款规定,当事人申请人民法院调查收集的证据位于中华人民共和国领域外,人民法院可以依照证据所在国与中华人民共和国缔结或者共同参加的国际条约中规定的方式,或者通过外交途径调查收集。该款规定首先对人民法院域外调查取证的基本方式作出规定,既可以依照证据所在国与中华人民共和国缔结或者共同参加的国际条约中规定的方式收集,也可以通过外交途径调查收集。在调查取证的国际公约方面,1970年3月18日,海牙国际私法会议签订了《关于从国外调取民事或商事证据的公约》(Convention on the Taking of Evidence Abroad in Civil or Commercial Matters,以下简称《海牙取证公约》),并于1972年10月7日生效。《海牙取证公约》共3章42条,主要内容包括"请求书""外交官员、领事代表和特派员取证""一般条款"。作为公约的签字国,希望便利请求书的转递和执行,并促进他们为此目的而采取的不同方法的协调,增进相互间在民事或商事方面的司法合作。同时,《海牙取证公约》还规定了中心机构传递、执行请求所适用的法律、提出请求的司法机关在取证过程中的到场问题以及证人免于作证的义务等。1997年7月3日,第八届全国人大常委会第二十六次会议决定,中华人民共和国加入《海牙取证公约》,1997年12月8日,我国交存加入书。同时声明:1.根据公约第2条,指定中华人民共和国司法部为负责接收来自另一缔约国司法机关的请求书,并将其转交给执行请求的主管机关;2. 根据公约第 23 条声明,对于普通法国家旨在进行审判前文件调查的请求书,仅执行已在请求书中列明并与案件有直接密切联系的文件的调查请求;3. 根据公约第 33 条声明,除第 15 条以外,不适用公约第 2 章的规定。作为《海牙取证公约》的加入国,在当事人申请人民法院调查收集的证据位于中华人民共和国领域外时,如果证据所在国也加入了《海牙取证公约》,则可以根据该公约规定的具体程序和方式来进行调查取证。在实践层面,最高人民法院于 2003 年 9 月 23 日发布《关于指定北京市、上海市、广东省、浙江省、江苏省高级人民法院依据海牙送达公约和海牙取证公约直接向外国中央机关提出和转递司法协助请求和相关材料的通知》,指定部分高级人民法院就涉及《海牙取证公约》等的司法协助工作进行试点,由高级人民法院直接对公约成员国中央机关提出和转递司法协助请求书和相关材料。最高人民法院还通过《关于依据国际公约和双边司法协助条约办理民商事案件司法文书送达和调查取证司法协助请求的规定》,对人民法院依据国际公约和双边司法协助条约办理民商事案件司法文书送达及调查取证司法协助请求的具体规则予以明确。

如果中华人民共和国与证据所在国并未就调查取证的相关事项缔结双边条约,也未共同参加相关的国际条约,则两国之间就涉外民事案件的调查取证问题可以通过外交途径解决。关于通过外交途径调查取证的原则和具体程序,最高人民法院于 2014 年 4 月 10 日发布《关于调整通过外交途径转递民商事案件司法文书送达和调查取证请求程序的通知》,该通知规定:"一、我国法院和与我国既没有双边条约关系,也没有海牙送达公约、海牙取证公约关系的国家的法院相互委托送达民商事案件司法文书和进行民商事案件调查取证,通过外交途径办理。二、自 2014 年 5 月 1 日起,我国法院通过外交途径委托外国法院送达民商事案件司法文书和调查取证,一律由高级法院审查合格后,报送我局审查。然后,由我局转递外交部领事司对外发出。外国法院通过外交途径委托我国法院送达民商事案件司法文书和调查取证,一律由外交部领事司转我局审查后,由我局转递相关高级人民法院进一步审查、办理。送达回证、送达证明和调查取证结果,通过原途径转回。三、2014 年 5 月 1 日以前通过外交途径受理,尚未办理完毕的民商事案件司法文书送达和调查取证请求,仍按原转递程序办理……"

本条第 2 款规定了人民法院域外调查取证的方式。本款第 1 项为,"对具有中华人民共和国国籍的当事人、证人,可以委托中华人民共和国驻当事人、证人所在国的使领馆代为取证"。理解本项规定,需要注意以下几点:第一,采取委托使领馆代为取证方式的前提,必须是使领馆的驻在国法律未明确禁止此类取证方式。如果使领馆的驻在国法律明确禁止使领馆代为取证,则人民法院不得进行此类委托。否则,通过此方式获取的证据将可能会被使领馆驻在国认定为非法证据,进而影响人民法院判决在驻在国的承认与执行。第二,使领馆受托代为取证的对象既包括证人,也包括当事人。本法第66条规定,证据包括当事人陈述、书证、物证、视听资料、电子数据、证人证言、鉴定意见、勘验笔录。因此,使领馆既可以通过向身处驻在国的证人调取证人证言的方式获得证据,还可以向身处驻在国的当事人调取当事人陈述作为案件审理的证据。这种方式因其操作的便捷,将大大提升调查取证的效率。第三,采取此种方式调查取证,对象必须是具有我国国籍的当事人、证人,如果当事人、证人不具有我国国籍则不能采用,这也与《海牙取证公约》等国际公约的做法保持了一致。本款第 2 项为"经双方当事人同意,通过即时通讯工具取证"。所谓即时通讯工具,是指能够即时发送和接收互联网消息的工具。即时通讯工具自诞生以来发展迅猛,功能也日渐丰富,时至今日已经不仅单纯用于聊天,而是集成了电子邮件、博客、音视频通话、搜索等多种功能。我们常用的 QQ、微信、微博等都属于即时通讯工具的范畴。在涉外民事案件的审理过程中,如果可以通过即时通讯工具来调查取证,相比传统的调查取证方式无疑将大大提升效率,节约大量的人力、物力成本。同时,考虑到即时通讯工具作为一种新的调查取证方式刚刚出现,需要在提升调查取证效率与保障当事人诉讼权利之间做好平衡,本项要求通过即时通讯工具调查取证的,必须经过双方当事人的同意。该款第 3 项为兜底条款,即"以双方当事人同意的其他方式取证"。该规定主要为保证域外调查取证方式的开放性,在充分尊重当事人诉讼权利的基础上,允许通过双方均认可的其他方式调查取证。当然,该款第 2 项、第 3 项所规定的调查取证方式,同样应当尊重所在国的法律规定,不能为所在国法律所禁止,这也是尊重他国司法主权的必然要求。

第二百八十五条 被告在中华人民共和国领域内没有住所的,人民法院应当将起诉状副本送达被告,并通知被告在收到起诉状副本后三十日内提出答辩状。被告申请延期的,是否准许,由人民法院决定。

【释义】 本条是关于在中华人民共和国领域内没有住所的被告提出答辩状期间的规定。

在国内民事诉讼中，原告起诉后，人民法院应当在一定期间内将起诉状副本送达被告，并通知被告在收到起诉状副本的一定期间内提出答辩状。本法第 128 条规定，人民法院应当在立案之日起 5 日内将起诉状副本发送被告，被告应当在收到之日起 15 日内提出答辩状。被告不提出答辩状的，不影响人民法院审理。在涉外民事诉讼中，如当事人在我国领域内没有住所，相关诉讼文书的往来、委托代理手续的办理等事项需要花费相对较长的时间。针对这一特点，本法参照国际通行做法，对涉外民事诉讼的答辩期间作出了特别规定。本条所规定的关于在我国领域内没有住所的被告提出答辩的期间，相较于本法在第二编"审判程序"中的一般规定，主要有两点不同：一是二者所规定的提出答辩状的期间不同，本条所规定的期间更长；二是如果涉外民事诉讼的当事人在法定期间未能提出答辩状，还可以向人民法院申请延期。

理解本条，需要注意以下几点：第一，在我国领域内没有住所的被告收到起诉状副本后提出答辩状的期间为 30 日。这个期间比国内民事诉讼提出答辩状的 15 日期间长了 1 倍，主要还是考虑到被告在我国领域内没有住所，其在提出答辩状前需要了解我国的有关法律、收集证据以及办理一些额外的手续，如委托他人代理诉讼需要办理的公证、认证手续等。因此，赋予被告相对更长的答辩期间，既符合保障当事人诉权的基本立场，也与国际上其他国家和地区的民事诉讼立法保持一致。第二，如果被告因故未能在法定的 30 日期间内提出答辩状，可以申请延期，是否准许由人民法院决定。之所以规定这一期间可以延长，同样也是考虑到被告不在我国领域内的现实情况，其为此需要在准备应诉答辩的各个环节付出更多的时间成本。这里需要说明的是，被告申请延长答辩期间，必须在法定期间届满前提出，并具体说明申请延期的理由，明确希望延长的具体期间，以便受诉人民法院审查决定。

第二百八十六条 在中华人民共和国领域内没有住所的当事人，不服第一审人民法院判决、裁定的，有权在判决书、裁定书送达之日起三十日内提起上诉。被上诉人在收到上诉状副本后，应当在三十日内提出答辩状。当事人不能在法定期间提起上诉或者提出答辩状，申请延期的，是否准许，由人民法院决定。

【释义】 本条是关于在我国领域内没有住所的当事人提起上诉及对上诉进行答辩的期间的规定。

根据本法第171条规定,当事人不服地方人民法院第一审判决的,有权在判决书送达之日起15日内向上一级人民法院提起上诉。当事人不服地方人民法院第一审裁定的,有权在裁定书送达之日起10日内向上一级人民法院提起上诉。在涉外民事诉讼中,当事人如在我国领域内没有住所,其在办理提起上诉及对上诉进行答辩的各项相关事宜时无疑需要付出更多的时间成本。基于此,本法对于在我国领域内没有住所的当事人提起上诉及对上诉进行答辩的期间作出了不同于国内民事诉讼的特别规定。

理解本条,需要注意以下几点:第一,在我国领域内没有住所的当事人,对一审法院作出的判决、裁定不服提起上诉的,上诉期均为自判决、裁定送达之日起的30日内,这一期间比国内民事诉讼针对判决、裁定提起上诉的15日、10日期间更长。这是充分保障在我国领域内没有住所的当事人的诉讼权利的必要举措。第二,对于上诉人提起上诉的情形,从诉讼权利平等的角度,赋予被上诉人的答辩期间也是30日,自收到上诉状副本之日起算。第三,无论是上诉人还是被上诉人,如因故在法定的30日期间无法提出上诉状或答辩状,可以向人民法院申请延期,是否准许由人民法院决定。这一点也是区别于国内民事诉讼的重要方面。在国内民事诉讼中,如果当事人超过了法定的上诉期间提起上诉,一审的判决、裁定即发生法律效力,上诉将不被受理。但根据本条规定,涉外民事诉讼的当事人可在上诉期或答辩期届满前提出延期申请,并具体说明申请延期的理由,明确希望延长的具体期间,以便受诉人民法院审查决定。之所以规定可以对涉外民事诉讼的上诉期及答辩期进行延长,主要是考虑到当事人不在我国领域内,其在准备提起上诉及答辩的各项相关事宜时需要更长的期间,还可能需要办理一些国内民事诉讼当事人所不需要办理的额外手续,如委托他人代理诉讼所需的公证、认证手续等。这一规定也是符合国际通行做法的。

此外,在涉外民事诉讼中,一方当事人在我国领域内有住所,另一方当事人在我国领域内没有住所的,第一审人民法院判决、裁定何时发生法律效力呢?根据《最高人民法院关于适用〈中华人民共和国民事诉讼法〉的解释》第536条的规定,不服第一审人民法院判决、裁定的上诉期,对在中华人民共和国领域内有住所的当事人,适用本法第171条规定的期限(判决的上诉期为

15 日,裁定的上诉期为 10 日);对在中华人民共和国领域内没有住所的当事人,适用 2021 年民事诉讼法第 276 条规定的期限(判决、裁定的上诉期均为 30 日)。当事人的上诉期均已届满没有上诉的,第一审人民法院的判决、裁定即发生法律效力。

第二百八十七条　人民法院审理涉外民事案件的期间,不受本法第一百五十二条、第一百八十三条规定的限制。

【释义】　本条是关于涉外民事案件审理期限的规定。

为了保证人民法院及时审理民事案件,使公民、法人和其他组织受损害的合法权益早日得到救济,民事诉讼法对一审普通程序、简易程序以及二审程序的审理期限都作了明确规定。对涉外民事案件,民事诉讼法没有对人民法院审理的期限作出限制。这主要是考虑到在涉外民事案件中,当事人一方或者双方往往身在国外,无论是人民法院还是当事人,都不太可能在短时间内处理完涉及诉讼的诸多事项。例如,人民法院向我国领域外送达诉讼文书、请求外国法院代为调查取证,所需的程序都较为烦琐,因此所需的时间也会比较长;对当事人来说,法律就涉外民事诉讼所规定的答辩期、上诉期都较国内民事诉讼的对应法定期限更长;等等。因此,审理涉外民事案件的时间就相应较长,并且不易确定。基于上述考虑,民事诉讼法作出了这一规定。需要说明的是,本条规定主要从涉外民事案件的审判实际出发,是考虑到其与国内民事案件的不同所作的特别规定,但这并不意味着审理涉外民事案件可以无期限地拖延。人民法院审理涉外民事案件时,应当依照民事诉讼法对各程序阶段规定的期间进行,尽可能使案件及早审结。

根据本法第 152 条的规定,人民法院适用普通程序审理的案件,应当在立案之日起 6 个月内审结。有特殊情况需要延长的,经本院院长批准,可以延长 6 个月;还需要延长的,报请上级人民法院批准。根据本法第 183 条的规定,人民法院审理对判决的上诉案件,应当在第二审立案之日起 3 个月内审结。有特殊情况需要延长的,由本院院长批准。人民法院审理对裁定的上诉案件,应当在第二审立案之日起 30 日内作出终审裁定。根据本条规定,人民法院审理涉外民事案件,不受上述规定的限制。

第二十六章 仲 裁

本章所称仲裁,是具有涉外因素的经济贸易、运输和海事纠纷的仲裁。

长期以来,我国的涉外仲裁机构有两个。一个是中国国际经济贸易仲裁委员会。该仲裁委员会成立于1956年4月,是以仲裁的方式独立、公正地解决契约性或者非契约性的经济贸易等争议的常设仲裁机构,在仲裁程序规则上适用《中国国际经济贸易仲裁委员会仲裁规则》。另一个是中国海事仲裁委员会。该仲裁委员会成立于1959年1月,是以仲裁方式独立、公正地解决产生于远洋、近洋、沿海和与海相通的可航水域的运输、生产和航行等有关过程中所发生的契约性或者非契约性的海事争议的常设仲裁机构,在仲裁程序规则上适用《中国海事仲裁委员会仲裁规则》。

与涉外民事诉讼相比,涉外仲裁存在较多不同之处,主要表现为以下几点:(1)仲裁的提交是以双方当事人自愿为基础。当事人双方的仲裁协议是仲裁的前提条件,没有仲裁协议的,不能将争议提交仲裁;诉讼以当事人的诉权为基础,是否提起诉讼,一方当事人可以自行决定,不必征得对方同意。(2)仲裁机构和法院的性质不同。仲裁机构是非官方机构,其管辖权主要来自双方当事人的仲裁协议;法院是代表国家行使审判权的机关,其管辖权是法律规定的。(3)仲裁机构和仲裁员都是由双方当事人自由选择的;受诉法院和审判人员则是依照法律规定确定的,不能由当事人自由选择。(4)仲裁机构对其作出的仲裁裁决没有强制执行的权力,需要通过法院强制执行;而法院对其作出的发生法律效力的判决、裁定及调解书有权强制执行。(5)涉外仲裁裁决是一裁终局,当事人既不能申请复议,也不能向法院起诉;而地方法院的一审判决、裁定作出后,当事人不服的,除依法不准上诉的外,可以提起上诉。

本章共5条,分别规定了涉外仲裁与诉讼的关系、涉外仲裁保全、涉外仲裁裁决效力、涉外仲裁裁决的不予执行及其救济等问题。

第二百八十八条 涉外经济贸易、运输和海事中发生的纠纷,当事人在合同中订有仲裁条款或者事后达成书面仲裁协议,提交中华人民共和国涉外仲裁机构或者其他仲裁机构仲裁的,当事人不得向人民法院起诉。

当事人在合同中没有订有仲裁条款或者事后没有达成书面仲裁协议的,可以向人民法院起诉。

【释义】 本条是关于涉外仲裁与诉讼之间关系的规定。

根据本条第 1 款的规定,对于涉外经济贸易、运输和海事中发生的纠纷,如果当事人订立了有效的仲裁协议,并依据仲裁协议提交我国涉外仲裁机构或者其他仲裁机构仲裁,则不得向人民法院起诉。这一规定是仲裁法"或裁或诉"原则的体现。仲裁法第 5 条规定,当事人达成仲裁协议,一方向人民法院起诉的,人民法院不予受理,但仲裁协议无效的除外。该款中的"中华人民共和国涉外仲裁机构",长期以来是指两家,即中国国际经济贸易仲裁委员会和中国海事仲裁委员会,二者总部均设在北京,并在全国多地设有分会。该款中的"其他仲裁机构"是指在我国涉外仲裁机构之外,能够承担涉外经济贸易、运输和海事纠纷仲裁职能的其他仲裁机构。理解该款还需要注意,当事人就有关涉外纠纷提交仲裁的,必须在合同中订有仲裁条款或者事后达成书面仲裁协议。所谓仲裁协议,是指纠纷当事人之间所达成的同意将双方发生的争议提交仲裁的意思表示。之所以要求仲裁协议必须采用书面形式,主要有以下几点理由:第一,仲裁协议是仲裁机构行使管辖权受理案件的唯一依据;第二,仲裁协议的内容比较复杂,往往包括仲裁地点、仲裁机构、适用的仲裁规则、仲裁员的选择、仲裁裁决的效力、仲裁所适用的法律等,因此需要用文字准确地记载下来,避免日后产生争议;第三,仲裁结果直接关系到争议双方当事人的重大利益;第四,仲裁协议采用书面形式是国际通行的做法。至于书面形式的具体含义,根据民法典第 469 条第 2 款、第 3 款的规定,一般可以理解为合同书、信件、电报、电传、传真等可以有形地表现所载内容的形式。同时,以电子数据交换、电子邮件等方式能够有形地表现所载内容,并可以随时调取查用的数据电文,视为书面形式。

根据本条第 2 款的规定,当事人如果在合同中没有订有仲裁条款或者事后没有达成书面仲裁协议,可以向人民法院起诉。当事人之间发生争议,既可以选择由仲裁机构裁决,也可以选择由法院审判,这是法律赋予当事人的权利。当事人双方如果选择采取仲裁的方式解决争议,则意味着自愿放弃了司法解决的途径;但如果当事人并未在合同中订有仲裁条款或者事后也没有达成书面仲裁协议,则可以向人民法院起诉,人民法院应当受理。

> **第二百八十九条** 当事人申请采取保全的,中华人民共和国的涉外仲裁机构应当将当事人的申请,提交被申请人住所地或者财产所在地的中级人民法院裁定。

【释义】 本条是关于涉外仲裁保全的规定。

涉外民事争议发生后,一方当事人可能实施一定行为,如出卖、毁损、转移、藏匿、挥霍财产等,客观上会造成日后判决难以执行或者给对方当事人造成其他损害。此时,为有效维护自己的合法权益,对方当事人往往会向协议选择的仲裁机关申请采取保全措施。那么,我国的涉外仲裁机构应当如何处理当事人的保全申请,能否具体实施保全措施呢？从性质上说,仲裁机构属于具有公断性质的非官方机构。虽然近代仲裁机构成为国家法律承认的解决争议的机构,并且由其作出的仲裁裁决被赋予法律上的强制执行力,但是仲裁制度毕竟不同于审判制度,它并非以国家强制力为后盾,本身也没有执行权,而保全措施与法律文书的执行密切相关;因此,当事人申请采取保全措施的,涉外仲裁机构应当将当事人的申请提交人民法院,由人民法院作出裁定。

根据本条规定,当事人申请采取保全的,涉外仲裁机构应当将当事人的申请提交被申请人住所地或者财产所在地的中级人民法院裁定。理解本条,需要注意以下几点:第一,当事人在涉外仲裁中提出保全申请的,涉外仲裁机构本身不作具体审查,而是交由人民法院进行审查,并对是否采取保全措施作出裁定。第二,仲裁当事人保全申请的管辖法院为被申请人住所地或者财产所在地的中级人民法院。之所以选择被申请人住所地或者财产所在地的法院作为保全的管辖法院,主要是考虑到申请保全事项与被申请人住所地或者财产所在地的关联度更高,由其作为保全管辖法院更有助于对保全申请的审查以及保全裁定的作出。如果经过审查,人民法院裁定采取保全措施,则应依照本法第九章有关保全措施的程序规定执行。此外,需要指出的是,仲裁机关将当事人的保全申请提交人民法院,且人民法院裁定保全后,如果发生保全错误,依法应由保全申请人赔偿被申请人的相应损失。

第二百九十条 经中华人民共和国涉外仲裁机构裁决的,当事人不得向人民法院起诉。一方当事人不履行仲裁裁决的,对方当事人可以向被申请人住所地或者财产所在地的中级人民法院申请执行。

【释义】 本条是关于我国涉外仲裁裁决效力的规定。

根据我国仲裁法第5条的规定,当事人达成仲裁协议,一方向人民法院起诉的,人民法院不予受理,但仲裁协议无效的除外。在涉外经济贸易、运输和海事中发生纠纷后,当事人通过仲裁协议选择由我国涉外仲裁机构解决纠纷,意味着认可我国涉外仲裁的公正高效,自愿放弃通过法院诉讼解决争议的态度。因此,仲裁裁决作出后,当事人应当自愿履行裁决所确定的各项义务。如果一方当事人不履行仲裁裁决,对方当事人可以向人民法院申请执行。

理解本条,应当注意以下几点:第一,当事人选择通过仲裁解决争议的,在仲裁机构作出裁决后,不得再向人民法院起诉。这是仲裁法"或裁或诉"原则的必然要求。因此,对于我国涉外仲裁机构已经作出裁决的案件,当事人即使不服,也不能向人民法院起诉,而是应当自觉履行仲裁裁决确定的义务。第二,如果一方当事人不按照仲裁裁决履行义务,对方当事人为确保自身权益得到实现,可以向被申请人住所地或者财产所在地的中级人民法院申请执行。换言之,由于涉外仲裁是基于纠纷双方当事人自愿接受仲裁协议约束并将纠纷提交仲裁而产生的,因此对于具有终局效力的仲裁裁决,双方当事人均应自觉履行。但是,如果一方当事人不履行仲裁裁决所确定的义务,就会涉及仲裁裁决的执行问题。涉外仲裁机构不是国家的审判机关,其非官方的性质决定了它对仲裁裁决这一法律文书没有执行的权力,仲裁裁决的执行只能由人民法院具体实施。因此,在一方当事人不履行仲裁裁决时,对方当事人只能向被申请人住所地或者财产所在地的中级人民法院提出按照仲裁裁决所确定的内容予以执行的申请,并由受理的法院作出是否予以执行的裁定。在仲裁裁决执行法院的确定方面,本条与保全管辖法院的确定原则保持一致,明确将被申请人住所地或者财产所在地的中级人民法院作为仲裁裁决的执行法院。

第二百九十一条 对中华人民共和国涉外仲裁机构作出的裁决,被申请人提出证据证明仲裁裁决有下列情形之一的,经人民法院组成合议庭审查核实,裁定不予执行:

(一)当事人在合同中没有订有仲裁条款或者事后没有达成书面仲裁协议的;

(二)被申请人没有得到指定仲裁员或者进行仲裁程序的通知,或者由于其他不属于被申请人负责的原因未能陈述意见的;

(三)仲裁庭的组成或者仲裁的程序与仲裁规则不符的;

(四)裁决的事项不属于仲裁协议的范围或者仲裁机构无权仲裁的。

人民法院认定执行该裁决违背社会公共利益的,裁定不予执行。

【释义】 本条是关于人民法院裁定不予执行涉外仲裁裁决的规定。

根据本法第 290 条的规定,涉外仲裁裁决作出后,一方当事人不履行仲裁裁决的,对方当事人可以向被申请人住所地或者财产所在地的中级人民法院申请执行。被申请人不愿履行仲裁裁决,一种可能是单纯认为履行裁决对己不利,从而拒绝履行;还有一种可能是认为仲裁裁决本身是存在问题的,不应得到履行。在后一种情况下,被申请人如果能提出证据证明,并且经过人民法院的审查核实,则该裁决应被裁定不予执行。

根据本条第 1 款的规定,如果涉外仲裁裁决存在下列情形之一,应被裁定不予执行:一是当事人在合同中没有订有仲裁条款或者事后没有达成书面仲裁协议。如果存在这一情形,则意味着当事人之间对于将纠纷通过仲裁方式解决未能形成合意,此时不具备提起仲裁的基础和前提。无论是合同中的仲裁条款还是事后专门达成的书面仲裁协议,都体现了当事人通过仲裁解决争议的意思表示。如果仲裁机构在当事人没有形成仲裁合意的前提下作出裁决,显然这一裁决不应得到执行。二是被申请人没有得到指定仲裁员或者进行仲裁程序的通知,或者由于其他不属于被申请人负责的原因未能陈述意见。被申请人如果在仲裁过程中没有得到指定仲裁员或者进行仲裁程序的通知,或者由于其他不属于被申请人负责的原因未能陈述意见,则说明被申请人在仲裁过程中的基本程序权利未能得到充分保障,在此情形下作出的仲裁裁决违背了程序正义,不应得到执行。这里需要注意的是,被申请人在仲裁过程中未能陈述意见限于非自身原因的情形,如果在仲裁过程中被申请人自己放弃了陈述意见的权利,此后又以未能陈述意见为由主张不予执行仲裁裁决,显然不应得到支持。三是仲裁庭的组成或者仲裁的程序与仲裁规则不符。如仲裁庭的组成或者仲裁的程序与仲裁规则不符,则意味着仲裁在程序方面未能遵守当事人选定的仲裁规则的要求,作出的裁决也不应得到执行。四是裁决的事项不属于仲裁协议的范围或者仲裁机构无权仲裁。仲裁以有效的仲裁协议为前提。如果仲裁事项不属于仲裁协议范围,则意味着当事人之间对于相应事项未形成仲裁合意,在此基础上作出的裁决不应得到执行。同时,根据仲裁法的规定,有些纠纷是不允许仲裁的。如果仲裁机构对这些纠纷实施了仲裁,其作出的裁决也不应得到执行。从上述规定可以看出,人民法院对涉外仲裁机构的司法审查监督范围,主要限于仲裁程序方面的问题,不涉及实体方面的问题,即对裁决在认定事实和适用法律上是否有错误不作审查。

根据本条第2款的规定,除第1款所列4种具体情形外,如果人民法院认定执行仲裁裁决违背社会公共利益,也应裁定不予执行。接受执行申请的人民法院对涉外仲裁机构作出的裁决,应当依法审查其是否违背社会公共利益;经审查认为不违背社会公共利益的,应当按照本法第三编规定的执行程序予以执行;经审查认为违背社会公共利益的,则应当裁定不予执行。

理解本条,还需要注意与国内仲裁裁决不予执行情形的比较。本法第284条对依法设立的仲裁机构所作裁决的不予执行作了规定。根据该条第2款的规定,被申请人提出证据证明仲裁裁决有下列情形之一的,经人民法院组成合议庭审查核实,裁定不予执行:(1)当事人在合同中没有订有仲裁条款或者事后没有达成书面仲裁协议的;(2)裁决的事项不属于仲裁协议的范围或者仲裁机构无权仲裁的;(3)仲裁庭的组成或者仲裁的程序违反法定程序的;(4)裁决所根据的证据是伪造的;(5)对方当事人向仲裁机构隐瞒了足以影响公正裁决的证据的;(6)仲裁员在仲裁该案时有贪污受贿、徇私舞弊、枉法裁决行为的。同时,该条第3款规定,人民法院认定执行该裁决违背社会公共利益的,裁定不予执行。相比而言,对国内仲裁裁决不予执行的审查,除包括对程序事项的审查外,还包括对第四项、第五项两项实体事项的审查。而且在程序事项的审查方面,国内仲裁裁决还需审查仲裁员在仲裁该案时是否存在贪污受贿、徇私舞弊、枉法裁决行为,从而决定是否裁定不予执行。

第二百九十二条 仲裁裁决被人民法院裁定不予执行的,当事人可以根据双方达成的书面仲裁协议重新申请仲裁,也可以向人民法院起诉。

【释义】 本条是关于人民法院裁定不予执行仲裁裁决后的救济途径的规定。

仲裁裁决被人民法院裁定不予执行,意味着仲裁裁决所确立的权利义务分配没有得到法院的认可,进而无法通过法院执行程序的实施而得到具体实现。此种情况下,当事人通过仲裁解决争议,但实现纠纷了结的目的最终落空,纠纷如何解决这一问题又回到了原点。根据本条规定,当事人既可以通过双方达成的书面仲裁协议重新申请仲裁,也可以向人民法院起诉。

理解本条,需要注意以下几点:第一,当事人重新申请仲裁所依据的书面仲裁协议应是重新达成的,协议对于仲裁事项的确定、仲裁机构及仲裁规则的确定等内容均应重作安排。考虑到这些约定事项的复杂性,重新达成的仲裁协议在形式上依然要求必须采用书面形式。第二,当事人最开始选择采用仲裁的方式解决争议,而裁决因为存在本法第291条所规定的情形被裁定不予执行后,当事人很可能不愿再次采用这一方式解决争议,转而希望采用诉讼的方式解决争议。此时,当事人是可以作出这种选择的,即当事人可以就争议向人民法院提起诉讼。

第二十七章 司法协助

一国的诉讼程序和诉讼行为,只能在其本国领域内发生效力。因此,如果一国法院在审理民事案件时,需要向其领域外送达文书或者调查取证,或者本国法院作出的判决、裁定需要在国外得到承认和执行,就只有在两国建立司法协助关系的基础上,通过相互请求和协助完成。

民事诉讼中的司法协助,是指两国法院之间根据两国签订的条约,或者共同缔结或者参加的国际公约,或者在互惠关系的基础上所进行的司法方面的协助,相互请求或者协助对方办理一定的诉讼行为和执行行为。司法协助的范围一般包括代为送达文书,调查取证,相互承认和执行对方作出的民事判决、裁定等。随着"一带一路"倡议的推进,我国已与越来越多的国家签订了涉及各个领域的双边条约。据统计,截至2022年7月,我国已与意大利、匈牙利、新加坡、西班牙、突尼斯、泰国、摩洛哥、秘鲁、科威特、法国、韩国、波斯尼亚和黑塞哥维那、保加利亚、巴西、埃塞俄比亚、阿联酋、阿根廷、阿尔及利亚、伊朗、乌克兰、立陶宛、罗马尼亚、越南、希腊、乌兹别克斯坦、土耳其、塔吉克斯坦、塞浦路斯、蒙古国、老挝、吉尔吉斯斯坦、哈萨克斯坦、古巴、俄罗斯、朝鲜、波兰、白俄罗斯、埃及、比利时共计39个国家签订了民商事司法协助条约,除与比利时签订的司法协助条约外,其余38个司法协助条约均已生效。

1991年,我国加入了《海牙送达公约》;1997年,我国又加入了《海牙取证公约》。为适应我国司法协助工作的发展,并为其进一步发展提供必要及基本的法律依据,本法根据我国司法协助工作的实践和国际惯例,对请求和提供司法协助的范围、途径、文本、法律程序以及相互请求承认和执行判决、裁定、仲裁裁决等内容作出了具体规定。

第二百九十三条 根据中华人民共和国缔结或者参加的国际条约,或者按照互惠原则,人民法院和外国法院可以相互请求,代为送达文书、调查取证以及进行其他诉讼行为。

外国法院请求协助的事项有损于中华人民共和国的主权、安全或者社会公共利益的,人民法院不予执行。

【释义】 本条是关于两国法院间代为进行诉讼行为范围的规定。

司法协助发生的基础主要有以下3种:第一,国家之间缔结双边协定或者协议,这是当今各国普遍采取的方式。一旦双边协定或者协议生效,两国法院便负有互为对方提供司法协助的义务。两国司法协助的范围、途径、程序由协定或者协议确定。第二,两国共同参加的有关司法协助的多边国际条约。例如,我国于1986年加入的《纽约公约》、1991年加入的《海牙送达公约》以及1997年加入的《海牙取证公约》等。主权国家一旦参加国际条约即应遵守,承担对该条约其他参加国的司法协助义务,但声明保留的条款除外。第三,互惠关系。主权国家之间既未缔结司法协助协定,又未共同参加有司法协助内容的有关国际条约时,双方按理说不能进行司法协助。但是,建有外交关系的国家根据国际惯例,可以按互惠关系形成事实上的司法协助关系,方便两国法院互为对方进行一定的诉讼行为,诉讼行为的范围按对等原则确定。

请求代为进行的诉讼行为通常限定在一定的范围之内,主要包括代为送达文书和调查取证(如询问当事人、证人,调取证据,进行鉴定、勘验等)。但是,即使两国之间存在条约关系或者互惠关系,也并不意味着被请求国法院对请求国法院所请求协助的事项一概提供协助。各国的普遍做法是,如果被请求国认为请求国法院所请求的事项将危害被请求国的主权、安全或者社会公共利益的,将拒绝提供协助。因此,我国人民法院对外国法院请求协助的事项,并非无条件地予以协助。如果外国法院请求的事项有损于我国的主权、安全或者社会公共利益,如由我国人民法院专属管辖的案件请求协助送达文书和调查取证,请求将涉及我国国家秘密的事项作为调查内容等,我国人民法院将不予执行。此外,如果外国法院请求协助的事项不属于我国人民法院的职权范围,我国人民法院也不予协助。

> **第二百九十四条** 请求和提供司法协助,应当依照中华人民共和国缔结或者参加的国际条约所规定的途径进行;没有条约关系的,通过外交途径进行。
>
> 外国驻中华人民共和国的使领馆可以向该国公民送达文书和调查取证,但不得违反中华人民共和国的法律,并不得采取强制措施。
>
> 除前款规定的情况外,未经中华人民共和国主管机关准许,任何外国机关或者个人不得在中华人民共和国领域内送达文书、调查取证。

【释义】 本条是关于请求和提供司法协助的途径的规定。

请求和提供司法协助的途径是国家间进行司法协助联系的通道,这既是司法协助的基本问题之一,也是民事诉讼法有关司法协助的规定中不可缺少的内容。根据本条规定,请求和提供司法协助,应当依照我国缔结或者参加的国际条约所规定的途径进行;没有条约关系的,通过外交途径进行。

首先,第一种途径,即通过公约或者双边条约规定的途径进行司法协助。在我国参加的国际公约以及与有关国家签订的司法协助条约中,均就请求和提供司法协助的途径作了规定。例如,1965年《海牙送达公约》第2条规定:"每一缔约国应指定一个中央机关,负责根据第三条至第六条的规定,接收来自其它缔约国的送达请求书,并予以转递。每一缔约国应依其本国法律组建中央机关。"1991年3月,第七届全国人大常委会第十八次会议批准加入该公约,《全国人大常委会关于批准加入〈关于向国外送达民事或商事司法文书和司法外文书公约〉的决定》第1条规定:"根据公约第二条和第九条规定,指定中华人民共和国司法部为中央机关和有权接收外国通过领事途径转递的文书的机关。"关于此种司法协助途径的具体程序,1992年《最高人民法院、外交部、司法部关于执行〈关于向国外送达民事或商事司法文书和司法外文书公约〉有关程序的通知》规定:"一、凡公约成员国驻华使、领馆转送该国法院或其他机关请求我国送达的民事或商事司法文书,应直接送交司法部,由司法部转递给最高人民法院,再由最高人民法院交有关人民法院送达给当事人。送达证明由有关人民法院交最高人民法院退司法部,再由司法部送交该国驻华使、领馆。二、凡公约成员国有权送交文书的主管当局或司法助理人员直接送交司法部请求我国送达的民事或商事司法文书,由司法部转递给最高人民法院,再由最高人民法院交有关人民法院送达给当事人。送达证明由有关人民法院交最高人民法院退司法部,再由司法部送交该国主管当局或司法助理人员。"

其次,第二种途径,即在两国没有条约关系的情况下,请求和提供司法协助应当通过外交途径进行。关于通过外交途径进行司法协助的原则和具体程序,最高人民法院、外交部、司法部于1986年联名发布的《关于我国法院和外国法院通过外交途径相互委托送达法律文书若干问题的通知》第1条、第2条规定:"一、凡已同我国建交国家的法院,通过外交途径委托我国法院向我国公民或法人以及在华的第三国或无国籍当事人送达法律文书,除该国同我国已订有协议的按协议处理外,一般根据互惠原则按下列程序和要求办理:1、由该国驻华使馆将法律文书交外交部领事司转递给有关高级人民法院,再由该高级人民法院指定有关中级人民法院送达给当事人。当事人在所附送达回证上签字后,中级人民法院将送达回证退高级人民法院,再通过外交部领事司转退给对方;如未附送达回证,则由有关中级人民法院出具送达证明交有关高级人民法院,再通过外交部领事司转给对方。2、委托送达法律文书须用委托书。委托书和所送法律文书须附有中文译本。3、法律文书的内容有损我国主权和安全的,予以驳回;如受送达人享有外交特权和豁免,一般不予送达;不属于我国法院职权范围或因地址不明或其他原因不能送达的,由有关高级人民法院提出处理意见或注明妨碍送达的原因,由外交部领事司向对方说明理由,予以退回。二、外国驻华使、领馆可以直接向其在华的本国国民送达法律文书,但不得损害我国主权和安全,不得采取强制措施。如对方通过外交途径委托我方向其在华的该国国民送达法律文书,亦可按第一条的规定予以送达。"

根据本条第2款、第3款的规定,外国驻华使领馆在不违反我国法律的前提下,可以向该国公民送达文书和调查取证。理解这两款,需要注意以下3点:第一,外国驻华使领馆只能向其本国国民送达文书和调查取证,不得向我国公民或者第三国公民送达文书或者调查取证;第二,其他任何外国机关以及个人,未经我国主管机关准许,不得擅自在我国领域内送达文书和调查取证;第三,外国驻华使领馆在我国领域内向其本国公民送达文书或者调查取证的行为,除不得违反我国法律外,还不得通过采取强制措施的方式完成。关于不得采取强制措施的规定,完全符合《海牙取证公约》第15条的原则。该条规定:"在民事或商事案件中,每一缔约国的外交官员或领事代表在另一缔约国境内其执行职务的区域内,可以向他所代表的国家的国民在不采取强制措施的情况下调取证据,以协助在其代表的国家的法院中进行的诉讼。"

第二百九十五条 外国法院请求人民法院提供司法协助的请求书及其所附文件,应当附有中文译本或者国际条约规定的其他文字文本。

人民法院请求外国法院提供司法协助的请求书及其所附文件,应当附有该国文字译本或者国际条约规定的其他文字文本。

【释义】 本条是关于司法协助请求文本的规定。

无论是外国法院请求我国人民法院提供司法协助,还是我国人民法院请求外国法院提供司法协助,均应当采用请求书的形式提出。请求书的内容一般包括:(1)请求机关和被请求机关的名称、地址;(2)案件的名称;(3)执行请求所涉及的人的姓名、性别、国籍、出生日期、职业、住所或者居所以及其在诉讼中的身份,法人的名称和地址;(4)当事人的代理人的姓名和地址;(5)请求所涉及的案件的案情摘要;(6)执行请求所需附具的其他材料;(7)请求的内容。

从维护我国国家主权和尊重别国主权的角度出发,同时也为了便于执行对方国家的请求事项,本条对请求书及其所附文件所使用的文本作出规定。根据本条规定,外国法院请求我国人民法院提供司法协助的请求书及其所附文件,应当附有中文译本或者国际条约规定的其他文字文本;我国人民法院请求外国法院提供司法协助的请求书及其所附文件,应当附有该国文字译本或者国际条约规定的其他文字文本。例外的情况是,如果双方缔结或者共同参加的国际条约中允许使用第三国文字文本,则可以采用该第三国文字正式译本。例如,我国同蒙古国、波兰签订的司法协助条约中,就允许使用第三国文字的译本,即允许缔约双方使用英文文本。

第二百九十六条 人民法院提供司法协助,依照中华人民共和国法律规定的程序进行。外国法院请求采用特殊方式的,也可以按照其请求的特殊方式进行,但请求采用的特殊方式不得违反中华人民共和国法律。

【释义】 本条是关于司法协助所适用法律程序的规定。

一般而言，执行外国法院的司法协助请求，应适用被请求国的法定程序，这是一国主权原则的必然要求。但在特殊情况下，如果应请求国的请求，适用该请求国法律所规定的程序有助于执行司法协助，同时又不违反被请求国法律的基本原则，则被请求国也可以适用请求国的法律程序进行司法协助，这是国际上通行的做法。由于适用请求国法律程序进行司法协助须以不违背被请求国法律为限，因而也不会同国家主权原则相抵触。《最高人民法院关于依据国际公约和双边司法协助条约办理民商事案件司法文书送达和调查取证司法协助请求的规定》第4条也明确了这一点，该条规定："人民法院协助外国办理民商事案件司法文书送达和调查取证请求，应当按照民事诉讼法和相关司法解释规定的方式办理。请求方要求按照请求书中列明的特殊方式办理的，如果该方式与我国法律不相抵触，且在实践中不存在无法办理或者办理困难的情形，应当按照该特殊方式办理。"

此外，在我国与有关国家签订的双边司法协助条约中，也对这一问题作出了类似规定。例如，《中华人民共和国和波兰人民共和国关于民事和刑事司法协助的协定》第11条规定："一、被请求机关提供司法协助，适用本国法律。二、被请求机关提供民事司法协助，亦可应请求适用缔约另一方的法律，但以不违背被请求的缔约一方法律的基本原则为限。"

第二百九十七条 人民法院作出的发生法律效力的判决、裁定，如果被执行人或者其财产不在中华人民共和国领域内，当事人请求执行的，可以由当事人直接向有管辖权的外国法院申请承认和执行，也可以由人民法院依照中华人民共和国缔结或者参加的国际条约的规定，或者按照互惠原则，请求外国法院承认和执行。

在中华人民共和国领域内依法作出的发生法律效力的仲裁裁决，当事人请求执行的，如果被执行人或者其财产不在中华人民共和国领域内，当事人可以直接向有管辖权的外国法院申请承认和执行。

【释义】 本条是关于人民法院作出的发生法律效力的判决、裁定申请或者请求外国法院承认和执行以及当事人就在中华人民共和国领域内依法作出的发生法律效力的仲裁裁决申请外国法院承认与执行的方式的规定。

一国法院作出的已经发生法律效力的民事判决、裁定，其效力只能及于本国领域,并不能当然产生域外效力。如果一国法院作出的生效判决、裁定需要得到外国的承认,在本国之外的领域发生效力、得到执行,就需要通过适当的方式与程序请求外国法院的承认和执行。

根据本条第1款的规定,如果当事人就我国法院作出的生效判决、裁定请求外国法院的承认与执行,需要具备下列条件并通过以下方式提出:一是人民法院作出的判决、裁定必须是已经发生法律效力的判决、裁定;二是被执行人或者其财产必须不在我国领域内;三是申请承认和执行判决、裁定,可以由当事人直接向有管辖权的外国法院提出;四是在我国与有关国家存在条约或者互惠关系的基础上,也可以由我国人民法院请求外国法院承认和执行。需要说明的是,在请求外国法院承认和执行我国人民法院的判决、裁定的提出程序上,本法借鉴了世界上多数国家采用的方式,即考虑到我国与有关国家司法协助协定中的相关内容,明确规定当事人可以直接向外国法院申请承认和执行。这样既能够简化程序、方便当事人,同时也有助于我国法院的判决、裁定在外国得到及时的承认和执行。

本条第2款主要规定的是对在中华人民共和国领域内依法作出的发生法律效力的仲裁裁决请求承认和执行的方式,即:"在中华人民共和国领域内依法作出的发生法律效力的仲裁裁决,当事人请求执行的,如果被执行人或者其财产不在中华人民共和国领域内,当事人可以直接向有管辖权的外国法院申请承认和执行。"与判决、裁定的承认和执行相比,仲裁裁决的承认和执行既有相似又有不同。相似的地方包括:第一,仲裁裁决必须是已经发生法律效力的。根据仲裁法的规定,我国仲裁实行一裁终局制度,裁决书自作出之日起发生法律效力。第二,仲裁裁决涉及的被执行人或者其财产不在我国领域内。如果被执行人及其财产在我国领域内,则不存在需要外国法院承认和执行的问题。不同的地方在于:当事人针对生效仲裁裁决请求外国法院承认和执行的,直接由当事人向有管辖权的外国法院申请承认和执行,而不再通过人民法院请求外国法院承认和执行。这一规定与我国加入的有关国际公约及双边司法协助条约的规定是一致的。在仲裁裁决的承认和执行方面,1958年6月10日在纽约召开的联合国国际商事仲裁会议上签署了《承认及执行外国仲裁裁决公约》(以下简称《纽约公约》)。1986年12月2日,第六届全国人大常委会第十八次会议决定我国加入《纽约公约》,我国政府于1987年1月22日递交了加入书,《纽约公约》自1987年4月22日对我国生效。截至2023年1月17日,世界上已有170多个国家和地区加入了该公约,这为承认和执行外国仲裁裁决提供了保障和便利。

一般认为,我国对于仲裁裁决籍属的认定采用的是仲裁机构所在地标准,这与国际上对于仲裁裁决籍属认定的通行标准以及《纽约公约》的规定都不一致。比如,《纽约公约》第1条第3款规定,任何缔约国在签署、批准或者加入该公约,或者根据该公约第10条通知推广适用的时候,可以在互惠的基础上声明,本国只对另一缔约国领土内所作成的仲裁裁决的承认和执行,适用该公约。又如,《瑞典仲裁法》第52条规定:"在瑞典国外作出的裁决应视为外国裁决。依照本法,裁决应视为在仲裁地所在国作出。"

仲裁法修改已被列入十四届全国人大常委会立法规划和十四届全国人大常委会2023年立法工作计划。在仲裁法研究修改过程中,一些意见认为,应当在仲裁法中对仲裁裁决籍属的认定加以明确,并建议采用《纽约公约》与国际上多数国家和地区的做法,以仲裁地作为确定仲裁裁决籍属的标准。为与未来仲裁法的修改相衔接,2023年民事诉讼法修改将2021年民事诉讼法第287条第2款中的"中华人民共和国涉外仲裁机构作出的发生法律效力的仲裁裁决"修改为"在中华人民共和国领域内依法作出的发生法律效力的仲裁裁决"。这里的"依法"即是指依据仲裁法的规定。

第二百九十八条　外国法院作出的发生法律效力的判决、裁定,需要人民法院承认和执行的,可以由当事人直接向有管辖权的中级人民法院申请承认和执行,也可以由外国法院依照该国与中华人民共和国缔结或者参加的国际条约的规定,或者按照互惠原则,请求人民法院承认和执行。

【释义】　本条是关于申请或者请求承认和执行外国法院作出的发生法律效力的判决、裁定的方式的规定。与2021年民事诉讼法第288条相比,本条主要是将原条文中的"中华人民共和国人民法院"简化表述为"人民法院",将"中华人民共和国有管辖权的中级人民法院"简化表述为"有管辖权的中级人民法院",以与本章的其他相关表述保持一致。

对于外国法院作出的发生法律效力的判决、裁定,如果其执行涉及的被执行人及其财产都在该国领域内,自然可依该外国法律的相关规定直接予以执行。如果外国法院作出的生效判决、裁定所涉及的被执行人或者其财产在我国领域内，则涉及外国法院生效判决、裁定的承认与执行问题。外国法院的生效判决、裁定，只有通过承认与执行程序获得我国司法上的认可，方可实现其裁判内容。在学理上，两国法院之间互相委托、承认和执行对方法院作出的生效判决、裁定和仲裁机构作出的裁决的制度，被称为特殊司法协助。之所以特殊，主要是因为该制度涉及国家的民事审判制度、司法制度以及当事人的切身利益。因此，各国一般对此都规定了严格的承认和执行程序。

根据本条规定，外国法院作出的生效判决、裁定需要我国人民法院承认和执行的，既可以由当事人直接向我国有管辖权的中级人民法院提出申请，也可以由作出生效判决、裁定的外国法院，依照该国与我国缔结或者参加的国际条约的规定，或者按照互惠原则，请求我国人民法院承认和执行。对于当事人直接申请承认与执行的，其应向我国有管辖权的中级人民法院提交承认与执行的申请书，人民法院接到申请书后予以立案；对于外国法院请求承认与执行的，其应向我国有管辖权的中级人民法院提交承认与执行的请求书，人民法院接到请求书后予以立案。无论是当事人申请还是外国法院请求，我国人民法院均须根据我国法律或者我国缔结或参加的国际条约的规定，或者按照互惠原则进行形式审查。如果经过审查，判决和裁定符合承认和执行条件的，裁定承认其效力，需要执行的，发出执行令，依照本法第三编"执行程序"的规定予以执行；不符合承认和执行条件的，裁定不予承认和执行。

在外国法院民商事判决承认与执行的国际公约方面，2019年7月2日，海牙国际私法会议第22届外交大会在海牙闭幕，《承认和执行外国民商事判决公约》(Recognition and Enforcement of Foreign Judgments in Civil or Commercial Matters)的谈判宣告完成。虽然包括我国在内的数十个国家对公约文本进行了签署确认，但这仅意味着该公约的条款得到了海牙国际私法会议的确认，进而可以开放供各国签署，距离该公约的真正生效还尚有时日。我国目前尚未加入任何关于外国法院民商事判决承认与执行的公约。对于外国法院的生效判决、裁定，我国法院目前承认与执行的依据仅有两种：一是我国与其他国家签订的双边司法协助条约；二是互惠原则。就前者而言，我国目前与三十多个国家签署了包含承认与执行法院判决的双边司法协助条约；就后者而言，目前司法实践对于互惠原则的认定标准主要采"事实互惠"标准，即只有在请求国法院曾经承认和执行过我国人民法院判决、裁定的情况下才可考虑同意相关判决、裁定在我国的承认与执行请求。

需要说明一点,对于外国法院生效判决、裁定的承认与执行,应当严格按照本条确定的程序和原则把握。如果判决、裁定作出国与我国没有共同缔结或参加国际条约,也不存在互惠关系,此时对于外国法院的判决、裁定的承认和执行,应当按照《最高人民法院关于适用〈中华人民共和国民事诉讼法〉的解释》的相关规定办理。第一,当事人向中华人民共和国有管辖权的中级人民法院申请承认和执行外国法院作出的发生法律效力的判决、裁定的,如果该法院所在国与中华人民共和国没有缔结或者共同参加国际条约,也没有互惠关系的,裁定驳回申请,但当事人向人民法院申请承认外国法院作出的发生法律效力的离婚判决的除外。承认和执行申请被裁定驳回的,当事人可以向人民法院起诉。第二,与我国没有司法协助条约又无互惠关系的国家的法院,未通过外交途径,直接请求我国人民法院司法协助的,我国法院应予退回,并说明理由。

第二百九十九条 人民法院对申请或者请求承认和执行的外国法院作出的发生法律效力的判决、裁定,依照中华人民共和国缔结或者参加的国际条约,或者按照互惠原则进行审查后,认为不违反中华人民共和国法律的基本原则且不损害国家主权、安全、社会公共利益的,裁定承认其效力;需要执行的,发出执行令,依照本法的有关规定执行。

【释义】 本条是关于申请或者请求承认和执行的外国法院作出的发生法律效力的判决、裁定进行审查及裁定承认和执行的规定。与 2021 年民事诉讼法第 289 条的规定相比,本条主要是删除了"违反中华人民共和国法律的基本原则或者国家主权、安全、社会公共利益的,不予承认和执行"的表述,将不予承认和执行外国法院生效判决、裁定的具体情形另作规定。

外国法院作出的发生法律效力的判决、裁定,无论是通过当事人申请承认和执行,还是通过该外国法院请求承认和执行,我国人民法院在收到申请或者请求后,都需要对该判决、裁定依据一定的原则和程序加以审查,进而判断是否对该判决、裁定予以承认和执行。根据本条的规定,人民法院审查的依据是我国缔结或者参加的国际条约,或者是按照互惠原则。如果经过审查,人民法院认为该判决、裁定不违反我国法律的基本原则且不损害国家主权、安全、社会公共利益,则可以通过裁定的方式承认其效力;需要执行的,发出执行令,依照民事诉讼法第三编"执行程序"中的规定予以执行。本条与2021年民事诉讼法的条文相比,删除了"违反中华人民共和国法律的基本原则或者国家主权、安全、社会公共利益的,不予承认和执行"的表述。这一修改,并不意味着对违反法律基本原则或者损害国家主权、安全、社会公共利益的判决、裁定不予承认和执行立场的放弃,而是在此基础上进一步完善对外国法院生效判决、裁定不予承认和执行的制度。本法第300条规定:"对申请或者请求承认和执行的外国法院作出的发生法律效力的判决、裁定,人民法院经审查,有下列情形之一的,裁定不予承认和执行:(一)依据本法第三百零一条的规定,外国法院对案件无管辖权;(二)被申请人未得到合法传唤或者虽经合法传唤但未获得合理的陈述、辩论机会,或者无诉讼行为能力的当事人未得到适当代理;(三)判决、裁定是通过欺诈方式取得;(四)人民法院已对同一纠纷作出判决、裁定,或者已经承认第三国法院对同一纠纷作出的判决、裁定;(五)违反中华人民共和国法律的基本原则或者损害国家主权、安全、社会公共利益。"这一修改丰富了不予承认和执行外国法院生效判决、裁定的具体情形,使得"不违反中华人民共和国法律的基本原则且不损害国家主权、安全、社会公共利益"不再成为承认和执行外国法院生效判决、裁定的唯一条件。如果该判决、裁定存在本法第300条规定的其他四项情形,人民法院也应当裁定不予承认和执行。

理解本条,还需要注意两点:一是我国人民法院对外国法院判决、裁定的审查,仅限于审查外国法院生效判决、裁定是否符合我国法律规定的承认和执行外国法院判决、裁定的条件,对判决、裁定中的事实认定和法律适用问题不予审查。二是承认外国法院的判决、裁定和执行外国法院的判决、裁定,是一个既有联系又有区别的问题。承认外国法院判决、裁定是认可外国法院判决、裁定在确定当事人权利义务方面与本国法院判决、裁定具有同等效力,是执行该判决、裁定的前提条件。但是,承认外国法院的判决、裁定并不意味着必然执行这一判决、裁定,只有具有执行内容的判决、裁定才发生执行的问题。例如,外国法院单纯准许离婚的判决(不涉及财产分割)、确认收养关系的判决等有关身份关系的判决,就只存在承认的问题,而不发生执行的问题。

第三百条 对申请或者请求承认和执行的外国法院作出的发生法律效力的判决、裁定,人民法院经审查,有下列情形之一的,裁定不予承认和执行:

(一)依据本法第三百零一条的规定,外国法院对案件无管辖权;

(二)被申请人未得到合法传唤或者虽经合法传唤但未获得合理的陈述、辩论机会,或者无诉讼行为能力的当事人未得到适当代理;

(三)判决、裁定是通过欺诈方式取得;

(四)人民法院已对同一纠纷作出判决、裁定,或者已经承认第三国法院对同一纠纷作出的判决、裁定;

(五)违反中华人民共和国法律的基本原则或者损害国家主权、安全、社会公共利益。

【释义】 本条为2023年新增条款,是关于人民法院对于外国法院生效判决、裁定不予承认和执行情形的规定。

根据本法第299条的规定,人民法院对申请或者请求承认和执行的外国法院作出的发生法律效力的判决、裁定,应当依照中华人民共和国缔结或者参加的国际条约,或者按照互惠原则进行审查。同时,该条还明确,如该外国法院的判决、裁定不违反中华人民共和国法律的基本原则且不损害国家主权、安全、社会公共利益,裁定承认其效力;需要执行的,发出执行令,依照本法的有关规定执行。本法第299条从正面规定了对于外国法院作出的发生法律效力的判决、裁定予以承认和执行的条件,即不违反我国法律的基本原则且不损害国家主权、安全、社会公共利益。如果外国法院作出的发生法律效力的判决、裁定并未违反我国法律的基本原则或者损害我国国家主权、安全、社会公共利益,是否必然得到我国法院的承认和执行?本条规定对此问题作出了否定回答,并详细列明了在何种情形下,外国法院作出的发生法律效力的判决、裁定无法得到我国法院的承认和执行。

从国际上看,不少国际公约对不予承认和执行外国判决、裁定的情形作出了规定。比如,2005年6月30日签订的《选择法院协议公约》(我国于2017年9月12日签署,尚未批准)第9条规定:"承认或者执行可以被拒绝,如果:(一)该协议根据被选择法院国法律是无效的,除非被选择法院已确定该协议是有效的;(二)根据被请求国法律,一方当事人缺乏缔结该协议的能力;(三)提起诉讼的文书或者同等文件,包括请求的基本要素;1.没有在足够的时间内以一定方式通知被告使其能够安排答辩,除非被告在原审法院出庭并答辩,且在原审国法律允许就通知提出异议的条件下,被告未就原审法庭的通知问题提出异议;2.在被请求国通知被告的方式与被请求国有关文书送达的基本原则不符;(四)该判决是通过与程序事项有关的欺诈获得的;(五)承认或者执行将会与被请求国的公共政策明显相悖,包括导致该判决的具体诉讼程序不符合被请求国程序公正基本原则的情形;(六)该判决与被请求国就相同当事人间争议作出的判决相冲突;(七)该判决与较早前第三国就相同当事人间就相同诉因所作出的判决相冲突,且该较早判决满足在被请求国得到承认所必需的条件。"2019年7月2日通过的《承认与执行外国民商事判决公约》(我国尚未批准)第7条规定:"一、存在下列情形的,可以拒绝承认和执行:(一)提起诉讼的文书或同等文书,包括诉讼请求的本质要素;1.没有在足够的时间内以一定方式通知被告使其能够安排答辩,除非被告在原审法院出庭,且在原审国法律允许就通知提出异议的条件下,被告未就原审法庭的通知问题提出抗辩;或者 2.在被请求国通知被告的方式与被请求国有关文书送达的基本原则不符;(二)判决是通过欺诈获得的;(三)承认或者执行将会与被请求国的公共政策明显相悖,包括作出该判决的具体诉讼程序不符合被请求国程序公正的基本原则、以及侵犯该国主权和安全的情形;(四)原审国的诉讼与当事人协议或信托文书的指定相悖,根据该文书,争议应该由其他国家法院解决,而并非原审国法院;(五)该判决与被请求国法院就相同当事人间争议作出的判决相冲突;(六)该判决与较早前第三国法院就相同当事人间就相同标的所作出的判决相冲突,且较早判决满足在被请求国得到承认所必需的条件。二、如果相同当事人关于相同标的的诉讼在被请求国法院正在进行中,在下述情形下,可以拒绝或者延迟承认或者执行:(一)被请求国法院先于原审法院受理案件;且(二)争议和被请求国有紧密的联系。依本款的拒绝并不阻止之后申请承认或执行判决。"在双边司法协助方面,目前我国与39个国家签订了涉及民商事司法协助的双边协定,已经生效38项,其中34项规定了外国法院判决、裁定的承认和执行条件。

参照有关国际公约、我国签订的双边司法协助协定及各国立法实践的规定,本条对我国法院审查认定不予承认和执行外国法院判决、裁定的情形作了具体规定：

第一项是外国法院对案件无管辖权。外国法院如对案件无权管辖，其作出的判决、裁定不应得到承认与执行应为当然之理。问题在于，外国法院对于案件有无管辖权的判断标准应该如何确定？一种观点认为，应以判决作出国法律为判断标准；另一种观点认为，完全依据判决作出国法律判断案件有无管辖权，有可能出现外国法院通过"长臂管辖"滥用管辖权的情况，因此应以执行地国法律为判断标准。对此问题，本法在第 301 条专门作出规定，明确了应当认定外国法院对案件无管辖权的具体情形。因此，如果符合本法第 301 条规定的情形之一，则我国法院应当认定外国法院对案件无管辖权，该外国法院作出的发生法律效力的判决、裁定也应被裁定不予承认和执行。

第二项是被申请人未得到合法传唤或者虽经合法传唤但未获得合理的陈述、辩论机会，或者无诉讼行为能力的当事人未得到适当代理。当事人参加诉讼，应当享有平等的诉讼权利，同时，在诉讼中要允许其充分陈述、辩论，这有助于准确查明案件事实，正确适用法律，从而形成公正裁判。本法第 8 条规定："民事诉讼当事人有平等的诉讼权利。人民法院审理民事案件，应当保障和便利当事人行使诉讼权利，对当事人在适用法律上一律平等。"本法第 12 条规定："人民法院审理民事案件时，当事人有权进行辩论。"人民法院在审查外国法院发生法律效力的判决、裁定时，如果发现在形成该判决、裁定的诉讼程序中，被申请人并未得到合法传唤或者虽经合法传唤但未获得合理的陈述、辩论机会，或者作为无诉讼行为能力的当事人未获得适当代理，都意味着被申请人的诉讼权利没有得到充分保障，在此基础上作出的生效判决、裁定无疑损害了被申请人的合法权益，不应得到承认和执行。

第三项是判决、裁定是通过欺诈方式取得。该项也是国际上较为公认的应当不予承认和执行判决、裁定的情形。判决、裁定如果是通过欺诈方式取得的，不仅可能损害对方当事人的合法权益，更是对司法秩序和司法权威的损害。本法第 115 条规定："当事人之间恶意串通，企图通过诉讼、调解等方式侵害国家利益、社会公共利益或者他人合法权益的，人民法院应当驳回其请求，并根据情节轻重予以罚款、拘留；构成犯罪的，依法追究刑事责任。当事人单方捏造民事案件基本事实，向人民法院提起诉讼，企图侵害国家利益、社会公共利益或者他人合法权益的，适用前款规定。"如果外国法院作出的发生法律效力的判决、裁定是通过欺诈方式取得的，我国法院可以通过裁定不予承认和执行的方式表达对其否定的立场。

第四项是人民法院已对同一纠纷作出判决、裁定,或者已经承认第三国法院对同一纠纷作出的判决、裁定。与上述3种情形不同,该项所规定的对外国法院发生法律效力的判决、裁定不予承认和执行的情形,并非因为该判决、裁定本身系违反法定程序作出的,而是因为该判决、裁定涉及的同一纠纷在此之前已由我国法院作出了判决、裁定,或者我国法院虽然未作出判决、裁定,但已经承认第三国法院对该纠纷作出的判决、裁定。在前一种情况下,因我国法院已对纠纷作出判决、裁定,当事人可以依据本法有关规定申请执行;在后一种情况下,我国法院通过承认第三国法院的判决、裁定,即已认可第三国对纠纷作出的判决、裁定,无须再对申请或者请求承认和执行的外国法院作出的生效判决、裁定予以承认和执行。

第五项是违反中华人民共和国法律的基本原则或者损害国家主权、安全、社会公共利益。该项也是国际上各国对于外国判决、裁定不予承认和执行的通行规定。如果外国法院作出的发生法律效力的判决、裁定与我国法律的基本原则相悖,或者损害了我国的国家安全、主权、社会公共利益,则显然不应得到承认和执行,否则会极大冲击我国法律的基本原则,损害我国的国家利益。在2023年民事诉讼法修改前,该项实际上是判断外国法院生效判决、裁定是否应予承认和执行的实质标准。法律修改后,该项规定仍然发挥着判断外国法院发生法律效力的判决、裁定是否应予承认和执行的"安全阀"作用,即一项外国法院发生法律效力的判决、裁定,即使不存在本条前四项规定的情形,但经审查后发现其存在违反我国法律的基本原则或者损害国家主权、安全、社会公共利益情形的,依然应当裁定不予承认和执行。

第三百零一条 有下列情形之一的,人民法院应当认定该外国法院对案件无管辖权:

(一)外国法院依照其法律对案件没有管辖权,或者虽然依照其法律有管辖权但与案件所涉纠纷无适当联系;

(二)违反本法对专属管辖的规定;

(三)违反当事人排他性选择法院管辖的协议。

【释义】 本条为2023年新增条款,是关于人民法院认定外国法院对案件无管辖权情形的规定。

本法第 300 条明确了对申请或者请求承认和执行的外国法院作出的发生法律效力的判决、裁定,人民法院在哪些情形下可以裁定不予承认和执行。其中第一项为"依据本法第 301 条的规定,外国法院对案件无管辖权"。由此,外国法院对案件无管辖权作为外国法院发生法律效力的判决、裁定不予承认和执行的情形被确定下来。由此而来的问题是,如何判断外国法院对案件是否具有管辖权?具体而言,在哪些情形下应当认定外国法院对案件不具有管辖权?本条即对此作出了规定。

一国法院依据某种标准,对原审国法院是否对案件具有管辖权作出审查,这是外国法院民商事判决得到一国承认与执行的基础,学理上称为"间接管辖权"制度。间接管辖权是外国法院判决、裁定被承认与执行的基本条件之一,被请求国法院可以通过判断原审国法院的管辖权是否合理来避免承认与执行原审国法院不合理的判决、裁定。在间接管辖权制度中,最为重要的问题是审查间接管辖权的准据法,即应当适用哪个国家的法律判定原审国法院对案件有无管辖权。对此,国际社会主要有两种做法:一是一般情形下应当依据判决作出国的法律来审查,但违反被请求国专属管辖规定的除外。采取此种立法例的国家有印度、巴基斯坦、缅甸、爱尔兰、卢森堡等,我国与俄罗斯、白俄罗斯、乌克兰、哈萨克斯坦、吉尔吉斯斯坦、乌兹别克斯坦、塔吉克斯坦、希腊之间的双边司法协助协定也采取此种模式。二是适用被请求国法律作为审查依据,如德国、委内瑞拉、保加利亚等,我国与法国、蒙古国、罗马尼亚、古巴、保加利亚、摩洛哥、立陶宛、朝鲜、巴西、阿根廷、阿尔及利亚之间的双边司法协助协定采取此种模式。此外,实践中还存在同时依据判决作出国和被请求国的法律来审查间接管辖权的做法,但此种双重审查的做法大大增加了审查难度,目前仅法国、以色列等极少数国家采用。从国内目前对此问题的研究来看,两种做法各有拥趸,但反对者也均不在少数。支持依据判决作出国法律审查间接管辖权的观点认为,此种做法更符合常理,因为外国法院在作出生效判决、裁定时,只能依据本国法律对其有无管辖权加以判断,苛求其在作出判决、裁定时知晓被请求国法律的管辖权判断规则是不合理的,也不符合国际礼让的原则;支持依据被请求国法律审查间接管辖权的观点则认为,被请求国作为审查生效判决、裁定是否应予承认与执行的主体,当然应当依据自己国家的法律规则审查外国法院的管辖权合法与否,进而将其作为判定是否承认与执行外国法院生效判决、裁定的前提。如果完全依据判决作出国法律判定管辖权，则可能存在与被请求国法律中确定管辖的原则相冲突，进而有损被请求国司法主权的情形。

本条第一项对此问题作出明确规定，外国法院依照其法律对案件没有管辖权，或者虽然依照其法律有管辖权但与案件所涉纠纷无适当联系的，人民法院应当认定该外国法院对案件无管辖权。由此规定可以看出，本法在审查间接管辖权的准据法问题上，对上述两种模式作了折中，即原则上应依照判决作出国法律来判断外国法院对案件是否具有管辖权，但如果外国法院与案件所涉纠纷没有适当联系，则即使依照其法律有管辖权也应被判定为该外国法院对案件无管辖权。理解本项，需要注意以下几点：一是审查外国法院间接管辖权的准据法，原则上是判决作出国的法律，即如果依照判决作出国法律认定外国法院对案件有管辖权，则我国法院在对外国法院作出的生效判决、裁定进行审查时应当首先认可外国法院的管辖权；反之，如果依照判决作出国法律外国法院对案件无管辖权，则不应当认可其管辖权。二是即使依照判决作出国法律外国法院对案件有管辖权，我国法院也未必一定认可这种管辖权的有效性。如果我国法院经过对外国法院生效判决、裁定的审查，发现该外国法院与案件所涉纠纷不存在适当联系，我国法院最终也不认可其管辖权。这意味着，在外国法院间接管辖权的判定问题上，我国采取的是一种既积极又稳妥的方案：一方面认可外国法院可依照其自身法律判定对案件有无管辖权，另一方面又从维护国家主权、安全和社会公共利益的角度，对此设置了"安全阀"，通过规定"适当联系"原则，将间接管辖权的最终判定权把握在我国自己手中。本项中所规定的"适当联系"原则，与本法第276条第2款中的"适当联系"应作同样理解，由法院在进行审查时具体把握。

本条第2项规定的人民法院应当认定外国法院对案件无管辖权的情形是"违反本法对专属管辖的规定"。本法第279条对人民法院专属管辖的三类民事案件作了规定，包括：(1)因在中华人民共和国领域内设立的法人或者其他组织的设立、解散、清算，以及该法人或者其他组织作出的决议的效力等纠纷提起的诉讼；(2)因与在中华人民共和国领域内审查授予的知识产权的有效性有关的纠纷提起的诉讼；(3)因在中华人民共和国领域内履行中外合资经营企业合同、中外合作经营企业合同、中外合作勘探开发自然资源合同发生纠纷提起的诉讼。专属管辖是一国基于主权、安全和社会公共利益等的考虑所确定的专属于一国法院管辖、不允许当事人通过协议选择排除的管辖类型。专属管辖体现了一国法院在诉讼管辖方面的主权立场,如果外国法院违反了我国民事诉讼法对专属管辖的规定,对于本应由我国法院专属管辖的案件进行了管辖,则我国法院应当认定该外国法院对于案件无管辖权。

本条第三项规定的人民法院应当认定外国法院对案件无管辖权的情形是"违反当事人排他性选择法院管辖的协议"。协议管辖是当事人之间通过协商一致,共同合意选择管辖法院的一种确定管辖的方式。2023年民事诉讼法修改,在涉外民事诉讼程序的特别规定编新增协议管辖的内容,即本法第277条的规定:"涉外民事纠纷的当事人书面协议选择人民法院管辖的,可以由人民法院管辖。"根据这一规定,涉外民事纠纷的当事人可以协议选择人民法院进行管辖,并且不受案件所涉纠纷需与选择法院具有实际联系的限制。当事人在协议选择管辖法院时,既可以作排他性的选择,也可以作非排他性的选择;无论是前者还是后者,这种选择均是当事人之间合意的结果,体现了双方共同的意思表示,应当予以尊重。不同之处在于,如果当事人协议选择的法院是排他性的,则意味着一旦选定我国法院,外国法院便不能再对案件行使管辖权了。如果违反了这一选择法院的协议,我国法院即可认定该外国法院对案件没有管辖权。

第三百零二条　当事人向人民法院申请承认和执行外国法院作出的发生法律效力的判决、裁定,该判决、裁定涉及的纠纷与人民法院正在审理的纠纷属于同一纠纷的,人民法院可以裁定中止诉讼。

外国法院作出的发生法律效力的判决、裁定不符合本法规定的承认条件的,人民法院裁定不予承认和执行,并恢复已经中止的诉讼;符合本法规定的承认条件的,人民法院裁定承认其效力;需要执行的,发出执行令,依照本法的有关规定执行;对已经中止的诉讼,裁定驳回起诉。

【释义】　本条为2023年新增条款,是关于人民法院受理承认和执行外国法院生效判决、裁定所涉纠纷与正在审理的纠纷属于同一纠纷时如何处理的规定。

在处理涉外民事纠纷的过程中,外国法院可能先于我国法院受理案件且已经作出生效判决、裁定,并就生效判决、裁定向我国法院申请承认和执行,而此时人民法院对于同一纠纷仍处于审理过程中。这一情形的出现,主要是因为涉外民事纠纷中平行诉讼的存在。所谓平行诉讼,是指相同当事人就同一争议基于相同事实以及相同目的在两个以上国家或地区的法院进行诉讼的现象。根据本法第 280 条的规定,当事人之间的同一纠纷,一方当事人向外国法院起诉,另一方当事人向人民法院起诉,或者一方当事人既向外国法院起诉,又向人民法院起诉,人民法院依照本法有管辖权的,可以受理。平行诉讼的存在,使得外国法院和我国法院可能对于同一纠纷均行使管辖权。当外国法院已经对纠纷作出生效判决、裁定,并且当事人就此生效判决、裁定向我国法院申请承认和执行时,我国法院可能对于该纠纷仍处在审理阶段。此时,就需要对如何处理对于外国法院生效判决、裁定的承认与执行以及我国法院正在进行的诉讼作出规定,从而更充分、高效地利用司法资源,在提升纠纷处理效率与保护当事人合法权益之间取得更好的平衡。

根据本条第 1 款的规定,当事人向人民法院申请承认和执行外国法院作出的发生法律效力的判决、裁定,该判决、裁定涉及的纠纷与人民法院正在审理的纠纷属于同一纠纷的,人民法院可以裁定中止诉讼。综上所述,在平行诉讼的情形下,外国法院可能在先对纠纷作出生效判决、裁定,而该生效判决、裁定的承认和执行又需要由当事人向我国法院进行申请。此时,如果我国法院对该纠纷尚处于审理阶段,就需要对申请承认和执行外国法院生效判决、裁定的程序与我国法院正在进行的诉讼进行协调。考虑到外国法院已经通过生效判决、裁定的形式对纠纷进行了实体处理,如果该生效判决、裁定能够得到我国法院的承认和执行,则一方面当事人的纠纷无须再由我国法院继续审理并作出裁判,可以节省更多的司法资源,效率也更高;另一方面也体现了我国法院对外国法院生效判决、裁定的尊重,展现了国际礼让精神。当然,当事人就外国法院生效判决、裁定向我国法院申请承认和执行后能否最终得到承认和执行具有不确定性,需要由我国法院在受理案件后对其是否符合承认和执行条件进行审查:如果符合,则予以承认和执行;如果不符合,则裁定不予承认和执行。鉴于此,在当事人就外国法院生效判决、裁定向我国法院申请承认和执行时,对于我国法院正在审理的纠纷作中止诉讼的处理较为妥当,为我国法院根据承认和执行审查程序的不同走向作出分别处理保留了空间。

本条第 2 款即是根据对外国法院生效判决、裁定承认和执行的不同审查结果作出的不同处理:如果外国法院的生效判决、裁定不符合本法规定的承认条件,我国法院应当裁定不予承认和执行,同时恢复已经中止的诉讼;如果外国法院的生效判决、裁定符合本法规定的承认条件,我国法院则裁定承认其效力,需要执行的,发出执行令,根据本法的有关规定执行,对已经中止的诉讼,裁定驳回起诉。理解本款,需要明确以下几点:一是关于"本法规定的承认条件"。根据本法第299条的规定,人民法院对申请或者请求承认和执行的外国法院作出的发生法律效力的判决、裁定,依照中华人民共和国缔结或者参加的国际条约,或者按照互惠原则进行审查后,认为不违反中华人民共和国法律的基本原则且不损害国家主权、安全、社会公共利益的,裁定承认其效力;需要执行的,发出执行令,依照本法的有关规定执行。因此,能够得到承认和执行的外国法院作出的发生法律效力的判决、裁定必须不能违反我国法院的基本原则且不损害我国的国家主权、安全、社会公共利益。同时,本法第300条还规定了裁定不予承认和执行外国法院生效判决、裁定的情形。如果外国法院生效判决、裁定存在这些情形,当然应当被认定为不具备"本法规定的承认条件",从而不应得到承认和执行。二是在外国法院生效判决、裁定因不符合本法规定的承认条件而被裁定不予承认和执行后,应当恢复我国法院之前中止的诉讼。我国法院之前正在进行的诉讼与外国法院生效判决、裁定涉及的纠纷属于同一纠纷,在外国法院生效判决、裁定被裁定不予承认和执行后,当事人通过在我国法院申请承认和执行外国法院生效判决、裁定来实现自己实体权益的路径已经走不通。此时,只有恢复此前在我国法院进行的诉讼,其诉请才有可能因得到我国法院的认可而得到执行,进而实现其自身权益。三是如果经过审查,外国法院的生效判决、裁定符合本法规定的承认条件,既不存在违反我国法院的基本原则或者损害我国国家主权、安全、社会公共利益的情形,也不存在本法第300条所列举的各种情形,则我国法院应当裁定承认该生效判决、裁定的效力。如果需要执行,则由我国法院发出执行令,根据民事诉讼法有关执行程序的规定执行。在裁定承认和执行外国法院生效判决、裁定后,该生效判决、裁定所涉纠纷已经得到了实体处理,且该处理结果也得到了我国法院的认同,此时,对我国法院此前中止的诉讼也应作出终局性的处置,即裁定驳回起诉。

> **第三百零三条** 当事人对承认和执行或者不予承认和执行的裁定不服的,可以自裁定送达之日起十日内向上一级人民法院申请复议。

【释义】 本条为2023年新增条款,是关于承认和执行或者不予承认和执行外国法院作出的发生法律效力的判决、裁定的救济的规定。

当事人就外国法院作出的发生法律效力的判决、裁定向我国法院申请承认和执行的,我国法院根据本法有关规定进行审查后,如果认为该发生法律效力的判决、裁定符合本法规定的承认条件,则裁定承认其效力,需要执行的,发出执行令,依照有关规定执行;如果认为该发生法律效力的判决、裁定不符合本法规定的承认条件,则裁定不予承认和执行。无论裁定的结果是承认和执行,还是不予承认和执行,都需要赋予当事人相应的救济,如此方能实现对其诉讼权利及合法权益的周全保护。2023年修改前,民事诉讼法对于承认和执行或者不予承认和执行外国法院发生法律效力的判决、裁定的裁定如何救济,并无明确规定。根据2021年民事诉讼法第157条的规定,裁定的适用范围包括:(1)不予受理;(2)对管辖权有异议的;(3)驳回起诉;(4)保全和先予执行;(5)准许或者不准许撤诉;(6)中止或者终结诉讼;(7)补正判决书中的笔误;(8)中止或者终结执行;(9)撤销或者不予执行仲裁裁决;(10)不予执行公证机关赋予强制执行效力的债权文书;(11)其他需要裁定解决的事项。该条同时明确,只有对前三项裁定,才可以上诉。这意味着,除不予受理、管辖权异议及驳回起诉的裁定可以上诉外,其他裁定不允许上诉。但是,不允许上诉并不必然意味着没有救济。比如,2021年民事诉讼法第111条中规定,当事人对保全或者先予执行的裁定不服的,可以申请复议一次。承认和执行或者不予承认和执行的裁定对于当事人的权利实现意义重大,在我国法院作出裁定后,如果不赋予其一定的救济途径,既难以确保当事人服判息诉,也不利于发挥上级法院对下级法院的监督作用,真正确保当事人的合法权益得到实现。基于此,本条对此作出规定。

理解本条,可以从以下几点把握:一是当事人可以申请复议的裁定范围,既包括承认和执行外国法院生效判决、裁定的裁定,也包括不予承认和执行外国法院生效判决、裁定的裁定。申请人申请承认和执行外国法院生效判决、裁定的,如果法院裁定承认和执行,则申请人的诉请得到了认可,但被申请人可能认为该生效判决、裁定不应得到承认和执行,进而申请复议;反之,如果法院裁定不予承认和执行,则申请人可能会因其诉请未获认可而申请复议。二是当事人就承认和执行或者不予承认和执行的裁定申请复议的,应当向上一级人民法院提出。当事人向上一级人民法院提出复议,便于发挥上级法院对下级法院的监督作用,更有助于对裁定的公正审查,从而保护当事人的合法权益。三是就裁定申请复议的期限为自裁定送达之日起10日内,这一期限与可上诉裁定的上诉期保持了一致。

第三百零四条 在中华人民共和国领域外作出的发生法律效力的仲裁裁决,需要人民法院承认和执行的,当事人可以直接向被执行人住所地或者其财产所在地的中级人民法院申请。被执行人住所地或者其财产不在中华人民共和国领域内的,当事人可以向申请人住所地或者与裁决的纠纷有适当联系的地点的中级人民法院申请。人民法院应当依照中华人民共和国缔结或者参加的国际条约,或者按照互惠原则办理。

【释义】 本条是关于我国法院对在中华人民共和国领域外作出的生效仲裁裁决承认与执行的规定。

关于域外仲裁裁决的承认与执行,在2023年民事诉讼法修改之前,以"仲裁机构所在地标准"区分仲裁裁决的籍属,将仲裁裁决分为"中华人民共和国涉外仲裁机构作出的发生法律效力的仲裁裁决"和"国外仲裁机构的裁决",并规定了不同的承认与执行程序:对于前者,当事人请求执行的,如果被执行人或者其财产不在中华人民共和国领域内,应当由当事人直接向有管辖权的外国法院申请承认和执行;对于后者,需要中华人民共和国人民法院承认和执行的,应当由当事人直接向被执行人住所地或者其财产所在地的中级人民法院申请,人民法院应当依照中华人民共和国缔结或者参加的国际条约,或者按照互惠原则办理。为与将来仲裁法的修改保持衔接,2023年民事诉讼法修改,将"国外仲裁机构的裁决"修改为"在中华人民共和国领域外作出的发生法律效力的仲裁裁决"。

关于域外仲裁裁决的承认与执行,最具影响力的国际公约是1958年6月10日在纽约召开的联合国国际商业仲裁会议上签署的《纽约公约》,该公约处理的是外国仲裁裁决的承认和仲裁条款的执行问题。1986年12月2日,第六届全国人大常委会第十八次会议决定我国加入《纽约公约》,该公约

1987年4月22日对我国生效。《纽约公约》的主要内容包括：(1)明确规定了该公约的适用范围。首先，一个缔约国应当承认和执行在另一缔约国作出的仲裁裁决；其次，对于在非缔约国作出的仲裁裁决亦应给予承认和执行，但允许缔约国作出"互惠保留"和"商事保留"。(2)明确规定了在承认及执行外国仲裁裁决时，不得比承认及执行本国仲裁裁决附加更为苛刻的条件或收取更多的费用。(3)规定了拒绝承认及执行外国仲裁裁决的条件，即被申请执行人能提出证据证明有下列情形之一的，依其请求，被申请执行机关可以拒绝执行：①仲裁协议被认定是无效的；②被诉人没有得到关于指定仲裁员或进行仲裁程序的适当通知，或由于其他原因而不能对案件提出意见的；③裁决的事项超出了仲裁协议所规定的范围；④仲裁庭的组成或仲裁程序与当事人之间的协议不相符合，或者当事人双方无协议时，与仲裁地国家的法律不相符合；⑤仲裁裁决对当事人尚未发生拘束力，或者仲裁裁决已被仲裁地国家的有关当局搁置或停止执行。此外，该公约还规定，如果被申请承认及执行裁决国家的有关当局认为，按照该国法律，裁决中的争议事项不适于以仲裁方式解决，或认为裁决内容违反该国公共秩序，也可以拒绝执行。我国在加入《纽约公约》时，根据该公约的有关规定，提出了"互惠保留"和"商事保留"，即我国只承认在缔约国境内作出的对属于契约性和非契约性商事法律关系所引起的争议所作的裁决。1987年4月10日《最高人民法院关于执行我国加入的〈承认及执行外国仲裁裁决公约〉的通知》第2条对"契约性和非契约性商事法律关系"作了解释，所谓"契约性和非契约性商事法律关系"，具体是指由于合同、侵权或者根据有关法律规定而产生的经济上的权利义务关系，例如货物买卖、财产租赁、工程承包、加工承揽、技术转让、合资经营、合作经营、勘探开发自然资源、保险、信贷、劳务、代理、咨询服务和海上、民用航空、铁路、公路的客货运输以及产品责任、环境污染、海上事故和所有权争议等，但不包括外国投资者与东道国政府之间的争端。

理解本条规定，需要注意以下几点：第一，在"契约性和非契约性商事法律关系"的前提下，在中华人民共和国领域外作出的发生法律效力的仲裁裁决需要由我国法院承认和执行的，如果仲裁地所在国是《纽约公约》的缔约国，则应当按照该公约的规定办理；如果仲裁地所在国不是《纽约公约》的缔约国，但同我国订有双边司法协助协定，则应当按照相关协定的规定办理；如果仲裁地所在国既不是该公约的缔约国，又与我国没有签订双边司法协助协定,则应按照互惠原则办理。第二,在申请承认和执行的具体程序方面,当事人可以直接向被执行人住所地或者其财产所在地的中级人民法院申请。《最高人民法院关于执行我国加入的〈承认及执行外国仲裁裁决公约〉的通知》规定:"根据《1958年纽约公约》第四条的规定,申请我国法院承认和执行在另一缔约国领土内作出的仲裁裁决,是由仲裁裁决的一方当事人提出的。对于当事人的申请应由我国下列地点的中级人民法院受理:1.被执行人为自然人的,为其户籍所在地或者居所地;2.被执行人为法人的,为其主要办事机构所在地;3.被执行人在我国无住所、居所或者主要办事机构,但有财产在我国境内的,为其财产所在地。""我国有管辖权的人民法院接到一方当事人的申请后,应对申请承认及执行的仲裁裁决进行审查,如果认为不具有《1958年纽约公约》第五条第一、二两项所列的情形,应当裁定承认其效力,并且依照民事诉讼法(试行)规定的程序执行;如果认定具有第五条第二项所列的情形之一的,或者根据被执行人提供的证据证明具有第五条第一项所列的情形之一的,应当裁定驳回申请,拒绝承认及执行。"第三,在被执行人住所地或者其财产不在中华人民共和国领域内的情形下,当事人可以向申请人住所地或者与裁决的纠纷有适当联系的地点的中级人民法院申请。这是2023年民事诉讼法修改新增加的内容,目的是在被执行人住所地或者其财产所在地均不在中华人民共和国领域内时,为当事人申请仲裁裁决的承认与执行提供另外可供选择的管辖法院,从而更有助于当事人合法权益的实现。这里的"申请人住所地",根据《最高人民法院关于执行我国加入的〈承认及执行外国仲裁裁决公约〉的通知》的规定,申请人为自然人的,为其户籍所在地或者居所地;申请人为法人的,为其主要办事机构所在地。这里的"与裁决的纠纷有适当联系的地点的中级人民法院",在认定时应与本法第276条、第301条中的"适当联系"作相同处理,由人民法院结合具体的案件事实、法院自身与纠纷联系的紧密度等因素综合认定。

第三百零五条 涉及外国国家的民事诉讼,适用中华人民共和国有关外国国家豁免的法律规定;有关法律没有规定的,适用本法。

【释义】 本条为2023年新增条款,是关于涉及外国国家的民事诉讼如何适用法律的规定。

在参与民事诉讼的各类主体中,由于有的主体享有特权与豁免,立法上需要对此类主体参与诉讼作出特别规定。比如,2021年民事诉讼法第268条对于享有外交特权与豁免的外国人、外国组织或者国际组织提起民事诉讼应如何适用法律作了规定,"对享有外交特权与豁免的外国人、外国组织或者国际组织提起的民事诉讼,应当依照中华人民共和国有关法律和中华人民共和国缔结或者参加的国际条约的规定办理"。就涉及外国国家的民事诉讼而言,从国外立法看,对以国家为被告的案件是否可以行使管辖权及其决定程序,各国有不同的立法模式:有通过法院组织法规定的,如德国;有通过普通民事诉讼法、涉外民事诉讼法规定的,如俄罗斯、阿根廷、匈牙利等;在有国家豁免专门立法的国家中,则通过专门立法规范了此类案件适用的特殊程序,同时适用普通民事诉讼法的有关规定。从对这一问题的立场看,有的国家采取绝对国家豁免的立场,即完全排除本国法院对以外国国家为被告的案件的诉讼管辖;有的采取限制国家豁免的立场,即本国法院在某些条件下对以外国国家为被告的案件具有管辖权,并规定了诉讼程序。我国已于2005年9月14日签署《联合国国家及其财产管辖豁免公约》,但尚未经全国人大常委会批准。该公约采取的是限制国家豁免的立场。

在外交实践中,我国与世界上多数国家的做法一样,奉行的是绝对豁免的立场,即对涉及外国国家及其财产的民事案件,各国基于国家主权平等、"平等者之间无管辖权"的理念,不论外国国家从事活动或者行为的性质如何,一国法院都不予管辖。20世纪50年代以后,由于国家越来越多地以民商事主体身份参与国际经济活动,为了保护本国公民和法人的利益,一些国家逐渐转向实现限制豁免原则,即根据国家行为的性质,将外国国家行为区分为"主权行为"和"非主权行为",相应地将外国国家财产区分为"主权财产"和"商业财产",据此明确对外国国家的主权行为和主权财产给予管辖豁免,对非主权行为和商业财产不再给予管辖豁免。目前,世界上许多国家通过缔结国际条约、制定国内法律等方式实行限制豁免原则和制度,还有些国家通过司法实践确立了限制豁免原则。2023年9月1日,第十四届全国人大常委会第五次会议通过了外国国家豁免法。制定外国国家豁免法,适应我国对外交往不断扩大的新形势新变化,确立我国的外国国家豁免制度,对我国国家豁免政策进行调整,明确我国的外国国家豁免政策由绝对豁免转向限制豁免,对于统筹推进国内法治和涉外法治、促进对外开放、依法维护权益、稳定行为预期等具有重要意义。在具体内容方面,外国国家豁免法既确立了国家豁免的一般原则,又确定了我国法院可以对外国国家及其财产行使管辖权的情形。考虑到外国国家作为民事案件当事人的特殊性,外国国家豁免法第17条、第18条对外国国家豁免案件中有关文书送达、缺席判决等程序作出了专门规定。该法同时规定,对于外国国家及其财产民事案件的审判和执行程序,外国国家豁免法没有规定的,适用中华人民共和国的民事诉讼法律以及其他相关法律的规定。

在外国国家豁免法已经制定出台且对涉及外国国家的民事诉讼在程序上如何适用法律作出规定的背景下,民事诉讼法作为民事诉讼领域的基本法,同样需要对此问题予以明确,并保持与外国国家豁免法在规则上的协调一致。基于此,本条明确:涉及外国国家的民事诉讼,适用中华人民共和国有关外国国家豁免的法律规定;有关法律没有规定的,适用本法。理解本条,需要注意以下两点:一是在外国国家参与民事诉讼时,首先应当适用有关外国国家豁免的法律规定。这里的"有关外国国家豁免的法律规定",既包括外国国家豁免法的规定,具体涉及外国国家参与民事诉讼是否享有管辖豁免、向外国国家送达诉讼文书的方式、缺席判决的具体程序等规定,也包括其他涉及外国国家及其财产豁免的有关法律规定,如2005年10月25日第十届全国人大常委会第十八次会议通过的外国中央银行财产司法强制措施豁免法。二是有关外国国家豁免的法律没有规定的,应当适用作为诉讼程序基本法的民事诉讼法。比如外国国家豁免法等有关法律并未对涉及外国国家参与民事诉讼的具体审理程序、裁判文书的作出及相应救济等作出特别规定,则就此应当适用民事诉讼法的规定。

第三百零六条 本法自公布之日起施行,《中华人民共和国民事诉讼法(试行)》同时废止。

【释义】 本条是关于本法施行日期的规定。

法律的施行日期即法律的生效日期,立法法第61条规定:"法律应当明确规定施行日期。"法律的施行时间即生效时间,是法律效力的起点。一部法律何时开始生效,一般是由该法律的具体性质和实际需要决定的,我国立法实践通常有3种做法:一是规定该法律自公布之日起施行,具体时间根据宪法第 80 条及立法法第 62 条的有关规定，由国家主席签署主席令来公布；二是规定该法律公布后一段期限届至后开始生效，具体时间为期限届至之时；三是直接规定该法律的具体生效日期，此种表示方法最为普遍，本法采之。1982 年 3 月 8 日，第五届全国人大常委会第二十二次会议通过了民事诉讼法（试行），自 1982 年 10 月 1 日起施行。1991 年 4 月 9 日，第七届全国人大第四次会议通过了现行的民事诉讼法，自公布之日起施行。本条中的"本法"即指 1991 年通过的民事诉讼法。伴随 1991 年民事诉讼法的施行，民事诉讼法（试行）同时废止。

关于本法修改前后的衔接问题。修改后的法律的生效日期与修改法律的形式有密切联系。目前，修改法律主要有两种形式：一种是对法律进行修订，即对法律全文作全面修改，重新予以规定；另一种是对法律的部分条文通过修改决定的方式予以修改，不对法律全文作修改，未修改的部分继续施行。因此，法律修改后的生效日期也有两种形式：属于修订法律的，一般是重新公布法律的生效日期；属于对法律作修改决定的，一般不修改法律的生效日期，只是规定修改决定的实施日期，对于原法修改的部分执行修改决定的生效日期，未修改的部分执行原来法律规定的生效日期。2023 年 9 月 1 日，第十四届全国人大常委会第五次会议审议通过了《全国人民代表大会常务委员会关于修改〈中华人民共和国民事诉讼法〉的决定》，规定："本决定自 2024 年 1 月 1 日起施行。"根据这一规定，2023 年修改后的民事诉讼法，经过修改的条文，包括新增加的条文，生效时间为 2024 年 1 月 1 日。

第二部分　附　　录

全国人民代表大会常务委员会关于修改《中华人民共和国民事诉讼法》的决定

（2023年9月1日第十四届全国人民代表大会常务委员会第五次会议通过）

第十四届全国人民代表大会常务委员会第五次会议决定对《中华人民共和国民事诉讼法》作如下修改：

一、将第四十条修改为："人民法院审理第一审民事案件，由审判员、人民陪审员共同组成合议庭或者由审判员组成合议庭。合议庭的成员人数，必须是单数。

"适用简易程序审理的民事案件，由审判员一人独任审理。基层人民法院审理的基本事实清楚、权利义务关系明确的第一审民事案件，可以由审判员一人适用普通程序独任审理。

"人民陪审员在参加审判活动时，除法律另有规定外，与审判员有同等的权利义务。"

二、将第四十七条第四款修改为："前三款规定，适用于法官助理、书记员、司法技术人员、翻译人员、鉴定人、勘验人。"

三、将第一百一十五条修改为："当事人之间恶意串通，企图通过诉讼、调解等方式侵害国家利益、社会公共利益或者他人合法权益的，人民法院应当驳回其请求，并根据情节轻重予以罚款、拘留；构成犯罪的，依法追究刑事责任。

"当事人单方捏造民事案件基本事实，向人民法院提起诉讼，企图侵害国家利益、社会公共利益或者他人合法权益的，适用前款规定。"

四、将第一百三十条第二款修改为："当事人未提出管辖异议，并应诉答辩或者提出反诉的，视为受诉人民法院有管辖权，但违反级别管辖和专属管辖规定的除外。"

五、将第一百四十条第二款修改为:"开庭审理时,由审判长或者独任审判员核对当事人,宣布案由,宣布审判人员、法官助理、书记员等的名单,告知当事人有关的诉讼权利义务,询问当事人是否提出回避申请。"

六、将第一百八十四条修改为:"人民法院审理选民资格案件、宣告失踪或者宣告死亡案件、指定遗产管理人案件、认定公民无民事行为能力或者限制民事行为能力案件、认定财产无主案件、确认调解协议案件和实现担保物权案件,适用本章规定。本章没有规定的,适用本法和其他法律的有关规定。"

七、在第十五章第三节后增加一节,作为第四节:

"**第四节　指定遗产管理人案件**

"**第一百九十四条**　对遗产管理人的确定有争议,利害关系人申请指定遗产管理人的,向被继承人死亡时住所地或者主要遗产所在地基层人民法院提出。

"申请书应当写明被继承人死亡的时间、申请事由和具体请求,并附有被继承人死亡的相关证据。

"**第一百九十五条**　人民法院受理申请后,应当审查核实,并按照有利于遗产管理的原则,判决指定遗产管理人。

"**第一百九十六条**　被指定的遗产管理人死亡、终止、丧失民事行为能力或者存在其他无法继续履行遗产管理职责情形的,人民法院可以根据利害关系人或者本人的申请另行指定遗产管理人。

"**第一百九十七条**　遗产管理人违反遗产管理职责,严重侵害继承人、受遗赠人或者债权人合法权益的,人民法院可以根据利害关系人的申请,撤销其遗产管理人资格,并依法指定新的遗产管理人。"

八、将第二百七十二条改为第二百七十六条,修改为:"因涉外民事纠纷,对在中华人民共和国领域内没有住所的被告提起除身份关系以外的诉讼,如果合同签订地、合同履行地、诉讼标的物所在地、可供扣押财产所在地、侵权行为地、代表机构住所地位于中华人民共和国领域内的,可以由合同签订地、合同履行地、诉讼标的物所在地、可供扣押财产所在地、侵权行为地、代表机构住所地人民法院管辖。

"除前款规定外,涉外民事纠纷与中华人民共和国存在其他适当联系的,可以由人民法院管辖。"

九、增加一条,作为第二百七十七条:"涉外民事纠纷的当事人书面协议选择人民法院管辖的,可以由人民法院管辖。"

十、增加一条,作为第二百七十八条:"当事人未提出管辖异议,并应诉答辩或者提出反诉的,视为人民法院有管辖权。"

十一、将第二百七十三条改为第二百七十九条,修改为:"下列民事案件,由人民法院专属管辖:

"(一)因在中华人民共和国领域内设立的法人或者其他组织的设立、解散、清算,以及该法人或者其他组织作出的决议的效力等纠纷提起的诉讼;

"(二)因与在中华人民共和国领域内审查授予的知识产权的有效性有关的纠纷提起的诉讼;

"(三)因在中华人民共和国领域内履行中外合资经营企业合同、中外合作经营企业合同、中外合作勘探开发自然资源合同发生纠纷提起的诉讼。"

十二、增加一条,作为第二百八十条:"当事人之间的同一纠纷,一方当事人向外国法院起诉,另一方当事人向人民法院起诉,或者一方当事人既向外国法院起诉,又向人民法院起诉,人民法院依照本法有管辖权的,可以受理。当事人订立排他性管辖协议选择外国法院管辖且不违反本法对专属管辖的规定,不涉及中华人民共和国主权、安全或者社会公共利益的,人民法院可以裁定不予受理;已经受理的,裁定驳回起诉。"

十三、增加一条,作为第二百八十一条:"人民法院依据前条规定受理案件后,当事人以外国法院已经先于人民法院受理为由,书面申请人民法院中止诉讼的,人民法院可以裁定中止诉讼,但是存在下列情形之一的除外:

"(一)当事人协议选择人民法院管辖,或者纠纷属于人民法院专属管辖;

"(二)由人民法院审理明显更为方便。

"外国法院未采取必要措施审理案件,或者未在合理期限内审结的,依当事人的书面申请,人民法院应当恢复诉讼。

"外国法院作出的发生法律效力的判决、裁定,已经被人民法院全部或者部分承认,当事人对已经获得承认的部分又向人民法院起诉的,裁定不予受理;已经受理的,裁定驳回起诉。"

十四、增加一条,作为第二百八十二条:"人民法院受理的涉外民事案

件,被告提出管辖异议,且同时有下列情形的,可以裁定驳回起诉,告知原告向更为方便的外国法院提起诉讼:

"(一)案件争议的基本事实不是发生在中华人民共和国领域内,人民法院审理案件和当事人参加诉讼均明显不方便;

"(二)当事人之间不存在选择人民法院管辖的协议;

"(三)案件不属于人民法院专属管辖;

"(四)案件不涉及中华人民共和国主权、安全或者社会公共利益;

"(五)外国法院审理案件更为方便。

"裁定驳回起诉后,外国法院对纠纷拒绝行使管辖权,或者未采取必要措施审理案件,或者未在合理期限内审结,当事人又向人民法院起诉的,人民法院应当受理。"

十五、将第二十五章章名修改为"送达、调查取证、期间"。

十六、将第二百七十四条改为第二百八十三条,修改为:"人民法院对在中华人民共和国领域内没有住所的当事人送达诉讼文书,可以采用下列方式:

"(一)依照受送达人所在国与中华人民共和国缔结或者共同参加的国际条约中规定的方式送达;

"(二)通过外交途径送达;

"(三)对具有中华人民共和国国籍的受送达人,可以委托中华人民共和国驻受送达人所在国的使领馆代为送达;

"(四)向受送达人在本案中委托的诉讼代理人送达;

"(五)向受送达人在中华人民共和国领域内设立的独资企业、代表机构、分支机构或者有权接受送达的业务代办人送达;

"(六)受送达人为外国人、无国籍人,其在中华人民共和国领域内设立的法人或者其他组织担任法定代表人或者主要负责人,且与该法人或者其他组织为共同被告的,向该法人或者其他组织送达;

"(七)受送达人为外国法人或者其他组织,其法定代表人或者主要负责人在中华人民共和国领域内的,向其法定代表人或者主要负责人送达;

"(八)受送达人所在国的法律允许邮寄送达的,可以邮寄送达,自邮寄之日起满三个月,送达回证没有退回,但根据各种情况足以认定已经送达的,期间届满之日视为送达;

"（九）采用能够确认受送达人收悉的电子方式送达，但是受送达人所在国法律禁止的除外；

"（十）以受送达人同意的其他方式送达，但是受送达人所在国法律禁止的除外。

"不能用上述方式送达的，公告送达，自发出公告之日起，经过六十日，即视为送达。"

十七、增加一条，作为第二百八十四条："当事人申请人民法院调查收集的证据位于中华人民共和国领域外，人民法院可以依照证据所在国与中华人民共和国缔结或者共同参加的国际条约中规定的方式，或者通过外交途径调查收集。

"在所在国法律不禁止的情况下，人民法院可以采用下列方式调查收集：

"（一）对具有中华人民共和国国籍的当事人、证人，可以委托中华人民共和国驻当事人、证人所在国的使领馆代为取证；

"（二）经双方当事人同意，通过即时通讯工具取证；

"（三）以双方当事人同意的其他方式取证。"

十八、将第二百八十七条改为第二百九十七条，第二款修改为："在中华人民共和国领域内依法作出的发生法律效力的仲裁裁决，当事人请求执行的，如果被执行人或者其财产不在中华人民共和国领域内，当事人可以直接向有管辖权的外国法院申请承认和执行。"

十九、将第二百八十八条改为第二百九十八条，修改为："外国法院作出的发生法律效力的判决、裁定，需要人民法院承认和执行的，可以由当事人直接向有管辖权的中级人民法院申请承认和执行，也可以由外国法院依照该国与中华人民共和国缔结或者参加的国际条约的规定，或者按照互惠原则，请求人民法院承认和执行。"

二十、将第二百八十九条改为第二百九十九条，修改为："人民法院对申请或者请求承认和执行的外国法院作出的发生法律效力的判决、裁定，依照中华人民共和国缔结或者参加的国际条约，或者按照互惠原则进行审查后，认为不违反中华人民共和国法律的基本原则且不损害国家主权、安全、社会公共利益的，裁定承认其效力；需要执行的，发出执行令，依照本法的有关规定执行。"

二十一、增加一条，作为第三百条："对申请或者请求承认和执行的外国

法院作出的发生法律效力的判决、裁定,人民法院经审查,有下列情形之一的,裁定不予承认和执行:

"(一)依据本法第三百零一条的规定,外国法院对案件无管辖权;

"(二)被申请人未得到合法传唤或者虽经合法传唤但未获得合理的陈述、辩论机会,或者无诉讼行为能力的当事人未得到适当代理;

"(三)判决、裁定是通过欺诈方式取得;

"(四)人民法院已对同一纠纷作出判决、裁定,或者已经承认第三国法院对同一纠纷作出的判决、裁定;

"(五)违反中华人民共和国法律的基本原则或者损害国家主权、安全、社会公共利益。"

二十二、增加一条,作为第三百零一条:"有下列情形之一的,人民法院应当认定该外国法院对案件无管辖权:

"(一)外国法院依照其法律对案件没有管辖权,或者虽然依照其法律有管辖权但与案件所涉纠纷无适当联系;

"(二)违反本法对专属管辖的规定;

"(三)违反当事人排他性选择法院管辖的协议。"

二十三、增加一条,作为第三百零二条:"当事人向人民法院申请承认和执行外国法院作出的发生法律效力的判决、裁定,该判决、裁定涉及的纠纷与人民法院正在审理的纠纷属于同一纠纷的,人民法院可以裁定中止诉讼。

"外国法院作出的发生法律效力的判决、裁定不符合本法规定的承认条件的,人民法院裁定不予承认和执行,并恢复已经中止的诉讼;符合本法规定的承认条件的,人民法院裁定承认其效力;需要执行的,发出执行令,依照本法的有关规定执行;对已经中止的诉讼,裁定驳回起诉。"

二十四、增加一条,作为第三百零三条:"当事人对承认和执行或者不予承认和执行的裁定不服的,可以自裁定送达之日起十日内向上一级人民法院申请复议。"

二十五、将第二百九十条改为第三百零四条,修改为:"在中华人民共和国领域外作出的发生法律效力的仲裁裁决,需要人民法院承认和执行的,当事人可以直接向被执行人住所地或者其财产所在地的中级人民法院申请。被执行人住所地或者其财产不在中华人民共和国领域内的,当事人可以向申请人住所地或者与裁决的纠纷有适当联系的地点的中级人民法院申请。人民法院应当依照中华人民共和国缔结或者参加的国际条约,或者按照互惠原则办理。"

二十六、增加一条,作为第三百零五条:"涉及外国国家的民事诉讼,适用中华人民共和国有关外国国家豁免的法律规定;有关法律没有规定的,适用本法。"

本决定自 2024 年 1 月 1 日起施行。

《中华人民共和国民事诉讼法》根据本决定作相应修改并对条文顺序作相应调整,重新公布。

关于《中华人民共和国民事诉讼法(修正草案)》的说明

——2022年12月27日在第十三届全国人民代表大会常务委员会第三十八次会议上

最高人民法院院长 周 强

委员长、各位副委员长、秘书长、各位委员：

我代表最高人民法院，作关于《中华人民共和国民事诉讼法(修正草案)》的说明。

一、民事诉讼法(修正草案)的起草背景和必要性

民事诉讼法是国家的基本法律，是规范民事诉讼程序的基本规则。我国现行民事诉讼法是1991年第七届全国人大第四次会议通过的，先后经历了2007年、2012年、2017年、2021年四次修正，民事诉讼规则不断优化完善，在保护当事人诉讼权利，保障人民法院公正、高效审理民事案件等方面发挥了重要作用，但历次修正均未对涉外民事诉讼程序相关内容作出实质性调整。进入新时代以来，我国经济实力实现历史性跃升，经济总量稳居世界第二，制造业规模、外汇储备、全球货物贸易位居世界第一，2019年全国出入境人员已达6.7亿人次，2021年对外直接投资流量1788.2亿美元，比上年增长16.3%，连续十年位列全球前三。伴随高水平对外开放的持续推进，人民法院审理的涉外民商事案件快速攀升，已覆盖全球100多个国家和地区，境外当事人主动选择中国法院管辖的案件日益增多，我国民商事判决得到越来越多国家的承认和执行，中国司法的国际公信力和影响力持续提升。同时，司法实践中面临的管辖权国际冲突等问题愈加复杂，现有涉外民事诉讼程序的功能定位、制度设计已难以满足公正、高效、便捷解决涉外民商事纠纷和维护国家主权、安全、发展利益的需要,有必要进行相应完善。

党的十八大以来,以习近平同志为核心的党中央高度重视涉外法治工作,明确提出统筹推进国内法治和涉外法治。党的二十大报告强调"坚持高水平对外开放,加快构建以国内大循环为主体、国内国际双循环相互促进的新发展格局",对推进高水平对外开放、推动构建人类命运共同体作出重大部署,为加强涉外法治工作提出新的更高要求。民事诉讼法涉外编是涉外法律体系的重要组成部分,对于平等保护中外当事人合法权利,营造市场化、法治化、国际化一流营商环境,维护国家主权、安全、发展利益,推进国家治理体系和治理能力现代化具有十分重要意义。为此,最高人民法院积极配合立法机关做好民事诉讼法涉外编的修改工作,在全面总结我国涉外民商事审判实践经验、借鉴国际条约和域外立法经验基础上,经深入调查研究、广泛听取意见、反复修改论证,形成民事诉讼法涉外编的修改建议。对有关重点难点问题,社会各界基本形成共识,修改民事诉讼法涉外编的条件已经具备。

此外,2021年8月,第十三届全国人大常委会第三十次会议作出《关于授权最高人民法院组织开展四级法院审级职能定位改革试点工作的决定》,授权最高人民法院围绕完善民事案件级别管辖制度、健全提级审理机制、完善再审申请程序和标准等方面组织开展为期两年的试点工作,并要求试点期满后,对实践证明可行的,应当修改完善有关法律。试点以来,在以习近平同志为核心的党中央坚强领导下,在全国人大及其常委会有力监督下,最高人民法院指导试点法院扎实推进各项试点任务,不断完善民事诉讼程序机制,试点取得预期成效,有必要将试点成果上升为法律。针对社会各界普遍关注、司法实践反映集中的其他重点问题,最高人民法院本着"较为成熟、争议不大、确有必要"的原则,在充分调研基础上,对相关条款也一并提出修改建议。

二、民事诉讼法(修正草案)起草的基本原则和工作过程

此次修正草案起草中,坚持以下基本原则。

一是坚持以习近平新时代中国特色社会主义思想为指导。始终以马克思主义中国化时代化最新成果武装头脑、指导实践、推动工作,认真学习贯彻党的二十大精神,深入贯彻习近平法治思想,深刻领悟"两个确立"的决定性意义,增强"四个意识"、坚定"四个自信"、做到"两个维护",坚持走中国特色社会主义法治道路,立足我国国情和司法实践,推动完善民事诉讼程序体系。

二是坚持服务党和国家工作大局。牢记"国之大者",落实统筹发展和安全要求,完整、准确、全面贯彻新发展理念,围绕加快构建新发展格局、推动高质量发展,推动以良法促进发展、保障善治,服务国家重大战略实施和推进高水平对外开放,切实维护我国主权、安全、发展利益。

三是坚持以人民为中心的发展思想。始终把实现好、维护好、发展好最广大人民根本利益作为一切工作的出发点和落脚点,立足于程序性规则的优化和完善,坚持平等保护原则,保障当事人诉讼权利的充分行使,积极回应人民群众关切。严厉打击不诚信诉讼行为,保障当事人合法权益,助力社会诚信体系建设。

四是积极对接国际规则。注重借鉴国外法治有益成果,将国际规则有机融入中国特色社会主义诉讼制度,通过构建公正、高效、便捷的涉外民商事诉讼制度,进一步增强我国在全球争议解决领域的吸引力,推动全球治理朝着更加公正合理的方向发展。

最高人民法院党组高度重视民事诉讼法有关规定的修改工作。全国人大监察司法委、全国人大常委会法工委多次听取汇报,深入开展实地调研,给予指导,对修正草案的具体内容提出完善建议,支持、指导最高人民法院如期顺利完成本次修正草案研究论证工作。修正草案先后征求了中央政法委、中央依法治国办、全国人大监察司法委、全国人大常委会法工委、最高人民检察院、外交部、公安部、民政部、司法部、商务部、国资委等中央国家机关,以及各高级人民法院、中国法学会民事诉讼法学研究会、中国国际私法学会、部分全国人大代表、全国政协委员、专家学者、律师代表的意见建议。

三、民事诉讼法(修正草案)的主要内容

修正草案共对民事诉讼法作出28处调整,涉及29个条文,其中新增条文16条,修改条文13条,主要包含以下内容。

(一)民事诉讼法涉外编的主要修改内容

1.进一步完善我国对涉外民商事案件的管辖规则

一是合理增加管辖涉外案件的类型,适度扩大相关管辖依据。将管辖纠纷的类型拓展至财产权益纠纷和非财产权益纠纷,增设侵权结果发生地和其他适当联系作为管辖依据,更好平等保护中外当事人诉权,切实维护我国主权、安全、发展利益。

二是完善涉外协议管辖规则。顺应国际发展趋势,充分尊重当事人意思

自治,对于与争议有实际联系的地点不在我国领域内的,明确当事人可以协议选择我国法院管辖。

三是增加涉外专属管辖的情形。借鉴各国立法实践,增加因在我国领域内设立的法人或者非法人组织的设立、解散、清算,该机关作出的决议的效力等提起的诉讼,以及因在我国领域内审查授予的知识产权的有效性等提起的诉讼等与我国利益密切相关的特定类型案件,适度扩大我国法院管辖范围。

四是明确涉外消费纠纷、涉外网络侵权纠纷的管辖规则。顺应跨国电商平台消费快速增长的趋势,就因涉外消费引起的纠纷,加大消费者诉权保护力度。破解涉外信息网络侵权情形下确定地域管辖的困境,将司法解释中的合理规则上升为法律,明确涉外信息网络侵权的管辖依据,筑牢营造清朗网络空间法治基石。

2. 妥善协调国际民商事诉讼管辖权冲突,提升解决国际民商事争议的效率。将司法解释中关于平行诉讼、不方便法院的成熟规定上升为法律,完善相关适用条件。保障中外当事人正当司法需求,明确我国法院可以受理他国法院已经受理的案件。顺应国际社会"预先承认"的立法趋势,降低中外当事人诉讼成本。对于具备法定情形,我国法院审理案件和当事人参加诉讼明显不便的案件,适度礼让由他国法院行使管辖权。

3. 丰富涉外送达手段,切实解决制约涉外审判效率的瓶颈问题。在充分保障受送达人程序权利的前提下,优化涉外送达制度,回应中外当事人对程序效率的迫切需求,提升我国涉外争议解决机制的国际吸引力。适度穿透法人或非法人组织面纱,增加相关自然人与法人或非法人组织之间替代送达的适用情形。积极稳妥利用现代信息手段,增加即时通讯工具、特定电子系统等电子送达方式。尊重当事人意思自治,赋予以受送达人同意的其他方式送达的法律效力。缩短公告送达期限,优化涉外公告送达规则。

4. 增设域外调查取证条款,保障人民法院准确查明案件事实。对域外调查取证作出明确规定,同时回应互联网时代的司法需求,在尊重所在国法律及双方当事人同意的前提下,明确可以通过即时通讯工具或其他方式取证,拓宽法院查明案件事实的渠道。

5. 完善承认与执行外国法院判决的制度规则,促进稳定国际民商事法律秩序

一是增强我国司法审查的透明度。当事人申请承认和执行外国法院判

决的,除法定情形以外,应予以承认和执行。同时,对于外国法院裁判违反我国法律的基本原则或者侵犯国家主权、安全、社会公共利益的,则不予承认和执行。

二是明确因同一纠纷向我国法院申请承认和执行程序与我国法院案件审理程序的关系。当事人申请承认和执行外国法院判决,所涉争议与我国法院正在审理案件属于同一争议的,我国法院可以中止审理,促进稳定相关法律关系和当事人预期,同时明确我国法院恢复诉讼程序的情形。

6. 恪守国际条约义务,积极推进仲裁裁决的国际流通。将认定仲裁裁决籍属的标准由仲裁机构标准修改为裁决地标准,促进仲裁裁决的跨境执行。增设申请人住所地法院、与裁决所涉纠纷有适当联系地法院为仲裁司法审查的管辖法院,最大限度便利仲裁当事人权利救济。

(二)民事诉讼法非涉外编的主要修改内容

1. 扩大回避适用范围。对照修订后的《中华人民共和国人民法院组织法》和《中华人民共和国法官法》,扩大回避适用范围,将法官助理、司法技术人员纳入回避适用的对象。保障当事人申请回避权的全面行使,确保民事案件的公正审判。

2. 明确司法技术人员参与诉讼的规则。总结长期以来关于司法技术人员特别是技术调查官的有益实践经验,明确人民法院可以指派司法技术人员参与诉讼,协助查明专业技术事实,进一步解决法官知识局限性、案件专门性和问题专业性之间的矛盾。

3. 完善虚假诉讼认定规则

一是进一步明确侵害法益范围。将虚假诉讼侵害法益从"他人合法权益"扩展至"国家利益、社会公共利益或者他人合法权益",坚决防止虚假诉讼行为损害国家利益、社会公共利益。

二是明确单方虚假诉讼情形。突出虚假诉讼本质特征,在"双方恶意串通"情形之外,增加"单方捏造基本事实"的情形,准确界定虚假诉讼外延,压缩虚假诉讼存在空间。

4. 调整上诉状提出的方式。为进一步提供优质高效的诉讼服务,明确上诉状既可以向第二审人民法院直接提出,也可以通过原审人民法院提出,优化上诉状副本送达和原审案卷材料报送程序,最大程度缩短程序流转时间,提高二审立案效率。

5.增加指定遗产管理人案件。对标《中华人民共和国民法典》有关规定,在第十五章"特别程序"中新增指定遗产管理人案件,就指定遗产管理人、变更遗产管理人的相关程序作出规定,实现实体法与程序法的有效衔接,推动实现保护遗产安全和完整、保障继承人和债权人合法权益的制度价值。

6.完善再审申请程序和标准。明确当事人不服高级人民法院生效裁判时申请再审的管辖规则,规定当事人向最高人民法院申请再审的标准和条件。

《中华人民共和国民事诉讼法(修正草案)》和以上说明是否妥当,请审议。

全国人民代表大会宪法和法律委员会关于《中华人民共和国民事诉讼法（修正草案）》审议结果的报告

全国人民代表大会常务委员会：

　　十三届全国人大常委会第三十八次会议对民事诉讼法修正草案进行了初次审议。会后，法制工作委员会将修正草案印发中央有关单位、各省（区、市）、部分设区的市、基层立法联系点和部分全国人大代表等征求意见，并在中国人大网全文公布修正草案，征求社会公众意见。宪法和法律委员会、监察和司法委员会、法制工作委员会联合召开座谈会，听取全国人大代表、国务院有关部门、人民法院、基层立法联系点，以及有关协会、专家、律师的意见。宪法和法律委员会、法制工作委员会分别赴广西、广东、山西等地调研，并就修正草案中的主要问题与有关方面交换意见，共同研究。宪法和法律委员会于7月27日召开会议，根据常委会组成人员审议意见和各方面的意见，对修正草案进行了逐条审议。监察和司法委员会、最高人民法院有关负责同志列席了会议。8月23日，宪法和法律委员会召开会议，再次进行了审议。宪法和法律委员会认为，修正草案经过审议修改，已经比较成熟。同时，提出以下主要修改意见：

　　一、修正草案第三条规定，人民法院可以指派司法技术人员参与有关诉讼活动，协助查明专业技术事实。有的社会公众提出，该条是关于司法技术人员职责的规定，在民事诉讼法中规定这一内容尚有不同认识，建议删除该条规定。宪法和法律委员会经研究，建议采纳这一意见。

　　二、修正草案第五条规定，当事人上诉的，上诉状既可以向二审人民法院直接提出，也可以通过原审人民法院提出。有的地方、单位提出，规定可以向二审人民法院直接提交上诉状，在电子卷宗尚未全面施行的情况下，并不能真正提升送达效率，还可能产生原审法院和二审法院因沟通不畅而影响送达效率的问题,损害当事人的诉讼权利,建议删除该条规定,恢复现行民事诉讼法关于上诉状应当通过原审人民法院提出的规定。宪法和法律委员会经研究,建议采纳这一意见。

三、修正草案第七条规定,原审人民法院对发回重审的案件作出判决后,当事人提起上诉的,除严重违反法定程序外,二审人民法院不得再次发回重审。有的地方、单位提出,现行民事诉讼法关于二审人民法院不得再次发回重审的规定避免了程序空转,有效维护了当事人的诉讼权利,对此不应设置"除严重违反法定程序"的例外,建议删除该条规定。宪法和法律委员会经研究,建议采纳这一意见,恢复现行民事诉讼法的规定。

四、修正草案第十条规定,当事人对高级人民法院作出的已经发生法律效力的判决、裁定认为有错误的,原则上应当向原审人民法院申请再审,但当事人对原判决、裁定认定的事实和适用的诉讼程序等无异议,认为适用法律有错误,或者原判决、裁定是经高级人民法院审判委员会讨论决定的,可以向最高人民法院申请再审。有的部门、地方和单位提出,这一规定大大提高了当事人向最高人民法院申请再审的门槛,限制了当事人的诉讼权利,建议删除。最高人民法院提出,根据四级法院审级职能定位改革试点的情况,目前修改这一制度的条件还不成熟,建议此次不作修改。宪法和法律委员会经研究,建议采纳上述意见,删除该条规定。根据立法法有关规定和全国人大常委会 2021 年 8 月通过的《全国人民代表大会常务委员会关于授权最高人民法院组织开展四级法院审级职能定位改革试点工作的决定》,恢复施行民事诉讼法有关规定。

五、修正草案第十五条、第十六条规定了涉外消费者权益纠纷、信息网络侵权纠纷的地域管辖。有的地方、单位提出,草案关于涉外消费者权益纠纷的管辖规定只能适用于消费者与境外电商的线上消费纠纷,不能适用于线下纠纷的管辖,规定不准确,建议删除。有的地方提出,修正草案已经规定了涉外民事纠纷的地域管辖原则,没必要单独对这两类纠纷的管辖问题作出规定。宪法和法律委员会经研究,建议采纳上述意见。

六、修正草案第十九条规定,人民法院受理的涉外案件,被告提出管辖异议,且同时具有四项法定情形的,可以裁定驳回起诉,告知原告向更为方便的外国法院起诉。有的单位提出,应将"案件不属于人民法院专属管辖"增加规定为适用不方便法院原则的情形之一,以使这一制度更加完善。宪法和法律委员会经研究,建议采纳这一意见,在该条中增加相应规定。

七、修正草案第二十一条规定了涉外民事案件的送达方式。有的部门、社会公众提出,该条第一款第六项规定受送达人为外国人,其在我国境内的企业担任法定代表人或者公司董事、监事、高级管理人员的,向该企业送达,不利于保护个人隐私等,应当限定为个人与企业为共同被告的案件;第一款第七项规定向外国人在我国境内的同住成年家属送达,鉴于涉外送达针对的是在我国境内没有住所的受送达人,在此情况下难以认定谁为"同住成年家属",建议删除;第一款第九项规定受送达人为在我国境外设立的独资企业,设立该企业的自然人、法人或者非法人组织在我国境内的,向该自然人、法人或者非法人组织送达,法理依据不足,且与该款第八项规定的受送达人为外国法人或者非法人组织的情形存在交叉,建议删除。有的部门、单位提出,第二款关于公告送达可与其他送达方式同时进行的规定不符合法理,且适用时难以准确界定送达时点,建议删除。宪法和法律委员会经研究,建议采纳上述意见,对该条规定作相应修改。

八、修正草案第二十二条规定,对具有我国国籍的证人,人民法院可以委托我国驻证人所在国的使领馆代为取证。有的部门、单位提出,委托使领馆代为取证的范围不应限于证人,还应包括当事人,且需所在国法律允许。宪法和法律委员会经研究,建议采纳这一意见,对该条规定作相应修改。

九、修正草案第二十五条第一项规定,外国法院依据其法律对案件无管辖权的,我国法院应当认定该外国法院对案件无管辖权;第四项规定,当事人存在有效仲裁协议的,应当认定外国法院无管辖权。有的单位、社会公众提出,第一项规定不够全面、准确,建议在该项中增加规定:虽然外国法院依据其法律对案件有管辖权,但与案件所涉纠纷无适当联系的,人民法院应当认定该外国法院没有管辖权。有的常委委员提出,第四项规定不妥,如果仲裁协议已经被外国法院认定为无效进而管辖的,我国法院不宜轻易否定外国法院的管辖权,建议删除。宪法和法律委员会经研究,建议采纳上述意见,对该条规定作相应修改。

十、有的部门、专家建议在民事诉讼法中增加与有关外国国家豁免法律的衔接性规定。宪法和法律委员会经研究,建议采纳这一意见,在民事诉讼法"涉外民事诉讼程序的特别规定"一编最后增加一条规定:"涉及外国国家的民事诉讼,适用有关外国国家豁免的法律规定;有关法律没有规定的,适用本法。"

此外,还对修正草案作了一些文字修改。

7月31日,法制工作委员会召开会议,邀请全国人大代表、专家学者、法官、律师等,就修正草案中主要制度规范的可行性、法律出台时机、法律实施的社会效果和可能出现的问题等进行评估。普遍认为,修正草案贯彻落实党中央关于统筹推进国内法治和涉外法治的决策部署,着重对涉外民事诉讼程序制度进行了修改完善,有利于进一步提升涉外民事案件审判质效,更好保障当事人的诉讼权利和合法权益,更好维护我国主权、安全和发展利益。修正草案经过审议修改,已基本成熟,建议尽快出台。与会人员还对修正草案提出了一些具体修改意见,有的意见已经予以采纳。

宪法和法律委员会已按上述意见提出了全国人民代表大会常务委员会关于修改《中华人民共和国民事诉讼法》的决定(草案),建议提请本次常委会会议审议通过。

修改决定草案和以上报告是否妥当,请审议。

全国人民代表大会宪法和法律委员会
2023年8月28日

全国人民代表大会宪法和法律委员会关于《全国人民代表大会常务委员会关于修改〈中华人民共和国民事诉讼法〉的决定(草案)》修改意见的报告

全国人民代表大会常务委员会：

本次常委会会议于8月28日下午对关于修改民事诉讼法的决定草案进行了分组审议。普遍认为，修改决定草案已经比较成熟，建议进一步修改后，提请本次常委会会议表决通过。同时，有些常委会组成人员和列席人员还提出了一些修改意见和建议。宪法和法律委员会于8月28日晚召开会议，逐条研究了常委会组成人员和列席人员的审议意见，对修改决定草案进行了审议。监察和司法委员会、最高人民法院有关负责同志列席了会议。宪法和法律委员会认为，修改决定草案是可行的，同时，提出以下修改意见：

一、修改决定草案第十二条规定，在平行诉讼中，如果当事人订立排他性管辖协议选择外国法院管辖且不违反本法对专属管辖的规定，不涉及中华人民共和国主权、安全或者社会公共利益的，人民法院可以裁定驳回起诉。有的常委委员提出，对平行诉讼中有此类情况的，人民法院可以裁定不予受理；对已经受理的案件，才是裁定驳回起诉，建议对相关表述予以完善。宪法和法律委员会经研究，建议采纳这一意见，将该条中的"人民法院可以裁定驳回起诉"修改为"人民法院可以裁定不予受理；已经受理的，裁定驳回起诉"。

二、修改决定草案第十三条第一款中规定，"外国法院先于人民法院受理，经当事人书面申请，人民法院可以裁定中止诉讼。"有的常委委员提出，该款规定是解决人民法院在平行诉讼中受理案件后是否以及如何中止诉讼的问题，草案的有关表述不够清晰、确切，建议研究修改。宪法和法律委员会经研究，建议将上述表述修改为"人民法院依据前条规定受理案件后，当事人以外国法院已经先于人民法院受理为由,书面申请人民法院中止诉讼的,人民法院可以裁定中止诉讼。"

在审议过程中,有的常委会组成人员还就加强法律通过后的宣传培训、制定修改配套司法解释等提出了一些很好的意见和建议。宪法和法律委员会建议最高人民法院认真研究常委会组成人员的审议意见,加强通过后的法律宣传,做好配套规定的制定修改,切实保障法律全面贯彻实施。

经与有关方面研究,建议将本决定的施行时间确定为2024年1月1日。

此外,根据常委会组成人员的审议意见,还对修改决定草案作了一些文字修改。

修改决定草案修改稿已按上述意见作了修改,宪法和法律委员会建议本次常委会会议审议通过。

修改决定草案修改稿和以上报告是否妥当,请审议。

全国人民代表大会宪法和法律委员会
2023年8月31日

《中华人民共和国民事诉讼法》
新旧条文序号对照表[①]

1991 年文本	2007 年修正文本	2012/2017 年修正文本	2021 年修正文本	2023 年修正文本
第 1 条	第 1 条	第 1 条	第 1 条	第 1 条
第 2 条	第 2 条	第 2 条	第 2 条	第 2 条
第 3 条	第 3 条	第 3 条	第 3 条	第 3 条
第 4 条	第 4 条	第 4 条	第 4 条	第 4 条
第 5 条	第 5 条	第 5 条	第 5 条	第 5 条
第 6 条	第 6 条	第 6 条	第 6 条	第 6 条
第 7 条	第 7 条	第 7 条	第 7 条	第 7 条
第 8 条	第 8 条	第 8 条	第 8 条	第 8 条
第 9 条	第 9 条	第 9 条	第 9 条	第 9 条
第 10 条	第 10 条	第 10 条	第 10 条	第 10 条
第 11 条	第 11 条	第 11 条	第 11 条	第 11 条
第 12 条	第 12 条	第 12 条	第 12 条	第 12 条
第 13 条	第 13 条	第 13 条	第 13 条	第 13 条
第 14 条	第 14 条	第 14 条	第 14 条	第 14 条
第 15 条	第 15 条	第 15 条	第 15 条	第 15 条
第 16 条	第 16 条			
			第 16 条	第 16 条
第 17 条	第 17 条	第 16 条	第 17 条	第 17 条
第 18 条	第 18 条	第 17 条	第 18 条	第 18 条

[①] 2017 年《民事诉讼法》修改时只有部分条文内容发生了变动,条文序号没有变化,同 2012 年修正文本一致。——编者注

续表

1991 年文本	2007 年修正文本	2012/2017 年修正文本	2021 年修正文本	2023 年修正文本
第 19 条	第 19 条	第 18 条	第 19 条	第 19 条
第 20 条	第 20 条	第 19 条	第 20 条	第 20 条
第 21 条	第 21 条	第 20 条	第 21 条	第 21 条
第 22 条	第 22 条	第 21 条	第 22 条	第 22 条
第 23 条	第 23 条	第 22 条	第 23 条	第 23 条
第 24 条	第 24 条	第 23 条	第 24 条	第 24 条
第 25 条	第 25 条	(第 34 条)		
第 26 条	第 26 条	第 24 条	第 25 条	第 25 条
第 27 条	第 27 条	第 25 条	第 26 条	第 26 条
		第 26 条	第 27 条	第 27 条
第 28 条	第 28 条	第 27 条	第 28 条	第 28 条
第 29 条	第 29 条	第 28 条	第 29 条	第 29 条
第 30 条	第 30 条	第 29 条	第 30 条	第 30 条
第 31 条	第 31 条	第 30 条	第 31 条	第 31 条
第 32 条	第 32 条	第 31 条	第 32 条	第 32 条
第 33 条	第 33 条	第 32 条	第 33 条	第 33 条
第 34 条	第 34 条	第 33 条	第 34 条	第 34 条
(第 25 条)	(第 25 条)	第 34 条	第 35 条	第 35 条
第 35 条	第 35 条	第 35 条	第 36 条	第 36 条
第 36 条	第 36 条	第 36 条	第 37 条	第 37 条
第 37 条	第 37 条	第 37 条	第 38 条	第 38 条
第 38 条	第 38 条	(第 127 条)		
第 39 条	第 39 条	第 38 条	第 39 条	第 39 条
第 40 条	第 40 条	第 39 条	第 40 条	第 40 条
第 41 条	第 41 条	第 40 条	第 41 条	第 41 条
			第 42、43 条	第 42、43 条
第 42 条	第 42 条	第 41 条	第 44 条	第 44 条
第 43 条	第 43 条	第 42 条	第 45 条	第 45 条
第 44 条	第 44 条	第 43 条	第 46 条	第 46 条
第 45 条	第 45 条	第 44 条	第 47 条	第 47 条

续表

1991 年文本	2007 年修正文本	2012/2017 年修正文本	2021 年修正文本	2023 年修正文本
第 46 条	第 46 条	第 45 条	第 48 条	第 48 条
第 47 条	第 47 条	第 46 条	第 49 条	第 49 条
第 48 条	第 48 条	第 47 条	第 50 条	第 50 条
第 49 条	第 49 条	第 48 条	第 51 条	第 51 条
第 50 条	第 50 条	第 49 条	第 52 条	第 52 条
第 51 条	第 51 条	第 50 条	第 53 条	第 53 条
第 52 条	第 52 条	第 51 条	第 54 条	第 54 条
第 53 条	第 53 条	第 52 条	第 55 条	第 55 条
第 54 条	第 54 条	第 53 条	第 56 条	第 56 条
第 55 条	第 55 条	第 54 条	第 57 条	第 57 条
		第 55 条	第 58 条	第 58 条
第 56 条	第 56 条	第 56 条	第 59 条	第 59 条
第 57 条	第 57 条	第 57 条	第 60 条	第 60 条
第 58 条	第 58 条	第 58 条	第 61 条	第 61 条
第 59 条	第 59 条	第 59 条	第 62 条	第 62 条
第 60 条	第 60 条	第 60 条	第 63 条	第 63 条
第 61 条	第 61 条	第 61 条	第 64 条	第 64 条
第 62 条	第 62 条	第 62 条	第 65 条	第 65 条
第 63 条	第 63 条	第 63 条	第 66 条	第 66 条
第 64 条	第 64 条	第 64 条	第 67 条	第 67 条
		第 65 条	第 68 条	第 68 条
		第 66 条	第 69 条	第 69 条
第 65 条	第 65 条	第 67 条	第 70 条	第 70 条
第 66 条	第 66 条	第 68 条	第 71 条	第 71 条
第 67 条	第 67 条	第 69 条	第 72 条	第 72 条
第 68 条	第 68 条	第 70 条	第 73 条	第 73 条
第 69 条	第 69 条	第 71 条	第 74 条	第 74 条
第 70 条	第 70 条	第 72~74 条	第 75~77 条	第 75~77 条
第 71 条	第 71 条	第 75 条	第 78 条	第 78 条
第 72 条	第 72 条	第 76~78 条	第 79~81 条	第 79~81 条

续表

1991 年文本	2007 年修正文本	2012/2017 年修正文本	2021 年修正文本	2023 年修正文本
		第 79 条	第 82 条	第 82 条
第 73 条	第 73 条	第 80 条	第 83 条	第 83 条
第 74 条	第 74 条	第 81 条	第 84 条	第 84 条
第 75 条	第 75 条	第 82 条	第 85 条	第 85 条
第 76 条	第 76 条	第 83 条	第 86 条	第 86 条
第 77 条	第 77 条	第 84 条	第 87 条	第 87 条
第 78 条	第 78 条	第 85 条	第 88 条	第 88 条
第 79 条	第 79 条	第 86 条	第 89 条	第 89 条
		第 87 条	第 90 条	第 90 条
第 80 条	第 80 条	第 88 条	第 91 条	第 91 条
第 81 条	第 81 条	第 89 条	第 92 条	第 92 条
第 82 条	第 82 条	第 90 条	第 93 条	第 93 条
第 83 条	第 83 条	第 91 条	第 94 条	第 94 条
第 84 条	第 84 条	第 92 条	第 95 条	第 95 条
第 85 条	第 85 条	第 93 条	第 96 条	第 96 条
第 86 条	第 86 条	第 94 条	第 97 条	第 97 条
第 87 条	第 87 条	第 95 条	第 98 条	第 98 条
第 88 条	第 88 条	第 96 条	第 99 条	第 99 条
第 89 条	第 89 条	第 97 条	第 100 条	第 100 条
第 90 条	第 90 条	第 98 条	第 101 条	第 101 条
第 91 条	第 91 条	第 99 条	第 102 条	第 102 条
第 92 条	第 92 条	第 100 条	第 103 条	第 103 条
第 93 条	第 93 条	第 101 条	第 104 条	第 104 条
第 94 条第 1 款	第 94 条第 1 款	第 102 条	第 105 条	第 105 条
第 94 条第 2、3、4 款	第 94 条第 2、3、4 款	第 103 条	第 106 条	第 106 条
第 95 条	第 95 条	第 104 条	第 107 条	第 107 条
第 96 条	第 96 条	第 105 条	第 108 条	第 108 条
第 97 条	第 97 条	第 106 条	第 109 条	第 109 条
第 98 条	第 98 条	第 107 条	第 110 条	第 110 条

续表

1991 年文本	2007 年修正文本	2012/2017 年修正文本	2021 年修正文本	2023 年修正文本
第 99 条	第 99 条	第 108 条	第 111 条	第 111 条
第 100 条	第 100 条	第 109 条	第 112 条	第 112 条
第 101 条	第 101 条	第 110 条	第 113 条	第 113 条
第 102 条	第 102 条	第 111 条	第 114 条	第 114 条
		第 112 条	第 115 条	第 115 条
		第 113 条	第 116 条	第 116 条
第 103 条	第 103 条	第 114 条	第 117 条	第 117 条
第 104 条	第 104 条	第 115 条	第 118 条	第 118 条
第 105 条	第 105 条	第 116 条	第 119 条	第 119 条
第 106 条	第 106 条	第 117 条	第 120 条	第 120 条
第 107 条	第 107 条	第 118 条	第 121 条	第 121 条
第 108 条	第 108 条	第 119 条	第 122 条	第 122 条
第 109 条	第 109 条	第 120 条	第 123 条	第 123 条
第 110 条	第 110 条	第 121 条	第 124 条	第 124 条
		第 122 条	第 125 条	第 125 条
第 112 条	第 112 条	第 123 条	第 126 条	第 126 条
第 111 条	第 111 条	第 124 条	第 127 条	第 127 条
第 113 条	第 113 条	第 125 条	第 128 条	第 128 条
第 114 条	第 114 条	第 126 条	第 129 条	第 129 条
（第 38 条）	（第 38 条）	第 127 条	第 130 条	第 130 条
第 115 条	第 115 条	第 128 条	第 131 条	第 131 条
第 116 条	第 116 条	第 129 条	第 132 条	第 132 条
第 117 条	第 117 条	第 130 条	第 133 条	第 133 条
第 118 条	第 118 条	第 131 条	第 134 条	第 134 条
第 119 条	第 119 条	第 132 条	第 135 条	第 135 条
		第 133 条	第 136 条	第 136 条
第 120 条	第 120 条	第 134 条	第 137 条	第 137 条
第 121 条	第 121 条	第 135 条	第 138 条	第 138 条
第 122 条	第 122 条	第 136 条	第 139 条	第 139 条
第 123 条	第 123 条	第 137 条	第 140 条	第 140 条

续表

1991 年文本	2007 年修正文本	2012/2017 年修正文本	2021 年修正文本	2023 年修正文本
第 124 条	第 124 条	第 138 条	第 141 条	第 141 条
第 125 条	第 125 条	第 139 条	第 142 条	第 142 条
第 126 条	第 126 条	第 140 条	第 143 条	第 143 条
第 127 条	第 127 条	第 141 条	第 144 条	第 144 条
第 128 条	第 128 条	第 142 条	第 145 条	第 145 条
第 129 条	第 129 条	第 143 条	第 146 条	第 146 条
第 130 条	第 130 条	第 144 条	第 147 条	第 147 条
第 131 条	第 131 条	第 145 条	第 148 条	第 148 条
第 132 条	第 132 条	第 146 条	第 149 条	第 149 条
第 133 条	第 133 条	第 147 条	第 150 条	第 150 条
第 134 条	第 134 条	第 148 条	第 151 条	第 151 条
第 135 条	第 135 条	第 149 条	第 152 条	第 152 条
第 136 条	第 136 条	第 150 条	第 153 条	第 153 条
第 137 条	第 137 条	第 151 条	第 154 条	第 154 条
第 138 条	第 138 条	第 152 条	第 155 条	第 155 条
第 139 条	第 139 条	第 153 条	第 156 条	第 156 条
第 140 条	第 140 条	第 154 条	第 157 条	第 157 条
第 141 条	第 141 条	第 155 条	第 158 条	第 158 条
		第 156 条	第 159 条	第 159 条
第 142 条	第 142 条	第 157 条	第 160 条	第 160 条
第 143 条	第 143 条	第 158 条	第 161 条	第 161 条
第 144 条	第 144 条	第 159 条	第 162 条	第 162 条
第 145 条	第 145 条	第 160 条	第 163 条	第 163 条
第 146 条	第 146 条	第 161 条	第 164 条	第 164 条
		第 162 条	第 165 条	第 165 条
			第 166~169 条	第 166~169 条
		第 163 条	第 170 条	第 170 条
第 147 条	第 147 条	第 164 条	第 171 条	第 171 条
第 148 条	第 148 条	第 165 条	第 172 条	第 172 条
第 149 条	第 149 条	第 166 条	第 173 条	第 173 条

续表

1991年文本	2007年修正文本	2012/2017年修正文本	2021年修正文本	2023年修正文本
第150条	第150条	第167条	第174条	第174条
第151条	第151条	第168条	第175条	第175条
第152条	第152条	第169条	第176条	第176条
第153条	第153条	第170条	第177条	第177条
第154条	第154条	第171条	第178条	第178条
第155条	第155条	第172条	第179条	第179条
第156条	第156条	第173条	第180条	第180条
第157条	第157条	第174条	第181条	第181条
第158条	第158条	第175条	第182条	第182条
第159条	第159条	第176条	第183条	第183条
第160条	第160条	第177条	第184条	第184条
第161条	第161条	第178条	第185条	第185条
第162条	第162条	第179条	第186条	第186条
第163条	第163条	第180条	第187条	第187条
第164条	第164条	第181条	第188条	第188条
第165条	第165条	第182条	第189条	第189条
第166条	第166条	第183条	第190条	第190条
第167条	第167条	第184条	第191条	第191条
第168条	第168条	第185条	第192条	第192条
第169条	第169条	第186条	第193条	第193条
				第194~197条
第170条	第170条	第187条	第194条	第198条
第171条	第171条	第188条	第195条	第199条
第172条	第172条	第189条	第196条	第200条
第173条	第173条	第190条	第197条	第201条
第174条	第174条	第191条	第198条	第202条
第175条	第175条	第192条	第199条	第203条
第176条	第176条	第193条	第200条	第204条
		第194条	第201条	第205条
		第195条	第202条	第206条

续表

1991 年文本	2007 年修正文本	2012/2017 年修正文本	2021 年修正文本	2023 年修正文本
		第 196 条	第 203 条	第 207 条
		第 197 条	第 204 条	第 208 条
第 177 条	第 177 条	第 198 条	第 205 条	第 209 条
第 178 条	第 178 条	第 199 条	第 206 条	第 210 条
第 179 条第 1 款	第 179 条	第 200 条	第 207 条	第 211 条
第 180 条	第 182 条	第 201 条	第 208 条	第 212 条
第 181 条	第 183 条	第 202 条	第 209 条	第 213 条
	第 180 条	第 203 条	第 210 条	第 214 条
第 179 条第 2 款	第 181 条	第 204 条	第 211 条	第 215 条
第 182 条	第 184 条	第 205 条	第 212 条	第 216 条
第 183 条	第 185 条	第 206 条	第 213 条	第 217 条
第 184 条	第 186 条	第 207 条	第 214 条	第 218 条
第 185 条	第 187 条	第 208 条	第 215 条	第 219 条
		第 209 条	第 216 条	第 220 条
		第 210 条	第 217 条	第 221 条
第 186 条	第 188 条	第 211 条	第 218 条	第 222 条
第 187 条	第 189 条	第 212 条	第 219 条	第 223 条
第 188 条	第 190 条	第 213 条	第 220 条	第 224 条
第 189 条	第 191 条	第 214 条	第 221 条	第 225 条
第 190 条	第 192 条	第 215 条	第 222 条	第 226 条
第 191 条	第 193 条	第 216 条	第 223 条	第 227 条
第 192 条	第 194 条	第 217 条	第 224 条	第 228 条
第 193 条	第 195 条	第 218 条	第 225 条	第 229 条
第 194 条	第 196 条	第 219 条	第 226 条	第 230 条
第 195 条	第 197 条	第 220 条	第 227 条	第 231 条
第 196 条	第 198 条	第 221 条	第 228 条	第 232 条
第 197 条	第 199 条	第 222 条	第 229 条	第 233 条
第 198 条	第 200 条	第 223 条	第 230 条	第 234 条
第 199~206 条				
第 207 条	第 201 条	第 224 条	第 231 条	第 235 条

续表

1991 年文本	2007 年修正文本	2012/2017 年修正文本	2021 年修正文本	2023 年修正文本
	第 202 条	第 225 条	第 232 条	第 236 条
	第 203 条	第 226 条	第 233 条	第 237 条
第 208 条	第 204 条	第 227 条	第 234 条	第 238 条
第 209 条	第 205 条	第 228 条	第 235 条	第 239 条
第 210 条	第 206 条	第 229 条	第 236 条	第 240 条
第 211 条	第 207 条	第 230 条	第 237 条	第 241 条
第 212 条	第 208 条	第 231 条	第 238 条	第 242 条
第 213 条	第 209 条	第 232 条	第 239 条	第 243 条
第 214 条	第 210 条	第 233 条	第 240 条	第 244 条
第 215 条	第 211 条	第 234 条	第 241 条	第 245 条
		第 235 条	第 242 条	第 246 条
第 216 条	第 212 条	第 236 条	第 243 条	第 247 条
第 217 条	第 213 条	第 237 条	第 244 条	第 248 条
第 218 条	第 214 条	第 238 条	第 245 条	第 249 条
第 219 条	第 215 条	第 239 条	第 246 条	第 250 条
第 220 条	第 216 条	第 240 条	第 247 条	第 251 条
	第 217 条	第 241 条	第 248 条	第 252 条
第 221 条	第 218 条	第 242 条	第 249 条	第 253 条
第 222 条	第 219 条	第 243 条	第 250 条	第 254 条
第 223 条	第 220 条	第 244 条	第 251 条	第 255 条
第 224 条	第 221 条	第 245 条	第 252 条	第 256 条
第 225 条	第 222 条	第 246 条	第 253 条	第 257 条
第 226 条	第 223 条	第 247 条	第 254 条	第 258 条
第 227 条	第 224 条	第 248 条	第 255 条	第 259 条
第 228 条	第 225 条	第 249 条	第 256 条	第 260 条
第 229 条	第 226 条	第 250 条	第 257 条	第 261 条
第 230 条	第 227 条	第 251 条	第 258 条	第 262 条
第 231 条	第 228 条	第 252 条	第 259 条	第 263 条
第 232 条	第 229 条	第 253 条	第 260 条	第 264 条
第 233 条	第 230 条	第 254 条	第 261 条	第 265 条

续表

1991 年文本	2007 年修正文本	2012/2017 年修正文本	2021 年修正文本	2023 年修正文本
	第 231 条	第 255 条	第 262 条	第 266 条
第 234 条	第 232 条	第 256 条	第 263 条	第 267 条
第 235 条	第 233 条	第 257 条	第 264 条	第 268 条
第 236 条	第 234 条	第 258 条	第 265 条	第 269 条
第 237 条	第 235 条	第 259 条	第 266 条	第 270 条
第 238 条	第 236 条	第 260 条	第 267 条	第 271 条
第 239 条	第 237 条	第 261 条	第 268 条	第 272 条
第 240 条	第 238 条	第 262 条	第 269 条	第 273 条
第 241 条	第 239 条	第 263 条	第 270 条	第 274 条
第 242 条	第 240 条	第 264 条	第 271 条	第 275 条
第 243 条	第 241 条	第 265 条	第 272 条	第 276 条
				第 277、278 条
第 244 条	第 242 条			
第 245 条	第 243 条			
第 246 条	第 244 条	第 266 条	第 273 条	第 279 条
				第 280~282 条
第 247 条	第 245 条	第 267 条	第 274 条	第 283 条
				第 284 条
第 248 条	第 246 条	第 268 条	第 275 条	第 285 条
第 249 条	第 247 条	第 269 条	第 276 条	第 286 条
第 250 条	第 248 条	第 270 条	第 277 条	第 287 条
第 251 条	第 249 条			
第 252 条	第 250 条			
第 253 条	第 251 条			
第 254 条	第 252 条			
第 255 条	第 253 条			
第 256 条	第 254 条			
第 257 条	第 255 条	第 271 条	第 278 条	第 288 条
第 258 条	第 256 条	第 272 条	第 279 条	第 289 条
第 259 条	第 257 条	第 273 条	第 280 条	第 290 条

续表

1991 年文本	2007 年修正文本	2012/2017 年修正文本	2021 年修正文本	2023 年修正文本
第 260 条	第 258 条	第 274 条	第 281 条	第 291 条
第 261 条	第 259 条	第 275 条	第 282 条	第 292 条
第 262 条	第 260 条	第 276 条	第 283 条	第 293 条
第 263 条	第 261 条	第 277 条	第 284 条	第 294 条
第 264 条	第 262 条	第 278 条	第 285 条	第 295 条
第 265 条	第 263 条	第 279 条	第 286 条	第 296 条
第 266 条	第 264 条	第 280 条	第 287 条	第 297 条
第 267 条	第 265 条	第 281 条	第 288 条	第 298 条
第 268 条	第 266 条	第 282 条	第 289 条	第 299 条
				第 300~303 条
第 269 条	第 267 条	第 283 条	第 290 条	第 304 条
				第 305 条
第 270 条	第 268 条	第 284 条	第 291 条	第 306 条